Entrepreneurial Management und Standortentwicklung

Perspektiven für Unternehmen und Destinationen

Die Publikationen der Reihe behandeln die unternehmerische Orientierung des Managements von Unternehmen und Standorten. Regionen, Destinationen und Standorte stellen hierbei sowohl Wettbewerbseinheiten als auch den räumlichen Kontext für die Gestaltung der Wettbewerbsfähigkeit der Unternehmungen dar.

The publications in this series are committed to the entrepreneurial management orientation of business ventures and sites. In this context, regions, destinations, and places are on the one hand considered as competitive units, on the other hand they constitute the spatial context to allow for modelling the business ventures' competitive capacities.

Weitere Bände in der Reihe https://link.springer.com/bookseries/12245

Harald Pechlaner · Daniel Zacher ·
Elina Störmann
(Hrsg.)

Resilienz als Strategie in Region, Destination und Unternehmen

Eine raumbezogene Perspektive

Springer Gabler

Hrsg.
Harald Pechlaner
Lehrstuhl Tourismus / Zentrum für Entrepreneurship
Katholische Universität Eichstätt-Ingolstadt
Eichstätt, Deutschland

Elina Störmann
Lehrstuhl Tourismus / Zentrum für Entrepreneurship
Katholische Universität Eichstätt-Ingolstadt
Eichstätt, Deutschland

Daniel Zacher
Transferprojekt „Mensch in Bewegung"
Katholische Universität Eichstätt-Ingolstadt
Eichstätt, Deutschland

ISSN 2626-2266 ISSN 2626-2274 (electronic)
Entrepreneurial Management und Standortentwicklung
ISBN 978-3-658-37295-8 ISBN 978-3-658-37296-5 (eBook)
https://doi.org/10.1007/978-3-658-37296-5

Die Deutsche Nationalbibliothek verzeichnet diese Publikation in der Deutschen Nationalbibliografie; detaillierte bibliografische Daten sind im Internet über http://dnb.d-nb.de abrufbar.

Planung/Lektorat: Anna Pietras
Springer Gabler ist ein Imprint der eingetragenen Gesellschaft Springer Fachmedien Wiesbaden GmbH und ist ein Teil von Springer Nature.
Die Anschrift der Gesellschaft ist: Abraham-Lincoln-Str. 46, 65189 Wiesbaden, Germany

Vorwort der Herausgeber

Resilienz – kaum ein Strategieplan von großen Unternehmen, kaum eine politische Debatte und kaum ein Ratgeber zur Persönlichkeitsentwicklung kommt ohne diesen Begriff aus. Gewiss, gesamtgesellschaftliche Herausforderungen sind allgegenwärtig. Sie haben mit der Klimakrise schon seit geraumer Zeit einen festen Platz in den Medien und mit der Corona-Krise in ihrer Unmittelbarkeit einen vorläufigen Höhepunkt erfahren. Die wissenschaftliche Debatte um den Resilienzansatz ist allerdings deutlich älter, als dass sie sich allein anhand dieser Umstände erklären ließe.

Über vielen Diskussionen um Resilienz steht die Frage, wie sich vulnerable Gruppen zu zukunftsfähigen Gesellschaftssystemen transformieren können und was dies für die Einzelperson, das Unternehmen oder das regionale und räumliche Gefüge bedeutet. Ein Kernanliegen dieses Sammelbandes ist es, bei der Beantwortung dieser und ähnlicher Fragen mehr als nur eine Perspektive einzunehmen und integrativ-strategische Herangehensweisen zu analysieren.

Die Autorinnen und Autoren der Beiträge dieses Buches werfen aus ihrem jeweiligen Erfahrungshintergrund einen facettenreichen Blick auf das junge Forschungs- und Politikfeld der Resilienz. Den Herausgebern kommt es darauf an zu unterstreichen, wie konzeptionell-theoretische Analysen des Resilienzansatzes die Praxisdebatte befruchten können und umgekehrt.

Der erste Teil des Buchprojektes betrachtet die Zusammenhänge unterschiedlicher systemischer Betrachtungsebenen der Resilienz im Kontext gesellschaftlicher Veränderungsprozesse und verschafft damit einen Einblick in die Herausforderungen des Aufbaus integrativer Entwicklungsansätze.

Martin Schneider eröffnet mit seinem Beitrag diesen Band und unternimmt eine fundierte Einordnung des Resilienzbegriffs entlang gesellschaftstheoretischer Zugänge. Er entwickelt aus dieser Diskussion zentrale Dimensionen für die Analyse von Ist-Zuständen sowie für den Aufbau von Resilienz. **Karim Fathi** arbeitet sodann auf Basis eines definitorisch bewusst umfassend verstandenen Resilienzansatzes Prinzipien und klar formulierte Empfehlungen zur Gestaltung strategischer Veränderungsprozesse heraus. Er beschreibt dabei die Notwendigkeit der Multiresilienz als eine Art gesellschaftliche Kompetenz. **Donya Gilan, Isabella Helmreich, Marie Himbert** und **Omar Hahad** betrachten in ihrem Beitrag die psychische Gesundheit in Zeiten komplexer Herausforderungen und stellen in anschaulicher Weise die Wirkungszusammenhänge zwischen Ansätzen individueller und kollektiver Resilienzförderung dar. Ihr Beitrag ist als ein Plädoyer für die Stärkung von kollektiver Resilienz als Forschungsfeld für die Gesellschaftsentwicklung zu verstehen.

Im zweiten Teil des Buchprojektes steht die Frage der Entwicklung resilienter Systeme im Zentrum. Zentral ist dabei das Verständnis der Wirkungsweisen von Raum- und Organisationssystemen.

Robert Lukesch beginnt hier mit einem kenntnisreichen Einblick in die Prozesse des Aufbaus regionaler Resilienz anhand supranationaler Förderinstrumente und -mechanismen. Anhand dreier Beispielprojekte wird die konkrete Umsetzung von Resilienzpraxis auf regionaler Ebene dargestellt und diskutiert. **Harald Kegler** zeigt in seinen Beitrag die Anforderungen einer zukunftsfähigen Transformation vulnerabler urbaner Systeme auf. Er liefert evidente Ansätze, wie die resilienzorientierte Entwicklung in einer Stadt-Region aussehen könnte und welche Themen für die Planung „urbaner Resilienz" im Zentrum stehen sollten. **Gabi Troeger-Weiß** legt im Gegensatz dazu ein besonderes Augenmerk auf die ländlichen Räume und liefert einen Überblick über raumbezogene Entwicklungstrends. Sie leitet aus dieser Darstellung und Diskussion konkrete regional- und strukturpolitische Maßnahmen für die Resilienz ländlicher Räume ab und liefert damit Kommunen und politischen Entscheidungsträgern eine Gelegenheit zur Reflexion ihrer Entwicklungsoptionen. **Elina Störmann** und **Harald Pechlaner** beleuchten auf Basis einer Fallstudie die notwendigen Akteure für die Entwicklung von Resilienz. Sie unterstreichen die integrative Betrachtung ländlicher und städtischer Governance-Systeme durch die Beschreibung der Rolle von (regionalen) Netzwerken und Innovationssystemen im Aufbau von Resilienz. In den bisherigen Beiträgen als Stakeholder betrachtet, fokussieren **Frieda Raich** und **Anita Zehrer** das Unternehmen und die Unternehmerpersönlichkeit. Unter besonderer Berücksichtigung von Familienunternehmen gehen sie der Frage nach, wodurch sich die Resilienz von Führungskräften in den Unternehmen auszeichnet. Anhand ihrer Studie zeigen sie Resilienzfaktoren auf individueller und organisationaler Ebene auf und erläutern die Wirkungsbezüge zwischen resilienten Unternehmen und Führungskräften.

Der dritte Teil des Buchprojektes konzentriert sich auf den Tourismus als Profilthema an der Schnittstelle räumlich-funktionaler Resilienzsysteme. Das verbindende Element der Beiträge innerhalb dieses Schwerpunkts ist die touristische Destination als Rahmen für den Resilienzaufbau.

Daniel Zacher gibt einen Einblick in seine Forschungen zur praktischen Adaption des Resilienzansatzes in der touristischen Destinationsentwicklung. Anhand eines Vergleichs mit internationalen Resilienzinitiativen zeigt er auf, dass Destinationsmanagement-Organisationen einen spezifischen Beitrag zum Aufbau von Community Resilience leisten können. **Eva Erdmenger** stellt in ihrem englischsprachigen Beitrag ein Governance-Modell für resiliente Destinationsentwicklung dar. Anhand fundierter Fallstudien aus europäischen Metropolen entwickelt sie konkrete Empfehlungen an die Destinationsmanagement-Praxis und leistet damit einen Beitrag zur Diskussion um die Zukunftsfähigkeit touristischer Destinationen vor dem Hintergrund der COVID-19-Pandemie und Overtourism. Die transformativen Potenziale der COVID-19-Pandemie spielen ebenso eine wichtige Rolle im Beitrag von **Victoria Ranacher-Lackner** und **Anita Zehrer**. Sie lassen die touristischen Unternehmer zu Wort kommen und stellen aus deren Perspektive Resilienzfaktoren auf Ebene der Destination und der Betriebe dar. Abschließend für diesen Buchteil stellen **Alexander Plaikner** und **Nina Kammerer** die Veränderungspotenziale der COVID-19-Pandemie dar und gehen auf die Gesichtspunkte ein, die einen zukunftsorientierten Paradigmenwechsel hin zu mehr Nachhaltigkeit im Tourismus befördern.

Im letzten Teil des Buches bekommen Ansätze und Erfahrungen der Resilienzpraxis in ihren Details den angemessenen Raum. Als Initiativen des aktiven und bewussten Resilienzaufbaus, leisten diese Beispiele Pionierarbeit in einem jungen Feld der Kommunalplanung und -entwicklung. Sie liefern erste Reflexionen auf ein wachsendes Betätigungsfeld politischer und zivilgesellschaftlicher Akteure.

Zunächst gehen hier **Henrik Schultz** und **Hubertus von Dressler** der Frage nach, wie sich transformative Resilienz anhand des Projektes Grüne Finger in der Stadt Osnabrück konkret und praktisch gestalten kann. Sie stellen wertvolle Ansätze und Hinweise für erfolgversprechende Methoden und Formate des Resilienzaufbaus zur Verfügung. **Dieter Behrendt** liefert aus seiner langjährigen Erfahrung mit der Anwendung des Resilienzansatzes in kommunalen Beratungsprozessen einen Diskussionsbeitrag zu den Gelingfaktoren für den bewussten Aufbau von Resilienz. Abschließend reflektieren **Madeleine Genzsch, Nural Janho** und **Raphaela Kell** die Erfahrungen einer Vielzahl von Einzelinitiativen im Rahmen eines groß angelegten Verbundprojekts zur Resilienzförderung im Raum Aachen. Sie stellen dabei anhand des reichen Erfahrungshorizonts in überzeugender Weise die Potenziale und Grenzen des zivilgesellschaftlichen

Engagements im Rahmen dieser Initiativen dar und zeigen damit auf, wie ein umsichtiger Umgang mit den partizipativen Ressourcen des Resilienzaufbaus aussehen könnte.

Die Herausgeber bedanken sich an dieser Stelle sehr herzlich bei allen Autorinnen und Autoren für die bereitwillige Mitwirkung und die Erstellung solch fundierter und facettenreicher Beiträge.

Das vorliegende Buchprojekt richtet sich an all jene, die sich in ihrem beruflichen Umfeld mit der Deutung, Analyse und Steuerung von gesellschaftlichen Veränderungsprozessen beschäftigen und die einen Einblick in die Adaption des Resilienzansatzes in Raumsystemen gewinnen möchten. Es dient ferner als Kompass für die aktuellen Diskussionsansätze zu Resilienz, soll zum bewussten Umgang mit diesem Betätigungsfeld anregen und interessante Denkanstöße – sowohl für die Wissenschaft als auch für die Praxis – geben.

Eichstätt und Ingolstadt
im Februar 2022

Harald Pechlaner
Daniel Zacher
Elina Störmann

Inhaltsverzeichnis

Herausgeber- und Autorenverzeichnis

Über die Herausgeber

Prof. Dr. Harald Pechlaner Lehrstuhl Tourismus/Zentrum für Entrepreneurship, Katholische Universität Eichstätt-Ingolstadt, Eichstätt, Deutschland. E-Mail: harald.pechlaner@ku.de

Dr. Daniel Zacher Transferprojekt „Mensch in Bewegung“, Katholische Universität Eichstätt-Ingolstadt, Eichstätt, Deutschland. E-Mail: daniel.zacher@ku.de

Elina Störmann Lehrstuhl Tourismus/Zentrum für Entrepreneurship, Katholische Universität Eichstätt-Ingolstadt, Eichstätt, Deutschland. E-Mail: elina.stoermann@ku.de

Autorenverzeichnis

Dieter Behrendt ISP Eduard Pestel Institut für Systemforschung e. V., Hannover, Deutschland. E-Mail: behrendt@pestel-institut.de

Prof. Hubertus von Dressler Fakultät Agrarwissenschaften und Landschaftsarchitektur, Hochschule Osnabrück, Osnabrück, Deutschland. E-Mail: H.Von-Dressler@hs-osnabrueck.de

Eva Erdmenger Freizeit und Tourismusgeographie, Universität Trier, Trier, Deutschland. E-Mail: erdmenger@uni-trier.de

Dr. Karim Fathi Zukunftskreis des Bundesministeriums für Bildung und Forschung (BMBF), Berlin, Deutschland. E-Mail: mail@karimfathi.de

Madeleine Genzsch Regionale Resilienz Aachen e. V., Aachen, Deutschland. E-Mail: m.genzsch@resilienz-aachen.de

Dr. Donya Gilan Leitung des Bereichs „Resilienz & Gesellschaft", Leibniz-Institut für Resilienzforschung (LIR) gGmbH, Mainz, Deutschland. E-Mail: donya.gilan@lir-mainz.de

Dr. Omar Hahad Projektmitarbeiter zum Themenkomplex „Pandemie und psychische Folgen", Leibniz-Institut für Resilienzforschung (LIR) gGmbH, Mainz, Deutschland. E-Mail: omar.hahad@lir-mainz.de

Dr. Isabella Helmreich Leitung des Bereichs „Resilienz & Gesellschaft", Leibniz-Institut für Resilienzforschung (LIR) gGmbH, Mainz, Deutschland. E-Mail: isabella.helmreich@lir-mainz.de

Marie Himbert Referentin Resilienz-Ambulanz, Leibniz-Institut für Resilienzforschung (LIR) gGmbH, Mainz, Deutschland. E-Mail: marie.himbert@lir-mainz.de

Nural Janho Regionale Resilienz Aachen e. V., Aachen, Deutschland. E-Mail: nural.janho@resilienz-aachen.de

Nina Kammerer Division für Management im Gesundheits- und Sporttourismus, UMIT TIROL – Private Universität für Gesundheitswissenschaften und -technologie GmbH, Landeck, Österreich. E-Mail: ninakammerer@yahoo.de

Prof. Dr. Harald Kegler Fachgebiet Städtebau- und Planungsgeschichte, Universität Kassel, Institut für urbane Entwicklungen, Kassel, Deutschland. E-Mail: harald.kegler@uni-kassel.de

Dr. Raphaela Kell Regionale Resilienz Aachen e. V., Aachen, Deutschland. E-Mail: raphaela.kell@resilienz-aachen.de

Robert Lukesch Consulting & Coaching, ÖAR Regionalberatung GmbH, Fehring, Österreich. E-Mail: lukesch@oear.at

Prof. Dr. Harald Pechlaner Lehrstuhl Tourismus/Zentrum für Entrepreneurship, Katholische Universität Eichstätt-Ingolstadt, Eichstätt, Deutschland. E-Mail: harald.pechlaner@ku.de

Alexander Plaikner KMU & Tourismus, Universität Innsbruck, Innsbruck, Österreich. E-Mail: alexander.plaikner@uibk.ac.at, E-Mail: alexander.plaikner@umit-tirol.at

Dr. Frieda Raich Projektmitarbeiterin Zentrum Familienunternehmen, MCI Management Center Innsbruck, Innsbruck, Österreich. E-Mail: frieda@raich.it

Victoria Ranacher-Lackner Zentrum Familienunternehmen, MCI Management Center Innsbruck, Innsbruck, Österreich. E-Mail: victoria.ranacher-lackner@mci.edu

Prof. Dr. Martin Schneider Fakultät für Religionspädagogik und Kirchliche Bildungsarbeit, Fachgebiet Moraltheologie und Christliche Sozialethik, Katholische Universität Eichstätt-Ingolstadt, Eichstätt, Deutschland. E-Mail: MSchneider@ku.de

Prof. Dr. Henrik Schultz Fakultät Agrarwissenschaften und Landschaftsarchitektur, Hochschule Osnabrück, Osnabrück, Deutschland. E-Mail: h.schultz@hs-osnabrueck.de

Elina Störmann Lehrstuhl Tourismus/Zentrum für Entrepreneurship, Katholische Universität Eichstätt-Ingolstadt, Eichstätt, Deutschland. E-Mail: elina.stoermann@ku.de

Prof. Dr. Gabi Troeger-Weiß Lehrstuhl Regionalentwicklung und Raumordnung, Technische Universität Kaiserslautern, Kaiserslautern, Deutschland. E-Mail: troegerw@ru.uni-kl.de

Dr. Daniel Zacher Transferprojekt „Mensch in Bewegung“, Katholische Universität Eichstätt-Ingolstadt, Eichstätt, Deutschland. E-Mail: daniel.zacher@ku.de

Prof. Dr. Anita Zehrer Leiterin Zentrum Familienunternehmen, MCI Management Center Innsbruck, Innsbruck, Österreich. E-Mail: anita.zehrer@mci.edu

Resilienz und gesellschaftliche Veränderungsprozesse

Jenseits von palliativen Strategien. Zum Zusammenhang von Krisenbewältigung, Transformation und Resilienz

Martin Schneider

Inhaltsverzeichnis

Zusammenfassung

Ziel des Beitrags ist, den Resilienzbegriff konzeptionell zu schärfen. Dies geschieht dadurch, dass die Verwendung des Terminus gesellschaftstheoretisch gerahmt wird und die sozialen und politischen Herausforderungen ins Zentrum gestellt werden, auf die Resilienz eine Antwort ist. Die gesellschaftliche Selbstbeschreibung dient als Deutungsrahmen, um das „Spezifische der

M. Schneider (✉)
Fakultät für Religionspädagogik und Kirchliche Bildungsarbeit, Fachgebiet Moraltheologie und Christliche Sozialethik, Katholische Universität Eichstätt-Ingolstadt, Eichstätt, Deutschland
E-Mail: MSchneider@ku.de

H. Pechlaner et al. (Hrsg.), *Resilienz als Strategie in Region, Destination und Unternehmen,* Entrepreneurial Management und Standortentwicklung, https://doi.org/10.1007/978-3-658-37296-5_1

Resilienz" (Becker & Graefe, 2021, S. 8) zu rekonstruieren und Resilienz als ein Dispositiv zu interpretieren. Aus der Rationalität, die den vielfältigen Einsatzmöglichkeiten des Resilienzbegriffs zugrunde liegt, werden schließlich Handlungsmodi (Prävention, Vorbereitung, Antizipation, Anpassung, Transformation) rekonstruiert, die Grundlage für ein Analysetool von Resilienzstrategien in unterschiedlichen Kontexten sein können. Die Überlegungen plausibilisieren zum einen, warum Resilienz ein in unsere Zeit passender Krisenbewältigungsmodus ist, zum anderen wird der Zusammenhang von Krise und Response als ein relationales Antwortgeschehen entschlüsselt, in dem desillusionierende Realismuseffekte zugelassen und Transformationen ermöglicht werden. Dass alles so bleibt, wie es ist, oder Systeme nach Krisen in die „Normalität" zurückkehren („bounce back") wird mit Bezug auf ein responsives Interpretationsschema als palliative Krisenbewältigung entlarvt – als eine Krisenbewältigung, die sich der Erfahrung der Realität nur in dosierter Form aussetzt, diese bagatellisiert oder sich die Realität schönredet. Desillusionierungen schmerzen, weil sie zur Erfahrung des Wirklichen zwingen – und dadurch ein wichtiges Merkmal reflexiver Resilienz sind.

1 Einleitung

Der Terminus *Resilienz* ist in den letzten Jahren zu einem Leitbegriff wissenschaftlicher und populärwissenschaftlicher Publikationen aufgestiegen. Längst hat er sich von seinem ingenieur- und materialwissenschaftlichen Ursprung losgelöst und wird für ganz unterschiedliche Kontexte und Fragestellungen verwendet: „als individuelles Handlungsideal angesichts um sich greifender Erfahrungen von Überforderung und Verunsicherung, als strategisch-politische Leitlinie im Umgang mit Krisen, Konflikten und Katastrophen, als Gebot der Stunde angesichts der unübersehbaren Tatsache, dass die Maxime der Nachhaltigkeit im Umgang mit begrenzten natürlichen Ressourcen ins Leere läuft, sowie schließlich vor dem Hintergrund der Coronapandemie, die Menschen, Institutionen und Regierungen vor völlig neue Bewältigungsanforderungen stellt" (Becker & Graefe, 2021, S. 7).

Ein Ziel des folgenden Beitrags ist, den Resilienzbegriff konzeptionell zu schärfen. Die Ausgangsthese ist, dass der Aufstieg des Resilienzbegriffs mit der Relativierung der Steuer- und Planbarkeit von sozialen und räumlichen

Entwicklungsprozessen zusammenhängt und Konzepte an Bedeutung gewinnen, die auf adaptiv-transformative Modelle des Handelns setzen. Zur Plausibilisierung dieser These wird in einem *ersten* Schritt die Rationalität, für die Resilienz steht, in einen gesellschaftstheoretischen Rahmen eingeordnet. Die gesellschaftliche Selbstbeschreibung dient zudem als Deutungsrahmen für den *zweiten* Schritt, in dem das „Spezifische der Resilienz" (Becker & Graefe, 2021, S. 8) rekonstruiert und Resilienz als ein Dispositiv interpretiert wird. In einem *dritten* Schritt werden Handlungsmodi (Strategien) rekonstruiert, die Grundlage für ein Analysetool von Resilienzstrategien sein können. Im abschließenden *vierten* Schritt wird bekräftigt, die Handlungsmodi, die Resilienz als einen in unsere Zeit passenden Krisenbewältigungsmodus auszeichnen, nicht nur als Strategien zu verstehen, mit denen Entitäten Störungen „überstehen". Es wird vorgeschlagen, sich nicht vorschnell auf Bewältigungskompetenzen und Problemlösungen zu konzentrieren, sondern Krisen als Krisen ernst zu nehmen und sich den damit verbundenen Schmerz- und Verlusterfahrungen auszusetzen. Auf diesem Weg, so das weiterführende Ziel der Überlegungen, kann Transformation als ein immanentes Merkmal von Krisenbewältigungsprozessen rekonstruiert werden, das palliative Strategien hinter sich lässt, weil von der Erfahrung der Wirklichkeit ausgegangen wird.

2 Herausforderung: Die Krise des Souveränitäts- und Kontrollparadigmas

Die Ausgangsthese für die Überlegungen in diesem Kapitel ist, dass der Aufstieg des Resilienzbegriffs mit der Relativierung der Steuer- und Planbarkeit von sozialen und räumlichen Entwicklungsprozessen zusammenhängt. In Unterschied zum neoliberalen Abschied von staatlicher Planung wird dies aber nicht mit dem Vertrauen auf Markt und Wettbewerb begründet, sondern als Antwort auf die Frage, wie Systeme gegenüber Prozessen nicht prognostizierbaren disruptiven Wandels weniger anfällig sind und sich als anpassungs- und wandlungsfähig erweisen. Dieser Perspektivenwechsel ist wiederum eine Reaktion darauf, dass die *Unvorhersehbarkeit* und *Unüberschaubarkeit* von Veränderungen zunehmen. Die Begriffe Unvorhersehbarkeit und Unüberschaubarkeit sind bewusst gewählt, weil sie auf den Paradigmenwandel in der Kontrolle über Zeit und Raum verweisen.

Die gewählte Strukturierung anhand der Kategorien Zeit und Raum dient einer nachvollziehbaren Bündelung und Anordnung von empirischen Beobachtungen und theoretischen Überlegungen. Dieses Vorgehen hat sich für Analysen mit gesellschaftstheoretischem Anspruch bewährt. Bekannt ist Niklas Luhmanns Konzept der Sinndimension mit der Trias Sozial-, Sach- und Zeitdimension (vgl. Luhmann, 1971, S. 48 ff.; ders. 1984, S. 111 ff.). Armin Nassehi, Rudolf Stichweh und Henning Laux haben diese um die Dimension des Raumes erweitert (vgl. Nassehi, 2003, S. 224; Stichweh, 2000, S. 187; Laux, 2014, S. 189–194). Michel Foucault unterscheidet zwischen Zeit, Raum, Gegenstand und Norm, um die Unterschiede zwischen liberal-biopolitischen und souveränen Sicherheitstechniken zu markieren (vgl. Foucault, 2004, S. 26 f.). Andreas Folkers schließt sich diesem Vorschlag in seiner Analyse von sicherheitspolitischen Transformationen an (vgl. Folkers, 2018a, S. 62). Vincent August wiederum interessiert sich in seiner Beschreibung des Netzwerk-Denkens „für die Wirklichkeitskonstruktionen, ihre Zeit-, Raum- und Subjektverständnisse und die damit verbundenen politischen Ordnungsvorstellungen" (August, 2021, S. 24). In meinen Augen ist es ausreichend, sich den Veränderungen in den Kategorien Zeit und Raum zu widmen, um die Verschiebungen sichtbar werden zu lassen, die die Angemessenheit des Resilienzkonzepts für aktuelle Herausforderungen erklären kann.

2.1 Zeitliche Perspektive: Zwischen Vorhersehbarkeit und Unberechenbarkeit

Das moderne Gesellschaften prägende Ziel, den „Lauf der Dinge" kontrollieren und „alles im Griff" zu haben, setzt eine zugleich offene und vorhersehbare Zukunft voraus. Beide Aspekte bedingen einander: Im Bewusstsein einer offenen Zukunft versteht sich der „moderne Souverän" als Gestalter zukünftiger Entwicklungen, die positiv konnotiert sind, unter anderem Wachstum, Wohlstand, Freiheit, Gleichheit. Neben die „Gestaltung des Positiven" tritt die „Vermeidung des Negativen" (Reckwitz, 2021). In dieser Perspektive geht es nicht um die Möglichkeiten der Zukunft, sondern dass Zukunft, als künftiger Schaden oder gar Desaster gedacht, verhindert wird. Die Konsequenz daraus ist, dass Pandemien und andere negative Ereignisse nicht mehr als hereinbrechende *Gefahren* von außen, sondern als beeinflussbare *Risiken* betrachtet werden (vgl. Reckwitz, 2020a, b, S. 242).[1] Eine Voraussetzung dafür ist, dass die Techniken des Vorhersehens (z. B. die antike Divination) professionalisiert und zu modernen Prognoseverfahren weiterentwickelt werden (vgl. Horn, 2014, S. 298). Auf diesem Weg

[1] Die Differenzierung zwischen Gefahren und Risiken geht auf Niklas Luhmann zurück (vgl. Luhmann, 2003, S. 30 f.).

können ungewisse *Gefahren* in wahrscheinliche *Risiken* und voraussehbare Entwicklungen umgerechnet werden – unter anderem mithilfe der Statistik und Mathematik. Es etabliert sich das Leitbild, mit Weitsicht und vorausschauend zu regieren und potentielle „zukünftige Schäden durch Maßnahmen im Hier und Jetzt zu verhindern" (Leanza, 2017, S. 80).

Genau dieser Zusammenhang verändert sich seit den 1970er Jahren (vgl. August, 2021). Dass zeitdiagnostische Wahrnehmungen wie „Die neue Unübersichtlichkeit" (Habermas, 1985) und „flüssige Moderne" (Bauman, 2000/2003) auf große Resonanz stießen, hängt nicht zuletzt damit zusammen, dass die Quellen des Kontroll-, Planungs-, und Fortschrittsoptimismus versiegen. In Diagnosen, die von einer Postmoderne sprechen, konnten und können sich vor allem deswegen so viele wiedererkennen, weil die Ungewissheit zum systematischen Ausgangs- und Zielpunkt der Analysen gemacht wurde (vgl. Joas, 2012, S. 128). Vor allem Unfälle und Katastrophen waren es, die zeigten, dass der Traum von der vollständigen Vorhersehbarkeit und Kontrollierbarkeit von Risiken eine Selbsttäuschung ist. Nicht zufällig stellte Ulrich Beck die ohne Vorwarnung und plötzlich auftauchende Immunschwächekrankheit AIDS in eine Reihe mit den Unfällen von Harrisburg (1979), Bhopal (1984) und Tschernobyl (1986) und betrachtete sie als Beispiele für einen Trend hin zur *Risikogesellschaft.* Die gleichnamige 1986 erschienene Studie wurde nicht zuletzt deswegen von vielen als „treffende soziologische Deutung" (Joas, 2012, S. 107) der Gegenwart wahrgenommen, weil sie schonungslos die Grenzen der technisch-wissenschaftlichen Kontrollmöglichkeiten offenlegte und aufzeigte, welche Gefährdungen durch „gefahrentaube" und „folgenblinde" Modernisierungsprozesse entstehen (Beck, 1993, S. 36). Beck mahnte eine gesteigerte Reflexivität und ein gesellschaftliches Umsteuern an. Er sprach zu diesem Zweck von einer *reflexiven Modernisierung* bzw. einer *zweiten Moderne* (vgl. Beck, 1993; Beck et al., 1994/1996; Beck & Lau, 2004). Die entscheidende Differenz in der Wahrnehmung von Risiken sieht er darin, dass in der ersten Moderne die Risiken als zu einem vorhersehbar, berechenbar und beherrschbar und zum anderen zurechenbar angesehen wurden. Im Gegensatz dazu entziehen sich Beck zufolge die Risiken der zweiten Moderne „den Mechanismen der Risikokontrolle" (Folkers, 2018a, S. 32), weil sie einerseits „aufgrund ihrer Komplexität und der zeitlichen Verzögerung ihrer Folgewirkungen" (Beck, 2017, S. 132) und wegen (mehr oder weniger uneingestandenem) Nichtwissen unvorhersehbar und unkalkulierbar sowie andererseits zeitlich-räumlich entgrenzt und damit nicht eingrenzbar sind (vgl. Beck, 2007, S. 61 f., 103 ff.). Es gibt zum einen „kein Sensorium für globale Risiken, keine direkte Wahrnehmungs- oder Erfahrungsmöglichkeit, keine allein durch gesunden Menschenverstand herstellbare Evidenz" (Beck, 2017, S. 133). Zum anderen sprengen globale Risiken „die Grenzen des Nationalstaats und entfalten zudem ein Gefährdungspotenzial, das auch nachfolgende Generationen betreffen wird. Die Risikogesellschaft ist deshalb zugleich ‚Weltrisikogesellschaft' (Beck, 2007)" (Folkers, 2018a, S. 32).

Becks Buch *Risikogesellschaft* erschien – wie erwähnt – 1986 unmittelbar nach der Atomkatastrophe von Tschernobyl. Seine Studie *Weltrisikogesellschaft* (Beck 2007) stand unter dem Eindruck des Terrorismus (11.09.2001), der SARS-Epidemie (2002/2003), des voranschreitenden Klimawandels und der sich andeutenden Liquiditätsblasen eines deregulierten Finanzkapitalismus. Die Corona-Pandemie vor Augen hebt Thomas Assheuer (2020) Becks „prophetische[s] Gespür" hervor, mit der er die Bewohner der „Globalmoderne" als „Eingeborene" einer „Weltgefahrengesellschaft" beschreibt. Damit verknüpft ist die Erfahrung, dass der moderne Kontroll- und Gestaltungsanspruch relativiert werden muss. Wenn das Nicht-Wissen zu- und damit zusammenhängend die Vorhersehbarkeit von Gefährdungen abnimmt, kann nicht mehr so einfach und selbstverständlich davon gesprochen werden, „alles im Griff" und unter Kontrolle zu haben. Der Statistiker Nassim Taleb (2010) hat in diesem Zusammenhang die Rede vom „Schwarzen Schwan" geprägt, um unerwartete und unwahrscheinliche Ereignisse zu bezeichnen, die tiefgreifende Konsequenzen nach sich ziehen. „Schwarze-Schwan-Ereignisse" lassen sich nicht verhindern – weil sie nicht vorhersehbar sind und unerwartet eintreten –, es ist aber möglich, mit ihnen zu rechnen und Strategien einzuüben, mit denen schnell auf die neue Situation reagiert werden kann, falls sie sich ereignen. Weil nicht alles vorhersehbar und planbar ist, muss mit Unerwartetem und Unwahrscheinlichem gerechnet werden.

2.2 Räumliche Perspektive: Zwischen Überschaubarkeit und Ansteckungsketten

Viele Entwicklungen von modernen Gesellschaften können einerseits so beschrieben werden, dass sich der Container des sozialen und ökonomischen Lebens vergrößert. Andererseits sind vor allem die relationalen Aspekte von Bedeutung, die mit Industrialisierung, Arbeitsteilung und systemischer Differenzierung einhergehen. Die sozialen und ökonomischen Abhängigkeiten nehmen zu, die Interdependenzketten werden länger und die Verflechtungen enger. In dieser Blickrichtung wird das moderne Gesellschaften prägende Ziel, dass ein staatlicher Souverän ein abgegrenztes Territorium nach innen kontrollieren und nach außen vor Feinden beschützen kann, abgelöst von der Erfahrung, in einem System der Relationen zu leben, in dem alles mit allem komplex verknüpft und vernetzt ist (vgl. Schneider, 2012). Das Container-Raummodell wird ersetzt durch ein relationales Raummodell. Der soziale Raum wird auf der Basis dieses Vorstellungsmodells als ein Geflecht von Verknüpfungen und „vielfach vermaschtes Netzwerk von Netzwerken" (August, 2021, S. 383) gedeutet. Es wird nicht mehr (nur) auf die einzelnen Objekte der Wirklichkeit geschaut, sondern auf die Prozesse zwischen ihnen, auf die Relationen und wechselseitigen Beziehungen. Damit verbunden ist, dass in politischer Hinsicht die Kontrolle über ein Territorium an Relevanz verliert und stattdessen die Regulation von Strömen, Verästelungen und Konnektivitäten ins Zentrum der Aufmerksamkeit rückt.

Die Corona-Pandemie hat wie in einem Brennglas das damit verbundene Spannungsfeld für den Umgang mit Risiken und Gefahren offenbart. Zum einen haben die staatlich verordneten Quarantänemaßnahmen vorgemacht, dass der klassische Souveränitäts- und Kontrollanspruch noch nicht vollends an Bedeutung verloren hat. Gegen die entgrenzte Zirkulation von Viren wurde auf eine Containerlogik gesetzt, die das staatliche Souveränitätsverständnis seit der frühen Neuzeit bestimmt. Zum anderen hat die Corona-Pandemie aber auch gezeigt, dass das klassische Modell der Souveränität nicht mehr ausreicht. Vor allem das Corona-Virus selbst verdeutlicht dies. Es hält sich an keine Grenzen und zirkuliert durch die globalen Netzwerkströme, weil es sich über die infizierten Körper global und entgrenzt verbreiten kann. Bereits die Schließungen der physikalischen Räume forcieren eine „immer intensiver verdichtende digitale Mediatisierung und Öffnung der Kommunikationsnetzwerke" (Knoblauch & Löw, 2020). Zudem offenbart die Ausbreitung des Corona-Virus die Relativierung der Trennung von Natur und Gesellschaft. Weil der Mensch immer tiefer in den Lebensraum der Tiere eindringt, wird es zum einen immer wahrscheinlicher, dass ein Virus von einer Art zur anderen springt. Zum anderen waren die Menschen noch nie so gut vernetzt wie jetzt. Damit verschärft sich zum einen die Herausforderung, Souveränität und Kontrolle neu zu denken, wenn die neuzeitliche Basis, der überschau- und überwachbare Container, nur noch teilweise der Realität entspricht (vgl. August, 2021, S. 407 f.). Zum anderen gewinnen responsive Handlungsmuster wie Vorbereitung und Anpassung an Bedeutung.

3 Dispositiv: Resilienz als Leitbild

Eine Konsequenz aus den bisherigen Ausführungen ist: Weil sich das Verhältnis von Raum und Zeit grundsätzlich verschiebt und wir in einem Zeitalter leben, das von Unvorhersehbarkeit, Komplexität und Konnektivität geprägt ist, wird nach einem

Response-Konzept gesucht, in dem die flexible Anpassung an die jeweilige Situation ein zentrales Merkmal ist. Demnach ist es kein Zufall, dass Resilienz nicht nur zu einer verbreiteten *Technologie* geworden ist, mit der auf komplexe Gefährdungen und unvorhersehbare Risiken reagiert wird, sondern auch zu einem *telos,* zu einem neuen normativen Leitbild (vgl. Folkers, 2018a, S. 180). Andreas Folkers kommt zu dieser Feststellung auf der Grundlage einer empirischen Untersuchung von „Katastrophenvorbereitungsmaßnahmen in öffentlichen, aber auch privaten Institutionen" (Folkers, 2018a, S. 20). Seine Analyse zeigt, dass einerseits in unterschiedlichsten Bereichen „Gefahren befürchtet [werden], die noch in einer ungewissen Zukunft lauern und die drohen, jenseits des unmittelbaren Schadens das fortgesetzte Funktionieren komplexer (gesellschaftlicher, technischer oder natürlicher) Systeme nachhaltig zu kompromittieren" (ebd.). Andererseits dränge die spezifische Wahrnehmung von Gefährdungen zu bestimmten „Antizipations- und Reaktionstechniken" (ebd.). Eben hierfür habe sich das Konzept der Resilienz etabliert. In diesem Zusammenhang von einem neuen Leitbild zu sprechen ist in den Augen von Folkers damit begründet, dass sich die „Rationalitäten und Maßnahmen" zum Umgang mit den unvorhersehbaren und komplexen Gefährdungen „zu einem neuen Sicherheitsdispositiv, dem Sicherheitsdispositiv der Resilienz, versammelt haben", ein Sicherheitsdispositiv, das „sich systematisch von anderen historisch konstituierten Sicherheitsdispositiven wie dem Dispositiv der souveränen Staatssicherheit und dem der Bevölkerungssicherheit" (ebd.) unterscheidet. Im Folgenden wird diese These plausibilisiert.

3.1 Resilienz als Response-Fähigkeit

Das, was Folkers als zentralen Aspekt von Resilienz begreift, wird auch von vielen anderen als dessen Bedeutungskern genannt. „Wer von Resilienz spricht", so zum Beispiel Michael Meyen (2016), „hat erstens eine Bedrohung im Sinn (die von außen kommen kann, von innen oder aus beiden Richtungen zugleich), muss zweitens die Funktionen bestimmen, die (zum Beispiel) ein soziales Funktionssystem für die Gesellschaft hat, und dann nach Schwachstellen und Stärken dieses Systems suchen, und konzentriert sich folgerichtig drittens auf Systemerhalt, auf Überleben und auf Verbesserung. Selbst Katastrophen sieht man durch die Brille Resilienz nicht mehr schwarz, sondern als Gelegenheit zum Lernen."

Beide Pole, die Krise und die Response, sind demnach wichtige Merkmale einer Resilienzperspektive. Mit dem ersten Pol, dem Ausgangspunkt bei den Krisen, ist der passiv-reaktive Charakter von Resilienz verknüpft. Mit dem zweiten

Pol, der Response, wird der Blick auf die personalen, sozialen, kulturellen, ökonomischen oder ökologischen Ressourcen gelenkt, die hilfreich sind, um gegen Störungen weniger anfällig zu sein und von Bedrohungen, Krisen, Schocks und disruptiven Ereignissen nicht vollkommen aus der Bahn geworfen zu werden, sondern widerstands-, anpassungs- und wandlungsfähig zu sein und sich auch in schwer kalkulierbaren und bearbeitbaren Situationen als handlungsfähig (agency) zu erweisen. Im bayerischen Forschungsverbund ForChange wurde Resilienz daher als „Response-Fähigkeit" bezeichnet (Schneider & Vogt, 2017).

3.2 Wandel zu einer „Politik des Negativen"

Mit dem Fokus auf die Response-Fähigkeit ist eine Diskursverschiebung hinsichtlich der Steuerbarkeit von sozialen und räumlichen Entwicklungen verbunden. Nicht (mehr) die Planung und Herstellung von etwas Positiven ist bestimmend, sondern „der Gedanke der Vermeidung des Negativen beziehungsweise, wenn negative Ereignisse eintreten, der Wunsch, in einer widerstandsfähigen Weise damit umzugehen" (Reckwitz, 2021, S. 50). Resilienz-Konzepte beschäftigen sich nicht so sehr mit der Frage, wie der wechselvolle Strom der Veränderungen beeinflusst werden kann, sondern wie Menschen Krisen meistern und Systeme so gestaltet werden können, dass sie gegenüber nicht prognostizierbaren disruptiven Wandlungsprozessen weniger anfällig sind, sich an Veränderungen anpassen und daraus verwandelt hervorzugehen imstande sind. Anstelle von bewusster Steuerung und Planung setzen politische Konzepte, die Überlegungen zu Resilienz integrieren, auf Kontextsteuerung und adaptiv-transformative Modelle des Handelns. Dies passt erstens zu einem Umfeld, in dem „auf als dysfunktional erfahrene Störungen und Krisen sozialer Integration oder extreme Belastungssituationen [...] durch die Stärkung von Selbststeuerungspotenzialen" reagiert wird (Bröckling, 2017a, S. 9).

3.3 Adaptive governance und network governance

Lance H. Gunderson spricht in diesem Zusammenhang von einem „adaptive management" (1999), Brian Walker et al. (2004) von einer „adaptive governance". Diese ist ihrer Ansicht nach „a process of creating adaptability and transformability". Damit verknüpft ist eine Kritik gegenüber ingenieurmäßigen Planungsvorhaben. Statt auf Optimierungsprogramme setzt ein *resilient thinking* auf selbstorganisatorische Optionssteigerungen und Variabilität. An dieser kann auf die Parallelen zum Governance-Begriff verwiesen werden (vgl. Rungius et al., 2018). Ähnlich wie Resilienz bündelt *Governance* in sich die Wahrnehmung, dass infolge gewachsener Komplexität einfache, unidirektionale Top-Down-Planungen nicht mehr möglich sind und stattdessen netzwerkartige Formen politischer Steuerung an Bedeutung gewinnen (vgl. Benz et al., 2007). Das politische System steuert demnach nicht mehr in der Weise, dass Entscheidungen getroffen werden, die dann von oben nach unten und in der Fläche administrativ umgesetzt werden. Im Fokus steht die Einbindung in netzwerkartige und komplexe Verständigungs- und Aushandlungsprozesse. Damit ist der Weg geebnet für *network governance*-Ansätze, in denen „öffentliche Akteure … die Zusammensetzung der Netzwerke so entwerfen [sollen], dass eine aktive und kooperative Situation entsteht“ und „selbstregulative[] Aushandlungsprozesse“ ermöglicht werden (August, 2021, S. 397). „In einer komplexen vernetzten Welt“, so die Hintergrundüberzeugung dieser Ansätze, „nehmen die Regierungen und Verwaltungen die Rolle eines ‚facilitator‘ ein. Weil sie keine direkte Kontrolle ausüben können (oder sollen), sollen sie eine reflexive Führung der Interaktionen leisten. Der Staat versteht sich als Unterstützer und Schützer der Selbstregulation“ (ebd., S. 398).

Mit dem vernetzten Denken wandelt sich auch die Vorstellung von Stabilität. „Was stabil erscheint, ist nichts anderes als eine immer wieder neue (Re-) Produktion eines Zusammenhangs, bei der sich die Elemente und Relationen … ständig verändern.“ (Ebd., S. 384) Eben dies haben auch Walker et al. (2004) im Blick, wenn sie die *adaptive governance* mit der Hoffnung auf eine „evolution of rules that influence resilience during self-organization“ verknüpfen. Der Begriff der Resilienz stellt in diesem Sinne „auf das Paradox ab, dass Systeme nie sie selbst sind, weil sie sich in Relation zur Umwelt intern umbauen (müssen)“ (August, 2021, S. 384). Resilienz ist demnach ein relationales Konzept, das sich auf die Wechselwirkungen der miteinander zusammenhängenden Systeme bezieht, die in einem multidimensionalen und -skalaren Gesamtzusammenhang eingebettet sind und über nichtlineare Dynamiken aufeinander einwirken.

3.4 Sicherung der Funktionsbedingungen von sozio-technisch-ökologischen Netzwerken

Die bisherigen Ausführungen haben gezeigt, dass Resilienz ein Leitbild ist, das zu der Relativierung des modernen Souveränitäts- und Kontrollparadigmas passt und für einen responsive Umgang mit Unsicherheiten, Bedrohungen und Anfälligkeiten steht. Gerade der Fokus auf die relationalen Wechselwirkungen kann erklären, warum Resilienz-Konzepte in unserer Zeit eine außergewöhnliche Resonanz erfahren. Sie lenken die Perspektive auf die Bedingungen des Gelingens und Misslingens der für moderne Gesellschaften so bedeutsamen relationalen Verknüpfungen und Assoziationen. In negativer Hinsicht heißt dies, dass der Blick auf die *precariousness,* also auf den Gefährdungsgrad eines Systems bzw. auf die *Verwundbarkeit* von systemischen Relationen und komplexen Netzwerken gerichtet wird. Von Bedeutung ist dies, weil zum einen die Relevanz von „Kritischen Infrastrukturen" und lebenswichtigen Versorgungssystemen zugenommen hat (vgl. Collier & Lakoff, 2015). Zum anderen machen die ökologischen Krisen darauf aufmerksam, dass ökologische, soziale, technische und ökonomische Systeme nicht getrennt voneinander betrachtet werden dürfen. Das sozio-technisch-ökologische Netz (Folkers, 2018a, S. 346) kennt keine Innen-Außen-Grenzziehungen mehr. „Die Gesellschaft ist […] ein ebenso zerfasertes und dezentriertes wie ultra-interdependentes Geflecht. Die Elemente dieses Netzwerkes sind nicht nur sozial. Sie setzen sich zusammen aus Menschen und Tieren, natürlichen Elementen, Prozessen und Agentien, technischen Artefakten und Programmen […]." (Folkers, 2018a, S. 217 f.) Wenn es aber kein Außen mehr gibt und alles miteinander verknüpft ist, sind es vor allem die immanenten Ansteckungsketten, die bedrohlich sind. Eben diese Erfahrung wird mit der zu großer Prominenz gekommenen Kategorie des systemischen Risikos ausgedrückt (vgl. Folkers, 2018a, S. 154–179). Charakteristisch für diesen Begriff ist die Wahrnehmung, dass Gefahren und Bedrohungen nicht mehr nur von außen ausgehen, also externe Schocks aus der Umwelt sind, sondern mit „systeminternen Resonanzeffekten" (Folkers, 2018a, S. 155) zusammenhängen. Für Folkers ist diese neue Realität der zentrale Grund, dass Resilienz die Souveränität als gesellschaftliches Leitbild ablöst (vgl. Folkers, 2018a, S. 221): „Es müssen gerade die Anschlüsse, Vernetzungen und Konnektivitäten des Systems bzw. zwischen den Systemen gesichert werden, ohne dabei gefährliche Übertragungswege für ausufernde Katastrophen zu erzeugen. Darin liegt die potenzielle Paradoxie der Sicherung des Kollektivs vitaler Systeme im Sinne des Resilienzdispositivs: die Vernetzung etabliert vitale Übertragungskanäle, die ihrerseits stets neue Störungs- und Katastrophenpotenziale erzeugen können." (Folkers, 2018a, S. 221) Unter anderem ist dies für die aktuelle Klimaforschung relevant. In der Erdsystemforschung ist das Resilienz-Konzept insofern aufgegriffen worden, als dort nicht mehr der begrenzte Bestand und die Knappheit an Ressourcen problematisiert wird, sondern die Vulnerabilität von Interdependenzen und kritischen Schwellen, die nicht überschritten werden dürfen, weil ansonsten die komplexen Wechselwirkungen in ihren negativen Auswirkungen nicht mehr kontrollierbar sind und zu einem Kollaps des Systems führen (vgl. Folkers, 2018a, S. 281–300).

4 Handlungsmodi: „Technologien“ für den Umgang mit Unsicherheiten, Bedrohungen und Anfälligkeiten

Ein Ziel der bisherigen Ausführungen war, das Resilienzkonzept konzeptuell zu schärfen, indem es gesellschaftstheoretisch gerahmt und normativ profiliert wird. Für Resilienzstrategien ist dieses Vorgehen von Bedeutung, weil damit ein Gegenakzent zu der vielfach bemängelten Unbestimmtheit des Resilienzbegriffs gesetzt und ein „best account“ (Hartmut Rosa) für eine Gesellschaft geliefert wird, die ihre systemimmanenten (Selbst)Gefährdungen reflektiert. Im Folgenden wird diese Rahmung aufgegriffen, um *Handlungsmodi* zu rekonstruieren, die dazu beitragen, dass Systeme resilienter werden. Diese können auch als *Technologien* interpretiert werden, mit denen auf komplexe Gefährdungen und unvorhersehbare Risiken reagiert werden kann (vgl. Folkers, 2018a, S. 180).

4.1 Prävention

Die traditionelle moderne Strategie, auf potenzielle Gefährdungen und Risiken zu reagieren, ist die Prävention (Leanza, 2017). Präventive Maßnahmen zielen zum einen darauf, Risiken und ihr Eintreten „von vornherein“ zu verhindern und Gefahrenquellen proaktiv auszuschalten.[2] Eine Gefährdung soll erst gar nicht eintreten bzw. die Wahrscheinlichkeit dafür soll vermindert werden. Zum anderen äußert sich präventives Handeln darin, die schädlichen Folgen von Unfällen und anderen unerwünschten Situationen abzuschwächen. Durch Maßnahmen wie Geschwindigkeitsbegrenzungen werden die Ursachen für Verkehrsunfälle bekämpft bzw. die Wahrscheinlichkeit ihres Eintretens von vorherein vermindert. Durch Maßnahmen wie den Sicherheitsgurt werden die Folgen eines Unfalls abgemildert. Davon zu unterscheiden ist der Katastrophenmodus. Dieser ist dann gefordert, wenn auf eine akut eintretende bzw. einen drohenden Notstand reagiert werden muss.

In der Corona-Pandemie können viele Maßnahmen, die zur Verhinderung der Ausbreitung des Virus (z. B. Kontaktbeschränkungen, Hygieneregeln, Maskenpflicht) getroffen wurden, dem Präventionsmodus zugeordnet werden. Vor allem ging

[2] Bei dieser Dimension der Prävention wird oft von *preemption* gesprochen (vgl. Massumi, 2007/2015).

es darum, die Folgen abzumildern. Zur *preemption* wird der präventive Modus, wenn die Entstehung von Pandemien „von vornherein" verhindert werden soll. Wenn diese Frage gestellt wird, dann rückt unter anderem ins Blickfeld, dass COVID-19, Artensterben, Klimawandel und Umweltzerstörung eng zusammenhängen. Um künftige Pandemien und damit verbundene Krisen zu verhindern, muss an diesen Ursachen angesetzt werden, so die Diagnose. Dies bedeutet erstens, die Ursachen für die *Entstehung* immer neuer Erreger zu „kontrollieren", und zwar am Ort ihrer Entstehung: „Wer Pandemien verhindern will, muss den Regenwald erhalten" (Junglen, 2021). Zweitens müssen innerhalb der globalen Waren- und Verkehrsströme Instrumente eingebaut werden, die die rasante Ausbreitung einer Seuche zumindest eindämmen. Prävention zielt also auch hier auf die Kontrolle der potenziellen Entstehung von Gefährdungsursachen und ihrer Ausbreitung. Die präventive Perspektive Verhinderung/Abschwächung spielt zudem dort eine Rolle, wo eine „Große Transformation" (WBGU, 2011) hin zu einem klimaneutralen Wirtschafts- und Lebensstil angestrebt wird, um die Ursachen für das absehbare Überschreiten von Kipppunkten zu „bekämpfen" und die Folgen für bereits eingetretene Klimaveränderungen abzumildern.

4.2 Vorbereitung

Die konzeptuelle Verwandtschaft von Prävention und Resilienz darf nicht über die Unterschiede hinwegtäuschen. Präventive Strategien zielen darauf, dass Krisen, Gefährdungen etc. erst gar nicht entstehen oder eintreten – und können daher dem Leitbild der Nachhaltigkeit zugeordnet werden. Resilienz hingegen rechnet immer damit, dass unerwartete Krisen kommen werden. Dessen Etablierung zu einem Dispositiv kann als Antwort auf die zeitlichen und räumlichen Transformationen gedeutet werden. Präventionsstrategien sind nämlich zum einen davon abhängig, dass der Lauf der Dinge wenigstens ansatzweise berechenbar – und damit auch beherrschbar ist. Eben diese *zeitliche* Rahmenbedingung hat sich – wie oben dargelegt – in den letzten Jahrzehnten verändert. Die zunehmende Unberechenbarkeit und Unvorhersehbarkeit von Krisen, Bedrohungen und Katastrophen trägt dazu bei, dass das Vertrauen in proaktive Prävention und Ursachenbekämpfung desillusioniert wird und die Bedeutung einer reaktiven Folgekontrolle zunimmt. Zum anderen erschwert der Wandel der *räumlichen* Rahmenbedingungen die Eindämmung von Krisen und Gefährdungen. Die relationalen Wechselwirkungen, Verknüpfungen und Verbindungen begünstigen die „rasante Ausbreitungsdynamik" (Folkers, 2018a, S. 195) von Krisen und Störungen. Die „Interkonnektivität" der sozialen, ökologischen und technischen Systeme sind sowohl Basis für den Fortschritt und die Mobilität der modernen Lebenswelt, sie sind aber auch die Ursache für systemische Verwundbarkeiten und exponentielle Domino-Effekte. So fördert zwar die starke Vernetztheit globaler Wirtschaftskreisläufe die Effizienz und den Handel, zugleich erhöhen die engen Kopplungen und undurchschaubaren Verflechtungen die Anfälligkeit für Domino-Effekte.

Damit verbunden ist, dass der Handlungsmodus der *Vorbereitung (preparedness)* an Bedeutung zunimmt (vgl. Folkers, 2018a, S. 18, 64; Lakoff, 2007). Die Logik dahinter ist: Um Systeme auf ungewisse und überschaubare Risiken vorzubereiten, ist das Vorhalten von Reserven, Spielräumen und Handlungsoptionen wichtig. Puffersysteme, Lagerbestände, Vorräte, Rücklagen und (Notfall-)Reserven erfüllen diese Rolle (vgl. Folkers, 2018a, S. 187). Vorräte können in allgemeiner Form als Ressourcen betrachtet werden, auf die Menschen „zurückgreifen", wenn sie Krisen zu bewältigen haben. In diesem Sinne beschäftigen sich Resilienz-Konzepte „mit den ‚Fähigkeiten' bzw. dem ‚Potential' oder ‚Vermögen' – und damit verbunden: mit den Ressourcen – von Einheiten …, mit für diese Einheiten disruptiven Ereignissen umzugehen'" (Endreß & Rampp, 2015, S. 38).

Ein Lerneffekt aus der Corona-Pandemie könnte sein, dass die mit der Vorratshaltung verknüpfte Rationalitätsform ins gesellschaftliche Bewusstsein zurückkehrt. Es wird (wieder) anerkannt, dass es resilienter Infrastrukturen bedarf, „die für permanente Gefährdungen – Pandemien, digitale Crashs, Terror, Hasskriminalität, Klimawandel – Vorsorge" (Reckwitz, 2020a) treffen – in Form von Pufferkapazitäten und Vorratshaltung. Reckwitz spricht von einem resilienten Staat (vgl. Reckwitz, 2020a, b, S. 248), der auf Krisen vorbereitet ist und dessen Infrastrukturen die „rasante Ausbreitungsdynamik" (Folkers, 2018a, S. 195) abpuffern und ihren Radius einschränken können (durch einen Vorrat an Krankenhausbetten, Pflegepersonal, Masken, Schutzkleidung, Sauerstoffgeräte, Medikamente, Blutkonserven, Verbandszeug etc.). Dies entspricht derselben Vorrats-Logik, mit der für die vernetzten Energiesysteme und Finanzsysteme Reserven, Puffer und redundante Ressourcen (z. B. Notstromaggregate, Eigenkapitalpuffer) vorgehalten werden, um bei Störungen den Schaden abfedern und eindämmen zu können.

Die Vorratshaltung ist das „Gegenbild" (Folkers, 2018a, S. 187) zur „rasante[n] Ausbreitungsdynamik" (Folkers, 2018a, S. 195) von Krisen und Störungen. Denn damit werden Ressourcen, Materialien und Bestände den entgrenzten Zirkulationen einer „Just-In-Time-Produktion" entzogen (vgl. Serres, 2008, S. 179). Durch die Vorratshaltung kann „sowohl ein eingetretener Schaden abgefedert als auch dessen weitere Ausbreitung verhindert werden"

(Folkers, 2018a, S. 187). Der *Abfederung* entspricht in *zeitlicher* Perspektive die Ergänzung von Präventionsstrategien durch Strategien des Vorbereitet-Seins (im Sinne von Notfallreserven), der *Verhinderung der Ausbreitung* entspricht in *räumlicher* Perspektive die Ergänzung von Eindämmungsmaßnahmen (im Sinne von Brandmauern, Dämmen, Grenzschließungen) durch Strategien der „Entnetzung" (Stäheli, 2021). Darunter fällt die Suche nach Möglichkeiten, wie die „Architektur" der vernetzten Systeme so gestaltet und „programmiert" werden kann, dass sie weniger verwundbar sind. So hat die Corona-Pandemie deutlich gemacht, dass in der Daseinsvorsorge und im Notfallmanagement regional verfügbare Versorgungsstrukturen essenziell wichtig sind, etwa bei der Produktion von Arzneimitteln, Schutzkleidung und Masken. Hier geht es darum, komplexe Verflechtungen modularer zu gestalten. Dies kann bedeuten, „einige Verbindungen aufzulösen" (Folkers, 2018a, S. 197) bzw. so zu gestalten, dass sie flexibel zurückgefahren bzw. geändert werden können.

Ausgehend von dieser Einordnung des Resilienzkonzeptes wird auch deutlich, warum *Redundanz, Diversität, Modularität* und *dichte Feedback-Mechanismen* wichtige Merkmale von resilienten Systemen sind (vgl. Walker & Salt, 2006; Bardi, 2017, S. 242 f.; Kegler, 2014, S. 49–51). Das Vorhandensein von ihnen trägt dazu bei, dass Systeme von Prozessen nicht prognostizierbarem disruptiven Wandel nicht vollkommen aus der Bahn geworfen werden, sondern diese „bewältigen" können. *Redundanz und Diversifizierung* erhöhen Puffermöglichkeiten, Flexibilität und Optionssteigerung. Schocks, Krisen und disruptiver Wandel können damit abgefedert werden. „Je mehr Speicher und Reserven ein System besitzt, umso eher kann es verhältnismäßig reagieren und sich an neue Umstände anpassen und sich weiterentwickeln." (Lesch & Schwartz, 2020, S. 68). Die *Modularität* bedingt eine Systemarchitektur, in der unabhängige, dezentrale und sich selbst organisierende Strukturen bestimmend sind. Systemische Verwundbarkeiten werden so reduziert, weil sich Störungen nicht so schnell und weiträumig ausbreiten können. Die *dichten Feedback-Schleifen* fördern eine schnelle Reaktion und das rechtzeitige Inkrafttreten von Korrekturmöglichkeiten, die im Krisenfall aktiv werden, weil „Veränderungen in einem Bereich sofort in den anderen Bereichen wahrgenommen werden und diese rasch reagieren können. Zentralisierte Steuerungsmechanismen, Globalisierung sowie überlange Rückkopplungsschleifen schwächen dagegen die Resonanzfähigkeit" (Bröckling, 2017b, S. 130).

4.3 Antizipation („Denken auf Vorrat")

Um auch auf unwahrscheinliche Krisen und Gefährdungen vorbereitet zu sein, ist es wichtig, Wissen über das „Unvorstellbare" und das „Unwahrscheinliche" zu sammeln. Helfen können hier Antizipationstechniken, deren Ziel es ist, das Undenkbare denkbar und das Unwahrscheinliche einschätzbar zu machen (vgl. Folkers, 2018a, S. 63 f.). Beispiele hierfür sind Szenario-Techniken, Computersimulationen, Stresstests und die Delphi-Methode (vgl. Collier, 2008, S. 242). Auch das aktuell viel diskutierte Konzept „Anticipatory Governance" hat zum Ziel, sich für „Wild Cards" und „Schwarze Schwänen" (Taleb, 2010) zu wappnen. Das Besondere an diesen Formaten ist, dass sie nicht mehr von Ereignissen in der Vergangenheit ausgehen, um die „Wahrscheinlichkeit ihres erneuten Auftretens in der Zukunft" (Folkers, 2018a, S. 64) einzuschätzen. Ihr Ziel ist, solche Ereignisse zu „antizipieren", die nicht in das Schema bisher bekannter Erfahrungswerte passen und in diesem Sinne unerwartet und überraschend sind. Sie operieren also „nicht mehr im Medium des Wahrscheinlichen, sondern des Möglichen" (ebd.).[3] Mukerji und Mannino (2020, S. 115) nennen die mit Antizipationen und Szenarien verbundene Wissensform „Denken auf Vorrat" und sprechen von einem „vorsorgliche[n] Durchdenken von Problemen und Fragen, die in Zukunft auftreten könnten". Die Metapher des Wissens- bzw. Denkvorrats bringt gut zum Ausdruck, wie sich das Motiv der Vorhersehbarkeit und der Kontrolle über den „Lauf der Dinge" verändert. Der Wissensdurst bezieht sich zwar weiterhin auf etwas Zukünftiges, allerdings geht es im Unterschied zur Prävention nicht mehr darum, eine potenzielle Gefährdung vollends zu vermeiden, sondern auf das, was sich ereignet, vorbereitet zu sein – und zwar nicht nur durch materielle Vorräte und Speicherkapazitäten, sondern auch dadurch, dass Wissen über das Undenk- und Unerwartbare gesammelt wird. Die dafür notwendige Kompetenz ist das „Vorwegnehmen" und „Antizipieren". Dazu zählt die Kompetenz, sich „in gedankliche Räume vor[zu]tasten, mit denen wir bisher keine Erfahrungen gemacht haben" (Mukerji & Mannino, 2020, S. 43).

[3] Für den Literaturwissenschaftler Fritz Breithaupt ist das menschliche Vorstellungsvermögen und „das Geschichtenerfinden womöglich ein evolutionsbiologischer Selektionsvorteil gewesen, da der Mensch in seinen fiktiven Ausschmückungen die Bandbreite an möglichen Realitäten ausschöpfte und so besser auf potenzielle Gefahren vorbereitet war" (Pauer, 2020).

4.4 Anpassung

Ein Zwischenergebnis der Ausführungen in diesem Kapitel ist, dass die mit dem Handlungsmodus der Prävention verbundene Überzeugung, negative Entwicklungen kontrollieren zu können, immer mehr der Einsicht in die Nicht-Kontrollierbarkeit von komplexen Wechselwirkungen und Nebenfolgen weicht – was wiederum die Relevanz des *Vorbereitet-Seins* und des *Antizipierens* erhöht. Mit dem Modus der *Vorbereitung* relativiert sich nicht nur die Berechenbarkeit der Zukunft, zugleich transformiert sich der Kontrollanspruch von aktiven zu reaktiven Handlungsmustern. Es wird damit gerechnet, dass unerwartete, nicht intendierte Ereignisse eintreten. Um diese halbwegs „beherrschen" zu können, kommt es auf Bewältigungskapazitäten an, auf Systeme und Strukturen, die die Wucht und Geschwindigkeit von disruptiven Veränderungen „abpuffern" können.

Einen nochmals anderen Akzent erhalten die temporalen Bezüge, wenn eine krisenhafte Zukunft hinreichend wahrnehmbar und absehbar ist. Dann gilt es sich an die „neue Realität" anzupassen. Diese Perspektivverschiebung wird aktuell in der Umweltpolitik diskutiert (vgl. Folkers, 2018a, S. 281 f.). Natürlich sollte das Ziel sein, Schäden an der Umwelt vorbeugend und vorsorgend zu vermeiden. Die Herausforderung ändert sich aber, wenn wir nicht mehr nur mit zukünftigen, sondern gegenwärtigen Problemen zu tun haben. Weil globale Überhitzung und andere ökologische Krisen nicht nur in der Zukunft drohen, sondern gegenwärtig spürbar sind und sich verschlimmern werden, ist es von entscheidender Bedeutung, sich an die eingetretenen Veränderungen anzupassen und sich auf das Schlimmste einzustellen (vgl. Read & Alexander, 2020, S. 57–60). Damit transformiert sich der Umgang mit Gefährdungslagen von präventiven Verhinderungs- zu responsiven Bewältigungsstrategien. Weil der Klimawandel nicht mehr nur ein Problem in der Zukunft ist, sondern „eine Gefahr im Hier und Jetzt" (Folkers, 2018a, S. 281), geht es darum, die „neue Realität" ehrlich wahrzunehmen (sich also nichts mehr vorzumachen). Weil die Folgen der Erderwärmung nicht mehr nur absehbar, sondern bereits spürbar sind, gilt es sich an die veränderte Situation *anzupassen,* z. B. durch klimaresistente Land- und Forstwirtschaft, veränderte Landnutzungsmuster, Steigerung der Rückhaltefähigkeit der Landschaft, schwimmende Architekturen angesichts von zunehmenden Flutkatastrophen.

Eine weiterer Akzent besteht darin, vom Gefährdungsgrad *(precariousness)* eines Systems auszugehen (Walker et al., 2004) – und zu fragen, wo die Schwelle liegt, ab der ein System instabil wird und zu „kippen" droht. Damit diese Grenze nicht überschritten wird, rücken aktive Maßnahmen ins Blickfeld, die die externen Veränderungen und ihre zukünftigen Folgen abzumildern versuchen.

Für diese von der *Adaption* zu unterscheidende Strategie wird der Begriff der *Mitigation* verwendet (vgl. Folkers, 2018a, S. 283–286).

Die Differenz zwischen abmildernder Mitigation und Anpassung darf aber nicht als Paradigmenwechsel verstanden werden. Vielmehr handelt es sich um sich ergänzende Handlungsmodi. Auch weil über präventive Maßnahmen das Ausmaß der Klimaveränderungen verringert werden kann und damit die Adaptionen „vereinfacht" werden, ja in ökonomischer Hinsicht auch billiger sind, spielen diese immer noch eine wichtige Rolle. Das Feld, in dem beide Perspektiven, die präventive *Mitigation* und die vorbereitende *Adaption,* als sich wechselseitig ergänzende Strategien eine große Rolle spielen, ist das klimapolitische Ziel, die Erderwärmung nicht höher als 1,5 Grad im Vergleich zur vorindustriellen Zeit Mitte des 19. Jahrhunderts steigen zu lassen (vgl. Folkers, 2018a, S. 284).

Dies ist einer der Punkte, an denen sich die Bewältigungsstrategien für die Corona-Pandemie und für die Klimakrise gut vergleichen lassen. Einerseits soll die exponentielle Ausbreitungsgeschwindigkeit des Virus durch Kontaktbeschränkungen, Masken, Impfen etc. eingedämmt werden, um nicht einer „unkontrollierbaren" Entwicklung ausgeliefert zu sein. Andererseits müssen die Folgen des Klimawandels in einem beherrschbaren Stadium, in einem *safe operating space for humanity* (Rockström et al., 2009a) gehalten werden. Unter anderem bedeutet dies, dass global nicht mehr CO2 freigesetzt werden darf, als gleichzeitig absorbiert und gebunden werden kann. So wie für die Kontrolle des Virus der Reproduktionsfaktor, Inzidenzen und die belegten Intensivbetten wichtige Schwellenwerte sind, so für die Kontrolle der ökologischen Krise die Einhaltung der *planetarischen Grenzen* (Rockström et al., 2009b; Steffen et al., 2015). In beiden Fällen ist das Ziel, dass *tipping points* (Horn, 2020) nicht überschritten werden, weil ansonsten ein plötzlicher Umschwung mit nicht vorherseh- und kontrollierbaren Rückkopplungseffekten einsetzen kann. Ähnlich wie bei der Corona-Pandemie die für die Moderne so typischen „Allmachts- und Beherrschbarkeitsfantasien" (Adloff, 2020, S. 146) einen großen Dämpfer erhielten, so machen die spürbaren Folgen des Klimawandels bewusst, dass sich der Klimawandel nicht mehr so einfach beherrschen lässt. Er ist „schon zu schnell mit einer allzu starken Dynamik zu weit fortgeschritten" (Bendell, 2019, S. 81). Deswegen ist es zum einen wichtig, sich an die „neue Realität" anzupassen und auf weitere gravierende Veränderungen vorbereitet zu sein. Zum anderen ist die Adaption an eine sich verändernde Umwelt nur dann möglich, wenn nicht weitere Grenzen, *tipping points,* überschritten werden und „Veränderungen sich nicht so schnell und plötzlich ereignen, dass sehr langwierige Anpassungsprozesse nicht mehr adäquat implementiert werden können" (Folkers, 2018a, S. 285).

Die Anpassungen an die neue Klimanormalität sind nur im Rahmen des *safe operating space for humanity* möglich.

4.5 Transformation

Der moderne Gestaltungs- und Fortschrittsoptimismus befindet sich zwar seit den 1970er Jahren in der Krise, bestimmt aber immer noch den gesellschaftlichen und politischen Diskurs. Ein Beispiel hierfür ist die Hoffnung auf *Grünes Wachstum*. Hier wird der Modernisierungs- und Fortschrittspfad beschritten, insofern *green growth* mit der Überzeugung verknüpft ist, dass moderne Gesellschaften es schaffen, den technologischen Fortschritt anzukurbeln und auf diese Weise die Klimakrise und andere Herausforderungen zu bewältigen (vgl. Adloff & Neckel, 2020, S. 63, 66 f.). Es wird so getan, als sei die sozial-ökologische Transformation nur eine Frage der technischen Innovationen oder politischen Umsetzbarkeit. Eben dies kann gemäß der bisherigen Analysen als Illusion entlarvt werden. Der planerische Fortschrittsoptimismus muss relativiert werden, weil die Vorstellung, dass souveräne Akteure soziale und räumliche Entwicklungen überblicken und kontrollieren können, abgelöst wird von der Vorstellung, sich mitten in Transformationsprozessen zu befinden.

Wie beim deutschen Ausdruck „Veränderung" und beim englischen Ausdruck „change" kann auch der aus dem Lateinischen übernommene Begriff „Transformation" (transformare: umformen) aktivisch und passivisch verwendet werden: „ich verändere" und „ich werde verändert". Daneben gibt es in alten Sprachen, etwa im Altgriechischen oder auch im Sanskrit, eine dritte grammatische Form, die nur in manchen Sprachen lebendig ist: das „Medium" bzw. „Neutrum" (vgl. Elberfeld, 2012, S. 228–259). Veränderung bedeutet dann „es verändert sich" (vgl. Wille, 2016, S. 394). Für Hartmut Rosa ist es der Modus des reflexiven Mediums, mit dem sich ein Geschichts-, Raum- und Weltverhältnis „denken ließe, das den Fallen des Souveränitätsparadigmas entginge, ohne die damit verknüpften Selbstwirksamkeitserwartungen einfach zu opfern" (Rosa, 2019, S. 47). Solange man nur im Modus von Aktiv und Passiv denke, so seine Überzeugung, ist man „entweder Täter oder Opfer, Sender oder Empfänger, Ausübender oder Erleidender einer Handlung" (ebd., S. 46). Der Modus des reflexiven Mediums ermögliche es, diesen Antagonismus zu überwinden und den Fokus auf das wechselseitige Eingebundensein und das Bezogensein zu legen. Bei der Kennzeichnung des damit verknüpften Handlungsmodus spricht Rosa von einem „mediopassive[n] Weltverhältnis, das ebenso gut ein medioaktives genannt werden kann" (ebd., S. 53). Mit dem Mediopassiv rücke ins Blickfeld, dass es keinen souveränen Akteur gibt, der über den Dingen steht und diese kontrolliert und beherrscht. Damit das damit beschriebene Abhängigkeitsverhältnis aber nicht einfach „im Sinne eines Ausgeliefertseins" (ebd., S. 46) verstanden wird, müsse in seinen Augen das Mediopassiv durch das Medioaktiv ergänzt werden.

Die wechselseitige konstitutive Beziehung, die Rosa als Geschehen zwischen Mediopassiv und Medioaktiv, Affizierung und Selbstwirksamkeit, Hören und Antworten rekonstruiert, ist auch durch das Merkmal der Transformation gekennzeichnet. Rosa versteht diese „im Sinne einer wechselseitigen Anverwandlung, die sich von einer einseitigen, vereinnahmenden Aneignung kategorial unterscheidet" (ebd., S. 45). Transformation ist demnach das Ergebnis von wechselseitigen Beziehungen und Relationen. Damit verknüpft ist, dass Transformationen nicht planbar und auch nicht kontrollierbar sind. Es lässt sich auch nicht vorhersagen, was das konkrete Ergebnis einer Transformation sein wird. Sie ereignen sich im Sinne eines Mediopassiv und sind unverfügbar (vgl. ebd., S. 46; ders. 2018).

Der Umweg über den Ansatz von Hartmut Rosa ermöglicht es, den Handlungsmodus der Transformation in die Konzeption von Resilienz als Response-Fähigkeit einzuordnen. Transformation meint demnach erstens, dass sich etwas verändert (im Sinne des Mediopassiv), und zweitens, dass etwas verändert wird (im Sinne des Medioaktiv). Die zentrale Herausforderung besteht dabei darin, Transformationsprozessen nicht einfach ausgeliefert zu sein, sondern eine Response-Fähigkeit zu besitzen. Eben dies kann als Kernbedeutung von Resilienz benannt und in mehrere Handlungsmodi differenziert werden. Dazu zählt, dass in Bezug auf unwahrscheinliche, aber in ihrer Konsequenz äußerst zerstörerische Ereignisse der Anspruch der Prävention ergänzt werden muss um den Modus des Vorbereitet-Seins. Die Response auf Transformationen nimmt den Modus einer wechselseitigen Beziehung an, wenn das reaktive Bewältigen in ein aktives Lernen übergeht. Der Begriff der Adaption kann in diesem Zusammenhang als ein „Brückenbegriff zwischen den Anliegen der Absorption und der Transformation" (Sedmak, 2013, S. 17 Fn. 7) verstanden werden. Auch der Resilienzdiskurs kreist immer wieder um die Frage, wann die *Response* vom Modus des Reagierens zum Modus des Agierens übergeht bzw. übergehen sollte. Die Unterscheidung zwischen den Resilienzdimensionen der *Persistenz, Adaptation und Transformation* (vgl. Folke et al., 2010; Walker et al., 2004) ist ein Ergebnis dieser Diskussion. Charakteristisch für die Übergänge ist, dass zum einen das Moment der Veränderung gegenüber dem Bewahren an Bedeutung gewinnt und dass es sich zum anderen nicht mehr nur um kurzfristige, sondern um langfristig angelegte Maßnahmen handelt.

Die Adaption erlangt in dem Maße eine stärkere Bedeutung, in dem die Folgen von Wandlungsprozessen auf unterschiedlichen Gebieten offenkundiger werden und eine „reaktive" Planung nicht mehr ausreicht. So gewinnen hinsichtlich der Folgen des Klimawandels zunehmend Anpassungsstrategien an Bedeutung. Zu beachten ist dabei, dass der Handlungsmodus der Anpassung nicht nur viel gemein hat mit dem der Vorbereitung, sondern auch mit dem der Selbstorganisation. Damit verbunden ist, dass das Vertrauen in die Fähigkeiten des Menschen, Prozesse kontrollieren zu können, relativiert und eine einseitige „Technologiegläubigkeit" (Read & Alexander, 2020, S. 17) ad acta gelegt wird, wie sie zum Beispiel in dem viel diskutierten Geo-Engineering zum Ausdruck kommt. Im Vorhaben, „den gesamten Planeten, die gesamte Geosphäre, unter Kontrolle zu bringen: zu überplanen, ingenieurtechnisch einzugreifen und top-down zu managen" sieht Rupert Read eine „extreme Hybris" am Werk (ebd., S. 21 f.). Dem gegenüber setzt er auf Strategien, in denen auf evolutionäre Selbstorganisations- und flexible Anpassungsprozesse vertraut wird und zum Beispiel wilde Ökosysteme mit großer Biodiversität wiederhergestellt und „ursprüngliche Wälder an den ursprünglichen Standorten" angepflanzt werden. In seinen Augen „sollten wir nur in die Natur eingreifen, um ihr zu ermöglichen, die Vorherrschaft in den fraglichen Bereichen zurückzugewinnen: die Flüsse wieder ungehindert fließen, den Wald zurückkehren lassen usw." Auf diese Weise werde eine Situation geschaffen, „in der wir weniger tun müssen, nicht eine, in der wir ständig mehr unter unsere Kontrolle bringen müssen". (Read & Alexander, 2020, S. 22 f.) Die hier artikulierte Skepsis gegenüber Planungs- und Steuerungsphantasien ist auch für das ökologische Resilienzkonzept prägend, das Crawford S. Holling 1973 begründete. Technisch-ökonomische Eingriffe in Ökosysteme, so Holling (1973), missachten die komplexen Interaktionen ökologischer Systeme und gefährden daher langfristig deren Resilienz. Seine Kritik richtet sich dabei nicht nur gegen die Ausbeutung der natürlichen Ressourcen und die intensive Landwirtschaft, sondern auch gegen die Orientierung an Stabilität und Gleichgewicht im Umweltmanagement (vgl. Folkers, 2018a, S. 184). Dadurch würden Ökosysteme gemäß einem Denken gestaltet, das sich nicht auf den „Erhalt und der Selbstregulationsfähigkeit des Systems selbst" (ebd.) bezieht, sondern sich in einem ingenieurwissenschaftlichen und ökonomischen Planungshorizont bewegt. Entsprechend charakterisierte er später diese Perspektive als *engineering resilience* und grenzte davon die *ecological resilience* ab (Holling, 1996). „Wer sich an Maßstäben der *engineering resilience* orientiert, wird versuchen, möglichst stabile Ökosysteme anzulegen, die sich leicht verwalten und besonders effektiv ausbeuten lassen. Das wird zum Beispiel durch das Anlegen von Monokulturen erreicht, bei denen es leichter ist, Bestandszahlen konstant zu halten."

(Folkers, 2018b, S. 57) Kurzfristig kann diese Strategie Erfolg haben. „Langfristig wird das System allerdings verwundbarer gegenüber externen Schocks." (Folkers, 2018a, S. 184) „Short-term success in stabilizing production leads to long-term suprises." (Holling, 1996, S. 37).

Holling fordert gleichwohl nicht, die Natur sich selbst zu überlassen. Vielmehr müsse ein Management-Ansatz verfolgt werden, der sich stärker „an den intrinsischen Normen der Natur" (Folkers, 2018b, S. 57) orientiert, die Komplexität von Ökosystemen anerkennt, unberechenbare Faktoren wie zukünftige Ereignisse in die Planung mit einbezieht und den Fokus auf die Anpassung an veränderte Situationen legt (vgl. Folkers, 2018a, S. 184). Ein an Resilienz orientiertes Management müsse sich von jeglichem technischen Planungseifer verabschieden und demgegenüber stets „in recognition of our ignorance" (Holling, 1973, S. 21) vorgehen, „also nicht nur die Grenzen der Natur, sondern vor allem die Grenzen des Wissens im Blick behalten" (Folkers, 2018b, S. 57). Die damit verbundene Herausforderung ist, die komplexen Wechselwirkungen und die Dynamik und Nichtlinearität von Anpassungs- und Transformationsprozessen besser zu verstehen sowie unsere Lebensform daran anzupassen. In normativer Hinsicht ist diese *transformative Anpassung* von Bedeutung, weil das Denken in Vernetzungen und Relationen nicht nur die Beschreibung von Wirklichkeit lenkt, sondern auch das Handeln. Entscheidungen darüber, wie man weiterleben bzw. gut leben soll, hängt wesentlich von Einsichten ab, wie ökologische und andere relationale Systeme funktionieren, ganz unabhängig von unseren Einflussmöglichkeiten (vgl. Hanusch et al., 2021, S. 55).

5 Desillusionierung als Chance

Die in diesem Beitrag rekonstruierten Handlungsmodi der Prävention, Vorbereitung, Antizipation, Adaption und Transformation können eine wichtige Grundlage für ein Analysetool sein, mit dem die Resilienz von Regionen und Institutionen bewertet und gefördert werden kann. Dabei sollte deutlich geworden sein, dass das Konzept auf eine *adaptive governance* zielt, die postsouverän bei den Potentialen und Ressourcen ansetzt, die ein Individuum oder ein System benötigt, um flexibel auf veränderte Bedingungen reagieren zu können (Response-Fähigkeit). Der Fokus auf das Reaktionsvermögen und die Bestandserhaltung kann zwar so gedeutet werden, dass sich Resilienzstrategien in „konservativen Gefilden" bewegen (Groß, 2021, S. 28) und aktive Transformationsansprüche aufgegeben werden (Steinhilber, 2016). An dieser Kritik ist richtig, dass die Frage, wie man „bestimmte Ökosysteme oder auch die regionale

Wirtschaft stabiler oder robuster machen sollte, um zum Beispiel durch eine Rezession oder andere überraschende Ereignisse ausgelöste Schocks abzufedern" nicht getrennt werden darf von der Frage, „wie die Welt umgestaltet werden kann, damit die bestehenden Probleme, die zu Schocks führen, nicht mehr auftreten oder zumindest Horizonte für ihre Transformation sichtbar werden" (Groß, 2021, S. 31). Gemäß dem Argumentationsgang in diesem Beitrag kann Letzteres den Handlungsmodi der proaktiven Prävention und Transformation zugeordnet werden. Aber warum sollte es nicht berechtigt sein, das ernst zu nehmen, was durch die „Resilienz-Brille" (Meyen, 2016) besser gesehen wird? In dieser Perspektive ist die zentrale Frage: Wie kann ein „Ausloten des Ungewissen" (Mukerji & Mannino, 2020) aussehen, das „nicht wie klassische Formen der Prävention auf einer relativ gesicherten Wissensbasis" (Folkers, 2018a, S. 64) aufbaut, sondern lernen muss, mit von Nichtwissen, Komplexität und Unüberschaubarkeit geprägten Situationen umzugehen und mit dem Unerwarteten zu rechnen? Durch die Resilienz-Brille wird zum einen der Blick für Bedrohungen, Krisen und Umbrüche geschärft. Zum anderen beschäftigen sich Resilienzkonzepte mit Potentialen und Ressourcen der Problemlösung, die es jenseits des Planungs- und Kontrollparadigmas gibt. Ausgangspunkt ist nicht die bei Sollwerten ansetzende Zieldefinition, sondern einerseits die Sichtung der konkreten Probleme und die Analyse von Wirkungszusammenhängen sowie andererseits die „Ausbildung" der Krisenbewältigungspotentiale.

Die „enge konzeptionelle Verwandtschaft von Resilienz und Krise" (Becker & Graefe, 2021, S. 8) kann Anlass sein, die gelingende Bewältigung von Krisen und widrigen Umständen als Faktor für Lern- und Transformationsprozesse zu betrachten. So wie sich Individuen durch ein Sich-Einlassen auf Gefahren, Widrigkeiten und Veränderungen weiter entwickeln und in ihrer Persönlichkeit reifen, so lernen und reifen auch sozial-räumliche Einheiten und Systeme nur dann, wenn sie Krisen nicht einfach verdrängen oder abwehren, sondern sich der Realität aussetzen und Krisenbewältigungsprozesse durchlaufen. Problembewusstsein und Problemlösungskompetenz, so schon die Ausgangsthese dieses Beitrags, sind die zwei entscheidenden Faktoren eines reflexiven Verständnisses von Resilienz. Dies bedeutet, so die Schlussfolgerung, dass für Strategien, die die Resilienz von Regionen, Destinationen und Unternehmen fördern wollen, die Phasen der Realitätswahrnehmung sowie der Krisendiagnose und -prognose ein wichtiger Bestandteil sein sollten. Wesentliche Einsichten dazu können zum Beispiel aus Jared Diamonds Analyse des Zusammenbruchs von sozialen Systemen entnommen werden (Diamond, 2005). Ihr Kollaps wird nicht zuletzt dadurch verursacht, dass trotz offensichtlicher oder latenter Probleme so weiter gelebt wird wie bisher, und man sich nicht an die veränderten Bedingungen anpasst bzw.

fehlerhaft anpasst („maladapation") (vgl. Jaeggi, 2014, S. 332–337, 427, 447). Bernd Ulrich spricht hier von „Kulturtechnik[en] des wissenden Ignorierens" und der „Verdrängung" (Ulrich, 2019, S. 37–43).

Für die Bewältigung der Corona-Pandemie, vor allem aber für die Bewältigung der Klimakrise ist das *Sehen* von potenziellen Gefährdungen und das *Hören* von Warnsignalen eine vorrangige Herausforderung. So sieht die Klimaaktivistin Greta Thunberg das Hauptproblem darin, dass wir „die Krise nicht wie eine Krise behandeln". Sie spricht explizit von einer „Wahrheit", die ausgesprochen werden müsse, „um der existenziellen Krise … begegnen" zu können (Thunberg, 2020).

Eine Krise, so Hannah Arendt, „wird dann zu einem Unheil, wenn wir auf sie mit schon Geurteiltem, also mit Vor-Urteilen antworten. Ein solches Verhalten verschärft nicht nur die Krise, sondern bringt uns um die Erfahrung des Wirklichen und um die Chance der Besinnung, die gerade durch sie gegeben ist" (Arendt, 1958/1994, S. 255 f.). Krisen seien dann eine Chance, wenn wir uns auf die Erfahrung einlassen, dass die gewohnten Antworten nicht mehr zu den Fragen passen. „Eine Krise", so Arendt, „drängt uns auf die Fragen zurück und verlangt von uns neue und alte Antworten, auf jeden Fall aber unmittelbare Urteile" (ebd., S. 256). Andreas Reckwitz spricht von der *Tugend der Illusionslosigkeit,* „die einen nüchternen Realismus ermöglicht und den Raum für die Analyse öffnet" (Reckwitz, 2019, S. 15). Er schlägt eine „realistische ‚Sozioanalyse'" vor, die in mancher Hinsicht „Parallelen zur Psychoanalyse" von Siegmund Freud habe (ebd.). Auf diese Weise, so seine Hoffnung, kann ein Fortschritt erreicht werden, der gerade darin besteht, „die Paradoxien und Ambivalenzen sichtbar zu machen, dadurch auf sie reflektieren zu können und über diesen veränderten Blick auf die Lage der Dinge Schritte zu ihrer Veränderung zu ermutigen" (ebd., S. 15 f.).

Wenn Resilienz ein Krisenbewältigungsmodus ist, der danach bewertet werden kann, ob und wie es gelingt, Krisen nicht einfach hilflos ausgeliefert zu sein, sondern eine Response-Fähigkeit zu haben, die auch in schwer kalkulierbaren und bearbeitbaren Situationen Handlungsfähigkeit (agency) ermöglicht, dann liegt ein entscheidender Ansatzpunkt im Zusammenhang zwischen *Response* und *realistischer Sozioanalyse.* Ansonsten besteht die Gefahr, dass auf neue Fragen nur mit Vor-Urteilen geantwortet wird. Im Grunde geht es darum, das Resilienzkonzepten zugrunde liegende Interaktionsschema von Krise und Response nicht im Sinne eines Reiz-Reaktions-Schemas zu verstehen. Diese Fehlinterpretation kann vermieden werden, wenn auf die „Logik" der responsiven Phänomenologie von Bernhard Waldenfels zurückgegriffen wird. Waldenfels versteht jegliches Ereignis als etwas Pathisches, das uns affiziert, uns nicht kalt lässt, also eine Wirkung in uns hervorruft (vgl. Waldenfels, 2015, S. 21; Schneider, 2019).

Seine Analysen zur Interdependenz von Pathos und Response helfen zu verstehen, dass Desillusionierung, Verunsicherung und Angst in gewisser Weise „normal", ja wichtig sind. Problematisch ist vielmehr, sich dem Pathos in Form einer Angstabwehr oder in Form von Verdrängungsmechanismen gar nicht zu stellen, also sich davon nicht affizieren und ansprechen und damit auch nicht verunsichern zu lassen. Sich der Realität zu stellen, An-Fragen zuzulassen, Verunsicherungen auszuhalten, Schmerz und Angst nicht abzuwehren oder zu verdrängen, sich vielmehr affizieren zu lassen, den Appell zu hören und darauf zu antworten – das ist der Nährboden für transformative Lernprozesse. Dies bedeutet zugleich immer auch, aus Verunsicherungen resultierende Selbstbefragungen zuzulassen, Ambivalenzen sichtbar zu machen und reflektieren zu können und über einen veränderten Blick auf die Realität Transformationen zu ermöglichen. Dass alles so bleibt wie es ist oder Systeme nach Krisen in die „Normalität" zurückkehren („bounce back") ist im Rahmen eines responsiven Interpretationsschemas eine palliative Krisenbewältigung – also eine Krisenbewältigung, die sich der Erfahrung der Realität nur in dosierter Form aussetzt, diese bagatellisiert oder sich die Realität schönredet. Desillusionierungen schmerzen, weil sie zur Erfahrung des Wirklichen zwingen – und dadurch ein wichtiges Merkmal reflexiver Resilienz sind. Der Schmerz sorgt aber auch für Transformationen, wie Byung-Chul Han in seiner Kritik an der Palliativgesellschaft im Anschluss an Nietzsche ausführt:

> „Der Schmerz erschüttert Sinnbezüge und zwingt den Geist zu einem radikalen Perspektivwechsel, der alles in einem neuen Licht erscheinen lässt. Im Gegensatz zur Lust setzt der Schmerz Reflexionsprozesse in Gang. Er verschafft dem Geist eine ‚dialektische Klarheit par excellence'. Er macht den Geist sehender. Er eröffnet eine ganz neue Sichtweise: […] Der Schmerz zwingt den Schaffenden, ‚das Bisherige als unhaltbar, mißrathen, verneinungswürdig, als häßlich zu fühlen'. So gibt es ohne Schmerz auch keine Revolution, keinen Aufbruch zum Neuen, keine Geschichte." (Byung-Chul Han, 2020, S. 56f.)

Literatur

Adloff, F. (2020). Zeit, Angst und (k)ein Ende der Hybris. In M. Volkmer, K. Werner (Hrsg.), *Die Corona-Gesellschaft. Analysen zur Lage und Perspektiven für die Zukunft* (S. 145–153). Transcript.

Adloff, F. & Neckel, S. (2020). Imaginationen im Konflikt. Die Zukünfte von Nachhaltigkeit. In T. Barth, A. Henkel (Hrsg.), *10 Minuten Soziologie: Nachhaltigkeit* (S. 63–72). Transcript.

Arendt, H. (1958/1994). Die Krise der Erziehung. In dies., *Zwischen Vergangenheit und Zukunft. Übungen im politischen Denken I* (S. 255–276). Piper (zuerst 1958).

Assheuer, T. (2020). Die Heimsuchung. *Die Zeit,* 14. https://www.zeit.de/2020/14/pandemien-seuchen-metapher-zivilisation-popkultur. Zugegriffen: 23. Aug. 2021.

August, V. (2021). *Technologisches Regieren. Der Aufstieg des Netzwerk-Denkens in der Krise der Moderne. Foucault, Luhmann und die Kybernetik.* Transcript.

Bardi, U. (2017). *Der Seneca-Effekt: Warum Systeme kollabieren und wie wir damit umgehen können.* Oekom.

Bauman, Z. (2000/2003). *Flüchtige Moderne.* Suhrkamp (orig. 2000).

Beck, U. (1986). *Risikogesellschaft. Auf dem Weg in eine andere Moderne.* Suhrkamp.

Beck, U. (1993). *Die Erfindung des Politischen. Zu einer Theorie reflexiver Modernisierung.* Suhrkamp.

Beck, U. (2007). *Weltrisikogesellschaft. Auf der Suche nach der verlorenen Sicherheit.* Suhrkamp.

Beck, U. (2017). *Die Metamorphose der Welt.* Suhrkamp.

Beck, U., & Lau, C. (Hrsg.) (2004). *Entgrenzung und Entscheidung: Was ist neu an der Theorie reflexiver Modernisierung?.* Suhrkamp.

Becker, K., & Graefe, S. (2021). Resilienz als Krisenbewältigungsmodus der Gegenwart. Zur Einleitung. In S. Graefe & K. Becker (Hrsg.), *Mit Resilienz durch die Krise. Nachfragen an ein populäres Konzept* (S. 7–14). Oekom.

Beck, U., Giddens, A., & Lash, S. (Hrsg.) (1994/1996). *Reflexive Modernisierung. Eine Kontroverse.* 7. Aufl. Suhrkamp (zuerst 1994).

Bendell, J. (2019). Untergang und Lebensfreude. Anpassungen an den Zusammenbruch. In Extinction Rebellion, *Wann wenn nicht wir*. Ein Extinction Rebellion Handbuch* (S. 81–88). Hrsg. v. S. K. Kaufmann, M. Timmermann, A. Botzki, U. Bischoff. Fischer.

Benz, A., Lütz, S., Schimank, U., & Simonis, G. (2007). *Handbuch Governance. Theoretische Grundlagen und empirische Anwendungsfelder.* Springer VS.

Bröckling, U. (2017a). *Gute Hirten führen sanft. Über Menschenregierungskünste.* Suhrkamp.

Bröckling, U. (2017b). Resilienz: Belastbar, flexibel, widerstandsfähig. In ders., *Gute Hirten führen sanft. Über Menschenregierungskünste* (S. 113–139). Suhrkamp.

Collier, S. J. (2008). Enacting catastrophe: Preparedness, insurance, budgetary rationalization. *Economy and Society, 37*(2), 224–250.

Collier, S. J., & Lakoff, A. (2015). Vital systems security: Reflexive biopolitics and the government of emergency. *Theory, Culture & Society, 32*(2), 19–51.

Diamond, J. (2005). *Kollaps. Wie Gesellschaften überleben oder untergehen.* Fischer.

Elberfeld, R. (2012). *Sprache und Sprachen. Eine philosophische Grundorientierung.* Karl Alber.

Endreß, M., & Rampp, B. (2015). Resilienz als Perspektive auf gesellschaftliche Prozesse. Auf dem Weg zu einer soziologischen Theorie. In M. Endreß, A. Maurer (Hrsg.), *Resilienz im Sozialen. Theoretische und empirische Analysen* (S. 33–55). Springer VS.

Folke, C., Carpenter, S. R., Walker, B., Scheffer, M., Chapin, T., & Rockström, J. (2010). Resilience Thinking. Integrating Resilience, Adaptability and Transformability. *Ecology and Society, 15*(4), 20. http://www.ecologyandsociety.org/vol15/iss4/art20/. Zugegriffen: 23. Aug. 2021.

Folkers, A. (2018a). *Das Sicherheitsdispositiv der Resilienz. Katastrophische Risiken und die Biopolitik vitaler Systeme*. Campus.

Folkers, A. (2018b). Machttechnologie oder Kritik? Zur Genealogie und Gegenwart der Resilienz In WestEnd. *Neue Zeitschrift für Sozialforschung, 15*(2), 45–67.

Foucault, M. (2004). *Sicherheit, Territorium, Bevölkerung*. Geschichte der Gouvernementalität I. Vorlesungen am Collège de France, 1977–1978. Hrsg. v. M. Sennelart. Suhrkamp.

Groß, M. (2021). Realexperimente, ökologische Grenzen und die Unbestimmtheit des Resilienzkonzepts. In S. Graefe & K. Becker (Hrsg.), *Mit Resilienz durch die Krise. Nachfragen an ein populäres Konzept* (S. 15–38). Oekom.

Gunderson, L. (1999). Resilience, flexibility and adaptive management – antidotes for spurious certitude? *Conservation Ecology, 3*(1), 7. http://www.consecol.org/vol3/iss1/art7/. Zugegriffen: 23. Aug. 2021.

Habermas, J. (1985). *Die Neue Unübersichtlichkeit. Kleine politische Schriften V*. Suhrkamp.

Han, B. (2020). *Palliativgesellschaft. Schmerz heute* (2. Aufl.). Matthes & Seitz.

Hanusch, F., Leggewie, C., & Meyer, E. (2021). *Planetar denken. Ein Einstieg*. (X-Texte zu Kultur und Gesellschaft). Transcript.

Holling, C. S. (1973). Resilience and stability of ecological systems. *Annual Review of Ecology and Systematics, 4*, 1–23.

Holling, C. S. (1996). Engineering resilience versus ecological resilience. In P. Schulze (Hrsg.), *Engineering within ecological constraints* (S. 31–44). National Academies Press.

Horn, E. (2014). *Zukunft als Katastrophe*. Fischer.

Horn, E. (2020): Tipping Points. Das Anthropozän und Corona. In F. Adloff, B. Fladvad, M. Hasenfratz, S. Neckel (Hrsg.), *Imaginationen der Nachhaltigkeit. Katastrophe, Krise, Normalisierung* (S. 123–150). Campus.

Jaeggi, R. (2014). *Kritik von Lebensformen*. Suhrkamp.

Joas, H. (2012). *Glaube als Option. Zukunftsmöglichkeiten des Christentums*. Herder.

Junglen, S. (2021). „Wer Pandemien verhindern will, muss den Regenwald erhalten." Coronavirus, Artensterben und Klimawandel – alle drei hängen zusammen. Interview mit Alexandra Endres. *Die Zeit (online)*. https://www.zeit.de/wissen/umwelt/2021-02/virologie-pandemie-regenwald-abholzung-sandra-junglen. Zugegriffen: 23. Aug. 2021.

Kegler, H. (2014). *Resilienz. Strategien und Perspektiven für die widerstandsfähige und lernende Stadt*. Birkhäuser.

Knoblauch, H., & Löw, M. (2020). Dichotopie. Refiguration von Räumen in Zeiten der Pandemie. Blog des Sonderforschungsbereichs 1265 „Re-Figuration von Räumen" vom 30. März 2020. https://sfb1265.de/blog/dichotopie-refiguration-von-raeumen-in-zeiten-der-pandemie/. Zugegriffen: 23. Aug. 2021.

Lakoff, A. (2007). Preparing for the next emergency. *Public Culture, 19*(2), 247–271.

Laux, H. (2014). *Soziologie im Zeitalter der Komposition. Koordinaten einer integrativen Netzwerktheorie*. Velbrück Wissenschaft.

Leanza, M. (2017). *Die Zeit der Prävention. Eine Genealogie*. Velbrück Wissenschaft.

Lesch, H., & Schwartz, Th. (2020). *Unberechenbar. Das Leben ist mehr als eine Gleichung*. Unter Mitarbeit von Simon Biallowons. Herder.

Luhmann, N. (1971). Sinn als Grundbegriff der Soziologie. In J. Habermas, N. Luhmann, *Theorie der Gesellschaft oder Sozialtechnologie. Was leistet die Systemforschung?* (S. 25–101). Suhrkamp.

Luhmann, N. (1984). *Soziale Systeme. Grundriß einer allgemeinen Theorie*. Suhrkamp.

Luhmann, N. (2003). *Soziologie des Risikos*. Walter de Gruyter.

Massumi, B. (2007/2015). Potential politics and the primacy of preemption. In ders., *Ontopower: War, Powers, and the State of Perception* (S. 3–20). Duke University Press (zuerst 2007).

Meyen, M. (2016). Wertedebatte, Schwächen, Stärken. Oder: Was man durch die Resilienzbrille sieht. Resilienz (online). https://resilienz.hypotheses.org/1085. Zugegriffen: 23. Aug. 2021.

Mukerji, N., & Mannino, A. (2020). *Covid-19: Was in der Krise zählt. Über Philosophie in Echtzeit* (4. Aufl.). Reclam.

Nassehi, A. (2003). *Geschlossenheit und Offenheit. Studien zur Theorie der modernen Gesellschaft*. Suhrkamp.

Pauer, N. (2020). Am Ende ist es wie beim Kinderspiel. *Die Zeit,* 36, 45.

Read, R., & Alexander, S. (2020). *Diese Zivilisation ist gescheitert: Gespräche über die Klimakrise und die Chancen eines Neuanfangs*. Meiner.

Reckwitz, A. (2019). Einleitung: Die desillusionierte Gegenwart. In ders., *Das Ende der Illusionen. Politik, Ökonomie und Kultur in der Spätmoderne* (S. 7–27). Suhrkamp.

Reckwitz, A. (2020a). Verblendet vom Augenblick. Die Corona-Krise wurde panisch zum ungeheuren Epochenbruch stilisiert. In Wahrheit erleben wir etwas anderes: Der Staat erfindet sich gerade neu – indem er Risikopolitik betreibt. *Die Zeit*, 25. https://www.zeit.de/2020a/25/corona-krise-staat-risikopolitik-andreas-reckwitz. Zugegriffen: 23. Aug. 2021.

Reckwitz, A. (2020b). Risikopolitik. In M. Volkmer, K. Werner (Hrsg.), *Die Corona-Gesellschaft. Analysen zur Lage und Perspektiven für die Zukunft* (S. 241–251). Transcript.

Reckwitz, A. (2021). „Wir erleben einen Wandel hin zu einer Politik des Negativen". Andreas Reckwitz im Interview mit Svenja Flasspoehler. *Philosophie Magazin, 02*, 50–53.

Rockström, J., Steffen, W., Noone, K. et al. (2009a). A safe operating space for humanity. *Nature, 461*, 472–475. https://www.nature.com/articles/461472a. Zugegriffen: 23. Aug. 2021.

Rockström, J., Steffen, W., Noone, K. et al. (2009b). Planetary Boundaries: Exploring the Safe Operating Space for Humanity. *Ecology and Society, 14*(2), 32. http://www.ecologyandsociety.org/vol14/iss2/art32/. Zugegriffen: 23. Aug. 2021.

Rosa, H. (2018). *Unverfügbarkeit*. Residenz Verlag.

Rosa, H. (2019). „Spirituelle Abhängigkeitserklärung". Die Idee des Mediopassiv als Ausgangspunkt einer radikalen Transformation. In K. Dörre, H. Rosa, K. Becker, S. Bode, B. Seyd (Hrsg.), *Große Transformation? Zur Zukunft moderner Gesellschaften. Sonderband des Berliner Journals für Soziologie* (S. 35–55). Springer VS.

Rungius, C., Schneider, E., & Weller, C. (2018). Resilienz – Macht – Hoffnung. Der Resilienzbegriff als diskursive Verarbeitung einer verunsichernden Moderne. In M. Karidi, M. Schneider, R. Gutwald (Hrsg.), *Resilienz: Interdisziplinäre Perspektiven zu Wandel und Transformation* (S. 33–59). Springer.

Schneider, M. (2012). *Raum – Mensch – Gerechtigkeit. Sozialethische Reflexionen zur Kategorie des Raumes*. Schöningh.

Schneider, M. (2019). Emotionen und gesellschaftlicher Zusammenhalt. Eine phänomenologische Perspektive. In J. Klose (Hrsg.), *Wohlfühlpolitik oder Protest. Was hält die Gesellschaft zusammen?* (S. 83–92). Thelem Universitätsverlag und Buchhandel.

Schneider, M, & Vogt, M. (2017). Responsible resilience. Rekonstruktion der Normativität von Resilienz auf Basis einer responsiven Ethik. *GAiA, 26*(S1), 174–181.

Sedmak, C. (2013). *Innerlichkeit und Kraft. Studie über epistemische Resilienz*. Herder.

Serres, M. (2008). *The five senses: A philosophy of mingled bodies*. Continuum Publishing.

Stäheli, U. (2021). *Soziologie der Entnetzung*. Suhrkamp.

Steffen, W., Richardson, K.; Rockström, J. et al. (2015). Planetary boundaries: Guiding human development on a changing planet. *Science*, 347(6223), 1259855. https://doi.org/10.1126/science.1259855. Zugegriffen: 23. Aug. 2021.

Steinhilber, J. (2016). Das Stehaufmantra. Das Anpassungsparadigma der „Resilienz“ droht zu einem Gegenentwurf zu transformativen Ansätzen zu werden. www.ipg-journal.de/schwerpunkt-des-monats/krise/artikel/detail/das-stehaufmantra-1374/. Zugegriffen: 23. Aug. 2021.

Stichweh, R. (2000). *Die Weltgesellschaft. Soziologische Analysen*. Suhrkamp.

Taleb, N. N. (2010). *Der Schwarze Schwan. Die Macht höchst unwahrscheinlicher Ereignisse*. Knaus.

Thunberg, G. (2020). „Natürlich bin ich privilegiert“. Interview mit Bernd Ulrich. *Die Zeit, 36*. https://www.zeit.de/2020/36/greta-thunberg-angela-merkel-klimakrise-klimabewegung-fridays-for-future/. Zugegriffen: 23. Aug. 2021.

Ulrich, B. (2019). *Alles wird anders. Das Zeitalter der Ökologie*. Kiepenhauer & Witsch.

Waldenfels, B. (2015). *Sozialität und Alterität. Modi sozialer Erfahrung*. Suhrkamp.

Walker, B., & Salt, D. (2006). *Resilient Thinking. Sustaining Ecosystems und People in a Changing World*. Island Press.

Walker, B., Holling, C. S., Carpenter, S. R., & Kinzig, A. (2004). Resilience, adaptability and transformability in social-ecological systems. *Ecology and Society, 9*(2), 5. http://www.ecologyandsociety.org/vol9/iss2/art5. Zugegriffen: 23. Aug. 2021.

WBGU – Wissenschaftlicher Beirat Globale Umweltveränderungen (2011). *Welt im Wandel. Gesellschaftsvertrag für eine Große Transformation*. WBGU

Wille, K. (2016): Ethik der Veränderung. Überlegungen im Ausgang von John Dewey. *Deutsche Zeitschrift für Philosophie, 64*(3), 380–409.

Gesellschaftliche Multiresilienz im Kontext von Krisenbündeln und Bündelkrisen in der DACH-Region

Karim Fathi

Inhaltsverzeichnis

Zusammenfassung

Ob Coronapandemie, Extremwetterereignisse, Cyberbedrohungen, Burnout – im 21. Jahrhundert sehen sich Gesellschaften mehr denn je der Herausforderung gegenüber, mit vieldimensionalen Problemen („Bündelkrisen") und vernetzten Problemen („Krisenbündel") gleichzeitig umzugehen. Im Jahr 2021 sind die DACH-Gesellschaften von einem Set vielfacher gleichzeitig auftretender, verschränkter Herausforderungen betroffen: Extremwetterereignisse, die Coronapandemie, einer Infodemie, zunehmender politischer Radikalisierung, Cyberattacken, geopolitischen Spannungen.

K. Fathi (✉)
Zukunftskreis des Bundesministeriums für Bildung und Forschung (BMBF), Berlin, Deutschland
E-Mail: mail@karimfathi.de

H. Pechlaner et al. (Hrsg.), *Resilienz als Strategie in Region, Destination und Unternehmen,* Entrepreneurial Management und Standortentwicklung,
https://doi.org/10.1007/978-3-658-37296-5_2

In Reaktion darauf wird gesellschaftliche Resilienz nicht nur bedeuten, passende Einzelantworten auf diese und andere Herausforderungen zu finden, sondern auch ihre multi-kausalen Verschränkungen in ganzheitlicher Perspektive mitzuberücksichtigen. Das neue, weitgehend unerschlossene Konzept gesellschaftlicher Multiresilienz zielt darauf ab, „Grundrobustheit“ zu fördern, die Gesellschaften in völlig unterschiedlichen Krisenkontexten reaktions- und problemlösungsfähiger macht. Aus einer systemisch begründeten Perspektive lassen sich mindestens fünf verallgemeinerbare Orientierungsprinzipien ableiten, die zu höherer gesellschaftlicher Multiresilienz beitragen:

1. Maßnahmen zur Förderung psychischer Resilienz;
2. das Beste aus dezentraler und zentraler Entscheidungsfindung integrieren;
3. Maßnahmen zur Förderung kollektiver Intelligenz und kollektiver Weisheit;
4. mit Ungewissheit souverän umgehen;
5. Maßnahmen zur Förderung des kollektiven Zusammenhalts, Resilienzkultur.

Dieser Beitrag fokussiert auf folgende Kernfragestellungen:

1. Was ist das Für und Wider eines weitgefassten Resilienzansatzes, der auf mehrere unterschiedliche Problemkontexte gleichzeitig Bezug nimmt?
2. Wie verhalten sich bisherige Konzepte gesellschaftlicher Resilienz im Kontext mehrdimensionaler Probleme („Bündelkrisen“) und vernetzter Probleme („Krisenbündeln“) und warum erweisen sie sich nur als bedingt ausreichend?
3. Was bedeutet Multiresilienz? Welche Initiativen/Maßnahmen, die zu mehr Resilienz und ggf. Multiresilienz beitragen könnten, bestehen bereits oder/und wären für die DACH-Region denkbar?

Ob Coronapandemie, Extremwetterereignisse, Cyberbedrohungen, Burnout, soziale Spaltungstendenzen – im 21. Jahrhundert sehen sich Gesellschaften vielfältigen globalen Herausforderungen gegenüber. Als Antwort darauf ist das Konzept psychischer und kollektiver Resilienz in sämtlichen Diskursen in Forschung oder Beratungspraxis präsenter denn je. Einerseits macht dies den Resilienzbegriff als „Universalantwort“ nicht unumstritten. Andererseits dürfte durchaus berechtigter Bedarf nach disziplin- und systemebenenübergreifender Ausweitung des Resilienzkonzepts bestehen.

So stehen Gesellschaften mehr denn je vor der Herausforderung, mit mehreren miteinander verschränkten Problemphänomenen gleichzeitig umzugehen. So hat bereits der Umgang mit der Coronakrise nicht nur gesundheitspolitische Auswirkungen, sondern erstreckt sich auch über weitere Kontexte, wie z. B. Wirtschaft, Soziales und Psyche. Mit anderen komplexen Krisen, wie z. B. dem Klimawandel, verhält es sich identisch. Aktuell zählen die Pandemiegefahr und der Klimawandel (inklusive Extremwetter) laut Global Risk Report 2021 des Weltwirtschaftsforums (WEF) zu den in naher Zukunft wahrscheinlichsten und bedrohlichsten Risiken (WEF, 2021).

Vor dem Hintergrund all dieser Überlegungen befasst sich der vorliegende Beitrag mit dem neuen und weitgehend unerschlossenen Konzept gesellschaftlicher Multiresilienz. Multiresilienz zielt darauf ab, „Grundrobustheit" zu fördern, die Gesellschaften in völlig unterschiedlichen Krisenkontexten reaktions- und problemlösungsfähiger macht. Im Zentrum stehen folgende Kernfragestellungen:

1. Was ist das Für und Wider eines weitgefassten Resilienzansatzes, der auf mehrere unterschiedliche Problemkontexte gleichzeitig Bezug nimmt?
2. Wie verhalten sich bisherige Konzepte gesellschaftlicher Resilienz im Kontext mehrdimensionaler Probleme („Bündelkrisen") und vernetzter Probleme („Krisenbündeln") und warum erweisen sie sich nur als bedingt ausreichend?
3. Was bedeutet Multiresilienz? Welche Initiativen/Maßnahmen, die zu mehr Resilienz und ggf. Multiresilienz beitragen könnten, bestehen bereits oder/und wären für die DACH-Region denkbar?

1 Über die Notwendigkeit eines ganzheitlich-übergreifenden Resilienzbegriffs

Oft übersetzt mit „Widerstandsfähigkeit", wird Resilienz meist als Fähigkeit eines Systems verstanden, Krisen durch Rückgriff auf eigene Ressourcen zu meistern und als Anlass für Entwicklungen zu nutzen. Der Resilienzbegriff wurde in den 1950er Jahren in den Naturwissenschaften eingeführt und danach in der Psychologie und Pädagogik übernommen. Im Kontext psychischer Resilienz wird erforscht, welche Faktoren zusammentreffen müssen, dass Menschen an Krisensituationen nicht zerbrechen (Zander, 2011). Seit den 1990er Jahren wird der Resilienzbegriff auch auf Organisationen übertragen und spätestens seit der Jahrtausendwende tritt die Frage nach der „resilienten Stadt" bzw. der „resilienten Gesellschaft" in den Fokus (Fathi, 2019a). Seit Ende der 2010er Jahre und unter dem Eindruck mehrdimensionaler und vernetzter Krisen stellen sich zunehmend Überlegungen nach einem ganzheitlichen Resilienzbegriff, der disziplin- und systemebenenübergreifend übertragbar ist. Dieser Anspruch ist durchaus umstritten.

1.1 Resilienz als „Ein-Wort-Antwort" auf unterschiedliche Krisen

Seit seiner Einführung wird der Resilienzbegriff vielfach verwendet. Der Kontext psychischer Resilienz ist relativ gut erforscht. Hier besteht weitgehend Konsens, dass sich persönliche Resilienz durch etwa 7–10 sogenannte Resilienzfaktoren auszeichnet, wie z. B. Optimismus, Gelassenheit, die Fähigkeit, in Krisen einen Sinn zu sehen, Verlassen der Opferrolle, Verantwortung für die eigene Situation übernehmen, Netzwerkorientierung, Zukunftsorientierung, Lösungsorientierung, Improvisationsfähigkeit etc. (Gilan et al., 2021; Werner, 1977; Zander, 2011). Mit der Tendenz zunehmender psychischer Stresserkrankungen (Lohmann-Haislah, 2012; pronova BKK, 2018) rückt die Aufmerksamkeit zunehmend auf Stressmanagement und Burnoutprävention.

Die Frage nach Resilienz von Organisationen ist vergleichsweise weniger erschlossen und zugleich, angesichts einer steten Abnahme der Halbwertszeit von Organisationen, zunehmend relevant (Probst & Raisch, 2004). Auch hier lässt sich eine Diskussion über Resilienzfaktoren beobachten, die in den letzten Jahren zu durchaus immer konkreteren Ergebnissen gekommen ist. Meist wird von etwa 5–10 Faktoren ausgegangen, die Organisationen als soziale Systeme resilienter gegen unterschiedliche unerwartete Krisen machen. Diese umfassen unter anderem: dezentrale Entscheidungsfindung; zeiteffiziente Entscheidungsfindungsmethoden; eine gemeinsame Vision; fehlerfreundliche Unternehmenskultur; komplexitätsangemessene Fehleranalyse; adaptive und resilienzfördernde Führung. Zu den bekanntesten Konzepten hinter diesen Resilienzfaktoren gehören unter anderem die bereits in den 1990er Jahren popularisierten „Fünf Disziplinen" von Peter Senge (2011), das Anfang der 2000er Jahre von Karl Weick und Kathleen Sutcliffe popularisierte Konzept der „Hochzuverlässigkeitsorganisationen" (Weick & Sutcliffe, 2001) sowie die 2017 veröffentlichte ISO-Norm 22316 zu unternehmerischer Resilienz (ISO:22316, 2017).

Das Konzept der resilienten Stadt bzw. Gesellschaft ist relativ wenig erschlossen und zugleich komplexer. Der thematische Fokus liegt vor allem auf anwendungsbezogenen Fragestellungen für Politik und Planung im Umgang mit Naturkatastrophen (Birkmann, 2008). Besonderes Augenmerk liegt dabei auf Erhöhung der Widerstandsfähigkeit technologiebetriebener Infrastrukturen von Großstädten gegenüber Katastrophen (z. B. als Folge cyberterroristischer Anschläge oder von Naturkatastrophen) sowie auf Vorratshaltung, modulare Stadtplanung, erdbebensicheren Architekturen, störungsresistenten Strom- und Telekommunikationsnetzen und Wärmeversorgung (Petermann et al., 2010, S. 237; CSS, 2009). Neben diesem Top-Down-geführten, oft auf technologische Innovation abzielenden Diskurs, finden sich auch Beiträge, vorwiegend aus der Zivilgesellschaft, die ihren Schwerpunkt auf Anpassung und soziale Innovationen legen (Schneidewind, 2011). Hierunter zählt eine Vielzahl von Graswurzelinitiativen, die Kulturtechniken des regionalen Wirtschaftens, dezentraler Energiegewinnung und der Selbstversorgung gezielt fördern. Die Idee ist dabei einerseits, gesellschaftlichen Wandel „von unten" zu bewirken, und andererseits größtmögliche Unabhängigkeit der Kommunen von staatlicher Versorgung und Hilfe, z. B. hinsichtlich Energieversorgung, Nahrungsmittelversorgung, Katastrophenschutz etc., zu erzielen. Repräsentativ hierfür stehen z. B. die weltweit verbreitete Transition-Town-Bewegung (Transition Network, 2015) oder die österreichische Initiative „zämma leaba" (zämma leaba).

Anders als die 7–10 Faktoren psychischer oder organisationaler Resilienz erscheinen die Kriterien, die im Kontext gesellschaftlicher Resilienz diskutiert werden, bedingt geeignet, eine ganzheitliche Antwort auf vielfältige unterschiedliche Probleme zu liefern. So ist z. B. das, was eine Gesellschaft gegenüber der nächsten Flüchtlingskrise resilient macht, nicht zwangsläufig relevant für die Coronapandemie, Cyberbedrohungen oder Extremwetterereignisse. Hier setzt das, was im Rahmen dieses Beitrags als „gesellschaftliche Multiresilienz" bezeichnet wird, an. Doch was spricht eigentlich dafür und dagegen, den Resilienzbegriff weit zu fassen und auf so vielfältige und unterschiedliche Kontexte anzuwenden?

1.2 Für und Wider eines weitgefassten Resilienzbegriffs

Im vorigen Unterkapitel ließ sich feststellen, dass der Resilienzbegriff vielfältig auf unterschiedliche Kontexte (z. B. Coronapandemie, Extremwetter) und Systemebenen (Individuum, Organisation und Gesellschaft) angewendet wird. Was ist das Für und Wider?

Aus kritischer Perspektive ließe sich einwenden, dass der Resilienzbegriff, ähnlich wie der Nachhaltigkeitsbegriff in den 1990er Jahren, „die nächste Sau" ist, „die durchs Dorf getrieben und totgetreten" wird. Diese Befürchtung kommt nicht von ungefähr. Aus kritischer Perspektive stellen sich mindestens folgende untenstehende Fragen, die im aktuellen Resilienzdiskurs nicht hinreichend geklärt sind (näher im Folgenden auch unter Fathi, 2014, 2019a):

- *Vergleichbarkeit von Systemebenen:* (Inwieweit) Lässt sich das Resilienzkonzept, das bereits in der Burnout-Prävention und in der Pädagogik etabliert ist, überhaupt sinnvoll auf andere Systemebenen, wie Organisationen und Gesellschaften, übertragen? Wie steht es um die Vergleichbarkeit?
- *Vergleichbarkeit von Krisenarten:* Wie lassen sich überhaupt unterschiedliche Krisenarten miteinander vergleichen, gewichten und vor allem hinsichtlich gesellschaftlicher Resilienz berücksichtigen? Eine Gesellschaft, die sich im Management der Coronapandemie als vergleichsweise effektiv erweist, könnte im Kontext der nächsten, wahrscheinlich in naher Zukunft zu erwartenden Flüchtlingskrise überfordert sein. (Inwieweit) Lässt sich gesellschaftliche Resilienz krisenkontextübergreifend konzeptualisieren?
- *Unterschiedliche kulturelle Kontextualisierbarkeit:* Hinzu kommt, dass sich Resilienz je nach Kultur und Situationserfordernissen völlig unterschiedlich ausprägen kann. So lassen sich wesentliche Tugenden japanischer Widerstandsmentalität, wie z. B. „Ganbaru" („das Beste geben bis zum Ende") oder „Gaman" („Würde und Geduld bewahren auch unter schwierigsten Umständen") (Palin, 2011; The Australian, 2011), welche sich in der Fukushima-Katastrophe bewährten, nicht ohne Weiteres auf andere, z. B. westliche Kulturen übertragen. Dies erschwert ein Übertragen des Begriffs zusätzlich.

Diese und weitere Einschränkungen und offene Fragen sprechen eher gegen eine weitgefasste Verwendung des Resilienzbegriffs. Von der anderen Seite lässt sich argumentieren, dass das Resilienzkonzept gerade aufgrund seiner begrifflichen Dehnbarkeit eine hohe metatheoretische und praktische Relevanz erfährt. Im Wesentlichen sind es drei gewichtige Argumente:

- *Krisen sind komplex:* Individuen, Organisationen und Gesellschaften sehen sich nicht isolierten Einzelkrisen, sondern komplexen Bündeln von Herausforderungen gegenüber. Einerseits erweisen sie sich als mehrdimensional. So hat z. B. der Umgang mit der Coronakrise nicht nur gesundheitspolitische Auswirkungen, sondern wirtschaftliche, soziale und psychische. Darüber hinaus treten Probleme zeitgleich, d. h. in miteinander verschränkten „Bündeln" auf. Ein „Mono"-Krisenbewältigungsansatz würde nicht den Realitätserfordernissen entsprechen und zu kurz greifen.

- *Systemebenen sind miteinander vernetzt:* Obgleich aus systemischer Sicht Individuen und kollektive Systeme völlig unterschiedliche Entitäten darstellen, sind sie zugleich interdependent miteinander verschränkt. Dies zeigen Krisenauswirkungen und Wirkzusammenhänge zwischen individueller und kollektiver Resilienzförderung gleichermaßen. So erweist sich nahezu jedes gesellschaftliche Problemphänomen, wie z. B. die Coronapandemie oder Extremwetterereignisse, als systemebenenübergreifend. Sie betreffen Individuen und kollektive Systeme gleichermaßen, was bedeutet, dass Resilienzförderung im Idealfall vernetzt sein und auf unterschiedlichen Systemebenen ansetzen sollte. Dass hierbei die Wirkzusammenhänge zwischen individueller und kollektiver Resilienzförderung noch kaum erschlossen sind, erweist sich weniger als Argument gegen ein weitgefasstes Resilienzkonzept, sondern im Gegenteil als lohnenswerte, höchstrelevante Fragestellung für die weiterführende Resilienzforschung.
- *Hohe aktuelle Relevanz des Begriffs:* Krisen von heute erweisen sich als mehrdimensional, systemebenenübergreifend, vielfältig (kontextübergreifend) und sind darüber hinaus auch nicht exakt vorhersagbar. Dies macht einen disziplinübergreifenden Forschungs- und Strategieentwicklungsansatz unerlässlich. Der Resilienzbegriff erscheint derzeit als möglicherweise einziges Konzept, das auf diese vielfach miteinander verschränkten Herausforderungen und Dimensionen anwendbar ist. Resilienz erweist sich sogar als weitaus vieldimensionaler als der Nachhaltigkeitsbegriff, der z. B. „nur" die gesellschaftliche und organisationale Ebene sowie die drei Pfeiler Umwelt, Wirtschaft und Soziales erfasst. Jedoch sei angemerkt, dass Resilienz Nachhaltigkeit nicht ersetzen kann – beide Konzepte ergänzen einander, da sie eine unterschiedliche Ausrichtung haben. (Näher zum Vergleich beider Konzepte unter Fathi, 2019a.)[1]

Die Auseinandersetzung mit einem weitgefassten Resilienzbegriff bleibt, aufgrund seiner Mehrdeutigkeit und der kaum miteinander vergleichbaren Anwendungskontexte, umstritten. Zugleich scheint angesichts von Krisenbündeln und

[1] Worin unterscheiden sich Resilienz und Nachhaltigkeit? Während Nachhaltigkeit fragt, wie politische und wirtschaftliche Entscheidungen dergestalt getroffen werden können, dass die planetaren und menschlichen Bedürfnisse für zukünftige Generationen mindestens genauso gut befriedigt werden können, geht Resilienz von der Fragestellung aus, wie wir uns als Individuen, Organisationen und Gesellschaft gegen unvorhersehbare Krisen wappnen können. (Näher zum Vergleich beider Konzepte unter Fathi 2019a.)

Bündelkrisen eine verknüpfende, kontext- und systemebenenübergreifende Auseinandersetzung in Forschung und Praxis unabdingbar. Für eine übergreifend-ganzheitliche Perspektive spricht auch das unten noch näher dargestellte Resilienzparadox, wonach jede Krisenbewältigungsmaßnahme und jede neue Errungenschaft zu neuen Verwundbarkeiten und unerwünschten Nebenfolgen führt.

2 Ansätze gesellschaftlicher Resilienz im Kontext aktueller Bündelkrisen und Krisenbündel

Spätestens seit den 2010er Jahren finden sich einige Bemühungen, allgemeine Kriterien zu formulieren, gesellschaftliche Resilienz zu erfassen. Zu den relativ umfassendsten und bekanntesten gehört der „Community Resilience"-Ansatz, basierend auf einer Metastudie von Patel et al. (2017). Die Studie bezieht sich auf die Gemeindeebene und umfasst überwiegend qualitative Kriterien, wie lokales Wissen, gemeinschaftliche Netzwerke, Kommunikation, Gesundheit, Governance/Führung, Ressourcen, wirtschaftliche Investitionen oder mentale Einstellungen (Patel et al., 2017). Eine andere Studie zur Bewertung der Krisenfähigkeit von Regionen, durchgeführt von der ÖAR Regionalberatung GmbH, geht von einem differenzierteren Set von über 26 vorwiegend sozialen und ökonomischen Indikatoren aus, die sich den Kategorien Gesellschaft, Umwelt und Wirtschaft zuordnen lassen (Lukesch, Payer & Winkler-Riederer, 2010). Ein wiederum anderer Ansatz, diesmal mit gesamtgesellschaftlichem Fokus, stellt der Weltrisikoindex dar, der mit speziellem Bezug auf Soziales und Infrastruktur, von Verwundbarkeitskriterien, wie Exposition für Naturgefahren, Verwundbarkeit der Bevölkerung und gesellschaftlichen Faktoren, ausgeht. Demnach wären z. B. Japan aufgrund seiner Exposition für Naturgefahren und Bangladesch, trotz hoher Erfahrungswerte von Bevölkerung und Politik für Katastrophenmanagement, weniger resilient als kontinentaleuropäische Länder wie Österreich, Deutschland oder Schweiz (Lexas, 2020), welche keine vergleichbare Exposition und zugleich auch – wie die Flutwasserkatastrophe im Juli 2021 zeigte – keine vergleichbaren Erfahrungen mit Umweltkatastrophen aufweisen.

Es fällt auf, dass diese und andere Kriteriensets zum Erfassen gesellschaftlicher Resilienz meist einen Schwerpunkt auf Katastrophenmanagement und -vorsorge haben und sich kaum auf andere Krisen, wie die Flüchtlingskrise, Coronapandemie oder Cyberbedrohungen anwenden lassen. Erschwerend kommt hinzu, dass diese unterschiedlichen Problemarten nicht nur mehrdimensional sind, also „Bündelkrisen" darstellen, sondern auch noch miteinander als „Krisenbündel" vernetzt sind, was sinnvollerweise in entsprechenden Resilienzstrategien zu berücksichtigen wäre. Laut Global Risk Report 2021 werden derzeit die Risiken Klimawandel und Infektionskrankheiten als besorgniserregendste wahrgenommen (WEF, 2021). Daneben sind aktuell für die DACH-Region noch mindestens vier weitere globale Krisenphänomene besonders relevant. Gesellschaftliche Resilienz im Jahr 2021 musste sich mit einem Set von mindestens sechs gleichzeitig auftretenden Herausforderungen befassen:

- Extremwetterereignisse und Umweltkatastrophen infolge des Klimawandels;
- die Coronapandemie mit ihren vielfachen Auswirkungen auf Gesundheitssystem, Soziales, Psyche, Wirtschaft etc.;
- die Infodemie, sprich: dynamische Verbreitung von Falschmeldungen, Fake News und Verschwörungsmythen;
- zunehmende politische Radikalisierung, mit Gefahr gesellschaftlicher Spaltung;
- Cyberbedrohungen, inklusive Cyberkriminalität und Cyberkriegsführung;
- geopolitische Spannungen, insbesondere USA und EU vs. China und Russland.

Eine zentrale These dieses Beitrags ist: Gesellschaftliche Resilienz wird nicht nur bedeuten, passende Einzelantworten auf diese und andere Probleme zu finden, sondern auch ihre multi-kausalen Verschränkungen in ganzheitlicher Perspektive mitzuberücksichtigen. In diesem Sinne wird in den folgenden Unterkapiteln ein vertiefter Blick auf mehrere Verschränkungsdimensionen zwischen diesen Krisen, mit besonderem Bezug auf DACH geworfen und resultierende Herausforderungen für Resilienzpolitik skizziert. Die Darstellung ist nicht erschöpfend und fokussiert vor allem auf die beiden „Hauptkrisen" des Jahres 2021, der Coronapandemie und klimawandelbedingte Extremwetterereignisse, die, wie folgend näher aufzuzeigen, mit weiteren Problemen vernetzt sind.

2.1 Die Coronakrise als ambivalentes „Bündelproblem"

Jede der hier aufgelisteten Probleme ist mehrdimensional, das heißt stellt ein „Bündelproblem" bzw. eine „Bündelkrise" dar. D. h. dergestalt komplexe Probleme beinhalten vielfältige Dimensionen und lassen sich daher nicht nur mittels einer Disziplin hinreichend erfassen. Dabei gestaltet sich derzeit, wie in diesem Unterkapitel noch näher darzustellen, die Coronakrise als besonders herausfordernd im Kontext gesellschaftlicher Resilienz. Hinsichtlich ihrer Mehrdimensionalität als Bündelkrise beinhaltet sie nicht nur medizinische und gesundheitspolitische Risiken, die sich in Infektionsraten, Todeszahlen und dem Risiko einer Überlastung des Gesundheitssystems ausdrückt, sondern sie hat auch stressfördernde Auswirkungen auf andere Bereiche, z. B. Soziales, Wirtschaft, Psyche.

Dies macht das Erfassen von gesellschaftlicher Resilienz nicht einfach. So misst das „Covid Resilience Ranking“ der Wirtschaftsnachrichtenagentur Bloomberg, „wo das Virus am effektivsten und mit der geringsten sozialen und wirtschaftlichen Störung gehandhabt wird“ (t-online dpa, 2021a). Das Ranking berücksichtigt neben Infektions- und Todeszahlen, Impfquoten oder Qualität des Gesundheitswesens vor allem, wie viele Menschen wieder einkaufen oder zur Arbeit unterwegs sind, welche Einschränkungen es für das soziale und wirtschaftliche Leben gibt und wie viele Flüge abheben. Demnach rangieren im Juli 2021 die Schweiz und Österreich jeweils auf Platz 2 und 6 und Deutschland nur auf Platz 12, von insgesamt 53 erfassten Staaten. Norwegen verortet sich auf Platz 1, Neuseeland, Frankreich und die USA jeweils auf den Plätzen 3, 4 und 5 (Bloomberg, 2021). Unterschiedlich sind von Land zu Land die coronapolitischen Maßnahmen. Norwegen und die Schweiz wiesen im Vergleich zu Deutschland, Frankreich oder Neuseeland relativ milde Maßnahmen auf (t-online dpa, 2021a).

Im März und April 2021 galt die Schweiz als Vorreiter der Lockerungsmaßnahmen in Europa. „Milde“ Maßnahmen umfassten eine relativ kurze Schließung von Schulen im Frühjahr 2020, Hotels konnten geöffnet bleiben, ebenso die Skigebiete. In der Schweiz bestand nie eine Testpflicht für Einkäufe oder Restaurantbesuche, auch gab es nie eine Ausgangssperre. Demgegenüber könnte kritisiert werden, dass die Schweiz dafür höhere Infektionszahlen, mehr Coronapatient:innen auf Intensivstationen und mehr Todesfälle in Kauf genommen hatte. So lag die Zahl der Todesfälle in der ersten Coronawelle pro Million Einwohner rund 60 % höher als in Deutschland und die Zahl der Infizierten war praktisch immer höher als in Deutschland, teils bis zu dreimal so hoch im November 2020, sodass teilweise abgewogen werden musste, welche/r Patient:in ein Intensivbett bekam und wer nicht (t-online dpa, 2021a). In Deutschland hingegen, welches laut dem Covid Resilience Ranking deutlich schlechter dasteht, war das Gesundheitssystem nie überlastet, dass es zu derartigen Triagen kommen musste.

Dieses Beispiel verdeutlicht zwei typische Herausforderungen, die sich im Kontext gesellschaftlicher Resilienz stellen: Erstens erweist sich das Erfassen gesellschaftlicher Resilienz als schwieriges, geradezu uneindeutiges Unterfangen, da sich die mannigfaltigen Krisendimensionen und zugehörigen Zielsetzungen für eine Resilienzpolitik nicht eindeutig gewichten lassen. Im Kontext von Coronakrisenmanagement sehen sich politische Entscheidungsträger:innen meist vor einem Strategiedilemma, das in der öffentlichen Diskussion oft auf eine Entweder-Oder-Gegenüberstellung zugespitzt wird: Soll sich die Krisenbewältigungsstrategie auf möglichst geringe Infektions- und Todeszahlen durch restriktive Maßnahmen (inklusive Lockdowns) konzentrieren? Oder sollte der Schwerpunkt eher darauf liegen, die Grundrechte der Bevölkerung und die Wirtschaft möglichst nicht einzuschränken? Beide Strategierichtungen betonen offensichtlich unterschiedliche Arten von Resilienz. Zweitens und an diesen Überlegungen anknüpfend, verdeutlicht das Beispiel, dass Resilienzmaßnahmen, vor allem wenn sie einen allzu beschränkten Fokus auf nur einen Problembereich aufweisen, zu unerwünschten gesellschaftlichen Nebenfolgen führen. Dies lässt sich bei der Resilienzstrategie, die Kurve der Fall- und Todeszahlen durch Lockdowns flach zu halten, ersehen und war und ist vielfach Gegenstand der emotional aufgeladenen Auseinandersetzung mit umgesetzten Coronapolitikmaßnahmen. Zu den Nebenfolgen für die Bevölkerung gehören unter anderem wirtschaftliche Probleme und Existenzängste, zunehmende soziale Isolation und Vereinsamung sowie Zunahme von Frustration, Langeweile, häuslicher Gewalt und Depressionserkrankungen (Friebe et al., 2020). „Is the cure worse than the desease?" ist eine Frage, die tatsächlich in vielen Debatten um die „richtige" Coronapolitik aufgeworfen wird (Dorling, 2020).

2.2 Problembündel: Coronapandemie – Cyberbedrohungen – geopolitische Spannungen

Dieses Unterkapitel widmet sich einem Bündel aus drei miteinander verschränkten Bedrohungen: Cyberbedrohungen, geopolitische Spannungen und die Coronapandemie.

Cyberbedrohungen stellen spätestens seit Mitte der 2010er Jahre eine zunehmend beachtete Gefahr dar. Seit den WannaCry- und Petya-Angriffen 2017 (Hern, 2017) wurden Cyberbedrohungen im Global Risk Report 2021 erstmals unter den Top 5 der bedeutendsten Risiken aufgenommen (WEF, 2021). Einhergehend mit zunehmenden technologischen Abhängigkeiten moderner Gesellschaften, werden Cyberrisiken in Zukunft relevanter und häufiger (WEF, 2021; CIA, 2018; UK Ministry of Defence, 2014). Auch die immer wieder identifizierten Sicherheitslücken in Computerchips in nahezu jedem modernen Kommunikationsgerät zeigen eine besondere Anfälligkeit moderner Gesellschaften auf (Allianz, 2018).

Die Coronapandemie wird von vielen Beobachter:innen als wesentlicher Treiber des digitalen Wandels gewertet (König, 2021; Ricci, 2020). Eine Verbindung mit Cyberbedrohungen besteht insofern, dass im Zuge der Coronapandemie und der Verlagerung sämtlicher Arbeitsstellen auf Homeoffice

Cyberangriffe weltweit deutlich zugenommen haben. Laut einer Studie von Trend Micro, einem weltweit führenden Anbieter von IT-Sicherheit, sind Cyberangriffe im Jahr 2020 um 20 % auf über 62,6 Mrd. gestiegen. Dabei entfielen auf Deutschland etwa 1,03 Mrd. dieser Attacken. Damit liegt es weltweit auf dem sechsten Rang, der am stärksten betroffenen Länder (Trend Micro, 2021). Laut Richard Werner, Business Consultant bei Trend Micro, sahen sich 2020 „Unternehmen mit einem noch nie dagewesenen Ausmaß an Bedrohungen konfrontiert, welche ihre gesamte Infrastruktur und zahlreiche Mitarbeiter im Homeoffice, betrafen (ebd.)." Im weltweiten Vergleich war Deutschland dabei mit fast 2,4 Mio. Angriffen am stärksten betroffen, lediglich überboten von den USA (ebd.). Laut einer Befragung des Beratungsunternehmens Techconsult mit 202 Unternehmen mit 250 oder mehr Mitarbeitenden aus verschiedenen Branchen sind in DACH etwa zwei von drei Unternehmen bereits Opfer von Cyberkriminalität gewesen (it-daily.net, 2021). Die Beobachtung zunehmender Cyberbedrohungen, insbesondere seit 2017 und während der Coronapandemie, wird von der Plattform KonBriefing bestätigt. Sie liefert einen umfangreichen Überblick über sämtliche dokumentierte Cyberangriffe in DACH in den letzten Jahren (KonBriefing, 2021).

Über Cyberkriminalität hinaus dürfte mit dem digitalen Wandel und damit einhergehenden neuen Möglichkeiten militärischer Kriegsführung und geheimdienstlicher Aufklärung auch das Risiko staatlich geführter Cyberattacken gestiegen sein. Analog dazu gehen diverse geostrategische Analysen von einer Verschärfung des geopolitischen Umfelds aus. In ihren Prognosen zählen der US-amerikanische Geheimdienst CIA und das britische Verteidigungsministerium die Verschärfung von Konflikten, insbesondere zwischenstaatlich, als einen der wesentlichsten Risikotrends unserer Zeit (CIA, 2018; UK Ministry of Defence, 2014). Bereits vor der Coronakrise erwarteten 93 % der vom WEF befragten Risikoexperten eine Verschärfung der politischen oder wirtschaftlichen Auseinandersetzungen zwischen den Großmächten (WEF, 2018). Derzeit bestehen angespannte Beziehungen zwischen den NATO-Staaten und China und Russland. Bereits vor dem russischen Angriffskrieg auf die Ukraine seit Februar 2022 wurde Russland nicht mehr nur als Systemrivale, sondern auch als „reales Sicherheitsrisiko" ernst genommen. (DIE ZEIT, 2021a; Djir-Sarai, 2021). Dabei unterstellt die NATO China und Russland ein außenpolitisch „zum Teil sehr gutes und abgestimmtes Zusammenwirken" mit ‚hybriden' und vor allem ‚Cyberaktionen' (DW, 2021). In diesem Zusammenhang hatte US-Präsident Joe Biden am 28.07.2021 bei seinem Besuch des Büros der US-Geheimdienstkoordination davor gewarnt, dass Cyberangriffe von großer Tragweite in einen echten Krieg münden könnten: „Wenn wir in einem Krieg, einem echten

Krieg, mit einer Großmacht enden, dann infolge eines Cyberangriffs von großer Tragweite" (Kaiser, 2021).

Insgesamt, so John Drzik, Präsident der Sparte Global Risk and Digital bei der Beratungsagentur Marsh und McLennan, die den WEF-Report mit durchgeführt hat, richteten Cyberrisiken genauso viel oder mehr wirtschaftlichen Schaden an wie Naturkatastrophen. Dabei sei die Infrastruktur von Regierungen und Unternehmen zur Abwehr dieser Attacken zu klein und unterfinanziert. Nur ein Drittel aller Unternehmen hätten überhaupt einen Plan für den Umgang mit Cyberattacken (WEF, 2018).

Der digitale Wandel begünstigt nicht nur staatliche und nicht-staatliche Cyberbedrohungen, sondern erweist sich auch als wesentliche Resilienzressource, z. B. im Managen der Coronakrise und eventuell künftiger Infektionskrankheiten. Hieraus ergibt sich ein Resilienzparadox (Zolli & Healy, 2013). Einerseits ermöglichen es digitale Informations- und Kommunikationstechnologien den Regierungen sämtlicher Länder, auf die Pandemie deutlich schneller und informierter zu reagieren als es zu Zeiten der Asiatischen Grippe (1957–58) und der Hongkong-Grippe (1968–70) möglich war (Fathi, 2020). Andererseits führt genau diese Errungenschaft zu neuen Verwundbarkeiten moderner Gesellschaften. Gilt die Coronakrise gemeinhin als „Treiber der Digitalisierung" (König, 2021; Ricci, 2020), steigt mit diesem Trend für DACH auch die digitale Angriffsfläche für alle oben genannten Cyberrisiken, da die Zahl der internetfähigen Geräte in der Welt rasant wächst.

Eine weitere unerwartete Nebenfolge der Digitalisierung, die direkt mit der Coronapandemie einhergeht, ist die sogenannte „Infodemie". Dies beinhaltet eine über digitale Medien verbreitete Flut von Viertel- und Halbwissen, Gerüchten, Hörensagen, Falschmeldungen, Propaganda und Verschwörungsmythen über COVID-19. Das Thema hat bis heute nichts an Relevanz verloren. Die Infodemie dürfte maßgeblich zu einer Eskalation der Debatte um den richtigen Umgang mit der Pandemie und zu gesellschaftlicher Spaltung in sämtlichen Ländern beigetragen haben. Hierauf wird, auch im Zusammenhang mit der Auswirkung von Extremwetterereignissen, im folgenden Unterkapitel näher eingegangen.

Zusammengefasst verdeutlichen auch diese hier skizzierten, interdependenten Verschränkungen unterschiedlicher Problemtypen die Notwendigkeit nicht nur angemessener Einzelproblemlösungen, sondern ergänzend auch einer ganzheitlichen „Multi-Problem"-Perspektive. Erst letzteres ermöglicht es Resilienzparadoxien und unerwünschte Nebenwirkungen zu antizipieren und in den Blick zu nehmen.

2.3 Problembündel: Extremwetterereignisse – Coronapandemie – gesellschaftliche Spaltung infolge politischer Radikalisierung

Das in diesem Unterkapitel skizzierte Problembündel eskalierte in der zweiten Jahreshälfte 2021 zusehends. Es beinhaltet eine Verschränkung von mindestens vier Problemen: Extremwetterereignisse, Coronapandemie, Infodemie und politische Radikalisierung.

Der Problemtyp Extremwettereignisse hebt sich ab, weil er im Resilienzdiskurs von jeher zentrale Bedeutung erhält. Dies verwundert nicht, nehmen ökologische Bedrohungen in Berichten, wie dem Global Risk Report, seit Jahren eine Top-Position unter den wahrscheinlichsten und bedrohlichsten Risiken ein (WEF, 2021). Die Relevanz hat heute nicht abgenommen, im Gegenteil, scheinen Extremwetterereignisse aufgrund der menschengemachten globalen Erwärmung global zunehmend häufiger aufzutreten (Fischer & Knutti, 2016; Madakumbura et al., 2021; Rahmstorf, 2021). Ungeachtet der unabsehbaren Folgen des Klimawandels lässt sich in der Gegenwart bereits beobachten, dass sich auch in Kontinental- und Südeuropa Extremwettereignisse häufen. Waren es in Südeuropa, insbesondere Griechenland, der Türkei und Süditalien vor allem Waldbrände (Renner et al., 2021), wurden Mittel- und Westeuropa von schweren Sturzfluten heimgesucht. Besonders betroffen waren BeNeLux, DACH und weitere angrenzende Länder. Die schwersten Hochwasser wurden im Juli 2021 durch das Tiefdruckgebiet Bernd verursacht, wovon die DACH-Region besonders betroffen war.

In der Schweiz wurden die Regionen Zentralschweiz, das Berner Oberland und Seeland von Hochwassern der höchsten Gefahrenstufe heimgesucht. Bei dieser sogenannten Stufe 5 handelt es sich um ein Ereignis, das bezüglich Erfahrungswerten und statistisch nur alle 100 Jahre eintritt. Im Bereich der Zürichsee gab es Überschwemmungen der Gefahrenstufe Vier („Große Gefahr") an der Aare, am Hochrhein und an der Reuss (Coviello, 2021). In Österreich waren insbesondere die Regionen um Tirol, Wien und Salzburg von Hochwasser betroffen. In der nahe Salzburg gelegenen Stadt Hallein mussten Teile der Bevölkerung vor einer Flutwelle evakuiert werden (t-online dpa, 2021b; TZ, 2021). In Deutschland waren besonders die Bundesländer Nordrhein-Westfalen (NRW), Rheinland-Pfalz sowie Sachsen, Thüringen (MDR, 2021), Bayern und Baden-Württemberg betroffen (FAZ, 2021), mit insgesamt 191 Todesopfern. Als beispiellos verheerend erwiesen sich die Flutwasserkatastrophen in NRW und Rheinland-Pfalz, wobei es alleine im Landkreis Ahrweiler in Rheinland-Pfalz zu

140 Todesfällen kam (Landesregierung Rheinland-Pfalz, 2021). Der Deutsche Wetterdienst bezifferte die Wiederkehrzeit eines solchen Ereignisses auf mehr als 100 Jahre (Mrasek, 2021).

Seit dieser Umweltkatastrophe lässt sich vor allem in Deutschland eine zunehmend eskalierende Verschränkung mit einem Set weiterer Problemtypen beobachten, unter anderem der mit der Pandemie einhergehenden Infodemie, zunehmender politischer Radikalisierung und voranschreitender sozialer Spaltung. In diesem Zusammenhang berichteten die Medien in den am stärksten betroffenen Flutgebieten NRW und Rheinland-Pfalz über Angriffe auf Mitarbeitende des Technischen Hilfswerks (THW) (DIE ZEIT, 2021b; tagesschau, 2021; Beres et al., 2021) sowie von Verbreitung von Falschinformationen und Verschwörungsmythen (Morgenpost, 2021). Besonders präsent ist das teilweise in Querdenker- und vor allem in rechtsextremistischen Kreisen geteilte Narrativ einer „künstlichen Flut" (Lobo, 2021), basierend auf der Annahme, die Überschwemmungen seien von der Bundesregierung mit „geimpften" Wolken mittels Geoengineering oder „HAARP" (High Frequency Active Auroral Research Program) absichtlich erzeugt worden, um daraus politischen Profit zu schlagen (BR24, 2021).

Unabhängig von der sehr strittigen Diskussion über den Wahrheitsgehalt dieser und anderer Verschwörungsmythen, sind sie aus Resilienzperspektive vor allem als gesellschaftlicher Risikofaktor relevant. Als besonders bedrohlich heben Beobachter:innen hervor, dass sich Verschwörungsmythen, anders als demokratisch wünschenswerte Gesellschaftskritik, nicht auf einen Diskurs einlassen, der Falsifikation der eigenen Thesen ermöglicht (Bundesstelle für Sektenfragen, 2021). Die Autor:innen des nordrhein-westfälischen Verfassungsschutzberichts heben sogar hervor, dass Verschwörungsmythen nicht nur Radikalisierung, sondern auch Gewaltbereitschaft fördern und daher eine grundsätzliche „Gefahr für die Demokratie" darstellen (Ministerium des Innern des Landes NRW, 2020).

Als eines der weltweit einflussreichsten Verschwörungsideologien dürfte QAnon bzw. Q gelten. QAnon ist seit 2017 aktiv und erfuhr während der Coronapandemie erheblichen Auftrieb, auch in Europa, insbesondere in Teilen der rechtsextremen und Querdenkerszene Deutschlands. Inzwischen verzeichnet QAnon Millionen Anhänger:innen (Naumann & Kamann, 2021; Pöhlmann, 2020). Im Sommer 2020 wurden drei der weltweit zehn aktivsten QAnon-Communitys im deutschsprachigen Raum registriert. 2021 ist die Zahl der Aktivist:innen noch weiter gestiegen (Huesmann, 2021). Ähnlich wie bereits mit der Flüchtlingskrise 2015, hat die Coronakrise zu einer Schwemme an neuen Verschwörungserzählungen und weiterer Radikalisierung der Proteste geführt. Eine geläufige psychologische Erklärung besteht darin, dass gerade in Zeiten, die für viele Menschen mit großen Verunsicherungen einhergehen, Verschwörungsmythen ein eindeutiges Feindbild und vermeintliche Orientierung versprechen. Internet-Plattformen fungieren hierbei umso mehr als Radikalisierungsbeschleuniger (Bundesstelle für Sektenfragen, 2021).

Als weiterer Treiber von Radikalisierung und sozialer Spaltung erweist sich die soziale Ungleichverteilung, die während der Coronakrise zugenommen hat. Im internationalen Vergleich der Industriestaaten sind, so legt der WSI-Verteilungsbericht nahe, die Vermögen in Deutschland stärker konzentriert als in fast allen anderen Euroländern: Während rund ein Drittel der Haushalte in Deutschland maximal über Rücklagen für einige Wochen oder wenige Monate verfügt, könnten die Haushalte am oberen Ende der Skala mindestens zwei Jahrzehnte durchhalten. Andere Studien legen nahe, dass Menschen, die durch Einkommensverluste belastet sind, die politische Situation im Land deutlich kritischer beurteilen und sich im Durchschnitt empfänglicher für Verschwörungsmythen zur Pandemie zeigen (Otto, 2021).

Eine Radikalisierung der Proteste gegen die Coronapolitik lässt sich trotz Lockerungen und sinkender Todeszahlen im Jahr 2021 für die gesamte DACH-Region beobachten: In Deutschland erregten z. B. Berichte über ein Netzwerk von Hundert Ex-Soldaten und Polizisten um den Ex-Bundeswehrkommandeur Maximilian Eder, das sich mit Querdenkern und Reichsbürgern im Kampf gegen eine vermeintliche Corona-Diktatur wähnt, Aufsehen. Nach Informationen des ARD-Politikmagazins Kontraste und rbb24 Recherche organisierten sie sich nach der Hochwasserkatastrophe in Ahrweiler. Sie folgen damit dem Vorbild aus den Niederlanden, wo sich Veteranen bei den zum Teil gewalttätigen Coronaprotesten vor die Demonstranten und gegen die Polizisten gestellt hatten (Duwe et al., 2021). In Österreich nannte Gesundheitsminister Rudolf Anschober von den Grünen bei seinem Rücktritt auch die Bedrohung durch „Coronaleugner" als einen Grund, weshalb er sich aus der Politik zurückzog. Seit November 2020 stand er wegen Morddrohungen unter Polizeischutz (Belghaus & Jakob, 2021). In der Schweiz kündigten Angehörige der Protestbewegung im Dezember 2020 an, nach einer Demonstration in die Notfallstation des Universitätsspitals Zürich (USP) einzudringen (ebd.).

Auch das in diesem Unterkapitel skizzierte Problembündel umfasst eine vernetzte Gemengelage von Herausforderungen, die durch isolierte Betrachtungsweisen und Lösungsansätze im Sinne von „Mono-Resilienz" nicht hinreichend bearbeitet werden können. Es braucht eine ergänzende „Multiresilienz"-Perspektive.

3 Impulse für (mehr) Multiresilienz in der DACH-Region

Wie kann Krisenvielfalt in Form von Krisenbündeln und Bündelkrisen angemessen Rechnung getragen werden? Eine mögliche Antwort hierauf könnte Multiresilienz liefern. Ergänzend zu bereits bestehenden Resilienzkonzepten zielt dieser Ansatz darauf ab, Gesellschaften als solche kollektiv intelligenter und achtsamer zu machen, um dadurch auf unterschiedliche globale Herausforderungen reaktions- und problemlösungsfähiger antworten zu können.

Aus einer relativ abstrakteren, systemisch begründeten Perspektive lassen sich mindestens fünf verallgemeinerbare Orientierungsprinzipien ableiten, die zu höherer gesellschaftlicher Multiresilienz beitragen:

1) Maßnahmen zur Förderung psychischer Resilienz;
2) Governance-Ansätze, die das Beste aus dezentraler und zentraler Entscheidungsfindung und Maßnahmenumsetzung integrieren;
3) Maßnahmen zur Förderung kollektiver Intelligenz und kollektiver Weisheit;
4) mit Ungewissheit souverän umgehen (Best Practices, Emerging Practices, Innovative Practices);
5) Maßnahmen zur Förderung des kollektiven Zusammenhalts, im weitesten Sinne einer Resilienzkultur.

Was bedeutet Multiresilienz in der Praxis der Resilienzförderung und inwieweit wird dies aktuell umgesetzt? Aufgrund des Praxisbezugs und um den Rahmen dieses Beitrags nicht zu sprengen, wird auf eine Darstellung der theoretischen Begründung verzichtet[2]. Thematisch wird vor allem auf die oben dargestellten Problembündel in DACH fokussiert. Vorab sei angemerkt: Weltweit findet sich keine Gesellschaft, die Multiresilienz systematisch und auf hohem Niveau realisiert hat. Die folgend skizzierten Prinzipien geben nur eine erste grobe Orientierung zum Fördern gesellschaftlicher Multiresilienz.

3.1 Prinzip 1: Psychische Resilienz

Psychische Resilienz stellt die grundlegendste Systemkomponente gesellschaftlicher Krisenbewältigung dar. Dies beinhaltet vor allem die Fähigkeit der

[2] Eine tiefergehende theoretische Auseinandersetzung findet sich unter Fathi, 2019a.

betroffenen Bürgerinnen und Bürger, mit eigenem Stress umzugehen und besonnen zu handeln. In Krisenzeiten beugt diese Fähigkeit politischem Aktionismus und panischem Herdenverhalten vor. Eine zentrale Kompetenz ist hierbei die Fähigkeit, stressige Wahrnehmungen und Gefühle regulieren zu können. Psychische Widerstandsfähigkeit lässt sich lernen und könnte systematischer in der Bildungspolitik berücksichtigt und integriert werden. Bereits in den 1990er Jahren beschrieb der Psychologe Daniel Goleman sehr umfassend in seinem populären Buch „EQ – Emotionale Intelligenz" (2001), wie Programme zur Förderung emotionaler Intelligenz systematisch in Schulen und mit nachweisbarem Erfolg umgesetzt werden könnten. Neben sozialen Kompetenzen beinhaltet emotionale Intelligenz auch die für psychische Resilienz grundlegende Fähigkeit, die eigenen Gefühle zu regulieren (ebd.).

Trotz einer insgesamt höheren Sensibilisierung für die Themen Mobbing und Stress dürfte Resilienzförderung in den Schulcurricula in der DACH-Region bis heute noch kaum etabliert sein. Demgegenüber lässt sich zumindest in der Erwachsenenbildung, angesichts der Tendenz zunehmender Stresserkrankungen am Arbeitsplatz, eine steigende Nachfrage nach Kompetenzentwicklung in den Bereichen „lebenslanges Lernen", „Soft Skills" und „mentales Wohlbefinden" beobachten. Dieser Trend hat sich mit der Coronapandemie, in der ein Anstieg von Burnout-Erkrankungen registriert wurde (Rydlink, 2021), beschleunigt (Tattersall, 2021).

Neben der Förderung von Lernen lernen, psychischer Resilienz und emotionaler Intelligenz als vielseitig anwendbare „Universalkompetenzen" dürfte im Kontext gesellschaftlicher Resilienz künftig auch das Entwickeln konkreter Fach- und Verhaltenskompetenzen, die auf spezifische Problemfälle zugeschnitten sind, gleichsam bedeutend werden. Hierzu einige Beispiele:

Im Kontext oben beschriebener Cyberbedrohungen könnten sich Cybersicherheitstrainings für Arbeitnehmende und ggf. auch für Privathaushalte als wirksam erweisen. In den meisten Fällen erweist sich fehlendes Wissen der Betroffenen als entscheidende Schwachstelle für Cyberattacken (it-daily.net, 2021). Im Kontext von Extremwetterkatastrophen, die voraussichtlich in DACH zunehmen werden, werden sich wahrscheinlich, vergleichbar mit Japan (Palin, 2011; The Australian, 2011) oder Kuba (Mohideen, 2010), entsprechende Trainingsmaßnahmen für die Bevölkerung, z. B. in Form von Schulungen und Alarmübungen, etablieren. Gerade dieser Aspekt, so die Einschätzung des Klimatologen Saleemul Huq, forderte in Deutschland eine unnötig hohe Zahl an Todesopfern durch die Flutkatastrophe von Juli 2021. Im Vergleich dazu sterben im weitaus ressourcenschwächeren und regelmäßig von vergleichbar gravierenden Überschwemmungen heimgesuchten Land Bangladesch keine Menschen. Der Grund besteht darin, dass die Bevölkerung für den Katastrophenfall entsprechend trainiert und achtsam ist und über notwendiges Überlebenswissen verfügt (Huq, 2021). Zum Entwickeln spezifischer Verhaltenskompetenzen gehört auch, wie unter anderem vom Bundesamt für Bevölkerungsschutz und Katastrophenhilfe (BBK) empfohlen (BBK, 2021) und auf einer DACHL-Konferenz zum Thema „Strommangellage/Blackout" im Januar 2020 diskutiert, „in der Bevölkerung ein Risikobewusstsein zu schaffen, um gleichzeitig das Verantwortungsgefühl für den Selbstschutz und die damit verbundene Eigenbevorratung und Resilienz zu stärken. Das wiederum würde auch die Effektivität der Krisenbewältigung von staatlicher Seite deutlich unterstützen." (Bundesministerium Inneres, 2020)

Zusammengefasst, wäre im Rahmen des hier beschriebenen Prinzips eine Empfehlung, womöglich im Rahmen einer Bildungsoffensive, gesamtgesellschaftlich mehr Trainings- und Bildungsangebote bereitzustellen, die auf mindestens zwei Ebenen der Kompetenzförderung ansetzen: Ziel wäre erstens, die Bevölkerung im Rahmen von Universalkompetenzen allgemein gelassener, stresskompetenter und achtsamer und zweitens angesichts konkreter Gefahrensituationen handlungsfähiger zu machen.

3.2 Prinzip 2: Dezentrale vs. zentrale Entscheidungsfindung und -umsetzung

Jede Form des Krisenmanagements geht mit der Fähigkeit, zeitnah gute, gemeinsam getragene Entscheidungen zu treffen, einher. Aus Sicht der Managementkybernetik ist hierfür ein Systemaufbau erforderlich, der dezentrale und zentralistische Elemente zusammenführt (Malik, 1992). In Rahmen der Coronakrise wurde vielfach in DACH das Für und Wider dezentraler und zentraler Entscheidungsfindung diskutiert. So wurde argumentiert, dass z. B. zentralistisch regierte Länder, wie z. B. China, Italien oder Frankreich, vergleichsweise einheitlicher und schneller in der Umsetzung von Maßnahmen, die das gesamte Land betreffen, seien, als föderal strukturierte Bundesstaaten wie DACH (Hörr, 2020). Demgegenüber haben föderale Eigenständigkeiten den Vorteil, dass sie schnelle Handlungsfähigkeit und angemessene Entscheidungen vor Ort ermöglichen (ebd.)

Eine ähnliche Diskussion ist auch im Kontext der Hochwasserkatastrophen entstanden, in der es um das Entwickeln einer besseren Bund-Länder-Koordination geht. Angesichts der hohen Zahl an Todesopfern in Deutschland geht es vor allem, wie der Präsident der Bundesvereinigung des Technischen Hilfswerks (THW), Marian Wendt, empfiehlt, darum, ein „zentraleres System" zur Warnung zu etablieren, da die Landräte zu spät reagiert hätten. „In allen polizeilichen Großlagen oder beim Militär wird das von Profis wie den Polizeipräsidenten oder Generalen gemanagt und entschieden, nur im Katastrophenfall nicht“, so Wendt (SPIEGEL, 2021). Dieser Ansatz dürfte sich für diverse Katastrophenfälle bewähren. Was lässt sich aber im Kontext von Problemvielfalt, d. h. auch außerhalb von (Umwelt-)Katastrophen, im Rahmen dieses Prinzips ableiten?

Aus Resilienzperspektive bedarf es einer angemessenen Balance zwischen dezentraler und zentraler Entscheidungsfindung und Umsetzung. Aufbauend auf den Prinzipien des aus der Managementkybernetik stammenden Modells lebensfähiger Systeme (Viable Systems Model) könnten mindestens folgende Leitkriterien für die praktische Umsetzung wesentlich sein (vgl. hierzu auch Malik, 1992):

- *Subsidiaritätsprinzip/Modularität:* Höhere staatliche oder internationale Institutionen sollten nur dann regulierend eingreifen, wenn die Möglichkeiten der Institution der untergeordneten Systemebenen alleine nicht ausreichen, die Herausforderung zu lösen. Aus Perspektive der Resilienzforschung und der Managementkybernetik gilt als erstrebenswert, dass die Systemeinheiten (z. B. Gemeinden) in jeglicher Hinsicht autark und damit fähig sind, sich selbst zu versorgen und in Situationen, von denen sie direkt betroffen sind, möglichst für sich selbst zu entscheiden.
- *Einheitlicher Wissens-/Ressourcenfluss:* Damit die Systemeinheiten optimal für sich entscheiden und handeln können, ist wichtig, dass sie vom Zentrum, also z. B. der Führung auf Bundesebene, mit notwendigen Ressourcen und Informationen versorgt werden. Hier setzt z. B. die für Umweltkatastrophen wichtige Einrichtung eines zentralen Warnsystems an. Grundsätzlich koordiniert das Zentrum die Wissensverteilung und Ressourcen an die Systemeinheiten.
- *Lokales Wissen:* Dieses Prinzip beinhaltet systematisches Berücksichtigen und Nutzen lokaler Besonderheiten in Form von Ressourcen, Umgebungen, Best Practices oder bewährten Kulturtechniken. Dies kann z. B. in Erwartung noch kommender Extremwetterkatastrophen das Wiederertüchtigen bereits seit dem Kalten Krieg bestehender Warnsysteme, ggf. auch Bevölkerungsschutzbunker etc., beinhalten. Im Kontext von Flutkatastrophen stellt sich auch die Frage um das Nutzen natürlicher Senken statt künstlicher Betonwälle – eine Diskussion, die besonders in Österreich, mit Blick auf das Hochwasser von Hallein, geführt wird. Dies setzt allerdings einen konstruktiven Dialog zwischen unterschiedlichen gesellschaftlichen Teilsektoren voraus, im Kontext von Hallein

z. B. zwischen Naturschutz (schlägt natürliche Senken vor) und Politik (bevorzugt künstliche Betonwälle) (Petter, 2021). Erst auf dieser Grundlage entstehen kollektiv-intelligente Entscheidungen.

3.3 Prinzip 3: Förderung kollektiver Intelligenz und kollektiver Weisheit

Kollektive Intelligenz oder auch „Schwarmintelligenz" ist die Fähigkeit, gemeinsam auf komplexe Probleme passende Lösungen zu finden und wird in der politischen Diskussion zunehmend berücksichtigt (Kaspar, 2016; Surowiecki, 2004). Sogar in Parteiprogrammen, wie z. B. von der 2020 gegründeten Corona-Protest-Partei „Die Basis", besteht ein expliziter Bezug zu diesem Begriff (Basisdemokratische Partei Deutschlands, 2021).

Vergleichsweise erklärungsbedürftig und in der aktuellen Diskussion fast unberücksichtigt und in der politischen Entscheidungspraxis gar nicht etabliert, ist der Begriff „kollektive Weisheit". Als einer der ersten zeitgenössischen Beobachter wies der Philosoph Nick Bostrom auf kollektive Weisheit hin, als notwendige Eigenschaft einer Gesellschaft, um menschengemachte existenzielle Krisen, z. B. infolge unkontrollierter Entwicklungen in der KI-, Gen- oder Nanotechnologieforschung, präventiv abzuwenden (Bostrom, 2017). Ergänzend zur kollektiven Intelligenz unterstützt kollektive Weisheit als eine Art ethischer Kompass bei der Reflexion darüber, was überhaupt erstrebenswert ist. Weisheit versteht sich hier als ein tiefgehendes Verständnis von Zusammenhängen in Natur, Leben und Gesellschaft sowie die Fähigkeit, bei Herausforderungen die jeweils schlüssigste und sinnvollste Entscheidung zu treffen. Im Kontext kollektiver Resilienz ermöglicht sie es, einen Schritt zurückzutreten, sämtliche Entwicklungen kritisch zu hinterfragen, unerwünschte Nebenfolgen, inklusive Resilienzparadoxien, zu antizipieren und ganzheitlich abzuwägen (Fathi, 2019a).

In der praktischen Umsetzung gilt für kollektive Intelligenz und Weisheit aus systemischer Sicht: Je mehr unterschiedliche Sichtweisen betroffener Akteure integriert werden, umso komplexitätsangemessener werden die Lösungen (Woolley et al., 2010). Kollektive Intelligenz und Weisheit setzen ein hohes Maß an Wissensaustausch und systematisches Integrieren vorhandener Perspektiven und Ressourcen auf allen Systemebenen voraus. Das kann verschiedene Formen annehmen, wie z. B. in Form interdisziplinärer Forschungsgruppen und -konferenzen, agiler Arbeitsgruppen, fachübergreifender Think Tanks bis hin zu Multi-Stakeholder- und Bürger-Dialogen mit Vertreter:innen aus Privatwirtschaft, Politik, Zivilgesellschaft und Wissenschaft. Gegenstand kann dabei das Bearbeiten aktueller komplexer Probleme oder auch ein strategisches Durchdenken möglicher zukünftiger Krisenszenarien sein (Fathi, 2019b; vgl. auch Schneidewind & Singer-Brodowski, 2013; Scharmer, 1995).

Während der Coronakrise konnte in nahezu allen Staaten weltweit beobachtet werden, dass das hier beschriebene Prinzip, möglichst viele Perspektiven einzubinden, nicht konsequent umgesetzt wurde. Zwar war die Coronapolitik in vielen Gesellschaften immerhin von einem engen Zusammenwirken zwischen Vertreter:innen aus Politik und Wissenschaft, vor allem aus der Virologie, geprägt. Aus Resilienzperspektive ließe sich jedoch stets kritisieren, dass ein zu einseitiger disziplinärer Fokus auf epidemologisch begründete Maßnahmen gelegt wurde und wird, wie sie z. B. von der Max-Planck-Gesellschaft (2020) vorgeschlagen wurden. Während vermehrt Expert:innen aus der Virologie konsultiert wurden, die Maßnahmen vorschlugen, um die Pandemie einzudämmen und Infektionskurve flach zu halten, kamen Beiträge aus den Wirtschafts-, Geisteswissenschaften, der Psychologie oder der Zukunftsforschung vergleichsweise zu kurz. Dabei wäre ein Berücksichtigen dieser Einsichten sinnvoll gewesen, um unerwünschten Nebenwirkungen der Pandemiepläne vorzubeugen oder sie zumindest im Rahmen eines ganzheitlichen Coronakrisenmanagements abzumildern. Multiresilienz setzt also in hohem Maße transdisziplinär informierte Politik voraus.

Transdisziplinäre Perspektivenintegration beinhaltet nicht nur das Konsultieren von Expert:innen unterschiedlicher wissenschaftlicher Disziplinen, sondern auch das Einbinden unterschiedlicher gesellschaftlicher Teilsektoren, insbesondere der Zivilgesellschaft, Privatwirtschaft und Politik (Scharmer, 1995; Schneidewind & Singer-Brodowski, 2013). Ein vielversprechendes Beispiel aus Deutschland, das während der Coronakrise ebendiesem Aspekt erfolgreich Rechnung trug, war der „#WirvsVirus“-Hackathon (#WirvsVirus, 2020). Ein Hackathon ist ein Design- und Programmierwettbewerb, bei dem Teilnehmende innerhalb weniger Tage versuchen, Aufgaben zu lösen. #WirvsVirus wurde von der Bundesregierung gemeinsam mit einer Reihe von Digitalinitiativen und Kanzleramtsminister Helge Braun als Schirmherr vom 20.-22.03.2020 veranstaltet. 28.361 Teilnehmende, wie auch die Bundesregierung selbst, arbeiteten an über 1.500 Problemlösungen im Rahmen der Coronakrise (ebd.).

Über die Coronakrise hinaus findet sich eine wachsende Zahl von Initiativen und Projekten der Bürgerbeteiligung mithilfe digitaler Kommunikationsmedien. Aufgrund des verbesserten Informationsflusses könnten sie wesentlich zu einer Infrastruktur beitragen, die höhere kollektive Intelligenz und Weisheit fördert. Im Folgenden seien beispielhaft vier unterschiedliche, einander ergänzende Initiativen skizziert, die in DACH bereits teilweise realisiert werden:

- Die deutsche Firma „Liquid Democracy“ entwickelt Kanäle für Dialogdemokratie, wie z. B. Bürgerplattformen für Stadtverwaltungen (Liquid Democracy).
- Der „Prototype Fund“, ein vom BMBF finanziertes Förderprogramm für offene Software und digital-soziale Innovation, entwickelt unter anderem digitale Werkzeuge für Bürgerbeteiligung, um die Qualität des politischen Austauschs und der Meinungsbildung in den sozialen Medien, die derzeit oft von unproduktiven „Aufregerdiskursen“ geprägt ist, zu verbessern (Prototype Fund).
- Die Einführung von Bürgerräten, also mehrstufige Beteiligungsverfahren. Dabei erarbeiten zufällig ausgewählte Bürger:innen in wenigen Tagen gemeinsam Lösungen für gesellschaftliche Herausforderungen. Diese werden anschließend öffentlich präsentiert und diskutiert. In DACH gilt der Bürgerrat im österreichischen Vorarlberg als Inspiration (Land Vorarlberg). In Deutschland wurde der erste Bürgerrat 2019–2020 vom Verein „Mehr Demokratie“ und der Schöpflin Stiftung veranstaltet und vom BMBF und der Mercator Stiftung unterstützt. Dabei erarbeiteten 160 geloste Bürger:innen im September 2019 „Empfehlungen zur Stärkung der Demokratie“ (Bürgerrat Demokratie).
- Ein weiterer Ansatz stellt das gezielte Nutzen von künstlicher Intelligenz dar, um die Vielzahl von Perspektiven zu sortieren. In diesem Kontext wurde am MIT Center for Collective Intelligence das „Deliberatorium“ entwickelt – eine Plattform, die versucht, Debatten im Internet, wie z. B. zum Thema „Lösungsvorschläge für die Klimakrise“ auf eine strukturiertere Art zu gestalten, indem die einzelnen Postings in Kategorien eingeteilt werden, je nachdem, ob jemand eine neue Idee einbringt oder eine bereits bestehende Idee kommentieren möchte oder Kommentare kommentiert werden (Klein, 2020).

Aus Resilienzperspektive dürfte digitales „Upgraden“ von Bürgerbeteiligung und sektorübergreifender Kommunikation maßgeblich zu höherer kollektiver Intelligenz und Weisheit und damit komplexitätsangemessenerer Fähigkeit zu Problemantizipation und Problemlösung beitragen. Im Kontext von Multiresilienz wäre zusätzlich zu berücksichtigen, dass Resilienzressourcen, wie z. B. das hier dargestellte digitale Upgrade, selbst mit neuen Verwundbarkeiten, z. B. durch Cyberbedrohungen einhergehen und dass Konnektivität als solche nicht nur wichtiger Resilienzfaktor ist, sondern zu neuen Verwundbarkeiten im Sinne von „Ansteckungsketten“ führen kann. Diese und andere mögliche Resilienzparadoxien gilt es im Rahmen von Prinzip 4 vorbeugend zu antizipieren.

3.4 Prinzip 4: Souverän mit Unerwartetem und Neuem umgehen

Eine Kernkompetenz kollektiver Resilienz ist die Fähigkeit, Unerwartetes und Nicht-Gewusstes erfolgreich zu managen. Kollektive Intelligenz ist auch hier das wesentliche Werkzeug, allerdings mit Blick auf mindestens folgende drei Zielrichtungen:

- Erstens geht es darum, vergangene Erfahrungen systematisch auszuwerten und daraus Best Practices zu entwickeln
- Die zweite Zielrichtung fokussiert auf das Entwickeln innovativer Lösungen, die prozessoffen und aus der Situation heraus entstehen (Emerging Practices) oder völlig neu und kreativ entwickelt wurden (Innovative Practices). Dies ist vor allem in Situationen notwendig, die für die betroffene Gesellschaft völlig neu sind (also z. B. der Coronakrise). Hier geht es weniger um das Auswerten vergangener Erfahrungen, sondern um prozessoffenes Entwickeln und Weiterentwickeln neuer Ansätze im Versuch-Irrtums-Prozess. Hierzu zählen vor allem technologische und sozialökonomische Innovationen.
- Die dritte Zielrichtung befasst sich mit Resilienzparadoxien und dem Antizipieren und strategischen Durchdenken unvorhersehbarer, unerwünschter Nebenfolgen.

Hinsichtlich der ersten Zielrichtung, dem Entwickeln von Best Practices, lohnt sich für grundsätzlich jede Krise der Blick aufs Ausland. „Wie gehen andere Gesellschaften mit ähnlichen Situationen um?“ Obgleich es selten möglich ist, Problemlösungsansätze anderer Kulturen auf den eigenen Kontext vollständig zu übertragen, dürfte das systematische Auswerten bereits vorhandenen Praxiswissens hilfreiche Inspirationen liefern und den Umfang an Lösungsoptionen zumindest erhöhen. Dies kann z. B. konkretes Erfahrungswissen beim Umsetzen von Resilienzprinzipien beinhalten, die zum Entwickeln robuster kritischer Infrastrukturen notwendig sind, z. B.: Modularität (wenn ein Teil ausfällt, fällt nicht das Gesamtsystem aus), Schaffung von Redundanzen (z. B. Back-Ups gegen Cyberattacken), Puffer (z. B. kluge Vorratshaltung), Diversität (zur Verringerung von Abhängigkeiten) .

In der neueren Best Practice-Diskussion lässt sich eine weitere Entwicklung beobachten: So wird im Kontext der Coronakrise, die in vielen Gesellschaften eine Rückbesinnung auf Natur betont und unter dem Eindruck der Folgen des Klimawandels, indigenes Wissen zunehmend als Inspirationsquelle für nachhaltigen und resilienten Städtebau berücksichtigt (Peteranderl, 2021). Julia Watson beschreibt in ihrem Buch „Lo-TEK. Design by Radical Indigenism", wie indigene Innovation im Einklang mit der Natur aussehen kann – von schwimmenden Inseln aus Schilf in Peru oder im Irak bis hin zu natürlichen Recycling- oder Bewässerungssystemen in Indien oder Indonesien (Watson, 2020).

Emerging und Innovative Practices umfassen im Kontext gesellschaftlicher Resilienz vor allem technologische und vor allem soziale Innovationen. Oft geht es dabei nicht um die Frage, wie die Krise überwunden werden kann, sondern wie die Gesellschaft „mit der Krise" leben und sich mit ihr entwickeln kann. Dies könnte z. B. bedeuten, unter dem Eindruck der mit der Pandemie einhergehenden Weltwirtschaftskrise neue, resilientere Alternativen zu bestehenden Wohlfahrtsregimen (z. B. Bedingungsloses Grundeinkommen) oder Kapitalismussystemen (z. B. Post-Wachstumsökonomie) zu entwickeln. Zu Letzterem finden sich unter den Stichworten „Donut-Ökonomie" und „Gemeinwohlökonomie" bereits einige Realexperimente. So stellt Amsterdam die weltweit erste Stadt dar, die Kate Raworths vieldiskutiertes Modell der Donut-Ökonomie (Raworth, 2018) umsetzt (City of Amsterdam, 2021). In Deutschland setzt die westfälische Stadt Steinheim seit 2019 als erste deutsche Stadt ein Bilanzierungssystem auf Grundlage der Gemeinwohlökonomie um (Vorgrimler, 2020)

Im Kontext von Multiresilienz lässt sich das Prinzip „Leben mit der Krise" auf vielfältige Problemkontexte übertragen, auch z. B. Flutwasserkatastrophen oder Flüchtlingskrisen. Die Leitfrage lautet dabei weniger „wie können wir die Krise abwehren?", sondern: „wie könnte ein „neues Normal" aussehen?" Im Kontext von Flutwasserkatastrophen könnte dies eine Anpassung der Stadtarchitektur hin zu schwimmenden Architekturen bedeuten, wie sie die „Leven met water"-Initiative in Holland umsetzt (levenmetwater). Im Kontext von Flüchtlingskrisen sind eher soziale Innovationen in der Wohlfahrts- und Arbeitsmarktpolitik gefragt (Fathi, 2016)

Hinsichtlich der dritten Zielrichtung, dem Antizipieren unvorhersehbarer Probleme und Problembündel, bieten sich transdisziplinäre Kommunikationsformate, wie z. B. strategische Szenarioplanung, an. Diese könnten kurzfristig, ohne größeren Zeit- und Finanzaufwand, auf Bundes- und Gemeindeebene umgesetzt werden und sollten Teilnehmende aus möglichst unterschiedlichen Teilsektoren und Wissenschaftsdisziplinen umfassen. Innerhalb eines zweitägigen Workshops könnte das Wissen unterschiedlicher Stakeholder mittels spezieller Moderationstechniken in unterschiedlichen Szenarien zusammengeführt werden. Durch Kategorisierungsmethoden, wie z. B. Cross-Impact-Matrizen, könnten auch die Dimensionen von Bündelkrisen und internen Verschränkungen von Krisenbündeln analysiert, eingeschätzt und in der strategischen

Maßnahmenplanung berücksichtigt werden. Hierbei geht es nicht um Zukunftsvorhersagen, sondern um systematische und disziplinübergreifende Vorbereitung auf mögliche Zukunftsverläufe. Entsprechend wäre dieser Ansatz auf Überlegungen zu hochkomplexen Krisenbündeln (siehe z. B. 2.2 und 2.3.) übertragbar. Denkbare Fragestellungen wären: „Wie wird sich DACH im Kontext von Krisenbündeln in 2030 entwickeln?“, „Auf welche Bündelkrisen werden wir uns in den kommenden Jahren einstellen müssen?“, „Auf welche unerwünschte Nebenfolgen und Resilienzparadoxien, z. B. im Zuge unkontrollierter Entwicklungen in der KI-, Nano-, Gentechnologieforschung, müssen wir uns einstellen?“. Vor dem Hintergrund dieser und anderer Fragestellungen könnten Methoden, wie die Szenarioanalyse, zu einer disziplinübergreifend- und multiresilient-informierten Politik beitragen. Langfristig wären weitere, langwierigere Formate, z. B. in Form von Reallaboren, denkbar, auch hier möglichst mit heterogenen Gruppen, in denen z. B. sozial-ökonomische und sozialpolitische Rahmenbedingungen neu gedacht und soziale Innovationen in Realexperimenten und Leuchtturmprojekten in Modellregionen entwickelt und getestet werden.

3.5 Prinzip 5: Resilienzkultur

Jede kollektive Krisenbewältigung geht auch mit „weichen“ Aspekten einher, die aus der kollektiven Psyche hervorgehen. Multiresilienzkultur beinhaltet mindestens drei Faktoren:

1. Gesamtgesellschaftlich getragenes Wir-Bewusstsein im Angesicht gemeinsamer Herausforderungen;
2. differenzierte und konstruktive Einbindung möglichst vieler unterschiedlicher Perspektiven, auch unter Hinzunahme neuer Methoden der Bürgerbeteiligung;
3. kollektive Wahrnehmung von Krisen als Chance.

Der erste hier genannte Faktor beinhaltet das gemeinsame Bewusstsein darüber, „an einem Strang zu ziehen“ und die jeweilige Herausforderung, gemeinsam zu überwinden. In der Coronakrise zeigt sich kollektiver Zusammenhalt vor allem in vielfältigen Formen solidarischer Hilfe, wie z. B. der Nachbarschaftshilfe. Deutschlandweite Initiativen sind auf der Plattform Listing zusammengefasst (Listing), das Schweizer Pendant heißt „hilf-jetzt“ (hilf-jetzt.ch). Weitere solidarische Initiativen umfassen Watchgroups für solidarische Aktionen, so z. B. „CoView19“ zur Beobachtung von Verschiebungen in gesellschaftlichen Diskursen und Gesetzeslagen (coview) oder Initiativen in Reaktion auf die Zunahme häuslicher Gewalt infolge der Lockdowns (z. B. bff). Kollektiver Zusammenhalt ist nicht nur wesentlich, um unerwünschte Nebenwirkungen politischer Maßnahmen wie z. B. der Ausgangssperre abzufedern. Er stellt auch sicher, dass diese Maßnahmen von der Zivilgesellschaft mitgetragen und einheitlich umgesetzt werden. Weitere solidaritätsfördernde Beispiele, initiiert von der politischen Führung, finden sich in Singapur: So verzichteten der Staatschef sowie alle Minister und sämtliche Abgeordnete auf ein Monatsgehalt zugunsten der sogenannten „Helden", die in systemrelevanten Berufen tätig sind, wie Kassierer:innen, Krankenpfleger:innen, Putzkräfte oder Taxifahrer:innen. Ein weiteres Beispiel ist der Song „We fight the Virus" oder „Corona Rap", in dem die Bevölkerung in Singapur auf den gemeinsamen Kampf gegen das Virus eingeschworen wurden und sich darauf bezogen, dass sich jeder auf den anderen verlassen könne (Senzel, 2020). Tendenziell scheinen vor allem Umweltkatastrophen, wie die Flutkatastrophen in DACH, relativ hohe Solidarität und entsprechenden Zusammenhalt in der Bevölkerung hervorzurufen. Wie unten noch näher aufzuzeigen, variiert die Solidarität in der Bevölkerung je nach Krisentyp. Dies steht und fällt mit dem zweiten folgend skizzierten Kulturfaktor.

Der zweite Kulturfaktor betont die Bedeutung der Art und Weise, wie Krisen öffentlich kommuniziert werden, auch unter Berücksichtigung einer konstruktiven und kollektiv-intelligenten Auseinandersetzung mit Fehlern und Konflikten. Als wichtigste Bühnen erweisen sich die Informationsmedien, die Krisenkommunikation der Politik und die sozialen Medien. Aktuell lassen sich je nach Problemtyp Unterschiede beobachten. Im Kontext von Risiken, die mit Umweltkatastrophen vergleichbar sind, ist eine relativ hohe Solidarität zu beobachten. Die Situation der Betroffenen, hier z. B. die Opfer der Flutwasserkatastrophe, erhält hohe mediale Aufmerksamkeit. Ein weiterer Schwerpunkt scheint sich auf Schuldzuweisungen gegenüber politisch Verantwortliche zu konzentrieren. Im Kontext der Flutwasserkatastrophe richteten sich z. B. in NRW und Rheinland-Pfalz Vorwürfe an Landräte, die mehrfach Unwetterwarnungen ignoriert hatten (SPIEGEL ONLINE, 2021) oder in Hallein an Umweltschützer, die den Bau von Betonwällen und damit angeblich wirksamen Hochwasserschutz verhindert haben sollen (Petter, 2021). Aus Resilienzperspektive entspricht dies nicht einer Fehlerkultur, die schnelles Lernen ermöglicht und wie sie erfolgreich z. B. in Hochzuverlässigkeitsorganisationen praktiziert wird (Weick & Sutcliffe 2001). In Krisen, die emotional aufgeladener und vielfältiger in der Positionierung sind, so z. B. der Flüchtlingskrise 2015 oder der Coronakrise, erweist sich die Problemkommunikation als noch schwieriger. So lässt sich in sämtlichen modernen Gesellschaften, unter anderem DACH, eine zunehmende gesellschaftliche Polarisierung ausmachen (Amtmann, 2021; Bertelsmann

Stiftung, 2021). Für die weiterführende Resilienzforschung und -praxis wird sich als unerlässlich erweisen, folgender Frage nachzugehen: Wie könnte gesellschaftlichen Spaltungstendenzen, auch infolge der oben beschriebenen Infodemie, entgegengewirkt werden? Wie kann kollektives Lernen aus Krisen gefördert werden? Einen wichtigen Beitrag könnten oben beschriebene Methoden und Initiativen der Bürgerbeteiligung und direkter Demokratie liefern. Insbesondere für emotional aufgeladene Krisen, wie die Coronakrise und die nächste Flüchtlingskrise, wird auch das Etablieren einer nicht-polarisierten Diskurskultur wesentlich, die mehrere Perspektiven zulässt und zugleich Standards konstruktiver Streit- und Dialogführung einhält. Die Frage, wie sich dies gesamtgesellschaftlich verbessern lässt, wird eine langfristig notwendige gesellschaftliche Herausforderung sein. Das Entwickeln, Planen und Umsetzen erster Schritte könnte Gegenstand gemeinsam getragener, auch relativ schnell umsetzbarer Multi-Stakeholder-Dialog-Formate, wie z. B. Hackathons, sein.

Der dritte Kulturfaktor, Krisen als Chance zu betrachten, wird seit 2011 in der Resilienzforschung, insbesondere dem IRS Leibniz Institut, berücksichtigt (Christmann et al., 2011). Angesichts des Umstands, dass Krisen per se eine Weichenstellung bedeuten, ist das in Resilienztrainings oft noch gängige Symbol eines Stehaufmännchens, das die „Rückkehr in den Normalzustand" nach überwundener Krise suggeriert, irrig. Krisen bedeuten, dass die Problemsituation nicht so gelöst werden kann, wie in der Vergangenheit, dass neue Wege gegangen und somit auch ein „neuer Normalzustand" gefunden werden muss. Wie könnte ein „neues Normal" z. B. in der Flüchtlingskrise, angesichts von Cyberbedrohungen, in der Post-COVID-Welt oder im Kontext einer Post-Wachstumsökonomie aussehen? (Multi-)Resilienzkultur lädt dazu ein, gemeinsam und mit lösungsorientiert-realistischem Optimismus neue Wege ins Ungewisse zu gehen.

4 Ein paar weiterführende Überlegungen: Multiresilienz als Leitmotiv für globale Kooperation

Heutige Krisen sind komplex, systemebenenübergreifend, vieldimensional und oft unvorhersehbar. Obgleich der Resilienzbegriff als „Universalantwort" durchaus umstritten ist, erweist es sich als durchaus sinnvoll, Resilienz kontextübergreifend und „breit" zu denken. Denn: Gesellschaften werden sich darauf einstellen müssen, auf vielfältige globale Krisenbündel und Bündelkrisen gleichzeitig Antworten zu finden. Multiresilienz erweist sich hierbei als Ansatz, der auf Grundlage einer systemisch-abstrakten Perspektive nach Hebelpunkten sucht, die kollektive

Intelligenz und Weisheit, Problemlösungsfähigkeit und Reaktionsfähigkeit zu steigern und damit handlungsfähiger auch gegenüber Krisenvielfalt und -komplexität macht. Als zentral erweist sich hier effektives kommunikatives Vernetzen aller gesellschaftlicher Teilsektoren, also von Zivilgesellschaft, Privatwirtschaft, Politik, Wissenschaft und Medien. Ferner versteht sich Multiresilienz in Ergänzung zu bestehenden Monoresilienzkonzepten. Multiresilienz erweitert die Perspektive, unterstützt beim Antizipieren unerwünschter Nebenwirkungen von Maßnahmen und von interdependenten Verschränkungen von Problemen. Für die Zukunft bleibt offen, wie sich dieses Leitkonzept im Rahmen disziplinübergreifender Resilienzforschung und -beratungspraxis von Gesellschaft zu Gesellschaft konkret ausgestaltet. Fest steht, dass Gesellschaften im 21. Jahrhundert an einem ganzheitlicheren, komplexitätsangemessenen Resilienzansatz nicht vorbeikommen.

Ein großer Schwachpunkt des (Multi-)Resilienzkonzepts ist, dass es, anders als das Nachhaltigkeitskonzept (das sich im Übrigen gut mit [Multi-]Resilienz kombinieren lässt), durchaus „amoralisch" ist. Es beugt keineswegs nationalen Egoismen auf Kosten anderer Gesellschaften vor (Fathi, 2019a). Da sich globale Krisen im 21. Jahrhundert langfristig nicht durch nationale Alleingänge bewältigen lassen, wären sämtliche Überlegungen auch auf den übernationalen Kontext zu übertragen. Es braucht internationale Kooperation. Gesellschaftliche Zukunftssicherung bedarf daher einer entsprechenden Ausweitung des Resilienzkonzepts, auch auf übernational-regionaler und „weltgesellschaftlicher" Systemebene.

Bis heute lassen sich auf internationaler Bühne keine voll entwickelten überstaatlichen Strukturen finden. Mehr oder weniger dauerhafte Formen der bilateralen oder multilateralen Zusammenarbeit hat es bislang meist im Zusammenhang mit militärischer Sicherheit und wirtschaftlichem Wohlstand gegeben. Aktuelle und noch kommende Krisenbündel und Bündelkrisen liefern einen wichtigen Anreiz für globale Zusammenarbeit im 21. Jahrhundert. Aufbauend auf bereits bestehenden wirtschaftlichen und politischen Institutionen, Abkommen und Formen der bilateralen und multilateralen Zusammenarbeit, könnte das Leitmotiv der Multiresilienz, notfalls auch der Resilienz, dazu beitragen, weitere politische Integration hin zu einer regionalen und globalen Resilienzgemeinschaft voranzutreiben und damit internationalen Frieden zu fördern.

Kooperationsbasierte Multiresilienz, wie sie in Erwartung weiterer Herausforderungen für die globale Gemeinschaft dringend erforderlich wäre, könnte auch eine sehr gute Gelegenheit bieten, eine einheitliche und zeitgemäße Vision für die globale Zukunft im Sinne von „Globalisierung 2.0" zu entwickeln. Dabei könnten DACH und im weitesten Sinne die EU nicht nur eine solche Vision entwerfen und vertreten, sondern aufgrund ihres hohen Kooperations- und Integrationsgrads, als Beispiel vorangehen (Fathi, 2021) (Tab. 1).

Tab. 1 Bloomberg Covid Resilience Ranking August 2021

Rang	Veränderung	Wirtschaft	Bloomberg Resilience Score	Durch Impfstoffe abgedeckte Personen	Schweregrad des Lockdowns	Flugkapazität	Geimpfte Reiserouten
1	▲10	Norwegen	77,2	48%	53	−37,5%	381
2	▲1	Schweiz	75,4	51,4%	44	−45,6%	381
3	▼1	Neuseeland	75,2	15,8%	22	−28,8%	150
4	▲1	Frankreich	75	54,3%	41	−36,3%	379
5	▼4	USA	74	53,5%	50	−17,1%	348,5
6	▲19	Österreich	73	53,1%	49	−45,1%	365,5
7	▲10	Finnland	72,8	48,8%	44	−73,7%	381,5
8	▲19	Irland	72,3	56,1%	54	−66,4%	365,5
9	▼1	China	71,7	55,4%	79	6,2%	132,5
10	▲6	Belgien	71,1	60,2%	47	−37,9%	276,5
11	▲2	Singapur	71,1	63,8%	51	−81,6%	147
12	▲16	Deutschland	70,7	53,8%	68	−52,7%	363

Quelle:Bloomberg, 2021

Literatur

Allianz (2018). Allianz Risk Barometer 2018: Angst vor Betriebsunterbrechung und Cybervorfällen bei deutschen Unternehmen gestiegen. https://www.allianz.com/de/presse/news/studien/180116-allianz-risk-barometer-2018.html. Zugegriffen: 16. Jan. 2018.

Amtmann, K. (2021). Fünf Jahre nach der Flüchtlingskrise: Politologe warnt vor Fehler – „Das schafft Probleme". Merkur.de. https://www.merkur.de/politik/asyl-fluechtlingskrise-deutschland-2015-integration-zuwanderung-abschiebung-europa-politik-zr-90020167.html. Zugegriffen: 18. Aug. 2021.

Basisdemokratische Partei Deutschlands (2021). Homepage. https://diebasis-partei.de/.

BBK (2021). Essen und Trinken bevorraten. Bundesamt für Bevölkerungsschutz und Katastrophenhilfe. https://www.bbk.bund.de/DE/Warnung-Vorsorge/Vorsorge/Bevorraten/bevorraten_node.html.

Belghaus, N., & Jakob, C. (2021). Radikalisierung einer Bewegung: Der Staat als Endgegner. https://taz.de/Radikalisierung-einer-Bewegung/!5763377/. Zugegriffen: 25. Apr. 2022.

Beres, E., & Brosel, J., & Saathoff, C. (2021). Obskure „Helfer" in den Hochwassergebieten. SWR aktuell. https://www.swr.de/swraktuell/rheinland-pfalz/querdenker-flutkatastrophe-100.html. Zugegriffen: 24. Juli 2021.

Bertelsmann Stiftung (2021). Der „Corona-Effekt" – Warum die Pandemie der Wahlbeteiligung schaden und ihre soziale Spaltung vertiefen könnte. https://www.bertelsmann-stiftung.de/de/unsere-projekte/monitoring-der-demokratie/projektnachrichten/der-corona-effekt-warum-die-pandemie-der-wahlbeteiligung-schaden-und-ihre-soziale-spaltung-vertiefen-koennte. Zugegriffen: 28. Juli 2021.

Bff. Homepage. https://www.frauen-gegen-gewalt.de/de/aktuelles.html.

Birkmann, J. (2008). Assessing vulnerability before, during and after a natural disaster in fragile regions. *Research Paper No. 2008/50 UNU-WIDER.*

Bloomberg (2021). The covid resilience ranking. The best and worst places to be as reopening, variants collide. 28.07.2021 https://www.bloomberg.com/graphics/covid-resilience-ranking/.

Bostrom, N. (2017). *Superintelligenz – Szenarien einer kommenden Revolution*. Suhrkamp.

BR24 (2021). #Faktenfuchs: Die Hochwasser wurden nicht künstlich ausgelöst. https://www.br.de/nachrichten/wissen/faktenfuchs-die-hochwasser-wurden-nicht-kuenstlich-ausgeloest,SdzgGfx. Zugegriffen: 24. Juli. 2021.

Bundesministerium Inneres (2020). Internationales D-A-CH-L-Treffen zu „Strommangellage/Blackout" in Wien. https://www.bmi.gv.at/news.aspx?id=706B6135777546564264 6B3D. Zugegriffen: 12. Jan. 2020.

Bundesstelle für Sektenfragen (2021). *Das Phänomen Verschwörungstheorien in Zeiten der COVID-19-Pandemie.* Bericht der Bundesstelle für Sektenfragen an die Bundesministerin für Frauen, Familie, Jugend und Integration. Mai 2021.

Bürgerrat Demokratie. Homepage. https://demokratie.buergerrat.de/.

Christmann, G., Ibert, O., Kilper, H., Moss, T. (2011). Vulnerabilität und Resilienz in sozio-räumlicher Perspektive – Begriffliche Klärungen und theoretischer Rahmen. IRS Leibniz-Institut für Regionalentwicklung und Strukturplanung. http://www.irs-net.de/aktuelles/meldungen-detail.php?id=206.

CIA. (2018). *Die Welt im Jahr 2035: Gesehen von der CIA und dem National Intelligence Council*. Beck.
City of Amsterdam (2021). Amsterdam circular strategy 2020–2025. https://www.amsterdam.nl/en/policy/sustainability/circular-economy/.
Coviello, M. (2021). Die Hochwasserlage bleibt kritisch: Dies sind die Hochwasser-Hotspots der Schweiz. Neue Züricher Zeitung. https://www.nzz.ch/schweiz/das-sind-die-hochwasser-hotspots-sehr-grosse-gefahr-am-vierwaldstaettersee-sowie-am-bieler-und-thunersee-ld.1635570?reduced=true. Zugegriffen: 16. Juli 2021.
Coview. Homepage. https://coview.info/.
CSS (2009): Resilienz: Konzept zur Krisen- und Katastrophenbewältigung. *CSS Analysen zur Sicherheitspolitik. ETH Zürich*
DIE ZEIT (2021a). Nato-Staaten wollen Druck auf China erhöhen. DIE ZEIT. 14.06.2021. https://www.zeit.de/politik/ausland/2021-06/verteidigungsbuendnis-nato-gipfel-bruessel-china-appelle?utm_referrer=https%3A%2F%2Fwww.google.com%2F.
DIE ZEIT (2021b). THW klagt über Angriffe auf Helfende. https://www.zeit.de/politik/2021b-07/flutkatastrophe-nrw-eifel-technisches-hilfswerk-hochwasser. Zugegriffen: 24. Juli 2021b.
Djir-Sarai, B. (2021). Neue NATO-China-Strategie: Nur der Anfang eines langen Weges. Friedrich Naumann Stiftung. https://www.freiheit.org/de/suedost-und-ostasien/neue-nato-china-strategie-nur-der-anfang-eines-langen-weges. Zugegriffen: 23. Juli 2021.
Dorling, D. (2020). Coronavirus: Is the cure worse than the disease? The most divisive question of 2020. The conversation. https://theconversation.com/coronavirus-is-the-cure-worse-than-the-disease-the-most-divisive-question-of-2020-147343. Zugegriffen: 06. Okt. 2020.
Duwe, S., Pohl, M., & Sundermeyer, O. (2021). Querdenker im „Kampfmodus“. Tagesschau. https://www.tagesschau.de/investigativ/kontraste/reichsbuerger-querdenker-101.html?utm_source=pocket-newtab-global-de-DE. Zugegriffen: 05. Aug. 2021.
DW (2021). NATO sieht China als Sicherheitsrisiko. Deutsche Welle Rundfunk. https://www.dw.com/de/nato-sieht-china-als-sicherheitsrisiko/a-57891299. Zugegriffen: 14. Juni 2021.
Fathi, K. (2014). Resilienz – taugt dieser Begriff als „Ein-Wort-Antwort“ auf die Häufung von Krisen? Forschungsjournal Soziale Bewegungen. Supplement 2014/Heft 4. http://forschungsjournal.de/node/2519.
Fathi, K. (2016). Die Flüchtlingskrise – 5 Komponenten zu einer resilienten Gesellschaft. Forschungsjournal Neue Soziale Bewegungen. Supplement 2016/Heft 4. http://forschungsjournal.de/node/2934
Fathi, K. (2019a). *Resilienz im Spannungsfeld zwischen Entwicklung und Nachhaltigkeit – Anforderungen an gesellschaftliche Zukunftssicherung im 21. Jahrhundert*. Springer.
Fathi, K. (2019b). *Kommunikative Komplexitätsbewältigung – Grundzüge eines integrierten Methodenpluralismus zur Optimierung disziplinübergreifender Kommunikation*. Springer.
Fathi, K. (2020). Die multi-resiliente Gesellschaft: Orientierungspunkte für die Corona-Krise und darüber hinaus. *Forschungsjournal Soziale Bewegungen Band 33: Heft 1: 22–36.* 01.07.2020. DOI:https://doi.org/10.1515/fjsb-2020-0004.
Fathi, K. (2021): Die EU und Chinas „Belt and Road Initiative“ – Multi-Resilienz als Leitbild für eine komplexitätsangemessene Weltordnung im aktuellen Wettbewerb

um Diskursmacht über „Globalisierung 2.0“. In: Larnaca Conferences Publications. Carl Auer Verlag. https://www.carl-auer.de/magazin/larnaca-conferences/die-eu-und-chinas-belt-and-road-initiative?secret=vpgwa7YNIo7BCWOqfRwCbG2msmkfHHEB. Zugegriffen: 19. Apr. 2021.

FAZ (2021). Hochwasser trifft Bayern, Sachsen und Österreich. Frankfurter Allgemeine Zeitung. https://www.faz.net/aktuell/gesellschaft/ungluecke/starkregen-hochwasser-trifft-bayern-sachsen-und-oesterreich-17442944.html. Zugegriffen: 18. Juli 2021.

Fischer, E. M., & Knutti, R. (2016). Observed heavy precipitation increase confirms theory and early models. *Nature Climate Change., 6*(2016), 986–991. https://doi.org/10.1038/NCLIMATE3110.

Friebe, R., Karberg, S., & Rövekamp, M. (2020). Welche gesundheitlichen Schäden der Lockdown verursacht. Der Tagesspiegel. https://www.tagesspiegel.de/wissen/risiken-und-nebenwirkungen-der-coronakrise-welche-gesundheitlichen-schaeden-der-lockdown-verursacht/25778410.html. Zugegriffen: 27. Apr. 2020.

Gilan, D. I., Helmreich, I., & Hahad, O. (2021). *Resilienz – Die Kunst der Widerstandskraft*. Herder.

Goleman, D. (2001). *Emotionale Intelligenz.*

Hern, A. (2017). WannaCry, Petya, NotPetya: How ransomware hit the big time in 2017. The Guardian. https://www.theguardian.com/technology/2017/dec/30/wannacry-petya-notpetya-ransomware. Zugegriffen: 30. Dez. 2017.

Hilf-jetzt.ch. Homepage. https://www.hilf-jetzt.ch/

Hörr, C. (2020). Warum Spahn nicht hart durchgreifen kann. ntv. https://www.n-tv.de/politik/Warum-Spahn-nicht-hart-durchgreifen-kann-article21631911.html. Zugegriffen: 11. März 2020.

Huesmann, F. (2021). *Der QAnon-Boom. Der Erfolg der Verschwörungsideologie in Deutschland*. Kleffner, H. & Meisner, M. (Hrsg.): *Fehlender Mindestabstand. Die Coronakrise und die Netzwerke der Demokratiefeinde*. Herder, S. 109–116

Huq, S. (2021). Deutschland kann von Bangladesch lernen. Interview durchgeführt von Stöhr, M. SPIEGEL ONLINE. https://www.spiegel.de/ausland/hochwasserschutz-was-deutschland-von-bangladesch-lernen-kann-a-151cba17-bc94-4e4b-a4cf-ac2fc19cfb9a. Zugegriffen: 04. Aug. 2021.

ISO (2017). ISO 2316:2017 Security and resilience — Organizational resilience — Principles and attributes. https://www.iso.org/standard/50053.html

It-daily.net (2021). Cyberkriminalität: Zwei von Drei Unternehmen in DACH bereits Opfer. https://www.it-daily.net/it-sicherheit/cybercrime/29079-cyberkriminalitaet-zwei-von-drei-unternehmen-in-dach-bereits-opferZugegriffen: 20.Juni 2021.

Kaiser, K. (2021). Wie US-Präsident Biden einen Cyberkrieg zu verhindern versucht. Interview durchgeführt von Fecke, B. Deutschlandfunk. https://www.deutschlandfunk.de/hackerangriffe-aus-russland-und-china-wie-us-praesident.799.de.html?dram:Article_id=501186. Zugegriffen: 31. Juli 2021.

Kaspar, F. (2016). Wie große Gruppen Entscheidungen treffen. https://www.deutschlandfunkkultur.de/kollektive-intelligenz-wie-grosse-gruppen-entscheidungen.976.de.html?dram:Article_id=362863. Zugegriffen: 11. Aug. 2016.

Klein, M. (2020). Research. Massachusetts Institute of Technology (MIT) Center for Collective Intelligence. https://cci.mit.edu/klein/research/#deliberatorium.

KonBriefing (2021). Cyberangriffe aktuell 2021. Hackerangriffe auf Unternehmen und Organisationen in Deutschland, Schweiz & weltweit. Stand: https://konbriefing.com/de-topics/cyber-angriffe-2021.html. Zugegriffen: 19. Aug. 2021.

König, T. (2021). Corona als Treiber der Digitalisierung in der Wirtschaft. https://uniclever.de/2021/04/11/corona-als-treiber-der-digitalisierung-in-der-wirtschaft/. Zugegriffen: 11. Apr. 2021.

Land Vorarlberg. Bürgerräte in Vorarlberg. https://vorarlberg.at/-/buergerraete-in-vorarlberg.

Landesregierung Rheinland-Pfalz (2021). Aktuelle Situation – Zahlen und Fakten. Stand. https://hochwasser-ahr.rlp.de/de/aktuelle-lage/zahlen-und-fakten/. Zugegriffen: 19. Aug. 2021.

Lexas (2020). Länderdaten – Weltrisikoindex. https://www.laenderdaten.de/indizes/weltrisikoindex.aspx.

Levenmetwater. Homepage. http://www.levenmetwater.nl/home/.

Liquid Democracy. Homepage. https://liqd.net/de/about/.

Listing. Solidarische Nachbarschaftshilfe. https://listling.org/lists/pwfjfkpjmesjjinm/solidarische-nachbarschaftshilfe.

Lobo, S. (2021). Der Selbstopferkult der „Querdenker". SPIEGEL ONLINE. https://www.spiegel.de/netzwelt/netzpolitik/querdenken-ist-zum-selbstopferkult-geworden-kolumne-a-808912e1-912b-4450-8a40-8e28a1e99714. Zugegriffen: 04. Aug. 2021.

Lohmann-Haislah, A. (2012): *Stressreport Deutschland 2012 – Psychische Anforderungen, Ressourcen und Befinden.* Bundesanstalt für Arbeitsschutz und Arbeitsmedizin.

Lukesch, R., & Payer, H., & Winkler-Riederer, W. (2010). Wie gehen Regionen mit Krisen um? Eine explorative Studie über die Resilienz von Regionen, im Auftrag des Bundeskanzleramtes. ÖAR Regionalberatung GmbH. Download unter https://www.oear.at/wp-content/uploads/2018/03/OEAR_1005_BKA_Studie_Resilienz.pdf.

Madakumbura, G.D., & Thackeray, C. W., & Norris, J. & Goldenson, N., & Hall, A. (2021). Anthropogenic influence on extreme precipitation over global land areas seen in multiple observational datasets. *Nature Communications. 12, 3944.* 06.07.2021 doi.org/https://doi.org/10.1038/s41467-021-24262-x.

Malik, F. (1992). *Strategie des Managements komplexer Systeme. Ein Beitrag zur Management-Kybernetik evolutionärer Systeme.* Haupt.

Max-Planck-Gesellschaft (2020). Strategien zur Eindämmung der COVID-19-Pandemie. https://www.mpg.de/14759871/corona-stellungnahme. Zugegriffen: 29. Apr. 2020.

MDR (2021). Hochwasser in Deutschland 2021. https://www.mdr.de/nachrichten/deutschland/panorama/hochwasser-dauerregen-thueringen-sachsen-anhalt-nrw-rheinland-pfalz-100.html.

Ministerium des Innern des Landes NRW (2020). Verfassungsschutzbericht: Verschwörungsideologien sind Gefahr für die Demokratie. https://www.im.nrw/verfassungsschutzbericht-verschwoerungsideologien-sind-gefahr-fuer-die-demokratie. Zugegriffen: 09. Juni 2020.

Mohideen, R. (2010). Disaster management: New Zealand, Haiti and the 'Cuban way'. In: International Journal of socialist renewal. http://links.org.au/node/1890.

Morgenpost (2021). Querdenker und Rechtsextreme stiften Unruhe im Krisengebiet. https://www.morgenpost.de/vermischtes/article232852751/hochwasser-not-querdenker-helfer-ausnutzen.html. Zugegriffen: 21. Juli 2021.

Mrasek, V. (2021). Wie ist das Jahrhundert-Ereignis entstanden? Deutschlandfunk. https://www.deutschlandfunk.de/starkregen-in-westdeutschland-wie-ist-das-jahrhundert.676.de.html?dram:Article_id=500360. Zugegriffen: 15. Juli 2021.

Naumann, A., & Kamann, M. (2021). *Corona-Krieger. Verschwörungs-Mythen und die Neuen Rechten* (S. 65). Das Neue Berlin.

Otto, G. (2021). Corona verschärft die soziale Spaltung. Wirtschaftszeitung. https://www.die-wirtschaftszeitung.de/aktuelles/__trashed/. Zugegriffen:08. Jan. 2021.

Palin, P. (2011). Learning from Japan: Sources of resilience. Homeland Security Watch. http://www.hlswatch.com/2011/03/25/learning-from-japan-sources-of-resilience/. Zugegriffen: 25. März 2011.

Patel, S., & Rogers, M., & Amlot, R. et al. (2017). What Do We Mean by ‚Community Resilience'? A Systematic Literature Review of How It Is Defined in the Literature. 01.02.2017. PLoS Curr

Peteranderl, S. (2021). Indigene Stadtplanung: „Ein Himmel, der mit fliegenden Autos übersät ist, wäre ein Albtraum". SPIEGEL ONLINE. https://www.spiegel.de/ausland/staedte-der-zukunft-wie-indigenes-wissen-stadtplaner-inspiriert-a-2aebb5de-63ae-492a-915f-6ad106e8ad8d. Zugegriffen: 12. Apr. 2021.

Petermann, T. & Bradke, H. & Lüllmann, A. & Poetzsch, M. & Riehm, U. (2010). Gefährdung und Verletzbarkeit moderner Gesellschaften – am Beispiel eines großräumigen und langandauernden Ausfalls der Stromversorgung. *TAB-Arbeitsbericht Nr. 141. Büro für Technikfolgen-Abschätzung beim Deutschen Bundestag.*

Petter, J. (2021). Ist er schuld am Hochwasser von Hallein? SPIEGEL. https://www.spiegel.de/ausland/unwetter-katastrophe-in-oesterreich-ist-der-naturschutzbund-schuld-am-hochwasser-von-hallein-a-82287df0-b627-4f20-8d6a-af225f791a2e?utm_source=pocket-newtab-global-de-DE. Zugegriffen: 25. Juli 2021.

Probst, G.B., & Raisch, S. (2004). Die Logik des Niedergangs. *Harvard Business Manager*. März, S. 37—45

pronova BKK (2018). 87 Prozent der Menschen in Deutschland sind gestresst – Jeder Zweite glaubt, von Burn-out bedroht zu sein. Presseportal. https://www.presseportal.de/pm/119123/3912240. Zugegriffen: 10. Apr. 2018.

Prototype Fund. Homepage. https://prototypefund.de/about/team/.

Pöhlmann, M. (2020). Matthias Pöhlmann: „QAnon wächst in Deutschland rasant". Interview durchgeführt von Weber, S. DIE ZEIT ONLINE. https://www.zeit.de/2020/38/matthias-poehlmann-qanon-bewegung-radikalisierung-corona. Zugegriffen: 09. Sept. 2020.

Rahmstorf, S. (2021). Wie der Klimawandel mit den Überschwemmungen zusammenhängt. SPIEGEL ONLINE. https://www.spiegel.de/wissenschaft/natur/extremregen-wie-der-klimawandel-mit-den-ueberschwemmungen-zusammenhaengt-a-98c195ad-c489-42da-9b44-58a6ef96223b. Zugegriffen: 16. Juli 2021.

Raworth, K. (2018). *Die Donut-Ökonomie: Endlich ein Wirtschaftsmodell, das den Planeten nicht zerstört*. Carl Hanser Verlag.

Renner, A., Oesch, J., Huwiler, S., & Titz, S. (2021). In diesen europäischen Ländern wüten Waldbrände: Eine Übersicht in 8 Grafiken. Neue Züricher Zeitung. https://www.nzz.ch/international/visuelle-uebersicht-zu-den-waldbraenden-in-suedeuropa-ld.1639795?utm_source=pocket-newtab-global-de-DE. Zugegriffen: 12. Aug. 2021.

Ricci, C. (2020). Die Corona-Pandemie als Digitalisierungsbooster. Fraunhofer IAO. https://blog.iao.fraunhofer.de/die-corona-pandemie-als-digitalisierungsbooster/. Zugegriffen: 19. Okt. 2020.

Rydlink, K. (2021). Wenn Corona zum Burn-out führt. SPIEGEL ONLINE. https://www.spiegel.de/gesundheit/diagnose/wenn-corona-zum-burn-out-fuehrt-a-1ca10aa8-ef62-428a-9b72-640b72c9026d. Zugegriffen: 09. Aug. 2021.

Scharmer, C. O. (1995). *Reflexive Modernisierung des Kapitalismus als Revolution von innen: Auf der Suche nach Infrastrukturen für eine lernende Gesellschaft; dialogische Neugründung von Wissenschaft, Wirtschaft und Politik.* M & P Verlag für Wissenschaft und Forschung.

Schneidewind, U. (2011). Auf dem Weg in die resiliente Gesellschaft. Berliner Republik 05/2011 http://www.b-republik.de/aktuelle-ausgabe/auf-dem-weg-in-die-resiliente-gesellschaft.

Schneidewind, U., & Singer-Brodowski, M. (2013). *Transformative Wissenschaft – Klimawandel im deutschen Wissenschafts- und Hochschulsystem*. Metropolis-Verlag.

Senge, P. (2011). *Die fünfte Disziplin: Kunst und Praxis der lernenden Organisation*. Klett-Cotta.

Senzel, H. (2020). Was Singapur im Corona-Kampf anders macht. Tagesschau. https://www.tagesschau.de/ausland/singapur-coronakrise-101.html?utm_source=pocket-newtab. Zugegriffen: 16. März 2020.

SPIEGEL ONLINE (2021). THW-Spitzenvertreter wirft Landräten Versagen vor. https://www.spiegel.de/panorama/flutkatastrophe-thw-spitzenfunktionaer-wirft-landraeten-versagen-vor-a-459d01be-738e-4619-a3e1-f7f763236742. Zugegriffen: 05. Aug. 2021.

Surowiecki, J. (2004). *The wisdom of crowds. Why the many are smarter than the few and how collective wisdom shapes business, economies, societies and nations*. Little, Brown.

tageschau (2021). THW-Helfer beschimpft und angegriffen. Tagesschau. https://www.tagesschau.de/inland/thw-angriffe-flutgebiete-101.html. Zugegriffen: 24. Juli 2021.

Tattersall, A. (2021). Diese Weiterbildungstrends werden 2021 prägen. Springer Professional. https://www.springerprofessional.de/aus--und-weiterbildung/corona-krise/diese-weiterbildungstrends-werden-2021-praegen/18866916. Zugegriffen: 22. Jan. 2021.

The Australian (2011). Crushed, but true to law of 'gaman'. 16.03.2011 http://www.theaustralian.com.au/archive/in-depth/crushed-but-true-to-law-of-gaman/story-fn84naht-1226022079002. Zugegriffen: 16. März 2011.

Transition Network (2015). Homepage. http://www.transitionnetwork.org/initiativesTransparency International: Homepage. http://cpi.transparency.org/cpi2011/results/.

Trend Micro (2021). A Constant State of Flux: Trend Micro 2020 Annual Cybersecurity Report. https://www.trendmicro.com/vinfo/de/security/research-and-analysis/threat-reports/roundup/a-constant-state-of-flux-trend-micro-2020-annual-cybersecurity-report. Zugegriffen: 23. Febr. 2021.

TZ (2021). Hochwasser in Österreich: Video zeigt, wie Flutwelle durch Hallein bei Salzburg schießt. https://www.tz.de/welt/hochwasser-oesterreich-video-ueberschwemmung-fluss-flut-welle-hallein-salzburg-90868013.html. Zugegriffen: 19. Juli 2021.

t-online dpa (2021a). Warum diese Nationen als Corona-Musterländer gelten. T-Online. https://www.t-online.de/nachrichten/panorama/id_90571514/schweiz-und-norwegen-warum-diese-nationen-als-corona-musterlaender-gelten-.html. Zugegriffen: 05. Aug. 2021.

t-online dpa (2021b). Reißende Flut wälzt sich durch Hallein in Österreich. T-Online. https://www.t-online.de/nachrichten/panorama/katastrophen/id_90465004/flutkatastrophe-in-oesterreich-dramatische-hochwasser-szenen-in-hallein-.html. Zugegriffen: 18. Juli 2021.

UK Ministry of Defence (2014). *Strategic Trends Programme Global Strategic Trends – Out to 2045. Global Strategic Trends*. Ministry of Defence (MOD)

Vorgrimler, S. (2020). Ein gutes Leben für alle – Warum eine Stadt auf die Gemeinwohl-Ökonomie setzt. Frankfurter Rundschau. https://www.fr.de/zukunft/storys/zusammenleben/ein-gutes-leben-fuer-alle-warum-die-stadt-steinheim-auf-die-gemeinwohl-oekonomie-setzt-90062667.html. Zugegriffen: 08. Okt. 2020.

Watson, J. (2020). *Lo—TEK. Design by Radical Indigenism*. Taschen.

Weick, K. E., & Sutcliffe, K. M. (2001). *Managing the unexpected: Assuring high performance in an age of complexity*. Jossey-Bass.

Werner, E. (1977). *The Children of Kauai. A longitudinal study from the prenatal period to age ten*. University of Hawai'i Press.

WirvsVirus (2020). #WirvsVirus Hackathon. Homepage. https://wirvsvirushackathon.org/

Woolley, A. W., Chabris, C. F., Pentland, A., Hashmi, N., Malone, T. W. (2010). Evidence for a Collective Intelligence Factor in the Performance of Human Groups. *Science, 330*(6004), 686–688. 29.10.2010. doi:https://doi.org/10.1126/science.1193147

World Economic Forum (2018). Global Risk Report 2018. https://www.weforum.org/reports/the-global-risks-report-2018.

World Economic Forum (2021). Global Risk Report 2021. https://reports.weforum.org/global-risks-report-2021/.

Zander, M. (2011). *Handbuch Resilienzförderung*. Springer Verlag.

zämma leaba: Homepage http://goetzis.at/gesundheit-soziales/zaemma-leaba.

Zolli, A. / Healy, A. M. (2013). Resilience. Why things bounce back. Headline Publishing Group. (letzter Zugriff Internetquellen: 20.08.2021)

Wirkzusammenhänge zwischen individueller und kollektiver Resilienzförderung

Donya Gilan, Isabella Helmreich, Marie Himbert und Omar Hahad

Inhaltsverzeichnis

D. Gilan (✉) · I. Helmreich
Leitung des Bereichs „Resilienz & Gesellschaft“, Leibniz-Institut für Resilienzforschung (LIR) gGmbH, Mainz, Deutschland
E-Mail: donya.gilan@lir-mainz.de

I. Helmreich
E-Mail: isabella.helmreich@lir-mainz.de

M. Himbert
Referentin Resilienz-Ambulanz, Leibniz-Institut für Resilienzforschung (LIR) gGmbH, Mainz, Deutschland
E-Mail: marie.himbert@lir-mainz.de

O. Hahad
Projektmitarbeiter zum Themenkomplex „Pandemie und psychische Folgen“, Leibniz-Institut für Resilienzforschung (LIR) gGmbH, Mainz, Deutschland
E-Mail: omar.hahad@lir-mainz.de

H. Pechlaner et al. (Hrsg.), *Resilienz als Strategie in Region, Destination und Unternehmen,* Entrepreneurial Management und Standortentwicklung, https://doi.org/10.1007/978-3-658-37296-5_3

Zusammenfassung

Im 21. Jahrhundert stehen Gesellschaften mehr denn je vor der Herausforderung, mit vielfältigen und komplexen Problemphänomenen umzugehen. Dies erfordert von Individuen wie auch von Gesellschaften Widerstandskraft. Wie dabei die individuelle und kollektive Systemebene im Kontext psychischer Gesundheit zusammenwirken und zur Förderung gesellschaftlicher Transformation hin zu mehr (Multi-) Resilienz nutzbar gemacht werden können, ist in Theorie und Praxis bislang noch kaum erschlossen. Im Rahmen dieses Beitrags werden mögliche Wirkdynamiken zwischen individueller und kollektiver Resilienzförderung auf Basis gegenwärtiger Krisenerfahrungen dargestellt. Dabei werden beispielhaft Ansätze zur Förderung der individuellen Resilienz beleuchtet, die es Menschen ermöglichen, besser mit Krisensituationen umzugehen und das Potenzial haben, auch auf kollektiver Ebene positive Auswirkungen zu entfalten. Abschließend werden Ideen skizziert, wie mehr Multi-Resilienz in Gesellschaften verankert und gefördert werden kann.

1 Einführung

In einer globalisierten und schnelllebigen Welt mit zunehmender Individualisierung, Flexibilisierung und gesellschaftlichen Umbrüchen und dadurch bedingter Unsicherheit sowie immer kürzeren Zeiten der Regeneration hat die Frage, wie Menschen trotz steigender Belastung und erhöhtem Stresserleben psychisch gesund bleiben können, eine sehr hohe individuelle sowie gesellschaftliche und ökonomische Relevanz. Resilienz ist somit nicht nur individuell, sondern auch kollektiv, d. h. gesamtgesellschaftlich, bedeutsam. Während die psychologische Resilienzforschung sich v. a. mit der individuellen Ebene beschäftigt (Bengel et al., 2009; Bengel & Lyssenko, 2012), findet das Konzept auch in unterschiedlichsten anderen Bereichen Anwendung (z. B. Sicherheitspolitik, Bildungssysteme, Ökosysteme). Dabei richtet sich der Blick immer mehr auf evidenzbasierte Ansatzpunkte zur Förderung der Multi-Resilienz, worunter die Robustheit von ganzen Gesellschaften im Angesicht völlig unterschiedlicher Krisenkontexte zu verstehen ist, welche sie reaktions- und problemlösungsfähiger macht.

Der folgende Beitrag nimmt deshalb sowohl die individuelle als auch systemische Ebene in den Fokus und arbeitet Wirkzusammenhänge zwischen individueller und kollektiver Resilienzförderung unter anderem am Beispiel der

COVID-19-Pandemie heraus. Hier lässt sich besonders gut verdeutlichen, dass individuelle Resilienz einerseits die emotionale Belastung durch solche Krisen reduzieren bzw. Stresserholung verbessern und damit verbundene Faktoren wie posttraumatisches Wachstum fördern kann sowie sich andererseits, letztlich womöglich positiv, auf den gesellschaftlichen Zusammenhalt auswirken kann. Umgekehrt kann postuliert werden, dass kollektive Maßnahmen zur gesellschaftlichen Resilienzförderung auch positiv auf die Gesundheit des Individuums zurückwirken.

Die Coronakrise, die am 11. März 2020 von der Weltgesundheitsorganisation (WHO) als globale Pandemie deklariert wurde, begann als eine Krise der körperlichen Gesundheit (World Health Organization, 2020). Aufgrund der globalen gesundheitlichen, sozialen und wirtschaftlichen Bedrohungslage von kaum absehbarer Dauer und Tragweite wirkten sich viele psychosoziale Faktoren, wie Unsicherheiten hinsichtlich Kontakt- und Ausgangsbeschränkungen sowie Isolation, Angst vor einer potenziell vitalen Bedrohung, Sorge und existenzielle Ängste um mögliche Folgen der Krise auch auf die psychische Gesundheit der Menschen weltweit aus (Fiorillo & Gorwood, 2020; Gilan et al., 2020; Hahad et al., 2020; Pfefferbaum & North, 2020; Xiong et al., 2020). Internationale Studien zeigen, dass die COVID-19-Pandemie zu einem signifikant erhöhten Stressniveau bis hin zu psychischen Erkrankungen bei gleichzeitigen Einschränkungen der Hilfesysteme innerhalb der Bevölkerung geführt hat (Fiorillo & Gorwood, 2020; Kunzler et al., 2021a,b; Luo et al., 2020; Prati & Mancini, 2021; Taquet et al., 2021; Vindegaard & Benros, 2020a, b; Xiong et al., 2020). Im Umgang mit der veränderten Lebenslage haben sich weltweit in kurzer Zeit eine Reihe veränderter individueller und insbesondere kollektiver Verhaltensweisen (u. a. Solidarität, geringere Mobilität, reduzierter Konsum, Einschränkung sozialer Kontakte) entwickelt. Diese Befunde zeigen anschaulich, dass die alltägliche „Normalität“ in kurzer Zeit aufgebrochen werden kann (z. B. Nachhaltigkeitsübergänge im Bereich Mobilität, Ernährung und Energieerzeugung). Die Pandemie hat eindrücklich gezeigt, dass Menschen in der Lage sind, ihr tägliches Verhalten unter bestimmten Umständen schnell zu verändern und sich flexibel an neue Gegebenheiten anzupassen– während solcher Krisen sogar noch stärker als während relativer sozialer Stabilität (Elcheroth & Drury, 2020).

Krisen als kollektive Probleme könnten demnach zur Schwächung oder Stärkung der psychischen Gesundheit (z. B. Stärkung der Selbstwirksamkeit im Umgang mit dem Virus) und der Gesellschaft führen. Von welchen Einflussfaktoren die Richtung der Veränderungen genau abhängt, ist bisher noch nicht ausreichend geklärt.

Im Folgenden wird zuerst eine kurze Einführung in die Resilienz(förderung) auf individueller und kollektiver Ebene gegeben, um dann auf deren Wirkzusammenhänge sowie ausgewählte Praxisbeispiele einzugehen. Darauf aufbauend wird ein Ausblick gegeben, wie eine gesellschaftliche Transformation hin zu mehr Multi-Resilienz auf allen Ebenen aussehen könnte.

2 Resilienzförderung auf individueller Ebene

Der Begriff Resilienz leitet sich vom Lateinischen *resilire* ab, was so viel wie ‚abprallen' oder ‚zurückspringen' bedeutet. Ursprünglich wurde damit in der Physik die Eigenschaft elastischer Werkstoffe beschrieben, nach einer Verformung wieder in ihre Ausgangsform zurückzukehren. Resilienz wird in der Psychologie als die Aufrechterhaltung oder rasche Wiederherstellung der psychischen Gesundheit während oder nach stressvollen Lebensereignissen (z. B. COVID-19-Pandemie) definiert (Kalisch et al., 2015, 2017). Meist werden drei verschiedene Umgangsformen mit Widrigkeiten unterschieden: 1) *Resistenz:* negative Einflüsse werden ausgeglichen, 2) *Regeneration:* nach einer kurzfristigen Belastung kommt es zur Erholung und 3) *Rekonfiguration:* Anpassung an veränderte Bedingungen, z. B. durch Veränderungen eigener Einstellungen oder Verhaltensweisen oder Aneignung gesundheitsförderlicher Kompetenzen (Lepore & Revenson, 2006).

Wichtig ist festzuhalten, dass die meisten Menschen sich widerstandsfähig gegenüber Belastungen zeigen (Taylor, 2020). Resilienz ist ein lebenslanger, dynamischer Lern- und Entwicklungsprozess, der positiv beeinflussbar ist (Helmreich et al., 2017; Kalisch et al., 2017; Linz et al., 2020). Die Evidenz zeigt, dass sowohl interne (z. B. aktives Coping, Selbstwirksamkeit, kognitive Flexibilität, Erleben positiver Emotionen, [Epi-] Genetik) als auch externe Resilienzfaktoren bzw. Ressourcen (z. B. soziale Unterstützung) die Resilienz stärken bzw. protektiv gegen Stressoren wirken können. Zu relevanten Faktoren, die auf individueller Ebene die psychische Widerstandsfähigkeit stärken, gibt es in der psychologischen Resilienzforschung bereits zahlreiche empirische Erkenntnisse (Bengel & Lyssenko, 2012; Gilan et al., 2021; Helmreich et al., 2017). Als Pionierin der Resilienzforschung gilt dabei die US-amerikanische Entwicklungspsychologin Emmy Werner (Werner & Smith, 2001), welche auch den Begriff *Resilienzfaktor* prägte. Sie stellte fest, dass sich Kinder, die 1955 unter besonders belastenden Entwicklungsbedingungen wie Armut oder Vernachlässigung auf der Hawaiischen Insel Kauai geboren wurden und aufwuchsen, trotzdem zu gesunden und erfolgreichen Erwachsenen entwickelten, wenn sie auf bestimmte personale und soziale Ressourcen zurückgreifen konnten, wie z. B. auf eine hohe Sozialkompetenz, kognitive Flexibilität, ein aktives Bewältigungsverhalten oder ein gutes soziales Netzwerk. In Tab. 1 sind die wichtigsten evidenzbasierten Resilienzfaktoren bei Erwachsenen aufgeführt, an denen Interventionen zur Resilienzstärkung ansetzen.

Viele der Resilienzfaktoren interagieren miteinander oder haben zum Teil starke konzeptuelle Überlappungen bzw. werden durch übergeordnete kognitive und neuronale Schutzmechanismen im Gehirn, den sogenannten übergeordneten Resilienzmechanismen (Kalisch et al., 2015), vermittelt. In der Regel werden die beschriebenen Schutzfaktoren mithilfe von Selbstberichtsverfahren (z. B. Fragebögen) erfasst (vgl. Chmitorz et al., 2018).

Tab. 1 Evidenzbasierte Faktoren zur individuellen Resilienzförderung

Resilienzfaktor	Erläuterung
Aktives Coping	Aktive Bewältigung von Herausforderungen und Stress mittels problemorientierter, emotionsorientierter oder vermeidender Strategien
Selbstwirksamkeit	Subjektive Überzeugung, Anforderungen aus eigener Kraft bewältigen zu können
Optimismus	Positive Zukunftserwartungen und positive Ursachenzuschreibung zu Ereignissen
Soziale Unterstützung	Zugriff auf ein soziales Netzwerk
Kognitive Flexibilität	Fähigkeit, auf Veränderungen durch flexibles Denken und Handeln zu reagieren
Religiosität/Spiritualität	Beschäftigung mit den Sinnfragen des Lebens und Eingebundensein in eine Glaubensgemeinschaft
Positive Emotionen	Regelmäßiges Erleben angenehmer Gefühle
Hardiness	Grundhaltung, aktiv an Situationen mitzuwirken, Situationen als kontrollierbar und Stressoren als Herausforderung wahrzunehmen
Selbstwert	Positive Bewertung der eigenen Person
Kohärenzgefühl	Tendenz, Anforderungen als verstehbar, bewältigbar und sinnhaft zu empfinden
Sinn/Bedeutung im Leben sehen	Wertekongruentes Handeln, d. h. das Handeln ist auf Ziele ausgerichtet, die mit persönlichen Werten übereinstimmen

(Quelle: Helmreich et al., 2017)

3 Resilienzförderung auf kollektiver Ebene

Kollektive Resilienz (engl. *community resilience*), also die Fähigkeit eines Sozialsystems, „Schocks und Stressfaktoren zu absorbieren und gleichzeitig seine wesentlichen Strukturen und Funktionen beizubehalten" (Wilson et al., 2020, S. 200), ist ein definitorisch lückenhaftes sowie noch junges und wenig beforschtes Konzept. In Tab. 2 werden die verschiedenen existierenden, auf unterschiedlichen Systemebenen basierenden Resilienzkonzepte definiert und gegenübergestellt. Damit einhergehend liegen teils noch sehr unterschiedliche Ansätze zur Messung und Bewertung kollektiver Resilienz vor (Gilan et al., 2021) – darunter etwa die Fletcher-Lyons Collective Resilience Scale (FLCRS) von Lyons und Kollegen (2016). Dieser Umstand erschwert derzeit noch die Ermittlung wirksamer Förderansätze zur Stärkung der kollektiven Resilienz. Während die sozialwissenschaftliche Resilienzforschung bisher weitgehend sogenannte „harte Faktoren" beleuchtet hat, wurde die Relevanz „weicherer" Faktoren wie Psyche, Kultur, Religion und Sozialisation für die gesellschaftliche Widerstandsfähigkeit bisher wenig berücksichtigt. Dennoch haben verschiedene Autor:innen aus unterschiedlichen Fachdisziplinen mögliche Ansatzpunkte erarbeitet, die im Folgenden diskutiert werden.

3.1 Wirkzusammenhänge zwischen individueller und kollektiver Resilienz(förderung)

Grundsätzlich kann angenommen werden, dass alle wirksamen Maßnahmen zur Förderung psychischer, d. h. individueller Resilienz das Potenzial aufweisen, letztlich auch positiv auf die Resilienz von Gesellschaften zu wirken. So

Tab. 2 Resilienzbegriffe und ihre Bedeutung

Resilienzbegriff	Definition
Individuelle Resilienz	Fähigkeit eines Individuums, die eigene psychische Gesundheit während oder nach stressreichen Ereignissen aufrechtzuerhalten oder rasch wiederherzustellen
Kollektive Resilienz	Fähigkeit eines Sozialsystems, Schocks und Stressfaktoren zu absorbieren und gleichzeitig seine wesentlichen Strukturen und Funktionen beizubehalten
Multi-Resilienz	Allgemeine Robustheit von Gesellschaften angesichts unterschiedlicher Krisenkontexte

(Quelle: Kalisch et al., 2017; Wilson et al., 2020; Fathi 2019)

postuliert der Resilienzforscher Karim Fathi (2019), dass resiliente Individuen die wichtigste Grundlage für die Bewältigung gesellschaftlicher Krisen sind. Daneben nennt er weitere, eher gesellschaftsbezogene Faktoren, die zur kollektiven Resilienz beitragen können: Die flexible Umsetzung zentralistischer, d. h. (bundes)länderübergreifender, Maßnahmen einerseits und andererseits dezentraler Maßnahmen vor Ort in den Gemeinden und Landkreisen, den Zusammenschluss von Expert:innen aus verschiedenen Fachgebieten zur effizienten und fundierten Ermittlung von Lösungen für drängende gesellschaftliche Herausforderungen (im Sinne einer „kollektiven Intelligenz“) sowie Solidarität und kollektiver Zusammenhalt in der Bevölkerung. Auch Imbusch (2015) weist daraufhin, dass Schlüsseldeterminanten kollektiver Resilienz in konkreten sozialen Beziehungen und Netzwerkstrukturen, in den Institutionen und Machtverhältnissen sowie in Wissen und Diskursen liegen. All diese Ansatzpunkte können jedoch nur dann ihre volle Wirkung entfalten, wenn die jeweiligen Gemeinschaften bzw. Gruppen aus resilienten Individuen bestehen, die ausreichende psychische Kapazitäten für die Beschäftigung mit solchen äußeren Herausforderungen besitzen. Dazu gehört auch, dass wichtige körperliche und psychologische Grundbedürfnisse wie das Bedürfnis nach Orientierung und Kontrolle oder nach Bindung zunächst befriedigt werden müssen (Grawe, 1998). Laut Rimé (2020) neigen Individuen in gesellschaftlichen Krisen (z. B. nach Terrorakten) zunächst zu verstärkter Informationssuche (u. a. mithilfe von Medien) und zum Teilen von Emotionen mit anderen. Zudem weist der Autor darauf hin, dass sie sich großzügiger und offener gegenüber anderen verhalten als sonst. Menschen zeigen während Krisen also verstärkt prosoziales Verhalten. Studien belegen, dass Naturkatastrophen oder Massentragödien Solidarität und sozialen Zusammenhalt begünstigen (z. B. Hawdon & Ryan, 2011). So organisierten Menschen während der aktuellen COVID-19-Pandemie spontan Hilfsgruppen (Ntontis & Rocha, 2020). Psychologisch wird dieses Verhalten durch die Wahrnehmung einer gemeinsamen Bedrohung (Drury et al., 2016) und einer Gruppenidentität begünstigt (Segal et al., 2018). Abrams et al. (2021) stellen jedoch fest, dass das Auftreten solcher positiven Effekte maßgeblich von Faktoren wie der wahrgenommenen Führung, der Befolgung von gruppenbezogenen Normen und der Dauer der Krise abhängt. Zusammenfassend ist die Resilienzförderung von Individuen sicherlich von zentraler Bedeutung für die Entwicklung kollektiver Resilienz. Zur Stärkung der individuellen Resilienz steht der Bevölkerung ein breites Angebot an Gesundheitsförderungsprogrammen zur Verfügung (vgl. Abs. 1.2.2).

In einem Übersichtsartikel kommen Kunzler et al. (2021a, b) zu dem Ergebnis, dass das Vorhandensein bestimmter Resilienzfaktoren (z. B. kognitive

Neubewertung) während der Corona-Pandemie bei Mitarbeiter:innen im Gesundheitswesen positiv zu deren Resilienz beigetragen hat. Die Autor:innen konnten zeigen, dass es – abhängig von der Zielgruppe und den aktuellen Stressoren – unterschiedliche Resilienz- und Vulnerabilitätsfaktoren gibt, die zu einer positiven Bewältigung der Krise beitragen und die gezielt durch Interventionen gestärkt werden können. Sie weisen jedoch auch darauf hin, dass mehr methodisch hochwertige Studien nötig sind, um fundierte Aussagen über die Wirksamkeit von Interventionen treffen zu können (vgl. auch Chmitorz et al., 2018). Gerade in Krisensituationen wie der COVID-19-Pandemie sollten insbesondere vulnerable Gruppen, die besonders stark durch die Krise getroffen werden, wie z. B. alleinerziehende Mütter (Hadjicharalambous et al., 2020) oder Menschen, die einen niedrigen sozioökonomischen Status aufweisen (Riehm et al., 2021), in den Fokus solcher Intervention rücken, um kurz- und langfristige negative Folgen abzumildern oder ganz zu vermeiden. Hier sind auch politische Entscheidungsträger gefragt, stabilisierende gesellschaftliche Strukturen (Institutionen, Bildungsträger, gemeinnützige Organisationen usw.) ausreichend zu unterstützen und weiter auszubauen, um einem breiten Klientel wissenschaftlich fundierte Förderungen kosteneffizient anbieten zu können.

Umgekehrt können kollektive Mechanismen wiederum auf die individuelle Resilienz zurückwirken. So fanden etwa Godinic et al. (2020) in einer Studie heraus, dass durch Naturkatastrophen oder Pandemien begünstige ökonomische Unsicherheit das psychologische Wohlbefinden von Individuen signifikant reduziert. Verschiedene Studien zeigen außerdem, dass die COVID-19-Pandemie den Zugriff auf gruppenbezogene Ressourcen reduzierte (Jetten et al., 2020; van Bavel et al., 2020). So konnten etwa Krug et al. (2021) zeigen, dass die arbeitsbezogenen Veränderungen wie Homeoffice während der COVID-19-Pandemie die wahrgenommene soziale Identität von Mitarbeitenden beeinträchtige und dadurch die Arbeitszufriedenheit schwächte und das Einsamkeitserleben erhöhte. Lockwood und Glynn (2020) beleuchteten die Reaktionen auf ein Bombenattentat während eines Marathons in Boston im Jahr 2013 und konstatierten, dass das erlebte Zusammengehörigkeitsgefühl von Betroffenen ein wichtiger Schutzfaktoren gegen psychische Beeinträchtigung war.

Zusammenfassend ist zu beobachten, dass gesellschaftliche Krisen einerseits zu individuellen und gemeinschaftlichen Belastungen führen können, andererseits aber auch individuelle und soziale Kräfte mobilisieren können.

3.2 Maßnahmen zur Förderung individueller Resilienz mit dem Potenzial, kollektive Resilienz zu stärken

Zu relevanten Faktoren, die auf individueller Ebene die psychische Widerstandsfähigkeit stärken, gibt es, wie oben erläutert, in der psychologischen Resilienzforschung bereits zahlreiche empirische Erkenntnisse. Es ist denkbar, dass diese das Potenzial haben, sich – zumindest indirekt – positiv auch auf die kollektive Resilienz auszuwirken. So könnte etwa die Inanspruchnahme des eigenen sozialen Netzes, d. h. die Fähigkeit, sich bei Belastungen gezielt soziale Unterstützung zu suchen, zur Stärkung von Gemeinde-Netzwerken und -Beziehungen beitragen. Die ausgeprägte Selbstwirksamkeitserwartung eines Individuums wiederum, die mit aktivem Coping einhergeht, könnte zu mehr gesellschaftlichem Engagement führen und damit positiv zur Resilienz der Gesellschaft beitragen. Realistischer Optimismus ist nötig, wenn es z. B. um die Umsetzung innovativer Ideen zur Eindämmung des Klimawandels geht.

Erste experimentelle Studien deuten darauf hin, dass sowohl die individuelle Resilienz als auch die kollektive Resilienz über das Erleben einer gemeinsamen sozialen Identität gestärkt werden können (Koni et al., 2019; Scarf et al., 2017) und dies somit eine mögliche Verbindungslinie zwischen den beiden Konzepten darstellt. Ein möglicher Mediator des Zusammenhangs ist die kollektive Wirksamkeitserwartung, d. h. das Erleben der eigenen Gruppe als kompetent und handlungsfähig (Muldoon et al., 2017; Ursano et al., 2014). Das *Soziale Identitätsmodell der kollektiven Resilienz in* Notfällen *und Katastrophen* (SIMCR) legt darüber hinaus nahe, dass die Förderung des Erlebens einer gemeinsamen Bedrohung zur Wahrnehmung und Stärkung der sozialen Identität beiträgt, was wiederum prosoziales Verhalten und somit letztlich die kollektive Wirksamkeit und Resilienz fördern kann (Drury et al., 2019). So können die Solidarität bzw. das prosoziale Verhalten einzelner Individuen, etwa während der 2021 über Nordrhein-Westfalen und Rheinland-Pfalz hereingebrochenen Flutkatastrophe, einen nachhaltigen positiven Einfluss auf die Gemeinde sowie womöglich auch auf den gesellschaftlichen Zusammenhalt insgesamt haben.

Auf diese Weise könnte sich die individualistische Gesellschaft, in der wir leben, im Zuge globaler Herausforderungen „im Kleinen“ langsam, aber zunehmend zu einer kollektivistischeren und damit womöglich resilienteren Gesellschaft entwickeln. Promberger (2020) kommt sogar zum Schluss, dass Resilienz niemals nur als eine Fähigkeit einzelner Individuen betrachtet werden kann, sondern „immer eine Frage von direkten Beziehungen zwischen Menschen, von gesellschaftlich produzierten Ressourcen in einem weiten Verständnis“

(S. 464) ist. Dies umfasse bei ihm „Einrichtungen zur Daseinsvorsorge, lebenswichtige Güter, Dienstleistungen, Wissen, Praktiken und technische Fähigkeiten bis hin zu Systemeigenschaften von Institutionen […], Werte, die soziale Gruppen und Gesellschaften zusammenhalten" (ebd.) – wie etwa Solidarität.

Insgesamt mangelt es bisher jedoch an Forschungsergebnissen, insbesondere zu den genauen Wirkmechanismen zwischen individueller und kollektiver Resilienz. Kuhlicke (2013) warnt davor, das Konzept der Resilienz unreflektiert auf die Gesellschaft zu übertragen, da diese von Machtverhältnissen geprägt ist. Hinzu kommt, dass soziale Systeme dynamisch und komplex sind und sich nur diskontinuierlich verändern (Lorenz, 2013). Grundsätzlich haben diese jedoch die Fähigkeit zu Coping, Anpassung, Partizipation und Transformation (vgl. *coping, adaptive, participative* und *transformative capacity;* Ettl, 2016). Schaffer et al. (2014) kritisieren das Resilienzkonzept als einen einerseits zwar den Wandel beschleunigenden Faktor, andererseits jedoch auch als potenziell die Trägheit von Systemen begünstigenden, verlangsamenden Faktor – dies vor dem Hintergrund der dem Konzept innewohnenden Betonung von Stabilität und Robustheit, die einer Veränderung womöglich entgegensteht. So bezeichnen die Soziologen Blum et al. (2016) kollektive Resilienz als die Fähigkeit von Gesellschaften, externe Störungen zu verkraften, ohne dass sich ihre wesentlichen Systemfunktionen verändern. Insofern stellt sich die Frage, ob und, wenn ja, unter welchen Bedingungen kollektive Resilienz sinnvoll sein kann.

Im Zuge der aktuellen globalen Herausforderungen, die vorherrschende gesellschaftliche Systeme zunehmend infrage stellen, sei die kritische Frage erlaubt, ob ein Fortbestehen ebendieser Systemfunktionen immer erstrebenswert ist oder nicht vielmehr die Veränderung bestehender Strukturen im Vordergrund stehen sollte. Denn Resilienz als Stabilitätskonzept ist nicht gefordert, wenn eigentlich Transformation nötig wäre (Dunn Cavelty und Mauer 2016). Laut Roth (2020) ist das Ziel resilienzfördernder Maßnahmen hierbei weniger die Rückkehr in den Zustand vor einem gesellschaftlichen Schockereignis („bounce back"), sondern vielmehr eine zunehmende Anpassung und fortschreitende Veränderung („bounce forward") an sich stetig wandelnde Umweltbedingungen. Darüber hinaus stehen Individuum und Gesellschaft in ständigem Austausch miteinander, sind also nur schwer voneinander zu trennen (Ettl, 2016). Dennoch kann die Betrachtung individueller, „weicher" Faktoren eine theoretische Orientierung liefern, die in praktische Handlungsempfehlungen umgesetzt werden kann. Denn bei der Mehrheit der oben beschriebenen individuellen Resilienzfaktoren (z. B. Selbstwirksamkeit, Optimismus) handelt es sich um globale Kompetenzen, die auf allen Systemebenen (d. h. individuell, organisational, gesellschaftlich) bedeutsam sind (Gilan et al., 2021).

Es ist anzunehmen, dass die Stärkung individueller Resilienz eine notwendige, aber nicht hinreichende Voraussetzung für die Stärkung kollektiver Resilienz ist. Im Rahmen der Katastrophenforschung hat sich zwar gezeigt, dass die Zivilgesellschaft ausgeprägte Fähigkeiten zur Selbstorganisation sowie Ressourcen besitzt (Roth, 2020). Dennoch darf die Verantwortung für die Bewältigung globaler Herausforderungen nicht auf die Bevölkerung verschoben werden. Insbesondere gesamtgesellschaftliche Transformationen sind für die anstehenden Herausforderungen des 21. Jahrhunderts zwingend notwendig.

Politischen Entscheidungen, die gesellschaftlichen Veränderungen vorantreiben, wirken auch auf das Individuum zurück. Im Rahmen des COVID-19 Snapshot Monitoring (kurz: COSMO-Studie[1]) wurde belegt, dass während der Corona-Pandemie das vorhandene Vertrauen in die Regierung die individuelle Resilienz der Bevölkerung vorhersagte bzw. psychische Belastungen der Befragten reduzierte (Heidemann et al., 2020). Auch Lalot et al. (2021) untersuchten den Einfluss des Vertrauens in die Politik sowie der subjektiv empfundenen Unsicherheit auf die wahrgenommene Bedrohung durch COVID-19 und kamen zum Ergebnis, dass ein ausgeprägtes Vertrauen in die Politik die bedrohungssteigernde Wirkung von Unsicherheit abschwächte und damit die wahrgenommene Bedrohung signifikant reduzierte. Vertrauen in Institutionen kann laut Gynn (2021) als kollektiver Resilienzfaktor betrachtet werden. Wird dieser Wert durch Institutionen verletzt, ist eine Beeinträchtigung der kollektiven und wohl auch individuellen Resilienz zu erwarten (Gynn 2021).

Zusammenfassend kann also von einem reziproken Wirkzusammenhang zwischen individueller und kollektiver Resilienz ausgegangen werden (Linley & Joseph, 2004).

4 Individuelle Resilienzförderung im Kontext von Krisen

Im Folgenden werden Ansätze und Trainings im Kontext der Bewältigung individueller Krisen beispielhaft skizziert, die einen positiven Einfluss auf kollektive Resilienz ausüben können. Kunzler et al. (2021a, b) berichten z. B. von einer Arbeit von Aiello et al. (2011), bei der bei einer Gruppe von Mitarbeitenden des Gesundheitspersonals angesichts der H1N1 Influenza-Pandemie

[1] https://projekte.uni-erfurt.de/cosmo2020/

in Kanada die Wirkung eines *Pandemic Resilience Training* in Gruppensitzungen evaluiert wurde. In einstündigen face-to-face Sitzungen wurden Informationen zu Stress, Coping, allgemeinen Resilienzstrategien und organisationsbezogenen Themen vermittelt. 76 % der Teilnehmenden gaben an, sich nach dem Training während einer solchen gesellschaftlichen Krisensituation besser in Bezug auf Coping mit spezifischen Themenbereichen (wie z. B. die Vereinbarkeit von Familie und Beruf) aufgestellt zu fühlen – nur 37 % sahen sich vor dem Training dazu in der Lage. Morelli et al. (2019) wiederum evaluierten sogenannte *Social Reconnection Groups,* in welchen ebenfalls face-to-face in einem 10-wöchigen Halbtags-Programm Informationen im Zusammenhang mit dem Ausbruch der Ebola-Pandemie in Liberia vermittelt und eine Reflexion persönlicher Erfahrungen angeregt wurde. Soziale Unterstützung, Konfliktmanagement, Werte, Emotionsregulation und Selbstwert sowie aktives Coping waren ebenfalls Inhalte des Programms. Die Teilnehmenden berichteten überwiegend positiv von ihren Erfahrungen mit dem Training und benannten einen verbesserten Umgang mit Trauer und der Rückkehr zu Alltagsaktivitäten trotz der erlebten Krise. Zusammenfassend berichten Kunzler et al. (2021a, b), dass sich durch die Interventionen positive Auswirkungen zeigten, die es Menschen ermöglichten, besser mit der Belastung durch den Ausbruch solcher Pandemien umzugehen. Ergebnisse wie diese können laut den Autor:innen Entscheidungsträger:innen bei der Planung von Maßnahmen während Pandemien und der Ausarbeitung von Pandemievorsorgeplänen helfen. Auch zeigt die aktuelle Studienlage zu Resilienzinterventionen im Allgemeinen, dass Resilienz durch Trainings und Interventionen gesteigert werden kann und psychische Gesundheit als Konsequenz solcher Interventionen gestärkt werden kann. Die Ergebnisse sind jedoch insgesamt bislang noch nicht ausreichend robust, da Konzepte und Operationalisierungen sehr heterogen sind und es noch an randomisiert-kontrollierten Studien zum Thema mangelt (Chmitorz et al., 2018; Linz et al., 2020).

5 Wie kann Multi-Resilienz in der Gesellschaft verankert und gefördert werden?

Das Resilienzkonzept findet unter anderem auf Ebene der Gesellschaft, Organisationen und des Individuums Anwendung. Eben auf diesen Ebenen sollten Ansatzpunkte zur Förderung der Multi-Resilienz erarbeitet werden. Ein Fokus sollte demnach auch auf „weichen“ Einflussfaktoren wie psychologischen Faktoren liegen. Allerdings ist deren Bedeutung für die kollektive

Resilienz bis dato noch unzureichend erforscht. Die Mehrzahl veröffentlichter wissenschaftlicher Arbeiten zum Thema Resilienzförderung beziehen sich auf die Förderung der Resilienz von Individuen und spezifischer Gruppen wie etwa Mitarbeiter:innen im Gesundheitswesen (vgl. Kunzler et al., 2020a, b; Linz et al., 2020). Somit sind diese nur schwer auf die Förderung von Resilienz von Gesellschaften übertragbar bzw. ist noch nicht final geklärt, wo hier möglicherweise eine klare Verbindung gezogen werden kann. Zwar gibt es im Zusammenhang mit kollektiver Resilienz bspw. ein Konzept kollektiver Wirksamkeit. Zudem ist Selbstwirksamkeit ein Trainingsbaustein im Rahmen individueller Resilienzförderung (Gilan et al., 2021; Helmreich et al., 2017). Allerdings müssen solche Bausteine nicht zwingend auch auf kollektiver Ebene wirkungsvoll sein. Solche und andere Fragen gilt es noch weiter zu erforschen.

Wenn kollektive Resilienz als Fähigkeit eines Sozialsystems verstanden wird, Schocks und Stressfaktoren abzuwehren, bei gleichzeitiger Erhaltung der Strukturen und Funktionen, könnten als Praxisbeispiel Daten der Meta-Analyse Kunzler et al. (2021a, b) eine Beziehung zu kollektiver Resilienz aufweisen, da es sich hierbei um die Stärkung der Psyche während Krisen mit hoher öffentlicher bzw. gesellschaftlicher Relevanz handelt.

Greift man den anfänglichen Gedanken auf, dass kollektive Resilienz auch dadurch gefördert werden kann, dass die Mitglieder der Gesellschaft resilienter werden, zeigt sich hier eine mögliche Verbindung zwischen der Förderung von individueller und kollektiver Resilienz. Dies wäre angesichts der überwiegenden Abwesenheit hochwertiger Studien zu spezifischen Interventionen für ganze Gesellschaften und deren Resilienz zumindest ein Ansatzpunkt.

Bei der Förderung individueller Resilienz ist ein Ziel, die psychische Gesundheit der Personen zu erhalten oder wiederherzustellen. Überträgt man das Resilienzkonzept auf eine ganze Gesellschaft, könnte argumentiert werden, dass es sich hier um die Widerstandsfähigkeit von Gesellschaften dreht. Wie kann diese Robustheit von Gesellschaften in Zeiten von Umbrüchen gestärkt werden, wie sozialer Zusammenhalt und Solidarität gesichert werden?

Nachfolgende Gedanken dazu sind unter der Annahme erarbeitet worden, dass es zum einen eine gesellschaftliche Widerstandskraft gibt, diese beeinflusst werden und sich in Umbruchsphasen negativ verändern kann. Auch das Konzept des gesellschaftlichen Zusammenhalts selbst ist noch nicht abschließend definiert und wird in unterschiedlichen Ansatzpunkten und Modellen beleuchtet. Das Bundesministerium für Inneres, Bau und Heimat (Staatsministerium Baden-Württemberg, 2019) versteht gesellschaftlichen Zusammenhalt als friedliches und respektvolles Zusammenleben der Bürger:innen. Als Basis sieht es einen Grundkonsens gemeinsamer Werte und Regeln des sozialen Miteinanders und Vertrauen in

Institutionen. Hierzu ist auf der Website zu lesen: „Mit politischer Bildung soll das Bewusstsein für den Wert unserer Demokratie und unserer Grundrechte geschärft werden. Denn: Für einen funktionierenden gesellschaftlichen Zusammenhalt braucht es mündige, informierte und engagierte Bürgerinnen und Bürger, die von ihrer Freiheit Gebrauch machen und für sich und die Gesellschaft Verantwortung übernehmen.“[2] Diese Kompetenz von Bürger:innen kann etwa durch eine verlässliche, transparente und kontinuierliche (Krisen-)Kommunikation durch die Regierung gefördert werden (Elcheroth & Drury, 2020), die zum individuellen und kollektiven Wirksamkeitserleben beiträgt. Elcheroth und Drury (2020) haben auf Basis empirischer, psychologischer Erkenntnisse zehn Prinzipien für die politische Kommunikation in Krisenzeiten erarbeitet. Unter anderem plädieren sie für eine Krisen antizipierende Handlungskompetenz der Regierung sowie für klare, eindeutige und praktikable Anweisungen an die Öffentlichkeit sowie die positive öffentliche Hervorhebung konstruktiver Verhaltensweisen von Menschen (Elcheroth & Drury, 2020).

Die Darstellung des BMI impliziert, dass ein unterstützendes soziales Miteinander eine wichtige Voraussetzung für kollektive Resilienz ist. Dafür fördert das BMI Projekte wie *Zusammenhalt durch Teilhabe,* in dessen Fokus aktive und ehrenamtliche Mitglieder aus Vereinen und Verbänden (Sport, THW, Freiwillige Feuerwehr) stehen. Aus dessen Reihen werden z. B. Berater:innen gegen Extremismus ausgebildet. Das *Impulsprogramm für gesellschaftlichen Zusammenhalt* der baden-württembergischen Landesregierung wiederum ist ein Förderprogramm mit einem Volumen von 20 Mio. €, das in acht verschiedenen Themenbereichen Projekte fördert – wie beispielsweise das Projekt *Dem Rechtsstaat ein Gesicht geben,* in dem Polizist:innen und Richter:nnen über ihre tägliche Arbeit und Grundprinzipien der Rechtsstaatlichkeit informieren.

Eine Studie der Bertelsmann-Stiftung zum sozialen Zusammenhalt (Dragolov et al., 2014) benennt, dass Risikoregionen und -städte identifiziert und soziale Ungleichheit abgebaut werden müssen, um Armut zu verhindern. Zudem plädieren die Autor:innen für mehr Begegnungsmöglichkeiten für z. B. Menschen verschiedenster religiöser und kultureller Hintergründe. Sie berufen sich in den Empfehlungen auf die Kontakthypothese von Allport (1954), die besagt, dass durch Kontakt mit einer stereotypisierten Gruppe diese Stereotype abgebaut werden können. Dabei ist Kontakt nicht gleich Kontakt. Denn der Kontakt sollte

[2] https://www.bmi.bund.de/DE/themen/heimat-integration/gesellschaftlicher-zusammenhalt/gesellschaftlicher-zusammenhalt-node.html.

gewisse Anforderungen erfüllen. So sollte er z. B. auf Augenhöhe stattfinden und es sollten gemeinsame Ziele verfolgt werden (Allport, 1954).

Grundsätzlich besteht ein relevanter Aspekt bei der Betrachtung von Resilienz auf gesellschaftlicher Ebene in Belastungen, die eine gesamte Gesellschaft betreffen, wie beispielsweise in Form von Katastrophen (Naturkatastrophen, Pandemien usw.). Diese Situationen können am ehesten einer Stressbelastung auf individueller Ebene im Kontext von Resilienz auf der Ebene von Gesellschaften gleichkommen. Resilienz wird immer im Zusammenhang mit Stress oder einem auslösenden Stressor gesehen, welcher bedingt, dass das Individuum (bzw. in diesem Fall die Gesellschaft) auf den Stressor (bzw. die Katastrophe) reagiert und sich ggf. anpasst und so die (kollektive) Resilienz formt und ausbildet (vgl. Gilan et al., 2021; Kalisch et al., 2015).

Auf der individuellen Ebene wurde folgender Effekt schon gut untersucht und mittlerweile auch für Gesellschaften beobachtet: Das Erleben von Katastrophen auf gesellschaftlicher Ebene kann zu einer gesteigerten kollektiven Resilienz führen (Gilan et al., 2021; Kalisch et al., 2015). Darauf aufbauend kann es also für die weitere Untersuchung von Resilienz auf gesellschaftlicher Ebene interessant sein, Studien zu Resilienztrainings in von Krisen geplagten Gebieten heranzuziehen, wie sie im Artikel Kunzler et al. (2021a, b) aufgeführt werden. Auch benennen Prior und Roth (2019), dass „entschlossene Maßnahmen zur Verringerung von Katastrophenrisiken […] zahlreiche gesellschaftliche Vorteile [bieten]". Sie merken jedoch an, dass diese Maßnahmen nur schwer messbar seien und dadurch die Politik zögerlich sei, „proaktiv Investitionen in die Verringerung von Katastrophenrisiken" zu tätigen. Das *Büro für Katastrophenvorsorge der Vereinten Nationen* hingegen nutzt Resilienzansätze bereits, um mögliche Maßnahmen für einen Umgang mit globalen Krisen zu entwickeln. Roth (2020) betont gleichwohl, dass insbesondere in komplexen Systemzusammenhängen niemals alle möglichen Schockszenarien vorhersagbar sind und es daher vor allem auch darum gehen muss, relevante Fähigkeiten und Ressourcen als Präventionsmittel zu entwickeln. Eine Möglichkeit seitens der Politik könnte darin bestehen, die Robustheit von Gesellschaften und deren bestehenden Strukturen zu stärken, indem z. B. die Widerstandsfähigkeit angesichts von Naturgefahren und -katastrophen durch die Entwicklung angemessener regulatorischer Vorgaben gefördert wird.

Die Frage nach präventiven Schutzfaktoren auf der Ebene von Systemen bleibt jedoch weiterhin weitgehend noch unbeantwortet, auch mangels der wissenschaftlich uneinheitlichen Definition von kollektiver Resilienz (Gilan et al., 2021) und der inhaltlichen Überschneidung mit verwandten Konstrukten wie etwa Multi-Resilienz.

6 Schlussfolgerung

Bei kollektiver Resilienz handelt es sich um ein neues, noch wenig erforschtes Konzept, das in unterschiedlichen Fachdisziplinen in Anbetracht drängender gesellschaftlicher Fragestellungen zunehmend Aufmerksamkeit erfährt (Blum et al., 2016; Endreß & Rampp, 2015) – zuletzt auch verstärkt im Bereich der psychologischen Resilienz(forschung), in der über mögliche Beiträge individueller Resilienzförderung zur Resilienz von Gesellschaften nachgedacht wird. Tatsächlich sind gemeinsame, übergreifende relevante Faktoren erkennbar, die beide Konzepte adressieren (Gilan et al., 2021; Patel et al., 2017). Dazu zählen beispielsweise Selbstwirksamkeit und soziale Unterstützung. Individuelle Resilienzförderung ist jedoch nur *ein* Ansatzpunkt von vielen, um die Gesellschaft angesichts der anstehenden globalen Anforderungen des 21. Jahrhunderts nachhaltig zu stärken, und ist für sich allein keinesfalls als ausreichend anzusehen. Auf gesellschaftlicher Ebene benennen verschiedene Autoren als Schlüsseldeterminanten kollektiver Resilienz Faktoren wie Solidarität, sozialer Zusammenhalt, Strukturen, Wissen und Diskurse (Fathi, 2019; Imbusch, 2015; Rimé, 2020). Auch Vertrauen in Institutionen sowie eine transparente (Krisen-) Kommunikation der Regierung können dazu gezählt werden. Wenngleich diese Schlagworte spontan einleuchtend erscheinen mögen, bedürfen sie doch zunächst einer klaren Definition, Konkretisierung und Operationalisierung, um darauf aufbauend empirische Studien durchzuführen und letztlich konkrete Fördermaßnahmen auf politischer Ebene zu legitimieren und zu begründen. Ziel kollektiver Resilienz ist einerseits die Stärkung der Robustheit von Gesellschaften gegenüber „Stressoren" von außen bei gleichzeitig nötiger Anpassungs- und Veränderungsfähigkeit zum Zweck der Umsetzung innovativer Lösungen andererseits. Dazu kann z. B. gehören, dezentrale Beteiligungs- und Organisationsformen (z. B. Bürgerräte) gezielt zu fördern und individuelle Resilienzförderung als deklariertes Ziel in die Bildungspolitik mit aufzunehmen. Eine wichtige Voraussetzung für die Förderung kollektiver Resilienz ist zudem der Zusammenschluss verschiedener Fachdisziplinen (Soziologie, Ökologie, Psychologie, Geschichte, Politik, Notfall- und Katastrophenmanagement usw.) und Länder mit dem Zweck transnationaler Kooperationen zur näheren Erforschung des Resilienzkonzepts – stets mit dem obersten Ziel im Blick, die Gesellschaft widerstandsfähiger zu machen und damit nichts Geringeres als den globalen Frieden und die Zukunft des Planeten zu sichern. Elcheroth und Drury (2020) weisen darauf hin, dass solche Maßnahmen nicht nur das soziale Gefüge erhalten, sondern auch positive Spillover-Effekte auslösen können. Insofern ist Resilienz(forschung) relevanter denn je. Dunn Cavelty et al. (2015) fügen jedoch einschränkend hinzu, dass Resilienz keine universelle Lösung für komplexe Problemstellungen darstellt. Auf theoretischer Ebene ist wichtig zu betonen, dass der Resilienzbegriff nicht überdehnt werden sollte, da er dadurch wenig greifbar und handhabbar wird. Es sollte klar definiert und erforscht werden, was (kollektive) Resilienz ist und was *nicht,* welche Bestandteile sie hat, welche Maßnahmen zu deren Förderung wirksam sind und wie diese gezielt und möglichst zeitnah und flächendeckend umgesetzt werden können. Einschränkend muss hinzugefügt werden, dass sich Ansatzpunkte zur kollektiven Resilienzförderung vermutlich teils erst im Zuge der Konfrontation mit einer aktuellen gesellschaftlichen Krise zeigen. Denn ebenso wie individuelle Resilienz ist kollektive Resilienz als ein Lernphänomen zu betrachten, das erst während oder nach der Konfrontation mit einer Belastung weiterentwickelt werden kann (Gilan et al., 2021). Empirisch wird zudem noch zu klären sein, wie langanhaltend etwaige positive soziale Folgen von Krisen sind, unter welchen Bedingungen diese auftreten und wie diese Nachhaltigkeit etabliert werden kann.

Unabdingbar scheint zu diesem Zweck zuletzt die stetige Entwicklung von einer individualistischen zu einer kollektivistischen Gesellschaft zu sein – auch weil die bisherige Forschung zu kollektiver Resilienz herausgearbeitet hat, dass die Stärkung der sozialen Identität hierzu einen entscheidenden Beitrag leistet. Wissenschaftler:innen und Entscheidungsträger:innen sollten sich damit auseinandersetzen, wie dies gelingen kann. Die genauen Wirkzusammenhänge bedürfen jedoch zunächst einer deutlich stärkeren Erforschung, um fundierte Aussagen und Empfehlungen hinsichtlich resilienter, gesellschaftlicher Transformationen treffen zu können.

Literatur

Abrams, D., Lalot, F., & Hogg, M. A. (2021). Intergroup and intragroup dimensions of COVID-19: A social identity perspective on social fragmentation and unity. *Group Processes & Intergroup Relations, 24*(2), 201–209.

Aiello, A., Khayeri, M. Y., Raja, S., Peladeau, N., Romano, D., Leszcz, M., Maunder, R. G., Rose, M., Adam, M. A., Pain, C., Moore, A., Savage, D., & Schulman, R. B. (2011). Resilience training for hospital workers in anticipation of an influenza pandemic. *Journal of Continuing Education in the Health Professions, 31*(1), 15–20.

Allport, G. W. (1954). *The nature of prejudice*. Addison-Wesley.

Bengel, J., & Lyssenko, L. (2012). *Resilienz und psychologische Schutzfaktoren im Erwachsenenalter. Stand der Forschung zu psychologischen Schutzfaktoren von Gesundheit im Erwachsenenalter. Schriftenreihe zu Forschung und Praxis der Gesundheitsförderung, Band 43*. Bundeszentrale für gesundheitliche Aufklärung.

Bengel, J., Meinders-Lücking, F., & Rottmann, N. (2009). *Schutzfaktoren bei Kindern und Jugendlichen: Stand der Forschung zu psychosozialen Schutzfaktoren für Gesundheit.*

Blum, S., Endreß, M., Kaufmann, S., & Rampp, B. (2016). Soziologische Perspektiven. In R. Wink (Hrsg..), *Multidisziplinäre Perspektiven der Resilienzforschung*. Springer.

Chmitorz, A., Kunzler, A., Helmreich, I., Tüscher, O., Kalisch, R., Kubiak, T., Wessa, M., & Lieb, K. (2018). Intervention studies to foster resilience – A systematic review and proposal for a resilience framework in future intervention studies. *Clinical Psychology Review, 59*, 78–100.

Dragolov, G., Ignácz, Z., Lorenz, J., Delhey, J., & Boehnke, K. (2014). Radar gesellschaftlicher Zusammenhalt. Messen was verbindet. Gesellschaftlicher Zusammenhalt im internationalen Vergleich. https://www.bertelsmann-stiftung.de/fileadmin/files/BSt/Publikationen/GrauePublikationen/Methods_Report_LW_Radar_Deutschland_Methodenbericht_2014.pdf. Zugegriffen: 18. Aug. 2021.

Drury, J., Brown, R., González, R., & Miranda, D. (2016). Emergent social identity and observing social support predict social support provided by survivors in a disaster: Solidarity in the 2010 Chile earthquake. *European Journal of Social Psychology, 46*, 209–223.

Drury, J., Carter, H., Cocking, C., Ntontis, E., Tekin Guven, S., & Amlôt, R. (2019). Corrigendum: Facilitating collective psychosocial resilience in the public in emergencies: Twelve recommendations based on the social identity approach. *Frontiers in Public Health, 7*, 181.

Dunn Cavelty, M., Kaufmann, M., & Søby Kristensen, K. (2015). Resilience and (in) security: Practices, subjects, temporalities. *Security Dialogue, 46*(1), 3–14.

Dunn Cavelty, M., & Mauer, V. (2016). *Power and security in the information age: Investigating the role of the state in cyberspace*. Routledge.

Elcheroth, G., & Drury, J. (2020). Collective resilience in times of crisis: Lessons from the literature for socially effective responses to the pandemic. *British Journal of Social Psychology, 59*(3), 703–713.

Endreß, M., & Rampp, B. (2015). Resilienz als Perspektive auf gesellschaftliche Prozesse. In M. Endreß & A. Maurer (Hrsg.), *Resilienz im Sozialen* (S. 33–55). Springer VS.

Ettl, S. (2016). *Kollektive Resilienz. Eine Konzeptualisierung aus sozial-ökologischer Perspektive am Beispiel von Naturgefahren.* (Magister). Alpen-Adria Universität.https://netlibrary.aau.at/obvuklhs/content/titleinfo/2415877/full.pdf. Zugegriffen: 18. Aug. 2021.

Fathi, K. (2019). *Resilienz im Spannungsfeld zwischen Entwicklung und Nachhaltigkeit: Anforderungen an gesellschaftliche Zukunftssicherung im 21. Jahrhundert*. Springer VS.

Fiorillo, A., & Gorwood, P. (2020). The consequences of the COVID-19 pandemic on mental health and implications for clinical practice. *European Psychiatry, 63* (1),e32, 1–2.

Gilan, D., Röthke, N., Blessin, M., Kunzler, A., Stoffers-Winterling, J., Müssig, M., Yuen, K. S. L., Tüscher, O., Thrul, J., Kreuter, F., Sprengholz, P., Betsch, C., Stieglitz, R. D., & Lieb, K. (2020). Psychomorbidity, resilience, and exacerbating and protective factors during the SARS-CoV-2 pandemic. *Deutsches Ärzteblatt International, 117*(38), 625–630.

Gilan, D., Helmreich, I., & Hahad, O. (2021). *Resilienz – die Kunst der Widerstandskraft. Was die Wissenschaft dazu sagt*. Herder.

Glynn, M. A. (2021). '15 days to slow the spread': Covid-19 and collective resilience. *Journal of Management studies*. https://doi.org/10.1111/joms.12644

Godinic, D., Obrenovic, B., and Khudaykulov, A. (2020). Effects of economic uncertainty on mental health in the COVID-19 pandemic context: social identity disturbance, job uncertainty and psychological well-being model. *International journal of management science and business administration, 6*, 61–74. 10.18775/ijied.1849-7551-7020.2015.61.2005

Grawe, K. (1998). *Psychologische Therapie*. Hogrefe.

Hadjicharalambous, D., Athanasiadi-Charchanti, D., & Demetriou, L. (2020). The impact of the Covid-19 social isolation measures on the resilience and quality of life of working mothers. *Social Education Research, 2*(1), 41–51.

Hahad, O., Gilan, D. A., Daiber, A., & Münzel, T. (2020). Bevölkerungsbezogene psychische Gesundheit als Schlüsselfaktor im Umgang mit COVID-19 *Gesundheitswesen, 82*(5), 389–391.

Hawdon, J., & Ryan, J. (2011). Social relations that generate and sustain solidarity after a mass tragedy. *Social Forces, 89*, 1363–1384.

Heidemann, C., Paprott, R., Hübl, L., Scheidt-Nave, C., & Reitzle, L. (2020). Selbst eingeschätzte medizinische Versorgung im Verlauf der SARS-CoV-2-Pandemie in Deutschland: Ergebnisse der COSMO-Studie. *Epidemiologisches Bulletin, 46*, 3–10. https://projekte.uni-erfurt.de/cosmo2020/web/topic/vertrauen-ablehnung-demos/10-vertrauen/#vertrauen-in-die-bundesregierung. Zugegriffen: 18. Aug. 2021.

Helmreich, I., Kunzler, A., Chmitorz, A., König, J., Binder, H., Wessa, M., & Lieb, K. (2017). Psychological interventions for resilience enhancement in adults (Protocol). *Cochrane Database of Systematic Reviews*, (2), CD012527.

Imbusch, P. (2015). Urbane Resilienz und endemische Gewalt. In M. Endreß & A. Maurer (Hrsg.), *Resilienz im Sozialen*. Springer VS.

Jetten, J., Reicher, S. D., Haslam, S. A., & Cruwys, T. (2020). *Together Apart: The Psychology of COVID-19*. SAGE Publications.

Kalisch, R., Müller, M. B., & Tüscher, O. (2015). A conceptual framework for the neurobiological study of resilience. *Behavioral Brain Science, 38*, e92.

Kalisch, R., Baker, D. G., Basten, U., Boks, M. P., Bonanno, G. A., Brummelman, E., Chmitorz, A., Fernandez, G., Fiebach, C. J., Galatzer-Levy, I., Geuze, E., Groppa, S., Helmreich, I., Hendler, T., Hermans, E. J., Jovanovic, T., Kubiak, T., Lieb, K., Lutz, B., … Wibral, & Kleim, B. (2017). The resilience framework as a strategy to combat stress-related disorders. *Nature Human Behaviour, 1*(11), 784–790.

Koni, E., Moradi, S., Arahanga-Doyle, H., Neha, T., Hayhurst, J. G., Boyes, M., Cruwys, T., Hunter, J. A., &Scarf, D. (2019). Promoting resilience in adolescents: A new social identity benefits those who need it most. *PLoS One, 14*(1), e0210521.

Krug, H., Haslam, S. A., Otto, K., & Steffens, N. K. (2021). Identity leadership, social identity continuity, and well-being at work during COVID-19. *Frontiers in Psychology*, 12,684475

Kuhlicke, C. (2013). Resilience: A capacity and a myth: Findings from an in-depth case study in disaster. *Natural Hazards, 67*, 61–76.

Kunzler, A. M., Helmreich, I., Chmitorz, A., König, J., Binder, H., Wessa, M., & K., L. (2020a). Psychological interventions to foster resilience in healthcare professionals. *Cochrane Database of Systematic Reviews*, (7), CD012527.

Kunzler, A. M., Helmreich, I., König, J., Chmitorz, A., Wessa, M., Binder, H., & Lieb, K. (2020b). Psychological interventions to forster resilience in healthcare students. *Cochrane Database of Systematic Reviews*, (7), CD013684.

Kunzler, A. M., Röthke, N., Günthner, L., Stoffers-Winterling, J., Tüscher, O., Coenen, M., Rehfuess, E., Schwarzer, G., Schmucker, C., Meerpohl, J. J., & Lieb, K. (2021a). Mental burden and its risk and protective factors during the early phase of the SARS-CoV-2 pandemic: Systematic review and meta-analyses. *Globalization and Health, 17*(1), 34.

Kunzler, A. M., Stoffers-Winterling, J., Stoll, M., Mancini, A. L., Lehmann, S., Blessin, M., Gilan, D., Helmreich, I., & Lieb, K. (2021b). Mental health and psychosocial support strategies in highly contagious emerging disease outbreaks of substantial public concern: A systematic scoping review. *PLoS One, 16*(2).

Lalot, F., Abrams, D., & Travaglino, G. A. (2021). Aversion amplification in the emerging COVID-19 pandemic: The impact of political trust and subjective uncertainty on perceived threat. *Journal of Community & Applied Social Psychology, 31*(2), 213–222.

Lepore, S. J., & Revenson, T. A. (2006). Resilience and posttraumatic growth: Recovery, resistance, and reconfiguration. In L. G. Calhoun & R. G. Tedeschi (Hrsg.), *Handbook of posttraumatic growth: Research & practice* (S. 24–46). Lawrence Erlbaum.

Linley, P. A., & Joseph, S. (2004). Positive change following trauma and adversity: A review. *Journal of Traumatic Stress, 17*(1), 11–21.

Linz, S., Helmreich, I., Kunzler, A., Chmitorz, A., Lieb, K., & Kubiak, T. (2020). Interventionen zur Resilienzförderung bei Erwachsenen – Eine narrative Übersichtsarbeit. *Psychotherapie, Psychosomatik, Medizinische Psychologie, 70*(1), 11–21.

Lockwood, C., & Glynn, M. A.(2020). *How Boston Got Strong: Signification, Meaning, and Mobilization of the cultural symbol of 'Boston Strong'*.Working paper Boston College.

Lorenz, D. F. (2013). The diversity of resilience: Contributions from a social science perspective. *Natural Hazards, 67*, 7–24.

Luo, M., Guo, L., Yu, M., Jiang, W., & Wang, H. (2020). The psychological and mental impact of coronavirus disease 2019 (COVID-19) on medical staff and general public – A systematic review and meta-analysis. *Psychiatry Research, 291*, 113–190.

Lyons, A., Fletcher, G., & Bariola, E. (2016). Assessing the well-being benefits of belonging to resilient groups and communities: Development and testing of the Fletcher-Lyons Collective Resilience Scale (FLCRS). *Group Dynamics: Theory, Research, and Practice, 20*(2), 65.

Morelli, M., Cyrus, G., Weissbecker, I., Kpangbai, J., Mallow, M., Leichner, A., Ryan, E., Wener, R., Gao, J., Levine, A. C., &Feuchte, F. (2019). Recovering from the Ebola crisis: ‚Social Reconnection Groups' in a rural Liberian community. *Global Mental Health (Camb), 6*.

Muldoon, O., Acharya, K., Jay, S., Adhikari, K., Pettigrew, J., & Lowe, R. D. (2017). Community identity and collective efficacy: A social cure for traumatic stress in post-earthquake Nepal. *European Journal of Social Psychology, 47*(7), 904–915.

Ntontis, E., & Rocha, C. (2020). Solidarity. In J. Jetten, S. D. Reicher, S. A. Haslam, & T. Cruwys (Hrsg.), *Together apart: The psychology of COVID-19* (S. 102–106). SAGE.

Patel, S. S., Rogers, M. B., Amlôt, R., & Rubin, G. J. (2017). What do we mean by ‚Community Resilience'? A systematic literature review of how it is defined in the literature. *PLoS Curr, 9*.

Pfefferbaum, B., & North, C. S. (2020). Mental health and the Covid-19 pandemic. *The New England Journal of Medicine, 383*(6), 510–512.

Prati, G., & Mancini, A. D. (2021). The psychological impact of COVID-19 pandemic lockdowns: A review and meta-analysis of longitudinal studies and natural experiments. *Psychological Medicine, 51*(2), 201–211.

Prior, T., & Roth, F. (2019). Katastrophenvorsorge messen: Resilienz-Mass-Nahmen. *CSS Analysen zur Sicherheitspolitik, 245*, 1–4.

Promberger, M. (2020). Resilienz: Was Organisationen und Regierungen aus der Corona-Krise lernen können. *WSI-Mitteilungen, 73*(6), 462–467.

Riehm, K. E., Brenneke, S. G., Adams, L. B., Gilan, D., Lieb, K., Kunzler, A. M., Smail, E. J., Holingue, C., Stuart, E. A., Kalb, L. G., & Thrul, J. (2021). Association between psychological resilience and changes in mental distress during the COVID-19 pandemic. *Journal of Affective Disorders, 282*, 381–385.

Rimé, B. (2020). Collective responses to collective traumas: Synchronization and collective. *Societies under threat: A pluri-disciplinary approach, 3*, Springer.

Roth, F. (2020). Bouncing forward – Wie Erkenntnisse aus der Resilienzforschung in der Corona-Krise helfen können. https://www.isi.fraunhofer.de/de/blog/2020/resilienz-corona-krise.html. Zugegriffen: 18. Aug. 2021.

Scarf, D., Hayhurst, J. G., Riordan, B. C., Boyes, M., Ruffman, T., & Hunter, J. A. (2017). Increasing resilience in adolescents: The importance of social connectedness in adventure education programmes. *Australian Psychiatry, 25*(2), 154–156.

Schaffer, A., Lang, E., & Hartard, S. (2014). *Systeme in der Krise im Fokus von Resilienz und Nachhaltigkeit*. Metropolis Verlag.

Segal, K., Jong, J.,& Halberstadt, J. (2018). The fusing power of natural disasters: An experimental study. *Self and Identity, 17*, 574–586.

Staatsministerium Baden-Württemberg (2019). Gesellschaft: Impulsprogramm für gesellschaftlichen Zusammenhalt. https://www.baden-wuerttemberg.de/de/service/presse/pressemitteilung/pid/impulsprogramm-fuer-gesellschaftlichen-zusammenhalt/. Zugegriffen: 18. Aug. 2021.

Taquet, M., Luciano, S., Geddes, J. R., & Harrison, P. J. (2021). Bidirectional associations between COVID-19 and psychiatric disorder: Retrospective cohort studies of 62 354 COVID-19 cases in the USA. *Lancet Psychiatry, 8*(2), 130–140.

Taylor, S. (2020). *Die Pandemie als psychologische Herausforderung*. Psychosozial-Verlag.

Ursano, R. J., McKibben, J. B., Reissman, D. B., Liu, X., Wang, L., Sampson, R. J., & Fullerton, C. S. (2014). Posttraumatic stress disorder and community collective efficacy following the 2004 Florida hurricanes. *PLoS One, 9*(2), e88467.

van Bavel, J. J., Baicker, K., Boggio, P. S., Capraro, V., Cichocka, A., Cikara, M., et al. (2020). Using social and behavioural science to support COVID-19 pandemic response. *Nature Human Behaviour, 4*(5), 460–471.

Vindegaard, N., & Benros, M. E. (2020a). COVID-19 pandemic and mental health consequences: Systematic review of the current evidence. *Brain, Behavir, and Immunity, 89*, 531–542.

Vindegaard, N., & Benros, M. E. (2020b). COVID-19 pandemic and mental health consequences: Systematic review of the current evidence. *Brain, Behavior, and Immunity, 89*, 531–542.

Werner, E. E., & Smith, R. S. (2001). *Journeys from childhood to midlife: Risk, resilience, and recovery. Perspectives from the Kauai longitudinal study*. Cornell University Press.

Wilson, R. S., Herziger, A., Hamilton, M., & Brooks, J. S. (2020). From incremental to transformative adaptation in individual responses to climate-exacerbated hazards. *Nature Climate Change, 10*, 200–208.

World Health Organization. (2020). *The impact of COVID-19 on mental, neurological and substance use services: Results of a rapid assessment*. World Health Organization.

Xiong, J., Lipsitz, O., Nasri, F., Lui, L. M. W., Gill, H., Phan, L., Chen-Li, D., Iacobucci, M., Ho, R., Majeed, A., & McIntyre, R. S. (2020). Impact of COVID-19 pandemic on mental health in the general population: A systematic review. *Journal of Affective Disorders, 277*, 55–64.

Die Entwicklung resilienter Systeme: Perspektiven von Raum und Unternehmen

Prozesse regionaler Resilienz

Eine Spurensuche

Robert Lukesch

Inhaltsverzeichnis

Zusammenfassung

Einst als technisch-kybernetischer, psychologischer und später auch ökologischer Spezialbegriff in Gebrauch, wird der Begriff Resilienz mehr und mehr im globalen Entwicklungsdiskurs verwendet. Die Klimakrise sowie disruptive Ereignisse wie die Finanzkrise 2008 und die Covid19-Pandemie seit 2020 haben der Popularisierung des Resilienzbegriffs stets neue Schubkraft verliehen. Heute ist daraus ein Alltagsbegriff geworden, der in kaum einem Dokument fehlt, das sich mit sozialer, wirtschaftlicher und territorialer Entwicklung befasst. Im EU-Raum wird Community-Led Local Development (CLLD), besser bekannt unter LEADER, einem Förderinstrument, das für eigenständige, innovative, integrierte und nachhaltige Regionalentwicklung steht, resilienzförderndes Potenzial zugeschrieben. In dem Buchbeitrag soll diese Zuschreibung anhand von drei Fallgeschichten einer Prüfung unterzogen

R. Lukesch (✉)
Consulting & Coaching, ÖAR Regionalberatung GmbH, Fehring, Österreich
E-Mail: lukesch@oear.at

H. Pechlaner et al. (Hrsg.), *Resilienz als Strategie in Region, Destination und Unternehmen*, Entrepreneurial Management und Standortentwicklung,
https://doi.org/10.1007/978-3-658-37296-5_4

werden. Dabei erweist es sich als unerlässlich, Bezüge zu Konzepten der sozialen Innovation und Transformationstheorien herzustellen. Denn obgleich Resilienz mit Bewahrung und Wiederherstellung verbunden ist, geht es in lebendigen (biologischen und sozialen) Systemen immer auch um Prozesse des Wandels, die zwar lokal stattfinden, im Prinzip aber globalen Charakter haben, was unmittelbar Fragen nach der Steuerbarkeit solcher Prozesse aufwirft. Die Kernfrage, die der Buchbeitrag behandelt, lautet also: Führt die Anwendung der CLLD/LEADER-Methode in der Regionalentwicklung zur Stärkung regionaler Resilienz und, wenn ja, welche politischen Handlungsempfehlungen lassen sich daraus ableiten?

1 Ein Ritt über den Begriffsparcours

1.1 Zum Begriff der Resilienz

Der Begriff der Resilienz wurde lange Zeit zur Beschreibung physikalischer Phänomene herangezogen, etwa in Francis Bacon's Charakterisierung des Echos als zurückprallendem Geräusch (Bacon, 1627) oder als Synonym für Elastizität in Thomas Young's „Lectures on Natural Philosphy and the Mechanical Arts“ (Young, 1807). Recht bald erstreckte sich der Wortgebrauch auch auf soziale und psychologische Phänomene, wie der Eintrag in Cassell's illustrierte Geschichte Englands (1857) zeigt: „In their struggles with the ponderous power of England [the Scotch] discovered an invincible vigour, not only of resistance, but of resilience" (Caputo, 2020). So erweiterte sich der Bedeutungsraum von der Erhaltung oder Wiederherstellung eines ursprünglichen Zustands bis hin zu Anpassung und Wandel, aber auch von einem bloß beschreibenden hin zu einem metaphorischen Gebrauch des Wortes.

Die frühe Vielfalt der Begriffsverwendung bedingt, dass sich verschiedene Disziplinen auf unterschiedliche Wurzeln berufen, die Psychologie etwa auf Jack Block, der in den fünfziger Jahren auf das Stehaufmännchen-Phänomen aufmerksam machte (Block, 1977) und auf Emmy Werner mit ihren Langzeitstudien über Kinder und deren Fähigkeit, Traumata zu verarbeiten (Werner, 1989). Während diese individualpsychologische Bedeutungsgebung eher von jenen rezipiert wurde, die sich heute der Resilienz in der Therapie (Thun-Hohenstein et al., 2020) und Organisationsentwicklung (Cerny, 2017) widmen, rekurrieren Forscher*innen, die sich mit Großsystemen beschäftigen (Sozialökologie, Governance-Systeme, Regionen, Weltwirtschaft), zunächst auf die technisch-kybernetische Begriffsgeschichte (Folke, 2016; Holling & Gundersen, 2002; Lukesch et al., 2010; New Economics Foundation, 2021). Der Begriff hat sich aber seit den neunziger Jahren des 20. Jahrhunderts, angefeuert durch die Klimadebatte (Center for Climate and Energy Solutions, 2021), die globale Finanzkrise von 2007/2008 (Didier et al., 2011) und die Covid19-Krise seit 2020 (Roth, 2020) so schnell und umfassend verbreitet und verallgemeinert, dass die diversen Bedeutungsstränge mehr Gemeinsamkeiten aufweisen als Unterschiede.

Der Resilienz-Diskurs erweist sich daher in seiner Interdisziplinarität als äußerst resilient. „Systemisches und komplexes Denken sind der Kern einer Resilienzperspektive", meint Alistair A. Hernández, der für eine Operationalisierung des Resilienzbegriffs im Rahmen seiner Forschungsarbeit zum „resilienten Dorf" aus Modellen unterschiedlichster Disziplinen (Psychologie, Sozialökologie, Gemeinwesenentwicklung) geschöpft hat (Hernández, 2021). Die wechselseitige Befruchtung der Resilienzperspektiven hat auch zur Folge, dass verwandte Konzepte huckepack durch die Grenzen der Disziplinen diffundieren, wie am Beispiel des Adaptionszyklus („adaptive cycle") gezeigt werden kann, der aus der ökologischen Ecke kommt und in die Sozialwissenschaften eingewandert ist (Fath et al., 2015).

Die mittlerweile ubiquitäre Verwendung des Begriffs hat natürlich auch zur Folge, dass er in politischen Dokumenten (Europäische Kommission, 2020, OECD, 2019) höchst prominent vorkommt, titelgebend etwa im 672 Mrd. EUR schweren Finanzinstrument der „Europäischen Aufbau- und Resilienzfazilität", wobei dort darauf verzichtet wird, ihn näher zu definieren. Nur ausnahmsweise geben sich Programmverwaltungsbehörden die Mühe, den Begriff in handhabbare Beobachtungs- und Handlungsparameter zu übersetzen, wie es etwa das Bayerische Staatsministerium für Ernährung, Landwirtschaft und Forsten (2021) tat. Dadurch droht der Begriff Resilienz aber allmählich zur beliebigen Worthülse zu verkommen: „The widespread use of resilience thinking has not brought any conceptual clarity but has instead contributed to the fuzzy character of the concept" (Pede, 2020). Diese Warnung soll Anlass geben, in gebotenem Maße auf die Bestimmung der Begriffe einzugehen, die in diesem Buchbeitrag verwendet werden. Wenn hier also von regionaler Resilienz die Rede sein wird, soll zunächst dargelegt werden, was unter Region zu verstehen ist.

1.2 Regionen als komplexe Handlungssysteme

Das von der ÖAR entwickelte Modell der vier Perspektiven des Regionsbegriffs (Bauer Wolf et al., 2009) postuliert (Tab. 1)

- Die Region als *Interaktionsraum* eines sozialen Handlungssystems. Sie entsteht durch die alltäglichen Begegnungen, Austausch- und Vernetzungsprozesse, in denen Stoffwechsel- und Kommunikationsflüsse miteinander gekoppelt werden: Ruhrgebiet, Salzkammergut, Champagne, Hollywood und Bali.
- Die Region als *Intentionsraum,* als selbstgewählter Lebensmittelpunkt, Ort der Zukunftsträume und Selbstverwirklichung: Berlin für die einen, Südburgenland für die anderen, Kitzbühel für die nochmals anderen.

Tab. 1 Verständnisse von Region

	Betrachtung der *inneren, interpretativ erfassbaren* Seite von Region	Betrachtung der *äußeren, sichtbaren* Seite von Region
Region als Aggregat individueller Absichten und Handlungen	***Intentionsraum*** – Region als mentales Konstrukt Raumbezogene Absichten einzelner Akteure (Karriere, Sicherheit, Familienzusammenführung) Individuelle Einstellungen und Fähigkeiten zu (inter) regionaler Interaktion	***Interaktionsraum*** – Region als Wirkungsgefüge und soziales Handlungssystem Wirtschaftsbeziehungen, Aushandlungsprozesse, Kooperationen Funktionales Wirkungsgefüge
Region als integrales System	***Identitätsraum*** – Region als soziales Konstrukt Gemeinsame Bedeutungs- und Merkmalszuschreibungen (Narrative) Gemeinsame Kultur/Haltung/Herangehensweisen zu Interaktionen mit Nicht-Regionsangehörigen „Kommunikation über Kommunikation": kollektive Identitätsbildung durch regionsbezüglichen Diskurs	***Institutioneller Raum*** – Region als Territorium Regionale Governance Gesetze und Regeln Regionale Administration Regionale intermediäre Organisationen

Quelle: Eigene Darstellung nach Bauer-Wolf et al. (2009) und Lukesch (2016)

- Die Region als *Identitätsraum,* als soziales Konstrukt, mit dem Zugehörigkeit, Vertrautheit, Heimatgefühle verbunden sind: Die Herkunftsorte von Migrant*innen, aber auch die Orte, die mit Freundschaft (Studienzeit), Berufstätigkeit und intensiven Erlebnissen (Ferienzeit) assoziiert sind.
- die Region als *Institutioneller Raum,* als territoriale Einheit, innerhalb deren Grenzen bestimmte Gesetze und Regeln gelten. Mit der Zugehörigkeit zum institutionellen Raum sind Rechte und Pflichten verbunden, deren Zusammenspiel von einem Gefüge territorialer Governance gesteuert wird, die sich aus staatlicher Hierarchie, Selbstverwaltungskörpern (besonders bedeutsam: Gemeinden) und intermediären Organisationen (wie Regional- oder Destinationsmanagements, regionale Interessenvertretungen) zusammensetzt.

In Bezug auf regionale Resilienz spielt die Region als Interaktionsraum (Wirkungsgefüge und soziales Handlungssystem) wohl die Hauptrolle, wenn auch zumeist auf ein bestimmtes Territorium (Institutioneller Raum) Bezug genommen wird.

Die Steuerung von Regionen als Interaktionsräumen ist theoretischer und praktischer Gegenstand der Regionalentwicklung und der Instrumente zur Förderung der Regionalentwicklung, unter die die CLLD/LEADER-Maßnahme zu zählen ist (Böcher, 2003, 2016). Die Begriffe „Nachhaltigkeit" und „Resilienz" werden im Diskurs der Regionalentwicklung häufig und, wenn schon nicht deckungsgleich, aber doch funktionell äquivalent verwendet. Hierbei ist zu beachten: Wohl ist nicht alles nachhaltig, was resilient ist (man denke etwa an das organisierte Verbrechen), aber was nachhaltig sein will, muss auch resilient sein (Lukesch et al., 2010; Lukesch, 2016). Daher sind Schlussfolgerungen für die erfolgreiche Steuerung regionaler Resilienz auch relevant für solche, die für nachhaltige Regionalentwicklung gelten (Lukesch, 2013).

Aus den Resilienzbedingungen lassen sich Schlüsse ableiten, die lehrreich für die Steuerung nachhaltiger Regionalentwicklung sind – und damit per definitionem auch für eine Stärkung der regionalen Resilienz (Lukesch, 2013).

1.3 Regionale Resilienz

Aus sozialökologischer Sicht wurden unter dem Blickwinkel der Resilienz zunächst Governance-Prozesse zum Umwelt- und Ressourcenmanagement in Augenschein genommen (Berkes et al., 2003; Walker & Salt, 2006), wobei im deutschsprachigen Raum die als unterschiedlich wahrgenommene Krisenfestigkeit von Regionen erst im Gefolge der Finanzkrise 2007–2008 breiter thematisiert wurde. Heute wird, abgesehen von einer robusten, also ungestörten

Weiterentwicklung, von dreierlei Entwicklungspfaden im Gefolge von Krisen gesprochen: Das „V-Scenario“ steht für eine rasche Erholung nach dem Schock, das „U-Scenario“ für eine länger dauernde, aber letztlich auch mit einem Neuaufschwung endende Schwächung und das „L-Scenario“ für eine bleibende Minderung der Wirtschaftskraft (Carlsson-Szlezak et al., 2020).

Lukesch et al. (2010) untersuchten die Hintergründe der Krisenfestigkeit dreier österreichischer Regionen während und nach der globalen Wirtschaftskrise. Als wichtige Variable wurde angesichts des kurzfristigen Charakters der Studie die Arbeitslosenquote herangezogen. Auf dieser Basis zeigte sich eine hohe sozioökonomische Resilienz des Bezirks Weiz im Verhältnis zu seinen Nachbarregionen und zu Österreich insgesamt. Im Jahr 2010 lassen sich zwei V-Täler (in der Grafik zwei V-Gipfel, da es sich um die Arbeitslosenquote handelt) erkennen, die mit dem Platzen der dotcom-Blase um die Jahrtausendwende und der Finanzkrise 2007/2008 zu tun hatten. Waren alle Kurven vor diesen Krisen noch relativ ähnlich gelagert, setzte sich die resilienter bezeichnete Region Weiz in der Erholungsphase von den Vergleichsräumen Steiermark und Österreich ab. Nach einer stabilen Zeit, in der sich der gewonnene Abstand konsolidierte, trat das Coronavirus auf den Plan und verursachte einen drastischen Einbruch, der aber wieder in eine deutlich schnellere und steilere Erholungsphase in Weiz mündete (Abb. 1). Die damaligen Einschätzungen (Lukesch et al., 2010) scheinen sich also auch 2021 zu bestätigen.

Hierbei ist einschränkend zu sagen, dass die hier vorgenommene Fokussierung auf sozioökonomische Parameter (Arbeitslosenquote) dem multidisziplinären Charakter des Begriffs Resilienz und der von systemischem und komplexem Denken geprägten Perspektive, die ihn prägt, nicht gerecht wird (Hernández, 2021, S. 37 f.). Resilienz ist ebenso wie Nachhaltigkeit ein Begriff, der ökonomische, sozial-kulturelle und ökologische Parameter umfasst. Der ökonomische Blickwinkel und die Fokussierung auf Beschäftigungszahlen, der aus den weiter oben

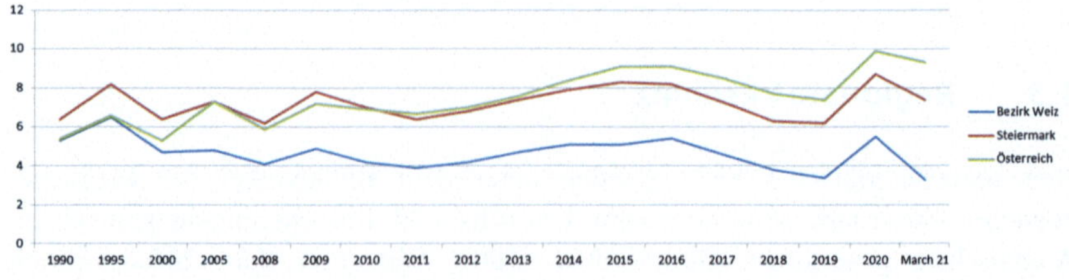

Abb. 1 Entwicklung der Arbeitslosenquoten im Bezirk Weiz im Vergleich zum Bundesland Steiermark und Österreich insgesamt. (Quelle: Eigene Darstellung nach Lukesch et al. (2010))

zitierten Studien hervorgeht, ist deren primärem Erkenntnisinteresse und auch der Fristigkeit geschuldet, denn je kürzer der Analysezeitraum ist, desto eher werden *schnelle,* also vor allem ökonomische Indikatoren in den Vordergrund rücken. Viele relevante soziale und Umweltparameter verändern sich *langsam* – und sind somit auch schwerer steuerbar (Walker et al., 2012), schon allein wegen der Komplexität ihrer Ursache-Wirkungs-Beziehungen (Willke, 2005), aber auch schlichtweg wegen des Missverhältnisses ihres Zeithorizonts mit dem von Regierungsperioden und staatlichen Planungsprozessen.

1.4 Resilienzprozesse

Michael Ungar (2018) fasst Resilienz nicht als Eigenschaft auf, die Systemen innewohnt, sondern als Resultat kontinuierlicher, ineinander greifender Prozesse, die erhaltenden, adaptiven oder transformativen Charakter haben. Prozess und Ergebnis lassen sich hier nicht säuberlich auseinanderhalten, wie dies bei operationellen Prinzipien der Fall ist, in denen der Weg das Ziel ist, wie beispielsweise beim Bottom-up-Prinzip: Ein Ergebnis des Partizipierens ist die Partizipation.

Die Prozesse, um die es in der kontinuierlichen Herstellung von Resilienz geht, sind nach Ungar (2018):

- **Persistenz:** Das System bleibt ungerührt durch störende Einwirkungen von außen. Diese Eigenschaft lässt sich auch mit dem umschreiben, was landläufig als „robust" bezeichnet wird – dessen etymologische Wurzel in der lateinischen Bezeichnung für die Eiche liegt. Klarerweise spielt sich Persistenz innerhalb gewisser Schranken ab, auch wenn sie weit gesetzt sein mögen. Auch die stämmigste Eiche kann vom Blitz gefällt werden.
- **Resistenz:** Das System ist imstande, trotz Blessuren in der Krise seine Strukturen und Funktionen aufrecht zu erhalten. Im Gegensatz zur Persistenz ist hier ein Verteidigungsaufwand zu leisten, also eine über die üblichen Erhaltungsprozesse hinaus gehende Investition, die Reserven in Anspruch nimmt.
- **Wiederherstellung:** Das System geht beschädigt aus der Krise hervor. Es gelingt ihm aber, seine Strukturen und Funktionen durch Reparatur wieder in vollem Umfang herzustellen, verbunden mit der einen oder anderen Verbesserung oder Modernisierung. Wiederherstellung enthält Elemente der Erhaltung und des Wandels.

- **Adaptation:** Das System passt sich neuen Gegebenheiten an, um sich gegen Bedrohungen zu wappnen, wobei offen bleibt, ob es dies in vorausschauender Weise oder erst nach entsprechenden Lernerfahrungen quasi notgedrungen tut. Das Konzept der adaptiven Governance oder des adaptiven Managements geht davon aus, dass Führung in erster Linie darin besteht, Wandel zu antizipieren, das heißt, vorhersehbare Wandlungserfordernisse in das System (Organisation, Unternehmen, Gemeinde, Nation) einzuspeisen (Becker, 2011).
- **Transformation:** Das System passt seine Strukturen und Funktionen neuen Gegebenheiten so weitgehend an, dass es sein Wesen, seine Identität, seine Zweckbestimmung ändert. Man kann von einem grundlegend neuen System sprechen. In Politik und Wirtschaft wird das Wort Transformation etwas überstrapaziert und steht dort, bei Lichte besehen, meistens für Adaptation. Beispielsweise wird unermüdlich die Wende zum kohlenstoffneutralen Zeitalter beschworen, aber die mobilisierten Mittel reichen oft bestenfalls für eine gelinde Anpassung an gesetzliche Vorgaben oder die Verknappung bestimmter Rohstoffe.[1] Großes vollzieht sich zumeist nicht von heute auf morgen und absichtsgeleitete Transformation zu einer klimaneutralen Weltwirtschaft ist etwas Großes. Diese Wende hat weitaus größere Implikationen als gemeinhin dargestellt.

Harald Katzmair (2021) sieht den Möglichkeitsraum, in dem Resilienzprozesse stattfinden können, begrenzt durch kulturelle Faktoren, die in ihrem zeit-räumlichen Kontext begriffen werden können. Nicht immer ist das, was getan werden müsste, in der verfügbaren Zeitspanne und am geeigneten Ort auch durchsetzbar. Um Resilienzprozesse in Gang zu setzen, braucht es Akteur*innen, die ihre Rollen zu spielen legitimiert, imstande und willens sind.

Hafner et al. (2019), die Resilienzprozesse in Bezug zur CLLD/LEADER-Methode setzen (siehe weiter unten), unterscheiden vier Grundprozesse, wobei sie die ersten beiden: *Kurzfristige Anpassungfähigkeit* und *Robustheit und Widerstandsfähigkeit* als „einfache Resilienz" bezeichnen und die beiden anderen: *Strategische Anpassungsfähigkeit* und *Systemische Transformationsfähigkeit* als „reflexive Resilienz". Auch sie betonen, dass „reflexive Resilienzstrategien […] anspruchsvoll (sind) und […] geeignete Governance-Arrangements und Governance-Kapazitäten (erfordern)" (S. 12). Dem CLLD/LEADER-Ansatz

[1] Besonders eindringlich dazu Greta Thunbergs Rede zum Austrian Climate Summit 2021. https://www.youtube.com/watch?v=IVJvPMUCK84.

wird in einem offiziellen Leitfaden der Bayerischen Landesregierung bescheinigt, dass er „in hohem Maße in Einklang mit den [...] Prinzipien für eine krisenfeste regionale Entwicklung stehe" (Bayerisches Staatsministerium für Ernährung, Landwirtschaft und Forsten, 2021, S. 7).

Wie kann man Governance-Prozesse in Bezug auf ihre Resilienzwirkung messen? Neben den Prozessen wird man einerseits auf die Einstellungen und Werthaltungen achten, die ursächlich hinter diesen Prozessen stehen und andererseits auf die Wirkungsebene, wo sich die Ergebnisse aus diesen Prozessen real manifestieren. Auf der lokalen Ebene sind Ursache-Wirkungs-Effekte leichter und klarer nachvollziehbar. Der Evidenznachweis wird in dem Maße schwieriger, als man auf der räumlichen und zeitlichen Skala höher steigt.

Für die lokale Ebene hat Alistair Hernández eine überzeugende Studie vorgelegt, die auf teilnehmender Beobachtung in drei Dörfern (in Deutschland, Schottland und Spanien) basiert. Er schlägt nach einer Metaanalyse der vorhandenen Literatur acht Dimensionen der Resilienz zur Indikatorenbildung vor (Tab. 2).

Die in der Tabelle vorgenommene Zuordnung der Dimensionen zu Prozessen, Werten und Ergebnissen stammt vom Autor dieses Buchbeitrags. Manche der Dimensionen kann man als *Prozesse* begreifen (z. B. gemeinschaftliches Handeln und Entscheiden). *Werte* (z. B. Werthaltungen, Einstellungen und Überzeugungen) können als individuelle (psychologische) oder kollektive (kulturelle) Ressourcen betrachtet werden, die über längere Zeit hinweg stabil verfügbar sind. Der Pfeil nach oben in der

Tab. 2. Hernández' acht Dimensionen der Resilienz lokaler Dorfgemeinschaften

Resilienz-Dimension	≈ Prozesse	↑ Werte	↓ Ergebnisse
Soziale Beziehungen und Netzwerke	x		x
Lernen und Selbstreflexion	x	x	
Werthaltungen, Einstellungen und Überzeugungen		x	
Gemeinschaftliches Handeln und Entscheiden	x	x	
Führungs- und Schlüsselpersonen	x	x	
Wohlbefinden von Mensch, Umwelt und Wirtschaft			x
Diversität und Integration	x		x
Daseinsvorsorge und Infrastruktur			x

Quelle: Hernández (2021), S. 62, adaptiert

Kopfzeile der Tabelle bedeutet, dass sie den als Prozessen bezeichneten Dimensionen übergeordnet sind, da diese (die Prozesse) in jenen (Einstellungen) wurzeln. Andere Dimensionen sind wiederum als *Ergebnisse* der Prozesse zu werten, sind diesen also nachgeordnet (daher der abwärts gerichtete Pfeil). Wie die Tabelle zeigt, sind die Zuordnungen aber nicht eindeutig. Zum Beispiel resultieren Prozesse, die soziale Beziehungen und Netzwerke bilden und aufrecht erhalten, auch in solchen. Gemeinschaftliches Handeln und Entscheidungen kann als Werthaltung aufgefasst werden aber auch als der Prozess, der diese Werthaltung in die Praxis umsetzt.

Tab. 2 soll zeigen, wie komplex die Suche nach manifesten Nachweisen für Resilienzprozesse sein kann, denn die Beschreibung der Prozesse allein gäbe noch zu wenig Auskunft über die tatsächlichen Wirkungszusammenhänge. In der Evaluierungspraxis ist eine Vielfalt an Evidenznachweisen (Indikatoren) aus dem gesamten Ursache-Wirkungsgefüge erforderlich, um zu einer halbwegs realistischen Einschätzung des Sachverhalts zu gelangen.

1.5 Drei formgebende Prinzipien der Resilienz[2]

In Hernández‘ Studie geht es um die konkreteste Manifestation der Resilienz auf der Ebene der Dorfgemeinschaft. Wie sieht es am entgegengesetzten Ende der Abstraktionsleiter aus? Als Ergebnis einer Metaanalyse der Literatur über formative Prinzipien der Resilienz gelangt Lukesch (2016) zu dem Ergebnis, dass die Resilienzfähigkeit von Systemen anhand von drei Parametern hinlänglich beschreibbar ist und damit auch im Prinzip steuerbar ist: Diversität – Modularität – Reflexivität.

@ Diversität

In ihrer allgemeinsten Interpretation ist mit Diversität die *Verschiedenartigkeit der Elemente eines Systems* gemeint. In der Regionalentwicklung ist von Diversität in vielerlei Hinsicht die Rede, z. B. hinsichtlich verschiedener Hintergründe, Kompetenzen, Bedürfnisse und Interessen der Akteure in partizipativen Prozessen, hinsichtlich der vielfältigen Formen und Instrumente von Policy-Interventionen und unterschiedlichen Perspektiven in der Beobachtung und Reflexion der Regionalentwicklungsförderung.

[2] Ausführlich sind die drei Resilienzparameter in Lukesch (2016) beschrieben.

@ Modularität
Modularität kann man als Eigenschaft eines Systems definieren, das von relativ unabhängigen, aber zusammenhängenden Subsystemen zusammengesetzt ist, wobei Änderungen, vor allem Schadeinwirkungen, in einzelnen Modulen sich nicht wesentlich auf andere Module auswirken. Modularität ist entscheidend für die Fehlerfreundlichkeit von Systemen, da sich ein lokaler Zusammenbruch nicht automatisch auf das Gesamtsystem hochschaukelt. Pan und Sinha (2008) zeigen, dass modular gebaute Systeme (Gene, Stoffwechselprozesse, Produktionsbetriebe, Wohnanlagen, technische Werkzeuge, Beteiligungsprozesse…) den Summenwert der drei Grundparameter für Netzwerke optimieren, nämlich (i) möglichst wenig Kosten zur Aufrechterhaltung von (Kommunikations-)Verbindungen, (ii) möglichst hohe Effizienz (also Geschwindigkeit) der Informationsübertragung (oder des Stoffwechsels, Energieflusses etc.), und (iii) möglichst hohe Stabilität (Dauerhaftigkeit). Als Prinzip der Resilienzsteuerung kann Modularität als *vielschichtige Zusammenhängigkeit selbstorganisierender Systeme* definiert werden. Im Kontext der Regionalentwicklung bedeutet das, dass Regionalentwicklung von Kooperationssystemen und Partnerschaften getragen wird, die sich auf mehreren Ebenen artikulieren; Aufgaben werden auf der jeweils geeigneten Ebene gelöst. Die innige Verwandtschaft zum Prinzip der *Subsidiarität* ist leicht zu erkennen. Kooperationssysteme und Partnerschaften sind im günstigen Fall selbst modular gebaut, da sie aus einer Vielfalt öffentlicher, privatwirtschaftlicher und zivilgesellschaftlicher Akteure mit ihren jeweiligen Eigenlogiken bestehen. In der Regionalentwicklung können große Zahlen von Akteur*innen partizipieren, wenn Beteiligungsprozesse modular organisiert werden, das heißt im Zusammenspiel unterschiedlichster Beteiligungsformate in eine Gesamtchoreographie, von der Großgruppenveranstaltung über thematische Arbeitskreise, Koordinationsgruppen, Web 2.0 bis zu Kunstprojekten und Innovationswettbewerben. In einem „reifen" System regionaler Governance gehen die Impulse nicht nur von einer einzigen Regionalentwicklungsorganisation aus, sondern bilden sich in einem Netzwerk teilregionaler, thematischer (zum Beispiel Inklusion, Klimawandel) und sektoraler (zum Beispiel Tourismus, Energie), also *modularer* selbstständiger Organisationen, die von einer intermediären Instanz (z. B. „LEADER-Management" oder „Regionalmanagement") mittels „Kontextsteuerung" (Popp, 1997) koordiniert werden.

@ Reflexivität
Der Begriff Reflexivität ist synonym mit Rückbezüglichkeit, bedeutet aber in der Philosophie auch einfach die Eigenschaft, sich über Geschehenes und seine

eigene Rolle dabei Gedanken zu machen[3]. Als Prinzip der Resilienzsteuerung sei Reflexivität als *Selbstbeobachtung und Selbstlernfähigkeit eines Systems* definiert, also als Kunst des Beobachtens und die damit verbundene Fähigkeit, aus den Beobachtungen rückbezüglich Nutzen zu ziehen. Monitoring und Evaluierung sind reflexive Handlungen, Kontrolle und Lernen ihre Zweckbestimmung. Die Anwendung des Prinzips der Reflexivität in der Regionalentwicklung heißt, in regelmäßigen Abständen die Annahmen, die der Regionalentwicklungsförderung zugrunde liegen, zu hinterfragen und die Ergebnisse und Wirkungen dieser Interventionen zu evaluieren, wobei verschiedene Erhebungsmethoden und Perspektiven zum Einsatz kommen. Besonders wichtig sind Vorkehrungen für rasches Feedback, das heißt etwa, in der regionalen Entwicklungssteuerung Arbeitsgruppen oder Organisationseinheiten mit der laufenden Beobachtung der Innovations- und Lernfähigkeit des Kooperationssystems zu betrauen.

1.6 Soziale Innovation und Elementarprozesse des Wandels

Adaptive und transformative Resilienzprozesse ähneln den Prozessen, die in der Literatur mit sozialer Innovation in Verbindung gebracht werden: Laut der vom Europäischen Forschungsprojekt SIMRA (Social Innovation in Marginalized Rural Areas)[4] vorgeschlagenen Definition sind soziale Innovationen „Handlungsweisen, die durch neue Formen der Zusammenarbeit öffentlicher, wirtschaftlicher und zivilgesellschaftlicher Akteur*innen die Beziehungen und die Lebenssituation der Menschen verbessern."[5] Aus der Betrachtung der Pfadverläufe

[3] www.wortbedeutung.info/Reflexivität/

[4] http://www.simra-h2020.eu/.

[5] Diese Definition ist die deutsche Übersetzung (Lukesch et al., 2019) der ursprünglich englischen SIMRA-Definition, die lautet: "Social innovation refers to the reconfiguring of social practices, in response to societal challenges, which seeks to enhance outcomes on societal well-being and necessarily includes the engagement of civil society actors." (Polman et al., 2017, S. 32 ff.). Da der Baukasten der deutschen Sprache keine Möglichkeit bietet, das englische Gerundiv „reconfiguring" direkt zu übersetzen, das gleichzeitig einen Prozess sowie dessen Ergebnis bedeuten kann, wird das Substantiv „Handlungsweise" verwendet, das sowohl als individuelle Handlung als auch als allgemeine Usance, in einer bestimmen Weise zu handeln, verstanden werden kann. Die Handlungsweise schillert also in zwei Farben: Sowohl als Veränderung (Innovation) als auch als Verstetigung der neuen Art zu handeln (Institutionalisierung).

Abb. 2 Die Akteurstriade, die soziale Innovation begünstigt. (Quelle: Eigene Darstellung nach Lukesch et al. (2020))

sozialer Innovationen im Zeitverlauf (Kluvánková et al., 2021; Lukesch et al., 2020; Slee & Polman, 2021) wird deutlich, dass gesellschaftlicher Wandel als Prozess kumulativer Skalierung zunächst lokaler oder allgemeiner ausgedrückt, punktueller Veränderungsprozess begriffen werden kann. Ähnliches wird durch die *Transition Theory* vertreten, die den Skalierungsprozess als Bewegung von der lokalen Innovation über das „soziotechnische Regime" in einem bestimmten Handlungsfeld bis hin zum institutionellen Wandel zumindest in einem Sektor, mit entsprechenden Auswirkungen auf die ganze Gesellschaft modellhaft beschreibt (Geels, 2011).

Die Auswertung zahlreicher Fallgeschichten sozialer Innovationen gibt Anlass zur Annahme, dass es besonders förderliche Akteurskonstellationen gibt, die von der politischen Ebene durch Kontextsteuerung herbeigeführt werden können. Lukesch et al. (2020) nennen sie die „Akteurstriade", die ihr Wirken in einem Feld von Wechselwirkungen zwischen einer entschlossenen Gruppe an innovativen Akteur*innen (Projektbetreiber*innen), einer (oder mehrerer) Intermediären Support-Organisation (ISO) und dem „Schatten der Hierarchie" (politische Rahmensetzungen und Strukturen, die den Innovator*innen ein günstiges Umfeld ermöglichen) entfaltet (Abb. 2). Ein hier besonders relevantes Beispiel für solche Rahmensetzungen stellt CLLD/LEADER dar, da die Lokale Aktionsgruppe als zentrales Steuerungsinstrument lokaler Entwicklung eine solche ISO für lokale Innovationen darstellt.

In besonders „innovativen Ökosystemen“ (Lukesch et al., 2019) bilden sich auf höheren Skalenebenen „Metatriaden“ heraus. Die Innovative Support-Organisation auf der lokalen Ebene kann zum innovativen Akteur auf der höheren Ebene werden, wo sich eine neue ISO etabliert, nicht selten als Zusammenschluss lokaler ISOs. Dadurch entsteht eine fraktale (und hierdurch modulare) Architektur.

1.7 Dialektik von Erhaltung und Wandel

Doch spiegeln sich Prozesse sozialer Innovation wirklich nur in „adaptiven“ und „transformativen“ Resilienzprozessen wider? Die Antwort lautet Nein, würde Giovanni di Lampedusa sagen, dem das folgende Zitat zugeschrieben wird: „Es muss sich alles ändern, damit alles so bleibt wie es ist,“[6] oder die Fridays-for-Future-Aktivist*innen Katharina Rogenhofer und Florian Schlederer, die dasselbe spiegelbildlich ausdrücken: „Ändert sich nichst, ändert sich alles.“[7]

Die Erkenntnis, dass Erhaltungs- und Wandlungsprozesse sich wohl in ihrer Zielrichtung, aber nicht in ihrem Wesen unterscheiden – in beiden Fällen handelt es sich um mehr oder minder kooperativ in Gang gesetzte Handlungen, die zur Veränderung des Status Quo beitragen – tritt im „Adaptive Cycle“ – Modell[8] (Gunderson & Holling, 2002) deutlich hervor, das lebende, biologische wie soziale Systeme in ihrer zyklischen Bewegung zwischen vier Phasen beschreibt: Erneuerungs-, Entfaltungs-, Erhaltungs- und Auflösungsphase (Lukesch, 2016). Harald Katzmair meint, dass es in jeder Phase spezifische Rollenkonstellationen von Akteur*innen braucht, damit das betreffende System sie erfolgreich meistern kann (Katzmair, 2021).

Damit schließt sich der Bogen von der sozialen Innovation zu Resilienzprozessen. Was noch aussteht, ist die Beschreibung der CLLD/LEADER-Methode und was diese mit jenen zu tun hat.

---

[6] https://gutezitate.com/zitat/104685.

[7] Titel eines 2021 erschienenen Buches über die Dringlichkeit, anlässlich des Klimawandels zu handeln.

[8] Auch als „Resilience Cycle“ beschrieben, wobei Resilienz über die Phasen des Zyklus zu- und abnehmen kann.

Abb. 3 Die Handlungsprinzipien der CLLD/LEADER-Methode. (Quelle: Eigene Darstellung)

1.8 CLLD/LEADER als Methode der territorialen Entwicklung

Community-Led Local Development (CLLD) bzw. LEADER[9] sind Synonyme für ein Instrument der Europäischen Kohäsionspolitik, dessen Anfänge bis 1991 zurückreichen und die für eine gebiets- und akteurszentrierte Entwicklungspolitik stehen. Zugleich stehen sie auch für die dabei angewandte LEADER-Methode. Der „Code" dieser Methode (Europäische Kommission, 2006) besteht aus sieben Prinzipien, die kombiniert zum Einsatz kommen (Abb. 3):

- Gebietsbezogene lokale Entwicklungsstrategien (LES)
- Der Bottom-up-Ansatz in der Erarbeitung und Umsetzung der LES
- Die lokale Partnerschaft: Lokale Aktionsgruppen (LAGs), zusammengesetzt aus öffentlich/privat/zivilgesellschaftlichen Akteur*innen
- Integrierter und multisektoraler Ansatz
- Innovation

[9] Liaisons Entre Actions du Développement Economique Rural.

- Networking
- Territoriale Kooperation.

Quer zu diesen sieben Prinzipien wirkt ein achtes Prinzip, das die Governance-Prozesse anspricht:

- Dezentrales Management und Finanzierung:

Der **gebietsorientierte Ansatz** bedeutet, dass sich die lokalen Akteur*innen einem gemeinsamen Reflexionsprozess über die Besonderheiten, Potenziale, Herausforderungen und Entwicklungsbedarfe ihrer Region stellen – als Gegenkonzept eines konventionell gedachten Aufhol- und Modernisierungsprozesses, in dem Besonderheiten der Region sehr häufig als Handicaps erscheinen. Es geht also darum, die Alleinstellungsmerkmale der Region zu erkennen und zu schärfen, um damit auf überregionalen Produkt-, Dienstleistungs- und Tourismusmärkten unverwechselbarer und damit wettbewerbsfähiger zu werden. Aspekte der Nachhaltigkeit, Klimafreundlichkeit und der lokalen Kreislaufwirtschaft sind untrennbar mit diesem Ansatz verknüpft.

Der **Bottom-up-Ansatz** bedeutet den Ansporn zu einem breit und ansprechend gestalteten Dialog über die Zukunft der Region. Sowohl die strategischen Leitlinien als auch die Umsetzung werden in transparenter und offener Weise ausgehandelt. Vor allem ist auf die Einbeziehung und Stärkung strukturell benachteiligter und bisher „übersehener" Gruppen zu achten, was über die Mindestforderung des *„nobody shall be left behind"* deutlich hinausgeht. Eine besondere Rolle spielt die Hebung des Schatzes lokaler, im Verschwinden befindlicher oder dem Vergessen anheimgefallener, meist unterbewerteter Fähigkeiten und Fertigkeiten, die auf früheren Stärken der lokalen Wirtschaft und Gesellschaft beruhen. Auf höherer Ebene bedeutet der Bottom-up-Ansatz die Souveränität der Lokalen Aktionsgruppe über die strategische Ausrichtung und die Autonomie in der Auswahl der Entwicklungsprojekte und in der Förderung der Projektwerber*innen. Die verantwortlichen Verwaltungsstellen haben dabei weiterhin die Verpflichtung zur Prüfung der Gesetzmäßigkeit und Regelförmigkeit der gewährten Förderungen.

Die **lokale Partnerschaft** wirkt als Repräsentantin und Stimme der regionalen Bevölkerung in der Gestaltung der lokalen Entwicklung. Ihre Zusammensetzung und die Regeln für Beratungs- und Entscheidungsprozesse sollen ein Modell für Kooperation in der Region darstellen und unterliegen daher ebenso anspruchsvollen Qualitätskriterien wie die Umsetzung der LES. Da Interessenskonflikte unausweichlich sind, wenn es um die Setzung strategischer Prioritäten geht, dient die LAG als Aushandlungsplattform, in der die verschiedenen Interessen mit entsprechender Sorgfalt abgewogen werden. Die LAG wirkt als kleinste Einheit und Bindeglied in der mehrere Ebenen übergreifenden Governance für regionale Entwicklung.

Der **integrierte und multisektorale Ansatz** ist spiegelbildlich zum gebietsbezogenen Ansatz zu verstehen. Während sich letzterer eher auf die Kräfte bezieht, die aus der Geschichte und dem Werdegang der Region herrühren, geht der multisektorale Ansatz von einem Zukunftsbild aus, das zu erreichen nur gelingt, wenn die unterschiedlichen Kräfte innerhalb und außerhalb der Region (neue Märkte, globale Wissensquellen und -netzwerke, zuwandernde Mitbürger*innen) gebündelt und zur Stärkung des Gemeinwohls und der regionalen Resilienz eingesetzt werden.

Die Erneuerung ländlicher Räume („rural renaissance“) war von Anfang an das zentrale Anliegen von LEADER. **Innovation** soll im Kleinen ermöglicht und angespornt werden, um sich bildlich gesprochen auszubreiten und „zusammenzufließen“ – im frankophonen Raum wird der Ausdruck „tâche d'huile“ (Ölfleck) gebraucht –, um ihre Wirkungen auf die regionalen Lebenszusammenhänge zu entfalten. Dargan und Shucksmith (2008) betonen, dass Akteure im Kontext von LEADER eher dazu neigen, Innovation im Sinne sozialen und kulturellen Wandels zu fassen als in ihrer wissenschaftlich-technologischen Bedeutung.

Der Idee des **Networking** (Vernetzung, Netzwerken) in CLLD/LEADER wohnen drei Perspektiven inne: Hier geht es um (i) die soziale Vernetzung der lokalen Akteur*innen, vor allem jener, die bisher nicht oder nicht genügend zusammengearbeitet haben, um neue Ideen und Projekte ins Werk zu setzen; (ii) die Vernetzung der lokalen Akteur*innen mit überregionalen Wissensträgern und -Netzwerken und möglichen Projektpartnern, um neue Partnerschaften und Kooperationen zu ermöglichen; (iii) die Vernetzung der CLLD-Region mit anderen CLLD-Regionen, um neue Kooperationen zu ermöglichen, voneinander und miteinander zu lernen und nicht zuletzt die regionalen Anliegen mit starker Stimme zu vertreten. Die EU-Kommission finanzierte bereits in LEADER I eine europäische Vernetzungsstelle und seit LEADER II eine Support-Struktur aus nationalen Vernetzungsstellen und einer europäischen Beobachtungsstelle, die ab 2007 in ein Europäisches Netzwerk für ländliche Entwicklung (ERDN)[10] eingefügt wurde, das Contact Points in Brüssel und in den Mitgliedsstaaten

---

[10] www.erdn.eu.

unterhält. LAGs, die aus dem Fischereifonds finanziert werden, werden von FARNET[11], einer Vernetzungsstelle in Brüssel, betreut. Für urbane LAGs, die aus Regional- oder Sozialfonds finanziert werden, gibt es kein derartiges Vernetzungsinstrument. Über die institutionellen Netzwerke hinausgehend, bilden Lokale Aktionsgruppen selbständige regionale und nationale Verbände, die sich ihrerseits im zivilgesellschaftlichen Dachverband ELARD (European LEADER Association for Rural Development) zusammengeschlossen haben, der als Stakeholder an allen wichtigen Konsultationen zur ländlichen Entwicklung auf europäischer Ebene mitwirkt.

Die **gebietsübergreifende** oder **territoriale Kooperation** zwischen LAGs, aber auch anderen Gebieten, in denen ähnlich ausgerichtete lokale Partnerschaften wirken, ist seit LEADER II im Förderinstrumentarium verankert. Kooperationsprojekte können zwischen benachbarten LAGs und zwischen LAGs in verschiedenen Ländern, selbst Nicht-EU-Ländern, angebahnt und umgesetzt werden. Interregionale und transnationale Kooperationen ergänzen und vertiefen die Effekte, die aus der Vernetzungsarbeit resultieren.

Dezentrales Management und Finanzierung, das übergreifende Governance-Prinzip, charakterisiert die CLLD/LEADER-Methode aus institutioneller Perspektive. Die LAG agiert hauptverantwortlich für die Entwicklung und die Umsetzung ihrer Lokalen Entwicklungsstrategie, somit auch für die Selektion, Anerkennung, Förderung und Begleitung der daraus resultierenden Entwicklungsprojekte.

2 Beobachtungen aus Fallbeispielen

2.1 Lehrlingswelten im oststeirischen Kernland (AT)[12]

Die LAG Zeitkultur Oststeirisches Kernland liegt in einer landschaftlich attraktiven, klein strukturierten, relativ strukturschwachen ländlichen Region mit Handwerkstradition. Die soziale Innovation der „Lehrlingswelten" geht aus einer Reihe von Projekten unter dem Überbegriff „Kreative Lehrlingswelten" hervor, die die LAG zwischen 2012 und heute, mit einer Perspektive bis 2021, in Eigenregie

[11] https://webgate.ec.europa.eu/fpfis/cms/farnet2/.

[12] Die Quellen dieser Fallbeschreibung sind: LAG Zeitkultur Oststeirisches Kernland (2021) Lukesch (2019) Lukesch et al. (2019, 2020).

initiiert und umgesetzt hat. Die Lehrlingswelten sind ein Baustein für die Lösung des, nach den Aussagen der Wirtschaftskammer, größten Problems der steiermärkischen Wirtschaftsbetriebe, den Fachkräftemangel in allen Regionen und Branchen.

Die Lehrlingswelten gründen sich auf die Idee der „Werkboxen", die um die Jahrhundertwende im Werkraum Bregenzerwald entstanden sind und von der LAG Zeitkultur Oststeirisches Kernland mithilfe eines Werkraum-Architekten neu gedacht und weiterentwickelt wurden. Unter Beteiligung von Unternehmer*innen, Lehrer*innen und Auszubildenden wurden transportable Holzkisten (Werkboxen) entwickelt, die, einmal ausgefaltet, durch ihr Interieur einen Beruf nicht nur kompakt darstellen, sondern auch vor Ort zu einer Werkbank umgebaut werden können, auf denen sich Werkstücke herstellen lassen. Bis dato sind 25 Werkboxen entstanden, die an steiermärkischen Neuen Mittelschulen und Volksschulen an praktischen Berufsorientierungstagen eingesetzt werden. Darunter befinden sich auch selten gewordene Berufe, wie die Buchbinderei, die sich heute aber erfolgreich im kunsthandwerklichen Sektor etabliert hat. Die Arbeit der Schüler*innen an den Werkboxen wird von regionalen Unternehmer*innen begleitet. Deren Anwesenheit bietet den Schüler*innen die Möglichkeit, sich bei Betrieben ihrer Wahl zu berufspraktischen Tagen anzumelden. Die Werkboxen sind transportabel. Die Schulen werden im Zuge einer „Roadshow" besucht, sodass ihnen keine außertourlichen Kosten erwachsen. Denn die Berufsorientierungs-Events finden in ihren Turn- und Festsälen statt. Seit 2014 wurden die „Kreativen Lehrlingswelten" in über 100 steirischen Schulen mit 7.000 Schüler*innen veranstaltet. Die LAG bietet die Berufsfindungstage der „Lehrlingswelten" in der gesamten Steiermark kostenfrei an.

Dieses Grundmodell wurde unter dem Titel „Zukunftsorientierte Lehrlingswelten" genutzt, um die Berufsorientierung asylsuchender Jugendlicher mit Integrationsmaßnahmen zu verbinden. Dieses Projekt erhielt noch vor seinem Start einen Innovationspreis der Bundesregierung. Bevor es jedoch tatsächlich starten konnte, wurde der Erlass aus dem Jahr 2012, der asylsuchenden Jugendlichen die Möglichkeit der Lehre geboten hätte, durch die österreichische Bundesregierung wieder aufgehoben (2018). Nach einem längeren Nachdenkprozess konnte die LAG das Projekt auf eine andere Zielgruppe ausrichten. Nun wird es zugunsten schwer vermittelbarer heimischer Jugendlicher in Zusammenarbeit mit bewährten regionalen Maßnahmenträgern umgesetzt.

Die Lehrlingswelten wurden seit 2009 durch zehn separate Projekte finanziert, deren nahtloses Ineinandergreifen der Akquisitionskunst dem LAG-Management geschuldet ist. Sechs dieser Projekte waren LEADER-finanziert, was auf die besondere Rolle dieses Förderinstruments für diese soziale Innovation hinweist.

Dazu kamen Mittel aus dem steiermärkischen Bildungsbudget und aus Interreg, der grenzüberschreitenden Komponente des EFRE[13].

Obgleich die „Lehrlingswelten“ als innovativer Ansatz der Berufsorientierung bei den fachlich zuständigen Institutionen und Organisationen, vor allem bei den Schulen und Innungen auf positive Resonanz stößt und stark nachgefragt wird, ist die Frage einer Übernahme in reguläre Strukturen und Prozesse der Berufsorientierung noch ungelöst. Die LAG ist zwar anerkannter Träger dieses Projektes; sie ist jedoch an und für sich kein zentraler Akteur im Feld Jugendbeschäftigung – Berufsbildung – ländliche Klein- und Mittelunternehmen. Dem stünden Wirtschaftskammer, Arbeitsmarktservice und schulische Einrichtungen näher, wobei sich noch keine Lösung zur Verstetigung des Projekts unter deren Ägide abzeichnet.

Die soziale Innovation der „Lehrlingswelten“ beruht auf folgenden Erfolgsfaktoren:

- **Die Lokale Aktionsgruppe als sozialer Entrepreneur (auf Zeit)**: Die LAG Zeitkultur Oststeirisches Kernland hat den Weg gewählt, soziale Innovation nicht nur zu ermöglichen, sondern sich selbst als Trägerin der sozialen Innovation zu setzen, mit all den Meriten und Risiken, die damit verbunden sind.
- **Sozialkapital:** Obwohl die LAG im Feld der Berufsorientierung ein Newcomer war, konnte sie das tun, da ihr eine gute Reputation vorauseilte, der sie dann auch in der Umsetzung gerecht wurde. Die unmittelbar zuständigen Fachorganisationen und Interessensvertretungen zollen ihr den gebührenden Respekt, obgleich sich manche Beteiligte intensivere Kooperation zwischen den zuständigen Organisationen wünschen würden.
- **Lösungen radikal aus Nutzer*innenperspektive denken:** Gerade wegen des Fehlens institutioneller Vorprägung hat die LAG es vermocht, die Lehrlingswelten radikal aus der Perspektive der Nutzer*innen – der Schülerinnen und Schüler – zu konzipieren und auszugestalten. Die Initiative verbindet Theorie und Praxis, setzt auf impliziten Wissenstransfer durch Nachahmung und kombiniert ihn mit expliziter Wissensvermittlung im Rahmen des Schulbetriebs. Im selben Zug werden Kontakte zwischen Schüler*innen und Lehrbetrieben geknüpft; aber auch die Lehrbetriebe nutzen diese Gelegenheit für informelle Kontakte untereinander.

[13] ETZ (Europäische Territoriale Zusammenarbeit).

- **Neue Beziehungen herstellen:** Die LAG ist auf Bündnisse angewiesen, wenn sie sich in dem Wirkungsfeld etablieren will. Diese Bündnisse wurden auf politischer Ebene (Mandatar*innen und Sozialpartnervertreter*innen), strategischer Ebene (fachlich-sektoral Zuständige) und operativer Ebene (praktische Umsetzung und Mittelaufbringung) geschlossen. Wenn eine dieser Ebenen außer Acht gelassen wird, kommt Sand ins Getriebe.

2.2 CLLD Lisboa (PT)[14]

Seit 2010 verfolgt die städtische Abteilung für Wohnbau und lokale Entwicklung in Lissabon das Konzept, Teilgebiete und Nachbarschaften zu identifizieren, in denen besonders schwierige Bedingungen hinsichtlich sozialen Zusammenhalts, Wirtschaftskraft und Umweltqualität herrschen, um neue Beziehungen zu deren Bewohner*innen aufzubauen und bedarfsorientierte Prozesse der lokalen Entwicklung in Gang zu setzen.

Von Beginn an baute die Strategie auf der Schaffung kleinräumiger Stadtteilpartnerschaften auf, durch deren Wirken die Bewohner*innen selbst Antworten auf die Herausforderungen finden sollen, denen sie sich tagtäglich zu stellen haben. Mittels einer partizipativen und datengestützten Methode (BIP/ZIP[15] genannt) wurden 67 Stadtteile als Zielgebiete identifiziert; dort lebt etwa ein Viertel der Lissaboner Bevölkerung von über einer halben Million Einwohner*innen. Die Zielgebiete befinden sich sowohl an den Rändern wie auch im historischen Zentrum von Lissabon. Die Abgrenzungen wurden nicht allzu strikt gezogen, da die Lissaboner Stadtverwaltung diese Nachbarschaften (oftmals *bairros* genannt; in Berlin würde man sie *Kieze,* in Wien *Grätzel* und in New York *hoods* nennen) als im kulturellen, historischen und verwaltungstechnischen Sinne dynamische Systeme begreift.

Kofinanzierungsmittel aus CLLD/LEADER wurden erst mit der EU-Budgetperiode 2014–2020 möglich. Davor wurden die lokalen Partnerschaften („Strukturen für Co-Governance" – GABIP genannt) aus konventionellen Fördertiteln des Europäischen Fonds für regionale Entwicklung (EFRE) kofinanziert. Die lokalen Partnerschaften (GABIPs) setzen sich aus Expert*innen der Stadtverwaltung, gewählten Mandatar*innen und lokalen Stakeholdern zusammen. Ihre

[14] Die Quellen dieser Fallbeschreibung sind: FARNET (o. J.), Patti (2017), URBACT (2019 und 2021).

[15] Bairros e Zonas de Intervenção Prioritária de Lisboa.

Aufgabe ist es, lokale Initiativen und Investitionsprojekte in der Höhe von bis zu 50.000 EUR zu generieren und zu steuern. Jedes Projekt muss von mindestens zwei Organisationen getragen werden und nur lokale Organisationen sind einreichfähig. Die Investitionsphase darf bis zu einem Jahr dauern, aber es soll absehbar sein, dass das Projekt weiter besteht bzw. weiter wirkt. Dieses Zeitlimit soll garantieren, dass Erfolge in relativ kurzer Zeit sichtbar werden, ohne deren Nachhaltigkeit aus den Augen zu verlieren. Kleinprojekte unter 25.000 EUR werden auch ohne diese längerfristige Perspektive vergeben, etwa für eine Kulturveranstaltung oder einen Straßenmarkt. Eine Jury bestimmt über die Gewährung der Fördermittel. Dieser Auswahl folgt ein formaler Beschluss der Stadtverwaltung zur Auszahlung der Fördermittel.

Seit 2015 werden die beiden EU-Instrumente des EFRE: ITI (Integrierte Territoriale Entwicklung) und CLLD (Community-Led Local Development) in Kombination eingesetzt, womit der gebietsstrategische Ansatz noch erheblich verstärkt wird. Die 67 Stadtteilpartnerschaften werden über eine CLLD-Plattform vernetzt, an der 173 Mitgliedsorganisationen öffentlicher, privater und zivilgesellschaftlicher Natur teilhaben. Diese Plattform ist die Lokale Aktionsgruppe. Sie setzt sich zu 51 % aus Vertreter*innen lokaler NGOs, zu 10 % aus Bezirksräten, zu 24 % aus Delegierten landesweit tätiger Organisationen, zu 6 % aus gemeinnützigen Stiftungen und zu 6 % aus Universitäten und anderen Forschungseinrichtungen zusammen.

Die Lokale Aktionsgruppe, die sich *Rede DLBC*[16] nennt, operiert mit einem mehrjährigen Budget (2014–2020) von 3 MEUR und 0,5 MEUR technischer Hilfe. Bis 2020 sind über 300 Projekte mit 600 Partnern verwirklicht worden. Annähernd löst ein EUR einen ebensolchen Betrag an privaten Investitionsbeiträgen aus. Im Schnitt entstehen pro Projekt zwei Dauerarbeitsplätze. Darunter befinden sich Kompostierungsstätten, Nachbarschaftsküchen, ein kleines Hotel für Artists-in-Residence, Wohnraumsanierungs- und Energieeinsparungspläne sowie Integrationsprojekte mit Migrant*innen.

Der Hebeleffekt der lokalen Partnerschaften geht weit über ihr unmittelbares Wirken hinaus. Größere Investitionen, für die die Partnerschaften Inputs liefern, werden über das weit umfangreichere ITI-Budget und im Bedarfsfall mit zusätzlichen Krediten der Europäischen Investitionsbank (EIB) finanziert. So kam es beispielsweise zu einem Integrierten Umwelt- und Stadtentwicklungsprojekt im Stadtteil Boa Vista im Umfang von 4,39 MEUR, wodurch die Lebens- und

[16] DLBC = Desenvolvimento Local de Base Comunitária.

Umweltqualität, aber auch die Energieeffizienz der Wohninfrastruktur erheblich verbessert werden konnte. In den lokalen Büros der Stadtteil-Partnerschaften arbeiten Berater*innen der Stadtverwaltung; einige werden aber auch von den lokalen Stakeholdern selbst betrieben. Die lokalen Partner*innen treffen sich in zweiwöchentlichen bis monatlichen Abständen, um sich anstehenden Fragen zu widmen.

Die Partnerschaften haben sich in der Covid19-Krise bewährt, indem sie rasch und umstandslos Hilfe für besonders betroffene Gruppen organisieren konnten, zum Beispiel für lernschwache Jugendliche, die von Ausgrenzung bedroht waren, oder durch Mahlzeiten, die von lokalen, durch die Krise existenzbedrohten Lebensmittelerzeuger*innen und -händler*innen erworben und an bedürftige Personen ausgegeben wurden.[17]

Die Lokale Aktionsgruppe DLBC[18] ist Teil des URBACT Netzwerks[19], wo sie als gute Praxis hervorgehoben wird,. Sie unterstützt mit ihrem Wissen andere Stadtinitiativen in Europa.

Die institutionelle Innovation von DLBC Lisboa beruht auf folgenden Erfolgsfaktoren:

- **Anpassung der CLLD/LEADER-Methode an städtische Verhältnisse:** Die CLLD/LEADER-Methode wurde in den neunziger Jahren des 20. Jahrhunderts in benachteiligten ländlichen Räumen erprobt und im Zuge der europäischen Evaluierungen kodifiziert. In ländlichen Räumen wird sie überörtlich und in aller Regel interkommunal angewandt – ein Sachverhalt, der sich nicht auf Städte, schon gar nicht auf große Städte oder Metropolregionen übertragen lässt. Hingegen stellt das zweistufige Lissaboner Modell – ein Netzwerk (besser: Kooperationssystem, siehe GIZ, 2015) aus Stadtteil-Partnerschaften – eine nachahmenswerte Lösung dar, die den gebietsorientierten Ansatz und dem Bottom-up-Prinzip mit den Gegebenheiten hoher Besiedlungsdichte vereinbar macht.
- **Die konsequente Übersetzung des Kooperationsprinzips auf alle Handlungsebenen:** DLBC Lisboa hat mit den 67 GABIPs begonnen (Ebene 1),

[17] Die flexible Nutzung von CLLD/LEADER zur Krisenbewältigung in der Pandemie wird ausführlich in Workshops beschrieben, die das Expert*innennetzwerk LDnet mit der Regional Science Association im Juni 2021 online ausgerichtet haben: https://ldnet.eu/global-e-festival-regions-in-recovery-building-sustainable-futures/

[18] www.rededlbclisboa.pt.

[19] https://urbact.eu/

die im Wesentlichen von lokalen NGOs getragen werden (man könnte diese als Ebene 0 bezeichnen), sie über die DLBC auf Ebene der Stadtverwaltung vernetzt (Ebene 2) und trägt als URBACT-Mitglied aktiv zum EU-weiten Erfahrungsaustausch und theoretischen Diskurs bei (Ebene 3). Auf allen vier Ebenen stehen öffentliche, zivilgesellschaftliche und private Akteur*innen miteinander im Austausch und in einem engen, wechselseitig verbindlichen Kooperationsverhältnis. Die Verbindungen zwischen den Skalenebenen werden durch einfache Regeln bewerkstelligt.

- **Die radikale Ausrichtung auf die Bedürfnislagen der lokalen Bevölkerung:** Die Kombination von wissenschaftlich fundierten, evidenzbasierten Unterschiedsbildungen (durch das BIZ/ZIP Mapping) mit den Willensbildungsprozessen lokaler NGOs garantiert nicht nur eine hohe Zielgenauigkeit der Maßnahmen in Bezug auf die Bedürfnisse der lokalen Bevölkerung. Sie ermöglicht auch eine zeitnahe und flexible Anpassung der Unterstützungsangebote, die sich gerade in der Krise, wie etwa die durch Covid19 verursachte, bewährt.

2.3 Braemar Community Hydro (UK/Schottland)[20]

In den letzten Jahren wurde das Dorf Braemar im Zentrum des schottischen Nationalparks Cairngorms zum Schauplatz bemerkenswerter sozialer Innovationen. Die treibende Kraft dieser Innovationen ist ein Community Development Trust (CDT), eine juristische Person, die darauf abzielt, die Dorfgemeinschaft durch den Betrieb von Gemeinunternehmen und durch partnerschaftliche Aktivitäten zu stärken. Die Gemeinde Braemar mit ca. 400 Einwohner*innen hatte diesen Community Development Trust im Jahr 2004 kurz nach der Designation des Gebietes als Nationalpark gegründet. Die Gründer*innen wollten damit ein Instrument schaffen, die lokale Entwicklung in die Verantwortung der Dorfgemeinschaft zu bringen, um wirtschaftliche Chancen besser wahrzunehmen, die Umweltqualität zu wahren und die lokalen Basisdienstleistungen zu verbessern, etwa in Form einer Gemeinschaftsheizung. Seit seiner Gründung hat der Community Development Trust wichtige Projekte in Bezug auf die Erhaltung des kulturellen Erbes sowie ein kommunales Wasserkraftwerk verwirklicht. Vor allem von diesem Schlüsselprojekt ist hier die Rede.

[20] Die Quellen dieser Fallbeschreibung sind: Slee (2019a) und Lukesch et al. (2020).

Ursprünglich diente die Anlage einem privaten Großgrundbesitzer. Sie datiert in die Zeit knapp nach dem Zweiten Weltkrieg zurück, bevor Schottland über ein öffentliches Stromnetz verfügte. Die eigentliche Triebfeder für die Übernahme und Neuentwicklung des Wasserkraftstandorts als gemeindeeigenes Unternehmen war seine Eignung als Einnahmequelle für den kürzlich gegründeten Community Development Trust. Braemar Community Hydro ist rechtlich gesehen eine Genossenschaft, die aber nicht nur zur Unterstützung ihrer Mitglieder existiert, sondern auch mit finanziellen Zuwendungen für örtliche Gemeinschaftsprojekte zum Gemeinwohl beiträgt, gemäß der strategischen Ausrichtung des CDT.

Die Neuentwicklung des Standort erforderte die enge Zusammenarbeit von Ingenieurbüros, Aufsichtsbehörden, einschließlich des Nationalparks und der Schottischen Agentur für Umweltschutz, mit dem Grundeigentümer, unter reger Teilnahme einer Gruppe ehrenamtlich tätiger Bürger*innen. Halbstaatliche Einrichtungen wie *Community Energy Scotland* unterstützten die Entwicklung des Projekts. Es fehlte nicht an Hürden für diese bahnbrechende soziale Innovation. Dazu zählten die hohen Kosten für die Due-Diligence-Prüfung für gewerbliche Kredite, das eigennützige Verhalten des Grundeigentümers und die Unzuverlässigkeit eines der Ingenieursgutachten. Ohne den starken Rückhalt durch im Ruhestand befindliche, ehrenamtlich tätige Ingenieur*innen und, um die Worte eines Vorstandsmitglieds zu gebrauchen, „sture Beharrlichkeit" hätte diese Entwicklung leicht scheitern können. Fest steht, dass diese Innovation zwanzig Jahre früher noch undenkbar gewesen wäre. Inzwischen hat sich der Bereich der erneuerbaren Energien durch intermediäre Agenturen institutionalisiert, vor allem aber hat der Community Development Trust durch seine Aktivitäten in den ersten Jahren genügend Reputation erworben, um diesen Prozess durchzustehen.

Das Projekt wurde 2017 in einer Zeit abgeschlossen, in der ein hohes Maß an öffentlicher Unterstützung für erneuerbare Energie vorhanden war und günstige Einspeisetarife über einen Zeitraum von 20 Jahren garantiert wurden. Mittlerweile hat Braemar Hydro zweimal Dividende ausgeschüttet, die nicht nur den Investor*innen Erträge brachten, sondern auch halfen, Kleinprojekte zu unterstützen, die von lokalen Entwicklungsinitiativen eingereicht wurden. Die Projekte werden von einer Jury ausgewählt, die sich aus Braemar Community Hydro und Vertreter*innen der Dorfgemeinschaft zusammensetzte. In dem Maße, in dem die Investor*innen ihr Geld zurückbekomnmen, wird auch der Anteil der Rendite steigen, der für lokale Entwicklungsprojekte zur Verfügung steht.

Im Übrigen gibt es auch in dieser Region (LAG North Aberdeenshire in den Scottish Highlands) eine LEADER-Struktur mit langjähriger Tradition. Sie leidet allerdings unter einer gewissen Verkrustung, da in ihren Entscheidungsgremien die Interessen der Gemeinden dominieren, wodurch einerseits die Prioritäten der privaten und zivilgesellschaftlichen Akteur*innen nachrangig behandelt werden (Slee, 2019a), andererseits die Kernprozesse der LAG bürokratisch überfrachtet wurden (Slee, 2019b).

In der Folge hat der Braemar CDT eine Initiative zur sozialen Betreuung entwickelt, um ältere Mitbürger*innen zu Hause pflegen zu können. Die Gemeinde gründete zu diesem Zweck ein eigenes Sozialunternehmen, das zunächst mit etablierten Versorgungssystemen in Konflikt geriet, sich aber mit Unterstützung des CDT mittlerweile zu einem eigenständigen Unternehmen des dritten Sektors entwickelt hat. Als neueste Entwicklung ist der Community Development Trust in den sozialen Wohnbau eingestiegen, wofür er eine weitere intermediäre Agentur ins Leben rief, da die marktgängigen Wohnungspreise weit über das Niveau gestiegen waren, das sich schlecht bezahlte Arbeiter*innen noch leisten können.

Das Aufkeimen ähnlicher kommunaler Initiativen überall in Schottland führte zur Gründung einer *Association of Community Trusts,* die die Kräfte bündelt und sich auf nationaler Ebene engagiert.

Die soziale Innovation von Braemar Community Hydro beruht auf folgenden Erfolgsfaktoren:

- **Ein förderliches politisch-institutionelles Umfeld:** Die Schaffung der gesetzlichen Grundlagen in Schottland zur Förderung der Produktion erneuerbarer Energie in lokalen Gemeinschaften und öffentlich finanzierte Support-Organisationen zur Beratung in diesem Feld sind entscheidende Faktoren, die allerdings noch weiterer Ausgestaltung im Sinne einer dezentralen Versorgungsstruktur bedürfen.
- **Sozialkapital:** Es bedarf eines soliden Grundstocks an Vertrauen innerhalb einer Kerngruppe lokaler Akteur*innen und deren Bereitschaft, sich politisch zu engagieren, Rückschläge gemeinsam zu tragen und durch Beharrlichkeit zu überwinden. Der Fall zeigt auch, welch wichtige Rolle hoch motivierte und fähige Zuwanderer spielen können, wenn sie ihre Kraft gemeinsam mit Alteingesessenen einsetzen. Diese Konstellation ist nicht einfach übertragbar und begrenzt die Anzahl der Orte, an denen derartige Initiativen Platz greifen können.
- **Lokale, bedarfsgerechte und maßgeschneiderte Lösungen** anstelle unspezifischer und wenig brauchbarer Standardlösungen (zum Beispiel im Pflege- oder Wohnsektor): Nicht selten stehen diesem Weg die Kräfte der Beharrung auf höherer, zumeist nationaler Ebene im Weg, deren institutionelle Ver-

Tab. 3 Zusammenschau der Fallbeispiele hinsichtlich relevanter Charakteristika. (Quelle: Eigene Darstellung)

	CLLD Lisboa (PT)	Braemar Community Hydro (UK)	Lehrlingswelten (AT)	Implikationen für die Praxis
Konstrukt Region	Das Programm ist dem institutionellen Raum der Stadtentwicklungsabteilung zugeordnet, die Armutsminderung und Stadtentwicklung als zusammengehörige Aufgaben sieht. Die 67 Stadtteilpartnerschaften bauen auf die sozialen Beziehungen im *bairro*, die man als typische Identitätsräume sehen kann	Der Interaktionsraum der Gemeinde Braemar tritt mit dem institutionellen Raum der Energie-Governance in Schottland in Resonanz. Die tragende Rolle von Zuwanderern scheint auch auf die Bedeutung von Braemar als Intentionsraum hinzuweisen	Im bislang unzulänglich wahrgenommenen Feld zwischen Jugend, Bildung und lokaler Wirtschaft entsteht ein Kooperationssystem (Interaktionsraum), die durch den institutionellen Raum der territorialen Governance (CLLD/LEADER) konsolidiert werden. Wichtig ist auch die Rolle der Region als Intentionsraum, denn den Jugendlichen geht es um die Frage der zukünftigen Gestaltung ihrer Lebenswege	Förderung und Koordination der Regionalentwicklung sollte immer als Bündel von Aufgaben verstanden werden, die strategische (sinngebende Programmatik), operative (starke Projekte), symbolische (Motivation und Ermutigung) und organisationelle (die institutionelle Wirkkraft betreffende) Aspekte umfassen. Wird all diesen Aspekten gebührende Aufmerksamkeit geschenkt, können die Potenziale regionsbezogenen Handelns auch besser genutzt werden

Tab. 3 (Fortsetzung)

	CLLD Lisboa (PT)	Braemar Community Hydro (UK)	Lehrlingswelten (AT)	Implikationen für die Praxis
Akteurstriade	Die städtische Abteilung für Wohnbau und lokale Entwicklung wirkt als Schatten der Hierarchie unter kluger Nutzung des EFRE-Budgets, die Instrumente ITI und CLLD kombinierend Die intermediäre Support-Organisation erscheint in zweifach-fraktaler Form: (i) Auf der lokalen Ebene als GABIP (Stadtteilpartnerschaft), die lokale NGOs und ihre Initiativen in den Nachbarschaften unterstützt; (ii) auf der Ebene der Stadt Lisboa als LAG (DLBC), die die GABIPs in ihrer Arbeit unterstützt	Die schottische Governance und Gesetzeslage im Bereich der erneuerbaren Energien ist sehr förderlich für eigenständige lokale Initiativen; sie wird durch eine top-down Support-Organisation (Energieagentur) implementiert. Parallel dazu hat sich eine Bottom-up-Support-Organisation gebildet (Association of Community Trusts), die für die Nachhaltigkeit dieser Initiativen sorgt. Diese Triade erscheint in zweifach-fraktaler Form, da sich der innovative Akteur (Community Trust bzw. Community Hydro) zum Sponsor weiterer lokaler Initiativen in ganz anderen Sektoren (Altenpflege, Wohnen) weiter entwickelt hat[22]	Der Schatten der Hierarchie wird durch die LAG und das LEADER-System garantiert, wobei auch andere Finanzierungsquellen durch kluges Engineering genutzt werden konnten Der Kern der innovativen Akteur*innen ist im LAG-Management angesiedelt. De facto ist also die Intermediäre Support-Organisation der innovative Akteur, was aber für die Nachhaltigkeit der Lehrlingswelten und ihre Institutionalisierung im Politikfeld des Landes keine günstige Konstellation darstellt[21]	Das Modell der Akteurstriade ermöglicht eine frühzeitige Beurteilung der Erfolgschancen einer sozialen Innovation und damit auch entsprechende strategische Weichenstellungen aus der Sicht verschiedener Akteure: der Promotor*innen der Innovation, der intermediären Support-Organisation oder der Vertreter*innen staatlichen Handelns. Gerade in der Frühphase innovativer Aktionen überlappen oder vermischen sich diese Rollen. Das Modell kann daher auch Orientation für die anstehenden Schritte der Konsolidierung und Verstetigung innovativer Aktionen bieten

(Fortsetzung)

[21] Eine ausführlichere Darstellung der Akteurstriade im Fall der Lehrlingswelten findet sich in Lukesch et al., 2020.

[22] Eine ausführlichere Darstellung der Akteurstriade im Fall Braemar Community Hydro findet sich in Lukesch et al., 2020.

Tab. 3 (Fortsetzung)

	CLLD Lisboa (PT)	Braemar Community Hydro (UK)	Lehrlingswelten (AT)	Implikationen für die Praxis
Die Rolle von CLLD/LEADER	Das Projekt hat mit konventionellen EFRE-Mitteln seinen Ausgang genommen. Der Einsatz der ITI- und besonders der CLLD-Mittel ab 2014 brachte den entscheidenden Aufschwung, da das Projekt für die CLLD/LEADER-Methode maßgeschneidert scheint CLLD Lisboa hat mit seinem BIP/ZIP Mapping und dem Stadtteil-Ansatz der GABIPs neue Maßstäbe für CLLD in urbanen Räumen gesetzt, die von URBACT[23], aber auch von anderen Expert*innen-Netzwerken wie LDnet[24] weiter verbreitet werden	Es gab Berührungspunkte mit CLLD/LEADER (North Aberdeenshire); von der LAG kam aber keine wesentliche Unterstützung, da ihre Steuerungs- und Beratungsprozesse den lokalen Bedarfen nicht gerecht wurden	Die LAG agiert als sozialer Entrepreneur, der in dieser Nische agiert, weil (noch) keine der infrage kommenden Organisationen (Jugend/Bildung/Arbeitsmarkt) bereit ist, die führende Rolle zu übernehmen oder ein eigenes Kooperationssystem für die langfristige Trägerschaft der Lehrlingswelten aufzubauen. CLLD/LEADER war jedenfalls eine notwendige Bedingung für das Entstehen und Gedeihen der Lehrlingswelten	CLLD/LEADER liefert ein geeignetes Instrumentarium für die Kontextsteuerung resilienzfördernden innovativen Handelns. Die LAG ist das wesentliche Instrument der Kontextsteuerung auf der Regionsebene. Sie sorgt für ein „angeregtes Feld", in dem soziale Innovation eine erhöhte Chance hat, hervorzutreten. Sie kann aber auch als Promotor der Innovation (als sozialer Entrepreneur) auftreten. Diese Rollenduplizität ist dort sinnvoll, wo keine anderen Akteure bereitstehen; es sollte aber immer klar sein, dass das nicht die primäre Rolle der LAG ist. In erster Linie und in der Kontinuität ist sie ein Instrument der Kontextsteuerung

(Fortsetzung)

[23] https://urbact.eu/clld-network-lisbon.

[24] https://ldnet.eu/ldnet-at-ewrc-2019-capitalising-on-diversity-in-local-development/

Tab. 3 (Fortsetzung)

	CLLD Lisboa (PT)	**Braemar Community Hydro (UK)**	**Lehrlingswelten (AT)**	**Implikationen für die Praxis**
Resilienz-dimensionen (Hernández, 2021)	Allen acht Dimensionen wird CLLD Lisboa in hohem Maße gerecht, von den Einstellungen über die Prozesse bis hin zu den Ergebnissen in den städtischen Nachbar-schaften	Allen acht Dimensionen wird Braemar Community Hydro in hohem Maße gerecht, von den Einstellungen über die Prozesse bis hin zu den Ergebnissen in der Gemeinde Braemar	Sieben der acht Dimensionen werden die Lehrlingswelten in hohem Maße gerecht; aber auch die Dimension der Daseinsvorsorge und Infrastruktur bleibt relevant, da viele der Klein- und Mittelbetriebe, die in Kontakt mit Auszubildenden kommen, wichtige regionale Nahversorger sind	Hernandez' acht Dimensionen erweisen sich als nützlicher Bewertungsraster auch im kleinregionalen Kontext, nicht nur auf lokaler Ebene, für die sie entwickelt wurden
Die form-gebenden Prinzipien der Resilienz: DIV, MOD, REF (Lukesch, 2016)	Der Ansatz erlaubt bedarfs-gerechte lokale Strategien und Projekte, die von lokalen Akteur*innen in den 67 *bairros* definiert werden (DIV). Die fraktale Organisation mit der LAG als Dachorganisation erlaubt flexible Gestaltung der Stadtteilstrategien, im Prinzip auch Wechsel oder Wachstum der GABIPs (MOD) CLLD bedingt adäquates Monitoring und Evaluation; die Transparenz der Umsetzung und Teilnahme in URBACT fördert Feedback und Lerner-fahrungen (REF)	Die Umwidmung und Renovierung des Wasser-kraftwerks für gemeinschaft-liche Zwecke ermöglicht der Gemeinde einen Ressourcen-fluss, der es dem Community Trust erlaubt, den spezifischen sozialen Bedarfen gerecht zu werden, in welchem Lebens-bereich auch immer (DIV). Unterstützt durch entsprechende Rahmengesetzgebung, erlaubt die fraktale Organisation mit der Association of Community Trusts als Dachorganisation aller ähnlich gearteter autonomen Gemeindeinitiativen eine nach-haltige Verankerung des Modells in ländlichen Räumen (MOD) Dadurch werden auch Erfahrungsaustausch und wechselseitiges Lernen gefördert (REF)	Die 25 Werkboxen decken ein breites Spektrum an Berufen, auch selten gewordenen, ab. Schüler*innen, Lehrer*innen und lokale Unter-nehmer*innen treten in intensiven Austausch (DIV) Die Roadshow ist mobil, flexibel, an unter-schiedliche Schultypen anpassbar. An den jeweiligen Schauplätzen werden Schulen, Wirtschaftskammern und Arbeitsmarkt-service-Stellen angesprochen; je nach Standort und Interessens- und Beziehungslagen der Stakeholder ergeben sich ganz unterschiedliche Bündnisse (MOD) CLLD bedingt adäquates Monitoring und Evaluation. Jedes Modul wird nicht nur im Kreise der genannten Akteur*innen in minutiöser Kleinarbeit entwickelt, auch werden externe Designer*innen beigezogen. Bis zur Produktreife werden viele Feedbackschleifen gezogen, damit die Werkboxen allen Bedürf-nissen gerecht werden. Die Teilnahme an trans-nationalen Kooperationsprojekten bringt zudem immer wieder neue Impulse (REF)	Die drei formgebenden Prinzipien erschließen sich oft nicht aus einer raschen Bewertung eines Sachverhalts. Sie eignen sich jedoch als Grundlage für eine strategische Bewertung einer sozialen oder institutionellen Innovation im Hinblick auf ihr Potenzial, resilienzfördernd zu wirken, etwa im Zuge qualitativer Evaluierungen

treter*innen um ihren eigenen Einfluss fürchten, wenn lokalen Alternativen allzu viel Raum gewährt wird.

3 Folgerungen

Wie lassen sich nun die Fundstücke der Spurensuche zusammenfügen? Gibt es einen Zusammenhang zwischen Resilienz, sozialer Innovation und CLLD/LEADER, aus dem sich Schlussfolgerungen für politisches Handeln ableiten ließen?

Aus dem bisher Gesagten ergibt sich:

1. Soziale Innovation ist ein Elementarprozess des Wandels (Kluvánková et al., 2021; Lukesch et al., 2020; Slee & Polman, 2021).
   - Die normative Ladung des Begriffs „soziale Innovation" (im Gegensatz zur „Innovation ohne Adjektiv", die wertneutral gebraucht werden kann) bedingt, dass sie einen Beitrag zur nachhaltigen Entwicklung der Gesellschaft leisten soll. Daher ist soziale Innovation ein Elementarprozess zum gesellschaftlichen Wandel hin zu mehr Nachhaltigkeit.
   - Wandel (Veränderung) kann auch der Bewahrung (des Erhaltungswürdigen) dienen.
2. CLLD/LEADER ist politisch-institutionelle Rahmensetzung, die soziale Innovation begünstigt (Dargan & Shucksmith, 2008; Lukesch et al., 2019).
   - CLLD/LEADER, methodengerecht eingesetzt, begünstigt den gesellschaftlichen Wandel hin zu mehr Nachhaltigkeit.
3. Resilienz ist an sich wertneutral: Nicht immer ist Resilienz wünschenswert, etwa wenn sich ein hartnäckiges Übel (organisierte Kriminalität oder schädliche landwirtschaftliche Praktiken) als resilient erweist (Lukesch et al., 2010; Lukesch, 2016).
   - Gesellschaftliche Entwicklung hin zu mehr Nachhaltigkeit ist mit Resilienzstärkung verbunden.
   - Also ist gelingende soziale Innovation untrennbar mit Resilienzstärkung verbunden.
4. Politische Kontextsteuerung, die sich vom methodischen Ansatz von CLLD/LEADER leiten lässt, begünstigt soziale Innovation und gesellschaftlichen Wandel hin zu mehr Resilienz und Nachhaltigkeit (Böcher, 2003, 2016; Lukesch, 2013; Lukesch et al., 2019; Popp, 1997).

Wie lassen sich die drei Fallbeispiele im Licht einiger der hier verwendeten Konzepte verstehen? (Tab. 3)

Welche Schlüsse sind daraus ableitbar?
Die starke Verankerung von CLLD/LEADER in ländlichen Räumen darf nicht darüber hinwegtäuschen, dass CLLD in urbanen Räumen immer noch in den Kinderschuhen steckt. Das liegt unter anderem daran, dass diese Möglichkeit erst 2014 geschaffen wurde und dass es in der Implementierung der Kohäsionsfonds EFRE und ESF nicht verpflichtend vorgesehen ist (Servillo, 2017, S. 2). Dieser Schieflage sollte ein Gebot entgegenwirken, CLLD/LEADER in die operationellen Programme aufzunehmen[25], und zwar im Bereich von zumindest 5 bis 10 % der verfügbaren Budgets. Diese Chance wurde in der Programmierung für die Budgetperiode 2021–2027 vertan, sollte aber spätestens für die darauffolgende Periode wahrgenommen werden.

Selbst bei flächendeckend und unter optimalen Governance-Bedingungen operierenden Lokalen Aktionsgruppen stellt sich die Frage der Aufskalierung (Scaling up) der sozialen Innovationen, die dadurch in Gang gesetzt werden, ja des gesamten dafür errichteten Governance-Systems selbst. Für die nationalen Netzwerkstellen und den EU Contact Point des Europäischen Netzwerks für Ländliche Entwicklung (ERDN) ist LEADER nur eine Aufgabe unter vielen; für urbane LAGs existiert überhaupt keine offizielle Support-Organisation, wobei einzig das URBACT Netzwerk dem Forschungs- und Entwicklungsbedarf entgegenkommt und einen gewissen Austausch ermöglicht. Aber im Großen und Ganzen besteht großer Bedarf an einer Ausgestaltung der überregionalen Governance-Ebene in Form gut miteinander vernetzter intermediärer Support-Organisationen für Lokale Aktionsgruppen, und zwar in einem europäischen, ja internationalen Rahmen.

CLLD/LEADER ist in erster Linie eine Methode und wirkt auch als Förderprogramm nur, wenn seine sieben bzw. acht methodischen Prinzipien situationsgerecht angewandt werden. Aber auch andere, ähnliche institutionelle Architekturen können dieselbe Wirkung zeitigen, wie das Beispiel der Braemar Community Hydro zeigt. Community Trusts stellen in Schottland ein Instrument zur Steigerung lokaler Resilienz und Nachhaltigkeit dar. Jede Region bringt ihre

[25] Diese Position wird von zivilgesellschaftlichen Stakeholdern eingenommen; siehe zum Beispiel die Stellungnahme der Europäischen Dachorganisation der LEADER-Netzwerke ELARD zur Programmperiode 2021–2027: http://elard.eu/wp-content/uploads/2020/04/video.pdf.

eigenen Formen hervor. So kann CLLD/LEADER in manchen Ländern eine wichtige Rolle im gesellschaftlichen Wandel zu mehr Resilienz und Nachhaltigkeit spielen, in anderen weniger. Vielleicht erfüllen dort Community Trusts, Bürger*innenräte oder andere historisch gewachsene Ehrenamtlichkeitsstrukturen eine adäquate Rolle.

Gesellschaftliche Partizipation und Ermächtigung gedeihen in einem politisch-institutionellen Rahmen, in dem lokalen Aushandlungsprozessen der Vorrang gegeben wird, wobei die jeweils höheren Instanzen darüber wachen, dass diese Aushandlungsprozesse unter Bedingungen der Fairness und Inklusivität vonstatten gehen. In undemokratischen oder von Korruption dominierten Kontexten ist eine nachhaltige Verankerung von CLLD/LEADER Governance schwer vorstellbar.

Gewissermaßen sollte also der Keim dessen, was als Ergebnis gesellschaftlichen Wandels angestrebt wird, bereits als Voraussetzung für entsprechende Wandlungsprozesse gegeben sein. „Vernunft annehmen“, sagte einst Marie von Ebner-Eschenbach, „kann niemand, der nicht schon welche hat.“

Literatur

Bacon, F. (2016). *Neu-Atlantis. Übersetzung der Originalversion Nova Atlantis aus 1627,* Reclam-Verlag.

Bauer-Wolf, S, Baumfeld, L., & Lukesch, R. (2009). *Steuerung regionaler Entwicklung?!* Nachträglich erweitertes und finalisiertes Grundlagenpapier zur gleichnamigen Tagung des Österreichischen Bundeskanzleramts (IV/4) im Rahmen von Strat.at plus (2007–13) am 28.11.2008 in Wien. ÖAR, unveröffentlicht.

Bayerisches Staatsministerium für Ernährung, Landwirtschaft und Forsten. (18. February 2021). *Pfadwechsel: Vitalität und Anpassungsfähigkeit in ländlich geprägten Kommunen Bayerns. Integration des Resilienzkonzepts in ELER-Maßnahmen für die Förderperiode 2023–2027.* Stand.

Becker, D. (2011). *Organisation und Störung. Aufsätze.* Suhrkamp.

Berkes, F., Colding, J., & Folke, C. (2003). *Navigating social-ecological systems: Building resilience for complexity and change.* Cambridge University Press, Cambridge, UK.

Block, J. (1977). *The developmental continuity of EGO-control and EGO-resiliency: Some accomplishments.* Conference paper. Society for Research in Child Development, New Orleans.

Böcher, M. (2003). Die politische Steuerung nachhaltiger Regionalentwicklung. Das Beispiel der EU-Gemeinschaftsinitiative LEADER+. In E Grande & R. Prätorius (Hrsg.), *Politische Steuerung und neue Staatlichkeit* (S. 235–258).

Böcher, M. (2016). Regional Governance und ländliche Räume. In M. Herbst, F. Dünkel, & B. Stahl (Hrsg.), *Daseinsvorsorge und Gemeinwesen im ländlichen Raum* (S. 61–80). Springer Fachmedien.

Caputo, D. (2020). Origins of resilience. University of California (UCI) Regional Climate Resilience Project: Deconstructing Resilence. https://canvas.eee.uci.edu/eportfolios/13884/Origins_of_Resilience. Zugegriffen: 15. Mai 2021.

Carlsson-Szlezak, P., Reeves, M., & Swartz, P. (2020). What coronavirus could mean for the global economy. https://hbr.org/2020/03/what-coronavirus-could-mean-for-the-global-economy. Zugegriffen: 14. Mai 2021.

Center for Climate and Energy Solutions. (2021). Climate resilience portal. https://www.c2es.org/content/climate-resilience-overview/. Zugegriffen: 14. Mai 2021.

Cerny, N. (2017). *Messung von organisationaler Resilienz.* Master Thesis an der FH Nordwestschweiz, Hochschule für Angewandte Psychologie.

Dargan, L., & Shucksmith, M. (2008). LEADER and Innovation. *Sociologia Ruralis, 48*(3), 274–291.

Didier, T., Hevia, C., & Schmukler, S. (2011). Emerging market resilience. Vox EU/CEPR Portal. https://voxeu.org/article/resilience-emerging-markets-during-global-crisis. Zugegriffen: 14. Mai 2021.

Europäische Kommission (2006). *The LEADER Approach. A basic guide. Office for Official Publications of the European Communities*, Luxembourg. https://enrd.ec.europa.eu/sites/default/files/2B953E0A-9045-2198-8B09-ED2F3D2CCED3.pdf. Zugegriffen: 21. Apr. 2022.

Europäische Kommission (2020). Die Aufbau- und Resilienzfazilität: Stärker durch die Krise – Unterstützung der EU-Länder bei der Überwindung der Folgen der Coronakrise. Factsheet. https://ec.europa.eu/info/sites/default/files/covid_recovery_factsheet_reform_de.pdf. Zugegriffen: 14. Mai 2021.

FARNET. (o. J.). A local currency: CC Lisboa. Smart Communities Website. https://webgate.ec.europa.eu/fpfis/cms/farnet2/sites/default/files/34_cclisboa_pt.pdf. Zugegriffen: 14. Mai 2021.

Fath, B. D., Dean, C. A., & Katzmair, H. (2015). Navigating the adaptive cycle: An approach to managing the resilience of social systems. *Ecology and Society, 20*(2).

Folke, C. (2016). Resilience (Republished). *Ecology and Society, 21*(4).

Geels, F. W. (2011). The multi-level perspective on sustainability transitions: Responses to seven criticisms. *Environmental Innovation and Societal Transitions, 1*(1), 24–40.

GIZ [Gesellschaft für Internationale Zusammenarbeit]. (2015). *Kooperationsmanagement in der Praxis: Gesellschaftliche Veränderungen gestalten mit Capacity WORKS.* Springer Gabler.

Gunderson, L. H., & Holling, C. S. (2002). *Panarchy. Understanding transformations in human and natural systems*. Island Press.

Hafner, S., Hehn, N., & Miosga, M. (2019). *Resilienz und Landentwicklung. Pfadwechsel: Vitalität und Anpassungsfähigkeit in ländlichen Kommunen stärken. Kurzfassung.* Bayerische Verwaltung für Ländliche Entwicklung. https://www.tfz.bayern.de/mam/cms01/landentwicklung/dokumentationen/dateien/resilienz_und_landentwicklung.pdf. Zugegriffen: 21. Apr. 2022.

Hernández, A. A. (2021). *Das resiliente Dorf. Eine interdisziplinäre Analyse von Akteuren, Lernprozessen und Entwicklungen in drei ländlichen Gemeinschaften Europas.* Oekom.

Holling, C. S., & Gunderson, L. H. (2002). Resilience and adaptive cycles. In L. H. Gunderson & C. S. Holling (Hrsg.), *Panarchy. Understanding transformations in human and natural systems* (S. 25–62). Island Press.

Katzmair, H. (07 April 2021). Applying ecosystem principles on designing innovation ecologies. Beitrag zu den 6th Vienna Resilience Talks. Online-Veranstaltung. Als Audiofile abrufbar (ab dem Zeitpunkt 2:59:27). https://www.youtube.com/watch?v=Bofft9Jj0mE. FAS Research, Wien.

Kluvánková, T., Nijnik, M., Spacek, M., Sarkki, S., Perlik, M., Lukesch, R., Melnykovych, M., Valero, D., & Brnkalakova, S. (2021). Social innovation for sustainability transformation and its diverging development paths in marginalised rural areas. *Sociologia Ruralis, 61*(2), 344–371.

Kumar, C., Pendleton, A., Barth, J., Coscieme, L., Dimmelmeier, A., Trebeck, K., Mewes, S., & Nuesse, I. (2021). *Building a resilient economy.* New Economics Foundation (NEF), Zoe Institute and Wellbeing Economy Alliance.

LAG Zeitkultur Oststeirisches Kernland. (Website). www.lehrlingswelten.at. Zugegriffen: 31. Aug. 2021.

Lukesch, R. (19. April 2013). Resiliente Regionen. Ein neues Konzept zur Steuerung räumlicher Entwicklung in Diskussion. Vortrag zur Tagung der Universität Innsbruck. Villa Blanca, Innsbruck. https://www.youtube.com/watch?v=vHxz7-XE7oM (Video) und https://www.uibk.ac.at/geographie/agef/resilienz/pdf/slides_lukesch_resilienz_oesterr_raumplanung.pdf (Präsentation). Zugegriffen: 31. Aug. 2021.

Lukesch, R. (2016). Resiliente Regionen. Zur Intelligenz regionaler Handlungssysteme. In R. Wink (Hrsg.), *Multidisziplinäre Perspektiven der Resilienzforschung* (S. 295–332). Springer Fachmedien.

Lukesch, R. (2019). *Fallstudie: Lehrlingswelten. Eine Soziale Innovation der LAG Zeitkultur Oststeirisches Kernland.* Anhang 1 zu Lukesch, R. et al. (2019).

Lukesch, R., Payer, H., & Winkler-Rieder, W. (2010). *Wie gehen Regionen mit Krisen um? Eine explorative Studie über die Resilienz von Regionen.* ÖAR Wien. Studie im Auftrag des Österreichischen Bundeskanzleramtes.

Lukesch, R., Fidlschuster, L., Fischer, M., Said, N., Ecker, B., Gassler, H., Mair, S., & Philipp, S. (2019). *Analyse der Potenziale Sozialer Innovation im Rahmen von LEADER 2014–2020,* Endbericht. ÖAR und ZSI, Wien. Studie im Auftrag des Österreichischen Bundesministeriums für Nachhaltigkeit und Tourismus, Wien.

Lukesch, R., Ludvig, A., Slee, B., Weiss, G., & Živojinović, I. (2020). Social innovation, societal change, and the role of policies. *Sustainability, 12*(18), 7407.

OECD. (2019). Resilience strategies and approaches to contain systemic threats. General Secretariat, OECD Conference Centre 2019. https://www.oecd.org/naec/averting-systemic-collapse/SG-NAEC%282019%295_Resilience_strategies.pdf. Zugegriffen: 14. Mai 2021.

Pan, R. K., & Sinha, S. (2008). Modular networks with hierarchical organization: The dynamical implications of complex structure. *Pramana, 71*(2), 331–340.

Patti, D. (0. May 2017). Promoting partnerships in sensitive urban areas. *Cooperative City Magazine*. https://cooperativecity.org/2017/05/07/bipzip/. Zugegriffen: 14. Mai 2021.

Pede, E. (2020). Resilience: A critical background. In E. Pede (Hrsg.), *Planning for resilience* (S. 17–31). Springer International Publishing.

Polman, N., Slee, B., Kluvánková, T., Dijkshoorn, M., Nijnik, M., Gezik, V., & Soma, K. (2017). *Classification of social innovations for marginalized rural areas,* Deliverable 2.1, Social Innovation in Marginalised Rural Areas (SIMRA).

Popp, K.-J. (1997). Koordination und Indirekte Steuerung auf Systemtheoretischer Grundlage. In K.-J. Popp (Hrsg.), *Unternehmenssteuerung zwischen Akteur, System und Umwelt* (S. 219–277). Deutscher Universitätsverlag.

Rogenhofer, K., & Schlederer, F. (2021). *Ändert sich nichts, ändert sich alles*. Zsolnay Verlag.

Roth, F. (2020). Wie Erkenntnisse aus der Resilienzforschung in der Corona-Krise helfen können. Blog des Fraunhofer –Instituts für System- und Innovationsforschung ISI. https://www.isi.fraunhofer.de/de/blog/2020/resilienz-corona-krise.html. Zugegriffen: 15. Mai 2021.

Servillo, L. (2017). *CLLD under ERDF/ESF in the EU: A stock-taking of its implementation.* Final Report. Version 04/12/2017. Im Auftrag der Europäischen Kommission, DG Regio und DG Employment. https://ec.europa.eu/regional_policy/sources/docgener/studies/pdf/clld_implem/clld_implem_en.pdf. Zugegriffen: 15. Mai 2021.

Slee, B. (2019a). *Analytical-informational case studies (Case Study Type B/C): Braemar and huntly community energy projects;* Report 5.4q. Internal project report. Social Innovation in Marginalised Rural Areas (SIMRA).

Slee, B. (14–17 Oktober 2019b). *A personal journey through the policy maze: Alford and District Men's Shed.* Präsentation (ppt) zum zweiten Social Innovation Think Tank (SITT) des Projekts SIMRA im James Hutton Institute, Aberdeen.

Slee, B., & Polman, N. (2021). An exploration of potential growth pathways of social innovations in rural Europe. *Innovation: The European Journal of Social Science Research, 34*(2), 251–271.

Thun-Hohenstein, L., Lampert, K., & Altendorfer-Kling, U. (2020). Resilienz – Geschichte, Modelle und Anwendung. *Zeitschrift für Psychodrama und Soziometrie, 19*(1), 7–20.

Ungar, M. (2018). Systemic resilience: Principles and processes for a science of change in contexts of adversity. *Ecology and Society, 23*(4).

URBACT. (24. June 2019). Why is Lisbon's community economic development approach so important in Europe today? https://urbact.eu/lisbon-community-economic-development-approach. Zugegriffen: 15. Mai 2021.

URBACT. (13 April 2021). The BIP/ZIP Strategy – Empowering local communities in priority districts of Lisbon. https://urbact.eu/bipzip-strategy-%E2%80%93-empowering-local-communities-priority-districts-lisbon. Zugegriffen: 15. Mai 2021.

Walker, B. H., Carpenter, S. R., Rockstrom, J., Crépin, A.-S., & Peterson, G. D. (2012). Drivers, "Slow" variables, "Fast" variables, shocks, and resilience. *Ecology and Society, 17*(3).

Walker, B., & Salt, D. (2006). Resilience Thinking: Sustaining Ecosystems and People in a Changing World. Island Press, Washington, D.C.

Werner, E. (1989). High-Risk Children in Young Adulthood: A Longitudinal Study from Birth to 32 Years. *American Journal of Orthopsychiatry, 59*(1), 72–81.

Willke, H. (2005). *Interventionstheorie. Grundzüge einer Theorie der Intervention in komplexe Systeme* (UTB Soziologie, Interdisziplinär, Bd. 1800, 4., bearb. Aufl.). Lucius & Lucius.

Young, T. (1807). *Course of Lectures on Natural Philosophy and the Mechanical Arts.* Printed for Joseph Johnson, St. Paul Church Yard, London. https://books.google.at/books?id=YPRZAAAAYAAJ&printsec=frontcover&hl=de&source=gbs_ge_summary_r&cad=0#v=onepage&q&f=false. Zugegriffen: 21. Apr. 2022.

Urbane Resilienz als Lernprozess

Harald Kegler

Inhaltsverzeichnis

Zusammenfassung

Resilienz gewinnt in der Stadt-Planungsdebatte einen zunehmenden Stellenwert. Dabei offenbaren sich produktive Ansätze und Kritiken. Zudem sieht sich die praktische Stadtplanung grundlegenden Herausforderungen gegenübergestellt, um Krisenfolgen zu kompensieren und zugleich strategisch präventiv zu wirken. Die Zunahme an Komplexität, Dimension und Fragmentierung erhöht die Störanfälligkeit der gesamten Stadt-Region wie einzelner Teile – mit existenzieller Bedeutung. Faktoren wie der Klimawandel stellen ganze Regionen vor grundlegende Entscheidungsfragen: Kann

H. Kegler (✉)
Fachgebiet Städtebau- und Planungsgeschichte, Universität Kassel, Institut für urbane Entwicklungen, Kassel, Deutschland
E-Mail: harald.kegler@uni-kassel.de

H. Pechlaner et al. (Hrsg.), *Resilienz als Strategie in Region, Destination und Unternehmen*, Entrepreneurial Management und Standortentwicklung,
https://doi.org/10.1007/978-3-658-37296-5_5

die Stadt-Region noch so weiter existieren oder braucht es neue planerische Konzepte für die Zukunft? Es geht ums Ganze, wenn der Blick auf globale Entwicklungen fällt. Dabei wird zwischen „Retro-Resilienz“ und „Forward-Resilienz“ unterscheiden. Zielt erstere darauf ab, zukünftigen Herausforderungen mit rückwärtsgewandten Konzepten zu begegnen, so gewinnt letztere zentrale Bedeutung für den Umgang mit den Ungewissheiten für eine nachhaltige Zukunft. Theoretische Grundlage dafür bietet das systemtheoretische Panarchie-Modell.

Eine auf urbane Resilienz ausgerichtete Strategie überwindet die bisherigen linearen Stadtentwicklungsmodelle und justiert diese unter den radikal dynamisierten, globalisierten und widersprüchlichen Entwicklungen neu. Dafür werden neue Strategien für die Raumordnung, neue Institutionen zur Forschung und neue kommunalpolitische Entscheidungsgremien vorgeschlagen. Sie ergeben Bausteine eines urbanen Lernprozesses, der den Kern von Resilienz ausmacht. Für das Finden von Entscheidungen an Weichenstellen zwischen Resilienz und Risiko wird der Begriff „Planungskunst“ eingeführt.

1 Vorbemerkungen

Die Mehrheit der Menschen auf dieser Welt lebt in nicht-dörflichen, urbanen oder suburbanen Räumen. Diese Tendenz hält seit über 100 Jahren an, wobei sich abzeichnet, dass die Verteilung im globalisierten Raum zweigeteilt verläuft: Es gibt eine Konzentration in verdichteten Räumen (Metropolen) und in sprawl-Räumen, suburbanen, zerstreuten Siedlungsgebieten unterschiedlicher Form, ob Einfamilienhaus-Teppiche oder Hochhaus-Kaskaden sowie viele Siedlungsformen slumartiger Ausprägung (Lichtenberger, 2011). In Mitteleuropa besteht seit dem Mittelalter ein relativ dezentrales Netz aus städtischen Siedlungen mittelgroßer Dimension mit Kernen und Peripherien sowie regionalen Vernetzungen, zwischen denen sich suburbane Gebiete ausbreiten und sich oft um hauptstädtische Agglomerationen zu Metropolen ausbilden, die aber im globalen Vergleich eher geringe Ausmaße besitzen (Benevolo, 1999). Kurz: Es besteht ein Siedlungssystem, das noch moderat sprawlartig ausgeprägt ist und eine relativ hohe Stabilität aufweist und auch als „Europäische Stadt“ bezeichnet wird (Siebel, 2004). Doch die jüngsten Hochwasser- und Brandkatastrophen in Europa lassen die Stabilität dieser Siedlungsräume ins Wanken geraten. Der Klimawandel oder andere sozial-ökonomische Ereignisse weiten sich zu Krisen aus, die nicht mehr nur punktuell oder temporär, sondern systemisch wirken. Ihre Komplexität nimmt zu und damit ihre Ungewissheit (Gerste, 2015). Lange Zeit konnte das Siedlungssystem sich nach Krisen wieder erholen, wenn auch bisweilen unter hohen Verlusten. Nun aber, da eine enorme Siedlungsdichte und Infrastrukturüberbauung zu konstatieren ist, Flurbereinigungen und Monostrukturen in den Regionen über mehr als ein Jahrhundert entwickelt wurden, sind die Gebiete vulnerabler geworden und wirken sich systemische Krisen verheerender aus, mit ungewissen Konsequenzen.[1]

Hat die bisherige relative Stabilität des Siedlungssystems mit einem Lernprozess zu tun oder wurde gerade in jüngerer Zeit wenig aus Krisen gelernt? Das Siedlungssystem in Europa ist im Mittelalter als Ergebnis eines Erkenntnistransfers aus der Antike, verknüpft mit religiösen Vorstellungen ewigen Daseins („Himmlisches Jerusalem") und Erfahrungen der praktischen Stadtplanung bei der Besiedelung und der Durchsetzung machtpolitischer Ansprüche, entstanden und gereift (Geßner, 2020). Die Stadtentwicklung der Moderne im 20. Jahrhundert erfolgte zwar auf immer wissenschaftlicherer Basis, aber in der Gewissheit, dass die Stadt wächst und mit der Moderne (in welcher Form auch immer) die ultimative, endgültige Lösung aller urbanen Probleme gefunden sei (Albers & Wékel, 2008). Die urbanen Probleme wurden dadurch aber alles andere als gelöst, wie wir heute erleben. So wurde Wissenschaft nur einseitig angewandt. So kann vermutet werden, dass ein Lernen aus der Geschichte nur punktuell erfolgte; grundsätzliche Reflexionen in der modernen Stadtplanung waren die Ausnahme (Bodenschatz, 1992). Die Reflexion der Geschichte ist, so die hier vertretene Auffassung, der eine Schlüssel für eine angemessene Transformation bzw. Anpassung der räumlichen Strukturen an die Konsequenzen von Klimawandel und demografisch-sozialen Umbrüchen in den kommenden Dekaden. Der andere Schlüssel liegt in einer systemtheoretischen Grundlegung von Planung, die an die naturwissenschaftlichen Erkenntnisse vom Ende des 20. Jahrhunderts anknüpft und z. B. in Theorien „dissipativer Systeme" bzw. „Entropie", also von Selbstorganisation, (Prigogine, 1985) oder in neuen Zugängen zu Wissenschaft und Kunst liegt (Brown, 2007). Die Planung für Resilienz ist in diesen Zusammenhang eingebunden. So bedeutet „urbane Entropie" eine Zunahme an „Nichtgleichgewichtszuständen" durch flächenhafte Ausbreitung (Suburbanisierung bei Anwachsen des Ressourceneinsatzes (Energieaufwand, Flächeninanspruchnahme) und Zunahme einer Komplexität der Verknüpfungen über Infrastrukturen.

[1] https://www.tagesschau.de/wirtschaft/technologie/hochwasserschutz-ahrtal-101.html

Dieser Prozess nahm in Europa tendenziell in geringerem Maße zu, als dies in anderen Teilen der Welt erfolgte. Dies ist (war) möglich, weil die Zunahme der Entropie in Europa durch „Export" der Energie- und anderer Bedarfe in den globalen Süden in erheblichem Maße relativ gemildert werden konnte, was dort eine ohnehin wachsende Entropiezunahme zusätzlich befeuert(e). Dieser Prozess lies die europäische Raumstruktur lange Zeit als relativ stabil erscheinen – selbst große Verheerungen wie die kontinentalen Kriege führten nicht zum vollständigen Auslöschen oder Überwinden der polyzentralen Raumstrukturen. Mit dem Schub durch billiges Öl im 20. Jahrhundert nahm die Nichtlinearität, also chaotische Entwicklungen, mit den Wachstumsvorgängen an Fahrt auf (Emmott, 2013; Meadows, 2010). Genau an diesen Prozessen setzt nun der Ansatz einer räumlichen Planung für Resilienz an. Insofern kann die „Europäische Stadt" als historisches Produkt auch als Modell für ein resilientes System fungieren, doch besteht sie keinesfalls ewig und in unveränderter Weise. Somit ist die „Europäische Stadt" ein Terminus, der „analytisch gegenüber anderen Stadttypen verwandt (wird), aber auch als planerische Leitvorstellung" fungiert (Schubert, 2020, S. 35). Die „Europäische Stadt" muss als Teil eines globalen Entropiesystems angesehen werden, auch hinsichtlich des durch Europa und seine industriell-kapitalistische Produktions- und Lebensweise vorangetriebenen Klimawandels. Der hier vertretene Zugang grenzt sich explizit von Versuchen ab, Entropie und Resilienz ideologisch bei einer Übertragung auf gesellschaftliche Phänomene in Dienst zu nehmen. Gefahren einer Missdeutung oder kurzschlüssigen Übertragung bleiben aber virulent (Münkler & Münkler, 2019).

2 Reflexion der Beziehungen von Resilienz und urbaner Planung als Lernansatz

2.1 Begrifflichkeiten zur (räumlichen) Resilienz

Der Begriff „Resilienz" hat in den letzten Jahren zu einer steilen Karriere in der Forschung sowie Stadt- und Regionalpolitik angesetzt. Resilienz setzt sich international immer mehr durch und dürfte bald zum Standard für Stadtentwicklungspolitik werden. Das weltweite Programm der Rockefeller Foundation „100 Resilient Cities" ist dessen Ausdruck.[2] Resilienz wird, wie Zukunftsforscher

[2] www.100resilientcities.org

meinen, womöglich die Nachhaltigkeit als gesellschaftliches Leitbild verdrängen, mindestens aber eine gleiche Bedeutung erlangen (Horx, 2011). Zugleich kann Nachhaltigkeit als Zielnotwendigkeit regionaler (globaler) Entwicklung durch Resilienz selbst gestärkt werden und die kulturellen Verschleißerscheinungen mindern, denen Nachhaltigkeit unterliegt (Grunwald & Kopfmüller, 2012). Die Vereinten Nationen sehen Resilienz als ein wesentliches Kriterium für eine nachhaltige Entwicklung an, wie es aus dem SDG-Konzept von 2017 hervorgeht (SDG-Goal 11): „Make cities and human settlements inclusive, safe, resilient and sustainable."[3]

Resilienz ist, allgemein gesagt, eine grundlegende Eigenschaft von natürlichen und auch gesellschaftlichen Systemen, zu denen auch Stadt, Region oder Metropole gehören. Der Begriff bedeutet: „Selbsterneuerung" (Kegler, 2014, S. 18). Resilienz ist per se wertneutral und leitet sich aus dem Lateinischen „resilire" (zurückprallen) ab. Er betrifft die Auseinandersetzung von Individuen oder Gemeinschaften mit den Umweltveränderungen im Sinne eines Systemerhalts. Es geht um Überlebensfähigkeit, Sicherung von Lebensraum, Anpassung an globale Herausforderungen oder die Erneuerung nach Krisen.

Resilienz bezeichnet „die Fähigkeit von Gesellschaften/von Ökosystemen, auf Störungen bzw. Schocks zu reagieren und entscheidende Systemfunktionen aufrechtzuhalten" (Walker & Salt, 2006, S. 1–2). Er verbindet sich mit Kapazitäten für Widerstand gegenüber Störungen und Krisenerscheinungen sowie mit einer Lernfähigkeit für zukünftige Herausforderungen.[4] Ausgehend davon, kann *urbane Resilienz* definiert werden als der Aufbau von Lernfähigkeit und Strukturen in Städten (resp. Dörfern), um Störungen aufzufangen, ohne zu kollabieren, und sich zugleich als Stadtgesellschaft in Richtung Nachhaltigkeit zu transformieren.

In der Psychologie hat Resilienz eine lange Tradition und ist untrennbar verbunden mit der Entdeckung des Phänomens „Stress" als konzentrierter Reaktion auf außergewöhnliche Anforderungen: „(…), dass wir in einer schwierigen Situation schnell handeln, statt uns einfach fressen zu lassen." (Berndt, 2013, S. 15). Stress ist nicht per se negativ. Eine Krise entsteht aus Dauerstress und permanenter Überforderung, bietet aber auch ein Lernpotenzial zu deren Bewältigung (Berndt, 2013; Heller, 2013; Kalisch et al., 2014). Ein Problem entsteht erst, wenn durch dessen Dauererscheinung grundlegende Gefahren ent-

[3] https://sdgs.un.org/goals/goal11

[4] vgl. http://shop.arl-net.de/media/direct/pdf/e-paper_der_arl_nr10.pdf.

stehen. Dies kann gegenwärtig für die Metropolen der Welt attestiert werden. Der Resilienzbegriff geht auf die US-amerikanische Psychologin Emmy Werner zurück, die mit ihrer 1958 erschienenen Studie Pionierarbeit leistete. Sie hatte 698 Kinder auf der Insel Kauai über einen Zeitraum von 40 Jahren ab 1955 (Geburtsjahr der Kinder) beobachtet und befragt, wie sie mit den äußerst ungünstigen Lebensumständen auf der Insel umgehen. Ein Drittel der Kinder (und späteren Erwachsenen) entwickelte eine Fähigkeit, proaktiv auf die Widrigkeiten zu reagieren: Es gelang ihnen, „ihre schwierige Situation zu meistern und trotz schlechter Sozialprognose ein ordentliches Leben zu führen" (Berndt, 2013, S. 66). Das war der Beginn der Resilienzforschung. Um 1970 begann sich der Begriff auch in anderen Fachgebieten auszubreiten und es verstärkten sich die Forschungsaktivitäten im systemtheoretischen Kontext, wofür ausgewählte Beiträge stehen mögen (Adams, 1978; Allen & Starr, 1982; Brock, 1988; Folke et al., 1998; Ludwig & Tongway, 1996; Salingaros, 2005; Waide & Webster, 1976). Parallel dazu entstanden die Begriffe Vulnerabilität, Mitigation und Adaptation als komplementäre Begriffe zur Resilienz (Kundak, 2011). So rückte die Frage der Selbsterneuerung von natürlichen Systemen und die dafür notwendigen Kapazitäten zunehmend in den Vordergrund (Walker & Salt, 2006). An der Wurzel dieses Stranges stand der kanadische Ökologietheoretiker Crawford Holling. Er hatte 1973 einen fundamentalen Artikel veröffentlicht, worauf sich dann die folgenden Forschungen gründeten (Holling, 1973). Weitergehende Forschungen und Versuche zur Konstruktion von Resilienz intensivierten sich seit etwa 2000 (Davoudi, 2012; Holling & Gunderson, 2002; Kalisch et al., 2019). Schließlich diffundierte der Begriff ab dem Jahr 2000 in das Vokabular der Stadtforschung. Dafür steht die Initiative des Massachusetts Institute of Technology (MIT) in Cambridge, USA. Eine Folge von Kolloquien widmete sich dem Thema „The Resilient City: Trauma, Recovery, and Remembrance" (Valle & Campanella, 2005, S. V). Daraus ging ein Buch hervor, das als Markstein in der Resilienzdiskussion zur Stadtthematik gelten kann: „The Resilient City – How Modern Cities Recover from Desaster" (Valle & Campanella, 2005). Die Geschichte der Städte und die Erzählungen (Narrativs) ihrer Erneuerung nach Störungen gewinnen aus der Sicht der Autoren eine herausragende Bedeutung für eine Resilienzstrategie (Valle & Campanella, 2005). Weitere Wissenschaftler in der *Resilience Alliance* haben in jüngerer Vergangenheit diese Ansätze aus Sicht der Ökologie und der nachhaltigen Stadtentwicklung systematisch vertieft (SRC, 2007, Newman et al., 2009 oder Walker & Salt, 2012).

Aus der internationalen Diskussion können folgende Erkenntnisse zusammenfassend festgehalten werden, die zugleich als Axiome für Lernprozesse in Stadtgesellschaften dienen und wofür die genannten Autoren durchaus stellvertretend stehen:

- Resilienz ist die endgültige Abkehr von Formen linearen Denkens (Endreß & Rampp, 2015; Taleb, 2014).
- Resilienz lenkt die Aufmerksamkeit auf gesellschaftliche Fähigkeiten zur Anpassung und zum Lernen aus Störungen sowie die Abkehr von einem technisch-ökonomischen Determinismus (Brock, 1988).
- Resilienz scheint geeignet zu sein, um Antworten zu finden auf die gegenwärtigen, fundamentalen Herausforderungen, vor allem weil ihr Unbestimmtheitsgrad und ihre Komplexität alles bisher Gedachte übersteigen (Karlenzig, 2010).
- Resilienz bedeutet, Maßnahmen zu ergreifen, welche die Krisenfestigkeit von Metropolregionen vorbeugend erhöhen und letztlich die Belastbarkeitskapazität einer Stadt und deren Elastizität gegenüber vielfältigen Störungen verstärken: Die Resilienz eines Systems spielt sich also zwischen Wandlungsfähigkeit und völliger Identitätsaufgabe als Maß für seine Elastizität bei wechselnden Belastungen ab. (…) „In gewissem Sinne kann man sie als die ‚Lernfähigkeit' eines Systems bezeichnen." (Finke, 2014, S. 27).

2.2 Panarchie-Modell für Resilienz

Es geht demnach um eine grundlegende Frage: Wo und wie können die „urbanisierten" Menschen im 21. Jahrhundert leben und wirken? Die Indizien sind eindeutig: Fundamentale Wandlungen sind also im Gange, die auch neue Qualitäten beinhalten. Damit geht eine Dynamik von enormen Konflikten unterschiedlicher Art einher. Indizien dafür sind „Völkerwanderungen", ein enormes Auseinanderklaffen sozialer Lebenslagen oder die bereits überall spürbaren Folgen des Klimawandels, bei gleichzeitigem Wachstum und Schrumpfen in Regionen und einem sich verstärkenden Kampf um die Verfügbarkeiten von Ressourcen (WBGU, 2016). Die Wahrscheinlichkeiten des Auftretens von Konflikten im Zusammenhang mit dem Anwachsen urbaner Entropie und deren Ausmaße nehmen zu (Diamond, 2006). Auf der anderen Seite scheinen gesellschaftliche Lernprozesse, die ein Reagieren auf diese Dynamiken beinhalten, sehr langsam und zäh vonstatten zu gehen. Angesichts einer empirisch konstatierbaren Rasanz von klimatisch bedingten Ereignissen mit fatalen Folgen, scheint sich eine „decision-taking-gap", eine Lücke zwischen Erkenntnis und Handeln, immer weiter zu öffnen (Horita et al., 2017). Dies trifft für Regionen und Organisationen zwar in unterschiedlichem Maße zu, es kann aber grundsätzlich konstatiert werden, dass die Trägheit räumlich-gesellschaftlicher (Lern-) Systeme, gleich welcher politischen und ökonomischen Konstellation, der

Dynamik der Veränderungen von regionalen und globalen Prozessen, getrieben vom menschengemachten Klimawandel, kaum gewachsen scheint. Diese ernüchternde Feststellung leitet sich ab aus den Betrachtungen, die Gerstengrabe und Welzer (2013) umfassend aus diversen Datenquellen ermittelt haben. So gibt es eine Lücke zwischen Gefahrenwahrnahme und adäquatem Handeln, worauf Sauer (2014) angesichts der Finanzkrise von 2008 verweist. Obgleich die Erfahrungen vergangener Krise vorlagen, wurde erneut ignorant oder nach dem Motto „dieses Mal ist alles anders" (Sauer, 2014, S. 102) gehandelt oder eben nicht gehandelt. Ein vergleichbares Syndrom kann nach den Hochwasserereignissen im Sommer 2021 im Westen Deutschlands festgestellt werden, das in Gestalt einer Aufgabe formuliert wurde: *„Einen Wiederaufbau ohne Klimaschutz könne es nicht geben."*[5] Der Klimawandel ist keine neue Erscheinung, doch erst, wenn seine Folgen eingetreten sind, wird Handeln angekündigt. Das ist aber im betroffenen Fall verspätet. Jedenfalls gibt es Handlungsdruck, wie das Umweltbundesamt UBA (2021) feststellte, was im Umkehrschluss bedeutet, dass die jene Lücke zwischen Erkenntnis und Handeln groß ist.[6] Dem vom UBA als wachsend angesehenen Zeitdruck ob der beschleunigt eintretenden Folgen vor allem klimatischer Wandlungen steht die als noch unzureichend angesehene konsequente Handlungsfähigkeit von Regionen, Unternehmen oder politischen Institutionen gegenüber. Fragen stellen sich: Handelt es sich um Selbstblockade der Akteure? Ist es der ausbleibende Paradigmenwechsel in einer klimabasierten Regional- und Globalpolitik? Dominiert der „Glaube" an die technische Lösbarkeit der Probleme, welcher andere Ansätze verstellt? Die Antworten sind komplexer und liegen nicht auf der Hand, zumal weitere Krisenerscheinungen hinzutreten und zu Konstellationen führen, die mitunter katastrophale Auswirkungen haben. All das ist nicht einfach vorhersehbar und damit jene Lücke zwischen Erkennen und Handeln auch nicht schnell schließbar. Hier setzt die Heuristik an (Gerstengrabe & Welzer, 2013), was im Abschn. 4.2 zur Planungskunst wieder aufgegriffen wird. Entscheidend ist die Erkenntnis, dass Krisen keine temporären und leicht eliminierbaren Erscheinungen sind, sondern untrennbar mit jeder Entwicklung zusammenhängen. Das bedeutet, dass das Lernen der gesellschaftlichen Akteure an existenzieller Bedeutung gewinnt.

---

[5] https://hochwasser-ahr.rlp.de/de/startseite/

[6] https://www.geo.de/natur/oekologie/klimakrise-in-deutschland--was-kommt-auf-welche-region-zu--30633818.html

Um derartige Widersprüche bewältigen zu können, scheint es für Regionen und Organisationen angeraten, neue Anpassungs-, Stabilisierungs- und Erneuerungsmöglichkeiten zu erschließen. Resilienz wird dabei, so die hier vertretene These, zu einer unabdingbaren, konzeptionellen und praktischen Notwendigkeit. Diese gehört – als komplementärer Part zur Entropie – zu den Systemeigenschaften natürlicher (und mithin gesellschaftlicher) Strukturen; sie entfaltet ihre Wirksamkeit im Sinne einer gerechten, humanen Zukunft der Gesellschaft jedoch nicht automatisch (Walker & Salt, 2006).

Für ein Verständnis einer Lern- und Handlungsfähigkeit mag das Panarchie-Modell von Gunderson und Holling (2002) hilfreich sein. Unter der Voraussetzung, dass sich Gesellschaften (wie Natursysteme) fortwährend verändern, transformieren – ein Grundsatz der Evolution –, gewinnt die Frage der Anpassung eine Schlüsselstellung (Brunetta & Caldarice, 2019). Sie ist als Wechselwirkung zu verstehen, die nicht nur eine Reaktion auf sich ändernde Rahmenbedingungen darstellt, was am Beispiel des Klimawandels gut nachvollziehbar ist. Es geht vielmehr um Ergebnisse der Entwicklung der menschlichen Gesellschaften selbst, welche sich in einer dynamischen Weise bilden und so auf sie selbst zurückwirken. An diese Dynamiken der eigenen Entwicklung müssen sich die Gesellschaft nunmehr anpassen. So gesehen, ist Adaptation eine notwendige Form der Auseinandersetzung mit den Wandlungen der Umwelt und der Gesellschaft. Sie stellt einen Lernvorgang dar, der elementar ist für jedwede Zukunftsgestaltung. Dieser Vorgang folgt einem evolutionstheoretischen Ansatz mit „adaptiven Zyklen“ (Lukesch et al., 2010; Walker & Salt, 2006). Er wird als „Panarchie“ bezeichnet und fungiert modellhaft (Gunderson & Holling, 2002, S. 10, 13–14). Das Modell gründet sich auf vier Phasen eines adaptiven Prozesses: Der Zyklus ist einem sog. Möbius-Band entlehnt und besteht aus: *„α: Akkumulation/Aufbau, K: Erhaltung, Ω: Freisetzung/Zerstörung, r: Reorganisation“*(Gunderson & Holling, 2002, S. 34–35 sowie Walker & Salt, 2006, S. 82–83 sowie 90–91). Damit wird Resilienz nicht als ein linearer Vorgang behandelt, sondern durchläuft Phasen, die wiederum auf unterschiedlichen und miteinander verbundenen, skalenversetzten Ebenen angesiedelt sind. An jeder Stelle des Zyklus können Störungen auftreten, die den Verlauf modifizieren und einen Ebenensprung auslösen können und zu neuen Verbindungen führen. Diese werden durch Impulse verknüpft, welche ein „Erinnern“ (remember) bzw. ein „Erneuern“ (revolt) beinhalten, was Abb. 1 zeigt.

Dieses Modell soll hier als Grundlage für ein Verständnis von der „lernenden Region“ als resilientem System dienen.

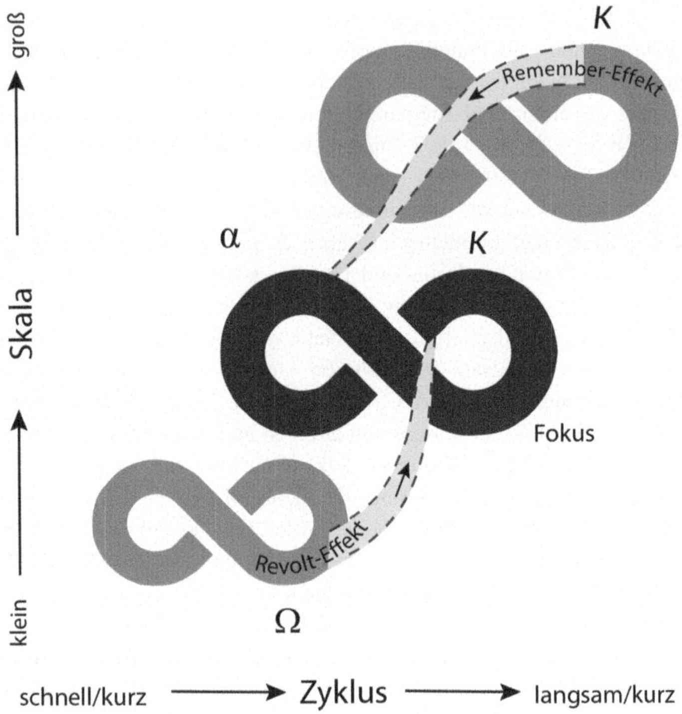

Abb. 1 Panarchie-Zyklus nach Gunderson und Holling (2002, S. 34)

2.3 Resilienz und Nachhaltigkeit

Die inzwischen überaus komplex gewordene urbanisierte Welt ist vor allem menschengemachten Risiken ausgesetzt. Weiteres, ressourcenverzehrendes Wirtschaftswachstum und das Anhäufen von Risikopotenzialen erhöhen Gefahren der Zivilisation, statt Wohlstand zu sichern. Der demographische und klimatische Wandel sowie Suburbanisierung, Verlust an landschaftlichen (biotischen) Reproduktionsqualitäten, Zunahme ephemerer Räume, Terrorismus und all die anderen bekannten Störungen gehören inzwischen zum Alltag, welche die Stadt-Regionen anfällig gemacht haben. Zukünftig geht es darum, eine lebenswerte, urbane Zukunft zu sichern. „Eine entscheidende Zukunftsorientierung hat im Grunde nur der (…) Ansatz, der auf die Erhöhung der gesellschaftlichen

Resilienz zielt.“ (Gerstengarbe & Welzer, 2013, S. 207). Resilienz kann demnach als eine Voraussetzung für eine unabdingbar anzustrebende Nachhaltigkeit angesehen werden (Fathi, 2019; UN, 2012; Walker & Salt, 2006).

Die neue Initiative der UNO mit den 2015 verabschiedeten SDG reetabliert die seit 1987 geltenden Nachhaltigkeitsbotschaften, jedoch als Entwicklungs- und nicht als Begrenzungsagenda für die globale Transformation bis 2030.[7] Das langfristige, normative Ziel einer Nachhaltigkeit soll neue Impulse erfahren, u. a. durch Resilienz (bezogen auf Infrastrukturen und Städte). Dieses „Paradies der Nachhaltigkeit“ (Klingholz, 2014, S. 23) kann sich zwar als Fata Morgana entpuppen, muss aber als ethisches (und durchaus normatives) Ziel gelten (Schorlemmer, 2009). Hier setzt die Resilienzstrategie an, indem sie den Umgang mit Krisen in den Mittelpunkt rückt und Nachhaltigkeit nicht – teleologisch gesehen – lediglich ein fernes Ziel vertritt.

Resilienz kann aber auch verhindernd wirken, wenn sie nicht systemisch gedacht wird: Durch Umschlagen in Resistenz kann eine Lern- und damit Zukunftsfähigkeit von Systemen blockiert werden (Finke, 2014). Entscheidend ist, dass eine Stadtgesellschaft Selbsterneuerung als einen Lernprozess versteht und diesen so anlegt, dass eine Krisen- bzw. Störanfälligkeit tendenziell verringert wird und zugleich die Revitalisierungskräfte gestärkt werden. Wenn nicht eine derartige Dynamik entwickelt wird, mündet das System in Erstarrung, wird fragil und damit immer anfälliger. Der Zusammenbruch des osteuropäischen Gesellschaftsmodells um 1989 lieferte einen Beleg für diese Auffassung.

Andererseits hat Resilienz auch den Alltag erreicht – vornehmlich in der Gesundheitsindustrie, die Resilienz als Mittel preist, sich gegenüber dem Stress von (neoliberaler) Verwertung widerstandsfähig zu machen, um also das Bestehende zu erhalten, indem sich die Akteure einseitig anpassen – ein rückwärtsgewandter Begriff. Damit sei angedeutet, dass es sich bei Resilienz auch um einen kritisch zu diskutierenden Begriff handelt. Er kann in zwei Richtungen gedeutet werden: Einmal als „Retro-Resilienz“ und zum anderen als „Forward-Resilienz“ (Kegler, 2022, S. 42–43). Retro-Resilienz verspricht durch unveränderten Erhalt des Bestehenden oder (vermeintlich besseren) Vergangenen eine stabile Entwicklung. Es geht demnach nur um das „Remember“, das bis zur Verklärung vergangener Verhältnisse reicht und die Lösung von sich verändernden Bedingungen im Wiederholen „alter Rezepte“ sieht. Darin verbirgt sich die Gefahr von wachsender Anfälligkeit (Fragilität), da die Suche nach Antworten

[7] https://sustainabledevelopment.un.org/topics/sustainabledevelopmentgoals

auf sich stellende Fragen der laufenden Entwicklung oft in einfachen Antworten gesucht wird. Dabei gerät öffentliches Lernen für einen kreativen Umgang mit Ungewissheiten und der Reflexion von Erfahrungen aus der Vergangenheit in den Hintergrund. Dem steht die „Forward-Resilienz" gegenüber, die genau darauf abzielt und in diesem Sinne „antifragil" (Taleb, 2014, S. 23) ist. So verknüpft die „Forward-Resilienz" ein Erinnern mit Verändern im Sinne der Weiterentwicklung des Systems zur Erhaltung von Lebensfähigkeit von Regionen oder Organisationen für eine gerechte, menschliche (nachhaltige) Lebenswelt. Dieses Ziel ist als Bewertungskriterium essentiell und dient als Maßstab, den es im Lernprozess immer wieder neu zu erringen gilt.

3 Herausforderungen und Erfahrungen der Transformation von Stadt-Regionen

3.1 Kriterien der räumlichen Resilienz

Resilienz ist auf differenzierten Ebenen zu betrachten: grundsätzlich ist zwischen spezieller und allgemeiner sowie konstitutiver und erworbener Resilienz zu unterscheiden (Kegler, 2014; Walker & Salt, 2012). Spezifische Resilienz zielt auf Teile von Systemen, auf überschaubare oder abgeschlossene Einheiten ab. Dazu gehören im Wesentlichen Infrastrukturen oder bauliche und technische Anlagen. Sie stehen zumeist im Fokus der Resilienzbetrachtungen, lassen sich doch hier konkrete Maßnahmen lokalisieren und meist technisch lösen. Sie stellen aber nur einen Teil der Probleme dar, denn alle Systeme sind vernetzt, stehen im Zusammenhang und lassen sich nur bedingt isolieren. Deswegen ist die Kategorie der allgemeinen Resilienz eingeführt worden. Konstitutive Resilienz bezieht sich auf die „gesetzten", „ererbten" Merkmale, welche für die Resilienz wirken, also Eigenschaften, die über lange Zeiträume gewachsen sind und sich als selbsterneuernd erwiesen haben (z. B. städtebauliche Strukturen wie der Stadtgrundriss oder Siedlungsnetze), oder die Eigenschaften darstellen, die Stabilität von Systemen repräsentieren und nicht durch kurzfristige Anpassung erworben wurden. Dazu zählen subjektive Eigenschaften (z. B. Narrative) oder auch Organisationsstrukturen, die sich ebenso als stabil erwiesen haben. Letztlich sind die erworbenen, erlernten Resilienzeigenschaften von entscheidender Bedeutung. Hier spielt reflektierte und dokumentierte Geschichte der jeweiligen Stadtentwicklung mit ihren Krisen und Erholungsprozessen eine essentielle Rolle, worauf Valle und Campanella (2005) umfassend verwiesen haben. Nach welchen Kriterien kann nun die Resilienzausprägung auf der Ebene der zu erwerbenden

Resilienz betrachtet werden? Diese Kriterien bilden zwei zusammenhängende Bewertungsschritte:

a. Näherungsweise Ermittlung der Position (Schwelle) im Panarchie-Zyklus;
b. Bestimmung der Handlungsschwerpunkte zum Übergang in die Erneuerungsphase im Zyklus (nicht als Endzustand, sondern als Tendenz).

Diese Bestimmungen sind selbst komplexe Vorgänge für Akteure in den Regionen. Darauf wird unter 4.2. zur Planungskunst noch einzugehen sein. Nach empirischen Untersuchungen (Lukesch et al., 2010) konnten vier Basis-Kriterien („4-R") herausgearbeitet werden, welche für die o. g. Doppelschritte herangezogen werden können (Kegler, 2016, S. 52–53):

*Widerstandsfähigkeit (**R**esistance):* Der Fokus liegt hier auf dem unmittelbaren Schutz von Anlagen; das Ziel ist die Vermeidung von Schäden und negativen Folgen der Unterbrechung der Infrastrukturversorgung. Die Wirkung eines solchen Ansatzes kann eingeschränkt sein, wenn Schutzmaßnahmen sich nur auf Ereignisse oder Störungen beziehen, mit denen bereits in der Vergangenheit Erfahrungen gemacht wurden. Die potenziellen Gefahren sind dann hoch, wenn Resistenz die einzige Komponente einer resilienten Strategie ist.

*Vertrauenswürdigkeit (**R**eliability):* Diese Komponente befasst sich mit der Frage, wie Infrastrukturen oder Organisationen verlässlich gestaltet werden können, sodass sie unter ganz unterschiedlichen Umweltbedingungen funktionieren und somit Schäden durch etwaige Störungen vermieden werden können. Treten Störungen auf, die außerhalb dieses Korridors liegen, sind Infrastruktursysteme oft nur unzureichend auf mögliche Schadensereignisse vorbereitet. Stabilität geht vor Risiko, kann die Regel lauten, was aber nicht Innovation ausschließt, wenn sie denn verantwortungsvoll angelegt wird.

*Redundanz (**R**edundancy):* Diese bezieht sich auf die Kapazitäten eines Netzwerks oder eines Systems. Die Verfügbarkeit von Backup-Einrichtungen und Reservekapazitäten erlaubt im Fall von Störungen die Verlagerung des Betriebs auf andere Systemkomponenten und damit die Weiterführung der Anlagen. Diese Kapazitäten sind für urbane Strukturen lebensnotwendig.

*Reaktionsschnelligkeit (**R**esponse and Recovery)* verfolgt das Ziel einer schnellen und effektiven Reaktion auf Störungen, um eine schnelle Erholung von den Schäden zu erreichen. Die Effektivität dieser Strategie hängt von der Kultur und

den verfügbaren Kapazitäten der Organisationen ab, um reaktionsfähig zu sein. Zugleich spiegelt sie die Lernfähigkeit wider, mit der schon im Vorfeld von Schadensereignissen vorbeugende Schritte geplant und erprobt werden.
Diese „4R-Kriterien" können um zusätzliche Kriterien erweitert werden („4R+"), welche für die Operationalisierung von „Forward-Resilienz" notwendig sind (Masterlabor 2016):

- *Opulenz* (Überschuss an Reserven und verschiedenen Kapazitäten),
- *Diversität* (Vielfalt und Unterschiedlichkeit von verfügbaren Elementen),
- *Modularität* (System von vernetzten, in sich funktionierenden Einheiten),
- *Elastizität* (Lern- und Toleranzfähigkeit eines Systems).

In diesen „4R+"-Kriterien sind – indirekt – auch die von Burmeister und Rodenhäuser (2016, S. 108–112) herausgearbeiteten Zielmerkmale von urbaner Resilienz aufgehoben: „Kreuzberger Mischung 2.0" (Vielfalt), „Plusenergiestadt" (Autarkie), „Urbane Plattformen" (Selbstorganisation), „Innovationsökosysteme" (Lernfähigkeit).

Die Basiskriterien („4R") können vor allem für die Bewertung einer Situation herangezogen werden, also für die Vulnerabilität einer Region. Auf diese Weise wird der allgemeinen Einschätzung der Vulnerabilität eines Gebietes (Glaser, 2008) die Betrachtung der Handlungsfähigkeit in Bezug auf Störanfälligkeiten zur Seite gestellt. Es geht also nicht um das völlige Ausschalten von Vulnerabilitäten, sondern um das angemessene Maß des Handelns, um die Lebensfähigkeit bzw. Erneuerung der betreffenden Region zu gewährleisten, ohne, dass das gesamte System kollabiert (Walker & Salt, 2012). So gilt es, eine bestimmte Schwelle nicht zu überschreiten, von der an eine Stabilität des Systems nicht mehr gewährleistet werden kann. Dies schließt reaktive Maßnahmen ebenso ein wie präventive. Letztere bewegen sich in einem weitgehend unbekannten Terrain, bedürfen also einer unbestimmten Vorsorge, die mittels Opulenz oder scheinbar überschüssiger Vielfalt einigermaßen abgesichert werden kann. Das Ganze bedarf selbst einer steten Reflexion und Erneuerung der Positionen, was mit einer Planung für die „Forward-Resilienz" gemeint ist.

3.2 Strategien für Resilienz

Auf lange Sicht genügen diese Einzelmaßnahmen oder auf Teilsysteme ausgerichteten Anpassungen nicht. Sie sind zwar notwendig, müssen jedoch als Teil eines ganzheitlichen gesellschaftlichen Resilienzansatzes gesehen werden.

Dieser orientiert auf die Transformation der metropolitanen Stadtgesellschaft im Zusammenhang komplexer Prozesse, wie zum Beispiel den demografischen oder den klimatischen Wandel. Dieser strategische Transformationsbezug wird als „allgemeine Resilienz" bezeichnet. Beide Formen der Resilienz müssen in Planungs- und Umbauprozessen berücksichtigt werden, wobei hier vor allem die „allgemeine" Resilienz mit ihrem gesellschaftlichen Bezug im Vordergrund stehen soll. Eine Begriffsmatrix zeigt die Stufungen und Übergänge zwischen „konstitutioneller" sowie „erworbener" und „spezifischer" sowie „allgemeiner" Resilienz, wobei die besondere Betonung auf die strategischen Felder der „erworbenen" und „allgemeinen" Resilienz gelegt wird (Walker & Salt, 2012, S. 18).

Resilienz ist als ein dynamischer Vorgang zu verstehen. Er ist kein zu erreichender Endzustand, sondern ein fortwährender, stets neuen Bedingungen anzupassender Vorgang, der auf Nachhaltigkeit gerichtet ist. Das Maß für das bessere Erreichen von Resilienz einer Stadt ist die Elastizität, die Spielräume im Handeln gegenüber Störungen. Die wohl geeignetste Gesellschaft dafür ist die Demokratie. Sie bietet die (derzeit) bekannte Form mit dem größten Lernpotenzial. Dies realisiert sich durch die Fähigkeit zur Anpassung an sich ändernde Bedingungen. Es stellt sich aber die Frage, ob dies auch zur Ausprägung von resilienzorientiertem Handeln führt. Ohne Reflexion kann Anpassung auch einerseits im „Durchwursteln" münden, das schlimmstenfalls im Kollaps endet. Die Lernorientierung knüpft andererseits auch an den planungstheoretischen Debatten der 1980er und 1990er Jahre mit Inkrementalismus oder adaptiver Strategieentwicklung an (Wiechmann, 2008). Auch hier trat bereits die Frage auf, ob Anpassung nur die Fortschreibung des Bestehenden sei oder darüber hinaus reicht. Um letzteres zu ermöglichen und dies zugleich im Sinne der Resilienz zu verstehen, gewinnt das Ausprägen einer „Resilienzbereitschaft", einer Bedingung für adäquates Handeln im Zyklus, besondere Bedeutung. So gehört es zu den Erkenntnissen des internationalen Netzwerks „100-resilient-cities", dass Nachdenklichkeit und Einfallsreichtum, gepaart mit Flexibilität und Integrationsfähigkeit, zu grundlegenden Eigenschaften gehören, um aus der Vergangenheit zu lernen und in Krisenzeiten angemessen handeln zu können.[8]. Diese allgemeinen Fähigkeiten sind nicht spezifisch resilienzorientiert, gehören aber zu wichtigen Voraussetzungen für gezieltes planerisches Handeln. Werden diese Voraussetzungen nun angewandt auf die Planungsgegenstände, dann gewinnen polare Charakteristika für Entscheidungsspielräume eine spezifische Bedeutung, da es

[8] http://www.100resilientcities.org/resilience#/-_/

sich nicht um lineare Prozesse handelt, sondern um Schwankungsbereiche für die Entwicklung bestimmter baulich-räumlicher Strukturen.

Mithilfe von Begriffspaaren, die Diskursräume für konkrete Entscheidungen aufmachen, wird es möglich, diese Spielräume auszuloten (Hopkins, 2009; Randgruppe, 2011; Zolli, 2012):

Robustheit und Fragilität: Diese beiden Kriterien sind die wohl prägnantesten Charakteristika eines resilienten Systems. Gemeinhin wird Robustheit als maßgeblich für die Widerstandsfähigkeit eines Systems angesehen. Doch neben den Hardware-Strukturen sind auch Software-Eigenschaften erforderlich, um Anpassbarkeit und Resilienz bzw. Nachhaltigkeit innerhalb robuster Strukturen zu ermöglich (Talen, 2005).

Kompaktheit und Dezentralität: Kompakte und kleinteilige Organisationen und Raumstrukturen gelten gemeinhin als nachhaltig. Das Vorbild dafür wird in der „Europäischen Stadt" ausgemacht Als Leitbild, basierend auf dem historischen Typus, besteht sie aus „nutzungsgemischten Quartieren, Bestands- und Erhaltungsorientierung, Innenentwicklung (…), dichten, kompakten Stadtstrukturen (mit) kurzen Wegen und kleinteiligen, partizipativen Verfahren" zur Stadtentwicklung (Schubert, 2020, S. 36). Die Dezentralität wird dabei zum fundamentalen Kennzeichen stabiler Systeme: Dezentralität sorgt dafür, dass Ressourcen optimal verteilt sind und die Versorgung nicht gefährdet wird. Zentralität sorgt für eine Ausgewogenheit von Dezentralität.

Autarkie und Austausch: Um nicht auf Ressourcen auf globaler Ebene angewiesen und von globalen Einflüssen abhängig zu sein, sind Selbstgenügsamkeit und Selbständigkeit von Städten und Dörfern oder metropolitanen Teilgebieten von hohem Rang. Jedoch können durch fehlenden Austausch – globale – Bedrohungen leicht übersehen und bei einer Krise Hilfe durch andere nicht gewährleistet werden.

Stabilität und Flexibilität: Die Anpassungsfähigkeit eines Systems an wechselnde Umstände lässt dessen Basisstruktur und Funktion weiterbestehen. Eine flexible Struktur hält das System elastisch, das heißt, Infrastrukturen oder Planungsprozesse müssen in ihrer Form vielfältig und damit auch flexibel sein. Stabilität hingegen ermöglicht es, überlegt zu handeln und sorgt für eine langfristige und vorausschauende Vorsorgepolitik.

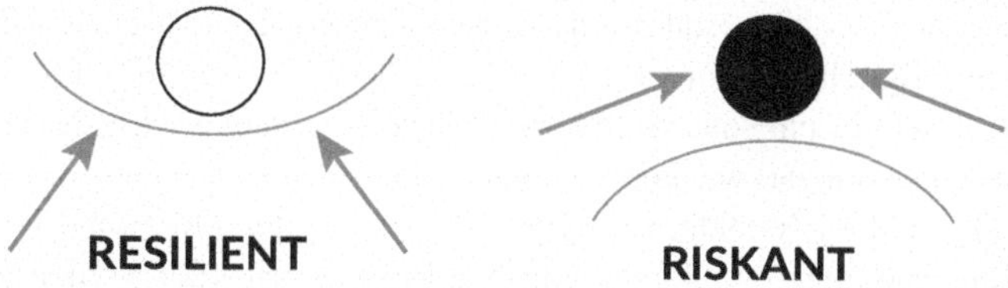

Abb. 2 Gleichgewichtsmodell zu Resilienz und Risiko nach Erisman (2015, S. 152)

Modularität und Komplexität: Modularität beschreibt, wie einzelne Komponenten zu einem System verknüpft sind. Der Grad der Modularität erlaubt es Teilen, sich zu erhalten, während andere unter bestimmten Bedingungen versagen können und damit das gesamte System grundsätzlich erhalten (Hopkins, 2009; Walker & Salt, 2006). Ohne eine Komplexität sind Modularitäten nur additive Elemente und damit lediglich bedingt wirksam (Kegler, 2014, S. 48–51). Um für Entscheidungen innerhalb der jeweiligen Kriterien einen Maßstab zu gewinnen, spielen nicht nur übergreifende Ziele (Gerechtigkeit etc.) eine Rolle, sondern die Frage des Abschätzens von Risiken tritt in den Vordergrund. Dafür kann zunächst ein einfaches Modell hilfreich sein (Abb. 2): Es unterscheidet zwischen grundsätzlicher a) Resilienz und speziellem b) Risikomanagement (Erisman, 2015):

a. Resilienz – zielt auf ein dynamisches Gleichgewicht, betrifft das Ganze, sichert Langfristigkeit mit flexibler Stabilität, steuert indirekt unter Beachtung von Selbstorganisation, Zyklizität, Variabilität und Zufällen, benötigt Langzeitbeobachtung durch Reflexion;
b. Risikomanagement – versucht ein statisches Gleichgewicht (dauernde Stabilität), sucht Kurzzeit-Sicherheit, erfordert direkte Intervention und stetes Monitoring, schließt Zufälle und Variabilitäten aus.

Beide Ansätze korrespondieren in gewisser Weise, denn kurzzeitig sind Risikovermeidungen unerlässlich; sie müssen aber eingebettet sein in eine langfristige Resilienzausrichtung. Das Primat hat letzteres.

Zusammenfassend kann gesagt werden, dass es für Regionen (Kommunen) und Organisationen darauf ankommt, eine Permanenz von Entscheidungspfaden (Trajektorien) zu konstituieren. Diese Kontinuität ermöglicht es, entlang von primären und erweiterten Kriterien („4-R+"), von Diskursräumen und von einem dynamischen Gleichgewichtsdenken (zyklisch statt linear) einen flexiblen

Entscheidungsprozess zu gestalten, der eine Stärkung der Fähigkeit von Selbsterneuerung ermöglicht – „Forward-Resilienz“. Das Modell dafür hat der IPCC unterbreitet, indem er ein solches Pfadbild für politische und wirtschaftliche Entscheidungsträger vorlegte, was Abb. 3 zeigt.

Es enthält Schlüsselpunkte, an denen für die weitere Regionalentwicklung Richtungsentscheidungen im demokratischen Prozess getroffen werden. In diesen Punkten fokussiert sich die Debatte entlang der oben umrissenen Kriterien und Modellvorstellungen für einen Pfad in Richtung Resilienz oder Risiko.

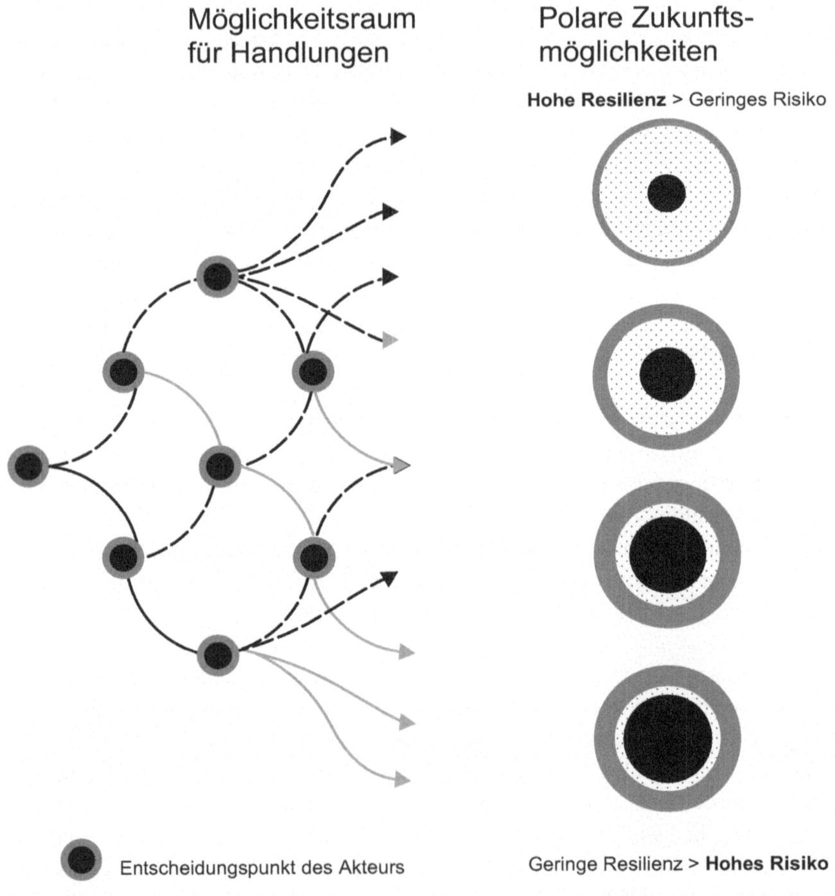

Abb. 3 Handlungsspielräume auf dem Weg zur Resilienz nach IPCC (2014, S. 28–29)

4 Entfaltung resilienzorientierter Planung für die Stadt-Region der Zukunft

4.1 Handlungsfelder regionaler Resilienz

Die Erforschung der räumlichen Dimension einer Resilienzstrategie steckt noch in einem Frühstadium, liegen doch noch zu wenige empirische Forschungen dafür vor. Im Bereich der technischen Infrastrukturen sieht dies bereits anders aus (acatch 2017). Dabei treten insbesondere die stadt-regionalen Bereiche in den Fokus, die sowohl besonders empfindlich sind als auch die größten Möglichkeiten für Stabilität und Selbsterneuerung eröffnen. Dabei entscheidet sich Resilienz an existierenden sensiblen Orten in Regionen an den

- Ortszentren (Stadt … Dorf),
- Umland-Radialen und Verbindungstrassen,
- suburbanen Rändern im Innen- und Außenbereich,
- dezentralen, funktionalen Knoten von Kommunen,
- Flächen besonderer biotischer und sensitiver Qualitäten,
- Siedlungsnetzen, vor allem an Flussläufen oder Küsten,
- anthropogen belasteten Räumen (Übernutzung),
- kritischen Infrastrukturen (Knoten und Netzen).

Diese Bereiche weisen nicht nur eine besondere Störanfälligkeit auf. Sie sind auch die Räume, in denen vornehmlich Transformationen stattfinden und welche auch Anlass zu Kreativität bieten: Es sind also Transformationsräume für die Zukunft von Regionen (Saunders, 2013). Deren Resilienz wird zum Schlüssel für die Richtung der Transformationen, wofür die „4-R"-Kriterien als Bewertung herangezogen werden. Zwei Komponenten sind dabei relevant für die Stadtplanung: die konstitutive Resilienz in Gestalt des Stadtgrundrisses und dessen evolutionäre Veränderungen sowie die erworbene Resilienz als lernende/forschende Planung.

Neben diesen vorhandenen Orten rücken neu zu denkende Orte bzw. Bereiche für die Ausprägung von Resilienz in den Vordergrund. Diese erwachsen aus dem Vorhandenen, werden nur neu bewertet und in neuer Weise planerisch behandelt. Sie dienen vor allem der Realisierung von Opulenz und Diversität als wichtige Resilienzkriterien. Dazu gehören:

- Pufferzonen,
- Regenerationsbereiche,
- neue Besiedlungsgebiete,
- Schutzzonen für Sicherung unbekannter Entwicklungen,
- Vorhaltebereiche und -infrastrukturen für Notfälle,
- (neue) sozial-kulturelle Identitätsorte.

Um nun nicht den Irrweg der funktionalen Stadt zu gehen, wie sie nach 1945 weltweit Verbreitung fand und fatale Konsequenzen zeitigte, mit den Wohnghettos, der Autoorientierung und der wachsenden Diskrepanz zwischen Stadt und Land (Kelbraugh, 2002), gilt es, die Forschung auf die neue Dezentralität als einen Schlüssel für eine resiliente Region zu lenken: die „Polyzentrale Stadtregion" (WBGU, 2016, S. 2), die auf einem niedrigeren Entropieniveau lebensfähig ist. Dies bedeutet letztlich auch, die bestehende Raumordnung neu zu denken. Neben der signifikanten Umstellung auf erneuerbare Energien, Regionalisierung von Stadtströmen oder der Aktivierung von gemeinwohlorientierten Infrastrukturen (Eisenbahn etc.), gehören auch die zentralen Orte und funktionalen Abgrenzungen, welche gegenwärtig die Raumordnung auf Landes- und Regionalebene bestimmen, auf den Resilienzprüfstand. Die oben angeführten räumlichen Kategorien tauchen in der Raumordnung als Funktionsgebiete nicht oder nur bedingt auf. Vorrang- und Vorbehaltsgebiete dienen der Sicherung bestimmter Versorgungsabsicherung. Orte sind in einem hierarchischen Funktionssystem geordnet. Das hatte in Zeiten von Wachstum und Aufbau einen Sinn, galt es wirtschaftliche und räumliche Entwicklung linear zu steuern, um Prosperität zu gewährleisten. Krisen, Wachstumsgrenzen oder Schrumpfung kamen (und kommen) in diesem Modell nicht vor. Damit ist die Gesellschaft lange Zeit erfolgreich gewesen, doch jetzt ist offenbar eine Schwelle erreicht, an der ein gewandeltes Verständnis von Raumordnung unumgänglich erscheint. Vor allem gilt es, Funktionalität und Zentralität neu zu bestimmen. Letztere kann, wie oben erwähnt, in einer neuen Dezentralität aufgehoben werden. Dafür ist eine Modularität von Bausteinen regionaler Entwicklung eine Grundlage. Das heißt, auf jeder räumlichen Ebene (Dorf, Stadt, Region, Land…) sind Funktionseinheiten mit einer elementaren Funktionsmischung (Vielfalt) und Vernetzungen als modulare Einheiten vorzusehen. Nach der gültigen Raumordnung gibt es eine Hierarchie von Funktionen, die auf der untersten Ebene faktisch nur noch Wohnen zulassen. Das hat die Diskrepanz zwischen Stadt und Land wachsen lassen. In der Realität konnte sich dieses Modell jedoch nicht komplett durchsetzen. Viele Abweichungen waren notwendig, die durch demografische

Schrumpfung, Klimawandel oder mangelnden Infrastrukturausbau stark modifiziert wurden.

Hinsichtlich der neuen, resilienzorientierten Funktionalität gilt es nun, Widerstandsfähigkeit, Verlässlichkeit oder Redundanz sowie Diversität und Modularität als entscheidende Kriterien heranzuziehen. Dies betrifft Infrastrukturen, aber auch Flächen. Im Unterschied zur Priorisierung von Flächennutzungsrechten für bestimmte Zwecke und damit der linearen Steuerung von Verwertungsmöglichkeiten auf den Flächen gilt es, Räume der Offenheit zu definieren, die einer Resilienzstärkung dienen. So dürfte eine an Biokapazitäten, also der Fähigkeit von Flächen, die menschliche Lebenstätigkeit nachhaltig zu gewährleisten, des ökologischen Fußabdrucks orientierte Raumordnung an Gewicht gewinnen.[9] Dabei wird die Selbstreproduktion zum Grundprinzip erhoben und nicht nur auf Naturschutzgebiete eingegrenzt. Sind z. B. landwirtschaftlich genutzte Flächen in einer Region so angelegt, dass sie einen Nettobeitrag zur Erhöhung der Biokapazität leisten (vgl. ökologischer Fußabdruck) oder werden sie durch Monokulturen und Überdüngung zum Faktor für eine Minderung biokapazitärer Qualitäten und zur Erhöhung des CO_2-Ausstoßes? In Analogie dazu wären alle Nutzungsansprüche an die jeweiligen Flächen zu taxieren und in strategischen Planungs- und Entscheidungsverfahren zu bestimmen.

Von wesentlicher Bedeutung sind dabei die Eigentumsfragen an Grund und Boden. Hier gilt es, gleiche Resilienz-Prinzipien, wie das der Verlässlichkeit oder Diversität, zur Grundlage zu erheben. Eine Verstaatlichung wäre nur eine Form der Monopolisierung und stünde ebenso einer Resilienz entgegen, wie eine überbordende Privatisierung in Händen einzelner Besitzer. Eine wichtige steuernde Funktion nimmt kommunaler Landbesitz in der Region ein, kann doch auf diese Weise Einfluss genommen werden auf eine Richtung der Nutzungsgestaltung von Flächen. Dies gilt es, mit umfassenden Experimenten in Real-Laboren und systematischen Beteiligungsprozessen (z. B. Charrettes) sowie einem internationalen Austausch zu testen und umzusetzen (Augenstein et al., 2016).[10]

Darüber hinaus erlangen *Infrastrukturen,* die für die Aufrechterhaltung des öffentlichen Lebens notwendig sind, eine Schlüsselrolle für die Resilienz von Stadt-Regionen. Ihre gemeinwirtschaftliche Ausrichtung, d. h., ihre nicht primär an Gewinnen ausgerichtete Entwicklung, sondern primär entlang der o. g. Kriterien erfolgende Ausgestaltung, gewinnt im Zusammenhang mit

[9] https://plattform-footprint.de/verstehen/biokapazitaet-2/

[10] www.charretteinstitute.com

systemischen Krisen wachsende Bedeutung. Hier spielen Modularität, Diversität, Opulenz und Elastizität eine bestimmende Rolle. Zu den sensiblen Infrastrukturen gehören insbesondere diejenigen, die in den elementaren Bereichen Gesundheit, Bildung, Ernährung, Behausung und Mobilität angesiedelt sind. Dabei geht es um elementare Versorgung und Vorsorge. Diese sind jeweils regional konkret zu definieren, aber auch im Gesamtzusammenhang von Transformationen und Störanfälligkeiten zu betrachten. Die Trägerschaft derartiger Infrastrukturen ist regional anzupassen, muss aber in öffentlicher Hand bzw. unter öffentlicher Kontrolle sein. Geeignet wären gemeinnützige Träger oder unter mehrheitlich in kommunalem oder öffentlichem Besitz befindliche Einrichtungen. Natürlich bedeutet dies keinesfalls eine Garantie für resiliente Entwicklungen. Hier bedarf es weitergehender Einflussmomente, die kontrollierend und anregend wirken, im Sinne von „remember" und „revolt". Die öffentliche Reflexion, begleitet von kritischer Wissenschaft und Kunst, kann dabei eine wichtige, indirekte Steuerungsfunktion übernehmen.

4.2 Planungskunst für eine resiliente Regionalentwicklung

„Hier ist Ingenieurskunst gefragt!"[11] So fasste der Biologe Wolfgang Büchs die Herausforderungen zusammen, die sich aus der Aufgabe des Neuaufbaus der von der Flutkatastrophe im Sommer 2021 betroffenen Gebiete ergeben. Damit meinte er, verallgemeinert gesagt, eine Verknüpfung von kritisch reflektiertem fachlichem, wissenschaftlichem Wissen auf verschiedenen Gebieten. Zu dieser Grundlage kommt eine Integration gewonnener Erfahrungen aus den Krisen, die Einbeziehung des Alltagswissens von Betroffenen und eine intuitive Fähigkeit hinzu, diese verschiedenen Aspekte zusammenzudenken und in konkrete räumlich-bauliche Strukturen zu übertragen, die besser geeignet erscheinen, Krisen zu widerstehen. Das ist eine komplizierte Herausforderung, aber eine essentielle. Denn regionale Planung bewegt sich grundsätzlich und zunehmend in unbekannten Gefilden, in Raum und Zeit ohne klare Gewissheiten, so jedenfalls die fast schmerzliche Erkenntnis der Planungsdisziplin nach einem Jahrhundert linearer Planung und im Zusammenhang mit zunehmender Gefahrenlage.

Anders gesagt, räumliche Planung unterliegt nach dem Ende des „Gott-Vater-Modells" der Moderne einem Paradox: Die „eigentliche Rationalität der Planung

[11] https://www.tagesschau.de/wirtschaft/technologie/hochwasserschutz-ahrtal-101.html

liegt in ihrer Fähigkeit, zwischen widersprüchlichen Aufgaben zu lavieren, sich gleichsam in der Schwebe zu halten im Spannungsfeld verschiedener Rationalitäten [...] das Geschäft der Planung ist die Quadratur des Kreises." (Siebel, 2006, S. 209). Das allein wäre auch mit „Kunst" zu bezeichnen, die einer „Lebenskunst" der Planung nahekäme. Sie muss elastisch sein, sich also anpassen können, Spielräume auszunutzen vermögen und dabei dennoch konzeptionell aktiv bleiben. Dabei agiert sie „auf dünnem Eis", denn sie muss stets mit einer mehr oder minder unzureichenden Erkenntnisbasis zurechtkommen; ein Prototyp für Heuristik. Das Finden von Planungsaussagen hat etwas mit Unmöglichem zu tun, nämlich, dass Ungewissheiten, Wahrscheinlichkeiten und Unumkehrbarkeiten, divergierende Ziele, politische, ökonomische oder ökologische Zwänge, die sich aus Stressfaktoren ergeben, und anderes mehr in Übereinstimmung gebracht werden müssen und dabei eine möglichst konsistente Richtung erreicht werden soll. Das wird noch komplizierter gemacht durch das Auftauchen von „Schwarzen Schwänen" (Taleb, 2014), wenn also das Zufällige und Unvorhersehbare zusammenkommt. Daran setzt der von Kegler eingeführte Begriff der „Planungskunst" an, der ein erweitertes Verständnis von Rationalität beinhaltet (Kegler, 2014, S. 140). Er korrespondiert mit dem gängigen Begriff der „Ingenieurskunst", also einer Verknüpfung von Erfahrung, rationalem Sachverstand, fachlich begründeter Intuition und Kooperation.

„Kunst" ist für unser resilienzbezogenes Verständnis erweitert und auf drei Ebenen zu fassen (Kegler, 2021). Zum einen ist da die bereits erwähnte „Lebenskunst", ars vivendi, oder besagte „Ingenieurskunst" zu nennen. Dies knüpft an die Debatten der (Über-)Lebenskunstphilosophie oder politischen Kunst an (Kessel, 2019). Sie beinhaltet nicht schlechthin ein „Durchkommen", sondern besitzt einen gestaltenden Anspruch, der sich aber vorrangig aus plausiblen und Alltagserkenntnissen speist. Von dieser „Kunst" muss die „Stadtbaukunst" unterschieden werden. Zum einen wird dabei der künstlerische Charakter des Städtebaus betont, also die ästhetisch-gestalterische Seite der Stadt. Zum anderen wird damit die Kunst gemeint, im Städtebau unterschiedliche soziale, ökonomische, politische, ökologische, technische und kulturelle Aspekte in der Gestaltgebung der Stadt zusammenzubringen. „Diese Kunst, ein multidisziplinäres Verständnis der Stadt in der Stadtgestalt zusammenzuführen, ging mit den reduktionistischen Auffassungen einer funktionalistischen, soziologischen oder verkehrstechnischen Stadtplanung weitgehend verloren."[12] In der Nachfolge von Camillo Sitte (1889)

[12] https://www.stadtbaukunst.de/institut/ueber-uns/

und anderen Begründern der Disziplin Stadtplanung um 1900 wird damit die Gestaltung von Stadträumen bezeichnet, denen „künstlerische" (architektonisch-gestalterische) Raum-Qualitäten zugesprochen werden. Ein künstlerisch-gestalterischer Zugang zur Stadt-Region gehört somit auch zur Planungskunst und wirkt bildprägend (Delfante, 1999). Eine solche Qualität ist für die Resilienz von sozial-kultureller Bedeutung, befördert (oder behindert) sie Ausprägungen von Identifikation, Zuneigung oder Bedeutung für Erinnerungen von Menschen mit ansprechend gestalteten Räumen und Orten.

Letztlich wird „Kunst" hier als vorrangig nicht-wissenschaftliche Tätigkeit für die Planung herangezogen, da ein Umgang mit den Ungewissheiten auch eine Erweiterung von planender Handlung erfordert und dies mit strategischem Denken verbindet, das nicht direkt aus wissenschaftlichen Erkenntnissen abgeleitet ist oder werden kann. Dies betrifft das Öffnen von gänzlich neuen Sichtweisen auf zukünftige Entwicklungen, aber auch die Möglichkeit der Verfremdung und Intervention, die Einbeziehung von Laienwissen in die Planung oder eine Thematisierung von Zukunftsbildern oder Reflexionen jenseits wissenschaftlicher Zugänge. Das meint explizit nicht „Retro-Konzepte", die als „Lösungen" ausgegeben werden, kann aber durchaus auch Anregungen aus religiösen oder intuitiven Vorstellungen beinhalten. Ein derartiges Verständnis von Planungskunst knüpft auch an Ideen einer „Spaziergangswissenschaft" von Lucius Burckhardt (Schmitz, 1980, S. 5), Paul Feyerabends „Wissenschaft als Kunst" (1984) oder, aktuell, an die Diskussionen einer „Stadtpolitik für alle" (Brokow-Loga & Eckardt, 2021) sowie an das „Anthropozän-Konzept" (Kersten, 2014) an. Darüber hinaus öffnet sich eine epistemische Möglichkeit für die Planung durch „Künstlerische Forschung"[13]. Dabei wird im Erkenntnisprozess die Methode und Theorie entwickelt, vielleicht sogar erst im Nachhinein erkannt. Daraus können unerwartet neue Zugänge zum Planungsgegenstand erwachsen. Der Prozess selbst wird zum ästhetischen Vorgang und die Praxis der Forschung verlässt den streng wissenschaftlichen Zugang bisheriger Herkunft.

Letztlich rankt sich die hier unterbreitete Erweiterung des Planens um die Suche nach angemessenen Methoden, Zielen und Instrumenten für eine Planung unter den Maßgaben einer Zukunftsoffenheit und Unbestimmtheit. Darauf hat bereits Paul Feyerabend aufmerksam gemacht, als er eine radikale Vorgehensweise für die Wissenschaft forderte, um zu neuen Einsichten zu gelangen, was durchaus in Analogie für die Planung geltend gemacht werden kann: „Wer

---

[13] https://wissenschaft-kunst.de/kuenstlerische-forschung-was-ist-das/

sich dem reichen, von der Geschichte gelieferten Material zuwendet und es nicht darauf abgesehen hat, es zu verdünnen, um seine niederen Instinkte zu befriedigen, nämlich die Sucht nach geistiger Sicherheit in Form von Klarheit, Präzision, ‚Objektivität', ‚Wahrheit', der wird einsehen, daß es nur einen Grundsatz gibt, der sich unter allen Umständen und in allen Stadien der menschlichen Entwicklung vertreten läßt. Es ist der Grundsatz: Anything goes." (Feyerabend, 1986, S. 31–32). Er befürwortet hier nicht eine postmoderne Beliebigkeit, sondern misst letztlich diese radikale Offenheit an ethischen Grundsätzen, wie „menschlicher Güte" (Feyerabend, 1986, S. 30–31) oder Verantwortung für das Ganze.

Nun sei damit nicht gemeint, planerische Lösungen für resiliente Entwicklungen per se durch Kunst zu erhalten oder Planung als Kunst zu verstehen, sondern diese ist handlungs-mit-bestimmend für Planung zu erschließen und bewusst zu machen, mit wissenschaftlichem Anspruch. Vielmehr handelt es sich um Heuristik als „Kunst, mit wenig Informationen zu einer Problemlösung zu kommen", wie Gerstengrabe und Welzer herausarbeiteten (2013, S. 219), also einer komplexen Art des erkennenden Handelns, in welcher die genannten drei „Künste" zusammenfinden. Die im erwähnten IPCC-Modell dargestellten Entscheidungspunkte versinnbildlichen die Handlungsmomente und Spielräume innerhalb der natürlich oder anthropogen erzeugten Stressfaktoren für eine Planung der Regionalentwicklung (IPCC, 2014). Dieser Spielraum lotet das Verhältnis von Resilienz und Risiko aus. Die Richtungsentscheidungen sind komplex und nicht immer folgerichtig. Sie finden als eine Suche nach Optionen in Raum, Zeit und an bestimmten Schwellen der Stressentwicklungen statt. Für die jeweils zu treffenden Entscheidungen dient Planungskunst als Handlungsverständnis. Die drei Zugänge zur „Kunst" (Lebens-/Ingenieurskunst, Stadtbaukunst und Kunst als spezifische Tätigkeit) werden dabei integriert und mit wissenschaftlichem Planen zusammengeführt. Befreit vom Korsett des linearen Denkens in Kategorien von Wachstum und Großstrukturen sowie in perfekten Lösungen, können so die Bausteine einer resilienzorientierten Regional-Planung erarbeitet werden.

4.3 Bausteine einer resilienzorientierten, lernenden Planung

Ähnlich der Untersuchungen von Emmy Werner auf der Insel Kauai (Berndt, 2013), könnten Langzeitstudien für eine stadtregionale Resilienz starten, denn eine solche Forschung mit ausdrücklichem Praxisbezug ermöglicht solide strategische Aussagen zur Planung und deren realitätsnaher Umsetzung. Derartige

Langzeituntersuchungen bilden zugleich einen Beitrag zum Aufbau von stabilen Grundlagen in Forschung und Lehre und können als Referenzvorhaben für diverse Untersuchungen sowie für Projekte dienen. Wenn also Resilienz zukünftig einen bedeutenderen Stellenwert für Kommunen und Regionen haben wird, dann sind gezielte, systematische und komparative Untersuchungen unumgänglich. Daran schließen sich fünf abgeleitete Programmpunkte an, die den Bogen bis zu einem politischen Impuls spannen:

4.3.1 Netzwerk von Langzeitexperimentalorten

Urbane Resilienz ist eine Langzeit- und Daueraufgabe. Bislang liegen nur wenige wissenschaftlich belastbare und empirisch gesicherte Erkenntnisse vor. Es bedarf koordinierter und langfristig angelegter Programme auf verschiedenen Ebenen, um in dem sich abzeichnenden offenen Feld der Anpassungsbedarfe an den Klimawandel, der Transformationen der Städte oder der langfristigen Vorsorge Erkenntnisse zu gewinnen, die über die ad-hoc-Politik hinausreichen oder nur reaktiv wirken. Das genügt mittelfristig nicht. So wäre eine Versuchsanstalt für urbane Resilienzforschung zu gründen, die zugleich mit einem Verbund an Modellorten kooperiert, welche an Langzeituntersuchungen und Experimenten mitwirken, um übertragbare Grundlagen für stadtregionale Resilienz zu erproben. Dies wäre zu erweitern um Partnerschaften zwischen Risiko- und bereits in Erprobung befindlichen Resilienz-Orten.

4.3.2 Forschung zum Lernen für Resilienz

Wenn das Lernen für Resilienz eine besondere Rolle spielen soll bei der Implementierung in Planung und Politik, dann bedarf es dafür auch einer Forschung zu diesem Zweck. Dies betrifft im Grunde alle Ebenen des Lernens, sowohl in der Schule und im Studium als auch in der fortlaufenden Qualifikation. Resilienz gehört zu einem Grundkanon des Wissens. Darüber hinaus bedarf es aber spezifischer Einrichtungen, die eine Forschung für das Erlernen von Resilienz befördern. Dazu wären offene Lehrlaboratorien in Studiengängen der Raumdisziplinen und Reallabore zu zählen, wo experimentiert werden kann im Grenzbereich von Disziplinen und kommunalen Anwendungsbereichen (Augenstein et al., 2016). Ein besonderer Forschungsgegenstand würde sich – neben planungstheoretischen und planungshistorischen Forschungen – aus dem Thema der Planungskunst ableiten. Hier besteht über die skizzierten Ansätze hinausgehend Forschungs- und Experimentalbedarf. Letztlich geht es darum, anwendungsfähige Erkenntnisse zu liefern, die Entscheidungsträgern „Faustregeln im Umgang mit Risiken und Unsicherheiten" (Jakubowski, 2016, S. 151) an die Hand geben.

4.3.3 Stiftung für Resilienz

Eine Resilienzforschung, die auch eine Grundlage für Anwendung auf politischer Ebene bietet, bedarf einer dauerhaften Fundierung, jenseits von Projektausrichtung. Eine Stiftung bietet sich dafür an. Sie würde als Träger fungieren für die Kommunikation zum Thema Resilienz, für Forschung, aber auch für Bildungsinitiativen über Stipendien oder für Initialprojekte, die als öffentliche Lernfelder für Resilienz dienen. Die Stiftung hätte auch die Aufgabe, die internationale Kooperation zu forcieren und Netzwerke zu befördern.

4.3.4 Resilienz-Politik

Politik umfasst bekanntlich zwei Ebenen, die miteinander verknüpft sind. Das ist einmal die inhaltliche, programmatische und die institutionelle. Auf der programmatischen Seite geht es um eine Weiterentwicklung der Nachhaltigkeitsstrategien in der Stadtentwicklungspolitik, wie sie auf nationaler und europäischer Ebene bereits verfolgt werden – bei all ihren Unzulänglichkeiten. Das Thema Resilienz gilt es hier zu implementieren. Ein erster Schritt ist in dieser Hinsicht mit dem jüngst vorgelegten *„Resilienz-Memorandum“*[14] erfolgt, wenngleich dies nur ein erster Ansatz sein kann. Dieses Memorandum wurde immerhin auf dem 14. Bundeskongress der Nationalen Stadtentwicklungspolitik beschlossen. Damit erscheint Resilienz erstmalig auf Bundesebene in dieser Form eine politische Bedeutung erlangt zu haben. Freilich dürfen derartige Resolutionen nicht überschätzt werden und ihre inhaltliche Ausrichtung entspricht auch noch nicht allen Belangen. Dieses Memorandum aber kann ein wichtiger Impuls für weitergehende politische Schritte sein. Damit können auch die lokalen und regionalen Konzepte zur Stadtentwicklung, zu Demografie und Klimaschutz weiterentwickelt werden.

Darüber hinaus bieten sich Möglichkeiten an, Fragen einer Neujustierung der Raumordnung durch Orientierung auf Biokapazitäten und stabile Raumelemente auf die Tagesordnung der Politik zu setzen.

Die institutionelle Seite betrachtend, wäre ein weiterer Schritt zu gehen, der das Thema Resilienz in der wissenschaftsbasierten Politikberatung verortet: Aufbau einer Struktur für die interdisziplinäre Forschung und Beratung als ein „Ständiger Gutachterrat für Resilienz“. Dieser würde ein *„Log-Buch“* der Resilienz-Entwicklung führen, das ein Archiv der Krisen und Reaktionshandlungen darstellt.

---

[14] https://www.nationale-stadtentwicklungspolitik.de/NSPWeb/SharedDocs/Blogeintraege/DE/memorandum_urbane_resilienz.html

Ein solches wäre auch auf kommunaler und regionaler Ebene zu führen und mit dem des Gutachterrates zu verlinken. So wäre eine Grundlage für die „remember"-Funktion gegeben, was ein Lernen aus der Vergangenheit instrumentell ermöglicht.

Darüber hinaus kann eine Erweiterung des Spektrums bereits erprobter Instrumente für „Revolt"-Impulse, wie Internationale Bauausstellungen, Modellstädte (Regionen) oder Experimentalvorhaben (vgl. ExWoSt, Ferropolis oder ökologisches Bauen) sowie Kunst-Interventionen, im Sinne einer Resilienzorientierung und Verstetigung in der Planungspraxis vorgenommen werden (Back, 2021). Das klingt nach Addition eines weiteren Themas. Zunächst aber bedeutet dies, Resilienz im Sinne einer „Forward-Resilienz" zu einem dauerhaften Gegenstand von räumlicher Politik zu erheben. Das betrifft alle Ressorts. Die entscheidende Ebene ist aber die der Gebietskörperschaft, der Stadt und Region. Sie fungiert als steuernde Hand, die mit dezentral organisierten Partnern eine Planung für die urbane, resilienzorientierte Transformation bewerkstelligt.

4.3.5 Resilienzforen

Wenn von Kommune gesprochen wird, dann bedeutet dies nicht, dass nur die Stadtpolitik oder die Verwaltung gefragt sind. Urbane Resilienz ist eine Angelegenheit aller. Deswegen bedarf es für die Neuausrichtung stadtregionaler Politik weitergehender Institutionalisierungen. Hierbei sollten die Erfahrungen von Stadt- oder Regionalforen, aber auch von Organisationen wie der „Transition Town"-Bewegung, der „Bürgerräte" oder der „Runden Tische" einbezogen werden (Schneidewind & Singer-Brodowski, 2013).[15] Durth (2015/1990) verweist auf die produktiven Erfahrungen mit „Runden Tischen" aus der sog. „Wende" der DDR um 1990, die einen neuen Typ an demokratischer Gesellschaftsgestaltung repräsentierten. Die Resilienzforen können daran anknüpfen. Sie sind (temporäre) Zusammenschlüsse verschiedener Personen, Institutionen, Unternehmen, der Zivilgesellschaft, der Verwaltungen sowie der Politik – jenseits der etablierten Hierarchien. Diese Foren können Weichenstellungen für formale politische Prozesse vornehmen und konkrete Maßnahmen vorbereiten, vor allem aber die Öffentlichkeit der Stadtgesellschaft in die Debatten um bestmögliche Strategien für eine Resilienzorientierung einbeziehen, letztlich für eine Rekonstruktion von Stadt im Sinne einer Resilienz. Die Foren sind offen zu gestalten, was nicht ohne Konflikte und Risiken ablaufen dürfte. Die zu beteiligenden Akteure könnten zum Teil auch widersprüchliche oder gar „Retro"-Ziele verfolgen. Auch das gehört zu

[15] https://www.mehr-demokratie.de/themen/direkte-demokratie-und-buergerraete/

einer Suche nach Strategien, wobei auch innere Mechanismen zu finden sind, um die Kriterien der Resilienz, z. B. Diversität, zu gewährleisten. Sie bergen in ihrer Gesamtheit dennoch den Nährboden für die Selbstorganisation der Gesellschaft und ihrer resilienzorientierten Transformation.

Mit ihrem breitgefächerten Teilnehmerkreis, ihrer Offenheit, ihrer öffentlichen Wirkungsmöglichkeit und ihrer versammelten Wissens- und Erfahrungskapazität sind Resilienzforen eine Plattform für den Austausch in resilienzrelevanten Fragen. Hier sollten sich insbesondere auch Institutionen, Gremien, Ressortvertreter, Interessierte und Betroffene zusammenfinden, die der Betreuung der Gemeingüter verpflichtet sind. Dazu zählen auch Institutionen wie Rettungsdienste, Hilfsorganisationen, der Katastrophen- und Hochwasserschutz, das Technische Hilfswerk oder die Feuerwehr, aber auch die Land- und Forstwirtschaft, die Wasserversorgung und die Kommunalverwaltungen. Ihre Kenntnisse und gesammelten Erfahrungen bei der Katastrophenbekämpfung, bei der Prävention und bei kommunikativen Maßnahmen gerade aus der jüngeren Vergangenheit sind unverzichtbar. Darin wird die republikanische Idee für ein regional basiertes Europa mit entsprechenden neuen Gremien unterbreitet. Daran kann angeschlossen werden.

Ein Resilienzforum ersetzt nicht die demokratisch gewählten Repräsentanten und Gremien. Mit ihnen wird eine Art „zweite Kammer" des Gemeinwesens eingeführt. Die „erste Kammer" umfasst existierende Strukturen der Legislative, Judikative und Exekutive. Sie basieren auf demokratischer Legitimation und Rechtsstaatlichkeit. Eine „zweite Kammer" wird nach dem Zufallsprinzip ermittelt und dauerhaft, aber zugleich zyklisch wechselnd angelegt. Dieses Gremium wird, die Erfahrungen bisheriger Foren aufgreifend, durch per Los ermittelte Repräsentanten der Zivilgesellschaft sowie aus der Bürgerschaft gebildet (Münkler & Münkler, 2019). Die Akteure arbeiten zeitlich begrenzt mit, verfügen über legitimiertes Vorschlags- und ein – resilienzbezogenes – *Vetorecht.* Damit haben sie weiterreichende Möglichkeiten der Einflussnahme als es mit der „Konsultative" denkbar wäre, so wichtig dieser Ansatz auch ist (Nanz & Leggewie, 2018). Mit der „Konsultative" wird eine Institutionalisierung des Bürgerwillens jenseits der etablierten Gremien angestrebt, die eine erweiterte Kompetenz in die demokratischen Entscheidungsprozesse einbringt. Eine „zweite Kammer" wird dauerhaft finanziell als Institution gesichert und mit zyklisch wechselnden Personen besetzt. Diese führen das oben genannte *Log-Buch* der Kommune und initiieren Impulse im Sinne des „Remember" und „Revolt". Ein Resilienz-Manager leitet das operative Geschäft. Die Arbeit ist grundsätzlich öffentlich. Die Ziele, Grundlagen und Arbeitsweisen für die Resilienzforen bilden die zur Planungskunst unterbreiteten Anregungen.

Das Resilienzforum fungiert wie ein Katalysator in dem Prozess des Lernens der Stadtgesellschaft. Es setzt zwar selbst Impulse, benötigt aber dafür auch externe, unabhängige Expertise. Letztlich aber müssen die Positionen, die in den Foren erarbeitet werden, durch gewählte politische Gremien umgesetzt werden. Foren erweitern Diskurs zwischen demokratischen Allianzen jenseits tradierter politischer Lager. Restrisiken werden bleiben und ein Scheitern kann auch nicht ausgeschlossen werden. Doch kann mit diesen Foren die Wahrscheinlichkeit der Selbsterneuerung erhöht werden. Die Foren stellen, so der hier unterbreitete Ansatz, den Kern eines politisch-organisatorischen Rahmens für Übereinkünfte und das Schaffen von Handlungsfähigkeit für Resilienz dar. Diese entstehen im Diskurs und lassen die Themen einer vorsorgenden Planung zu einer öffentlichen Lern-Angelegenheit der stadtregionalen Gesellschaft im Sinne einer „Diskursallianz“[16] werden (Fichtner, 2010).

5 Fazit

Systemische Krisen, wie sie sich im Gefolge des anthropogenen Klimawandels, der Hyperurbanisierung, der ökonomischen Globalisierung oder der sich verschärfenden sozialen Spaltung abzeichnen oder bereits begonnen haben, bedürfen systemischer Antworten. Diese versprechen keine einfachen Lösungen, sondern sind im Wesentlichen strategische Umorientierungen bisheriger Wachstumspfade. Dieses Umorientieren kann nur durch ein öffentliches Aneignen epistemischen Wissens zum Umgang mit den Konsequenzen jener Krisen erfolgen. Planung für die urbane Resilienz ist Teil einer ersten (systemischen) Antwort. Ihr müssen sicher weitere folgen. Doch ohne eine solche Umorientierung sinken die Chancen für eine Entwicklung jenseits wachsender Risiken für die Menschheit generell, aber auch für jede Region. „Städte sind dynamische Systeme, und Resilienz wird daher für die Stadt der Zukunft zu einem überlebenswichtigen Merkmal.“ (Thoma, zit. in Burmeister, Rodenhäuser, 2016, S. 106).

[16] http://www.denkwerk-demokratie.de/wp-content/uploads/2012/08/DD_Werkbericht_1.pdf, S. 98.

Abbildungen

Abb. 1 „Panarchie-Zyklus nach Gunderson und Holling." Quelle: Gunderson L. & Holling C. (Hrsg.) (2002). Panarchy – Understanding transformations in human and natural systems, Washington, S. 34, Grafik: Emily Georg.

Abb. 2 „Gleichgewichtsmodell zu Resilienz und Risiko nach Erisman." Quelle: Erisman, J. W. (2015). Put people at the centre of global rsik management. In Nature, vol. 519. 12 March 2015. S. 151–153. Grafik: Emily Georg.

Abb. 3 „Handlungsspielräume auf dem Weg zur Resilienz." Quelle: IPCC (2014). Summery for policymakers. In Climate Change 2014 – Impacts, Adaptation and Vulnerability. Part A: Global and Social Aspects. WG II, 5. Assessment Report of IPCC. Cambridge, New York. S. 28–29. Grafik: Christin Schmitt.

Anmerkung: Bei Verwendung des generischen Maskulinums sind stets alle Menschen gemeint.

Literatur

acatec Akademie der Technikwissenschaften/Hrsg. (2017). *Das Energiesystem resilient gestalten – Maßnahmen für eine gesicherte Versorgung*. Acatec.

Adams, R. M. (1978). *The evolution of urban society: Early Mesopotamia and Prebispanic Mexico*. Aldine.

Albers, G., & Wekel, J. (2008). *Stadtplanung*. Primusverlag.

Allen, T. F. H., & Starr, T. B. (1982). *Hierachy: Perspectives for ecological complexity*. University of Chicago Press.

Augenstein, K. et al. (2016). Von der Stadt zum urbanen Reallabor – eine Einführung am Beispiel des Reallabors Wuppertal. In H. Ulf & K. Harald (Hrsg.), *Resilienz. Stadt und Region – Reallabore der resilienzorientierten Transformation* (S. 167–195). Lang.

Back, L. (2021). Krise und Resilienz. *Deutsches Architektenblatt, 02*(21), 3–6.

Benevolo, L. (1999). *Die Stadt in der europäischen Geschichte*. Beck.

Berndt, C. (2013). Resilienz – Das Geheimnis der psychischen Widerstandskraft. München: Dtv.

Bodenschatz, H. (1992). Großstadt – Bauhaus – Berlin. In Bauhaus Dessau (Hrsg.), *Die BauhausStadt – Spiegelbild urbanistischer Konzeptionen um 1930* (S. 66–84). Bauhaus Dessau.

Brock, W. A., et al. (1988). Nonlinearity and complex dynamics in economics and finance. In P. Anderson (Hrsg.), *The economy as an evolving complex system* (S. 77–97). Addison-Wesley.

Brokow-Loga, A., & Eckardt, F. (2021). *Stadtpolitik für alle*. Graswurzelrevolution.

Brown, L. R. (2007). *Plan B 2.0*. Homilius.
Brunetta, G., Caldarice, O., Tollin, N., Rosas-Casals, M., & Morato, J. (Hrsg.). (2019). *Urban resilience for risk and adaptation governance*. Springer.
Burmeister, K., & Rodenhäuser, B. (2016). *Stadt als System*. Oekom.
Christmann, G., Ibert, O., Kilper, H., & Moss, T. (2012). *Vulnerability and resilience from a socio-spatial perspective – Towards a theoretical framework*. IRS.
Davoudi, S. (2012). Resilience – A bridging concept or a dead end? *Planning Theory and Practice, 13*(2), 299–307. Newcastle. https://doi.org/10.1080/14649357.2012.677124.
Delfante, C. (1999). *Architekturgeschichte der Stadt*. Primusverlag.
Diamond, J. (2006). *Kollaps. Warum Gesellschaften überleben oder untergehen*. S. Fischer.
Emmott, S. (2013). *Zehn Milliarden*. Suhrkamp.
Endreß, M., & Rampp, B. (2015). Resilienz als Perspektive auf gesellschaftliche Prozesse. In M. Endreß & A. Maurer (Hrsg.), *Resilienz im Sozialen* (S. 33–55). Springer VS.
Erisman, J. W. (2015). Put People at the centre of global risk management. *Nature, 519*, 151–153.
Fathi, K. (2019). *Resilienz im Spannungsfeld zwischen Entwicklung und Nachhaltigkeit: Anforderungen an gesellschaftliche Zukunftssicherung im 21. Jahrhundert*. Springer.
Finke, P. (2014). Nachhaltigkeit und Krisen in kulturellen Systemen. In A. Schaffer, E. Lang, & S. Hartard (Hrsg.), *Systeme in der Krise im Fokus von Resilienz und Nachhaltigkeit* (S. 25–49). Metropolis.
Fichtner, K., Gleich v. A., Pfriem, R., & Siebenhüner, B. – Projektkonsortium nordwest2050/Hrsg. (2010). *Theoretische Grundlagen für erfolgreiche Klimaanpassungsstrategien*. https://www.researchgate.net.
Feyerabend, P. (1984). *Wissenschaft als Kunst*. Suhrkamp.
Feyerabend, P. (1986). *Wider den Methodenzwang*. Suhrkamp.
Folke, C., Berkes, F., & Colding, J. (1998). Ecological practices and social mechanisms for building resilience and sustainability. In F. Berkes & C. Folke (Hrsg.), *Linking social and ecological systems* (S. 414–436). University Press.
Folke, C. (2006). Resilience: The emergence of a perspective for social-ecological system analyses. *Global Environmental Change, 16*, 253–267.
Gerste, R. D. (2015). *Wie das Wetter Geschichte macht*. Klett Cotta.
Gerstengarbe, F.-W., & Welzer, H. (2013). *Zwei Grad mehr in Deutschland*. S. Fischer.
Geßner, K. (2020). *Die Vermessung des Kosmos*. Böhlau.
Glaser, R. (2008). *Klimageschichte Mitteleuropas – 1200 Jahre Wetter, Klima, Katastrophen*. Primusverlag.
Grunwald, A., & Kopfmüller, J. (2012). *Nachhaltigkeit*. Campus.
Gunderson, L., & Holling, C. (2002). *Panarchy – Understandign transformations in human and natural systems*. Islandpress.
Hamilton, C. (2010). *Requiem for a species – Why we resist the truth about climate change*. Earthscan.
Heller, J. (2013). *Resilienz*. Gräfe und Unzer.
Holling, C. S. (1973). Resilience and stability of ecological systems. *Annual Review of Ecological Systems., 4*, 1–23.
Holling, C. S., & Gunderson, L. H. (2002). Resilience and adaptive cycles. In L. H. Gunderson & C. S. Holling (Hrsg.), *Panarchy – Understanding transformations in human and natural systems* (S. 25–62). Islandpress.

Hopkins, R. (2009). *The transition handbook – From oil dependency to local resilience.* Transitionbooks.
Horita, F., et al. (2017). Bridging the gap between decision-making and emerging big data sources: An application of a model-based framework to disaster management in Brazil. *In Decision Support Systems., 97,* 12–22.
Horx, M. (2011). *Das Megatrendprinzip – Wie die Welt von morgen entsteht.* DVA.
IPCC (2014). Summary for policymakers. *Climate Change – Impacts, Adaptation, and Vulnerability. Part A: Global and Social Aspects. WG II, 5.* Assessment Report of the IPCC. IPCC·
Jakubowski, P. (2016). Resiliente Stadtentwicklung – Modellvorhaben können helfen. In U. Hahne & H. Kegler (Hrsg.), *Resilienz. Stadt und Region – Reallabore der resilienzorientierten Transformation* (S. 147–165). Lang.
Kalisch, R., Müller, M. B., & Tüscher, O. (2014). Transdiagnostisch, multisystemisch, quantitativ. *PTT Persönlichkeitsstörungen: Theorie und Therapie, 18*(4), 203–214.
Kalisch, R., Cramer, A. O., Binder, H., Fritz, J., Leertouwer, I., Lunansky, G., Meyer, B., Timmer, J., & Veer, I. M. & Van Harmelen, A. L. (2019). Deconstructing and reconstructing resilience: A dynamic network approach. *Perspectives on Psychological Science, 14*(5), 765–777.
Karlenzig, W. (2010). The death of sprawl – Designing urban resilience for the twenty-first-century resource and climate crises. Santa Rosa: https://www.resilience.org/stories/2010-06-23/death-sprawl-designing-urban-resilience-21st-century-resource-and-climate-crises/.
Kegler, H. (2014). *Resilienz – Strategien und Perspektiven für eine widerstandsfähige und lernende Stadt.* Birkhäuser.
Kegler, H. (2015a). Resilienz – neuer Maßstab für Gestaltung und Planen. *Garten+Landschaft, 3,* 18–22.
Kegler, H. (2015b). Resilienz: Ein neues Leitbild lernen. In SRL e.V. (Hrsg.), *Jahrbuch für Städtebau – Beiträge zu Stadtentwicklung und Städtebau. SRL-Schriften 57* (S. 57–64). SRL Eigenverlag.
Kegler, H. (2016). Eine Schwelle im Anthropozän: Vom Wachstum zur Resilienz, Anregungen für ein räumliches Lernprogramm zur resilienten Stadtgesellschaft aus historisch-strategischer Perspektive. In U. Hahne & H. Kegler (Hrsg.), *Resilienz. Stadt und Region – Reallabore der resilienzorientierten Transformation* (S. 19–60). Lang.
Kegler, H. (2022). *Resilienz – Strategien und Perspektiven für eine widerstandsfähige und lernende Stadt. Zweite* (erweiterte). Birkhäuser.
Kelbraugh, D. S. (2002). *Repairing the American metropolis. Commen place revisted.* University of Washington Press.
Kersten, J. (2014). *Das Anthropozän-Konzept. Kontakt, Komposition, Konflikt.* Nomos.
Kessel, W. (2019). *Die Kunst, den Kapitalismus zu verändern.* Publik-Forum.
Klingholz, R. (2014). *Sklaven des Wachstums.* Campus.
Kundak, S. (2011). *Cascading and unprecedented effects of disasters in urban systems.* CRC Press.
Lang, T. (2012). How do cities and regions adapt to socioeconomic crisis? Towards an institutional approach to urban and regional resilience. *Raumforschung und Raumordnung, 70,* 285–292.
Lichtenberger, E. (2011). *Die Stadt. Von der Polis zur Metropolis.* Primusverlag.

Ludwig, J. A., & Tongway, D. J. (1996). Rehabilitation of semiariad landscaps in Australia. *Restoration Ecology, 4*, 398–406.

Lukesch, R., Payer, H., & Winkler-Rieder, W. (2010). *Wie gehen Regionen mit Krisen um? Eine explorative Studie über die Resilienz von Regionen.* Im Auftrag des Bundeskanzleramtes von ÖAR Regionalberatung GmbH in Fehring. Wien.

Masterlabor 2146-Universität Kassel. (2016). Resilienztest – mehr als nur Plan B. *In Planerin, 3*(16), 45–46.

Meadows, D. H. (2010). *Die Grenzen des Denkens*. Oekom.

Müller, B. (2011). Urban and regional resilience – A new catchword or a consistent concept for research and practice? Remarks concerning the international debate and the German discussion. In B. Müller (Hrsg), *Urban regional resilience: How do cities and regions deal with change?* Springer, 2011, (German Annual of Spatial Research and Policy, 2010, S. 1–13).

Münkler, H., & Münkler, M. (2019). *Abschied vom Abstieg*. Rowohlt.

Nanz, P., & Leggewie, C. (2018). *Die Konsultative*. Wagenbach.

Newman, P., Beatley, T., & Boyer, H. (2009). *Resilient cities, responding to peak oil and climate change*. Islandpress.

Noam, G. (1997). Clinical developmental psychology – Toward developmentally differentiated intervention. In W. Damon, J. Sigel, & K. A. Renninger (Hrsg.), *Handbook of child psychology* (S. 585–634). Springer.

Prigogine, I. (1985). *Vom Sein zum Werden*. Piper.

Randgruppe A., H. (2011). Wieder ein Modewort – Resilienz? *In Planerin, 11*, 43–44.

Salingaros, N. S. (2005). *Principles of urban structure*. Techne Press.

Saunders, D. (2013). *Die neue Völkerwanderung – Arrival city*. Pantheon.

Sauer, B. (2014). Resilienz des Finanzsystems am Beispiel der Finanzkrise ab 2008. In A. Schaffer, E. Lang, & S. Hartard (Hrsg.), *Systeme in der Krise im Fokus von Resilienz und Nachhaltigkeit* (S. 87–110). Metropolis.

Schaffer, A., Lang, E., & Hartard, S. (Hrsg.). (2014). *Systeme in der Krise im Fokus von Resilienz und Nachhaltigkeit*. Metropolis.

Schmitz, M. (1980). Von der Urbanismuskritik zur Spaziergangswissenschaft. In L. Burckhardt (Hrsg.), *Wer plant die Planung?* (S. 5–10). Schmitz.

Schneidewind, U., & Singer-Brodowski, M. (2013). *Transformative Wissenschaft, Klimawandel im deutschen Wissenschafts- und Hochschulsystem*. Metropolis.

Schorlemmer, F. (2009). *Albert Schweitzer – Genie der Menschlichkeit*. Aufbau.

Schubert, D. (2020). Zum Mythos und Leitbild der „europäischen Stadt". *Planerin, 6*, 35–36.

Siebel, W. (2004). Die Europäische Stadt – Einleitung. In W. Siebel (Hrsg.), *Die europäische Stadt* (S. 11–50). Suhrkamp.

Siebel, W. (2006). Wandel, Rationalität und Dilemmata der Planung. In W. Siebel (Hrsg.), *Zur räumlichen Entwicklung beitragen – Konzepte, Theorien, Impulse* (S. 195–209). Rohn.

Sieverts, T. (2012). Resilienz – Zur Neuorientierung von Planen und Bauen. *DISP The Planning Review., 46*(1), 83–88.

Sitte, C. (1983/1889). *Der Städtebau nach seinen künstlerischen Grundsätzen*. Vieweg.

Stockholm Resilience Centre SRC. (2007). *Annual Report*. Stockholm. https://www.stockholmresilience.org.

Talen, E. (2005). *New urbanism and American planning: The conflict of cultures*. Routledge.
UN United Nations Secretary-General's High-level Panel on Global Sustainability. (2012). *Resilient people, resilient planet: A future worth choosing*. https://en.unesco.org/system/files/GSP_Report_web_final.pdf.
Taleb, N. N. (2014). *Antifragilität*. Btb.
Vale, L., & Campanella, T. (Hrsg.). (2005). *The resilient city*. MIT.
Waide, J. B., & Webster, J. R. (1976). Engineering systems analysis. In B. C. Patton (Hrsg.), *Systems analysis and simulation in ecology* (S. 329–371). Academic Press.
Walker, B., & Salt, D. (2006). *Resilience thinking – Sustaining ecosystems and people in a changing world*. Islandpress.
Walker, B., & Salt, D. (2012). *Resilience practice – Building capacity to absorb disturbance and maintain function*. Islandpress.
Wiechmann, T. (2008). *Planung und adaption*. Rohn.
WBGU – Wissenschaftlicher Beirat der Bundesregierung Globale Umweltveränderungen. (2016). *Der Umzug der Menschheit: Die transformative Kraft der Städte. Zusammenfassung*. WBGU.
Zolli, A., & Healy, A. M. (2012). *Resilience – Why things bounce back*. Headline.

Internetseiten

http://www.100resilientcities.org/page/-/100rc/Blue%20City%20Resilience%20Framework%20Full%20Context%20v1_5.pdf. Zugegriffen: 27. Juli 2016.
https://ipcc-wg2.gov/AR5/images/uploads/WG2AR5_SPM_FINAL.pdf. Zugegriffen: 27. Juli 2016.
http://publications.arup.com/publications/c/city_resilience_index. Zugegriffen: 27. Juli 2016.
https://sustainabledevelopment.un.org/topics/sustainabledevelopmentgoals. Zugegriffen 27. Juli 2016.
https://wissenschaft-kunst.de/kuenstlerische-forschung-was-ist-das/. Zugegriffen: 04. Aug. 2021.
https://www.nationale-stadtentwicklungspolitik.de/NSPWeb/SharedDocs/Blogeintraege/DE/memorandum_urbane_resilienz.html. Zugegriffen: 04. Aug. 2021.
https://www.tagesschau.de/wirtschaft/technologie/hochwasserschutz-ahrtal-101.html. Zugegriffen: 10. Aug. 2021.
https://www.stadtbaukunst.de/institut/ueber-uns/. Zugegriffen: 10. Aug. 2021.
http://charretteinstitute.org/. Zugegriffen: 27. Juli 2016.
http://nationale-plattform-zukunftsstadt.de. Zugegriffen: 27. Juli. 2016.
https://sdgs.un.org/goals/goal11. Zugegriffen: 04. März 2021.
https://www.resilience.org/stories/2010-06-23/death-sprawl-designing-urban-resilience-21st-century-resource-and-climate-crises/. Zugegriffen: 10. Aug. 2021.
www.elsevier.com/locate/dss. Zugegriffen: 27. Juli 2021.
https://www.researchgate.net. Zugegriffen: 10. Aug. 2021.
https://doi.org/10.1080/14649357.2012.677124 Zugegriffen: 27. Juli 2016.

http://www.denkwerk-demokratie.de/wp-content/uploads/2012/08/DD_Werkbericht_1.pdf. Zugegriffen: 10. Aug. 2021.

https://www.geo.de/natur/oekologie/klimakrise-in-deutschland--was-kommt-auf-welche-region-zu--30633818.html. Zugegriffen: 01. Aug. 2021.

https://hochwasser-ahr.rlp.de/de/startseite/. Zugegriffen: 10. Aug. 2021.

https://plattform-footprint.de/verstehen/biokapazitaet-2/. Zugegriffen: 16. Okt. 2021.

Resiliente Regionen und Kommunen: Rahmenbedingungen, Trends, Perspektiven und Strategien

Ein Essay

Gabi Troeger-Weiß

Inhaltsverzeichnis

Zusammenfassung

Der Beitrag befasst sich mit der Frage der Relevanz von raumrelevanten Trends für die Resilienz von Regionen und Kommunen. Im Format eines Essays liegt der Schwerpunkt auf Trends in ländlichen Räumen. Auf der Grundlage einer kurzen Typisierung ländlicher Räume werden verschiedene Trends dargestellt und in den Themenbereich einer raumrelevanten Zukunftsforschung

---

G. Troeger-Weiß (✉)
Lehrstuhl Regionalentwicklung und Raumordnung, Technische Universität Kaiserslautern, Kaiserslautern, Deutschland
E-Mail: troegerw@ru.uni-kl.de

H. Pechlaner et al. (Hrsg.), *Resilienz als Strategie in Region, Destination und Unternehmen*, Entrepreneurial Management und Standortentwicklung, https://doi.org/10.1007/978-3-658-37296-5_6

eingeordnet. Darauf aufbauend werden drei Trendcluster, Trend-Cluster 1 Globalisierung – Europäisierung – ökonomischer Strukturwandel, Trendcluster 2 Digitalisierung und Trend-Cluster 3 Gesellschaftlicher Wandel – Standortfaktoren – Infrastruktur dargestellt und deren Relevanz für ländliche Räume diskutiert. Den Abschluss bildet die Diskussion über angewandte Strategie- und Handlungsansätze für eine resiliente Regional- und Kommunalentwicklung unter Berücksichtigung künftiger Forschungstrends. Zusammenfassend lässt sich festhalten, dass für die künftige Regional- und Kommunalentwicklung sowie Wirtschafts- und Standortentwicklung – nicht zuletzt aufgrund des Wettbewerbs auf kommunaler und regionaler Ebene – kreative und nicht-alltägliche Lösungen gefragt sind.

Forschungsbedarfe ergeben sich insbesondere im Hinblick auf die Prioritätensetzung der Handlungsansätze beispielsweise in einem Entscheidungssystem, das von regionalen Akteuren und Entscheidern angewendet werden kann. Dabei geht es auch um eine nachvollziehbare Reduktion der Komplexität der Trends und um eine zielgruppenspezifische Aufbereitung (z. B. für kommunale Entscheidungsträger, Unternehmer, Verbände und Kammern usw.). Im Vordergrund sollte dabei stets der Maßstab der Resilienz stehen, d. h. die Umsetzung von Maßnahmen sollten sich zum einen an der Umsetzung von Trends und zum anderen am Maßstab der Resilienz orientieren.

1 Einführung

Aktuelle Entwicklungstrends wie der demographische, soziale, ökonomische und technologische Wandel sowie der Klimawandel stellen Regionen und Kommunen in Deutschland hinsichtlich der Raumentwicklung vor Herausforderungen und bergen weitreichende neuartige lokale und regionale Entwicklungsrisiken. In den Regionalwissenschaften für und in ländlichen Räumen lassen sich derzeit drei fachliche Schwerpunkte beobachten: zum einen geht es seit mehreren Jahren um eine Typisierung ländlicher Räume, da es ***den*** ländlichen Raum nicht gibt. Diese Ansätze sind in starkem Maße von einer deskriptiv-analytisch-funktionalen Sichtweise geprägt und bilden eine wichtige Grundlage für regional- und strukturpolitische Entscheidungen. Je nach „Typus ländlicher Raum" – zu unterscheiden sind beispielsweise strukturschwache ländliche Räume, periphere ländliche Räume, agrarisch geprägte ländliche Räume, touristisch geprägte ländliche Räume oder auch wirtschaftlich und demographisch wachsende ländliche Räume, um nur die wichtigsten Typen zu nennen – bedarf es unterschiedlicher regionaler und kommunaler Entwicklungsstrategien. Zum anderen geht es um die Diskussion, auf welche Weise die Daseinsvorsorge in den verschiedenen Strukturbereichen gesichert und ausgebaut werden kann, wobei neben der Versorgung des täglichen Bedarfs (Einzelhandel) zunehmend auch die soziale Infrastruktur und Bildungsinfrastruktur für Senioren und junge Bevölkerungsgruppen sowie die (allgemein-) medizinische Versorgung im Vordergrund steht. Ein dritter Schwerpunkt betrifft die Diskussion um Nachhaltigkeit, Resilienz und Klimawandel, wobei hier in besonderer Weise bestimmte Strukturbereiche, beispielsweise die Landwirtschaft oder der Tourismus tangiert sind.

Noch sehr am Beginn steht die Diskussion über die ***regionale und kommunale Trendforschung*** in Verbindung mit der regionalwirtschaftlichen Entwicklung ländlicher Räume. Um eine Region und ihre Unternehmen zukunftsgerecht und -gerichtet gestalten und entsprechende Weichenstellungen vornehmen zu können, ist stärker als noch vor einigen Jahren die Beobachtung und Inwertsetzung von Trends – durchaus verstanden als regionsbezogene Trendforschung – erforderlich. Dabei geht es um die Zukunftsfähigkeit von Regionen, Kommunen und Wirtschaftsstandorten. Die Diskussion hierüber ist von zwei Perspektiven geprägt: zum einen bedarf es des Blickwinkels der Unternehmen, zum anderen des Blickwinkels von Regionen und Kommunen. Um im Standortwettbewerb erfolgreich sein zu können, muss eine Region für u. a. auch für die Bestandssicherung von Unternehmen Trends, Stärken und Herausforderungen analysieren, in Wert setzen, Strategien und Projekte entwickeln sowie zukunftsfähige Lösungen präsentieren und offensiv nach außen tragen.

Ziel des Beitrags im Format eines Essays ist es, Trends darzustellen und deren Relevanz und Wirkungen im regionalen und kommunalen Kontext zu diskutieren. Dabei hat der Beitrag einen anwendungsbezogenen Anspruch. Methodisch basiert der Beitrag und damit auch die Schlussfolgerungen auf verschiedenen empirischen Untersuchungen auf regionaler und kommunaler Ebene und damit auf empirischem Erfahrungswissen in Verbindung mit intensiven Literaturrecherchen insbesondere zu demographischen und regionalökonomischen Entwicklungen und Trends.

2 Raumbezogene Trendforschung = raumbezogene Zukunftsforschung

Die Trendforschung kann sicherlich als Teil der regionalen und kommunalen Zukunftsforschung betrachtet werden; allerdings unterscheiden sich diese durch ihre zeitliche Dimension, ihre methodischen Ansätze und auch durch die Konkretheit ihrer Inhalte. Während die Zukunftsforschung zumeist längerfristig ausgerichtet ist und sich eines Methodenmix bedient (Monitoring, Trendscouting, Prognosen, Projektionen, Szenarien, Delphi-Methoden) und ferner nicht oder nur bedingt die Raumrelevanz im Auge hat, ist die Trendforschung von einer kurz- und mittelfristigen Betrachtungsweise geprägt und weist eine hohe (raumrelevante) Anwendungsorientierung auf. Vorteile der Trendforschung liegen – u. a. aufgrund der kurz- und mittelfristigen Betrachtungsebene – in der Einbeziehung von rudimentären Ereignissen und „Brüchen" (z. B. Vereinigung der beiden deutschen Staaten, Aufbau sozialer Medien als Informationskanäle, Entwicklung der smart phones, Pandemien, Digitalisierung, um nur einige Entwicklungen in den vergangenen zehn bis fünfzehn Jahren zu nennen).

Eine Reihe von Regionen – und dies zeigen nationale und internationale Beispiele – setzt sich intensiv mit Zukunftstrends und damit mit der Trendforschung auseinander, um Weichenstellungen auf betrieblicher, jedoch auch auf regional- und strukturpolitischer Ebene vornehmen zu können (Institut der deutschen Wirtschaft Köln Consult GmbH, 2021). Gerade in ländlichen Räumen zeigt sich – im Gegensatz zu Metropolregionen – häufig, dass Trends nicht oder zu spät erkannt werden und damit verzögerte Reaktionen und verzögerte Innovationsdynamiken einhergehen (z. B. Wirkungen auf einen Wirtschaftsstandort durch erhöhte Unternehmensmobilitäten beispielsweise in der Automobil(zuliefer)industrie in die absatzstarken Märkte in China, Asien und Indien mit insgesamt über die Hälfte der Weltbevölkerung und aufstrebenden, durchaus auch einkommensstarken Mittelschichten, die eine hohe Kaufkraft begründen). Ein regionales Beispiel für die intensive Auseinandersetzung, Analyse und Diskussion von Zukunftstrends ist die Region Schwarzwald-Baar-Heuberg, die in Gestalt einer Roadmap der gleichnamigen Industrie und Handelskammer Unternehmen und Kommunen für Trends sensibilisiert hat (Industrie- und Handelskammer Schwarzwald-Baar-Heuberg, 2021). Damit erhalten regionale und kommunale Akteure und Entscheider die Möglichkeit zur antizipativen Gestaltung von Entwicklungen und Entscheidungen.

Trends im Überblick

Für die künftige resilienzorientierte Regional- und Kommunalentwicklung kommt es entscheidend darauf an, gesellschaftliche, ökonomische, politische, soziale und ökologische Trends zu antizipieren, zu bewerten und in regional- sowie strukturpolitisches Handeln umzusetzen. Für Akteure in ländlichen Räumen und Verdichtungsräumen gleichermaßen sind folgende Trends für die künftige Entwicklung von zentraler Bedeutung:

- Globalisierung, Internationalisierung und Europäisierung insbesondere im Hinblick auf die Export-Orientierung der Unternehmen;
- Digitalisierung, digitale Infrastrukturen und Konnektivität (Vernetzung) als zentrale Voraussetzung für die künftige Entwicklung von Wirtschaftsstandorten (z. B. Bedeutung für die Bereiche Arbeitsmarkt, Einzelhandel, Logistik, medizinische Versorgung, um nur einige Beispiele zu nennen);
- Standortmobilitäten und damit verbunden der ökonomische Strukturwandel, insbesondere Strukturwandel in der Automobil- und Automobilzulieferindustrie sowie die Orientierung auf Zukunftsbranchen und Zukunftstechnologien (z. B. Gesundheit und Medizin, Dienstleistungsbereich, Umwelttechnologien);
- Urbanisierung;
- Mobilitäts- und Verkehrs- sowie Logistik-Infrastruktur (Mobilitätswende);
- Nachhaltigkeit – Ökologie: Energiewende und Klimawandel;
- Gesellschaftliche Trends: sozialer Wandel und Wertewandel in der Gesellschaft (z. B. Wertewandel der jüngeren Generation, neue Verhaltensweisen der Bevölkerung, Anspruch auf Mitsprache und Mitentscheidung, Silver Ager und Baby-Boomer-Generation, Bildungs- und Wissensstandards, new work u. a.).

Für alle Trends stellt die **COVID-19-Pandemie** ein **Querschnittsthema** dar.
Was bedeutet dies nun im Einzelnen?

Trend-Cluster 1:Globalisierung – Europäisierung – ökonomischer Strukturwandel

Der sozio-ökonomische Strukturwandel in Deutschland ist in den vergangenen Jahrzehnten in mehreren Phasen abgelaufen. War in den 60-er und 70-er Jahren insbesondere die Landwirtschaft von einem tiefgreifenden Strukturwandel berührt, so waren in den 70-er und 80-er Jahren des letzten Jahrhunderts neben dem Bergbau, der Stahlindustrie sowie der Werftindustrie insbesondere die Branchen Textil- und Bekleidungsindustrie sowie die Porzellanindustrie betroffen. Durch betriebliche Standortverlagerungen aufgrund günstiger Standortbedingungen insbesondere in asiatischen Ländern, gingen in traditionellen Industriestandorten in Deutschland (betroffen waren hier insbesondere ländliche Räume in Mittelgebirgsregionen, beispielsweise im Schwarzwald, im Bayerischen Wald, im Frankenwald, im Fichtelgebirge, im Harz oder in der Westpfalz, um nur einige Standorte zu nennen) mehrere zehntausend Arbeitsplätze verloren. Die Diskussion um den wirtschaftlichen Strukturwandel ist aufgrund der bereits seit mehreren Jahren zu beobachtenden günstigen wirtschaftsstrukturellen Situation in Deutschland in den vergangenen Jahren etwas in den Hintergrund getreten. Gerade angesichts der COVID-19-Pandemie zeigen sich bereits erste Tendenzen im Hinblick auf neue Wellen des Strukturwandels, der manche Branchen auch bereits vor der Pandemie betroffen hat (z. B. Automobilindustrie, Maschinenbau, chemische Industrie, Teile der Konsumgüterindustrie u. a.). Derzeit entstehen insbesondere in China und Indien Konsumgütermärkte der doppelten und dreifachen Größe Europas und der USA. Insbesondere für Konsumgüterbranchen, wie etwa die Elektro- und Automobilindustrie, könnte dies mittelfristig Konsequenzen – auch im Hinblick auf breite Standortverlagerungen – nach sich ziehen (Vereinigung der bayerischen Wirtschaft, 2021).

Daher kann im Zuge eines Trendszenarios auf globaler/internationaler und europäischer Ebene davon ausgegangen werden, dass die wirtschaftliche Globalisierung verbunden mit einer erheblichen Standortmobilität von Leitbranchen, insbesondere der Automobilindustrie und der chemischen Industrie, eine verstärkte Fortführung erfahren wird. Gründe hierfür liegen in der Nutzung des hohen Nachfragepotentials und der ungesättigten Märkte in Asien auf der einen und der zunehmenden Sättigungserscheinungen in der (privaten und öffentlichen) Nachfrage in Europa und USA auf der anderen Seite. In der Konsequenz wird dies zu erheblichen Auswirkungen auf den (bundesdeutschen) Arbeitsmarkt, wie auch auf die innerstädtische Flächensituation auf kommunaler und regionaler Ebene führen. Was dabei den Arbeitsmarkt betrifft, so könnte dies zu einer deutlichen Zunahme von Multilokalitäten der Arbeitnehmer führen.

Zusammengefasst bedeutet dies einen tiefgreifenden Strukturwandel in den nächsten Jahren, der sich in folgenden Aspekten zusammenfassen lässt:

- China- und Asien-Trend: Erhöhung der Standortmobilität der Unternehmen in verschiedenen Branchen, u. a. aufgrund globaler Kaufkraftverschiebungen und Rohstoffverfügbarkeiten insbesondere bei der Automobilzulieferindustrie und in der (bio-)chemischen Industrie, was auch für die Metropolregion Rhein-Neckar relevant ist;
- High Potentials: Fachkräfte werden zum Engpass für die Entwicklung von Unternehmen. Von Bedeutung ist dabei, dass die Anforderungsprofile an Fachkräfte sich ändern werden, wobei fachliche und räumliche Mobilität ebenso an Bedeutung gewinnen wie interkulturelle Kompetenzen vor dem Hintergrund des Einsatzes in verschiedenen, insbesondere asiatischen Kulturkreisen;
- Industrie 4.0, also Digitalisierung von Produktionsprozessen mit erheblichen Wirkungen auf den Arbeitsmarkt.

Trend-Cluster 2: Digitalisierung

Die Digitalisierung ist – gerade angesichts der Pandemie – zu einer der zentralen Stellschrauben für die ökonomische Entwicklung von Standorten und für Unternehmen geworden. In besonderer Weise betrifft die Digitalisierung den Dienstleistungssektor mit teilweise weitreichenden räumlichen und flächenhaften Konsequenzen. Allerdings sind nicht nur im Dienstleistungsbereich Verschiebungen erkennbar, sondern auch in der Industrie treten neue und alte Wachstumsbranchen hervor, die trotz der Internationalisierung von Unternehmen und Produktionsstrukturen in Deutschland eine bedeutende Rolle als Innovationsquelle spielen. Hervorzuheben ist die gestiegene Bedeutung von unternehmensnahen Dienstleistungen und in der Folge ein Bedeutungsgewinn von Metropolregionen als bevorzugte Standorte dieser Betriebe.

Der Trend „Digitalisierung" lässt sich wie folgt beschreiben:

- Daten als „Kapital der Zukunft";
- Digitalisierung und damit auch Rationalisierung der Produktion („Industrie 4.0");
- Digitalisierung von Strukturbereichen mit hohen räumlichen Auswirkungen, insbesondere Digitalisierung
  - im Gesundheitswesen/E-Health,
  - im Online-Handel mit starken Konsequenzen für die Attraktivität der Innenstädte sowie
  - im Bank- und Kreditgewerbe mit weitreichenden Konsequenzen für die Daseinsvorsorge für Bevölkerung und Unternehmen insbesondere in ländlichen Räumen;
- Nutzung der Digitalisierung zur Sicherung der Daseinsvorsorge, beispielsweise durch Einsatz von Drohnen (z. B. aktuell Lieferung von Medikamenten, z. B. Impfstoffen, in abgelegene ländliche Räume mit Drohnen);
- Digitalisierung im Bereich des Bildungswesens, also an Schulen und Hochschulen sowie in der Weiterbildung;
- Digitalisierung im Bereich der Arbeitswelten (z. B. fließender Übergang von Selbstständigkeit und Beschäftigung; Home-Working mit Wirkungen auf den Büroflächenbedarf von Unternehmen);
- Vernetzte Mobilität und all-inclusive-Mobilitätsketten sowie E-Mobility und automatisiertes Fahren, was vor allem die Verkehrsinfrastruktur erheblich verändern wird;
- Digitalisierung für die nationale und internationale Kommunikation (z. B. internationale digitale Kongresse, Kommunikationsplattformen usw.).

Trend-Cluster 3: Gesellschaftlicher Wandel – Standortfaktoren – Infrastruktur

Der gesellschaftliche Wandel und dessen Wirkungen werden gerade von Unternehmen jedoch auch von Entscheidungsträgern auf der Ebene des Bundes, des Landes und der Kommunen häufig in seiner Bedeutung nur bedingt wahrgenommen. Neue gesellschaftliche Entwicklungen betreffen dabei zum einen veränderte Verhaltensweisen der Bevölkerung, jedoch auch Trends und Herausforderungen auf der Ebene der Kommunen und der Regionen. Trends wie

- Multilokalitäten der Bevölkerung,
- neue Formen des Arbeits- und Pendlerverhaltens (ca. sieben Millionen Menschen in Deutschland sind Fernpendler, d. h. Wohnstandort und Arbeitsstandort sind so weit entfernt, dass eine tägliche Rückkehr nicht möglich ist- Pandemie-bedingt könnten sich der Anteil der Fernpendler und damit der „multilokalen Arbeitnehmer" aufgrund der Möglichkeiten von Home-Office erhöhen. Für Unternehmen bedeutet dies ggf. die Möglichkeit der Reduzierung von Immobilienkosten durch geringere Inanspruchnahme von Büroflächen),
- Wertewandel gegenüber materiellen Werten und Sachwerten bei der jungen Generation, insbesondere Themen wie
  - Work-Life-Balance,
  - Neubewertung der Familienarbeit,
  - Teilen statt besitzen – sharing economy, insbesondere im Hinblick auf den Besitz eines eignen PKWs,
  - Umweltbewusstsein u. a. im Hinblick auf den Klimawandel,
  - neue Lebens- und Ernährungsweisen (Zunahme der vegetarischen und veganen Ernährungsformen, Zunahme regionaler Produkte),
  - reduzierte, flächensparende Wohnformen (z. B. Tiny Häuser),
  - umweltbewusstes Mobilitätsverhalten sowie
  - Flucht in die Sachwerte aufgrund geringer Anreize für Spareinlagen und langfristige Geldanlagen,
- Polarisierung der Gesellschaft durch unterschiedliche Bildungs- und Einkommensniveaus,
- Diskussion um Grundeinkommen für Senioren und Kinder bis 16 Jahre zur Reduzierung der Kinder- und Altersarmut,
- Nachfrageverschiebungen durch geänderte Altersstruktur – Entstehung neuer Märkte insbesondere im Bereich Gesundheit und Dienstleistungen für Senioren;

- Neues Konsumverhalten (Online-Handel) sowie
- Anspruch auf Mitsprache und Mitentscheidung durch Bevölkerungsgruppen

weisen eine hohe Relevanz für Regionen, Kommunen, Wirtschaftsstandorte und Unternehmen auf und haben weitreichende Auswirkungen auf das produzierende Gewerbe (z. B. Automobilindustrie, Bauwirtschaft, Maschinenbau, chemische Industrie) und auf den Dienstleistungsbereich.

Hinzu kommen Entwicklungen wie:

- Finanzknappheit der Kommunen sowie des Bundes und der Länder aufgrund weitreichender Investitionen und Mittel zur Abfederung der Wirkungen der COVID-19-Pandemie;
- Investitionsstaus bei kommunaler und staatlicher Infrastruktur;
- Abnehmende Akzeptanz von (großen) Infrastrukturprojekten insbesondere in den Bereichen Energie und Verkehr;
- Tendenzen zur Privatisierung öffentlicher Infrastrukturen (Krankenhäuser, Wasserversorgung u. a.);
- Wahrnehmung der Hochschulen und außeruniversitäre Forschungseinrichtungen als zentrale Motoren der wirtschaftlichen und demographischen Entwicklung (Multiplikatorwirkungen in allen Bereichen – Innovation, Einzelhandel, Immobilienmarkt usw.);
- Zunehmende Notwendigkeit des Einsatzes von Management- und Marketingstrategien auf kommunaler und regionaler Ebene mit dem Ziel der Profilierung sowie der Stärkung und Präsentation der kommunalen Potentiale angesichts des zunehmenden Wettbewerbs um junge, gut ausgebildete Bevölkerung, Fachkräfte, Unternehmen und Fördermittel.

Einen wichtigen Trend bei den gesellschaftlichen Entwicklungen stellen neue Verhaltensmuster im Bereich des Verkehrs dar. Es kann davon ausgegangen werden, dass die Zahl der eigengenutzten PKWs im Zuge des Bedeutungsgewinns der sharing economy abnimmt und dies erhebliche Auswirkungen auf die deutsche Schlüsselindustrie Automobilindustrie (einschl. Zulieferer) ebenso haben wird wie auf die Verkehrsinfrastruktur. Wirkungen werden sich auch durch die Umstellung auf Elektromobilität (PKW und Fahrrad) und automatisiertes Fahren ergeben, wobei hier insbesondere neue Marktsegmente (Senioren) erschlossen werden können. Gerade bei der Gruppe der Senioren werden sich neue Mobilitätsmuster in ländlichen Räumen ergeben (automatisiertes Fahren bis in das hohe Alter). Nicht übersehen werden sollte in diesem Zusammenhang der Trend, dass große Mobilitätskonzerne (DB AG, SIXT AG u. a.) bereits Konzepte für umfassende Mobilitätsdienstleistungen im Sinne einer all-inclusive-Mobilität entwickeln. Nicht unerheblich in diesem Bereich sind ferner neue Formen der Logistik, insbesondere im Einzelhandel in Gestalt der Lieferung von Produkten und Waren durch „Air-basierte" Systeme (Drohnen) mit Wirkungen auf das Verkehrsaufkommen und damit die Verkehrsinfrastruktur.

3 Die strukturelle Ausgangssituation in ländlichen Räumen – ein zusammenfassender und typisierender Überblick

Wie bereits eingangs skizziert, weisen insbesondere ländliche Räume einen Handlungsbedarf im Hinblick auf das Erkennen, die Analyse und die Bewertung sowie Umsetzung von Trends auf. Regionalwissenschaftliche Trendforschung setzt somit auch eine Auseinandersetzung, Diskussion und Bewertung der strukturellen Ausgangssituation von Regionen voraus. Erst durch struktur-analytische Erkenntnisse ist es möglich „passgenau" und regionalspezifisch die skizzierten Trends in Wert zu setzen.

Strukturelle Kennzeichen dieser Regionen sind – und dies zeigt sich bei aller Notwendigkeit regional differenzierter Strukturanalysen – in nahezu allen ländlichen Räumen:

- eine in Teilbereichen rückläufige Zahl der Bevölkerung, insbesondere durch Abwanderung und hierdurch sowie bedingt durch eine ungünstige natürliche Bevölkerungsentwicklung Alterungstendenzen, was vor allem Konsequenzen auf den Arbeitsmarkt hat;
- eine durchaus zukunftsweisende Branchenstruktur, etwa in den Bereichen Kunststoffindustrie, Maschinenbau, Medizintechnik, Sensorik, Elektrotechnik, innovative Textilindustrie u. a. („hidden champions");
- eine betriebliche Struktur, die sich durch eine hohe Eigenkapitalquote sowie durch eine hohe Exportquote auszeichnet;
- hoher Anteil an Klein- und Mittelbetrieben, die häufig eigentümergeführt sind;
- eine diversifizierte Branchenstruktur mit Branchen, die künftig einen strukturellen Wandel erfahren werden (z. B. Automobilzulieferindustrie), jedoch auch Branchen mit großem Zukunftspotential in Deutschland (z. B. Medizintechnologie, Gesundheitsbranche);
- ein überdurchschnittlich hoher Anteil der sozialversicherungspflichtig Beschäftigten im produzierenden Gewerbe bei unterdurchschnittlicher Bedeutung des Dienstleistungsbereichs;

- attraktive Hochschulstandorte, teilweise mit hoher Dichte an universitären und außeruniversitären Forschungseinrichtungen und einer hohen Dichte an Hochschulen für angewandte Wissenschaften (bezogen auf die Zahl der Bevölkerung); die spill-over-Effekte der wissenschaftlichen Einrichtungen halten sich in ländlichen Räumen – ganz im Gegensatz zu Großstädten und Metropolregionkernen – sehr in Grenzen; so sind beispielsweise außeruniversitäre Forschungseinrichtungen oder auch Existenzgründer im Umfeld der Hochschulstandorte in ländlichen Regionen ausbaufähig);
- zukunftsweisende Ansätze im Bereich der Forschung und des Technologietransfers, wobei die Zahl der Kooperationen zwischen Universitäten und Hochschulen auf der einen und Unternehmen auf der anderen Seite „überschaubar" ist; dies zeigt sich auch hier in einer relativ geringen Ausgründungsquote (start-up-Unternehmen als Ausgründungen von Absolventen von Universitäten und Hochschulen);
- innovationsstarke „Leuchtturm"-Unternehmen, die jedoch aufgrund von Zulieferstrukturen als Unternehmensmarke in einzelnen Produkten (z. B. in Automobilen oder Pedelecs) nicht explizit „namentlich" zur Geltung kommen;
- günstige verkehrliche Infrastruktur insbesondere auf der Straße und in Teilbereichen auch auf der Schiene;
- entwicklungsfähige touristische Strukturen, wobei mittel- und langfristig hier sicherlich aufgrund des „Deutschland-Trends in der touristischen Nachfrage" eine weitere positive Entwicklung zu erwarten ist (sehr häufig handelt es sich um Mittelgebirgsregionen),
- eher abnehmende Tendenzen bei der Entwicklung der Zahl der Einzelhandelsbetriebe, was sich durch die Pandemie verstärken dürfte;
- hohe Lebens- und Wohnqualität der Region;
- geringer Bekanntheitsgrad der Stärken dieser Regionen, was die Notwendigkeit eines professionellen Standort- und Image-Marketings begründet

um nur einige strukturelle Rahmenbedingungen zu skizzieren.

Dies ergibt in ländlichen Räumen folgendes Stärken-Schwächen-Profil:
Als ***Stärken l***assen sich somit festhalten: es handelt sich um Wirtschaftsstandorte mit Unternehmen, die häufig global agieren und eine hohe Exortquote aufweisen. Weitere Kennzeichen sind eine hohe Innovationskraft in Verbindung mit starken FuE-Aktivitäten der Unternehmen und der stark angewandt ausgerichteten Hochschulen. Die ländlichen Räume sind häufig Wachstumsmotoren, ohne dass dies in ihrem Außen- und Innenimage deutlich wird. Sie verfügen über zukunftsweise Branchen mit hoher Technologie-Offenheit. Die Unternehmen weisen eine starke

und innovative Leistungsfähigkeit auf und zeigen teilweise ein starkes Wachstum an Arbeitsplätzen.

Die ländlichen Räume sind attraktive Lebens- und Wohnstandorte, die gerade für Familien, jedoch auch für Senioren attraktive Bedingungen, beispielsweise günstige Immobilienpreise und bezahlbaren Wohnraum ebenso aufweisen wie hohe Sicherheitsstandards und geringe Kriminalitätsraten. Die Kommunen, insbesondere Mittelstädte weisen positive Entwicklungspfade auf und stellen Stabilisatoren und Wachstumsmotoren dar.

Schwächen zeigen sich in vielen ländlichen Räumen insbesondere in der niedrigen Akademikerquote, was vor allem auf die Abwanderung von jungen, hochqualifizierten Gruppen nach ihrer Ausbildung zurückzuführen ist. Nicht übersehen werden darf im Hinblick auf das Fachkräftepotential die Abbrecherquote in den Schulen, was einen Handlungsbedarf für qualifizierte Arbeitskräfte begründet. Allerdings könnte sich das Thema des Fachkräftebedarfs Pandemiebedingt relativieren. Nicht unerwähnt bleiben soll in diesem Zusammenhang das relativ überschaubare Gründungsgeschehen. Was die kommunale Ebene betrifft, so ist gerade in kleineren Gemeinden ein hoher Handlungsbedarf bei der Sicherung und dem Ausbau der Daseinsvorsorge (Bildungsinfrastruktur – Schulen und Kitas, Einzelhandel, medizinische Versorgung, Verkehrsanschließung, um nur einige zu nennen) ebenso gegeben wie bei dem Themenbereich der Ortsgestaltung und der Attraktivität der Ortskerne und Innenstädte.

4 Angewandte Strategie- und Handlungsansätze für eine resiliente Regional- und Kommunalentwicklung

Die Diskussion über die Resilienz für Regionen, Destinationen und Unternehmen bewegt sich in den vergangenen Jahren häufig sehr stark auf hohem konzeptionellem und abstraktem Niveau. Im Folgenden soll – aufbauend auf die dargelegten Trends und strukturellen Überlegungen – ein Strategieportfolio zur Diskussion gestellt werden, das anwendungs- und handlungsorientiert ausgerichtet ist.

Was nun die Handlungsansätze betrifft, so bedarf es einer Ausrichtung der Handlungsempfehlungen auf die ***Herausforderungen,*** die sich in ländlichen Räumen im Hinblick auf die wirtschaftliche Entwicklung stellen. Diese sind – wie gezeigt werden konnte – im Wesentlichen:

- Ausbau einer hoch leistungsfähigen digitalen Infrastruktur,
- Akzeptanz neuer gesellschaftlicher Trends und des Wertewandels insbesondere bei der jüngeren Generation durch Unternehmen, Unternehmer aber auch durch Kommunen und öffentliche Einrichtungen/Behörden,
- Nutzung der Möglichkeiten durch Netzwerke,
- Nutzung der Angebote der Hochschulen,
- demographische Entwicklungen, insbesondere „Landflucht" der jungen und gut ausgebildeten Bevölkerungsgruppen,
- Image der Region,
- Erhalt der Einrichtungen und Dienstleistungen der Daseinsvorsorge in den ländlichen Gemeinden.

Handlungsansätze sowie regional- und strukturpolitische Maßnahmen

Zur Erhaltung und zur Sicherung der Zukunftsfähigkeit sowie Resilienz von Wirtschaftsstandorten und -regionen in ländlichen Räumen sind daher folgende Handlungsansätze zeitnah erforderlich:

- Sofortiger Ausbau einer hochleistungsfähigen digitalen Infrastruktur – flächendeckendes, terrestrisches Glasfasernetz (5G-Standard), (Maximalforderung: „5G an jeder Milchkanne"),
- Ausbau der Verkehrsinfrastruktur auf Straße, Schiene und Luftverkehr,
- Zeitnahe Beschleunigung von Planungs- und Genehmigungsverfahren und damit Entbürokratisierung (u. a. auch Entschärfung der DSGVO),
- Abbau von Bürokratien, insbesondere auch bei Förderprogrammen des Bundes und der Länder sowie der EU,
- Durchführung von hoch-professionellen Regional- und Standortmarketing-Kampagnen und damit Dachmarkenprozessen,
- Fortführung der Dezentralisierung öffentlicher Einrichtungen auf der Ebene des Bundes und der Länder als ***die*** strukturpolitische Maßnahme zur Aufwertung ländlicher Räume (Schaffung sicherer Arbeitsplätze u. a. auch als Option für Arbeitnehmer, die vom wirtschaftlichen Strukturwandel betroffen sind),
- Aufbau integrierter Mobilitätsketten und integrierter Mobilitäts-Hubs (analog der Planungen von DB AG, Automobilindustrie und Autovermietungen sowie Taxigewerbe und Busunternehmen in Großstädten),
- Aufbau von Modellregionen „autonomes Fahren in ländlichem Raum",
- Ökologisierung der (regionalen) Wirtschaftsentwicklung und -politik,
- Unterstützung der Revitalisierung stillgelegter Bahnstrecken zur verbesserten Anbindung ländlicher Teilregionen,

- Unterstützung des Aufbaus niedrigschwelliger Angebote im Bereich Verkehr (z. B. Mitfahrbänke),
- Programm zur Schaffung von Co-Working-Spaces in Verbindung mit einem modernen start-up-Programm (es zeigt sich in der Pandemie und dies ist auch noch für einige Jahre zu erwarten eine gewisse Dynamik im Bereich der Neugründungen),
- Unterstützung einer Rückkehrer-Kampagne um junge Familien mit gut ausgebildeten Menschen für die Region zurück zu gewinnen, was mittelfristig auch der Stabilisierung der Bevölkerungsentwicklung dient,
- Weiterer Ausbau der Hochschulen und Wissenschafts-Infrastruktur zur Unterstützung des wirtschaftlichen Strukturwandels,
- Stärkung von Mittelstädten als Wachstumsmotoren – Förderung von Modellprojekten,
- Unterstützung von „Modellregionen Radautobahnen im ländlichen Raum“ als Anreiz für jüngere Bevölkerungsgruppen,
- Aufbau eines regionalen Think Tanks als modernes Netzwerk und als neue Organisationsform mit Schwerpunkt auf regionaler und kommunaler Trendforschung und Projekten zur ökonomischen und kommunalen Zukunftssicherung (u. a. als Plattform zur Nutzung von Experimentierklauseln).

Die zukünftige (regional-)wirtschaftliche Entwicklung in ländlichen Räumen hängt maßgeblich von dem Erkennen, der Analyse, der Bewertung und Gestaltung des digitalen und gesellschaftlichen Wandels ab. Strukturwandel muss das TOP-Thema mit klarer Kommunikationsstrategie und begleitet von Image- und Dachmarkenprozessen werden. Der ökonomische Strukturwandel bedarf einer breiten Thematisierung, damit regional- und strukturpolitische Weichen im Sinne der Diversifizierung der Branchen, der Unterstützung zukunftsweisender Branchen (z. B. Medizintechnik. Gesundheitsbranche u. a.), des Ausbaus von FuE-Einrichtungen (Hochschulen, außeruniversitäre Forschungseinrichtungen) sowie im Hinblick auf Dezentralisierungsmaßnahmen im öffentlichen Bereich gestellt werden können. Im Sinne der Globalisierung muss auch an eine stärkere Einbindung in großräumige Wirtschaftsräume (Donauraum, Rheinschiene, chinesisch-europäische Seidenstraße u. a.) gedacht werden. Ein „Weiter-so“ bei der Digitalisierung als „Dreh- und Angelpunkt“ der Wettbewerbsfähigkeit“ in wirtschaftlicher Hinsicht aber auch im Hinblick auf die Regional- und Kommunalentwicklung ist für die ländlichen Räume weder aus der Sicht der Wirtschaft noch aus der Sicht der öffentlichen Einrichtungen und Organisationen auf der Ebene der Kommunen und der Regionen akzeptabel: dies betrifft zum einen den Ausbau der digitalen Infrastruktur auf 5G- oder 6G-Standard in Gestalt eines Sofortprogramms für digitale Infrastruktur – 5G an „jeder Milchkanne" als Maximalforderung (China hat bereits den 7G-Standard); zum anderen bedarf es einer Anwender-Strategie, d. h. öffentliche Einrichtungen und Unternehmen bedürfen der Unterstützung bei der Nutzung und Anwendung digitaler Möglichkeiten. Gefordert ist somit eine Digital-Offensive – eine Strategie, die einen starken Beitrag zur Resilienz insbesondere ländlicher Räume leisten wird.

Zusammenfassend lässt sich festhalten, dass für die künftige Regional- und Kommunalentwicklung sowie Wirtschafts- und Standortentwicklung – nicht zuletzt aufgrund des Wettbewerbs auf kommunaler und regionaler Ebene – kreative und nicht-alltägliche Lösungen gefragt sind.

Forschungsbedarfe ergeben sich insbesondere im Hinblick auf die Prioritätensetzung der Handlungsansätze beispielsweise in einem Entscheidungssystem, das von regionalen Akteuren und Entscheidern angewendet werden kann. Dabei geht es auch um eine nachvollziehbare Reduktion der Komplexität der Trends und um eine zielgruppenspezifische Aufbereitung (z. B. für kommunale Entscheidungsträger, Unternehmer, Verbände und Kammern usw.). Im Vordergrund sollte dabei stets der Maßstab der Resilienz stehen, d. h. die Umsetzung von Maßnahmen sollten sich zum einen an der Umsetzung von Trends und zum anderen am Maßstab der Resilienz orientieren.

Literatur

Industrie und Handelskammer Schwarzwald-Baar-Heuberg, (Hrsg.). (2021). *Die Zukunft der Region*. Ein Impulspapier.

Institut der deutschen Wirtschaft Köln Consult GmbH. (2021). *vbw Studie Standort Bayern – Unternehmensperspektiven 2021*. Vbw.

Vereinigung der bayerischen Wirtschaft. (Hrsg.) (2021). *Auto-Cluster Bayern. Regionen im Fokus*. Vbw.

Weiterführende Literatur

Bayerisches Staatsministerium für Landesentwicklung und Umweltfragen. (2003). *Handbuch „Erfolgreiches Regionalmanagement"*.

Beck, R., Maier, J., & Obermaier, F. (1999). Regionalmanagement in ländlichen Räumen der Bundesrepublik Deutschland. *Informationen zur Raumentwicklung, 9*(10), 587–595.

Beermann, P., Koehler, S., & Leuninger, S. (2002). Regionale Kooperationen und Regionalmanagement? Modeerscheinung oder adäquate Antwort auf die Zukunftsherausforderungen des 21. Jahrhunderts? *Standort – Zeitschrift für angewandte Geographie, 26*(2), 56–62.

Berkner, A. (2001). *Die Braunkohlenplanung in Westsachsen zwischen raumordnungsplanerischer Pflichtaufgabe, Konfliktbewältigung und Regionalmanagement.* Habilitationsschrift am Institut für Geographie der Universität Leipzig.

Bundesinstitut für Bau-, Stadt- und Raumforschung. (2016). *Nachhaltige Weiterentwicklung von Gewerbegebieten.*

CIMA Beratung + Management GmbH. (2019). *Regionale Gewerbeflächenstudie Metropolregion Rhein-Neckar.*

Horx, M. (Hrsg.). (2021). *Zukunftsreport 2022*. Zukunftsinstitut.

Informationskreis für Raumplanung (2020). Urbane Produktion. *RaumPlanung – Fachzeitschrift für räumliche Planung und Forschung, 209*(6).

Institut für Landes- und Stadtentwicklungsforschung und Bauwesen des Landes Nordrhein-Westfalen (ILS). (Hrsg.) (2005). *Zukunftsstandorte für den Mittelstand*. Dortmund.

Kleinfeld, R., Hafkesbrink, J., & Stuhldreier, J. (2017). *Innovatives Regionalmanagement im demografischen Wandel*. Springer VS.

Mayr, J., & Dorner, M. (2016). Planungsempfehlung unter Berücksichtigung innovativer Zukunftsfelder mithilfe einer Strategieanalyse des Regionalmanagement im Raum Landshut.

Staatsministerium, B., & der Finanzen, für Landesentwicklung und Heimat. (2014). *Chancen erkennen*. Heimat gestalten. Regionalmanagement in Bayern.

Staatsministerium, B., & der Finanzen, für Landesentwicklung und Heimat. (2017). *Gemeinsam Heimat fördern*. Regionalmanagement Bayern.

Der Einfluss von regionalen Netzwerken und Innovationssystemen auf die Resilienz von Regionen

Das Beispiel Ingolstadt

Elina Störmann und Harald Pechlaner

Inhaltsverzeichnis

Zusammenfassung

Der Begriff der Resilienz hat eine zunehmend wichtige Bedeutung in der gegenwärtigen Diskussion in Wissenschaft und Praxis erlangt. Vor dem Hintergrund sich dynamisch verändernder Rahmenbedingungen stellt sich zunehmend die Frage, wie der Resilienzansatz dabei helfen kann, neue Sichtweisen auf

E. Störmann (✉) · H. Pechlaner
Lehrstuhl Tourismus/Zentrum für Entrepreneurship, Katholische Universität Eichstätt-Ingolstadt, Eichstätt, Deutschland
E-Mail: elina.stoermann@ku.de

H. Pechlaner
E-Mail: harald.pechlaner@ku.de

H. Pechlaner et al. (Hrsg.), *Resilienz als Strategie in Region, Destination und Unternehmen,* Entrepreneurial Management und Standortentwicklung,
https://doi.org/10.1007/978-3-658-37296-5_7

Entwicklungstrends (u. a. Digitalisierung) und Herausforderungen (u. a. Klimawandel, demografischer Wandel) zu entwickeln und eine Regionalentwicklung mit dem Ziel einer ausgeprägteren Robustheit und Krisenfestigkeit, und damit Resilienz, voranzutreiben. Der Beitrag möchte verdeutlichen, dass durch die Beteiligung von unterschiedlichen Akteuren (Wirtschaft, Wissenschaft, Politik und Gesellschaft) und durch die von diesen Akteuren beeinflussten regionalen Netzwerke, nicht nur die Resilienz gestärkt, sondern auch die Innovationsfähigkeit einer Region gefördert werden kann. Neben einem Überblick über das Verständnis von Resilienz in der Regionalentwicklung liegt aus diesem Grund ein besonderer Schwerpunkt des Beitrags auf regionalen Netzwerken, die ausschlaggebend für die Innovationsfähigkeit sind. Im Rahmen einer empirisch grundgelegten Fallstudie zur regionalen Resilienz am Beispiel der Region Ingolstadt geht das Kapitel der Frage nach, welche Akteure und Systeme eine Rolle im strategischen Umgang mit Fragen der regionalen Resilienz einnehmen und wie regionale Netzwerke und Innovationssysteme zur Resilienz in der Regionalentwicklung beitragen. Die mithilfe der qualitativen Methode GABEK® gewonnenen Ergebnisse verdeutlichen die Potenziale, die sich aus regionaler Vernetzung entlang des Quadruple-Helix-Modells ergeben.

1 Einleitung

Diskussionen um das Thema Resilienz werden bereits mehrere Jahrzehnte geführt und rücken spätestens seit der Corona-Pandemie noch stärker in den Fokus der wissenschaftlichen Diskussion (Cai, 2020). Demzufolge hat sich das Resilienzkonzept schnell zu einem neuen Trendbegriff sowie weit verbreiteten Konzept entwickelt und einen neuen Höhepunkt auch im Zusammenhang einer sogenannten resilienten Regionalentwicklung erreicht (Bristow & Healy, 2020). Der Resilienzbegriff ist damit zu einem wichtigen Leitbild in der raumbezogenen Resilienzforschung geworden, und unterschiedliche Einflüsse wie die Globalisierung, der demografische Wandel, der Klimawandel und nicht zuletzt auch Krisen wie die Corona-Pandemie, sind nur einige Beispiele, fortschreitender und spürbarer Prozesse, die sich auf die Resilienz einer Region auswirken können (Bailey et al., 2020; Dewald & Fromhold-Eisebith, 2021). Risiken, Schocks und Stressoren gefährden die Beständigkeit von Systemen und können zu großen Herausforderungen führen. Dabei bringt jeder Systemwandel unterschiedliche Herausforderungen mit sich, denen nur durch eine aktive, strategische

Gestaltung erfolgreich begegnet werden kann (Lemb, 2021). In Zeiten ausgeprägter wirtschaftlicher und sozialer Transformation wird deutlich, dass auch gut aufgestellte Regionen mit ihren jeweiligen Schwerpunkten und Netzwerken verwundbar sein können (Palekiene et al., 2015). Der Resilienzansatz kann dabei helfen, neue Sichtweisen auf Herausforderungen und Veränderungsprozesse zu entwickeln, indem frühzeitig eine Auseinandersetzung mit Zukunftsfragen erfolgt und unterschiedliche Lösungswege und neue Entwicklungspfade in Betracht gezogen werden (Pinto & Guerreiro, 2019). Die Corona-Pandemie illustriert dies. Sie stellt einen großen externen Schock dar und hat auch die Regionalentwicklung dazu veranlasst, alte Entwicklungspfade infrage zu stellen sowie neue Zukunftsvisionen zu entwickeln. Diskussionen bewegen sich im Spannungsfeld zwischen der Rückkehr zum „Business as usual" bis hin zu radikalen Veränderungen bei alt bewährten Praktiken (Erdelen & Richardson, 2021; McIntyre-Mills, 2020). So wird die Corona-Pandemie auch als Weckruf-Ereignis betrachtet und wirkt als Katalysator für die Auseinandersetzung mit Themen der Nachhaltigkeit und Digitalisierung (Sá et al., 2021). Das führt letztendlich auch dazu, dass solche Zeiten im Besonderen dazu anregen, Transformation – sie lässt sich kaum beeinflussen – und Innovation – sie lässt sich sehr wohl beeinflussen – anzutreiben und voranzubringen (George et al., 2020; Sakurai & Chughtai, 2020).

Trotz einer großen Bandbreite an Forschungen ist die Frage, wie Resilienz definiert, operationalisiert und gemessen werden kann, noch schwer fassbar. Wie Wink (2011) ausführt, wird häufig sehr unspezifisch, konzeptionell und analytisch in Bezug auf Resilienz gesprochen. Erste Studien im deutschsprachigen Raum versuchen die Lücke zwischen konzeptionellem Rahmen und empirischen Fallstudien zu schließen (Zacher & Gavriljuk, 2021). Nicht verwunderlich ist daher, dass aktuelle Forschungsbeiträge eine detaillierte Analyse zu zentralen Elementen der Resilienz im Kontext einer strategischen Planung fordern (Crespo et al., 2014; Masik & Grabowska, 2020). Zugleich sind Bottom-Up-Ansätze erforderlich, wenn es darum geht, gemeinsame Lösungswege und Strategien zu finden (Iammarino et al., 2019). Dies wiederum hängt von systemischen Rahmenbedingungen ab sowie der Beteiligung unterschiedlicher relevanter Akteure im Sinne einer kollaborativen Kompetenzentwicklung zwischen Wissenschaft, Wirtschaft, Politik und Gesellschaft (Walker et al., 2002). Zudem ist Resilienz kein Selbstverständnis. Innovationen, neue Denkmuster, Change-Management, Partizipation, oder die Entwicklung von regionalen Netzwerken sind nur wenige Instrumente, die eine resiliente Regionalentwicklung fordern und fördern (Cooke, 2013).

Im folgenden Beitrag gehen die Autoren auf regionale Netzwerke sowie regionale Innovationssysteme vor dem Hintergrund einer resilienten Regionalentwicklung ein. Exemplarisch wird im Rahmen dieses Beitrags ein Fokus auf das Fallbeispiel der Region Ingolstadt im mittelbayerischen Raum gelegt. Dies geschieht auf der Grundlage eines Forschungsprojektes (Zeitraum 2019 bis 2020), das vom Lehrstuhl Tourismus/Zentrum für Entrepreneurship der Katholischen Universität Eichstätt-Ingolstadt im Auftrag der *Initiative Regionalmanagement Region Ingolstadt e. V.* (IRMA) durchgeführt wurde. Im Allgemeinen verfolgte die Studie das Ziel aufzuzeigen, welche Faktoren und Indikatoren die Resilienz der Region bestimmen, welche Akteure verantwortlich für resilientes Denken und Handeln sind bzw. welches Denken und Handeln allenfalls dazu führt, dass die Resilienz gestärkt wird, und welche Maßnahmen und Handlungsoptionen ergriffen werden können, um die Resilienz der Region zu erhöhen. Die Studie zur regionalen Resilienz der Region Ingolstadt möchte in diesem Sinne Impulse setzen und stützt sich methodisch auf einen Mixed-Methods-Ansatz (Initiative Regionalmanagement Region Ingolstadt e. V., 2020).

Dieser Beitrag setzt also einen Fokus auf nachfolgende Fragestellungen:

Welche Akteure und Systeme spielen eine Rolle im strategischen Umgang mit Fragen der regionalen Resilienz?
Wie können regionale Netzwerke und Innovationssysteme zur Resilienz und Zukunftsfähigkeit der Regionalentwicklung beitragen?

Die Auswahl der Ergebnisse der Studie dienen der explorativen Diskussion des Resilienzansatzes im Rahmen von Potenzialen der Vernetzung und in Bezug auf die Innovationsforschung auf regionaler Ebene.

2 Der Resilienzdiskurs in der Regionalentwicklung

Der Resilienzbegriff hat sich in den vergangenen Jahren zu einem disziplin- und branchenübergreifenden Ansatz entwickelt und unterscheidet in der Theorie und Praxis zwischen Konstanz (bounce-back) und Wandel (bounce-forward) (Cowell, 2013; Manyena et al., 2011). Mit ihren disziplinären Wurzeln in der sozial-ökologischen und psychologischen Forschung und die Ausweitung auf Regionen und Organisationen, berücksichtigt die Resilienzforschung sowohl das Individuum als auch die strukturellen Zusammenhänge des Gesamtsystems (Holling, 1973; Masten et al., 2009; Shaw et al., 2016). Menschen und Systeme agieren immer vernetzter und digitaler, was diese zwar flexibler macht, aber gleichzeitig auch verwundbarer gegenüber Einflüssen und Störungen und die damit einhergehenden Veränderungsprozesse (Plöger & Lang, 2013). Veränderungsprozesse stellen potenzielle Risiken und Disruptionen dar, die folglich in Krisen münden können (Petersik et al., 2017). Dabei können Krisen unterschiedlicher Natur sein, und so kann zwischen abrupt auftretenden Schocks (z. B. Naturkatastrophen, Pandemien) oder langsam einwirkenden Stressoren (z. B. Klimawandel, Globalisierung) unterschieden werden (Corradini, 2019). Während Krisen wie z. B. Pandemien entschlossene und schnelle Reaktionsmaßnahmen nach sich ziehen, wird in Bezug auf langsam einwirkende Stressoren wie beispielsweise die Klimakrise, von vielen Seiten eher ein zögerliches Verhalten verantwortlicher Akteure festgestellt (Negev et al., 2021). Die Praxis zeigt, dass einige regionale Interessensgruppen Frühwarner sind und den Resilienzansatz dementsprechend nutzen, um sich früh- und rechtzeitig mit Zukunftsfragen auseinanderzusetzen. Resilienz ist daher als Fähigkeit zu betrachten, sich proaktiv auf Unerwartetes vorzubereiten (Lebel et al., 2006). So ist jede Krise einzigartig und erfordert fortwährend neue Lösungen, was wiederum ein hohes Maß an Mut und Kreativität mit sich bringt (Endreß & Rampp, 2015).

In der Theorie unterscheidet der Resilienzbegriff zwischen Bewältigungs-, Anpassungs- und Transformationspotenzial (Manyena et al., 2011). Aus kurzfristiger Perspektive verfolgt der Resilienzansatz das Ziel seiner ursprünglichen Bedeutung (lat. resilire) des Zurückspringens und somit der Abwehr von akuten Gefährdungen (Holling, 1973). Das Zurückkehren in das ursprüngliche Gleichgewicht und die damit zusammenhängende Stabilität steht im Fokus dieser Betrachtung (Denzel, 2018). Häufig wird in diesem Zusammenhang Bezug zur sog. ingenieurwissenschaftlichen Tradition (engineering resilience) genommen, die das Ziel verfolgt, Systemleistungen und Strukturen zu erhalten bzw. wiederherzustellen (Holling, 1996; Pimm, 1984). Der Resilienzbegriff ist in dieser Ausprägung oftmals im Kontext von Pfadabhängigkeit, Widerstandsfähigkeit, Krisenfestigkeit und Robustheit charakterisiert (Lukesch, 2016; Wink, 2011). Die ökologische und evolutionäre Perspektive (ecological and evolutionary resilience) hingegen erweitern das Resilienzverständnis, indem adaptive und transformative Kapazitäten des Begriffs stärker in den Blickwinkel der Diskussion rücken (Boschma, 2015). Diese Sichtweise setzt einen Fokus auf den Kurswechsel, auf Wandel sowie eine kontinuierliche Weiterentwicklung des Systems, aber auch die beständige Entfaltung neuer Entwicklungswege (Bristow & Healy, 2020; Pike et al., 2010). Aus langfristiger Sicht betrachtet, beinhaltet somit der Resilienzbegriff das Ziel einer nachhaltigen Entwicklung durch kontinuierliche Lern- und Anpassungsprozesse an die sich verändernden Rahmenbedingungen (Hu & Hassink, 2020). Mitunter müssen sich ganze Systeme transformieren und an neue Gegebenheiten anpassen, um sich so nachhaltig für die Zukunft aufzustellen (Manyena et al., 2019; Shaw et al., 2016).

Der Resilienzdiskurs im regionalen bzw. räumlichen Kontext zeigt in diesem Sinne auf, dass Resilienz insbesondere auf Systemdenken basiert (Yamamoto, 2011). Fathi (2019, S. 66) nimmt in diesem Zusammenhang Bezug zur modernen Systemtheorie, die *„als eine disziplinübergreifende Betrachtung, in der grundlegende Aspekte und Prinzipien von Systemen zur Beschreibung und Erklärung komplexer Phänomene herangezogen werden"* kann. Regionale Resilienz bezieht sich jedoch nicht nur auf ein bestimmtes System, sondern setzt sich aus mehreren Teilsystemen – z. B. der ökonomischen, sozialen und politischen Resilienz – zusammen. In diesem Zusammenhang ist Resilienz als gesamtgesellschaftliche Aufgabe aufzufassen, die sich aus dem Zusammenspiel und der Interaktion unterschiedlicher Ebenen zusammensetzt (Benedikter & Fathi, 2022; Weig, 2016) und auch die Bevölkerung in Diskussionen um die Zukunftsfähigkeit von Regionen einbezieht (Störmann & Zacher, 2021). So wird der Resilienzansatz häufig als systemtheoretischer Zugang für die Erklärung gesellschaftlicher Wirkungsbezüge und Handlungsoptionen herangezogen (Fiksel, 2006). In diesem Wirkungsgefüge trägt jeder Beteiligte zur Resilienz des Systems bei und sollte im Aufbau von Resilienz mit einbezogen werden (Zacher & Gavriljuk, 2021). Das zeigt die Notwendigkeit auf, dass der Resilienzansatz als zentrales Element der strategischen Planung angesehen werden muss. Die Entwicklung einer Resilienzstrategie berührt unterschiedliche Akteure und sollte in einem Multistakeholder-Dialog erfolgen (Gimenez et al., 2018). Es geht so gesehen auch um eine besondere Kultur der Teilhabe, welche die Gesellschaft einer Region bewusst in die Diskussion der zukünftigen Entwicklung integriert (Spaans & Waterhout, 2017). Regionen, die sich bewusst dem Resilienzansatz widmen, leisten einen Beitrag zur Institutionalisierung von Mitgestaltung und -bestimmung; das wiederum sollte als stets zu pflegende Kompetenz einer Region betrachtet werden, die bewusst neue Methoden der Partizipation, des Dialogs und der Koordination entwickelt und einsetzt (Roth, 2018). Das unterstreicht die Wichtigkeit, breite und diverse Gruppen von Stakeholdern in den Aufbau von Resilienz einzubeziehen. Geteiltes strategisches Wissen sowie entsprechendes Vertrauen in die Entscheidungsfindung verbessert auch die Möglichkeit, auf Krisen früh- und rechtzeitig zu reagieren (Endreß & Rampp, 2015; Leichenko et al., 2015).

Zudem können auch gut aufgestellte Regionen verwundbar und vulnerabel sein, denn Effizienz und Wachstum reichen allein als Kriterium nicht aus, um eine resiliente Entwicklung beurteilen zu können (Jakubowski et al., 2013). Ein Paradigma, das sich ausschließlich auf quantitativem Wachstum in urbanen Räumen fokussiert, wird in Theorie und Praxis zunehmend kritisiert, soziale und ökologische Entwicklungsperspektiven rücken stattdessen in den Vordergrund (Meerow et al., 2016). Resiliente Wirtschaftsregionen können beispielsweise besonders gut mit Schocks umgehen, wenn ökonomische Systeme gut und eng vernetzt sind sowie ein hohes Maß an Diversität aufweisen (Wink, 2011). Neben einem Umfeld, das Anpassungsfähigkeit unterstützt, ebnen die Netzwerk- und Kooperationsfähigkeiten unterschiedlicher Akteure der Region die Möglichkeit, gemeinsame Ziele zu erreichen sowie zukunftsorientierte Strategien aufzubauen (Briguglio et al., 2009). Regionen, die in der Lage sind ihre Stärken zu nutzen, Strategien zu entwickeln und die sozio-ökonomischen Beziehungen unterschiedlicher Akteure im System zu stärken, können auch besser die Resilienz der Region durch den Aufbau von Wissens-, Lern-, Innovations- und Kooperationsstrukturen unterstützen (Palekiene et al., 2015). In diesem Netzwerk von unterschiedlichen Stakeholdern spielt Vertrauen und die Fähigkeit, Neues zu wagen und zu entdecken, eine besondere Rolle und wirkt resilienzfördernd (Briguglio et al., 2009). Daher ist im Rahmen von regionalen Transformationsstrategien eine klare und transparente Kommunikation sowohl nach innen als auch nach außen entscheidend (Bristow & Healy, 2014). Zunehmend wird zudem von Schwarmintelligenz durch regionale Vernetzung gesprochen. Durch Kommunikation, Vernetzung und Interaktion werden kollektive Problemlösungen für regionale Herausforderungen möglich. Schwarmintelligenz bezieht sich auf die kollektive Anstrengung für ein gemeinsames Ziel und führt oftmals zu spannenden und wertvollen Innovationen (Frey et al., 2020). Einen Ausgangspunkt für eine regionale Innovationsförderung kann in diesem Zusammenhang das Konzept der lernenden Region (Morgan, 1997) darstellen, welches sich darauf stützt, dass Innovationsprozesse in Interaktion und nicht in Isolation stattfinden (Hassink, 1997). Auf regionaler Ebene braucht es dafür Kommunikationsräume; Netzwerke sind essentiell um zu lernen, Stabilität zu erreichen und Innovationen zu generieren (Nischwitz et al., 2020). Wie dies in Theorie und Praxis aussehen kann, spiegelt das nachfolgende Kapitel wider.

3 Regionale Netzwerke und Innovationssysteme als Resilienzfaktor

Die Corona-Pandemie und andere globale Herausforderungen (z. B. Klimawandel, Digitalisierung) unterstreichen die Bedeutung von innovativem Denken und Handeln für eine zukunftsfähige und resiliente Regionalentwicklung (Kopatz, 2021). Allerdings finden Diskussionen rund um Innovationen und Einsichten aus der Innovationsforschung im regionalen Kontext bereits seit einiger Zeit aus systemischer Perspektive statt (Strambach, 2004; Thomi & Werner, 2001). Einen besonderen Beitrag leistet in diesem Zusammenhang die Theorie in Bezug auf regionale Innovationssysteme (Cooke, 2009). In diesem Kontext werden Netzwerkstrukturen einer Region als ausschlaggebend für deren Innovationspotenzial gesehen; und die Innovationsfähigkeit einer Region wird im Wesentlichen von Kooperationen und regionalen Netzwerken getragen (Jakubowski et al., 2013).

Regionale Netzwerke sind sehr unterschiedlich, gewissermaßen gleicht kein Netzwerk dem anderen (Bachinger & Pechlaner, 2011). Umso mehr kommt es auf die Zielsetzung und -richtung des Netzwerkes an. Dafür bündeln regionale Netzwerke Kompetenzen und Ressourcen, was dazu führt, dass regionsbezogene Vernetzung auf bestehenden Partnern aufbaut und durch klare Rollen, Verantwortlichkeiten und Zuständigkeiten im Netzwerk bestimmt wird (Emminghaus & Tippelt, 2009). Gemeinsame Werte und Zielsetzungen prägen die regionale Vernetzung. In diesem Zusammenhang ist die räumliche Nähe von großer Bedeutung, die darüber hinaus durch eine aktive, persönliche Beziehung charakterisiert ist (Dickinson, 2003) und den persönlichen Austausch sehr förderlich macht (Trippl & Tödtling, 2011). Die sog. Beziehungsqualität bestimmt die Qualität des Netzwerks und kommt durch unterschiedliche Ausprägungen von kooperativen, über koordinierenden bis hin zu kollaborativen Netzwerken zum Ausdruck (Mandell & Keast, 2008). Die Bündelung von Kompetenzen und Ressourcen sowie Synergien durch die Zusammenführung von Stärken sind folglich Erfolgsfaktoren, die regionale Netzwerke ausmachen (Heidenreich, 2011).

Regionale Netzwerke sind grundsätzlich als sehr starke Netzwerke charakterisiert, die durch spezifische Kooperationen unterschiedlicher Akteure geprägt sind (Fürst & Schubert, 1998; Tippelt et al., 2006). Sie können aus zeitlicher Perspektive unbefristet agieren oder für bestimmte Projektnetzwerke zeitlich befristet zusammenkommen (Picker, 2001). Regionale Netzwerke sind kein Selbstläufer und müssen initiiert und gepflegt werden. Das führt dazu, dass Netzwerk-Management und die Beziehungsqualität wichtige Voraussetzungen für den Erfolg regionaler Netzwerke implizieren (Bachinger & Pechlaner, 2011). Die Beziehungsqualität ist maßgeblich dafür verantwortlich, Vertrauen zwischen unterschiedlichen Akteuren zu schaffen sowie die Innovationsfähigkeit und Resilienz von Systemen zu festigen. Der Erfolg regionaler Netzwerke hängt zudem auch weitgehend davon ab, ob eine Region in der Lage ist, ihre Stärken auch überregional in einem Innovationswettbewerb geltend zu machen (Roth et al., 2021). Auch wird von lernenden Netzwerken gesprochen, die eine Grundlage in der Frage nach der Anpassungsfähigkeit von Regionen aufbringen und im Kontext der Resilienz eine hohe Bedeutung aufweisen (Christmann et al., 2015; Hassink, 2010).

Aus dieser Perspektive ergänzt sich das Verständnis regionaler Netzwerke zusammen mit innovationsförderlichen Aspekten zur Gesamtperspektive

regionaler Innovationssysteme (Cooke, 2009; DeBresson & Amesse, 1991). In regionalen Innovationssystemen kommen Akteure aus verschiedenen Subsystemen miteinander in Berührung, was wiederum die zunehmende Betrachtung von Innovationen aus systemischer Perspektive unterstreicht. Aus dem Blickwinkel regionaler Innovationssysteme sind Innovationen folglich das Ergebnis eines kollektiven Prozesses unterschiedlicher Akteure und können auch als das Resultat der Beziehung zwischen politischen Einrichtungen, der Wissenschaft (u. a. Universitäten, Forschungseinrichtungen), Wirtschaft aber auch der Zivilgesellschaft (Carayannis & Campbell, 2009; Malik et al., 2021) in einem bestimmten institutionellem Umfeld betrachtet werden. Das regionale Netzwerk ist innerhalb des regionalen Innovationssystems sowohl als Struktur als auch als Interaktionsmodus zu betrachten. Letzterer unterstreicht die Wichtigkeit, breite und vielfältige Gruppen von Stakeholdern in den Aufbau von Resilienz in Ökosystemen einzubeziehen (Carayannis et al., 2018) und kann über das Quadruple-Helix-Modell weiter systematisiert werden (Leydesdorff, 2012). Das Quadruple-Helix-Modell erweitert das von Etzkowitz und Leydesdorff (2000) entwickelte Triple-Helix-Modell um die Dimension der Zivilgesellschaft. Der Triple-Helix-Ansatz wurde ursprünglich dazu entwickelt, um die dynamische Interaktion zwischen Wirtschaft, Wissenschaft und Politik zur Förderung von Entrepreneurship, Innovation und Wirtschaftswachstum einer Wissensgesellschaft zu erklären. Angesichts des zunehmenden gesellschaftlichen Bewusstseins für sozial-verantwortliche Innovationen *(Social Innovation)* und die Rolle der Zivilgesellschaft in der Beteiligung zukünftiger Entwicklungsperspektiven, gewinnt in den letzten Jahren insbesondere die Interaktion entlang des Quadruple-Helix-Modells an Bedeutung (Carayannis & Campbell, 2009; Malik et al., 2021).

Wird das Netzwerk als Interaktionsmodus betrachtet, rücken zudem Fragen der Governance und Steuerung in den Mittelpunkt (Fürst, 2001). Erfolgreiche Innovationssysteme bestehen aus einer Vielfalt von Akteuren, deren Gesamtsystem mit einer belastbaren Netzwerk-Governance geprägt ist (Bachinger & Pechlaner, 2011; Grasenick et al., 2008). Die Resilienz einer Region kann folglich gestärkt werden, wenn unterschiedliche Akteure dazu bereit sind, gemeinsam zu handeln und im Verbund als „regionales Handlungssystem" nachhaltig zu lernen und zu agieren (Plöger & Lang, 2013) und im Sinne einer Regional Governance regionale Entwicklung voranzutreiben (Bristow & Healy, 2014). Ein transparenter Wissenstransfer zwischen regionalen Akteuren entlang der Quadruple-Helix muss jedoch sichergestellt sein. Diesbezüglich gilt es Plattformen zu schaffen, um sich über Innovationen auszutauschen und Wissenstransfer zu gewährleisten (Trippl & Tödtling, 2011). Eine Erweiterung zum Quintuple-Helix-Modell legt zudem nahe, dass auch die natürliche Umwelt (u. a.

lokales Wissen, natürliche Ressourcen) einer Region und deren Ausstattung eine Rolle bei der Entstehung von Innovationssystemen einnehmen kann (Carayannis et al., 2012).

Des Weiteren zeigen aktuelle Diskussionen auf, dass die Innovations- und Wettbewerbsfähigkeit von Regionen in Zukunft immer stärker davon abhängig sein werden, inwieweit ein Beitrag zur Nachhaltigkeitstransformation erfolgt (Urbaniec, 2008). Es geht um Innovationen, die nicht nur ein nachhaltiges Wirtschaften vor Ort ermöglichen, sondern auch einen Beitrag dazu leisten, dass nachhaltige Technologien und Konsummuster gesamtgesellschaftlichen Anklang finden (Getzin & Singer-Brodowski, 2016). Innovation im Kontext der Nachhaltigkeitstransformation und aus einer Multi-Level-Perspektive (Geels, 2002, 2011) heraus bedeutet, Schocks und Systeme in Bewegung zu nutzen, um Weichen zu stellen, wenn diese in Bewegung sind. Es ebnet sich die Möglichkeit für neue Prozesse, Produkte und Kooperationen und die Möglichkeit, Nischen zu nutzen für neue, innovative Lösungen. In diesem Prozess ist es essentiell, Akteure zu identifizieren und entsprechende Netzwerke zu knüpfen (Walrave et al., 2018).

Im Falle externer Schocks und Stressoren sind feste Netzwerke gefordert, durch Einbeziehung neuer Kooperationspartner sich neu zu bilden, anpassungsfähig und offen für neue Lösungswege zu sein. Das impliziert wiederum, dass regionale Netzwerke auch die Basis für Erneuerung innerhalb einer Region bilden (Jakubowski et al., 2013), was wiederum die „bounce-forward"-Perspektive des Resilienzansatzes unterstreicht. „Bounce-back" würde hingegen nahe legen, dass Robustheit und Widerstandfähigkeit zu starren Netzwerken führen, die wenig flexibel sind und vor diesem Hintergrund auch die Innovationskraft auf der Strecke bleibt (Müller-Seitz, 2014). Resilienz sollte in diesem Verständnis vielmehr die Durchlässigkeit von Netzwerken ermöglichen, um veränderungs- und entwicklungsfähig zu bleiben. Netzwerkstrukturen, die Flexibilität und Innovation unterstützen, erhöhen die Resilienz (Tippelt et al., 2006). Das wiederum verdeutlicht, dass das Netzwerk selbst die Transformation gestalten kann. Die Theorie zeigt jedoch auch auf, dass sich regionale Netzwerke oftmals erst dann herausbilden, wenn die Notwendigkeit, ausgelöst durch Leidensdruck oder Disruptionen, vorliegt. Letztere schaffen die Voraussetzung und den Anstoß für temporäre Formen der Vernetzung und die Möglichkeit der Zusammenkunft in einer Konstellation, die für gewöhnlich nicht zustandekommen würde. So gesehen bieten Disruptionen Raum für Innovationen und die Neustrukturierung von Systemen, um Weichen zu stellen und adaptive Resilienzstrategien zu beginnen (David, 2018). Wichtig in diesem Zusammenhang sind Rahmenbedingungen, ein interdisziplinärer Ansatz sowie die Ausschöpfung kreativer und innovativer Potenziale. So gesehen sind Kreativität und Nachhaltigkeit notwendige Katalysatoren für die Entwicklung von Innovations- und Wettbewerbsfähigkeit und können die Lebensqualität einer Region maßgeblich beeinflussen (Knieling & Preising, 2009; Speer, 2020). Resilienz ist dabei als eine Haltung zu verstehen, die Innovationen im Blick haben muss (Flander et al., 2014). Netzwerke, die einen innovativen Austausch anstreben, fördern ein nachhaltiges Zusammenleben, eine nachhaltige Wirtschaft sowie die gemeinsame Gestaltung der Zukunft, die mitunter durch Living Labs (Thees et al., 2020) oder Coworking-Spaces (Merkel, 2019; Pechlaner & Innerhofer, 2017) entstehen. Diese neuen Konzepte fördern nicht zuletzt den sozialen Zusammenhalt, einen kreativen Input und innovative Lösungsansätze, aber auch die Lebensqualität in Regionen (Psenner, 2020). Die Gesellschaft kann sowohl der Ausgangspunkt als auch das Ziel kreativer Prozesse sein. Vertrauen ist dabei die Basis und Treiber für Netzwerke, und für das Commitment der Partner entscheidend (Roberts & Townsend, 2016).

4 Das Fallbeispiel Region Ingolstadt

Zur besseren Einordnung der Forschungsergebnisse werden Spezifika der Region Ingolstadt aufgeführt. Die Region Ingolstadt liegt inmitten von Bayern und stellt die Schnittstelle zwischen den zwei Metropolregionen München und Nürnberg dar und weist somit eine gute Lage und Anbindung auf. Die Region, zu der die Landkreise Eichstätt, Neuburg-Schrobenhausen und Pfaffenhofen a. d. Ilm sowie die kreisfreie Stadt Ingolstadt gehören, wird anhand verschiedener Strukturparameter (z. B. Beschäftigungs- und Arbeitslosenquote, Verschuldung, etc.) als eine der erfolgreichsten Regionen Deutschlands beschrieben (Thierstein et al., 2011).

Die Besonderheit der Region liegt in der sowohl ländlichen als auch urbanen Lage der Region, die sich über eine Fläche von 2.848 km^2 erstreckt (Planungsverband Region Ingolstadt, 2020). Der ländliche Raum, aber auch die urbane Lage tragen zur Attraktivität der Region bei. Diese ist zugleich geprägt durch die Natur (z. B. die Lage im Naturpark Altmühltal). Die natürlichen Gegebenheiten, das historische Erbe sowie die kulturellen und sportlichen Freizeitaktivitäten führen dazu, dass die Region als lebenswerter Standort zum Wohnen und Leben betrachtet wird. Die Region zeichnet sich nicht nur durch eine Vielfalt an Natur- und Kulturlandschaften aus. Sie ist zum einen landwirtschaftlich geprägt und präsentiert sich zum anderen als innovativer Standort mit zahlreichen Unternehmen. Das führt dazu, dass die Region Ingolstadt sowohl in der Außenwahrnehmung als auch im Selbstbild als wirtschaftsstarke Region wahrgenommen wird (Fokus Money, 2020). In Bezug auf ihre wirtschaftliche Entwicklung liegt sie weit über dem bayerischen

Durchschnitt und bietet eine hohe Lebensqualität für Arbeitnehmende der Region und deren Familien (Geis & Kasch, 2018).

Gleichzeitig kann die Region als wachsende Region charakterisiert werden, die sich seit Jahren durch eine überdurchschnittlich positive Bevölkerungsentwicklung auszeichnet (Stadt Ingolstadt, 2020). Allerdings hängt die Region auch stark von den transformativen Kräften des Mobilitätsclusters in der Region ab. Eine dynamische Wirtschaft, bei der insbesondere die großen Unternehmen die Schnelligkeit der Wirtschaftsentwicklung vorgeben, eine geringe Arbeitslosigkeit, Wohlstand und gutes Einkommen prägen die Region. Die Basis der Wirtschaftskraft liegt im produzierenden Gewerbe und spiegelt die starke Abhängigkeit der regionalen Wirtschaftsstrukturen und -entwicklungen von Großunternehmen wider (Thierstein et al., 2011).

Neben der Stärke als erfolgreicher Wirtschaftsstandort, ist die Region ein bekannter Wissenschafts- und Hochschulstandort. Mit der Katholischen Universität Eichstätt-Ingolstadt (KU) ist hier die einzige katholische Universität im deutschsprachigen Raum angesiedelt. Die Technische Hochschule Ingolstadt (THI) umfasst vor allem die Schwerpunkte Technik und Wirtschaft und bietet innovative Studiengänge an. Die KU ist die einzige katholische Universität im deutschsprachigen Raum und verfügt über ein vielfältiges Angebot von Studienfächern im Bereich der Geistes-, Sozial- und Kulturwissenschaften, Mathematik und Betriebswirtschaftslehre. Im Gesamten haben sowohl die THI als auch die KU einen starken katalytischen Effekt auf die Entwicklung der Region. Sie zeichnen sich durch ihre unterschiedlichen und komplementären Fachkompetenzen aus und sind wesentliche Treiber vor dem Hintergrund von Innovationen und der Etablierung von Zukunftsthemen. Die Technik-Affinität und Digitalisierung bieten zusätzlich das Potenzial, die Region zu befähigen, auch in neuen Bereichen aktiv zu werden.

5 Methodisches Vorgehen

Die Ergebnisse dieses Beitrags beruhen auf einem Forschungsprojekt zur regionalen Resilienz der Region Ingolstadt (Zeitraum 2019 bis 2020). Die Studie wurde vom Lehrstuhl Tourismus/Zentrum für Entrepreneurship der Katholischen Universität Eichstätt-Ingolstadt (KU) im Auftrag der *Initiative Regionalmanagement Ingolstadt e. V.* (IRMA) durchgeführt und durch das Bayerische Staatsministerium für Wirtschaft, Landesentwicklung und Energie gefördert. Im Laufe des Forschungsprojekts wurden mehrere aufeinander aufbauende Erhebungen durchgeführt und verschiedene Forschungsmethoden kombiniert.

Die empirische Untersuchung setzt sich aus einem qualitativen und einem quantitativen Teil zusammen. So wurden leitfadengestützte, explorative Experteninterviews geführt, zwei Expertenworkshops organisiert, eine Bürgerbefragung durchgeführt sowie eine Real-Time-Delphi konzipiert. Abb. 1 zeigt die Bausteine der empirischen Untersuchung und beschreibt die jeweiligen Zielsetzungen sowie das durchgeführte Design.

Aufbauend auf einer einführenden Literaturrecherche sowie einer Diskussion des sich gegenwärtig vollziehenden Wandels der Rahmenbedingungen in der Region wurden insgesamt 24 explorative **Interviews** mit zentralen Stakeholdern der Region Ingolstadt geführt. Allgemeines Ziel dieser Gespräche mit unterschiedlichen Akteuren der Region war es, u. a. ein Stimmungsbild über die aktuellen Entwicklungen in der Region zu erhalten, Faktoren für resilientes Denken und Handeln in der Region aufzugreifen, aber auch über die strategische Verantwortung für eine resiliente Regionalentwicklung zu sprechen. Diese Ergebnisse dienten als Grundlage für den ersten **Workshop,** der einen Fokus auf die Entwicklung und von Indikatoren zur besseren Erfassung von Resilienz legte. Basierend auf den Resultaten der Interviews und des Indikatorenworkshops wurde eine **Real-Time-Delphi** entwickelt und durchgeführt. Die Delphi-Methode ist ein systematisches, schriftlich strukturiertes Befragungsverfahren von Experten, das dazu dient, künftige Entwicklungen und Trends möglichst gut einschätzen zu können (Linstone & Turoff, 1975; Wolf, 2017). Darüber hinaus stellt die Delphi-Befragung eine etablierte Methode dar und hat sich zu unterschiedlichen Befragungstypen entwickelt, die verschiedene Funktionen aufweisen und in diversen Themenfeldern Einzug finden (Häder, 2014). Das Verfahren umfasst sowohl qualitative als auch quantitative Methoden für die Vorausschau (Foresight) und greift neben explorativen und prognostischen auch normative Elemente auf (Cuhls, 2019). Der Ansatz, der im Rahmen dieser Forschung Anwendung fand, folgte der Logik der Real-Time-Delphi (Gordon & Pease, 2006). Die Befragung half der Konkretisierung des Sachverhalts, um zukünftige Entwicklungen in der Region Ingolstadt zu bestimmen und ambivalente Einstellungen genauer zu ergründen. Dabei wurden einem regionalen Panel an Experten ausgewählte Thesen einer zukünftigen Entwicklung der Region vorgelegt, die sich auf ein mögliches Szenario bis zum Jahr 2030 stützten. Die Interaktion auf der Plattform Calibrum[1] regte dazu an, in einen gemeinsamen Austausch und Diskussion zu treten. Besonderes Anliegen des Forschungsprojektes war es zudem, die

[1] siehe: https://calibrum.com/.

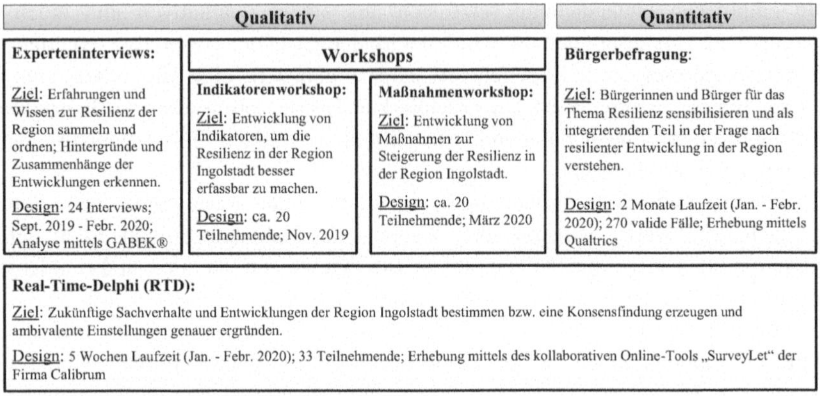

Abb. 1. Methodisches Vorgehen im Rahmen der Studie. (Quelle: Eigene Darstellung in Anlehnung an Initiative Regionalmanagement Region Ingolstadt e. V. (2020))

Bevölkerung der Region als Treiber eines regionalen Stimmungsbildes in der Gesellschaft zu betrachten, um diese als integrierenden Teil in der Frage nach der Zukunftsfähigkeit der Region zu verstehen. Die **Bürgerbefragung** wurde ausschließlich online erhoben. Das Ziel dieser Befragung war es, die lokale Bevölkerung für resiliente Entwicklungen in der Region zu sensibilisieren und Bewusstsein für zentrale Zukunftsfragen in der Region zu schaffen. Den letzten Bestandteil der Empirie bildete der **Maßnahmenworkshop.** Dieser basierte auf den Ansätzen der Stakeholder-Integration und umfasste neben der Vorstellung der Zwischenergebnisse eine Arbeitsphase zum kreativen Erarbeiten von Ideen, Maßnahmen und Handlungsempfehlungen für die Region.

Aufgrund der hohen Dichte an Ergebnissen kann im Rahmen dieses Beitrags nicht auf alle Ergebnisse der empirischen Erhebung der Studie eingegangen werden. In diesem Beitrag möchten die Autoren insbesondere die Ergebnisse der Interviewreihe betrachten sowie beleuchten, welche Akteure und Systeme eine Rolle im strategischen Umgang mit Fragen der regionalen Resilienz spielen. Darüber hinaus sind ebenso Details zu Innovationen und Netzwerken anhand des Fallbeispiels enthalten. Die Interviews wurden auf Grundlage der softwaregestützten Analysemethode GABEK® (Ganzheitliche Bewältigung von Komplexität) und mithilfe der dazugehörigen Analysesoftware WinRelan® (Windows Relationen Analyse) ausgewertet. Die Analysemethode wurde von Josef Zelger am Institut für Philosophie der Leopold-Franzens-Universität Innsbruck entwickelt und beruht auf der Theorie der Gestaltenwahrnehmung von Carl

Stumpf (Raich, 2008). Mittels der Software war es möglich, die individuellen Aussagen der Interviewten vernetzt, strukturiert und in einem transparenten Wissensnetz verdichtet darzustellen, um Erfahrungen und Wissen von unterschiedlichen Stakeholdern systematisch zu erfassen und zu bündeln (Gäbelein & Hillmer, 2020). GABEK® bietet dabei verschiedene Möglichkeiten, das erhobene Datenmaterial zu visualisieren und konkrete Erkenntnisse abzuleiten (Zelger, 2019). Im vorliegenden Beitrag werden die in Verbindung stehenden Ausdrücke (sog. Sinneinheiten) anhand von Netzwerkgrafiken dargestellt.

6 Ausgewählte Ergebnisse der Untersuchung

Ein zentrales Ziel der Untersuchung bestand darin, Akteure und Systeme aufzuzeigen, die eine Rolle im strategischen Umgang mit Fragen der regionalen Resilienz spielen. Die dargestellte Netzwerkgrafik (Abb. 2) zeigt auf, dass Resilienz als gesamtgesellschaftliche Aufgabe in der Regionalentwicklung betrachtet werden muss. Wie sich erkennen lässt, besteht ein unmittelbarer Zusammenhang zur Resilienz im Spannungsfeld von Politik, Wirtschaft, Wissenschaft und Gesellschaft. Die Dicke der Verbindungslinie lässt darauf schließen, wie oft die Begriffe untereinander verknüpft sind, d. h. in Verbindung miteinander genannt wurden. Resilienz im zugrunde liegenden Fallbeispiel bezieht sich auf die Notwendigkeit des transformativen Verständnisses des Ansatzes, deren Ziel eine nachhaltige Entwicklung durch kontinuierliche Lern- und Anpassungsprozesse an die sich veränderten Rahmenbedingungen darstellt.

Die Ergebnisse der Studie zeigen zum einen auf, dass die Region Ingolstadt von den transformativen Kräften des Mobilitätsclusters in der Region abhängt. Insofern geht es um den Aufbau von ökonomischer Diversität in der Region, um mit einem ausgewogenen Branchenmix gut aufgestellt zu sein. Denn der Aufbau mehrerer Standbeine in verschiedenen Branchen mit unterschiedlichen Wachstumspfaden fördert Resilienz in der Region, muss allerdings auch in einem Netzwerk verbunden sein. Zum anderen wird darüber hinaus auf die Diversität im Bildungsbereich hingewiesen, um die Vielfalt unterschiedlicher Kompetenzen von Arbeitskräften in verschiedenen Expertisefeldern ermöglichen zu können. Sie wird im Rahmen der Studie als „Grow-for-Future“[2] charakterisiert und

[2] Der Begriff „Grow-for-Future“ wurde von den Teilnehmenden des Maßnahmenworkshops geprägt.

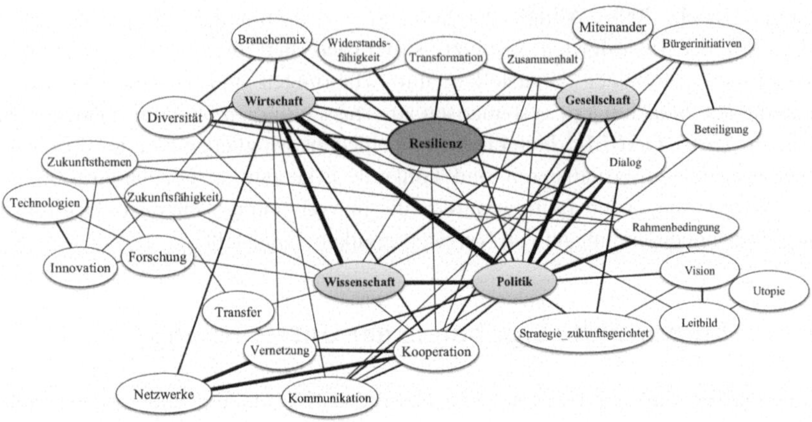

Abb. 2 Resilienz als gesamtgesellschaftliche Aufgabe. (Quelle: Eigene Darstellung mit WinRelan®)

stellt den Anspruch an eine zukunftsorientierte Region dar. So gesehen geht es in Fragen der Resilienz auch um die Vielfalt von Wissen und Strukturen und um die Förderung von Diversität in Planung, Wirtschaft und unterschiedlichen Netzwerkbeziehungen. Aus Sicht der Interviewten hat die Politik die Aufgabe, klare Signale zu setzen und Impulse für mögliche Zukunftsvisionen in Form von umsetzbaren Utopien zu geben. Die Utopie ist in diesem Falle eine langfristig und mutig angelegte Idee, die „verrückt" genug sein sollte, um das strategische Denken und Handeln in den regionalen Netzwerken herauszufordern. Resilienzförderung ist demnach als politischer Gegenstand zu betrachten mit effektiven Governance-Strukturen, geteilten Zukunftsvorstellungen und der Formulierung gemeinsamer Ziele auf Regionalebene. Das politische Denken und Handeln verläuft in diesem Fall über Verwaltungsgrenzen hinweg, setzt Rahmenbedingungen für effiziente Entscheidungsprozesse und fördert eine klare strategische Ausrichtung. Die Regional Governance ist demnach Impulsgeber, die Verantwortung muss jedoch in den Netzwerken zu spüren sein und weiterentwickelt werden. Schlussendlich ebnet dies die Möglichkeit, ein Leitbild regionaler Resilienz in der Region zu entwickeln.

Darüber hinaus wurde von den Interviewten bekräftigt, dass ein offener und ehrlicher Dialog wichtig ist, um Problemen zielgerichtet zu begegnen und gemeinsam tragfähige Lösungen zu finden. Kommunikation prägt die Zusammenarbeit in Netzwerken und schafft Vertrauen und Verantwortung im Netzwerk. Es geht so gesehen um den vertrauensvollen Umgang miteinander, aber auch um die strategische Teilhabe breiter Bevölkerungskreise:

> *„Ein ehrlicher und offener Dialog ist die Grundvoraussetzung, um die Frage der Resilienz in der Region anzugehen. Nur wenn dieser Dialog gewährleistet ist, dann ist die Entwicklung einer Resilienzstrategie überhaupt erst möglich.“*[3]

Dies unterstreicht wiederum die transformative Kraft von Regionen, die durch planerische Ansätze auch das Gemeinwohl stärker in den Blick nehmen. Eine gemeinwohlorientierte Herangehensweise birgt die Chance auf starken Zusammenhalt und eine Neubesinnung von Gemeinschaft und Solidarität.

Den Universitäten und Hochschulen wird von den Interviewten die Aufgabe des Transfers und der Vernetzung zugeschrieben. In diesem Zusammenhang unterstützt die Wissenschaft vor allem durch Transferbegleitung und ermöglicht den Wissenstransfer in die Bereiche der Wirtschaft und Politik. Vor diesem Hintergrund werden Hochschulen und Universitäten der Region als Knotenpunkt für regionale Wissensströme gesehen, wobei die Vernetzung einen neuen Charakter erfährt. Demzufolge ist auch dies eine regionale Aufgabe, welche die Bildungseinrichtungen (u. a. Hochschulen, Universitäten) in einer Region haben:

> *„Neben der Politik ist vor allem auch die Wissenschaft in der Verantwortung. Über die Angebote in Forschung und Lehre und über die Transferaktivitäten sind Hochschulen und Universitäten als wichtige Akteure im regionalen Innovationssystem zu betrachten und tragen zur Resilienz einer Region bei.“*

Die Investitionen in Forschung und Entwicklung sind für die Interviewten unabdinglich in der Frage nach der Zukunftsfähigkeit der Region. Hier wird argumentiert, dass Regionen externen Schocks mit multi- und interdisziplinären Forschungsportfolios besser begegnen können als innerhalb starrer, eindimensional ausgerichteter Forschungspfade.

Agilität und Digitalisierung spielen hier keine unwesentliche Rolle (Abb. 3). So verdeutlichen die Ergebnisse der Studie, dass neue Arbeitsformen die Zukunft von Regionen prägen werden, um letztendlich auch den Lebensentwürfen der jungen Generation zu entsprechen. Die Beschleunigung der technologischen Innovationsgeschwindigkeit wird Arbeiten in Zukunft („New Work“) verändern

---

[3] *Die ausgewählten Zitate sind auf Aussagen der im Rahmen der Studie durchgeführten Interviews zurückzuführen.*

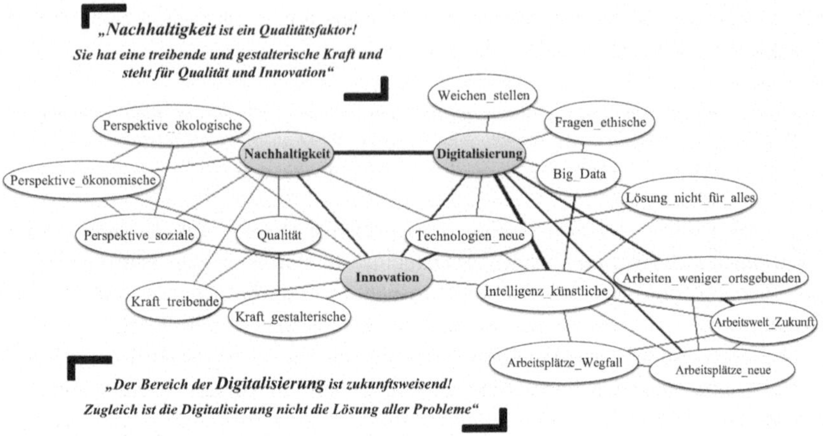

Abb. 3 Digitalisierung und Nachhaltigkeit im Spannungsfeld von Innovationen. (Quelle: Eigene Darstellung mit WinRelan®)

und bestehende Geschäftsmodelle hinterfragen, sich an neuen gesellschaftlichen Mustern zu orientieren. Als Grundlage werden im Rahmen der Studie Investitionen und der Ausbau der digitalen Infrastruktur, die Entwicklung einer klaren Digitalisierungsstrategie sowie (politische) Weichenstellungen gesehen. Auch wird die Notwendigkeit erkannt, Technologien und den Bereich der Digitalisierung cross-funktional zu denken. So zeigt das Fallbeispiel der Region Ingolstadt auf, dass die Technik-Affinität der Region das Potenzial bietet, die Region zu befähigen, auch in anderen Bereichen (z. B. Handwerk, Gesundheitswesen) ihre Digitalisierungskompetenz zu nutzen. Demzufolge ist der Bereich der Digitalisierung zukunftsweisend in der Frage nach einer resilienten und innovativen Entwicklung in einer Region, stellt allerdings gleichzeitig nicht die Lösung für alle Probleme dar. Der Aspekt der Digitalisierung hat insbesondere vor dem Hintergrund der Corona-Pandemie enorm an Schubkraft gewonnen und legt nahe, dass dadurch auch viele Facetten der Nachhaltigkeit bedeutsamer sowie dynamischer werden. Folglich wird verdeutlicht, dass gemeinsam mit dem Digitalisierungsdruck eine stärkere Orientierung in Richtung Nachhaltigkeit gefordert wird. Das Thema der Nachhaltigkeit wird als treibende und gestalterische Kraft einer Region betrachtet und steht gleichzeitig für Qualität und Innovation. Die Notwendigkeit besteht darin, Umweltbewusstsein auf unterschiedlichen Ebenen (ökonomisch, ökologisch und sozial) zu schaffen und sich auf das Thema in seiner Gesamtheit einzulassen. Dazu gehört die kritische

Reflexion der Möglichkeiten und der Verantwortung unterschiedlicher Akteure. Der Weg zu mehr Nachhaltigkeit wird von den Interviewten als große Chance in der Region gesehen, indem auch Kräfte gebündelt und zukunftsorientierte Projekte umgesetzt werden. Dies wiederum benötigt zeitgemäße Plattformen, die diese Vernetzung fördern, aber auch Strukturen, die aus der Kreativität heraus Innovationen hervorbringen. Die Verbindung zwischen Digitalisierung und Nachhaltigkeit kann zusammenfassend als Grundlage für Innovation gesehen werden. Durch Kooperationen und Netzwerke entsteht wiederum eine Innovationskompetenz in der Region.

Ein weiteres Ziel des vorliegenden Beitrags bestand darin aufzuzeigen, wie regionale Netzwerke zur Resilienz der Regionalentwicklung beitragen können. Abb. 4 subsumiert aus den zugrunde liegenden Interviews zudem bedeutende Merkmale und Potenziale, die von solchen Netzwerken ausgehen. Die Ergebnisse der Fallstudie der Region Ingolstadt zeigen so auf, dass Leitbilder einer resilienten Regionalentwicklung divers sein müssen und gleichzeitig durch ausgeprägte, stabile Netzwerke verbunden werden. Es geht um die Bündelung von Kompetenzen, die stärkere Vernetzung der regionalen Akteure mit- und untereinander, um letztendlich einen innerregionalen Dialog noch stärker zu befördern.

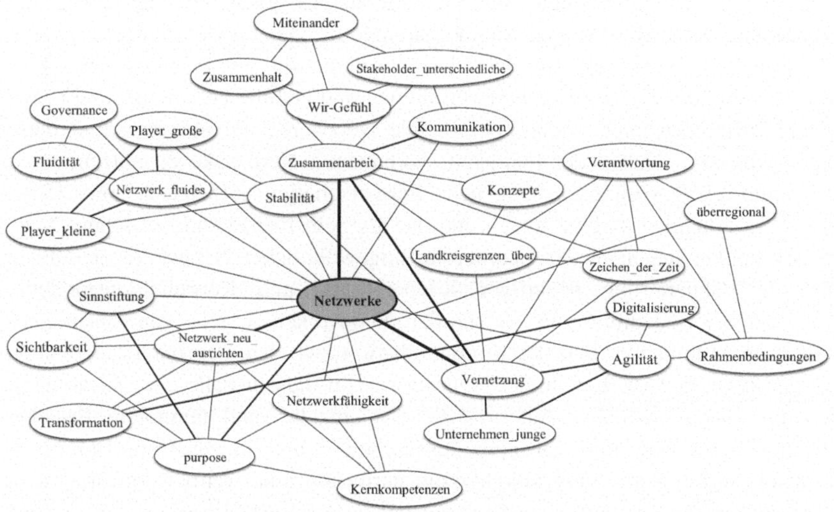

Abb. 4. Potenziale regionaler Netzwerke. (Quelle: Eigene Darstellung in Anlehnung an Initiative Regionalmanagement Region Ingolstadt e. V. (2020))

Die Befragten sehen die Notwendigkeit, auch neue Netzwerke zu schaffen und diese vor allem nutzbar zu machen. Dabei spielt die Sinnstiftung für die Netzwerkfähigkeit eine tragende Rolle. Der Sinn wirkt motivierend für das regionale Netzwerk und schafft Anreize, aktiv zu werden:

> *„Dem Netzwerk muss ein Sinn gegeben werden, denn durch den Sinn entstehen überhaupt erst Netzwerke, die vorher gar nicht sichtbar waren."*

Die Analyse der Ergebnisse zeigt darüber hinaus auf, dass neben der Sinnstiftung ein gemeinsamer Austausch von Bedeutung ist. In diesem Zusammenhang unterstreicht das Fallbeispiel der Region Ingolstadt, dass die Zusammenarbeit zwischen den einzelnen Stakeholdern, der Zusammenhalt und das Miteinander im Sinne eines „Wir-Gefühls" die Netzwerkfähigkeit maßgeblich beeinflussen können. Gleichermaßen müssen die Sichtbarkeit und das Bewusstsein über die eigene Teilhabe an einem Netzwerk vorhanden sein.

Die Ergebnisse der Interviews im Rahmen der Studie verdeutlichen, dass eine verstärkte Zusammenarbeit zwischen großen und kleinen Playern wünschenswert wäre. Dies spiegelt die Notwendigkeit wider, auch etablierte und junge Unternehmen zusammenzuführen. Unternehmerische Ökosysteme können in diesem Kontext eine mögliche Form der Organisation der Entwicklung von Netzwerken sein: Ein Ökosystem, das Qualität als Anspruch der Vernetzung und Begegnung versteht. Orte und Räume garantieren und schaffen Vertrauen, wenn es darum geht, Netzwerke zu bilden. Die Zusammenführung im Sinne eines Austausches und der Zusammenarbeit von jungen und etablierten Unternehmen setzt unter Umständen auch voraus, bestehende Netzwerke aufzubrechen und diese neu zu denken. Neben der Fähigkeit, vorhandene Netzwerke zu nutzen, muss die Bereitschaft vorhanden sein, neue Partnerschaften aufzubauen sowie Synergien zu erkennen und zu nutzen und das als Selbstverständnis zu sehen. Neue Schwerpunkte liegen in der Etablierung ungewöhnlicher Netzwerkbeziehungen und der Generierung neuartiger Kooperations- und Koordinationsmodelle. So steigt die Bedeutung von sog. fluiden Netzwerken, welche von Zusammenhalt, dem Miteinander und der Kommunikation zwischen den unterschiedlichen Akteuren geprägt ist. Ein fluides Netzwerk ist in diesem Falle eine Zusammensetzung unterschiedlicher Akteure, die für einzelne und temporäre Projekte zusammenkommen, um Konzepte auszuarbeiten und umzusetzen. Ein Netzwerk in diesem Sinne muss durchlässig, permeabel und wettbewerbsfähig sein. Schlussendlich wird betont, dass entsprechende Rahmenbedingungen die Voraussetzung für erfolgreiche Vernetzung sind und Verantwortung und Vertrauen über administrative Grenzen hinweg unabdinglich dafür sind.

7 Fazit und Ausblick

Basierend auf regionalen Innovationssystemen lässt sich die Lern-, Anpassungs- und Transformationsfähigkeit einer Region stärken (Boschma, 2015). Das Fallbeispiel der Region Ingolstadt hat aufgezeigt, dass es dabei um die Förderung von regionalen Netzwerken, aber auch um die Kultur der Teilhabe in Form von Partizipationsprozessen für die Entwicklung von Problemlösungen geht (Roth, 2018). Unterschiedliche Akteure und Systeme spielen eine Rolle im Umgang mit Fragen der Resilienz (Strambach, 2004). Eine nachhaltige, resiliente Regionalentwicklung kann Brücken schlagen, wenn diverse Akteure involviert sind: von der Politik über die Wirtschaft und Wissenschaft, bis hin zur Einbeziehung der Einheimischen. Im Einklang mit der lokalen Bevölkerung können Potenziale für den Lebensraum noch besser identifiziert und gestaltet werden (Zacher & Gavriljuk, 2021). So gesehen sind neue Wege der Kommunikation und Kollaboration unter besonderer Berücksichtigung der Bevölkerung zentral für eine zukunftsfähige und lebenswerte Region.

Der vorliegende Beitrag hat damit aufgezeigt, dass regionale Netzwerke und Innovationssysteme einen Einfluss auf eine resiliente Regionalentwicklung ausüben. Im gemeinsamen Aufbau von strategischen Allianzen zur resilienten Entwicklung findet dies ihren praktischen Ausdruck und kann anhand der nachfolgenden vier Faktoren maßgeblich beeinflusst werden:

1. **Einbindung und Teilhabe unterschiedlicher Akteure:** Die Beteiligung im Netzwerk erfolgt auf Augenhöhe. Jeder leistet einen Beitrag für das Netzwerk, was wiederum sinnstiftend und motivierend wirkt. Partizipative Formate ermöglichen einen offenen und ehrlichen Austausch und helfen dabei, gemeinsame Zielsetzungen in einer diskursiven Herangehensweise auszuarbeiten.
2. **Strukturen und Rahmenbedingungen:** Strukturen und Rahmenbedingungen bestimmten die Art und Weise der Zusammenarbeit und schaffen Verantwortung und Vertrauen im Netzwerk. Ein funktionierendes Netzwerk-Management ist die Voraussetzung für den Erfolg. Fähigkeiten der Reflexion, argumentative Konsensfindung und Strukturen, die diesen offenen Austausch ermöglichen, sind unabdinglich.
3. **Vernetzung als Prozess und Strategie:** Ziele müssen vorhanden sein, aber es braucht Flexibilität, denn Zielsetzungen und Zielrichtungen können sich auch verändern. Ein Perspektivwechsel kann dabei helfen, ungewöhnliche Kooperationen mit neuen Akteuren anzustreben und permeable bzw. durchlässige Netzwerke zu ermöglichen. Das wiederum setzt vernetztes Denken und adaptive und flexible Prozesse voraus.

4. **Kommunikationsverantwortung und Vertrauen:** Eine transparente, ehrliche und offene Kommunikation schafft Vertrauen und stärkt das Bewusstsein, die Wertschätzung und die Akzeptanz. Der persönliche Kontakt und das gemeinsame Verständnis gesellschaftlicher Herausforderungen bildet eine Grundlage, Ideen in Innovationen zu transferieren.

Das Ergebnis der Interaktion im regionalen Netzwerk trägt maßgeblich zum Innovationspotenzial in einer Region bei und kann in diesem Zusammenhang entlang des Quadruple-Helix-Modells (Carayannis & Campbell, 2009) beschrieben werden (Abb. 5). Die ausgewählten Ergebnisse der empirischen Erhebung der Fallstudie der Region Ingolstadt verdeutlichen, dass Bottom-Up-Ansätze erforderlich sind, wenn es darum geht, gemeinsame Lösungswege und Strategien zu finden (Iammarino et al., 2019). Die Politik gibt in diesem Fall klare Signale und Impulse und trägt maßgeblich dazu bei, ein Leitbild regionaler Resilienz zu entwickeln. Verantwortung und Vertrauen spielen eine wesentliche Rolle in einer erfolgreichen Resilienzstrategie (Gimenez et al., 2018). Und so ist die Akzeptanz,

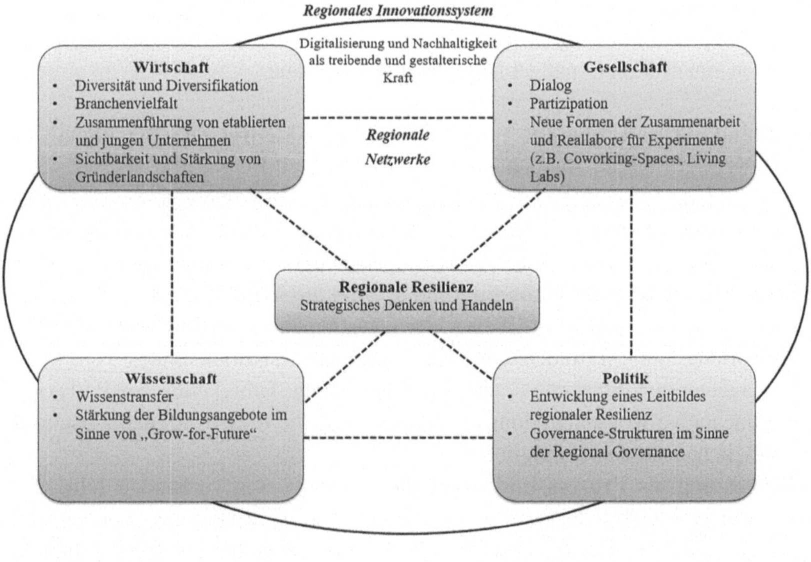

Abb. 5 Der Einfluss von regionalen Netzwerken und Innovationssystemen auf die Resilienz von Regionen entlang des Quadruple-Helix-Modells. (Quelle: Eigene Darstellung)

aber auch Offenheit seitens der Politik gefordert, um das Bewusstsein für den Aufbau von Resilienz auch auf weiteren Systemebenen zu erreichen. Im Sinne einer Regional Governance geht es letztendlich um belastbare Governance-Strukturen, die Resilienz als Inbegriff zu sehen, administrative Grenzen zu überwinden und im gemeinsamen Handeln die Zukunft zu gestalten (Bristow & Healy, 2014). Die Schaffung eines Arbeitskreises, der sich mit der Resilienz der Region befasst, kann dabei helfen, Resilienz als Standortfaktor zu verstehen und die Sichtbarkeit erfolgreicher Maßnahmen zu erhöhen. Kollektive Anstrengungen im Sinne der Schwarmintelligenz sowie gemeinsame Werte und Ziele können zudem einen Beitrag für Problemlösungen leisten. So gesehen geht es in Bezug auf regionale Netzwerke weniger um den Aspekt der Steuerung im Zusammenhang mit der Resilienz, sondern in Richtung einer koordinierenden Stelle, die eine treibende Funktion für den strategischen Aufbau von Resilienz innehat. Das unterstreicht wiederum, dass sich regionale Vernetzung initiieren, aber nur schwer steuern lässt (Bachinger & Pechlaner, 2011).

Auf betrieblicher Ebene geht es um Diversifikation und Diversität und die Ansiedelung von unterschiedlichen Unternehmen und Branchen. Es braucht allerdings auch die Sichtbarkeit und Stärkung von Gründerlandschaften und Start-Ups in diesem Bereich. Neben diesen Aspekten verdeutlicht die Studie die Notwendigkeit, Netzwerke neu auszurichten und Zusammenarbeit in einem (fluiden) Netzwerk, das von Zusammenhalt, dem Miteinander und der Kommunikation zwischen den einzelnen Stakeholdern geprägt ist, zu verfolgen. Dies können auch ungewöhnliche Akteurskonstellationen und das Resultat der Zusammenführung von etablierten und jungen Unternehmen sein.

Die Wissenschaft unterstützt durch Transferbegleitung und ermöglicht den Transfer u. a. auf die betriebliche Ebene. Neben dem Aspekt des Wissenstransfers kann auch die Stärkung und Erweiterung des Bildungsangebotes im öffentlichen und privaten Bereich zur Stärkung der Resilienz der Region beitragen. Diversität spielt auch in diesem Zusammenhang eine tragende Rolle und wurde im Rahmen der Fallstudie der Region Ingolstadt als „Grow-for-Future“ – ein Anspruch für eine erfolgreiche und zukunftsgerichtete Region – verstanden. Im Vordergrund steht weniger der „War for Talents“ (Busold, 2019), sondern es geht darum, ein Bildungs- und Weiterbildungsangebot (generationsübergreifend) für alle Menschen der Region zur Verfügung zu stellen. Schlussendlich sind resiliente Strukturen auf den sozialen Zusammenhalt und ein bürgerschaftliches Engagement angewiesen. Neben der Etablierung von Dialog- und Partizipationsformaten, nehmen auch neue Formen der Zusammenarbeit an Bedeutung zu. In Reallaboren (Merkel, 2019; Thees et al., 2020) steht das gegenseitige Lernen in einem experimentellen Umfeld im Vordergrund, was schlussendlich ein ideales regionales Innovationsnetzwerk (Cooke, 2013) bildet und als Treiber für eine resiliente Entwicklung angesehen werden kann.

Aus den Untersuchungen wurde zudem deutlich, dass der Aspekt der Digitalisierung und Nachhaltigkeit als zukunftsweisend betrachtet werden muss. Die Verbindung kann als Grundlage für Innovationen gesehen werden. Insbesondere die Betriebe einer Region sind Innovationsträger, aber auch durch regionale Netzwerke entsteht eine besondere Innovationskompetenz in der Region, wenn diese Netzwerke imstande sind, sich als sichtbare Einheiten zu organisieren. Netzwerke der Zukunft sind digital, nachhaltig und innovativ und stehen für die gestalterische und treibende Kraft im Zusammenhang mit einer resilienten Regionalentwicklung. Zusammenfassend kann festgehalten werden, dass regionale Netzwerke einen erfolgreichen innerregionalen Dialog der unterschiedlichen Akteure entlang des Quadruple-Helix-Modells (Carayannis & Campbell, 2009; Carayannis et al., 2018) fördern. Sie erhöhen dadurch die Innovations- und Wettbewerbsfähigkeit durch die Bündelung von Kräften und Kompetenzen: Synergien zu nutzen durch Vernetzung nach innen und Partizipation nach außen. Auch Verantwortung gewinnt an neuem Wert, um die Menschen mitzunehmen auf die Reise der Transformation. Somit liegt der Schlüssel zum Erfolg in der Kreativität. Das bedeutet, Herausforderungen und Probleme nicht über die üblichen Lösungen anzugehen, sondern diese auf neuen Wegen zu beschreiten. Resiliente Netzwerke sind in diesem Verständnis Netzwerke, die bewusst traditionelle Muster aufbrechen und einen Perspektivwechsel wagen. Allerdings müssen die Sichtbarkeit und das Bewusstsein über die eigene Teilhabe und Sinnstiftung an einem Netzwerk vorhanden sein. Es geht darum, Netzwerke zu schaffen, diese aber auch zugleich zugänglich und nutzbar zu machen.

Grundsätzlich verdeutlicht der vorliegende Beitrag, dass Resilienz und Innovation Hand in Hand gehen und dafür die Vernetzung unterschiedlicher Akteure im regionalen Netzwerk benötigen. Zentrale Elemente sind dabei ein proaktives Stakeholder-Management sowie eine strategische Ausrichtung. Gleichzeitig besteht weiterer Forschungsbedarf im Zusammenhang von strategischem Aufbau von Resilienz in der Regionalentwicklung. Die Untersuchungsergebnisse haben verdeutlicht, dass die Resilienzforschung auf unterschiedliche Akteure entlang des Quadruple-Helix-Modells ausgedehnt werden kann, und zeigt auch auf, welche Aspekte in diesem Zusammenhang berücksichtigt werden müssen. Forschungsbedarf besteht diesbezüglich in der Evaluation regionaler Resilienzprojekte und messbarer Indikatoren. Die vorliegende Studie bildet eine Grundlage dafür, die Untersuchungsergebnisse als „Blaupause“ für andere Regionen in Deutschland zu betrachten. Ziel weiterer Studien könnte es sein, den Weg für eine Operationalisierung regionaler Resilienz zu ebnen, wobei die Unterscheidung zwischen städtischen und ländlichen Gebieten und entsprechende Schnittstellen eine wichtige Rolle darstellen.

Literatur

Bachinger, M., & Pechlaner, H. (2011). Netzwerke und regionale Kernkompetenzen: Der Einfluss von Kooperationen auf die Wettbewerbsfähigkeit von Regionen. In M. Bachinger, H. Pechlaner, & W. Widuckel (Hrsg.), *Regionen und Netzwerke* (S. 3–28). Gabler.

Bailey, D., Clark, J., Colombelli, A., Corradini, C., de Propris, L., Derudder, B., Fratesi, U., Fritsch, M., Harrison, J., Hatfield, M., Kemeny, T., Kogler, D. F., Lagendijk, A., Lawton, P., Ortega-Argilés, R., Otero, C. I., & Usai, S. (2020). Regions in a time of pandemic. *Regional Studies, 54*(9), 1163–1174.

Benedikter, R., & Fathi, K. (2022). *The Coronavirus crisis and its teachings. Steps towards multi-resilience*. Brill.

Boschma, R. (2015). Towards an evolutionary perspective on regional resilience. *Regional Studies, 49*(5), 733–751.

Briguglio, L., Cordina, G., Farrugia, N., & Vella, S. (2009). Economic vulnerability and resilience: Concepts and measurements. *Oxford Development Studies, 37*(3), 229–247.

Bristow, G., & Healy, A. (2014). Building resilient regions: Complex adaptive systems and the role of policy intervention. *Raumforschung und Raumordnung, 72*(2), 93–102.

Bristow, G., & Healy, A. (Hrsg.). (2020). *Handbook on regional economic resilience*. Edward Elgar.

Busold, M. (2019). *War for talents*. Springer Gabler.

Cai, Y. (2020). Renaissance of resilience: A buzzword or a new ideal? *Management and Organization Review, 16*(5), 976–980.

Carayannis, E. G., Barth, T. D., & Campbell, D. F. J. (2012). The quintuple helix innovation model: Global warming as a challenge and driver for innovation. *Journal of Innovation and Entrepreneurship, 1*(1), 1–12.

Carayannis, E. G., & Campbell, D. F. (2009). 'Mode 3' and 'Quadruple Helix': Toward a 21st century fractal innovation ecosystem. *International Journal of Technology Management, 46*(3/4), 201–234.

Carayannis, E. G., Grigoroudis, E., Campbell, D. F. J., Meissner, D., & Stamati, D. (2018). The ecosystem as helix: An exploratory theory-building study of regional co-opetitive entrepreneurial ecosystems as Quadruple/Quintuple Helix Innovation Models. *R&D Management, 48*(1), 148–162.

Christmann, G. B., Balgar, K., & Mahlkow, N. (2015). Zur sozialwissenschaftlichen Konzeption von Vulnerabilität und Resilienz. In M. Endreß & A. Maurer (Hrsg.), *Resilienz im Sozialen* (S. 123–149). Springer VS.

Cooke, P. (2009). Regionale Innovationssysteme, Cluster und die Wissensökonomie. In B. Blättel-Mink & A. Ebner (Hrsg.), *Innovationssysteme* (S. 87–116). VS Verlag.

Cooke, P. (2013). *Complex adaptive innovation systems*. Routledge.

Corradini, P. (2019). Resilienz im tourismus. In H. Pechlaner (Hrsg.), *Destination und Lebensraum. Perspektiven touristischer Entwicklung* (S. 235–243). Springer Gabler.

Cowell, M. M. (2013). Bounce back or move on: Regional resilience and economic development planning. *Cities, 30*, 212–222.

Crespo, J., Suire, R., & Vicente, J. (2014). Lock-in or lock-out? How structural properties of knowledge networks affect regional resilience. *Journal of Economic Geography, 14*(1), 199–219.

Cuhls, K. (2019). Die Delphi-Methode – eine Einführung. In M. Niederberger & O. Renn (Hrsg.), *Delphi-Verfahren in den Sozial- und Gesundheitswissenschaften* (S. 3–31). Springer VS.

David, L. (2018). Agency and resilience in the time of regional economic crisis. *European Planning Studies, 26*(5), 1041–1059.

DeBresson, C., & Amesse, F. (1991). Networks of innovators: A review and introduction to the issue. *Research Policy, 20*(5), 363–379.

Denzel, M. A. (2018). Beharrungskraft und Anpassungsleistungen wirtschaftlicher Systeme angesichts schockartiger Umbrüche – oder: Von der Resilienz zum Resilienz-Management. *Vierteljahrschrift für Sozial- und Wirtschaftsgeschichte, 105*(4), 528–547.

Dewald, U., & Fromhold-Eisebith, M. (2021). Von territorialen Innovationsmodellen zu wachstumskritischen Ansätzen – das Verhältnis von Wirtschaftsgeographie und Wirtschaftsförderung im Wandel. In J. Stember, M. Vogelgesang, P. Pongratz, & A. Fink (Hrsg.), *Handbuch Innovative Wirtschaftsförderung* (S. 469–491). Springer Gabler.

Dickinson, A. M. (2003). Die Entwicklung einer gemeinsamen Geschichte zur Vertrauensbildung als Erfolgsfaktor von Knowledge Communities. In M. Graggober, J. Ortner, & M. Sammer (Hrsg.), *Wissensnetzwerke* (S. 271–293). Deutscher Universitätsverlag.

Emminghaus, C., & Tippelt, R. (2009). *Lebenslanges Lernen in regionalen Netzwerken verwirklichen. Abschließende Ergebnisse zum Programm „Lernende Regionen – Förderung von Netzwerken"*. Wbv.

Endreß, M., & Rampp, B. (2015). Resilienz als Perspektive auf gesellschaftliche Prozesse. In M. Endreß & A. Maurer (Hrsg.), *Resilienz im Sozialen* (S. 33–55). Springer VS.

Erdelen, W. R., & Richardson, J. G. (2021). A World after COVID-19: Business as usual, or building bolder and better? *Global policy, 12*(1), 157–166.

Etzkowitz, H., & Leydesdorff, L. (2000). The dynamics of innovation: From national systems and "Mode 2" to a triple helix of university–industry–government relations. *Research Policy, 29*(2), 109–123.

Fathi, K. (2019). *Resilienz im Spannungsfeld zwischen Entwicklung und Nachhaltigkeit. Anforderungen an gesellschaftliche Zukunftssicherung im 21. Jahrhundert*. Springer VS.

Fiksel, J. (2006). Sustainability and resilience: Toward a systems approach. *Sustainability: Science, Practice and Policy, 2*(2), 14–21.

Flander, K. de, Hahne, U., Kegler, H., Lang, D., Rainer, L., Schneidewind, U., Simon, K.-H., Singer-Brodowski, M., Wanner, M., & Wiek, A. (2014). Resilienz und Reallabore als Schlüsselkonzepte urbaner Transformationsforschung. Zwölf Thesen. *GAIA – Ecological Perspectives for Science and Society, 23*(3), 284–286.

Fokus Money. (2020). Landkreis-ranking: In welchen Regionen und Gemeinden in Deutschland die Wirtschaft brummt und wo der Motor stottert, 74–79. https://pdf.focus.de/die-millionen-strategie.html. Zugegriffen: 8. Nov. 2021.

Frey, H., Westkämper, E., & Beste, D. (2020). *Globalisierung nach der Corona-Krise*. Springer.

Fürst, D. (2001). Regional governance — ein neues Paradigma der Regionalwissenschaften? *Raumforschung und Raumordnung, 59*(5–6), 370–380.

Fürst, D., & Schubert, H. (1998). Regionale Akteursnetzwerke. *Raumforschung und Raumordnung Spatial Research and Planning, 56*(5–6), 352–361.

Gäbelein, H., & Hillmer, G. (2020). Wie qualitative Forschungsmethoden helfen können, Organisationen in Veränderungsprozessen zu begleiten – Fallstudien mit der Anwendung des Verfahrens GABEK®. In M. Raich & J. Müller-Seeger (Hrsg.), *Symposium Qualitative Forschung 2018* (S. 75–89). Springer Gabler.

Geels, F. W. (2002). Technological transitions as evolutionary reconfiguration processes: A multi-level perspective and a case-study. *Research Policy, 31*(8–9), 1257–1274.

Geels, F. W. (2011). The multi-level perspective on sustainability transitions: Responses to seven criticisms. *Environmental Innovation and Societal Transitions, 1*(1), 24–40.

Geis, F., & Kasch, E. (2018). IngolSMART – das innovative Mobilitätskonzept für die Stadt Ingolstadt. In H. Wagner & S. Kabel (Hrsg.), *Mobilität 4.0 – neue Geschäftsmodelle für Produkt- und Dienstleistungsinnovationen* (S. 97–137). Springer Gabler.

George, G., Lakhani, K. R., & Puranam, P. (2020). What has changed? The impact of covid pandemic on the technology and innovation management research agenda. *Journal of Management Studies, 57*(8), 1754–1758.

Getzin, S., & Singer-Brodowski, M. (2016). Transformatives Lernen in einer Degrowth-Gesellschaft. *Socience: Journal of Science-Society Interfaces, 1*(1), 33–46.

Gimenez, R., Labaka, L., & Hernantes, J. (2018). Union means strength: Building city resilience through multistakeholder collaboration. *Journal of Contingencies and Crisis Management, 26*(3), 385–393.

Gordon, T., & Pease, A. (2006). RT Delphi: An efficient, "round-less" almost real time Delphi method. *Technological Forecasting and Social Change, 73*(4), 321–333.

Grasenick, K., Wagner, G., & Zumbusch, K. (2008). Trapped in a net: Network analysis for network governance. *Vine, 38*(3), 296–314.

Häder, M. (2014). *Delphi-Befragungen*. Springer VS.

Hassink, R. (1997). Die Bedeutung der Lernenden Region für die regionale Innovationsförderung. *Geographische Zeitschrift, 85*(2/3), 159–173.

Hassink, R. (2010). Regional resilience: A promising concept to explain differences in regional economic adaptability? *Cambridge Journal of Regions, Economy and Society, 3*(1), 45–58.

Heidenreich, M. (2011). Regionale Netzwerke. In J. Weyer (Hrsg.), *Soziale Netzwerke. Konzepte und Methoden der sozialwissenschaftlichen Netzwerkforschung* (S. 167–188). Oldenbourg.

Holling, C. S. (1973). Resilience and stability of ecological systems. *Annual Review of Ecology and Systematics, 4*(1), 1–23.

Holling, C. S. (1996). Engineering resilience versus ecological resilience. In P. Schulze (Hrsg.), *Engineering within ecological constraints* (S. 31–43). National Academies Press.

Hu, X., & Hassink, R. (2020). Adaptation, adaptability and regional economic resilience: A conceptual framework. In G. Bristow & A. Healy (Hrsg.), *Handbook on regional economic resilience* (S. 54–68). Edward Elgar.

Iammarino, S., Rodriguez-Pose, A., & Storper, M. (2019). Regional inequality in Europe: Evidence, theory and policy implications. *Journal of Economic Geography, 19*(2), 273–298.

Initiative Regionalmanagement Region Ingolstadt e.V. (2020). Resilienz-Studie. Wie bleibt die Region 10 widerstandsfähig? https://www.irma-ev.de/resilienz-studie. Zugegriffen: 2. Dez. 2021.

Jakubowski, P., Lackmann, G., & Zarth, M. (2013). Zur Resilienz regionaler Arbeitsmärkte – theoretische Überlegungen und empirische Befunde. *Informationen zur Raumentwicklung, 4*, 351–370.

Knieling, J., & Preising, T. (2009). Strategische Ansatzpunkte für Nachhaltigkeit in Stadtregionen. *Ökologisches Wirtschaften – Fachzeitschrift, 24*(3).

Kopatz, M. (2021). *Wirtschaft ist mehr! Wachstumsstrategien für nachhaltige Geschäftsmodelle in der Region*. Oekom.

Lebel, L., Anderies, J. M., Campbell, B., Folke, C., Hatfield-Dodds, S., Hughes, T. P., & Wilson, J. (2006). Governance and the capacity to manage resilience in regional social-ecological systems. *Ecology and Society, 11*(1), 19.

Leichenko, R., McDermott, M., & Bezborodko, E. (2015). Barriers, limits and limitations to resilience. *Journal of Extreme Events, 2*(1), 1550002.

Lemb, W. (2021). Regionale Strukturpolitik im Zeitalter der Transformation. *WSI-Mitteilungen, 74*(4), 323–326.

Leydesdorff, L. (2012). The triple helix, quadruple helix, …, and an N-tuple of helices: Explanatory models for analyzing the knowledge-based economy? *Journal of the Knowledge Economy, 3*(1), 25–35.

Linstone, H. A., & Turoff, M. (1975). *The delphi method: Techniques and applications*. Addison-Wesley.

Lukesch, R. (2016). Resiliente Regionen. Zur Intelligenz regionaler Handlungssysteme. In R. Wink (Hrsg.), *Multidisziplinäre Perspektiven der Resilienzforschung* (S. 295–332). Springer.

Malik, A., Sharma, P., Pereira, V., & Temouri, Y. (2021). From regional innovation systems to global innovation hubs: Evidence of a Quadruple Helix from an emerging economy. *Journal of Business Research, 128*, 587–598.

Mandell, M. P., & Keast, R. (2008). Evaluating the effectiveness of interorganizational relations through networks. *Public Management Review, 10*(6), 715–731.

Manyena, B., Machingura, F., & O'Keefe, P. (2019). Disaster resilience integrated framework for transformation (DRIFT): A new approach to theorising and operationalising resilience. *World Development 123,* 104587.

Manyena, B., O'Brien, G., O'Keefe, P., & Rose, J. (2011). Disaster resilience: A bounce back or bounce forward ability? *Local Environment: The International Journal of Justice and Sustainability, 16*(5), 417–424.

Masik, G., & Grabowska, M. (2020). Practical dimension of urban and regional resilience concepts: A proposal of resilience strategy model. *Miscellanea Geographica. Regional Studies on Development, 24*(1), 30–34.

Masten, A. S., Cutuli, J. J., Herbers, J. E., & Reed, M.-G.J. (2009). Resilience in Development. In C. R. Snyder & S. J. Lopez (Hrsg.), *The oxford handbook of positive psychology* (S. 117–131). Oxford University Press.

McIntyre-Mills, J. (2020). The COVID-19 era: No longer business as usual. *Systems research and behavioral science, 37*(5), 827–838.

Meerow, S., Newell, J. P., & Stults, M. (2016). Defining urban resilience: A review. *Landscape and Urban Planning, 147*, 38–49.

Merkel, J. (2019). Curating strangers. In R. Gill, A. C. Pratt, & T. E. Virani (Hrsg.), *Creative hubs in question. Place, space and work in the creative economy* (S. 51–68). Palgrave Macmillan.

Morgan, K. (1997). The learning region: Institutions, innovation and regional renewal. *Regional Studies, 31*(5), 491–503.

Müller-Seitz, G. (2014). Von Risiko zu Resilienz — Zum Umgang mit Unerwartetem aus Organisationsperspektive. *Schmalenbachs Zeitschrift für betriebswirtschaftliche Forschung, 66*(68), 102–122.

Negev, M., Dahdal, Y., Khreis, H., Hochman, A., Shaheen, M., Jaghbir, M. T. A., Alpert, P., Levine, H., & Davidovitch, N. (2021). Regional lessons from the COVID-19 outbreak in the Middle East: From infectious diseases to climate change adaptation. *The Science of the total environment 768*, 144434.

Nischwitz, G., Diller, C., Chojnowski, P., & Kohl, M. (2020). Entwicklung eines neuen Modells zur Analyse regionaler Governanceprozesse. *The Planning Review, 56*(2), 32–50.

Palekiene, O., Simanaviciene, Z., & Bruneckiene, J. (2015). The application of resilience concept in the regional development context. *Procedia – Social and Behavioral Sciences, 213*, 179–184.

Pechlaner, H., & Innerhofer, E. (Hrsg.). (2017). *Temporäre Konzepte. Coworking und Coliving als Perspektive für die Regionalentwicklung*. Kohlhammer Verlag.

Petersik, L., Pechlaner, H., & Zacher, D. (2017). Destination network responsibility (DNR) als Grundlage für regionale Resilienz. Zur Zukunftsfähigkeit von Destinationen. In D. Lund-Durlacher, M. S. Fifka, & D. Reiser (Hrsg.), *CSR und Tourismus. Handlungs- und branchenspezifische Felder* (S. 315–332). Springer Gabler.

Picker, G. (2001). *Kooperatives Verhalten in temporären Systemen. Eine empirische Analyse von Spielfilmprojekten in ihrem systemischen und dynamischen Kontext*. Duncker & Humblot.

Pike, A., Dawley, S., & Tomaney, J. (2010). Resilience, adaptation and adaptability. *Cambridge Journal of Regions, Economy and Society, 3*(1), 59–70.

Pimm, S. L. (1984). The complexity and stability of ecosystems. *Nature, 307*(5949), 321–326.

Pinto, H., & Guerreiro, A. (2019). Resilience, innovation, and knowledge transfer. In H. Almeida & B. Sequeira (Hrsg.), *The role of knowledge transfer in open innovation* (S. 281–299). IGI Global.

Planungsverband Region Ingolstadt. (2020). Regionalplanung für die Region 10: Die Region in Kürze. https://www.region-ingolstadt.bayern.de/region/. Zugegriffen: 8. Nov. 2021.

Plöger, J., & Lang, T. (2013). Resilienz als Krisenfestigkeit: Zur Anpassung von Bremen und Leipzig an den wirtschaftlichen Strukturwandel. *Informationen zur Raumentwicklung, 4*, 325–335.

Psenner, E. (2020). Coworking – Community und Netzwerke. https://www.eurac.edu/de/blogs/regionalstories/coworking-community-und-netzwerke. Zugegriffen: 8. Nov. 2021.

Raich, M. (2008). Basic values and objectives regarding money. *International Journal of Bank Marketing, 26*(1), 25–41.

Roberts, E., & Townsend, L. (2016). The contribution of the creative economy to the resilience of rural communities: Exploring cultural and digital capital. *Sociologia Ruralis, 56*(2), 197–219.

Roth, F. (2018). Einbindung der Bevölkerung in den resilienzorientierten Bevölkerungsschutz: Implikationen für die Risikokommunikation. In T. Jäger, A. Daun, & D. Freudenberg (Hrsg.), *Politisches Krisenmanagement* (S. 245–260). Springer VS.

Roth, F., Warnke, P., Niessen, P., & Edler, J. (2021). *Systemische Resilienz – Einsichten aus der Innovationsforschung* (Perspektiven – Policy Brief Nr. 03). Fraunhofer-Institut für System- und Innovationsforschung. Zugegriffen: 21. Dez. 2021.

Sá, M. J., Santos, A. I., Serpa, S., & Miguel Ferreira, C. (2021). Digitainability—Digital competences post-COVID-19 for a sustainable society. *Sustainability, 13*(17), 9564.

Sakurai, M., & Chughtai, H. (2020). Resilience against crises: COVID-19 and lessons from natural disasters. *European Journal of Information Systems, 29*(5), 585–594.

Shaw, J., McLean, K. C., Taylor, B., Swartout, K., & Querna, K. (2016). Beyond resilience: Why we need to look at systems too. *Psychology of Violence, 6*(1), 34–41.

Spaans, M., & Waterhout, B. (2017). Building up resilience in cities worldwide – Rotterdam as participant in the 100 Resilient Cities Programme. *Cities, 61*, 109–116.

Speer, S. (2020). Responsible Entrepreneurship – Katalysator für die Etablierung nachhaltiger Produktions- und Konsummuster. In H. Pechlaner & S. Speer (Hrsg.), *Responsible Entrepreneurship* (S. 135–162). Springer Gabler.

Stadt Ingolstadt. (2020). Statistischer Bericht der Region 10 Ingolstadt. https://www.ingolstadt.de/Rathaus/Aktuelles/Zahlen-Daten/Region-Ingolstadt. Zugegriffen: 8. Nov. 2021.

Störmann, E., & Zacher, D. (2021). Promoting citizens' dialogue capability as a tool for regional resilience. In M. Valeri, A. Scuttari, & H. Pechlaner (Hrsg.), *Resilienza e sostenibilità: Dinamiche globali e Risposte locali* (S. 47–62). G. Giappichelli Editore.

Strambach, S. (2004). Wissensökonomie, organisatorischer Wandel und wissensbasierte Regionalentwicklung: Herausforderungen für die Wirtschaftsgeographie. *Zeitschrift für Wirtschaftsgeographie, 48*(1), 1–18.

Thees, H., Pechlaner, H., Olbrich, N., & Schuhbert, A. (2020). The living lab as a tool to promote residents' participation in destination governance. *Sustainability, 12*(3), 1120.

Thierstein, A., Bentlage, M., Pechlaner, H., Doepfer, B., Brandt, A., Drangmeister, C., Schrödl, D., Voßen, D., Floeting, H., & Buser, B. (2011). *Wertschöpfungskompetenz der Region Ingolstadt*. Abschlussbericht der Studie im Auftrag von AUDI.

Thomi, W., & Werner, R. (2001). Regionale Innovationssysteme. *Zeitschrift für Wirtschaftsgeographie, 45*(1), 202–218.

Tippelt, R., Kasten, C., Dobischat, R., Federighi, P., & Feller, A. (2006). Regionale Netzwerke zur Förderung lebenslangen Lernens — Lernende Regionen. In R. Fatke & H. Merkens (Hrsg.), *Bildung über die Lebenszeit* (S. 279–290). VS Verlag.

Trippl, M., & Tödtling, F. (2011). Regionale Innovationssysteme und Wissenstransfer im Spannungsfeld unterschiedlicher Näheformen. In O. Ibert & H. J. Kujath (Hrsg.), *Räume der Wissensarbeit* (S. 155–169). VS Verlag.

Urbaniec, M. (2008). *Umweltinnovationen durch Kooperationen*. Gabler.

Walker, B., Carpenter, S. R., Anderies, J. M., Abel, N., Cumming, G., Janssen, M. A., Lebel, L., Norberg, J., Peterson, G. D., & Pritchard, R. (2002). Resilience management

in social-ecological systems: A working hypothesis for a participatory approach. *Conservation Ecology, 6*(1).
Walrave, B., Talmar, M., Podoynitsyna, K. S., Romme, A. G. L., & Verbong, G. P. (2018). A multi-level perspective on innovation ecosystems for path-breaking innovation. *Technological Forecasting and Social Change, 136*, 103–113.
Weig, B. (2016). *Resilienz komplexer Regionalsysteme*. Springer Spektrum.
Wink, R. (2011). Evolution regionaler Resilienz: Theoretischer Rahmen und Messkonzepte. In C. Dreger, R. Kosfeld, & M. Türck (Hrsg.), *Empirische Regionalforschung heute* (S. 111–124). Gabler.
Wolf, E. E. (2017). Delphi-Technik. In C. Zerres (Hrsg.), *Handbuch Marketing-Controlling. Grundlagen – Methoden – Umsetzung* (S. 91–111). Springer Gabler.
Yamamoto, D. (2011). Regional resilience: Prospects for regional development research. *Geography Compass, 5*(10), 723–736.
Zacher, D., & Gavriljuk, E. (2021). Developing resilience understanding as a tool for regional and tourism Development in Bavaria. In R. Wink (Hrsg.), *Economic resilience in regions and organisations* (S. 195–219). Springer.
Zelger, J. (2019). *Erforschung und Entwicklung Von Communities. Handbuch Zur Qualitativen Textanalyse und Wissensorganisation Mit GABEK®*. Springer Vieweg.

Die Komplementarität der Resilienz von Führungskräften und Unternehmen am Beispiel von Familienunternehmen

Frieda Raich und Anita Zehrer

Inhaltsverzeichnis

Zusammenfassung

Wandel, dessen Umfang und Intensität, scheint in allen Lebensbereichen stetig zuzunehmen und damit einher gehen zahlreiche Herausforderungen wie Unsicherheit, Stress oder Krisen. Vor diesem Hintergrund stellt sich die Frage, wie Menschen, Unternehmen und andere soziale Systeme ihre Funktionstüchtigkeit und Lebensfähigkeit aufrecht halten können. Resilienz

F. Raich
MCI Management Center Innsbruck, Projektmitarbeiterin Zentrum Familienunternehmen, Innsbruck, Österreich
E-Mail: frieda@raich.it

A. Zehrer (✉)
MCI Management Center Innsbruck, Leiterin Zentrum Familienunternehmen, Innsbruck, Österreich
E-Mail: anita.zehrer@mci.edu

H. Pechlaner et al. (Hrsg.), *Resilienz als Strategie in Region, Destination und Unternehmen,* Entrepreneurial Management und Standortentwicklung,
https://doi.org/10.1007/978-3-658-37296-5_8

beschreibt im Wesentlichen die Fähigkeit „nach einer Störung aus eigener Kraft in einen identitätsbewahrenden oder identitätsschaffenden (Ausgangs) Zustand zu gelangen" und funktionsfähig zu bleiben (Weiß et al., 2018, S. 15). Familienunternehmen gelten als widerstandsfähiger als andere Unternehmensformen; deren Widerstandsfähigkeit in Krisen wird als ausschlaggebend für Erfolg und Überlebensfähigkeit angesehen. Jedoch untersuchen nur wenige Studien, wie Familienunternehmen auf Krisen reagieren, diese managen und bewältigen (R.-Toubes et al., 2020; Schwaiger & Zehrer, 2021; Zehrer & Mössenlechner, 2010). Vor allem die Erforschung von Resilienz in Familienunternehmen wird bisher weitgehend vernachlässigt (Chrisman et al., 2011; Conz et al., 2017; Ritchie & Jiang, 2019; R.-Toubes et al., 2020; Zehrer & Leiß, 2019). Der Beitrag setzt sich daher mit der Resilienz von Führungskräften (individuelle Ebene) und der Resilienz von Unternehmen (organisationale Ebene) auseinander. Besonderes Augenmerk wird dabei auf das Zusammenspiel beider Ebenen und auf deren Komplementarität gelegt. Darauf aufbauend folgt die Auseinandersetzung mit der Resilienz in Familienbetrieben, deren Besonderheiten ebenfalls diskutiert werden. Es ergeben sich folgende Fragestellungen: Wodurch zeichnet sich die Resilienz von Führungskräften in Familienbetrieben aus? Wie fördern resiliente Führungskräfte die Stabilität und Anpassungsfähigkeit von Unternehmen und umgekehrt wie trägt die Resilienz von Unternehmen zur Widerstands- und Lernfähigkeit von Führungskräften bei? Der Beitrag basiert zum einen auf einer theoretischen Auseinandersetzung und zum anderen auf den Ergebnissen einer qualitativen, explorativen Erhebung, in welcher mit Führungskräften aus familiengeführten Unternehmen Interviews geführt wurden, um die Resilienz auf individueller und unternehmerischer Ebene und deren Zusammenspiel zu erforschen.

1 Einleitung

Transformation scheint in allen Lebensbereichen stetig zuzunehmen, insbesondere auch im organisationalen Kontext. Damit einher gehen zahlreiche Herausforderungen wie Veränderungen, Unsicherheit, Umbrüche, Störungen, Schocks, Stress oder Krisen, die Unternehmen erfolgreich meistern müssen, um wettbewerbsfähig zu bleiben. Als Krise wird eine Situation bezeichnet, welche unerwartete Änderungen mit sich bringt und auf die ein Unternehmen nur geringen Einfluss hat (Faulkner, 2001). Die Auswirkungen von Krisen können für die betroffenen Betriebe und Branchen aufgrund ihrer Art, ihres Ausmaßes und ihrer Reichweite komplex sein (Backer & Ritchie, 2017) und stellen die Akteure meist vor große strategische und operative Herausforderungen (Glaesser, 2005). „Krisen sind unvorhersehbar, unvermeidbar und verändern die Rahmenbedingungen für Unternehmen oft grundlegend und nachhaltig" (Lanzer et al., 2020, S. 67). Beispiele hierfür sind die Weltwirtschaftskrise 2009 oder der Ausbruch der SARS Pandemie 2003 (Ghaderi et al., 2014). Die jüngste Krise ist die seit März 2020 andauernde COVID-19-Krise (Novelli et al., 2018).

Vor diesem Hintergrund stellt sich die Frage, wie Menschen, Unternehmen und andere soziale Systeme ihre Funktionstüchtigkeit und Lebensfähigkeit aufrecht halten und Krisen erfolgreich bewältigen können. Resilienz ist dabei ein wesentlicher Faktor, denn Widerstandsfähigkeit in Krisen wird als ausschlaggebend für Erfolg und Überlebensfähigkeit von Unternehmen angesehen (Beech et al., 2020; Luthe & Wyss, 2014; Zehrer & Leiß, 2019) und zeichnet sich durch die Reflexion vergangener, kritischer Ereignisse und durch deren Bewältigung aus. Hinzu kommen andere Charakteristika und Eigenschaften wie Kernkompetenzen, Innovationsfreudigkeit oder die Betriebsform. So gelten Familienunternehmen als widerstandsfähiger als andere Unternehmensformen (Chrisman et al., 2011; Zehrer, 2017). Nur wenige Studien untersuchen, wie Familienunternehmen auf Krisen reagieren, diese managen und bewältigen (Kraus et al., 2020; R.-Toubes et al., 2020).

Der Beitrag ist in fünf Hauptabschnitte unterteilt. Im ersten Teil wird ein Überblick über das Thema Resilienz auf der persönlichen bzw. individuellen sowie auf der betrieblichen bzw. unternehmerischen Ebene gegeben. Im Anschluss wird im zweiten Teil auf Familienunternehmen und deren Besonderheiten eingegangen. Im dritten Teil wird die angewandte Methodologie beschrieben. Im vierten Abschnitt werden die Ergebnisse der qualitativen explorativen Interviews abgebildet und analysiert. Im fünften und letzten Teil werden die Forschungsfragen beantwortet.

2 Resilienz

Resilienz wird in vielen Disziplinen diskutiert. Der Ursprung des Begriffs Resilienz stammt aus dem Lateinischen von resilire," kann auch aus dem Englischen „resilience" abgeleitet werden und meint „Spannkraft, Widerstandsfähigkeit und Elastizität" (Fröhlich-Gildhoff & Rönnau-Böse, 2015, S. 9). Resilienz kann im Wesentlichen definiert werden als die Fähigkeit „nach einer Störung aus eigener Kraft in einen identitätsbewahrenden oder identitätsschaffenden (Ausgangs)Zustand zu gelangen" und funktionsfähig zu bleiben (Weiß et al., 2018, S. 15). Allgemein bezeichnet die Resilienz eines Systems daher die Fähigkeit, nach einer Störung wieder zu seinem ursprünglichen Zustand zurückzukehren („bounce back"), ebenso wie seine Kapazität, eine gewisse Struktur und Funktion während einer Störung beizubehalten (Bonanno, 2004; Tsao & Ni, 2016). Es geht darum, mit Krisen und Veränderungen klar zu kommen, diese positiv zu bewältigen und sich anzupassen (Fröhlich-Gildhoff & Rönnau-Böse, 2015; Masten, 2001). Die Fähigkeit langfristig zu überleben kann unter Umständen nur dann erreicht werden, wenn das System nicht in den Ausgangszustand zurückkehrt, sondern sich kontinuierlich an sich verändernde Umweltbedingungen anpasst. In diesem Zusammenhang kann von „bounce forward" (erweiterter Resilienzbegriff) gesprochen werden (Roth, 2020).

Die Definition von Resilienz beinhaltet somit zwei wesentliche Elemente: Zum einen eine herausfordernde, belastende Situation und zum anderen die erfolgreiche Bewältigung dieser Situation (Masten, 2001). Gegenbegriffe sind Vulnerabilität, Verwundbarkeit oder Verletzlichkeit (Gabriel, 2005). Resilienz kann auf verschiedenen Ebenen und bezogen auf diverse soziale Systeme betrachtet werden (Hoffmann, 2017; Weiß et al., 2018; Wilhelm, 2020). Beispiele sind die personale Resilienz und die organisationale Resilienz (Hoffmann, 2017; Xiao & Cao, 2017).

2.1 Personale Resilienz

Resilienz wurde zunächst als persönliche Eigenschaft gesehen, quasi genetisch bedingt. Diese Sichtweise greift jedoch zu kurz: Es „etablierte sich zunehmend ein dynamischeres, prozesshaftes Verständnis von Resilienz als Folge von bestimmten Umständen, die trotz der bedrohlichen Situation schützend, bewahrend, ja möglicherweise sogar förderlich wirken. Resilienz ist demnach nicht einfach nur vorhanden, sondern stellt das Ergebnis eines ganz natürlichen Entwicklungsprozesses dar" (Hoffmann, 2017, S. 59). Es geht nicht nur um Reaktionen auf schwierige Umstände, sondern personale Resilienz entwickelt sich als „Prozess zwischen Subjekt und Umfeld und der sich daraus ergebenden Wechselwirkung" (Hoffmann, 2017, S. 59). Dieser Prozess ist kontextabhängig sowie variabel und daraus folgt, dass sich die personale Resilienz im Laufe des Lebens eines Menschen verändert und keine statische Eigenschaft darstellt – zum einen ist Resilienz erlernbar (Erziehung, Bildung, soziale Netzwerke) und zum anderen ist Resilienz situationsabhängig: in Situationen, die Menschen bereits kennen und erfolgreich bewältigt haben, ist die Resilienz normalerweise größer (Bengel & Lyssenko, 2012; Bonanno, 2004; Fröhlich-Gildhoff & Rönnau-Böse, 2015; Gabriel, 2005).

2.1.1 Faktoren der personalen Resilienz

Aus der Definition der personalen Resilienz kann abgeleitet werden, dass „persönliche (biografische) Bewältigungsmuster als auch Beziehungskonstellationen protektive Wirkung haben können" (Hoffmann, 2017, S. 61). Entwickelt werden Schutzfaktoren, die die Resilienz eines Menschen unterstützen. Diverse Schutzfaktoren werden in der Literatur genannt. Wiederholt angeführt werden: (Bengel & Lyssenko, 2012; Fröhlich-Gildhoff & Rönnau-Böse, 2015; Henninger, 2016; Wilhelm, 2020):

- Selbstwahrnehmung als Grundlage der Gestaltung sozialer Beziehung sowie für das Herangehen an neue Aufgaben und das Bewältigen von Schwierigkeiten und Problemen;
- Selbstwirksamkeit umfasst das „Vertrauen in die eigenen Fähigkeiten und verfügbaren Mittel und die Überzeugung, ein bestimmtes Ziel auch durch Überwindung von Hindernissen erreichen zu können" (Fröhlich-Gildhoff & Rönnau-Böse, 2015, S. 46);
- Leistungsbereitschaft eng verbunden mit Leistungsfähigkeit;
- Optimistische Lebenseinstellung, die anzeigt, „inwiefern jemand daran glaubt, dass seine Zukunft erfolgreich und positiv sein wird" (Lübke, 2016, S. 138);
- Problemlösungsfähigkeit kann definiert werden als Kompetenz komplexe Situationen zu durchdringen und zu verstehen und dann das eigene Potential auszuschöpfen, um Handlungsmöglichkeiten zu entwickeln (OECD, 2012);
- Kooperationsfähigkeiten, um Beziehungen mit anderen aufzubauen und zu gestalten;
- Kreativität im Sinne von Originalität und Einfallsreichtum;
- Empathie umfasst „emotionales Reagieren und Imaginieren" – es geht um das „Verstehen und Teilen eines emotionalen Zustandes oder Kontextes einer anderen Person" (Funk, 2016, S. 55);
- Stressbewältigung als Fähigkeit stressige Situationen einzuschätzen, Bewältigungsstrategien zu erarbeiten, evtl. Unterstützung zu holen und die Situationen zu reflektieren.

2.1.2 Resilienz von Führungskräften

In Zeiten schnellen Wandels, von Unsicherheit und Krisen ist Resilienz zu einer wesentlichen Kompetenz von Arbeiternehmer*innen und Führungskräften geworden (Heller et al., 2012). Die verschiedenen Schutzfaktoren der Resilienz wirken nicht nur im privaten Bereich, sondern sind auch im Arbeitsleben von großer Bedeutung und beeinflussen das Verhalten am Arbeitsplatz (Soucek et al., 2018). In unternehmerisch herausfordernden Zeiten und in Situationen, in denen die Umweltbedingungen kaum beeinflusst werden können, ist es wesentlich, Zusammenhänge zu analysieren, handlungsfähig zu bleiben, Ressourcen zu mobilisieren und Spielräume zu erarbeiten (Henninger, 2016; Soucek et al., 2018) – dazu braucht es Widerstandsfähigkeit. Dies gilt insbesondere für Führungskräfte, die Leadership übernehmen und als Vorbild agieren müssen. Resilientes Verhalten am Arbeitsplatz umfasst dabei verschiedene Facetten (Soucek et al., 2018):

- emotionale Bewältigung (erfolgreicher Umgang mit emotionalen Reaktionen wie Ärger oder Unruhe);
- positive Umdeutung (Einstellung beim Umgang mit Krisen und der Versuch diese als Herausforderungen zu sehen und damit umzugehen);
- umfassende Planung (Handlungsmöglichkeiten ausloten und die Chancen und Risiken verschiedener Lösungen abwägen);
- fokussierte Umsetzung (intensive und konzentrierte Bemühungen bei der Implementierung einer Lösung, Konzentration auf das Wesentliche).

„Während resiliente Manager auf einen Schock oder auf ein unerwartetes Ereignis mit einer raschen Stabilisierung und einer flexiblen Reaktion reagieren, kann es bei wenig resilienten Menschen zum körperlichen und seelischen Zusammenbruch kommen“ (Hinkelmann & Enzweiler, 2018, S. 136).

2.2 Organisationale Resilienz

Resilienz wird nicht nur als individuelle Kompetenz gesehen, sondern auch auf Teams und Organisationen angewandt (Hinkelmann & Enzweiler, 2018; Soucek et al., 2018). Vergleichbar mit der Resilienz von Personen meint Resilienz bei Organisationen die erfolgreiche Bewältigung von Krisen und umfasst die Fähigkeit eines Unternehmens die Handlungsfähigkeit und das eigene Überleben bei Krisen zu sichern (Lee et al., 2013) – es geht um die Widerstandsfähigkeit und Funktionsfähigkeit von sozialen Systemen (Heller et al., 2012). Krisen können ihren Ursprung dabei im Umfeld der Organisation haben (z. B. Naturkatastrophen oder Pandemien) oder auch intern. Sie sind imstande das Unternehmen zu destabilisieren und es kommt zu Situationen, in denen habituelle

Bewältigungsverfahren unzureichend sind (Hoffmann, 2017). Es gilt, damit umzugehen, flexibel und kreativ zu agieren und sich anzupassen. Wesentlich ist dabei die Interaktion zwischen Führenden, Teams und Mitarbeiter*innen. Somit darf organisationale Resilienz nicht als Summe der Kompetenzen einzelner Mitglieder gesehen werden, sondern organisationale Resilienz „stellt mit dem Fokus auf die Interaktion der Beschäftigten ein eigenständiges Konstrukt dar" (Soucek et al., 2018, S. 31).

Die Faktoren, die Organisationen resilient sprich widerstandsfähig und flexibel machen, sind verschiedene wie gelebte Unternehmenswerte, kompetente Führung, Planung und regelmäßige Strategieüberprüfung, Bewusstsein für Kernkompetenzen, hohes Dienstleistungsverständnis und Orientierung am Markt, Finanzierungsstabilität, weitsichtige Investitionen oder Markenpflege. Besonders relevant ist ein professionelles Personalmanagement, das wertschätzend mit den Mitarbeiter*innen umgeht (Hinkelmann & Enzweiler, 2018). In diesem Zusammenhang kann Unternehmens-Resilienz definiert werden als die Kapazität eines Unternehmens, Unterbrechungen und unerwarteten Geschehnissen dank strategischem Bewusstsein und einem vernetzten operativen Management vorzeitig zu begegnen (Lengnick-Hall et al., 2011; Annarelli & Nonino, 2016).

Heller et al. (2012) diskutieren beispielsweise sieben Resilienzdimensionen, die Grundlage der genannten Faktoren bilden und sich eng an den Schutzfaktoren der personalen Resilienz anlehnen:

- *Optimismus:* Im Unternehmen gibt es eine optimistische Grundhaltung und Vertrauen in die Menschen. Diese Einstellung beeinflusst die Wahrnehmung von kritischen Situationen und hilft, vielfältige Lösungsansätze zu erarbeiten.
- *Akzeptanz der aktuellen Unternehmenssituation:* Das Annehmen einer schwierigen Situation und die Akzeptanz von Rahmenbedingungen, die nicht geändert werden können, erlauben den Fokus auf das Wesentliche, verbessern die Entscheidungsfähigkeit und die Aktivierung entsprechender Ressourcen.
- *(Ziel- und) Lösungsorientierung:* Ausgehend von der Akzeptanz der Herausforderung gilt es fokussiert eine Lösung zu suchen und aktiv umzusetzen.
- *Chancenorientierung und Selbstwirksamkeit:* Das Unternehmen kennt die eigenen Stärken und hat die Einstellung, dass Situationen gestaltet werden können. Um handlungs- und konkurrenzfähig zu bleiben, werden Chancen gesucht.
- *Verantwortung:* Die Übernahme von Verantwortung für das eigene Handeln, aber auch für andere stärkt die Resilienz, gibt Orientierung und trägt zur Nachhaltigkeit bei.

- *Netzwerkorientierung und Kooperation:* Beziehungen innerhalb des Unternehmens, aber auch nach außen unterstützen das Unternehmen in schwierigen Situationen. Austausch und Hilfeleistungen von externen Stakeholdern tragen zur Bewältigung von Problemen bei.
- *Zukunftsorientierung:* Planung hilft, sich gegen potenzielle Schwierigkeiten und Risiken zu schützen. Die Unternehmensentwicklung soll nicht dem Zufall überlassen werden. Der bewusste Aufbau von Resilienz und entsprechender Faktoren ist ein langfristiger Prozess, der bei der Unternehmensentwicklung berücksichtigt werden sollte.

Ziel ist eine „resiliente Performance" von Unternehmen, die von folgenden Grundpotentialen ermöglicht wird (Hollnagel et al., 2006 zitiert nach Hoffmann, 2017):

- Antwortpotential – die Möglichkeit der Aktivierung von vorbereiteten Handlungen;
- Beobachtungspotential – das Erkennen von unmittelbaren Einflüssen auf die Leistung des Unternehmens;
- Lernpotential – aus Erfahrungen die richtigen Lehren ziehen, wozu auch eine kritische Analyse der umgesetzten Aktivitäten gehört;
- Antizipationspotenzial – konkrete Vorstellung über die Zukunft und die damit verbundenen Herausforderungen, Spielräume und Chancen.

Diese zu erarbeitenden Grundpotentiale einer resilienten Performance beeinflussen sich gegenseitig und sollen ermöglichen, dass über die Selbsterhaltung der Organisation hinaus weitere Ziele erreicht werden. Zudem muss neben der Außenorientierung auch der Blick nach innen gerichtet werden und die Beobachtungs-, Antwort-, Antizipations- und Lernpotenziale müssen bei internen Strukturen und Abläufen angewandt werden.

2.3 Wechselbeziehung personale und organisationale Resilienz

„Ein ganzheitliches Verständnis von Resilienz beschäftigt sich nicht nur mit der Förderung dieser Kompetenzen, sondern sollte auch das Zusammenspiel von personalen und organisationalen Ressourcen berücksichtigen" (Soucek et al., 2018, S. 28). Personale und organisationale Resilienz sind auf vielfältige Weise miteinander verbunden (Heller et al., 2012). Zum einen unterstützen resiliente Menschen durch ihre Stärken und Fähigkeiten die Entwicklung der Organisation und tragen dazu bei, dass diese in Krisen handlungsfähig bleibt: „Das erfolgreiche Bestehen eines Unternehmens oder auch die Bewältigung einer Unternehmenskrise gelingt am ehesten mit optimistischen Mitarbeitern und Führungskräften, die unbefriedigende Situationen annehmen, nach möglichen Lösungen suchen, an ihren Einfluss glauben, sich auf ihre Stärken konzentrieren und ihr Aktivitätsniveau beibehalten, verantwortungsbewusst handeln, aktiv intern und extern Networking betreiben, sich mit zukünftigen Restriktionen und Entwicklungen auseinander setzen" (Heller et al., 2012, S. 218). Gibt es Zusammenhalt im Unternehmen, gemeinsame Werte und identifizieren sich die Mitarbeiter*innen mit dem Unternehmen, umso stärker die organisationale Resilienz (Hoffmann, 2017). Zum anderen können Menschen vor allem dann Resilienz entwickeln, wenn sie ein produktives Verhältnis zur Umwelt haben und daher sollten Organisationen entsprechende Bedingungen schaffen, die die persönliche Resilienz der Mitarbeiter*innen stärken (Henninger, 2016). Beispiele sind wertschätzendes und reflektiertes Arbeitsklima, vertrauensvolle Beziehungen oder salutogene Arbeitsbedingungen.

Die Beziehung zwischen personaler und organisationaler Resilienz ist daher eine typische Interaktion zwischen Systemen bzw. die Folge von Interaktionen, Handlungen und Resultaten von kognitiven Prozessen von Individuen in einem Unternehmen. Sun et al. (2011) sprechen bspw. von einem Konglomerat aus kognitiven und behavioristischen Qualitäten eines Individuums. Es macht daher Sinn, die personale Resilienz (Mikroebene), besonders in dynamischen Zeiten des Wandels näher zu beleuchten (Shin et al., 2012), um Rückschlüsse auf die organisationale Resilienz (Mesoebene) in Zeiten von Wandel und Transformation zu ziehen (Beck et al., 2008).

3 Touristische Familienunternehmen und Resilienz

Eine touristische Leistung ist aus vielen Teilleistungen zusammengesetzt – sie ist ein Leistungsbündel. Beispiele für Teilleistungen sind Beherbergung, Transport, Gästebetreuung, Attraktionen etc. Die verschiedenen Akteure müssen zusammenarbeiten, um ein stimmiges, wettbewerbsfähiges Angebot erstellen zu können (Bieger & Beritelli, 2013). Erst durch die Summe der Einzelleistungen entsteht ein für den Kunden wahrnehmbares Gesamtprodukt. „Gravierende Qualitätsmängel eines einzelnen Bausteines können nicht durch eine andere herausragende Teilqualität ausgeglichen werden." (Rudolph, 2002, S. 20). Bei den meisten Akteuren im Tourismus handelt es sich um familiengeführte Unternehmen

(Dücker, 2020; Zehrer, 2016) und es ist daher von zentraler Bedeutung, dass diese wettbewerbsfähig und imstande sind, Krisen zu überstehen.

Es gibt verschiedene Definitionen für Familienunternehmen (Getz & Carlsen, 2000; Versen, 2020). Wie aus der Bezeichnung Familienunternehmen hervorgeht, spielt grundsätzlich die Familie eine wesentliche Rolle: „Familienunternehmen zeichnen sich dadurch aus, dass eine Familie einem Unternehmen eine wesentliche Prägung verleiht" (Versen, 2020, S. 16). Entsprechend verfolgen Familienunternehmen sowohl Familien- als auch Unternehmensziele. Im engeren Sinne wird von einem Familienunternehmen gesprochen, wenn „die Familie einen der Einflussfaktoren Eigenkapital, Kontrolle oder Management vollständig dominiert oder der Mindereinfluss durch entsprechenden Einfluss bei einem anderen Faktor ausgeglichen wird" (Klein, 2010, S. 18). Die Familie beeinflusst somit die Identität und die Entwicklung des Unternehmens und vielfach sind die Betriebe daher stark durch den Inhaber und die Familie geprägt (Raich & Zehrer, 2018). Kernbegriff ist der Faktor familiness, welcher als die einzigartige Ressource und Fähigkeit eines Unternehmens bezeichnet wird, die aus der engen Interaktion von Familie und Unternehmen entsteht (Kraus et al., 2011) und woraus abgeleitet werden kann, dass Entscheidungen in Familienunternehmen sowohl von sachlichen (wirtschaftliche und rationale Zwecküberlegungen) als auch von emotionalen und sozialen Motiven geleitet werden (Schuckert et al., 2008).

3.1 Besonderheiten von Familienbetrieben

Familienunternehmen zeichnen sich durch verschiedene Besonderheiten aus, insbesondere (Felden et al., 2019; Brückner, 2018; Kraus et al., 2020; Zehrer, 2017; Zehrer & Leiß, 2019):

- *Einfluss der Familie:* Mitglieder der Eigentümerfamilie ziehen „einen hohen Nutzen und eine hohe Befriedigung nicht nur aus der eigentlichen Geschäftstätigkeit des Unternehmens, sondern auch daraus, dass sie sich der Familientradition verpflichtet fühlen, emotionale Beziehungen zu den anderen Familienmitgliedern als besonders wertvoll erachten und nostalgische Gefühle entwickeln" (Felden et al., 2019, S. 49). Die Interaktion zwischen der Familie, dem Unternehmen und den einzelnen Familienmitgliedern schafft einzigartige systemische Bedingungen, die sich auf die Performance von Familienunternehmen auswirkt (Habbershon et al., 2003)
- *Langfristigkeit und Tradition:* Langjähriges Bestehen kennzeichnet viele Familienunternehmen, vielfach verbunden mit dem Wunsch, den Betrieb an

die nächste Generation weiterzugeben. Dies führt dazu, dass nicht nur kurzfristige Gewinnmaximierung, sondern auch langfristige Überlegungen und eine nachhaltige Entwicklung angepeilt werden.
- *Informeller Charakter:* Vielfach zeichnen sich Familienunternehmen durch schlanke Strukturen und kurze Informationswege aus. Kommunikation erfolgt eher anlassbezogen als durch bürokratische Vorgaben.
- *Familiäres Wertesystem:* „Die Wertesysteme von Familienunternehmen werden meist als menschlich, emotional und fundamental beschrieben. In den Werteformulierungen von Nicht-Familienunternehmen finden sich dagegen eher transaktionale, unpersönliche und stärker erfolgsorientierte Aussagen" (Felden et al., 2019, S. 49).
- *Koevolution von Familie und Unternehmen:* Koevolution bezeichnet grundsätzlich „die Herausbildung von Merkmalen im Zuge langfristiger Wechselwirkungen zwischen Gruppen von Organismen" (Odum, 1991, S. 227). Im Kontext einer Unternehmerfamilie lässt sich von einer Ko-Existenz sowie einer Ko-Evolution von Akteuren im System der Familie auf der einen und im System des Unternehmens auf der anderen Seite sprechen. Die Ko-Evolution von Unternehmerfamilie und Unternehmen ist letztlich existentielle Grundvoraussetzung für deren Fortbestand (Leiß & Zehrer, 2018).
- *Beziehungen zu internen und externen Stakeholdern:* Einige Besonderheiten von Familienunternehmen wie die Informalität oder das familiäre Wertesystem beeinflussen die Beziehungen zu den Mitarbeiter*innen und zu externen Stakeholdern. Auch die langfristige Ausrichtung sowie die stabilisierende Rolle der Familie schaffen die Voraussetzungen für vertrauensvolle, langfristige Kontakte.
- *Umgang mit Krisen:* Familiengeführte Unternehmen folgen in der Regel keinem formalen Krisenprozedere (Faghfouri et al., 2015; Zehrer & Raich, 2021). Das liegt an der Informalität und daran, dass diese Organisationen auch während einer Krise den Fokus auf die Familie und den Familienbesitz legen. Um den langfristigen Fortbestand zu sichern, sind Familienmitglieder vielfach gewillt, kurzfristige finanzielle Erfolge zu opfern.

3.2 Resilienz in Familienbetrieben

Besonders familiengeführte Unternehmen stehen vor kritischen Herausforderungen, da sie zum einen ihr Familieneigentum langfristig schützen (Hiebl, 2014), aber zum anderen auch innovative Erfolgsgeschichten präsentieren müssen und wollen, um konkurrenzfähig zu bleiben und Differenzierungspotentiale zu schaffen (Braga et al., 2017). Familienunternehmen gelten oft als risikoaverser als ihre Kontrahenten, da sie das Erbe ihrer Vorfahren erhalten und fortführen möchten (Lim et al., 2010) und deshalb Entscheidungen und Strategien bevorzugen, die dieses Erbe nicht gefährden (König et al. 2013). Familienunternehmen gelten jedoch grundsätzlich als widerstandsfähig (Chrisman et al., 2011; Zehrer, 2017), da sie imstande sind, sich flexibel anzupassen. Familienunternehmen, die für ihre langfristige und bedachte Planung bekannt sind, können instabilen Zeiten grundsätzlich gut gegenübertreten. Zudem gibt es häufig Motive für ihr unternehmerisches Handeln, wie soziale Verantwortung, das Wohlergehen der und Grundvertrauen in die Mitarbeiter*innen, schnelle Entscheidungswege sowie Stabilität, etc., die über die reine Unternehmenswertsteigerung und die Erwirtschaftung von Gewinnen hinausgehen (Brückner, 2018).

Dennoch gibt es auch in Familienunternehmen spezifische Stressfaktoren, welche zu kritischen Ereignissen führen, die eine Krise auslösen können. Diese Stressfaktoren bedürfen Aufmerksamkeit, denn meist ist es der amtierende Inhaber, der sich für auftretende Probleme verantwortlich fühlt, was zu dem Gefühl des persönlichen Versagens führen kann (Kenyon-Rouvinez, 2001). Durch eine ausgeprägte Kommunikation kann das Bewusstsein geschärft, Beziehungskonflikte gelöst, Prozesse zur Konfliktlösung entwickelt und schließlich beobachtet werden, dass eine gemeinsame Vision, ein konkreter Rahmen für die Transformation, sowie Resilienz in der Unternehmerfamilie entstehen. Die wahre Substanz eines Familienunternehmens und die Führungsqualität seiner Eigentümer zeigen sich meist erst in stürmischen Zeiten.

Das Potenzial eines Familienunternehmens, seine Resilienz zu stärken, hängt jedoch auch von der Leistungsfähigkeit anderer gesellschaftlicher Akteure wie Politik, Gesellschaft sowie die Volkswirtschaft und deren Zusammenspiel ab, denn die Kultur resilienter Unternehmen baut bewusst auf Beziehungspflege auf. Kontinuität darf nicht zu Stagnation werden (Plate & Groth, 2010). Schwass et al. (2011) betonen, dass die Bereitschaft Risiken sowie Unsicherheiten anzunehmen und sich mit ihnen auseinanderzusetzen, eine unternehmerische Fähigkeit und somit Teil des strategischen Managements ist und dass es das größte Risiko für ein Unternehmen ist, keine Transformation einzugehen (Schwass et al., 2011).

4 Methodologie

Aufgrund des bisher wenig erforschten Phänomens der Resilienz in Familienunternehmen und der vielfältigen möglichen Herangehensweisen bei einer sozial-ökonomisch nachhaltigen Gestaltung von Unternehmen, wurde nach eingehender Überprüfung möglicher Methoden zu dieser explorativen Forschung ein qualitativer Zugang für die Datenerhebung herangezogen (Glaser & Strauss, 1967; Guilding et al., 2014). Nach einer umfassenden Auseinandersetzung mit der bestehenden Literatur wurde ein Leitfaden für die Interviews erstellt. Es wurden einige Probeinterviews durchgeführt und im Anschluss über einen Zeitraum von mehreren Monaten im Frühjahr 2021 18 Unternehmer*innen (Familienmitglieder und gleichzeitig Führungskräfte) in der familiengeführten Hotellerie in Tirol, Salzburg, Burgenland und Vorarlberg befragt. Die Teilnehmer*innen wurden gezielt ausgewählt, wobei auf eine geografische Streuung und auf verschiedene Betriebsgrößen geachtet wurde. Es handelt sich um eine gezielte Stichprobenziehung, da das Ziel nicht die statistische Verallgemeinerbarkeit der Stichprobe, sondern die inhaltliche Verallgemeinerbarkeit ist. Einfluss auf die Stichprobenauswahl hatte auch die Bereitschaft der Führungskräfte, bei der Studie mitzumachen, da kein Incentive geboten wurde. Die Personen wurden direkt angesprochen und um eine Mitarbeit gebeten. Die Gespräche fanden persönlich, telefonisch oder als Online-Meeting statt und dauerten im Durchschnitt 40 min. Nach den 18 Interviews stellte sich eine Datensättigung ein, wonach keine weiteren Aspekte mehr angesprochen wurden; die Erhebung wurde daher abgeschlossen (Tab. 1).

Die Auswertung der Daten erfolgte anonymisiert. Die Interviews wurden nach Abschluss entsprechend transkribiert, um Ergebnisse ableiten zu können. Für die Auswertung der empirischen Studie wurde die Inhaltsanalyse nach Mayring (2015) angewandt. „Ziel der Inhaltsanalyse ist, darin besteht Übereinstimmung, die Analyse von Material, das aus irgendeiner Art von Kommunikation stammt" (Mayring, 2015, S. 11). Diese Form der Auswertung dient zur Strukturierung des Interviewmaterials und zielt darauf ab, zentrale Hauptaussagen herauszufiltern. Dabei werden als erstes die vorliegenden Interviewtexte entsprechend kodiert. Hierbei ist der Kodierleitfaden ein nützliches Instrument, indem einzelne Abschnitte, auf Basis des zuvor konzipierten Leitfadens und der deduktiven Kategorien, stichwortartig aufgeführt werden (Mayring, 2015). Es „wird genau definiert, welche Textbestandteile unter eine Kategorie fallen" (Mayring, 2015, S. 97). Zudem „werden konkrete Textstellen angeführt" (ebd.).

Der Interviewleitfaden gliedert sich in drei Teilabschnitte. Im ersten Abschnitt wurden das Konzept der persönlichen Resilienz und deren Aspekte (persönliche Resilienz) behandelt. Der zweite Abschnitt bezog sich auf die Resilienz des Unternehmens (organisationale Resilienz) und im letzten Abschnitt wurden Fragen nach dem Zusammenspiel von persönlicher und organisationaler Resilienz gestellt. In diesem Zuge wurden die Resilienzfaktoren, welche dazu beigetragen haben, die Krise zu bewältigen, erhoben.

Tab. 1 Liste der Befragten

Experten/ innen	Datum	Bundesland	Betriebsgröße	Geschlecht	Altersgruppe
E1	10.04.2021	Salzburg	Groß	Weiblich	25–34
E2	12.04.2021	Vorarlberg	Mittel	Weiblich	45–54
E3	14.04.2021	Salzburg	Groß	Männlich	35–44
E4	14.04.2021	Tirol	Klein	Weiblich	35–44
E5	15.04.2021	Vorarlberg	Mittel	Weiblich/ männlich	45–54
E6	15.04.2021	Salzburg	Groß	Männlich	55+
E7	15.04.2021	Salzburg	Mittel	Weiblich	25–34
E8	16.04.2021	Salzburg	Groß	Weiblich	45–54
E9	19.04.2021	Tirol	Groß	Weiblich	35–45
E10	30.04.2021	Salzburg	Mittel	Männlich	35–44
E11	03.05.2021	Salzburg	Klein	Männlich	45–54
E12	04.05.2021	Tirol	Klein	Männlich	25–34
E13	07.05.2021	Burgenland	Klein	Männlich	55+
E14	07.05.2021	Vorarlberg	Mittel	Weiblich	45–54
E15	20.05.2021	Salzburg	Klein	Männlich	55+
E16	21.05.2021	Tirol	Groß	Männlich	45–54
E17	21.05.2021	Tirol	Mittel	Weiblich	45–54
E18	21.05.2021	Tirol	Mittel	Männlich	45–54

Betriebsgröße bezieht sich auf die Anzahl der Mitarbeiter: 1–49 = Kleinbetrieb, 50–249 = Mittelbetrieb und ab 250 = Großbetrieb (European Union, 2015)

Quelle: Eigene Darstellung

5 Ergebnisse

Nachfolgend werden die wesentlichen Ergebnisse der explorativen Interviews dargestellt. Auf Basis der strukturierten Inhaltsanalyse nach Mayring (2015) werden die jeweiligen Kategorien einzeln aufgeführt und die bedeutendsten Aussagen werden mittels Ankerbeispiel zur Veranschaulichung festgehalten.

5.1 Resilienz von Familienbetrieben – personale Ebene

Familienunternehmer*innen beeinflussen das (eigene) Unternehmen anders als angestellte, externe Manager. Durch die Verquickung von Privatem und Geschäftlichem ist der Einsatz der Familienmitglieder vielfach hoch und es ist ihnen ein persönliches Anliegen, die Unternehmensziele zu erreichen (Chrisman et al., 2007). Weitere Gründe sind die oft lebenslange Verbundenheit zum Unternehmen, die Verantwortung für die Familie oder auch das Ausbalancieren der Interessen von Familie und Unternehmen (Halder, 2015). Besondere Herausforderungen können zudem Konflikte sein, aufgrund von unterschiedlichen Ziele in der Familie oder divergierenden Interessen (Baumgartner, 2016). Diesen Anforderungen gerecht zu werden, ist mitunter schwierig – besonders in Krisenzeiten. Daher ist die Resilienz von Familienunternehmer*innen von besonderer Wichtigkeit. Die qualitative Studie offenbart explorativ deren wesentliche Resilienzfaktoren:

- *Optimismus*: Die Wichtigkeit von positivem Denken und Zuversicht ist für die Befragten ein wesentlicher Faktor, Krisen zu überstehen und die Motivation zu finden, aktiv zu werden und Spielräume zu erarbeiten. *„Man muss sich auf den positiven Strudel des Entwickelns konzentrieren“* (E3).
- *Familie*: Gespräche mit der Familie, in den die Befragten Austausch und Unterstützung finden, sind ein wesentlicher Resilienzfaktor. Vor allem in Krisen ist die Verbundenheit der Familie bzw. das Mitwirken der Familie eine fachliche und emotionale Stütze: *„Die Familie spielt in Krisen die größte und wichtigste Rolle, weil sie eben doch so ein starker Pfeiler ist, quasi. Da kann man sich wirklich anlehnen, wenn es einmal nicht so rund läuft und Gott sei Dank, auch wenn es betrieblich nicht rund läuft“* (E4).
- *Gespräche mit Mitarbeiter*innen:* Nicht nur der Austausch mit Familienmitgliedern gibt Halt, sondern auch Gespräche vor allem mit langjährigen Mitarbeiter*innen, die die Werte der Familie und den Betrieb gut kennen. *„Der Austausch mit den Kollegen war mir extrem wichtig und auch hilfreich und mit meinem Team“* (E18).
- *Soziales Umfeld:* Explizit wurde in den Interviews darauf hingewiesen, dass nicht nur berufliche Kontakte in Krisenzeiten wichtig sind, sondern auch private. Treffen und Austausch mit Freunden, manchmal auch eine kurzfristige Ablenkung, um Kraft zu tanken, stellen für Familienunternehmer*innen einen Resilienzfaktor dar: *„Ob ich resilient bin, hängt von meinem sozialen Umfeld ab“* (E12).

- *Sport/Bewegung:* Dass es für die personale Resilienz wichtig sei, auch auf deinen eigenen Körper zu achten und sich zu bewegen – vielfach in der freien Natur – haben mehrere Befragte erklärt. Dies stärke auch das positive Denken und hilft, Druck abzubauen. *„Wie gesagt eine gewisse Besonnenheit benötigt man und natürlich einen Ausgleich, man braucht Sport und die Natur“* (E9).
- *Wirtschaftliche Absicherung:* Die persönliche wirtschaftliche Absicherung unterstützt bei den Befragten das positive Denken (mit Zuversicht an die Herausforderungen heranzugehen) und hilft, Entscheidungen freier zu treffen. *„Du möchtest loslaufen, hast aber eine Glaswand vor dir und du kannst nix tun ... das merke ich jetzt bei mir selber, aber auch bei vielen im Hintergrund, hast du natürlich deine Existenzängste. Du hast dann auch Versagensängste“* (E14).
- *Sich anpassen/flexibel sein:* Die Flexibilität von Unternehmen ist eng gekoppelt mit der Flexibilität der Führungskräfte. Die Notwendigkeit, sich verschiedenen Situationen und Rahmenbedingungen anzupassen, wird von den meisten Befragten gesehen. Auch wenn dies als wesentliche Fähigkeit von Führungskräften bewertet wird, so wird auch darauf hingewiesen, dass ebenfalls Mitarbeiter*innen sich neuen Gegebenheiten anpassen und flexibel sein müssen: *„Meine Mitarbeiter, die Menschen, die hier im Unternehmen arbeiten sind auch sehr gefordert“* (E12).
- *Lebenslanges Lernen und Erfahrung:* Das Wissen um eigene Stärken, der Aufbau von spezifischen Fähigkeiten, Erfahrungen in vergleichbaren Situationen helfen Krisen erfolgreich zu überstehen. *„Ich denke, dass Resilienz nicht über Nacht entsteht, das ist lebenslanges Learning, das ist ein lebenslanger Prozess, da hat meine nicht ganz leichte Vergangenheit großen Einfluss darauf gehabt, dass ich heute da bin, wo ich bin“* (E11). Die Aussagen zeigen, dass der Aufbau von Resilienz als steuerbarer Prozess wahrgenommen wird.

5.2 Resilienz von Familienbetrieben – organisationale Ebene

Auch wenn familiengeführte Unternehmen in der Regel keinem formalen Krisenprozedere folgen (Faghfouri et al., 2015; Schwaiger & Zehrer, 2021; Zehrer & Raich, 2021), so reagieren sie natürlich doch auf Krisen und versuchen, Widerstand aufzubauen und sich anzupassen. Die Studie zeigt folgende organisationale Resilienzfaktoren in touristischen Familienunternehmen:

- *Beziehungen zu Mitarbeitern:* Das Wir-Gefühl, langfristige, vertrauensvolle Beziehungen zu den Mitarbeiter*innen werden als wesentliche Resilienzfaktoren wahrgenommen. *„Mit der kleinen feinen Stammmannschaft, kann man schon mal in den Krieg ziehen, wie man so sagt"* (E14). Fast alle befragten Unternehmen geben an, dass sie gute Beziehungen zu Fachkräften haben und diese Beziehungen dem Unternehmen Sicherheit sowie Zuversicht geben. Auch wird darauf hingewiesen, dass die Krise den Zusammenhalt stärken kann. Da Fachkräfte nicht einfach zu finden sind, versuchen die Unternehmen, Fluktuation zu vermeiden.
- *Liquiditätssicherung*: Die befragten Personen geben an, dass eine gute wirtschaftliche Basis und Liquiditätssicherung wesentliche Resilienzfaktoren sind, da Liquiditätssicherung in der Krise die Grundvoraussetzung zur Aufrechterhaltung der betrieblichen Tätigkeit ist (Amann & Jaussaud, 2012). *„Gerade natürlich das Thema „Liquidität" ist was jeden im Hotel und Gastrobereich, glaube ich, schlaflose Nächte bereitet"* (E7). Auch wenn man die Abwanderung von langjährigen Mitarbeiter*innen vermeiden möchte, so ist man sich doch bewusst, dass die Familie im Notfall vielfach selbst verschiedene operative Bereiche abdecken kann (Familienmitglieder können in Küche oder Service einspringen) und dadurch unter Umständen Kosteneinsparungen möglich werden.
- *Anpassungsfähigkeit und Flexibilität:* Familiengeführte Unternehmen fühlen sich aufgrund kurzer, unbürokratischer Entscheidungswege meist im Stande, flexibel auf Herausforderungen zu reagieren und sich anzupassen. *„Es ist ein Reagieren auf das, was so rundherum passiert"* (E2). Im Tourismus ist jedoch vielfach konservatives und reaktives Verhalten zu beobachten (Broshi-Chen & Mansfeld, 2021). „Besonders starke personelle Loyalität oder eine (zu stark) ausgeprägte Familientradition kann somit auch dazu führen, dass eine dynamische Anpassung an die wandelnden Markt- und Umweltbedingungen verhindert wird" (Wilhelm, 2020, S. 90). Daher ist es wichtig, dass die Unternehmen sich auf die eigenen Stärken besinnen und diese aktiv ausspielen. Hier sind insbesondere die Familienmitglieder gefragt.
- *Beziehungen zu externen Stakeholdern:* Langfristige Beziehungen zum Beispiel zu Lieferanten oder Kreditinstituten führen dazu, dass Familienunternehmen sich in schwierigen Situationen Hilfe von außen holen können. Austausch mit externen Partnern und objektive Sichtweisen ermöglichen eine gute Einschätzung der Situation und bereichern eigene Analysen. *„Auch die Begleitung von meinen Banken, also wir haben zwischendurch auch gute Gespräche geführt und ich bin da immer im regelmäßigen Austausch und dieser Austausch war eigentlich auch sehr wertvoll, weil es jetzt nicht immer*

nur rein ums Geld ging" (E5). Als besondere externe Stakeholder werden von den touristischen Familienunternehmen die Gäste genannt. Der Austausch mit ihnen, positive Rückmeldungen etc. geben Zuversicht und stärken die Widerstandskraft. Als identische Kommunikationspartner zu externen Stakeholdern spielen vor allem die Familienmitglieder selbst eine bedeutende Rolle.

- *Planung und strategisches Denken:* Den befragten Familienunternehmen ist bewusst, dass Planung und Zukunftsorientierung verbunden mit einer klaren Positionierung und Professionalisierung wesentlich für eine nachhaltige Entwicklung und das Überstehen von Krisen sind. *„Die Betriebe müssen sich vielmehr professionalisieren. Sie müssen eigene Strategien entwickeln, Konzeptionen, diesen Gemischtwarenhandeln aus den siebziger, achtziger, neunziger Jahren, das wird immer schwieriger werden zu bedienen"* (E147). Das Fehlen einer klaren strategischen und langfristigen Ausrichtung in Familienunternehmen wird in der Fachliteratur daher vielfach als einer der Gründe für den Misserfolg von Familienbetrieben angesehen (Gudmundson et al., 1999; Haselwanter & Zehrer, 2018).
- *Realismus*: Auch Realismus wird in der Studie als Resilienzfaktor angegeben. Dies deckt sich mit den in der Theorie diskutierten Resilienzfaktoren der Akzeptanz der aktuellen Unternehmenssituation und der Selbstwirksamkeit. *„Wir leben vom Tourismus und haben eh schon zu wenig Mitarbeiter. Wir kämpfen ja schon jahrelang. Das erschwert uns das dann schon noch einmal"* (E8). Das Annehmen und Analysieren von Situationen ist der Ausgangspunkt, um Lösungen zu erarbeiten.
- *Erfahrung*: Erfahrungen mit Krisensituationen der Vergangenheit helfen, Ruhe zu bewahren und sich auf die eigenen Stärken zu besinnen. *„Erfahrung, wir haben ja vorher dieses PopDown Hotel gehabt, und da haben wir eigentlich unsere ganze Resilienz oder Risikoaffinität schon entwickelt und gefestigt. Weil da haben wir eigentlich, also das war für uns noch eine größere Herausforderung wie die jetzige Krise persönlich"* (E5). In Familienunternehmen arbeiten vielfach mehrere Generationen zusammen, wodurch frühere und auch aktuelle Erfahrungen in den Wissenspool einfließen und Sicherheit sowie Orientierung geben können.

Der nächste Abschnitt setzt sich konkret mit Wechselbeziehung zwischen personaler und organisationaler Resilienz auseinander. *„Sich nicht wirklich verrückt machen lassen in einer Krise, und dass wir versuchen, das ruhig durch zu stehen. Ich glaube, das ist was ganz Wichtiges, was auch auf die Mitarbeiter dann ausstrahlt"* (E8).

5.3 Wechselbeziehung personale und organisationale Resilienz in Familienbetrieben

Die Erhebung zeigt, dass Familienunternehmer*innen sich darin einig sind, dass personale und organisationale Resilienz eng zusammenhängen. Primär durch die Verknüpfung von Familie und Unternehmen ist diese Verzahnung noch größer als in anderen Betriebsformen. Positives Denken und aktives Handeln der Führungskräfte wird „eins zu eins" auf die Mitarbeiter*innen übertragen. Dies gilt auch für negative Stimmung und Demotivation. Die Studie ergibt folgende Resilienzfaktoren als wesentliche Schnittpunkte der personalen und organisationalen Resilienz:

- *Anpassungsfähigkeit*: Flexible Mitarbeiter*innen müssen auf flexible Rahmenbedingungen treffen, damit Familienunternehmen sich rasch neuen Rahmenbedingungen anpassen können. Umgekehrt brauchen Unternehmen, die sich neuen Rahmenbedingungen anpassen müssen, flexible und anpassungsfähige Führungskräfte. Wichtig sind u. a. eine innovative Unternehmens- und Fehlerkultur, eine adäquate Personalentwicklung und der Wille, sich weiter zu entwickeln.
- *Beziehungen/Netzwerke pflegen:* Kommunikation nach innen und nach außen, privat und beruflich – Unterstützung von mehreren Seiten holen, sich austauschen und Kontakte pflegen ist ebenfalls ein Faktor, der sowohl auf individueller als auch unternehmerischer Ebene eine Rolle spielt. Da bei Familienunternehmer*innen Privates und Berufliches vielfach verzahnt ist, kommt es hier zu einer Wechselbeziehung von personaler und organisationaler Resilienz.
- *Erfahrung*: Persönliche Erfahrungen der Führungskräfte als auch des Unternehmens als Ganzes spielen zusammen und befruchten sich gegenseitig. Auf diese Weise kann ein einzigartiger und umfangreicher Wissenspool geschaffen werden, der in Krisenzeiten Orientierung bei Entscheidungen gibt.
- *Sicherheit*: Resiliente Führungskräfte können durch ihren Einfluss und ihre Widerstandskraft dem Unternehmen Sicherheit geben. Dies gilt auch in die andere Richtung: Resiliente Unternehmen können den Familienmitgliedern und Mitarbeiter*innen Sicherheit und Zuversicht geben.
- *Gesundheitsförderung*: Unternehmen sollten für ihre Führungskräfte und Mitarbeiter*innen ein salutogenes Arbeitsumfeld darstellen. Dies fördert zudem das persönliche Wohlbefinden. Gesunde Mitarbeiter*innen sind leistungsfähig und tragen zu einer positiven Entwicklung des Unternehmens bei.

6 Fazit

Resilienz ist in der heutigen Zeit eine wesentliche Kompetenz – dessen sind sich familiengeführte Unternehmen bewusst. Sie besinnen sich in der Krise auf ihre Besonderheiten und nehmen diese Besonderheiten zum Teil auch als wesentliche Resilienzfaktoren wahr. Die qualitative Studie zeigt, dass Resilienz nicht nur auf Kompetenzen und Fähigkeiten beruht – auch wenn diese natürlich wesentlich sind –, sondern Resilienz bedarf auch materieller Ressourcen wie eine gute wirtschaftliche Basis und den Fokus auf Liquiditätssicherung.

Die explorativen Ergebnisse der qualitativen Untersuchung zeigen, dass Familienunternehmer*innen gezielt an ihrer Resilienz arbeiten können. Der Vergleich zu den theoretischen Ausführungen zeigt, dass der Fokus zusätzlich auf die Selbstwahrnehmung, die Selbstwirksamkeit sowie auf die Kreativität gelegt werden sollte. Zudem bestätigen die Ergebnisse der qualitativen Erhebung die theoretischen Ausführungen zur organisationalen Resilienz und geben vertiefende, explorative Einblicke in die Praxis. Grundsätzlich sind sich alle Befragten einig, dass die organisationale Resilienz nicht nur in der Krise, sondern ständig in unterschiedlichem Ausmaß auf die Probe gestellt wird und somit ein wesentliches, ständiges Thema ist. Die Ausführungen zeigen zudem, dass Resilienz weder auf individueller noch auf organisationaler Ebene ein Selbstläufer ist, sondern auf beiden Ebenen in einem langfristigen Prozess gezielt entwickelt werden muss. Verschiedene Wechselwirkungen führen dabei insbesondere in Familienunternehmen zu einer positiven Dynamik, die genutzt werden sollte.

Um Resilienz aufzubauen und um für Krisen gewappnet zu sein, müssen die Grundpotentiale einer resilienten Performance (Antwort-, Beobachtungs-, Lern- und Antizipationspotenzial) erarbeitet und gepflegt werden (Hollnagel et al., 2006 zitiert nach Hoffmann, 2017). Dies gilt insbesonders auch für Familienunternehmen, da diese vielfach keinem formellen Krisenprozedere folgen. Resilienz im Familienunternehmen kann daher nicht primär als einfache Rückkehr zum Vorkrisen-Status gesehen werden, sondern als proaktive Anpassung an sich ständig wandelnde Gegebenheiten auf einem Entwicklungspfad.

Für Familienunternehmen können zusammenfassend folgende Handlungsempfehlungen abgeleitet werden: Wesentlich ist die Pflege von Beziehungen – sowohl private als auch geschäftliche Kontakte sollen aufgebaut und gepflegt werden. Besonders wichtig sind vertrauensvolle Beziehungen zu den Mitarbeiter*innen. Entwickelt werden müssen zudem flexible und anpassungsfähige Strukturen und Prozesse. Das geht einher mit der Professionalisierung verschiedener Aufgabenbereiche und einer sorgfältigen, vorausschauenden Planung.

Es ist essentiell, Entscheidungsfindung und -strukturen zu optimieren sowie die Auswirkungen verschiedener Maßnahmen und Strategien zu analysieren. Hierbei ist eine offene Fehler- und Kritikkultur wichtig sowie insgesamt eine wertschätzende Kultur geprägt von offener Kommunikation. Nur so kann es gelingen, in belastenden und unvorhersehbaren Situationen funktions- und leistungsfähig zu bleiben.

Für die organisationale Resilienz ist auch die personale Resilienz von Bedeutung. Familienmitglieder tragen Verantwortung und dürfen darüber nicht vergessen, auf die eigene psychische und physische Gesundheit zu achten, um ihre Handlungskompetenz zu erhalten bzw. zu sichern.

Literatur

Amann, B., & Jaussaud, J. (2012). Family and non-family business resilience in an economic downturn. *Asia Pacific Business Review, 18*(2), 203–223.

Annarelli, A., & Nonino, F. (2016). Strategic and operational management of organizational resilience: Current state of research and future directions. *Omega, 62*, 1–18.

Backer, E., & Ritchie, B. W. (2017). VFR travel: A viable market for tourism crisis and disaster recovery? *International Journal of Tourism Research, 19*(4), 400–411.

Baumgartner, B. (2016). Erfolgreiche Zukunftsgestaltung in Familienunternehmen. In H. Siller & A. Zehrer (Hrsg.), *Entrepreneurship und Tourismus. Unternehmerisches Denken und Erfolgskonzepte aus der Praxis,* (2. Aufl., S. 81–97). Linde.

Beck, N., Brüderl, J., & Woywode, M. (2008). Momentum or deceleration? Theoretical and methodological reflection on the analysis of organizational change. *Academy of Management Journal, 51*(3), 413–435.

Beech, N., Devins, D., Gold, J., & Beech, S. (2020). In the family way: An exploration of family business resilience. *International Journal of Organizational Analysis, 28*(1), 160–182.

Bengel, J., & Lyssenko, L. (2012). *Resilienz und psychologische Schutzfaktoren im Erwachsenenalter.* Stand der Forschung zu psychologischen Schutzfaktoren von Gesundheit im Erwachsenenalter. Schriftenreihe zu Forschung und Praxis der Gesundheitsförderung, Band 43. Bundeszentrale für gesundheitliche Aufklärung (BZgA, Hrsg.). Köln.

Bieger, T., & Beritelli, P. (2013). *Management von Destinationen* (8. Aufl.). Oldenbourg.

Bonanno, G. A. (2004). Loss, trauma, and human resilience: Have we underestimated the human capacity to thrive after extremely aversive events? *American Psychologist, 59*(1), 20–28.

Braga, V., Correia, A., Braga, A., & Lemos, S. (2017). The innovation and internationalization processes of family businesses. *Review of International Business and Strategy, 27*(2), 231–247.

Broshi-Chen, O., & Mansfeld, Y. (2021). A wasted invitation to innovate? Creativity and innovation in tourism crisis management: A QC&IM approach. *Journal of Hospitality and Tourism Management, 46*, 272–283.
Brückner, A. (2018). *Führungspraxis und Zukunftsgestaltung in Familienunternehmen. Tradierte Denk- und Handlungsmuster auf dem Prüfstand*. Springer Gabler.
Chrisman, J. J., Chua, J. H., & Steier, L. P. (2011). Resilience of family firms: An introduction. *Entrepreneurship Theory and Practice, 35*(6), 1107–1119.
Chrisman, J. J., Sharma, P., & Taggar, S. (2007). Family influences on firms. An introduction. *Journal of Business Research, 60*(10), 1005–1011.
Conz, E., Denicolai, S., & Zucchella, A. (2017). The resilience strategies of SMEs in mature clusters. *Journal of Enterprising Communities: People and Places in the Global Economy, 11*(1), 186–210.
Dücker, T. (2020). *Eigentümerstruktur und Unternehmenssteuerung in wirtschaftlichen Krisenzeiten*. Springer.
European Union. (2015). User guide to the SME Definition. https://ec.europa.eu/regional_policy/sources/conferences/state-aid/sme/smedefinitionguide_en.pdf. Zugegriffen: 4. Nov. 2021.
Faghfouri, P., Kraiczy, N. D., Hack, A., & Kellermanns, F. W. (2015). Ready for a crisis? How supervisory boards affect the formalized crisis procedures of small and medium-sized family firms in Germany. *Review of Managerial Science, 9*(2), 317–338.
Faulkner, B. (2001). Towards a framework for tourism disaster management. *Tourism Management, 22*(2), 135–147.
Felden, B., Hack, A., & Hoon, C. (2019). *Management von Familienunternehmen. Besonderheiten – Handlungsfelder – Instrumente* (2. Aufl.). Springer.
Fröhlich-Gildhoff, K., & Rönnau-Böse, M. (2015). *Resilienz* (4. Aufl.). Ernst Reinhardt Verlag.
Funk, L. (2016). Empathie. In D. Frey (Hrsg.), *Psychologie der Werte* (S. 53–66). Springer.
Gabriel, T. (2005). Resilienz – Kritik und Perspektiven. *Zeitschrift für Pädagogik, 51*, 207–217.
Getz, D., & Carlsen, J. (2000). Characteristics and goals of family and owner-operated businesses in the rural tourism and hospitality sectors. *Tourism Management, 21*(6), 547–560.
Ghaderi, Z., Mat Som, A. P., & Wang, J. (2014). Organizational learning in tourism crisis management: An experience from Malaysia. *Journal of Travel & Tourism Marketing, 31*(5), 627–648.
Glaesser, D. (2005). *Handbuch Krisenmanagement im Tourismus. Erfolgreiches Entscheiden in schwierigen Situationen*. ESV Verlag.
Glaser, B. G., & Strauss, A. L. (1967). *The discovery of grounded theory. Strategies for qualitative research*. Aldine Transaction.
Gudmundson, D., Hartman, A. E., & Tower, C. B. (1999). Strategic orientation: Differences between family and nonfamily firms. *Family Business Review, 12*(1), 27–39.
Guilding, C., Lamminmaki, D., & McManus,. (2014). Staff turnover costs: In search of accountability. *International Journal of Hospitality Management, 36*, 231–243.
Habbershon, T. G., Williams, M., & MacMillan, I. C. (2003). A unified systems perspective of family firm performance. *Journal of Business Venturing, 18*, 451–465.

Halder, A. (2015). *Innovationsfähigkeit und Entrepreneurial Orientation in Familienunternehmen. Der Familieneinfluss und die Rolle des Familienunternehmers*. Dissertation. Springer.

Haselwanter, S., & Zehrer, A. (2018). Strategische Positionierung in der familiengeführten Hotellerie: Die strategische Uhr als Planungsinstrument. In T. Ellen & K. Scherhag (Hrsg.), *Aktuelle Herausforderungen in der Hotellerie – Innovationen und Trends* (S. 13–26). ESV Verlag.

Heller, J., Elbe, M., & Linsenmann, M. (2012). Unternehmensresilienz: Faktoren betrieblicher Widerstandsfähigkeit. In F. Böhle & S. Busch (Hrsg.), *Management von Ungewissheit: Neue Ansätze jenseits von Kontrolle und Ohnmacht* (S. 213–232). Trancript Verlag.

Henninger, M. (2016). Resilienz. In D. Frey (Hrsg.), *Psychologie der Werte* (S. 157–165). Springer.

Hiebl, M. R. W. (2014). Risk aversion in the family business: The dark side of caution. *Journal of Business Strategy, 35*(5), 38–42.

Hinkelmann, R., & Enzweiler, T. (2018). *Coaching als Führungsinstrument. Neue Leadership-Konzepte für das digitale Zeitalter*. Springer.

Hoffmann, G. P. (2017). *Organisationale Resilienz. Kernressource moderner Organisationen*. Springer.

Hollnagel, E., Woods, D. D., & Leveson, N. C. (2006). *Resilience engineering: Concepts and precepts*. Ashgate.

Kenyon-Rouvinez, D. (2001). Patterns in serial business families: Theory building through global case. *Family Business Review, 17*(3), 175–191.

Klein, S. (2010). *Familienunternehmen. Theoretische und empirische Grundlagen*. Gabler Verlag.

Kraus, S., Märk, S., & Peters, M. (2011). The Influences of family on the everyday business of a family firm entrepreneur. *International Journal of Entrepreneurship and Small Business, 12*(1), 82–100.

Kraus, S., Clauss, T., Breier, M., Gast, J., Zardini, A. & Tiberius, V. (2020). The economics of COVID-19: initial empirical evidence on how family firms in five European countries cope with the corona crisis. *International Journal of Entrepreneurial Behavior & Research, 26*(5), 1067–1092.

Lanzer, F., Sauberschwarz, L., & Weiß, L. (2020). *Erfolgreich durch die Krise. Strategieentwicklung in Zeiten von Finanzkrise bis Corona*. Springer Gabler.

Lee, A. V., Vargo, J., & Seville, E. (2013). Developing a tool to measure and compare organizations' resilience. *Natural Hazards Review, 14*, 29–41.

Leiß, G., & Zehrer, A. (2018). Freiheit in Verbundenheit – Ko-Evolution in Unternehmerfamilien. In M. Lueger, H. Frank, & C. Korunka (Hrsg.), *Die Unternehmerfamilie im Kontext ihres Familienunternehmens* (S. 231–250). Facultas.

Lengnick-Hall, C. A., Beck, T. E., & Lengnick-Hall, M. (2011). Developing a capacity for organizational resilience through strategic human resource management. *Human Resource Management Review, 21*(3), 243–255.

Lim, E. N. K., Lubatkin, M. H., & Wiseman, R. M. (2010). A family firm variant of the behavioral agency theory. *Strategic Entrepreneurship Journal, 4*(3), 197–211.

Lübke, R. (2016). Optimismus. In D. Frey (Hrsg.), *Psychologie der Werte* (S. 137–147). Springer.

Luthe, T., & Wyss, R. (2014). Assessing and planning resilience in tourism. *Tourism Management, 44*, 161–163.
Masten, A. S. (2001). Ordinary magic: Resilience processes in development. *American Psychologist, 56*(3), 227–238.
Mayring, P. (2015). *Qualitative Inhaltsanalyse*. Beltz Verlag.
Novelli, M., Burgess, L. G., Jones, A., & Ritchie, B. W. (2018). 'No Ebola… still doomed'–The Ebola-induced tourism crisis. *Annals of Tourism Research, 70*, 76–87.
Odum, E. (1991). *Prinzipien der Ökologie*. Spektrum der Wissenschaften.
OECD (2012). Komplexe Problemlösungskompetenz. Programme for International Student Assessement. (PISA). https://www.pisa.tum.de/pisa/kompetenzbereiche/komplexe-problemloesekompetenz/. Zugegriffen: 17. Aug. 2021.
Plate, M., & Groth, T. (2010). Streben nach Resilienz – Unternehmensstrategien über Generationen. *Unternehmermagazin, 58*(7/8), 42–43.
Toubes, D. R., Araújo-Vila, N., & Fraiz-Brea, J. A. (2020). Be water my friend: Building a liquid destination through collaborative networks. *Tourism Management Perspectives, 33*(1), 1–10.
Raich, F., & Zehrer, A. (2018). Die Bedeutung von Beziehungsqualität im Tourismus: Besonderheiten in familiengeführten Unternehmen. In T. Bieger, P. Beritelli, P., & C. Laesser (Hrsg.), *Wettbewerb und Digitalisierung im alpinen Tourismus* (S. 129–140). Schweizer Jahrbuch für Tourismus 2017/2018. ESV Verlag.
Ritchie, B. W., & Jiang, Y. (2019). A review of research on tourism risk, crisis and disaster management: Launching the annals of tourism research curated collection on tourism risk, crisis and disaster management. *Annals of Tourism Research, 79*, 102812.
Roth, F. (2020). Bouncing forward – Wie Erkenntnisse aus der Resilienzforschung in der Corona-Krise helfen können. Fraunhofer-Institut für System- und Innovationsforschung ISI. https://www.isi.fraunhofer.de/de/blog/2020/resilienz-corona-krise.html. Zugegriffen: 02. Nov. 2021.
Rudolph, H. (2002). *Tourismus-Betriebswirtschaftslehre* (2. Aufl.). Oldenbourg.
Schuckert, M., Peters, M., & Fessler, B. (2008). An empirical assessment of owner-manager motives in the B&B and vacation home sector. *Tourism Review, 63*(4), 27–39.
Schwaiger, K., & Zehrer, A., (2021). Organizational resilience of hospitality family businesses in times of the COVID-19 pandemic: A qualitative approach. *Tourism Review*, in Druck.
Schwass, J., Hillerstrom, H., Kuck, H., & Lief, C. (2011). *Wise wealth: Creating it, managing it, peserving it*. Palgrave Macmillan UK.
Shin, J., Susan, M., & Seo, M.-G. (2012). Resources for Change: the Relationships of Organizational Inducements and Psychological Resilience to Employees' Attitudes and Behaviors toward Organizational Change. *The Academy of Management Journal 55*(3), 727–748.
Soucek, R., Ziegler, M., Schlett, C., & Pauls, N. (2018). Resilienz als individuelle und organisationale Kompetenz: Inhaltliche Erschließung und Förderung der Resilienz von Beschäftigten, Teams und Organisationen. In M. Janneck & A. Hoppe (Hrsg.), *Gestaltungskompetenzen für gesundes Arbeiten* (S. 27–37). Springer.
Sun, J., Buys, N. J., Wang, X. C., & McAuley, A. (2011). Using the concept of resilience to explain entrepreneurial success in China. *International Journal of Management and Enterprise Development, 11*(2–4), 182–202.

Tsao, C. Y., & Ni, C. C. (2016). Vulnerability, resilience, and the adaptive cycle in a crisis prone tourism community. *Tourism Geographies, 18*(1), 80–105.

Versen, J. (2020). *Auswirkungen einer Vermögenssteuer auf Familienunternehmen.* Springer.

Weiß, M., Hartmann, S., & Högl, M. (2018). Resilienz als Trendkonzept. Über die Diffusion von Resilienz in Gesellschaft und Wissenschaft. In M. Karidi, M. Schneider, & R. Gutwald (Hrsg.), *Resilienz. Interdisziplinäre Perspektiven zu Wandel und Transformation* (S. 13–32). Springer.

Wilhelm, D. (2020). *Der Einfluss des CEOs auf die organisationale Veränderungsfähigkeit und den Unternehmenserfolg.* de Gruyter.

Xiao, L., & Cao, H. (2017). Organizational resilience: The theoretical model and research implication. *ITM Web of Conferences, 12*, 4021.

Zehrer, A., & Mössenlechner, C. (2010). Leadership-Kompetenzen in Krisensituationen. In H. Pechlaner, M. Raich, S. Schön, & K. Matzler (Hrsg.), *Change Leadership: DenWandel antizipieren und aktiv gestalten* (S. 181–209). Springer.

Zehrer, A. (2016). Die Betriebsübergabe familiengeführter Unternehmen unter spezieller Berücksichtigung der Führungskompetenzen. In H. Siller & A. Zehrer (Hrsg.), *Entrepreneurship & Tourismus. Unternehmerisches Denken und Erfolgskonzepte aus der Praxis* (S. 99–108). Linde Verlag.

Zehrer, A. (2017). Touristische Familienunternehmen als tragende Säule des Alpentourismus – Zentrale Herausforderungen für Unternehmertum und Tourismuspolitik. In P. Bußjäger & C. Gsodam (Hrsg.), *Tourismus als treibende Kraft für regionale Kooperation im Alpenraum* (S. 47–61). 124. Schriftenreihe Institut für Föderalismus. New Academic Press.

Zehrer, A., & Leiß, G. (2019). Family entrepreneurial resilience – An intergenerational learning approach. *Journal of Family Business Management.* https://doi.org/10.1108/JFBM-09-2018-0037

Zehrer, A., & Raich, F. (2021). Kundenkommunikation touristischer Familienunternehmen in Krisenzeiten anlässlich der COVID-19 Pandemie – Erkenntnisse für Familienunternehmen in der Hotellerie. In T. Bieger, P. Beritelli, & C. Laesser (Hrsg.), *Krisenmanagement und Zukunftsstrategien für den alpinen Tourismus* (S. 33–54). Schweizer Jahrbuch für Tourismus 2020/2021. ESV Verlag.

Die touristische Destination als Rahmen für den Resilienzaufbau

Community Resilience als Strategie in der Destinationsentwicklung

Daniel Zacher

Inhaltsverzeichnis

Zusammenfassung

Die theoretisch-konzeptionellen Perspektiven des Resilienzansatzes im Spannungsfeld von Widerstandsfähigkeit und Wandelbarkeit entwickeln sich zum strategischen Handlungsrahmen für Städte und Regionen. Angesichts der Existenz bewusst resilienzfördernder Governance-Strukturen wie der Initiative *100 Resilient Cities* wird in diesem Beitrag die Frage nach der Rolle und dem Auftrag etablierter touristischer Organisationsstrukturen im Aufbau

D. Zacher (✉)
Transferprojekt „Mensch in Bewegung", Katholische Universität Eichstätt-Ingolstadt, Eichstätt, Deutschland
E-Mail: daniel.zacher@ku.de

H. Pechlaner et al. (Hrsg.), *Resilienz als Strategie in Region, Destination und Unternehmen,* Entrepreneurial Management und Standortentwicklung,
https://doi.org/10.1007/978-3-658-37296-5_9

von Community Resilience beleuchtet. Anhand der vorliegenden empirischen Studie wird gezeigt, dass das touristische Destinationsmanagement (DMO) einen Dialog zwischen touristischen und nicht-touristischen Stakeholdern zu führen im Stande ist, wenn es um den Erhalt und die Weiterentwicklung touristischer Strukturen im Destinationsraum geht. Diese prädestiniert die DMO zur Übernahme konkreter Aufgaben im Resilienzaufbau auf der Community-Ebene, wobei sich deren spezifische Rolle in Abhängigkeit der ökonomischen und gesellschaftlichen Bedeutung des Tourismus im jeweiligen Destinationsgebiet gestaltet. Konfrontiert mit den Erfahrungen bestehender Resilienz-Initiativen skizzieren bayerische Destinationsmanager Komplexitätsdimensionen und mögliche Herangehensweisen im Resilienzaufbau. Das aus den empirischen Untersuchungen abgeleitete organisationale Entwicklungsmodell zum Aufbau von Community Resilienz auf Destinationsebene ist als Grundlage und Impuls zu verstehen, sich als Tourismusorganisation aktiv und bewusst mit der eigenen Rolle im Resilienzaufbau dies- und jenseits tourismuswirtschaftlicher Fragestellungen zu beschäftigen. Letztlich bietet die Destination als Spielfeld der anwendungsorientierten Resilienzforschung auf räumlicher Ebene ein reichhaltiges Betätigungsfeld für künftige Forschungen in diesem Bereich.

1 Einleitung

Die Debatte um die soziale und ökologische Tragfähigkeit des Tourismus (Mansfeld & Jonas, 2006; Martin & Uysal, 1990) gewann mit der Overtourism-Diskussion spätestens seit dem Jahr 2017 an Intensität und Dynamik (Eckert et al., 2019; Koens et al., 2018; Wall, 2020). Zusammen mit dem temporären Totalversagen des globalen Tourismussystems angesichts der COVID-19-Pandemie im Jahr 2020 wird offenkundig, dass sich neue, herausfordernde gesellschaftspolitische Rahmenbedingungen sowohl für die regionale als auch für die internationale Tourismusbrache manifestieren (Gössling et al., 2020).

Eine Branche, die ihren Bedeutungsgewinn durch Jahrzehnte des Wachstums unter Beweis stellen konnte, stößt an systemische Grenzen, die sie zu neuen Strategien und Antworten auffordern. Vor diesem Hintergrund analysiert der vorliegende Beitrag bisherige Erfahrungen der Resilienzpraxis und ordnet sie in das System touristischer Destinationsentwicklung ein. Den dargestellten Untersuchungen liegt folgende Forschungsfrage zugrunde: *Inwiefern kann Community Resilience eine Strategie zur Entwicklung touristischer Destinationen darstellen?*

Mit dieser Frage werden Anforderungen an Akteurs- und Organisationsstrukturen innerhalb des Destinationssystems in Bezug auf den Aufbau von Resilienz untersucht. Als zentrale Bezugspunkte für die empirische Untersuchung werden das internationale Resilienznetzwerk *100 Resilient Cities* sowie das Bundesland Bayern als Raumebene und politisch-administrativer Referenzrahmen für die Destinationsentwicklung herangezogen. Die Resilienzdebatte wird in den praktischen Handlungskontext bayerischer Destinationsmanager[1] eingeführt und sowohl Chancen als auch Herausforderungen werden in der Expliziten Anwendung des Resilienzansatzes gleichermaßen diskutiert.

Der vorliegende Beitrag beinhaltet ausgewählte und in überarbeiteter Form dargestellte Erkenntnisse der Dissertation zum Thema „Community Resilience als Strategie zur Entwicklung touristischer Destinationen", eingereicht an der Katholischen Universität Eichstätt-Ingolstadt. Er konzentriert sich zunächst auf den Community Resilience-Ansatz, bei dem Individuen, Organisationen und Institutionen sowie deren funktionales Zusammenwirken im Aufbau von Resilienz angesprochen werden (Abschn. 2). Im Anschluss daran werden Bezüge zu bestehenden Konzepten der Destinationsentwicklung hergestellt, die das spezifische Zusammenspiel unterschiedlicher Akteurskonstellationen diskutieren (Abschn. 3). Mit der Vorstellung des Forschungsdesigns (Abschn. 4) und der Darstellung ausgewählter Ergebnisse (Abschn. 5) wird ein organisationales Entwicklungsmodell für Community Resilience auf Destinationsebene vorgestellt (Abschn. 6) und ausgehend davon Handlungsempfehlungen für die touristische Praxis im Aufbau von Resilienz abgeleitet (Abschn. 7).

2 Community Resilience als strategischer Handlungsrahmen

Der Resilienzansatz wurde zunächst in den Ingenieurswissenschaften rezipiert und im Laufe der vergangenen Jahrzehnte insbesondere in psychologische, sozial-ökologische, organisationale und regionale Bezüge eingeführt (Alexander, 2013). Dabei adressiert der Resilienzbegriff sowohl die Widerstandsfähigkeit als auch die Evolutionsfähigkeit der jeweils betrachteten Systeme (Pendall et al., 2010). Verschiedene konzeptionelle Verständnisse von Resilienz bewegen sich

[1] Dieser Beitrag verwendet aus Gründen der besseren Lesbarkeit die männliche Form. Diese bezieht sich auf Personen aller Geschlechter und impliziert ausdrücklich keine Nicht-Berücksichtigung einzelner Geschlechter.

somit im Spannungsfeld von Erhalt und Veränderung und der damit verbundenen Kompetenz des Abwägens zwischen diesen beiden Perspektiven.

2.1 Das Resilienzverständnis dieses Projekts

Das vorliegende Resilienzverständnis setzt sich zusammen aus der gegenseitigen Bezugnahme unterschiedlich disziplinärer Zugänge. Resilienz wird im Sinne seiner psychologischen Forschungstradition als individuelle Kompetenz verstanden, trotz Krisen und Negativereignissen eine positive Entwicklung zu nehmen (Alliger et al., 2015; Masten, 2018). Diese evolutionäre Perspektive kann auf komplexe Systeme angewandt werden, die nicht ein Gleichgewicht anstreben, sondern sich als Reaktion auf exogene Schocks und endogene Herausforderungen ständig verändern und anpassen. Resilienz ist in diesem Verständnis ein Ansatz, der weniger die Widerstandsfähigkeit und mehr die Adaption bzw. die Transformation betont. Er ist mit Blick auf die wirtschaftswissenschaftliche und geographische Verwendung auch auf Organisationen und Regionen übertragbar (Boschma, 2015; Vogus & Sutcliffe, 2007). Gleichwohl wird an dieser Stelle betont, dass der Trend, das Resilienzverständnis auf eine positiv konnotierte Veränderungsfähigkeit zu beschränken, nicht genügt. Stattdessen ist Resilienz auch weiterhin in Bezug auf Strukturerhalt zu verstehen, indem beispielsweise die grundlegende organisationale oder regionale Funktionsfähigkeit auch in einem Umfeld geringerer ökonomischer Aktivität gewährleistet wird (Evenhuis, 2020; Hassink & Gong, 2020). Letztlich ist ein resilientes System dadurch gekennzeichnet, dass ein Abwägen zwischen Teilstrategien des Systemerhalts und der Systemtransformation stattfindet und gelingt.

Resilienz wird in diesem Projekt aus einer Multi-Ebenen-Perspektive betrachtet, wobei Individuen, Gemeinschaften, Organisationen und weitere gesellschaftliche Systemeinheiten sich gegenseitig bedingen (Pendall et al., 2010). Resilienz adressiert dabei die Wechselwirkung natürlich und anthropogen geprägter Strukturen im Sinne einer sozial-ökologischen Verständnistradition (Deppisch, 2016; Feliciotti, 2015; Holling, 1973) als Basis für komplexe Entscheidungsprozesse (Record et al., 2016). Resilienz wird hier nicht im Sinne der Beschreibung eines Systemzustands behandelt, sondern in Bezug auf dessen aktiven Auf- und Ausbau (Martin & Sunley, 2015). Damit sind ein intentionales und zwischen den Akteuren abgestimmtes Vorgehen und eine kontextbezogene Einordnung der Ausgangssituation notwendig: Resilienz wird damit zur Strategie (Linnenluecke & Griffiths, 2010). Der Start strategischer Entwicklungsprozesse hin zu mehr Resilienz geschieht unter Unsicherheit und vor dem Hintergrund bewusster Entscheidungen (Welsh, 2014). Vor diesem

Hintergrund wird Community Resilience als ein zentraler Ansatz zur Kontextualisierung multisystemischer Resilienz vorgestellt.

2.2 Das Verständnis von Community Resilience – Merkmale und Entwicklungsziele

Community Resilience ist ein Zugang der Resilienzforschung, welcher Defizite aus einzelsystemischen Betrachtungsformen von Resilienz aufgreift und Wege zum Resilienzaufbau im Zusammenspiel unterschiedlicher Akteure erörtert (Berkes & Ross, 2013; Magis, 2010). Norris et al., (2008, S. 128) weisen auf die Herausforderungen dieses Zugangs hin, indem sie definieren:„*[…] communities are composed of built, natural, social, and economic environments that influence one another in complex ways*“. Über die Wechselwirkungen der einzelnen Systemebenen ist zum Teil wenig bekannt und häufig gelingt in übergeordneten Analysen nur die Betrachtung eines Teilausschnitts.

Im Zusammenhang mit den Management-Strukturen einer Tourismusdestination sei auf die Unterscheidung in ein geographisches und ein relationales Begriffsverständnis von Community hingewiesen: Nach Gusfield (1975) bezieht sich das geographische Begriffsverständnis auf definierte räumliche Entitäten, wie Nachbarschaften, eine Stadt oder eine Gemeinde. Ein relationales Begriffsverständnis dagegen betont die Qualität und die Häufigkeit der Interaktionen innerhalb eines Systems, welche nicht notwendigerweise einer räumlichen Verortung bedürfen (beispielsweise die religiöse oder ethnische Zugehörigkeit). Manche Autoren betonen, dass räumliche Nähe vor dem Hintergrund gemeinsamer Herausforderungen und Erfahrungen sich begünstigend auf die Bildung und Etablierung von Gemeinschaften auswirkt und ein zentrales Argument für das Verständnis von Community darstellt (Boschma, 2005; Flint, 2013). Community Resilience wird demzufolge gefördert durch ein gemeinsames Interesse, dessen Erhalt oder Erreichung für die Mitglieder der Gemeinschaft von großem Wert ist.

Es gibt Studien, die den Community Resilience-Begriff überwiegend oder ausschließlich in einem Katastrophenschutz-Kontext verwenden (z. B. Cutter et al., 2014; Gunderson, 2010; Norris et al., 2008; Tobin, 1999). Dieser Beitrag folgt einem erweiterten Verständnis, welches nicht nur auf die Behandlung außergewöhnlicher Krisenmomente und Schockereignisse innerhalb der Community beschränkt ist, sondern auch dem Umgang mit grundlegenden Herausforderungen und langfristigen Veränderungsprozessen Rechnung trägt. Tab. 1 zeigt charakteristische Zitate für dieses Verständnis.

Tab. 1 Definitionen von Community Resilience

Quellen	Zitierte Kernaussagen (Hervorhebungen hinzugefügt)
Colussi et al. (1999, S. 15)	A resilient community is one that **takes intentional action** to enhance the personal and collective capacity of its citizens and institutions to respond to, and **influence the course of social and economic change**
Pfefferbaum et al. (2007, S. 349)	The ability of community members to **take meaningful, deliberate, collective action to remedy the impact of a problem,** including the ability to **interpret the environment, intervene, and move on.** More than the ability of members to cope individually, community resilience involves interactions as a **collective unit**
Magis (2010, S. 401)	Community Resilience […] is the **existence, development, and engagement of community resources** by community members to **thrive in an environment characterized by change, uncertainty, unpredictability, and surprise**
Skertich et al. (2013, S. 159)	Resilience has been defined in many ways but they all refer to the capacity of a community to **assess its risks, needs, resources, and skills accurately,** and to **reallocate resources** and attention to meet **changing demands** with **timely action**

Quelle: Eigene Darstellung

Als Diskussionsgrundlage für die empirischen Untersuchungen im Rahmen dieses Forschungsprojekts dient nachfolgendes Verständnis von Community Resilience:

Community Resilience ist zugleich die vorhandene Kompetenz und die wachsende Fähigkeit einer Gemeinschaft, Risiken abzuschätzen und sich in einem Umfeld weiterzuentwickeln, das von Veränderung, Unsicherheit und Unvorhersagbarkeit geprägt ist. Im Zentrum steht der Zusammenhalt von Individuen in vorhandenen Identitätsstrukturen ebenso wie in neuen Interessenkonstellationen. Gemeinsame Ziele stellen die Basis für diese Entwicklung dar, wobei neben der Berücksichtigung objektiver Kriterien auch subjektiver Reflexion Raum gegeben wird.

Mit Blick auf die unmittelbaren praxisbezogenen Ansatzpunkte der touristischen Destinationsentwicklung bedarf dieses Verständnis einer Operationalisierung in Form konkreter Zielsetzungen. Orientierung bieten hierfür Bahadur et al. (2010), die Entwicklungsziele resilienter Communities abgrenzen (vgl. Tab. 2).

Tab. 2 Zielsetzungen von Community Resilience

Zielsetzung	Beschreibung	Expl. Verweise
Diversität	Es existiert ein hohes Maß an Vielfalt im natürlichen Ökosystem, in der Wirtschaft und in Kooperationsbeziehungen	Gil-Rivas und Kilmer (2016) und Newman und Dale (2005)
Effektive Governance	Glaubwürdige Institutionen und eine effiziente Multi-Level-Governance gewährleisten das Wirksamwerden von Engagement	Adger (2000), Cheshire et al. (2015) und Mayunga (2007)
Akzeptanz von Unsicherheit und Veränderung	Systemische Veränderungen werden akzeptiert. Statt des Erhalts eines Status quo strebt die Gemeinschaft danach, mit Veränderungen positiv umzugehen	Folke (2006) und Welsh (2014)
Partizipation und lokales Wissen	Die ansässigen Organisationen und die Bevölkerung sind an Entscheidungsprozessen beteiligt, lokales Wissen wird ernst genommen. Eigentum stellt einen Treiber für Verantwortungsübernahme dar	Tobin (1999), Ostrom (2009) und Wilson (2012)
Sharing Culture	Die Bereitstellung persönlicher Fähigkeiten und individuellen Eigentums für die Gemeinschaft und damit einhergehende Tauschverhältnisse sind etabliert	Avelino et al. (2014)
Vorbereitung auf schwere Zeiten	Manche Einbrüche und Niedergänge können nicht vermieden werden. Communities gelingt es diesen Rückgang kontrolliert stattfinden zu lassen, ohne einen kompletten Zusammenbruch zu provozieren	Foster (2007), Norris et al. (2008) und Thornley et al. (2015)

(Fortsetzung)

Tab. 2 (Fortsetzung)

Zielsetzung	Beschreibung	Expl. Verweise
Geteilte Wertvorstellungen	Gemeinsame Wertvorstellungen und kulturelle Praktiken bilden die Grundlage für gemeinsames Aktivwerden im Resilienzaufbau	Pfefferbaum et al. (2017) und Twigg (2007)
Lernbereitschaft	Mitglieder einer Gemeinschaft zeigen sich nicht nur veränderungsbereit, sondern auch lernwillig. Gemeinschaftliches Lernen reflektiert negative Erfahrungen	Wilson (2012) und Fazey et al. (2018)
Denken jenseits administrativer Grenzen	Die administrativen Grenzen einer Kommune stellen nicht zwangsläufig die Grenzen von Resilienzinitiativen dar, sie zielen auf neue Formen und Ebenen der Zusammenarbeit ab	Prokkola (2019) und Weichselgartner et al. (2018)

Quelle: Eigene Darstellung orientiert an Bahadur et al. (2010)

In den verschiedenen Zieldimensionen von Community Resilience wird deutlich, dass die Potenziale insbesondere auch in einem konstruktiv-gestalterischen Verständnis liegen. Dies stellt eine wichtige motivationale Komponente für die beteiligten Personen dar (Hungenberg, 2014).

2.3 Community Resilience in der Praxis

Auch wenn die Förderung von Community Resilience auch ohne den Einsatz des Resilienzbegriffs vollzogen werden kann und gerade im deutschsprachigen Kontext lange darauf verzichtet wurde (Beirat für Raumentwicklung, 2017), ist ein internationaler Trend in der expliziten Verwendung des Resilienzansatzes auf Ebene globaler, kontinentaler, nationaler, regionaler und lokaler Initiativen und Programme zu verzeichnen: *„[…] 'resilience' is 'increasingly influential' as an urban policy discourse and has now been taken up by a wide range of international urban initiatives as well as national and metropolitan policy agendas"* (Wilkinson, 2012, S. 149).

Tab. 3 Maßstabsebenen in der praktischen Implementierung von Community Resilience

Ebene	Zielsetzungen und spezifische Themen
Global	Indikatorenbildung und Entwicklung von Standards, grundlegende Bewusstseinsbildung, Multiplikatoren, Netzwerkbildung, Kooperation mit ungewöhnlichen Partnern, interkulturelles Lernen
Kontinental (EU)	Strategische Förderpolitik, Entwicklungszusammenarbeit, Ausgleich regionaler Disparitäten, wissenschaftliche Studien in Verbundforschungsprojekten, transnationale Netzwerkbildung, Pilotregionen
National	Territoriale Souveränität, gesetzliche Rahmenbedingungen, staatliche Anreiz-, Sanktionierungs- und Steuerungsinstrumente, Katastrophenschutz, Förderung von lokalen und regionalen Initiativen
Regional und lokal	Strategieentwicklung, Partizipation, Zusammenarbeit und Austausch zwischen Regionen, spezifische Politik- und Prozessberatung, hohe Bedeutung kommunaler Entscheidungsträger, Leadership, *Bottom-up*-Prozesse
Online-Toolkits	Evaluation des Status quo, Identifikation relevanter Stakeholder, Basisarbeit für Beteiligungsprozesse

Quelle: Eigene Darstellung

Eine Meta-Analyse von Studien und Programmen[2] zum Aufbau von Resilienz auf unterschiedlichen räumlichen Maßstabsebenen beabsichtigt die Identifikation jeweiliger Ziele und Themenschwerpunkte (Tab. 3).

Großmaßstäbige Initiativen und Programme verfolgen eher konzeptionelle Ziele der Bewusstseinsbildung sowie des allgemeinen Kompetenzaufbaus. Sie gehen der Frage nach, welche Strukturen den Resilienzaufbau fördern und welche Netzwerke einen resilienzfördernden Informationsaustausch begünstigen. Je kleinmaßstäbiger das System, desto konkreter und praxisorientierter fällt die Beschäftigung mit Resilienz aus und desto mehr steht der fallspezifische Aufbau von Resilienz im Fokus.

[2] Für diese Meta-Analyse wurden in einer Online-Recherche verschiedene Initiativen herangezogen, die mit dem Resilienzbegriff arbeiten: z. B. Programme der Vereinten Nationen (Rural Resilience Initiative (R4), Anticipate, Absorbe, Reshape (A2R)); EU-Förderprogramme (RECuE, CIPRE, emBRACE, weADAPT); private Zertifizierungsprogramme (z. B. Hotel Resilient); nationale Gesetzesinitiativen (Civil Contingencies Act, UK).

Vernetzung findet in zunehmender Weise weniger innerhalb etablierter Governance-Ebenen statt (z. B. innerhalb eines Landes), sondern gestaltet sich fall- und themenspezifisch. Nationale und supranationale Steuerungsmechanismen, sowohl im Bereich der Förderung als auch der Sanktionierung, sind ein wichtiger, jedoch bislang nur selten entwickelter Katalysator für Community Resilience-Prozesse, insbesondere in Ländern, in denen sich Initiativen auf lokaler und regionaler Ebene noch nicht etabliert haben.

Die im Jahr 2013 gegründete Initiative *100 Resilient Cities* der Rockefeller-Stiftung wurde aufgrund ihrer Reichweite und ihrer prozesshaft strukturierten Herangehensweise im Rahmen dieser Studie näher betrachtet. In einem strukturierten Auswahlprozess wurden von den Stiftungsverantwortlichen 100 Städte in einer weltweiten Ausschreibung benannt und jeweils über einen Zeitraum von zwei Jahren mit finanziellen Mitteln und Beratungsleistungen ausgestattet (Spaans & Waterhout, 2017). Das Bewerbungsverfahren wurde in drei Abschnitte aufgeteilt, sodass ein erstes Drittel an Städten im Jahr 2013, ein zweites Drittel im Jahr 2014 und ein drittes Drittel im Jahr 2016 ausgewählt wurde. Somit wuchs das Städtenetzwerk sukzessive zur geplanten Größe. Neben den Städten sind Beratungsfirmen und Technologiedienstleistende an diesem Netzwerk beteiligt, um spezifische Expertise im Aufbau von Resilienz einbringen zu können. Das Ziel für jede beteiligte Stadt war es, eine lokale Resilienzstrategie zu entwickeln und erste Maßnahmen daraus umzusetzen. Verbunden mit der erfolgreichen Projektbewerbung ist die Beschäftigung einer zentral koordinierenden Person. Dieser sogenannte *Chief Resilience Officer* (CRO) bildet den Dreh- und Angelpunkt des strategischen Aufbaus von Resilienz in der jeweiligen Stadt. Das Stellenprofil dieser neu eingeführte Position innerhalb der jeweiligen Stadtverwaltung orientiert sich dabei an folgenden Prinzipien (Berkowitz & Kramer, 2018; Spaans & Waterhout, 2017): 1) Etablierte Organisationsstrukturen einer öffentlichen Verwaltung mit wenig und divers organisierten Akteursgruppen der Zivilgesellschaft in Einklang zu bringen, 2) Wandler zwischen lokaler Expertise und globalem Austausch zu sein und dabei die Ergebnisse beider Aktionsfelder möglichst zu vereinen und 3) eher als Generalist denn als Spezialist ein Verständnis für unterschiedliche Themenfelder und Problemstellungen aufzubringen und dennoch als kompetente und authentische Ansprechperson bei unterschiedlichen Parteien wahrgenommen zu werden.

Im Juni 2019 endete die direkte Finanzierung des *100 Resilient Cities Netzwerk* (100RC) durch die Rockefeller-Stiftung. Allerdings wurde zu Beginn des Jahres 2020, wiederum unterstützt durch die Rockefeller-Stiftung, mit dem *Global Resilient Cities Network* (GRCN) ein Nachfolge-Netzwerk gegründet, das sich als direkte Weiterentwicklung der 100RC-Initiative versteht, allerdings weiterhin ohne deutsche Netzwerkpartnerstadt. Alle Gründungsmitglieder von GRNC waren Teil der 100RC-Initiative, wobei sich das neue Netzwerk weiteren Städten und Regionen öffnete und zentrale Governance-Mechanismen wie die Beschäftigung eines Chief Resilience Officers beibehält.

3 Resilienz in der Destinationsentwicklung

Der Resilienzansatz findet bereits seit einigen Jahren Eingang in die Tourismusforschung und bezieht sich dort auf die verschiedenen räumlichen Maßstabsebenen, in denen Tourismusentwicklung diskutiert wird (Butler, 2017; Hall, 2017). Dabei umfasst der Tourismus in seiner räumlichen Ausprägung spezifische Rahmenbedingungen, die sich im Spannungsfeld von individueller, organisationaler und gemeinschaftlicher Perspektive bewegen. Der Tourismus ist mit seinen unterschiedlichen Ansatzpunkten in Wissenschaft und Praxis auf verschiedenen Systemebenen untersucht worden, wobei die Destination im Zentrum systemübergreifender Ansätze der Tourismusentwicklung steht (Leiper, 2000; Schianetz et al., 2007). Die Destination ist nachfolgend der zentrale Gegenstand, der mit den Perspektiven des Resilienzansatzes in Verbindung gebracht wird.

3.1 Tourismusforschung und Resilienz

Tourismusdestinationen sind global gesehen unterschiedlichen Herausforderungen und Krisen ausgesetzt. Dabei wird der Tourismus nicht nur als Betroffener, sondern auch als Verursacher gesehen (Lew, 2003; Saarinen, 2014; Swarbrooke, 1999). Jedoch waren Krisenszenarien in tourismuswissenschaftlichen Fragestellungen lange Zeit eher unterrepräsentiert (Aschauer, 2009; Pillmayer & Scherle, 2018) und es scheint, als könne die Branche mit Krisen und Strukturbrüchen mittelfristig gut umgehen (Liu & Pratt, 2017). Tourismus als regionaler Wirtschaftszweig wird bisweilen als resilienzfördernd angesehen, indem er gerade in strukturschwachen Gegenden als Arbeitsplatzlieferant und Säule einer diversifizierten Regionalökonomie gilt (Brandth & Haugen, 2011; Weidenfeld, 2018). Die COVID-19-Pandemie ist Auslöser für weitere Forschungsbeiträge von Tourismus und Resilienz. Typische Diskussionsbeiträge sind hier die notwendige Anpassung des touristischen Angebots vor dem Hintergrund tiefgreifender gesellschaftlicher Veränderungsprozesse auf der Mesoebene der Destination (Traskevich & Fontanari, 2021) und auf der Makroebene des Tourismussystems (Sharma et al., 2021).

Konzeptionell fand Resilienz Eingang in die Destinationsforschung durch Beiträge von Farrell und Twinning-Ward (2004), Cochrane (2010), Strickland-Munro et al. (2010) oder Becken (2013). Prägend für die destinationsbezogene Resilienzforschung waren fortan regionale Fallstudien mit Bezug zu akuten Katastrophenereignissen (z. B. Erdbeben, Vulkanausbrüche) oder langfristige Veränderungsprozesse (z. B. Klimawandel, Demographischer Wandel) (Luthe & Wyss, 2014; Orchiston, 2012). Das evolutionäre Resilienzverständnis hat auch in tourismusspezifischen Studien an Bedeutung gewonnen, indem Tourismus als Entwicklungsperspektive für Länder und Regionen mit Strukturbrüchen gesehen wird (Cheer & Lew, 2018; Steiner & Atterton, 2015).

Resilienz hingegen als expliziten Teil der strategischen Destinationsentwicklung zu sehen, gewinnt mit der Debatte um Overtourism an Bedeutung (Butler, 2017) und erhält eine soziokulturelle Dimension. Diese drückt sich beispielsweise in dem Bestreben aus, die lokale Bevölkerung in angemessener Weise an der ökonomischen Wertschöpfung des Tourismus zu beteiligen (Cheer et al., 2019) oder kleinen Tourismusbetrieben mit hoher regionaler Verwurzelung im Wettbewerb mit Großbetrieben das Überleben zu ermöglichen (Tervo-Kankare, 2019). Die Partizipation der Einheimischen in Fragen der Tourismusentwicklung wird zudem als eine Chance gesehen, von den Erfahrungen der lokalen Bevölkerung zu lernen (Pyke et al., 2018), potenzielle Krisen frühzeitiger zu erkennen (Mair et al., 2016) und das Management von Destinationen dezentraler zu organisieren (Musavenange, 2019).

3.2 Kriterien einer resilienten Destinationsentwicklung

Destinationsentwicklung verfügt über raumspezifische Voraussetzungen, die als Ausgangspunkt für ihre jeweilige resiliente Entwicklung gesehen werden können. Gleichwohl werden in der Literatur generelle Kriterien diskutiert:

Existenz und Einsatz finanzieller Ressourcen Aufgrund der hohen Bedeutung öffentlicher Mittel in der Tourismusförderung (Reisner & Lehar, 2016) sind Entwicklungsprojekte und finanzielle Budgets an bestimmte Vergabekriterien gebunden und abhängig von politischen Vorgaben auf lokaler, regionaler oder nationaler Ebene (Wiesinger & Schumacher, 2016). Resilienz in der Tourismusentwicklung erklärt sich somit eher in der Effizienz und Effektivität des Mitteleinsatzes als durch dessen Höhe (Asker et al., 2010; Luthe & Wyss, 2016). Die

Finanzierung aus mehreren Quellen verringert das Risiko eines Scheiterns durch den Ausfall eines erfolgskritischen Finanziers (Adger et al., 2005; Luthe et al., 2012). Kapitalanhäufung und die Bildung von Reserven für schwierige ökonomische Zeiten trägt zudem zur Resilienz im Tourismus bei (Cochrane, 2010).

Wissensressourcen Wissen ist für die Resilienz im Tourismus eine zentrale Ressource sowohl in Bezug auf den Erhalt und die Förderung bestehenden Wissens als auch in der gezielten Schaffung und Förderung neuen Wissens (Lew et al., 2016). Die Förderung von bestehendem Wissen trägt zu einer resilienten Tourismus- und Regionalentwicklung bei, insbesondere wenn es sich dabei um traditionelles, ökologisches und kulturelles Wissen handelt (McMillen et al., 2017). Resilienz entsteht vor allem dann, wenn traditionelles Wissen genutzt und auf innovative Art und Weise interpretiert und eingesetzt wird (Lew et al., 2016). Als Beispiele können die Produktion und Verarbeitung regionaler Lebensmittel oder die Einbindung lokaler Kulturen und Traditionen in die touristische Nachfrage angeführt werden. Die Aufgeschlossenheit und Lernbereitschaft hinsichtlich innovativer produkt- oder prozessorientierter Weiterentwicklung des Bestehenden fördert Resilienz im Tourismus, wobei Pfadabhängigkeit oder Lock-in-Effekte zu vermeiden sind (Doyle et al., 2015; Weichselgartner & Kelman, 2015).

Die Wirkung des Tourismus auf die Lebensqualität der Bevölkerung Die Resilienz der Destinationsentwicklung ist im Zusammenhang mit der Einstellung der ansässigen Bevölkerung zu sehen. So können Kommunikationsstrategien dazu beitragen, den *Beitrag* des Tourismus im Alltag begreifbar zu machen, beispielsweise mit der Darstellung der durch den Tourismus ermöglichten Attraktions- und Mobilitätsangebote für die Bevölkerung (Andereck & Nyaupane, 2011). Um nachhaltige Akzeptanz zu schaffen, ist die Tourismusentwicklung substanziell so zu gestalten, dass sie von der Bevölkerung positiv bewertet und an konkret erlebbaren Faktoren erkennbar ist (Shani & Pizam, 2012). Dies kann insbesondere durch direkte Partizipationsmöglichkeiten an der touristischen Wertschöpfung in Form von Einkommen und Arbeitsplätzen erzielt werden, aber auch durch integrierte Entwicklungsstrategien für Bewohner und Gäste (Biggs, 2011; Hamzah & Hampton, 2013). In anderen Worten gelten Einheimische als aktive Zielgruppe und Aktivitäten der Destinationsentwicklung können zum Aufbau von Community Resilience beitragen.

Heterogenität des Angebots und der Nachfrage Eine sehr homogene Gästestruktur kann zwar Vorteile in der effizienten Gestaltung eines touristischen Angebots mit sich bringen, birgt jedoch gleichsam das Risiko eines schlagartigen

Einbruchs der touristischen Nachfrage, sobald die dominierende Gästegruppe ausbleibt. Dieser Nachfragerückgang wird zur eigentlichen externen Bedrohung (Biggs et al., 2012). Ohnehin zeigt die COVID-19-Pandemie, dass regionale Wertschöpfungsketten und ein an der regionalen Nachfrage ausgerichtetes Angebot weniger von externen Faktoren abhängig und neue Produkte notwendig sind.

Netzwerkbildung Resiliente Destinationsentwicklung beteiligt unterschiedlichste Akteursgruppen im Sinne einer Austauschplattform, welche krisenrelevante Themen identifiziert, offen diskutiert und Lösungswege erarbeitet (Lew et al., 2016). Die Überwindung von Kommunikations- und Kollaborationsbarrieren ist im Sinne der Community Resilience zu verstehen. Hier geht es 1) um die Pflege des Zusammenhalts etablierter Akteursbeziehungen, 2) um eine Überbrückung von Kommunikationsbarrieren zwischen bisher nicht kooperierenden Akteuren und 3) um die Herstellung von gemeinsamen Projekten über unterschiedliche Interessengruppen hinweg (Magis, 2010).

4 Methodologie

Trotz der in der Literatur diskutierten Kriterien fehlt es an relevanten und aussagekräftigen Indikatoren bzw. Messgrößen resilienter Systeme (Fathi, 2019). Vor diesem Hintergrund fiel die Wahl auf ein qualitatives Forschungsdesign. Dieses gliedert sich in drei Erhebungsphasen und folgt den methodologischen Prinzipien der *Grounded Theory* (Glaser et al., 1968; Kromrey, 2013). Zunächst wurden acht problemzentrierte Interviews mit sogenannten *Chief Resilience Officers* (CRO) geführt, die als zentrale Koordinatoren der Entwicklung und Umsetzung lokaler Resilienzstrategien im Rahmen der *100 Resilient Cities*-Initiative einen Überblick über Erfolgspraktiken und Herausforderungen des Resilienzaufbaus geben konnten (Erhebungsphase 1; n = 8). Auf Basis der Zwischenergebnisse fand eine Fokusgruppendiskussion mit Managern bayerischer Destinationen statt (n = 14), die dazu diente, den Resilienzansatz im bayerischen Tourismus bekannt zu machen und seine destinationsorientierte Bedeutung zu erörtern (Erhebungsphase 2). In einer abschließenden Interviewreihe reflektierten die bereits an der Fokusgruppe beteiligten Destinationsmanager ihr jeweiliges Aufgabenspektrum im Hinblick auf die Implementierung des Resilienzaufbaus auf Destinationsebene und gaben so einen vertieften Einblick in operative und strategische Entwicklungsfragen (Erhebungsphase 3; n = 7).

Für die Analyse der mittels problemzentrierter Interviews realisierten Erhebungsphasen 1 und 3 wurde die qualitative Analysemethode GABEK® (GAnzheitliche BEwältigung sprachlich erfasster Komplexität) herangezogen (Zelger & Oberprantacher, 2002). GABEK® ermöglicht eine Organisation von Wissen und Einstellungen anhand ungeordneter verbalsprachlicher Daten aus qualitativen Erhebungsformen (insb. Interviews). Die individuellen Aussagen umfassender qualitativer Studien dienen als Basis für deren intersubjektive Betrachtung und Visualisierung mittels Netzwerkgrafiken. Die Aussagen der Befragten werden anhand der Interviewtranskripte in die zur Methode GABEK® gehörende Software WinRelan® importiert, strukturiert und zu einem transparenten Wissensnetz zusammengefasst. Die Methode ist dabei sowohl für die Herausarbeitung von Kernaussagen sich mehrfach abgebildeter Systemzusammenhänge als auch für die Erfassung von Ursache-Wirkungs-Beziehungen geeignet und kann ferner als praxisrelevantes Entscheidungsinstrument herangezogen werden (Pechlaner & Volgger, 2012). Nachfolgend werden zentrale Untersuchungsergebnisse vorgestellt und hierfür mittels WinRelan® dargestellte Kausalbeziehungen zwischen Begriffspaaren in Form von Kausalnetzgrafiken herangezogen.

5 Ergebnisse

Die dreiteilige empirische Studie soll einen Einblick in die Voraussetzungen, die Implementierung und die dauerhafte Verfolgung von Resilienzstrategien und ihren Einsatz im Rahmen der Destinationsentwicklung geben. Die umfangreiche Studie kann in ihren Ergebnissen an dieser Stelle nur ausschnittweise und in der Zusammenfassung dargestellt werden. Hinsichtlich eines detaillierten Einblicks in die Untersuchungsergebnisse sei auf die erscheinende Publikation Zacher (2022) verwiesen. Zunächst werden Kernaspekte der Interviewreihe mit den CRO der *100 Resilient Cities*-Initiative vorgestellt. Darauf aufbauend wird von der Konfrontation der bayerischen Destinationsmanager mit den Resilienzansatz im Rahmen der Fokusgruppe berichtet. Schließlich gibt die zweite Interviewreihe einen spezifischen Einblick in die potenzielle Praxis des Resilienzaufbaus auf Destinationsebene.

5.1 Resilienz als Entwicklungskompetenz zwischen Expertise und Beteiligung

Die dezentrale Projektarbeit innerhalb der *100 Resilient Cities*-Initiative (100RC) ist auf einen Zeitraum von zwei Jahren ausgelegt, wobei zum einen eine lokale Resilienzstrategie diskutiert, erarbeitet, verschriftlicht und veröffentlicht wird. Zum anderen findet die lokale Institutionalisierung des Resilienzaufbaus in Form eines innerhalb der städtischen Verwaltungsstrukturen angesiedelten Resilienzbüros statt. Diese beiden sich zeitlich überlappenden Prozesse werden im Folgenden aus der Perspektive der Chief Resilience Officer vorgestellt, wobei zunächst der Fokus auf der Strategieerarbeitung liegt.

Mit der Teilnahme an 100RC geht die explizite Verwendung des Resilienzbegriffs auf kommunaler Ebene einher. Die interviewten CROs tragen mit dem Start ihrer Strategieentwicklung den Resilienzbegriff in städtische Verwaltungsstrukturen und in Diskussionen um Fragen der Stadt- und Regionalentwicklung. Eine erste zentrale Aufgabe ist das Erklären bei den Stakeholdern, was im Zuge der Strategieentwicklung unter Resilienz verstanden werden soll und wie sich die Arbeit gegenüber bestehenden Praxis- und Nachhaltigkeitsinitiativen abgrenzt. Als eine zentrale Herausforderung wird gesehen, Beteiligte und Verbündete für den Resilienzaufbau zu finden, wenn Resilienz auf ein bewahrendes Verständnis reduziert wird (vgl. Abschn. 2.1). Damit die Arbeit von Resilienzinitiativen zur Beteiligung motiviert, wird ein evolutionäres Resilienzverständnis für wichtig erachtet, beispielsweise, indem attraktive Projekte identifiziert werden, deren Umsetzung einen sichtbaren und unmittelbaren Mehrwert für die Lebensqualität der Bevölkerung darstellt.

Die erste Phase der Erarbeitung einer Resilienzstrategie ist geprägt durch diese Verständnisbildung. Damit sich diverse Stakeholder der Stadtentwicklung am Strategieprozess beteiligen können, werden Workshopformate für unterschiedliche Zielgruppen angeboten, die der interessierten Bürgerschaft, Unternehmen und Planungsexperten die Möglichkeit geben, ihre Perspektiven einer resilienten Stadt einzubringen. In einer zweiten Phase werden die geäußerten Themen von einer Steuerungsgruppe priorisiert, wobei die fachlich-planerische Expertise an Bedeutung gewinnt. Schließlich wird eine Resilienzstrategie verschriftlicht und veröffentlicht. Die eingesetzten Formate der Beteiligung werden durch zentrale Vorgaben der Rockefeller-Stiftung sowie durch eine die jeweilige lokale Initiative begleitende Beratungsfirma sichergestellt. Diese über die verschiedenen Städte hinweg standardisierte Vorgehensweise wird von den interviewten CROs als hilfreich erachtet. Gleichzeitig dient diese Phase der Strategieentwicklung zur Etablierung der in vielen Fällen neu geschaffenen Strukturen.

Die Etablierung der Resilienzstrukturen in der Stadtverwaltung wird wesentlich geprägt durch die Person des CROs. Die Persönlichkeit des CROs wird medial-kommunikativ offensiv eingesetzt. Sie oder er ist das Gesicht der lokalen Resilienzagenda und tritt regelmäßig öffentlich in Erscheinung. Der CRO ist Katalysator einer resilienten Stadt- und Regionalentwicklung, braucht dafür aber zwingend eine seine Arbeit legitimierende Stakeholderkonstellation, die sich in allen interviewten Städten im Spannungsfeld von politisch-administrativer Führung und aktiver Partizipation der Bevölkerung bewegt. Städten, die bereits zuvor über eine etablierte Katastrophenschutzabteilung verfügten, siedeln den CRO in der Nähe dieser Strukturen an.

Insgesamt können die CROs als respektierte Kenner der Vor-Ort-Situation bezeichnet werden, die besondere Kompetenzen im Aufbau und in der Weiterentwicklung von Netzwerken sowie einen hohen Identifikationsgrad mit den lokalen Gegebenheiten aufweisen, was folgendes Zitat beispielhaft unterstreicht: *„You not only have to be a local but also someone with certain credibility that they know that you are not looking for your own profit“* (RG31).

Dabei äußern die CROs in den Interviews ähnliche Herausforderungen, welche sich zum Teil gegenseitig bedingen und nachfolgend zusammengefasst werden.

Begriffliche Unschärfe von Resilienz und Abstraktionsvermögen der Beteiligten *„From day to day we really don't see significant changes, but over the course of 10 or 20 years, we are going to see some significant differences. But it is hard to motivate action in these situations“* (RB46).

Da die Beschäftigung mit Resilienz eine Auseinandersetzung mit grundsätzlichen Entwicklungsfragen notwendig macht und sichtbare Effekte der jeweils adressierten Herausforderungen (z. B. Klimawandel, demografischer Wandel) sich nur selten in überschaubaren Zeiträumen und auf begrenztem räumlichem Maßstab abzeichnen, sind motivationale Schwierigkeiten im Engagement der zur Beteiligung erforderlichen Bevölkerungsgruppen zu verzeichnen.

Unklare Finanzierungsperspektiven von Resilienzinitiativen *„Resilience is now in that sort of fuzzy area. We need to do more about that. But it is not actually a stated requirement yet. So funding is always going to be a complicated issue“* (RA30).

Tragfähige Geschäftsmodelle, die es Resilienzinitiativen erlauben würden, bepreisbare Leistungen zu verkaufen, wurden von den interviewten CROs nicht oder nur in Ausnahmefällen beobachtet. Gleichzeitig ist die Finanzierungsübernahme durch die öffentliche Hand von politischen Entscheidungen und parteipolitischen Schwerpunktsetzungen abhängig.

Reichweite und repräsentative Teilhabe „*I think we still are missing an audience in very low-income people and people who only speak Spanish*“ (RH24).

Die interviewten Resilienzinitiativen verfolgen zwar den Anspruch möglichst breite Bevölkerungsschichten zu beteiligen. Allerdings gelingt dies nur zum Teil. Gerade benachteiligte Gruppen oder Minderheiten werden kommunikativ weniger erreicht, etwa weil diese nicht die vorherrschende Sprache des jeweiligen Landes sprechen oder der Aufwand zielgruppengerechter Informationskampagnen und Formate zu hoch erscheint.

Angesichts der heterogenen Teilnehmerkommunen an 100RC hinsichtlich Stadtgröße oder politischem System sind Patentrezepte zur nachhaltigen Implementierung der Resilienzstrategie schwer zu formulieren. Idealtypisch übertragbare Prozesse erfordern vergleichbare politisch-legislative und raumplanerische Rahmenbedingungen.

5.2 Komplexitätsdimensionen im praktischen Aufbau tourismusbezogener Resilienz

In Bezug auf die Betrachtung der untersuchten Resilienzinitiativen in Abschn. 5.1 wurde ein Perspektivwechsel vollzogen und der Resilienzansatz im Rahmen einer Fokusgruppe bayerischen Destinationsmanagern vorgestellt. Dabei stand die Frage im Raum, welche potenziellen und tatsächlichen Krisenthemen sich für das Resilienzverständnis in der Managementpraxis bayerischer Destinationsverantwortlicher als relevant erweisen und welche Besonderheiten mit Blick auf den aktiven Resilienzaufbau in Governance-Strukturen des Tourismus zu berücksichtigen sind.

Die diskutierten Krisenthemen decken ein weites Spektrum nachfrage-, insbesondere aber angebotsseitiger Herausforderungen ab und geben einen Einblick in die Vielfalt der Aufgabenstellungen des heutigen Tourismus in etablierten Destinationsstrukturen. Eine Differenzierung in interne und externe Krisen kann getroffen werden. So sehen die teilnehmenden Destinationsmanager einerseits hausgemachte, interne Herausforderungen wie beispielsweise ineffiziente Organisationsstrukturen, fehlende Kooperationsbereitschaft und taktisches Verhalten der Betriebe oder „Kirchturmpolitik“. Andererseits werden übergeordnete externe Veränderungsprozesse wie der Klimawandel oder der Demographische Wandel beschrieben.

Je größer und professioneller gemanagt ein touristischer Betrieb, desto wahrscheinlicher ist laut Aussage der Destinationsmanager eine frühzeitige Auseinandersetzung mit potenziellen Krisenereignissen. Dennoch kann es durchaus

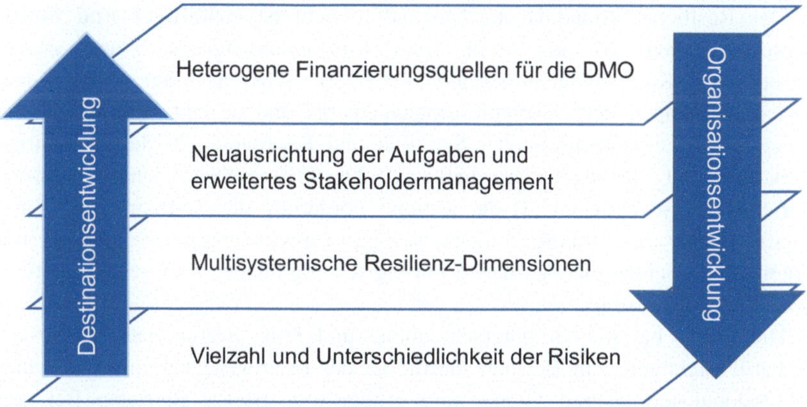

Abb. 1 Komplexitätsdimensionen des Resilienzaufbaus in der Destinationsentwicklung. (Quelle: Eigene Darstellung)

resilienzfördernd für die Destination sein, kriselnden Kleinanbietern touristischer Angebote (Ferienwohnungen, Gastronomie, etc.) unterstützende Rahmenbedingungen zu bieten, um die Diversität und die Gesamtattraktivität der touristischen Infrastruktur zu erhalten. Resilient sein bedeutet hier, Produktentwicklung und Innovationen zuzulassen und gleichzeitig das Leben und Überleben kleinbetrieblicher Vielfalt nachhaltig zu sichern. Außerdem wird ein Resilienzverständnis propagiert, das breite Stakeholdergruppen in die Strategieerarbeitung einschließt, eine Kultur der partnerschaftlichen Zusammenarbeit pflegt und sich letztlich als *„starkes Netzwerk"* manifestiert.

Als Resümee der Fokusgruppe mit bayerischen Destinationsmanagern können hinsichtlich des Aufbaus von Resilienz vier Komplexitätsdimensionen unterschieden werden (vgl. Abb. 1).

Die Vielzahl und Unterschiedlichkeit der Risiken stellt die erste zentrale Komplexitätsdimension dar. Ihre integrale und bewusste Erfassung liegt jenseits des klassischen Tagesgeschäfts von Destinationsmanagement und -marketing. Gleichwohl unterliegen Destinationen fortwährenden Veränderungs- und Anpassungsprozessen und der implizite Wunsch des Aufbaus resilienter Strukturen scheint in der DNA einer verantwortungsvoll handelnden DMO verankert zu sein. Die Hindernisse auf dem Weg zur Etablierung resilienter Strukturen sind den Destinationsmanagern aus ihrer Alltagspraxis bekannt. Deren effektive Verfolgung stößt jedoch an Zuständigkeits- oder Einflussgrenzen im regionalen Governance-System.

Das Resilienzverständnis aus Destinationssicht ist **vielfältiger und multiperspektivischer** als aus Sicht eines Einzelunternehmens. Diese zweite wesentliche Komplexitätsdimension orientiert sich an den heterogenen Anspruchsgruppen der Destinationsmanagements und bezieht sich auf 1) die Unterstützung einzelbetrieblicher Stabilität und Kontinuität, 2) die nachhaltige Sicherung der Tourismuswirtschaft auf Destinationsebene jenseits einzelbetrieblicher Erwägungen, 3) die gezielte Förderung des Tourismus als Wirtschaftsbranche für strukturell benachteiligte Entwicklungsräume und 4) die Unterstützung eines gleichermaßen ökologisch tragfähigen und gesellschaftlich akzeptierten Tourismus.

Die DMO hat hierbei unterschiedliche und teils divergierende Interessen zu berücksichtigen. Ein Beispiel hierfür ist der heterogene Organisations- und Professionalisierungsgrad kleiner und großer touristischer Betriebe. Bei den Ansprüchen an das Destinationsmanagement müssen aufgrund begrenzter Ressourcen Prioritäten in den Aufgabenschwerpunkten gesetzt werden. Eine übergeordnete Resilienzstrategie könnte diese Prioritäten vorgeben und Fragen beantworten, wie Resilienz in einer Destination definiert ist und welche Aktivitäten im Zweifelsfall Vorrang haben. Vor diesem Hintergrund kommt es zwangsläufig zu einer Neuordnung der Aufgaben- und Kompetenzverteilung innerhalb der Destinationen, die durch eine geänderte Rollenverteilung im Rahmen einer destinationsweiten Resilienzagenda charakterisiert sein sollte. Auf absehbare Zeit ist die Daseinsberechtigung von DMOs in Bayern unbestritten, eine **Neuausrichtung der Aufgaben und eine Veränderung des Stakeholdermanagements** ist jedoch grundsätzlich gefordert. Sie stellt in diesem Kontext eine dritte Komplexitätsdimension dar.

Im Spannungsfeld zwischen föderalen, nationalen und EU-weiten Fördermitteln, kommunaler Grundfinanzierung und privatwirtschaftlicher Aufträge ist **die Finanzierung der Aufgaben des Destinationsmanagements selten aus einem Guss,** was die Verfolgung langfristiger strategischer Zielsetzungen verkompliziert. Dies stellt schließlich eine vierte wesentliche Komplexitätsdimension für DMOs dar, wobei es gilt, Organisationsstrukturen dahingehend auszurichten, dass partizipativ erarbeitete Strategien in souveräne Entscheidungen münden, die durchgesetzt werden können.

Mit Blick auf die Bewältigung dieser Dimensionen kann eine Destinations- und eine Organisationentwicklungsperspektive eingenommen werden. Die Destinationsentwicklung argumentiert aus einer übergeordneten Systemperspektive und klärt zunächst Zusammenhänge, Wechselwirkungen und Prioritäten von Resilienzprojekten, um daraus die erfolgreiche Arbeit einer DMO ableiten zu können. Die Organisationsentwicklungsperspektive konzentriert sich zunächst auf die Stärkung der DMO, indem sich das Stakeholdermanagement und die Priorisierung der unterschiedlichen Risiken aus einer Auftragslogik und einer Unterstützerperspektive ergeben.

5.3 Der Blick in die bayerischen Destinationsmanagements: Kompetenzen im Aufbau von Community Resilience

Die Arbeit und der Einfluss des Destinationsmanagers bzw. seiner DMO stand im Zentrum der 3. Erhebungsphase. In den Vor-Ort-Gesprächen konnte auf Basis der Berichte aus dem Arbeitsalltag ein idealtypisches Anforderungsprofil resilienzfördernder Destinationsmanager gezeichnet werden (vgl. Abb. 2). Der so aufgestellte Destinationsmanager kann seine Projekte zum Aufbau von Resilienz *überzeugend* darstellen. Er *analysiert* mittel- bis langfristig wirksam werdende Gesetzmäßigkeiten der Destinationsentwicklung, richtet seinen Einfluss auf diese Bezüge aus und verfügt über das Standing, Analyseergebnisse in politisch und gesellschaftlich getroffenen *Entscheidungen* einbringen zu können. Im Falle unvermeidbarer kleinerer Krisenereignisse, beispielsweise bei imageschädigenden Zeitungsartikeln, *reagiert er schnell* und kommuniziert richtige Reaktionsstrategien an seine Mitarbeitenden. Werkzeuge und Zertifizierungsrichtlinien des Qualitätsmanagements, wie *z. B.* eine *Balanced Scorecard,* sind eingeführt und auf *Zukunftsthemen* ausgerichtet. Der Destinationsmanager *bezieht* Stakeholder in *Entscheidungsprozesse ein* und wird umgekehrt in Entscheidungsprozesse einbezogen. Er löst durch konsequente *Marktforschung* belastbare und nachhaltige Investitionsentscheidungen aus und unterstützt die Destinationsentwicklung mit ergänzender *Projektentwicklung* an den Stellen, wo privatwirtschaftliches Engagement nicht zum Tragen kommen kann. Durch eine offene *Diskussionskultur* und das Einbeziehen unterschiedlicher Stakeholdergruppen genießt er *Akzeptanz* für das Handeln und leistet insgesamt einen wichtigen Beitrag für die Tourismusakzeptanz bei *politischen* Entscheidungsträgern und bei der Bevölkerung. *Mitgestaltung* an der Destinationsentwicklung, auch von nicht-touristischen Akteuren, sieht der Destinationsmanager als Chance und er leistet seinen Betrag dazu, dass diese Mitgestaltung effizient und effektiv gelingt. Gleichwohl steht seine *DMO* im Zentrum eines ganzheitlichen Regionalentwicklungsprozesses, die DMO profitiert von der hohen *Akzeptanz* des *Destinationsmanagers* und die Angestellten der DMO arbeiten ihm zu, nehmen operative Aufgaben zuverlässig ab und ermöglichen so die Freiräume, die Destinationsmanager brauchen, um wie oben beschrieben wirken zu können.

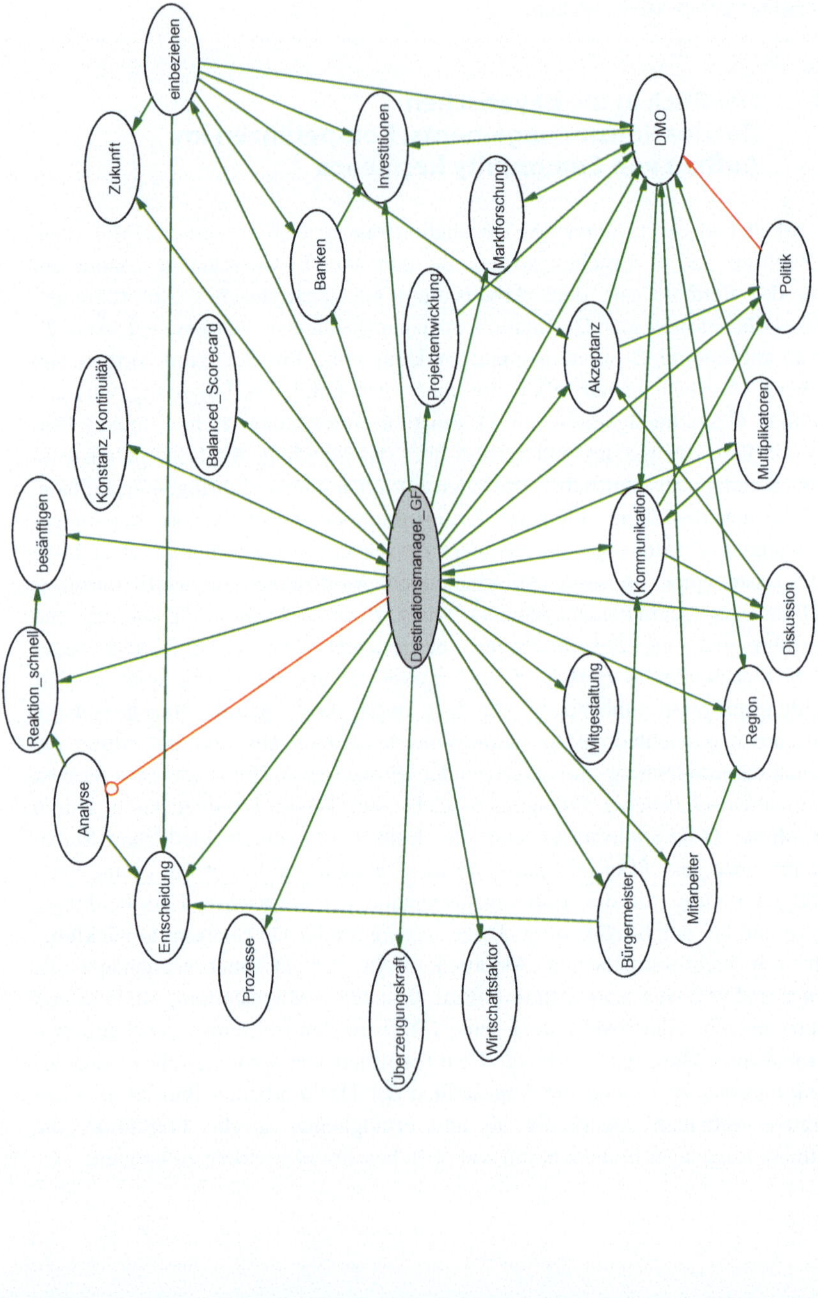

Abb. 2 Der resilienzfördernde Destinationsmanager (Kausalnetz). (Quelle: Eigene Darstellung mittels WinRelan®)

Der Erreichung dieses idealtypischen Betätigungsspektrums von Destinationsmanagern stehen praktische Hürden im Weg, die insbesondere in einem wahrgenommenen Gegensatz von strategischen und operativen Aufgaben zum Ausdruck kommt. Dieses Spannungsfeld kann nie vollumfänglich in der Person des Destinationsmanagers abgedeckt werden, einerseits, weil das persönliche Kompetenzprofil mal die strategischen, mal die operativen Tätigkeiten favorisiert, andererseits, weil schlichtweg die Zeit für eine gleichrangige Behandlung all dieser Aufgaben fehlt. So kann praktisch in *Destinationsmanager als Netzwerker* mit eher operativem Fokus und *Destinationsmanager als Strategen* mit eher strategischem Fokus unterschieden werden (vgl. Abb. 3).

Der **Netzwerker** ist „nah dran" an den Problemen des *Alltags* und trägt zu deren *Bewältigung* unmittelbar bei. Die langjährige Erfahrung im Destinationsnetzwerk haben ihn erkennen lassen, dass ein kontinuierlicher und vertrauensvoller Austausch mit wichtigen Leistungs- und Entscheidungsträgern wesentlich zum Erfolg der Arbeit beiträgt. Er hat viel implizites *Wissen* über die wichtigen Personen und Anspruchsgruppen des Tourismus *vor Ort* und findet im Falle auftretender Probleme schnell die richtigen Ansprechpartner. Mit diesem Auftreten wird er als Stimme des Tourismus in der Region wahr- und ernstgenommen und tritt für die Destination öffentlich in Erscheinung. Er hat aufgrund seiner starken Involviertheit einen guten *analytischen* Blick auf die resilienzgefährdenden Faktoren der Destination. Dennoch ist ihm auch klar, dass für übergeordnete Strategien und die dahin gehende Reflexion der Organisationsziele allzu häufig wenig *Zeit* bleibt.

Der **Stratege** ist gewissermaßen das Gegenstück des Netzwerkers. Er versteht sich zu allererst als Manager einer DMO. Er betreibt gezielt Personalentwicklung und nimmt sich die *Zeit,* als organisationale Führungskraft zu wirken. Autonom arbeitende und auf bestimmten Gebieten spezialisierte Mitarbeiter machen ihn im Alltagsgeschäft ein Stück weit ersetzbar, sodass er selbst genug Zeit für Marktbeobachtungen und die konsequente Operationalisierung einer längerfristig angelegten Destinationsstrategie hat. Er weiß, dass auch er unter *Zeitdruck* steht und von politischen Mehrheiten abhängt. Er muss Erfolge nachweisen, hat es aber in den letzten Jahren geschafft, andere von der Sinnhaftigkeit seines strategischen Vorgehens zu überzeugen. In den letzten Jahren wird er immer experimentierfreudiger. Für die Erarbeitung der neuen Destinationsstrategie reichen ihm die Stimmen einzelner *Meinungsführer* nicht aus. Er organisiert gemeinsam mit seinen Mitarbeitern eine breite Stakeholderbeteiligung und sieht in der Partizipation der Bevölkerung einen Schlüssel für eine nachhaltige Tourismusstrategie jenseits dominierender *Partikularinteressen.* Dabei versucht er eher zu moderieren und hält sich selbst im Hintergrund. Den Interviewten ist bewusst,

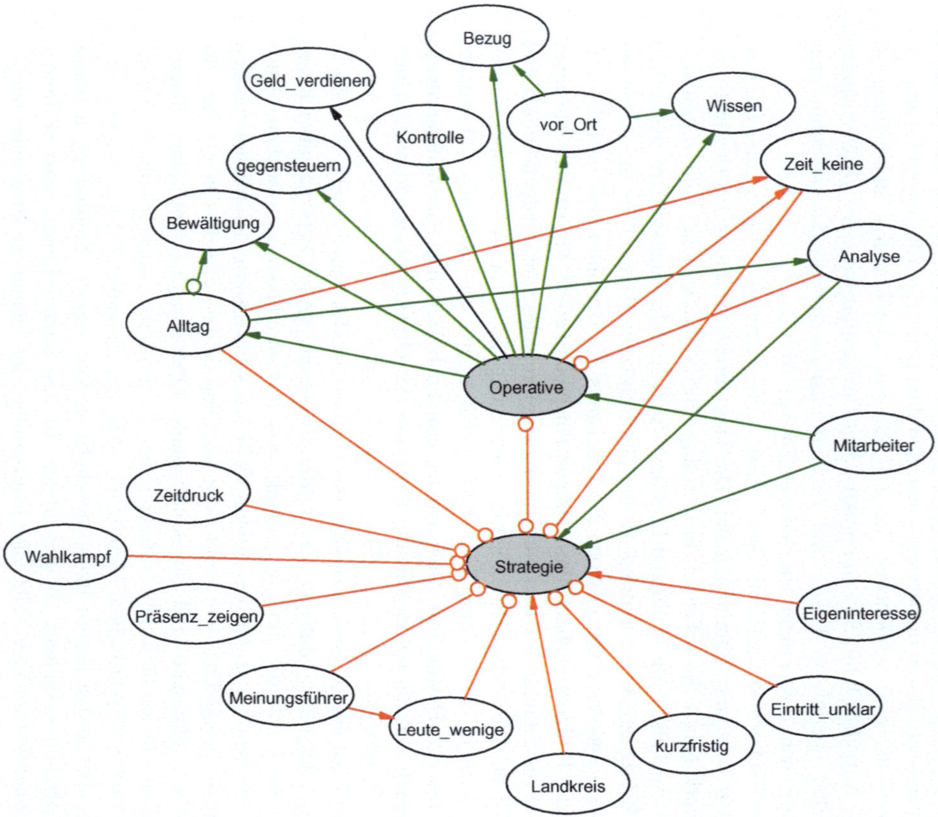

Abb. 3 Strategische und operative Managementmotive im destinationsbezogenen Resilienzaufbau (Kausalnetz). (Quelle: Eigene Darstellung mittels WinRelan®)

dass sie für ein langfristig erfolgreiches Handeln sowohl Netzwerk- als auch strategische Qualitäten benötigen. Tendenziell der ersten Kategorie Zugehörige geben sich überzeugt, dass es ohne beharrliche persönliche Netzwerkarbeit auf Leitungsebene nicht geht, entweder, um die Rolle des Tourismus innerhalb der Region zu rechtfertigen oder um die Destination im Wettbewerb entsprechend zu platzieren. Solche, die einen stärkeren strategischen Schwerpunkt haben, vertrauen vor allem auf ihre organisationalen Managementfähigkeiten.

Die Position des Chief Resilience Officers (CRO, vgl. Abschn. 4 und 5.1) war den Interviewten bereits aus der Fokusgruppe bekannt und sie zogen Parallelen zu Aufgabenbereichen des Destinationsmanagements. Sofern eine branchenübergreife Betrachtung von Resilienz auf regionaler Ebene angestrebt wird, wird diese Position durchaus als sinnvoll erachtet. Ein CRO als Weiterentwicklung der auf Landkreisebene teilweise bereits existenten Katastrophenschutzbeauftragten wäre koordinativ tätig, indem er Entwicklungsszenarien zeichnet und Notfallpläne erstellt, die von Laien nicht getätigt werden können. Ein CRO müsste Motivator sein und bei Krisen die Unternehmen zum Durchhalten motivieren. Aus touristischer Perspektive sollte ein CRO außerdem ein Feingefühl für die Kommunikation von Krisen haben: bei Extremwetterereignissen vorschnell von einer Katastrophe zu sprechen, könnte den Gast irritieren und würde möglicherweise dem Image einer Destination schaden. Ein CRO müsste ein ganzheitliches Verständnis unterschiedlichster ökonomischer und sozialer Ansprüche in einer Region entwickeln und zwischen diesen moderieren.

6 Organisationales Entwicklungsmodell von Community Resilience auf Destinationsebene

Im Zentrum dieser Forschung steht das aktive und strategische Wirken touristischer Organisationsstrukturen im Aufbau von Community Resilience. Dabei ist die resiliente Entwicklung einer Destination – als Teilsystem eines regionalen Systems – in Abhängigkeit von der allgemeineren Community Resilience zu verstehen. Bezogen auf die Organisationsstrukturen eines Destinationsmanagements bedeutet dies: die Rolle und der Beitrag touristischer Strukturen im Aufbau von Community Resilience ist abhängig von der tatsächlichen sozioökonomischen Rolle und der subjektiv wahrgenommenen Bedeutung des Tourismus in der alltäglichen Lebenswirklichkeit der Bevölkerung. Aus den empirischen Ergebnissen und den darin geäußerten Chancen und Herausforderungen in der Nutzung des Resilienzansatzes wurde ein Entwicklungsmodell

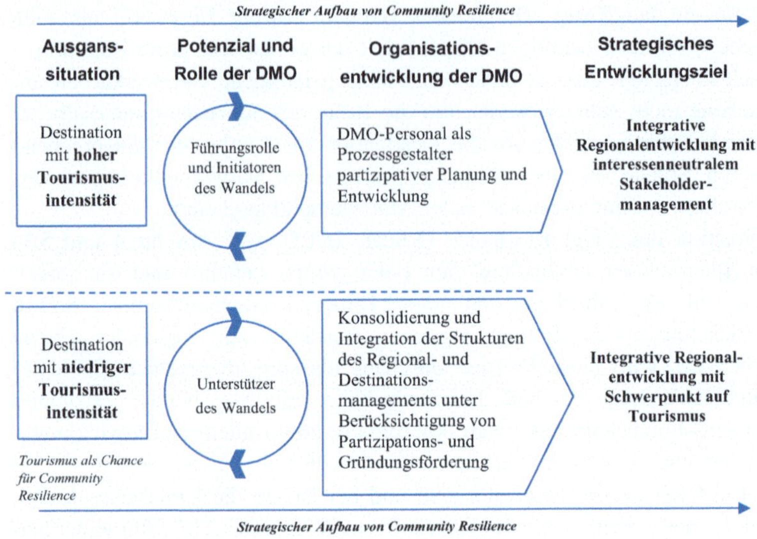

Abb. 4 Entwicklungsmodell für Community Resilience auf Destinationsebene. (Quelle: Eigene Darstellung)

für Community Resilience auf Destinationsebene abgeleitet (vgl. Abb. 4), das zwei unterschiedlichen Ausgangssituationen Rechnung trägt:

1. Hohe Tourismusintensität und hohe tourismuswirtschaftliche Bedeutung
2. Niedrige Tourismusintensität und geringe tourismuswirtschaftliche Bedeutung

In diesem Spannungsfeld zweier theoretisch angenommener Ausgangssituationen soll die Bandbreite möglicher Destinationsrealitäten in Bezug auf den Resilienzaufbau dargestellt werden.

Hohe Tourismusintensität In einigen Regionen Bayerns, insbesondere im Alpenraum und den ländlich geprägten Mittelgebirgsregionen, liefert der Tourismus relativ gesehen einen hohen Beitrag zum erwirtschafteten Primäreinkommen. Je höher diese Bedeutung im Einzelnen ausfällt, desto höher ist auch das jeweilige tourismusinduzierte Krisenpotenzial, wenn es zu einem plötzlichen Wegfall der touristischen Nachfrage kommen würde. Somit ist Tourismus in tourismusintensiven Gebieten Verantwortungsträger für die Bevölkerung und alltäglicher Bestandteil der politischen und zivilgesellschaftlichen Debatte (vgl. dazu auch Petersik et al., 2017). Hier bestehen häufig etablierte touristische Organisationsstrukturen, die aufgrund ihrer Einbindung und ihres Netzwerks Erfahrung in Fragen der Raumplanung und -entwicklung aufweisen und als aktive Beteiligte einer gesellschaftlichen Debatte das Potenzial einer Führungsrolle im branchen- und sektorenübergreifenden Aufbau von Resilienz an den Tag legen. Organisationale Zielsetzung des Destinationsmanagements sollte die gezielte Weiterentwicklung der organisationalen Strukturen sein, bei der die DMO mittelfristig zu einer integrativen Regionalentwicklungsagentur wird, welche die Entwicklungs- und Krisenpotenziale interessenneutral und branchenübergreifend beurteilen und bearbeiten kann. Diese Umstrukturierung sollte den Aufbau methodischer Kompetenz zur Partizipation breiter und vielfältiger Stakeholdergruppen in besonderer Weise berücksichtigen, damit künftige Entscheidungen ein hohes Legitimierungsniveau aufweisen und eine Grundlage für die hohe Akzeptanz starker Tourismuswirtschaft bei der Bevölkerung darstellen. Die Beschäftigten innerhalb einer DMO werden zu wertgeschätzten Prozessgestaltern für die Entwicklung von Community Resilience, so wie sich dies in der Außenwirkung der an der empirischen Studie beteiligten Destinationsmanager exemplarisch bereits heute ablesen lässt.

Niedrige Tourismusintensität Für die Gebiete, in denen die Tourismuswirtschaft eine untergeordnete regionalwirtschaftliche Bedeutung aufweist, ist der Beitrag des Tourismus zur strategischen Entwicklung anders einzuordnen. Einerseits ist das Potenzial des Tourismus hier geringer, regionale Krisen auszulösen, andererseits würde der Ausbau touristischer Aktivitäten hier in besonderer Weise zur Diversifizierung der regionalen Wirtschaftsstruktur bzw. zur Bereicherung des gesellschaftlichen Lebens und damit zu Community Resilience beitragen (Weidenfeld, 2018). Die Förderung touristischer und tourismusnaher Gründungen kann vor diesem Hintergrund als bewusste, mittelfristig angelegte politische Strategie eingesetzt werden. Hinsichtlich der öffentlichen Tourismusförderung besteht die Gelegenheit, die Bevölkerung an den Fragestellungen einer Tourismusentwicklung zu beteiligen und durch diese Partizipation Akzeptanz für das touristische Angebot zu erreichen. In der Regel existieren in Regionen mit geringer touristischer Bedeutung keine starken DMO-Strukturen zur Übernahme der organisationalen Führungsrolle für einen solchen Prozess. Die skizzierten Ziele könnten daher erreicht werden, indem eine Weiterentwicklung bestehender Organisationsstrukturen des Regionalmanagements in Richtung einer stärkeren strategischen Ausrichtung auf Tourismus und Destinationsentwicklung erfolgt und eine entsprechende Mittelpriorisierung von Budget- und Fördergeldern stattfindet.

Community Resilience als Strategie für die Destinationsentwicklung bedeutet vor diesem Hintergrund, die strategischen Kompetenzen einer touristischen Angebotsgestaltung für branchenübergreifende Entwicklungsfragen in die Waagschale zu werfen und umgekehrt, Kompetenzen der Regional- und Standortentwicklung für touristische Fragen zu öffnen.

Im Zuge organisationaler, unternehmerischer und förderpolitischer Anpassungsmaßnahmen wird ein theoretischer Zielzustand eines multiplen Gleichgewichts an Tourismusintensität angenommen, bei dem eine Entwicklungs- und Veränderungsbereitschaft des touristischen Ökosystems unter Beweis gestellt worden ist. Diese geht einher mit einem evolutionären Resilienzverständnis (Boschma, 2015; Vogus & Sutcliffe, 2007). Tourismus in einer Region kann weiter an Resilienz gewinnen, wenn sich diese Veränderungsbereitschaft nunmehr in einer qualitativen Weiterentwicklung des touristischen Angebots widerspiegelt, das übergeordnete Entwicklungsfragen adressiert. Diese Veränderungsbereitschaft richtet sich nicht mehr nur auf eine quantitative Zu- oder Abnahme, sondern 1) auf die ökonomische Wettbewerbsfähigkeit bzw. den sozioökonomischen Beitrag touristischer Wertschöpfung und 2) auf den qualitativen gesellschaftlichen Beitrag des Tourismus für die Community-Entwicklung.

7 Handlungsempfehlungen und weiterer Forschungsbedarf

Die auf der lokalen und regionalen Ebene in den letzten Jahren entstehenden Resilienzinitiativen zeichnen sich unter anderem dadurch aus, dass eine bewusste und explizite Auseinandersetzung mit potenziellen und tatsächlichen Herausforderungen und Krisen stattfindet (Welsh, 2014). Die im Zuge dieser Studie stattfindende Konfrontation bayerischer Destinationsmanager mit dem Resilienzansatz ist als eine gezielte Intervention zu verstehen, die es erlaubt, vormals tabuisierte Krisenthemen bewusst in den Blick zu nehmen. Aus Sicht des Autors sollten Tourismusdestinationen sich mit der Frage auseinandersetzen, welche organisationalen Veränderungen dazu beitragen können, die Resilienz zu erhöhen. Ob dies in Form einer eigens eingeführten Position, wie der des Chief Resilience Officers bei der *100 Resilient Cities*-Initiative, oder aber innerhalb des bestehenden Personals innerhalb von DMOs abgebildet werden sollte, ist im Einzelfall zu entscheiden.

Aus den Untersuchungen wurde zudem deutlich, dass vor dem Hintergrund der Resilienzdebatte die Kriterien und Indikatoren für erfolgreiches Destinationsmanagement neu ausgelotet werden sollten. Die Lokalpolitik hat sich in der Vergangenheit allzu oft auf die Erreichung quantitativer Kennzahlen des Tourismus wie zum Beispiel Übernachtungszahlen konzentriert, was zwar angesichts der Overtourism-Diskussion zwischenzeitlich infrage gestellt wurde (Eckert et al., 2019), mit der COVID-19-Pandemie jedoch wieder ins Zentrum der Aufmerksamkeit zu rücken scheint (Sharma et al., 2021). Die vorliegenden Untersuchungen fanden vor der COVID-19-Pandemie statt. Das tatsächlich erforderlich gewordene Krisenmanagement im Zuge der Pandemie eröffnet einen neuen Blick auf den Umgang mit exogenen Schocks, sowohl in Bezug auf die Widerstandsfähigkeit als auch auf die Wandelbarkeit des Tourismus.

Gleichzeitig besteht in diesem jungen Feld der angewandten Resilienzforschung weiterer Forschungsbedarf. Um konkrete Handlungsempfehlungen ableiten zu können, sind Einzelfallstudien auf Destinationsebene notwendig. Sobald stärker tourismusbezogene Resilienzinitiativen entstehen, sollten diese unmittelbar wissenschaftlich begleitet werden. Die vorliegende Studie bildet eine Grundlage dafür, auf die spezifischen Chancen und Herausforderungen solcher Initiativen zu achten und diese zu analysieren. Der präventive Charakter, der das Resilienzverständnis der vorliegenden Arbeit dominiert, kann künftig auch quantitativ untersucht werden. Das Ziel solcher Studien könnte sein, unterschiedliche Destinationstypen in Bezug auf ihre resiliente Entwicklung herauszuarbeiten, wobei die Unterscheidung zwischen städtischen und ländlichen Destinationen eine wichtige Perspektive darstellt. Aber auch spezifischere Destinationsräume wie Berg-, Insel- oder Wintersportdestinationen dürften jeweils eigenständige Charakteristika resilienter Entwicklung aufweisen, die es gesondert zu beschreiben gilt.

Die Evaluation der Wirkung von Resilienzinitiativen stellt einen wesentlichen Auftrag für zukünftige Forschungsprojekte dar. Damit einher geht die Entwicklung erfass- und idealerweise konkret messbarer Indikatoren, welche einerseits sektor- und branchenspezifische Gültigkeit aufweisen, andererseits aber auch die übergeordneten Zusammenhänge resilienter Gesamtsysteme behandeln. Wissenschaftliche Arbeiten bilden somit die Basis für eine nachhaltige Organisationsentwicklung von Resilienzinitiativen. Ohne tragfähige Ergebnisse werden viele Resilienzinitiativen aufgrund fehlender Operationalisierung und Instrumente der Rechtfertigung des Erfolgs ihrer Arbeit keine längerfristige Implementierung erfahren.

Resilienzforschung auf Destinationsebene sollte in künftigen Untersuchungen auf vielfältige Anspruchsgruppen ausgedehnt werden. Im Zentrum dabei stehen sollten privatwirtschaftliche Leistungsträger. Die vorliegende Untersuchung konnte zeigen, dass insbesondere auch die Zielgruppen der Politik auf

Kommunal- und Landesebene sowie der breiten Bürgerschaft von Relevanz sind, im Kontext der tourismusbezogenen Resilienzentwicklung stärker ins Blickfeld genommen zu werden.

Schließich bedarf es Studien über mittelfristige Zeiträume, die einen unmittelbaren Bezug zwischen präventiv ausgelegten Strategieplänen und deren Wirkungsbilanz herstellen können.

Literatur

Adger, W. N. (2000). Social and ecological resilience: Are they related? *Progress in Human Geography, 24*(3), 347–364.

Adger, W. N., Hughes, T. P., Folke, C., Carpenter, S. R., & Rockström, J. (2005). Social-ecological resilience to coastal disasters. *Science, 309*(5737), 1036–1039.

Alexander, D. E. (2013). Resilience and disaster risk reduction: An etymological journey. *Natural Hazards and Earth System Sciences, 13*(11), 2707–2716.

Alliger, G. M., Cerasoli, C. P., Tannenbaum, S. I., & Vessey, W. B. (2015). Team resilience. *Organizational Dynamics, 3*(44), 176–184.

Andereck, K. L., & Nyaupane, G. P. (2011). Exploring the nature of tourism and quality of life perceptions among residents. *Journal of Travel Research, 50*(3), 248–260.

Aschauer, W. (2009). Krisen im Tourismus als neue Forschungsrichtung. Forschungsstand zu den Ursachen und Effekten terroristischer Anschläge. *Zeitschrift für Tourismuswissenschaft, 1*(1), 13–28.

Asker, S. A., Boronyak, L. J., Carrard, N. R., & Paddon, M. (2010). Effective community based tourism: A best practice manual. https://opus.lib.uts.edu.au/bitstream/10453/35150/1/askeretal2010effectivecbt.pdf. Zugegriffen: 23. Aug. 2019.

Avelino, F., Wittmayer, J., Haxeltine, A., Kemp, R., O'Riordan, T., Weaver, P., Loorbach, D., & Rotmans, J. (2014). Game changers and transformative social innovation. The case of the economic crisis and the new economy. *TRANSIT working paper, 1*, TRANSIT: EU SSH.2013.3.2-1 Grant agreement no: 613169.

Bahadur, A. V., Ibrahim, M., & Tanner, T. (2010). The resilience renaissance? Unpacking of resilience for tackling climate change and disasters. Institute of Development Studies, University of Sussex. https://citeseerx.ist.psu.edu/viewdoc/download?doi=10.1.1.467.4488&rep=rep1&type=pdf. Zugegriffen: 19. Aug. 2021.

Becken, S. (2013). Developing a framework for assessing resilience of tourism sub-systems to climatic factors. *Annals of Tourism Research, 43*, 506–528.

Beirat für Raumentwicklung. (2017). *Empfehlungen des Beirates für Raumentwicklung – Resilienz als Strategie in Raumentwicklung und Raumordnung.* https://www.bmi.bund.de/SharedDocs/downloads/DE/veroeffentlichungen/themen/heimat-integration/raumordnung/beirat/empfehlung-beirats-raumentwicklung-2017.pdf;jsessionid=66BF007D72F3072F7197E5864591F99B.1_cid287?__blob=publicationFile&v=4. Zugegriffen: 12. Juli 2021.

Berkes, F., & Ross, H. (2013). Community resilience: Toward an integrated approach. *Society & Natural Resources, 26*(1), 5–20.

Berkowitz, M., & Kramer, A. M. (2018). Helping cities drive transformation: The 100 Resilient Cities Initiative. Interviews with Michael Berkowitz, president of 100 Resilient Cities, and Dr. Arnoldo Matus Kramer, Mexico City's Chief Resilience Officer. *Field Actions Science Reports. The Journal of Field Actions,* (18), 52–57.

Biggs, D. (2011). Understanding resilience in a vulnerable industry: The case of reef tourism in Australia. *Ecology and Society, 16*(1), 30.

Biggs, D., Hall, C. M., & Stoeckl, N. (2012). The resilience of formal and informal tourism enterprises to disasters: Reef tourism in Phuket, Thailand. *Journal of Sustainable Tourism, 20*(5), 645–665.

Boschma, R. (2005). Proximity and innovation: A critical assessment. *Regional Studies, 39*(1), 61–74.

Boschma, R. (2015). Towards an evolutionary perspective on regional resilience. *Regional Studies, 49*(5), 733–751.

Brandth, B., & Haugen, M. S. (2011). Farm diversification into tourism – Implications for social identity? *Journal of Rural Studies, 27*(1), 35–44.

Butler, R. W. (2017). *Tourism and resilience*. CABI.

Cheer, J. M., & Lew, A. A. (2018). Understanding tourism resilience: Adapting to social, political, and economic change. In J. M. Cheer & A. A. Lew (Hrsg.), *Tourism, resilience, and sustainability: Adapting to social, political and economic change* (S. 3–17). Routledge.

Cheer, J. M., Milano, C., & Novelli, M. (2019). Tourism and community resilience in the Anthropocene: Accentuating temporal overtourism. *Journal of Sustainable Tourism, 27*(4), 554–572.

Cheshire, L., Pérez, J. E., & Shucksmith, M. (2015). Community resilience, social capital and territorial governance. *Journal of depopulation and rural development studies, 18,* 7–38.

Cochrane, J. (2010). The sphere of tourism resilience. *Tourism Recreation Research, 35*(2), 173–185.

Colussi, M., Lewis, M.,Lockhart, S., Perry, S., Rowcliffe, P., & McNair, D. (1999). The community resilience manual. A new resource will link rural revitalization to CED best practice. *Making Waves, 10*(4), 10–14.

Cutter, S. L., Ash, K. D., & Emrich, C. T. (2014). The geographies of community disaster resilience. *Global Environmental Change, 29,* 65–77.

Deppisch, S. (2016). Urbane sozial-ökologische Resilienz Resilienz. In R. Wink (Hrsg.), *Multidisziplinäre Perspektiven der Resilienzforschung* (S. 199–213). Springer.

Doyle, E. E., Becker, J. S., Neely, D. P., Johnston, D. M., & Pepperell, B. (2015). Knowledge transfer between communities, practitioners, and researchers: A case study for community resilience in Wellington, New Zealand. *Australasian Journal of Disaster and Trauma Studies, 19*(2), 55–66.

Eckert, C., Zacher, D., Pechlaner, H., Namberger, P., & Schmude, J. (2019). Strategies and measures directed towards overtourism: A perspective of European DMOs. *International Journal of Tourism Cities, 5*(4), 639–655.

Evenhuis, E. (2020). New directions in researching regional economic resilience and adaptation. In G. Bristow & A. Healy (Hrsg.), *Handbook on regional economic resilience*. Elgar.

Farrell, B. H., & Twining-Ward, L. (2004). Reconceptualizing tourism. *Annals of Tourism Research, 31*(2), 274–295.
Fathi, K. (2019). Resilienz: Eine Universalantwort auf die Krisen unserer Zeit?. In *Resilienz im Spannungsfeld zwischen Entwicklung und Nachhaltigkeit* (S. 25–60). Springer VS.
Fazey, I., Carmen, E., Chapin, F. S., III., Ross, H., Rao-Williams, J., Lyon, C., Connon, I., Searle, B. A., & Knox, K. (2018). Community resilience for a 1.5 C world. *Current Opinion in Environmental Sustainability, 31,* 30–40.
Feliciotti, A. (2015). Socio-ecological resilience and urban design: Defining the common ground and a way forward for practice. *Terra Spectra: Central European Journal of Spatial and Landscape Planning, 7*(1), 3–8.
Flint, R. W. (2013). *Practice of sustainable community development. A participatory framework for change*. Springer.
Folke, C. (2006). Resilience: The emergence of a perspective for social–ecological systems analyses. *Global Environmental Change, 16*(3), 253–267.
Foster, K. A. (2007). A case study approach to understanding regional resilience. Working Paper (No. 2007, 08), Institute of Urban and Regional Development, Berkeley. https://www.econstor.eu/obitstream/10419/59413/1/592535347.pdf. Zugegriffen: 20. Apr. 2018.
Gil-Rivas, V., & Kilmer, R. P. (2016). Building community capacity and fostering disaster resilience. *Journal of Clinical Psychology, 72*(12), 1318–1332.
Glaser, B. G., Strauss, A. L., & Strutzel, E. (1968). The discovery of grounded theory; strategies for qualitative research. *Nursing Research, 17*(4), 364.
Gössling, S., Scott, D., & Hall, C. M. (2020). Pandemics, tourism and global change: A rapid assessment of COVID-19. *Journal of Sustainable Tourism, 29*(1), 1–20.
Gunderson, L. H. (2010). Ecological and human community resilience in response to natural disasters. *Ecology and Society, 15*(2), 18.
Gusfield, J. R. (1975). *Community: A critical response*. Harper & Row.
Hall, C. M. (2017). Resilience in tourism: Development, theory, and application. In J. M. Cheer & A. A. Lew (Hrsg.), *Tourism, resilience and sustainability* (S. 18–33). Routledge.
Hamzah, A., & Hampton, M. P. (2013). Resilience and non-linear change in island tourism. *Tourism Geographies, 15*(1), 43–67.
Hassink, R., & Gong, H. (2020). Regional resilience. In A. Kobayashi, M. Boyle, N. Castree, F. Collins, J. Crampton, S. de Leeuw, E. Ho, I. Luginah, B. Maharaj, & J. Tyner (Hrsg.), *International encyclopedia of human geography* (S. 351–355). Elsevier.
Holling, C. S. (1973). Resilience and stability of ecological systems. *Annual Review of Ecology and Systematics, 4*(1), 1–23.
Hungenberg, H. (2014). *Strategisches Management in Unternehmen: Ziele-Prozesse-Verfahren*. Springer.
Koens, K., Postma, A., & Papp, B. (2018). Is overtourism overused? Understanding the impact of tourism in a city context. *Sustainability, 10*(12), 4384.
Kromrey, H. (2013). *Empirische Sozialforschung: Modelle und Methoden der standardisierten Datenerhebung und Datenauswertung*. Springer.
Leiper, N. (2000). Are destinations' the heart of tourism'? The advantages of an alternative description. *Current Issues in Tourism, 3*(4), 364–368.

Lew, A. (2003). Tourism's resilience: The need to just go someplace. *Tourism Geographies, 5*(4), 381–382.

Lew, A., Ng, P., Ni, C. C., & Wu, T. C. (2016). Community sustainability and resilience: Similarities, differences and indicators. *Tourism Geographies, 18*(1), 18–27.

Linnenluecke, M. K., & Griffiths, A. (2010). Beyond adaptation: Resilience for business in light of climate change and weather extremes. *Business & Society, 49*(3), 477–511.

Liu, A., & Pratt, S. (2017). Tourism's vulnerability and resilience to terrorism. *Tourism Management, 60,* 404–417.

Luthe, T., & Wyss, R. (2014). Assessing and planning resilience in tourism. *Tourism Management, 44,* 161–163.

Luthe, T., & Wyss, R. (2016). Resilience to climate change in a cross-scale tourism governance context: A combined quantitative-qualitative network analysis. *Ecology and Society, 21*(1), 27.

Luthe, T., Wyss, R., & Schuckert, M. (2012). Network governance and regional resilience to climate change: Empirical evidence from mountain tourism communities in the Swiss Gotthard region. *Regional Environmental Change, 12*(4), 839–854.

Magis, K. (2010). Community resilience: An indicator of social sustainability. *Society and Natural Resources, 23*(5), 401–416.

Mair, J., Ritchie, B. W., & Walters, G. (2016). Towards a research agenda for post-disaster and post-crisis recovery strategies for tourist destinations: A narrative review. *Current Issues in Tourism, 19*(1), 1–26.

Mansfeld, Y., & Jonas, A. (2006). Evaluating the socio-cultural carrying capacity of rural tourism communities: A 'value stretch' approach. *Tijdschrift voor economische en sociale geografie, 97*(5), 583–601.

Martin, B. S., & Uysal, M. (1990). An examination of the relationship between carrying capacity and the tourism lifecycle: Management and policy implications. *Journal of Environmental Management, 31*(4), 327–333.

Martin, R., & Sunley, P. (2015). On the notion of regional economic resilience: Conceptualization and explanation. *Journal of Economic Geography, 15*(1), 1–42.

Masten, A. S. (2018). Resilience theory and research on children and families: Past, present, and promise. *Journal of Family Theory & Review, 10*(1), 12–31.

Mayunga, J. S. (2007). Understanding and applying the concept of community disaster resilience: A capital-based approach. In *Summer academy for social vulnerability and resilience building*. https://pdfs.semanticscholar.org/03d3/985c3f6edb80aea0cc2f15a2c805d970fca9.pdf. Zugegriffen: 20. Aug. 2018.

McMillen, H., Ticktin, T., & Springer, H. K. (2017). The future is behind us: Traditional ecological knowledge and resilience over time on Hawaii Island. *Regional Environmental Change, 17*(2), 579–592.

Musavengane, R. (2019). Using the systemic-resilience thinking approach to enhance participatory collaborative management of natural resources in tribal communities: Toward inclusive land reform-led outdoor tourism. *Journal of Outdoor Recreation and Tourism, 25,* 45–56.

Newman, L., & Dale, A. (2005). Network structure, diversity, and proactive resilience building: A response to Tompkins and Adger. *Ecology and society, 10*(1), 2.

Norris, F. H., Stevens, S. P., Pfefferbaum, B., Wyche, K. F., & Pfefferbaum, R. L. (2008). Community resilience as a metaphor, theory, set of capacities, and strategy for disaster readiness. *American Journal of Community Psychology, 41*(1–2), 127–150.

Orchiston, C. (2012). Seismic risk scenario planning and sustainable tourism management: Christchurch and the Alpine Fault zone, South Island, New Zealand. *Journal of Sustainable Tourism, 20*(1), 59–79.

Ostrom, E. (2009). A general framework for analyzing sustainability of social-ecological systems. *Science, 325*(5939), 419–422.

Pechlaner, H., & Volgger, M. (2012). How to promote cooperation in the hospitality industry: Generating practitioner-relevant knowledge using the GABEK qualitative research strategy. *International Journal of Contemporary Hospitality Management, 24*(6), 925–945.

Petersik, L., Pechlaner, H., & Zacher, D. (2017). Destination Network Responsibility (DNR) als Grundlage für regionale Resilienz. In D. Lund-Durlacher, M. S. Fifka, & D. Reiser (Hrsg.), *CSR und Tourismus* (S. 315–332). Springer.

Pendall, R., Foster, K. A., & Cowell, M. (2010). Resilience and regions: Building understanding of the metaphor. *Cambridge Journal of Regions, Economy and Society, 3*(1), 71–84.

Pfefferbaum, B. J., Reissman, D. B., Pfefferbaum, R. L., Klomp, R. W., & Gurwitch, R. H. (2007). Building resilience to mass trauma events. In L. S. Doll, S. E. Bonzo, J. A. Mercy, & D. A. Sleet (Hrsg.), *Handbook of injury and violence prevention* (S. 347–358). Springer.

Pfefferbaum, B., Van Horn, R. L., & Pfefferbaum, R. L. (2017). A conceptual framework to enhance community resilience using social capital. *Clinical Social Work Journal, 45*(2), 102–110.

Pillmayer, M., & Scherle, N. (2018). Krisen und Krisenmanagement im Tourismus-Eine konzeptionelle Einführung. In S. Hahn & Z. Neuss (Hrsg.), *Krisenkommunikation in Tourismusorganisationen: Grundlagen, Praxis, Perspektiven* (S. 3–18). Springer.

Prokkola, E. K. (2019). Border-regional resilience in EU internal and external border areas in Finland. *European Planning Studies, 27*(8), 1587–1606.

Pyke, J., Law, A., Jiang, M., & de Lacy, T. (2018). Learning from the locals: The role of stakeholder engagement in building tourism and community resilience. *Journal of Ecotourism, 17*(3), 206–219.

Record, S., Ferguson, P. F., Benveniste, E., Graves, R. A., Pfeiffer, V. W., Romolini, M., Yorke, C. E., & Beardmore, B. (2016). Graduate students navigating social-ecological research: Insights from the long-term ecological research network. *Ecology and Society, 21*(1), 7.

Reisner, U., & Lehar, G. (2016). Tourismuspolitik und Strukturentwicklung. In H. Siller & A. Zehrer (Hrsg.), *Entrepreneurship und Tourismus: Unternehmerisches Denken und Erfolgskonzepte aus der Praxis* (S. 315–326). Linde.

Saarinen, J. (2014). Critical sustainability: Setting the limits to growth and responsibility in tourism. *Sustainability, 6*(1), 1–17.

Sharma, G. D., Thomas, A., & Paul, J. (2021). Reviving tourism industry post-COVID-19: A resilience-based framework. *Tourism Management Perspectives, 37,* 100786.

Schianetz, K., Kavanagh, L., & Lockington, D. (2007). The learning tourism destination: The potential of a learning organisation approach for improving the sustainability of tourism destinations. *Tourism Management, 28*(6), 1485–1496.

Shani, A., & Pizam, A. (2012). Community participation in tourism planning and development. In M. Uysal, R. Perdue, & M. J. Sirgy (Hrsg.), *Handbook of tourism and quality-of-life research* (S. 547–564). Springer.

Skertich, R. L., Johnson, D. E., & Comfort, L. K. (2013). A bad time for disaster: Economic stress and disaster resilience. *Administration & Society, 45*(2), 145–166.

Spaans, M., & Waterhout, B. (2017). Building up resilience in cities worldwide–Rotterdam as participant in the 100 Resilient Cities Programme. *Cities, 61,* 109–116.

Steiner, A., & Atterton, J. (2015). Exploring the contribution of rural enterprises to local resilience. *Journal of Rural Studies, 40,* 30–45.

Strickland-Munro, J. K., Allison, H. E., & Moore, S. A. (2010). Using resilience concepts to investigate the impacts of protected area tourism on communities. *Annals of Tourism Research, 37*(2), 499–519.

Swarbrooke, J. (1999). *Sustainable tourism management.* CABI.

Tervo-Kankare, K. (2019). Entrepreneurship in nature-based tourism under a changing climate. *Current Issues in Tourism, 22*(11), 1380–1392.

Thornley, L., Ball, J., Signal, L., Lawson-Te Aho, K., & Rawson, E. (2015). Building community resilience: Learning from the Canterbury earthquakes. *Kotuitui: New Zealand Journal of Social Sciences Online, 10*(1), 23–35.

Tobin, G. A. (1999). Sustainability and community resilience: The holy grail of hazards planning? *Global Environmental Change Part B: Environmental Hazards, 1*(1), 13–25.

Traskevich, A., & Fontanari, M. (2021). Tourism potentials in post-COVID19: The concept of destination resilience for advanced sustainable management in tourism. *Tourism Planning & Development,* 1–25.

Twigg, J. (2007). *Characteristics of a disaster-resilient community: A guidance note.* Department for International Development (DFID). http://lib.riskreductionafrica.org/bitstream/handle/123456789/623/characteristics%20of%20a.pdf?sequence=1. Zugegriffen: 23. Juli 2018.

Vogus, T. J., & Sutcliffe, K. M. (2007). Organizational resilience: Towards a theory and research agenda. In *Systems, man and cybernetics, 2007. ISIC. IEEE international conference proceedings* (S. 3418–3422).

Wall, G. (2020). From carrying capacity to overtourism: A perspective article. *Tourism Review, 75*(1), 212–215.

Weichselgartner, J., & Kelman, I. (2015). Geographies of resilience: Challenges and opportunities of a descriptive concept. *Progress in Human Geography, 39*(3), 249–267.

Weichselgartner, J., Guézo, B., Beerlage, I., Després, C., Fekete, A., Hufschmidt, G., Lussignoli, O., Mey-Richters, S., Naumann, J., & Wienand, I. (2018). Urban resilience and crisis management: Perspectives from France and Germany. In A. Fekete & F. Fiedrich (Hrsg.), *Urban disaster resilience and security* (S. 473–494). Springer.

Welsh, M. (2014). Resilience and responsibility: Governing uncertainty in a complex world. *The Geographical Journal, 180*(1), 15–26.

Wiesinger, M., & Schumacher, M. (2016). *Finanzmanagement im Tourismus: Grundlagen und Praxis der Tourismusfinanzierung*. Linde.

Wilkinson, C. (2012). Social-ecological resilience: Insights and issues for planning theory. *Planning Theory, 11*(2), 148–169.

Wilson, G. A. (2012). Community resilience, globalization, and transitional pathways of decision-making. *Geoforum, 43*(6), 1218–1231.

Weidenfeld, A. (2018). Tourism diversification and its implications for smart specialisation. *Sustainability, 10*(2), 319.

Zacher, D. (2022). *Community Resilience als Strategie zur Entwicklung von touristischen Destinationen*. Springer Gabler.

Zelger, J., & Oberprantacher, A. (2002). Processing of verbal data and knowledge representation by GABEK®-WinRelan®. *Forum Qualitative Sozialforschung, 3*(2).

Localability for Everyone: A PROsilient and Inclusive Destination Governance Model

Eva Erdmenger

Inhaltsverzeichnis

Abstract

The global travel halt caused by the COVID-19 pandemic has proven that tourism is not a no-brainer and that it requires comprehensive planning, financing, and political support. Nonetheless, the tourism industry is often primarily growth-driven, fragmented, and unorganized. Based on empirical evidence collected in Copenhagen und Munich in 2020, this contribution proposes a *PROsilient* inclusive governance model for urban destinations. In this context, PROsilient means not bouncing back to the unsustainable tourism growth from before the COVID-19 pandemic, but to proactively evolve and avoid the emergence of

E. Erdmenger (✉)
Freizeit und Tourismusgeographie, Universität Trier, Trier, Deutschland
E-Mail: erdmenger@uni-trier.de

H. Pechlaner et al. (Hrsg.), *Resilienz als Strategie in Region, Destination und Unternehmen,* Entrepreneurial Management und Standortentwicklung,
https://doi.org/10.1007/978-3-658-37296-5_10

Overtourism 2.0. The objective of this form of destination governance is to give local governance actors, including spatial planners, politicians, tourism industry, researchers, media, social organizations, and residents the ability to aggregate their social capital to simultaneously contribute to and benefit from tourism in their city. Specific recommendations for action will be given to overcome the legacy of abstract participatory governance concepts.

1 Introduction

In early 2020, heated debates about the perception of too much tourism in popular urban destinations were promptly replaced by a universal outcry in the face of the global travel halt caused by the novel COVID-19 pandemic. However, the pandemic did not solve the problems concerning the amount of tourism; it just postponed them and changed priorities as well as perspectives. The obvious questions are *when* and *how* will travelling return to *the new normal*? "If old-style travel returns, we will soon have old-style overtourism back as well", predicted Richards in 2020. Now that we all obtained a taste of the world without tourism, with dolphins in the ports instead of cruise ships, tourists could indeed more than ever become the scapegoat for socio-economic and environmental issues in popular tourist destinations. At the same time, the economic value of tourism gained more recognition than ever. In fact, in summer 2021, it seemed that tourism companies, understandably, urged to build back *business as usual* instead of *better* as originally requested by international organizations such as the World Tourism Organization (UNWTO, 2020). Nonetheless, to become better (whatever the UNWTO means by that) and to ensure a sustainable and resilient tourism development in the face of potential future disturbances, the long overdue implementation of destination governance (DG) is vital. In fact, DG until recently had mainly been reserved to the scientific community due to its complexity, incomprehensibility and a lack of incentives as well as noticeable advantages for potential implementers. However, due to the COVID-19 pandemic, it became clear that *resilience* in itself is an incentive and the reason why tourism should be governed more systemically. Furthermore, in response to the motto "Tourism for Inclusive Growth" of the World Tourism Day in 2021 (UNWTO, 2021), the resilient DG vision to be presented offers a perspective for an inclusive approach. The allocation of social capital and the empowerment of long neglected tourism stakeholders, such as residents and spatial planners, form the foundation for this approach. Furthermore, in contrast to being *re*silient, the author suggests taking action *pro*actively. Thus, becoming resilient before the next disruption might happen means to become PROsilient.

This chapter first outlines in more detail the evolution from resilience to PROsilience. Consecutively, a literature review will summarize the status quo of participatory DG. Then, the governance structures of two case studies, namely Copenhagen and Munich, will be presented. Based on empirical evidence, a model for a PROsilient and inclusive DG is to be introduced; complemented with recommendations for action from the cities' residents' viewpoints. Lastly, a reflection on the effect of the COVID-19 pandemic on DG will round the chapter off.

2 The Evolution from Resilience to PROsilience

The term resilience is derived from the Latin word *resilio/resilire* which means "to spring back" (Vogt & Schneider, 2016). It is a response strategy originated in material science (ibid.) and describes "the capacity of a system to absorb disturbance and reorganize while undergoing change so as to still retain essentially the same function, structure, identity, and feedbacks" (Walker et al., 2004, p. 1). However, the affected system and the disturbing factor depend on the context in which the term is used. Furthermore, resilience is frequently split up into different approaches, such as engineering, ecological, and evolutionary resilience (see Fig. 1). Especially the outbreak of the current, global pandemic

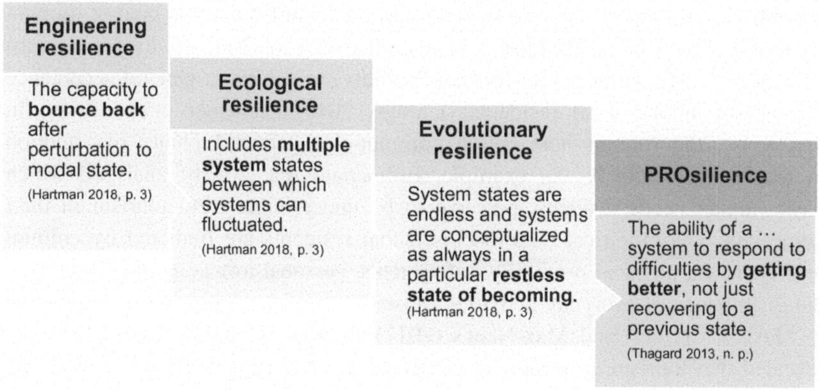

Fig. 1 The evolution from resilience to PROsilience. *Source* Own design, as indicated

caused by the novel coronavirus attributed greater importance to the meaning of resilience. In fact, it seems as being resilient replaced the fundamental goal of being sustainable. Nonetheless, just recently, researchers emphasized that resilience should not solely imply a return to normal, but rather focus on the ability of complex systems to adapt and transform after a perturbation to subsequently improve *pro*actively for future disturbances (Hynes et al., 2020; Jiménez-Medina et al., 2021; Richards, 2020). Based on experience gained from the global COVID-19 pandemic, Hynes et al. (2020) underlined the urgency to bounce *forward* to a system resilience that can "promote cross-sectoral, multidisciplinary collaboration in the process of policy formulation by taking proper account of the crucial linkages between issues generally treated separately within different specializations and scientific and institutional 'silos'" (p. 174). Thus, the concept of resilience bases on a broad network of actors and resources.

Until 2020, only few researchers applied the concept of resilience to the field of tourism research. Luthe und Wyss (2014), who were among the first, defined tourism resilience as "the capacity of these [tourism] systems to deal with stress by maintaining the stability of the tourism-related regional economy while ensuring the flexibility and diversity necessary for innovation and further development" (p. 161). An extensive literature review by Meerow und Newell (2016) showed that limited attention has been given to *urban* destination resilience in particular, despite the continuous urbanization of our planet, the increasingly noticeable effects of climate change, and an unsustainable tourism growth over the last decades. Nevertheless, according to Hall et al. (2018), "resilient destinations rely on a resilient community" (p. 129). Vice versa, residents of resilient destinations are more open-minded towards tourism development in their community. In light of those facts, researchers concluded that the goal of tourism resilience should be to establish a balance between tourism activity (or growth) as well as local quality of life (or sustainability) to achieve a general acceptance of tourism among local residents (Dredge, 2019; Pechlaner et al., 2019). In that sense, the role of host nation communities garnered plenty of attention in tourism research. As an example, Erdmenger (ca. 2022b) analyzed which basic human needs residents perceive to be under threat from tourism in their home city. The empirical data disclosed that residents are bothered by cultural discrepancies, physical proximity, safety risks, personal invasions of privacy, and the disturbance of everyday activities caused by tourism. Ultimately, comparable to Maslow's (1943) and Max-Neef's (2017) theories of human needs, the study revealed that tourism is negatively perceived as soon as it threatens at least one of four vulnerable human needs: privacy, safety, (collective) identity, or freedom (Erdmenger, ca. 2022b). Based on that knowledge, and to avoid conflict in the future, residents' needs have to be considered in DG to maintain the livability of a destination and make it resilient towards future tourism growth.

In 2021, tourism stakeholders, who were hit hard by the COVID-19 pandemic, seem to follow the rather traditional concept of resilience—they are trying to return to business as usual as fast as possible. Nevertheless, Richards (2020) argued that tourism must be rethought, reinvented, and reimagined creatively to become better, as is requested by international tourism organizations. The author of this chapter demands to go even further and re*build* tourism following a PROsilient approach as has been, to the author's knowledge, first suggested by the psychologist Thagard in 2013. Figure 1 illustrates the evolutionary idea of resilience becoming PROsilience. Consequently, the author introduces the concept of destination PROsilience into tourism research and defines it as the ability of a tourist destination and living space to not only recover from internal or external disruptions, but also to subsequently improve previous vulnerabilities by realigning the local governance network, resources, and policies to proactively become more resilient for future perturbations. In fact, even before the outbreak of the COVID-19 pandemic, Hall et al. (2018) warned that socio-political contexts (like tourism) in post-disaster periods (like post-pandemics) are likely to be fragmented due to different interests and demands for recovery policies. On that account, to become re- or rather PROsilient, a suitable DG approach should manage this process.

3 Destination Governance and Resident Participation from the Scientific Perspective

Since the 1990s, the tourism industry has been shaped by the neoliberal agenda and has become a self-governed economic sector mainly strategically marketed to achieve growth (Novy & Colomb, 2020). Researchers observed this development critically and have proposed multiple DG approaches to control the industry's expansion. More specifically, dos Anjos und Kennell (2019) define DG as "a process involving coordination, collaboration and the cooperation of stakeholders, in order to ensure the multiplier effects from the social and environmental development of tourism in the local economy" (p. 1). However, the privatization of touristic infrastructure and the corporatization of DMOs during the last decades (Shone et al., 2016) hampered the implementation of DG processes. Instead, tourism remained a fragmented, cross-sectoral industry of lone fighters.

Figure 2 is an attempt to give a comprehensive yet simplified overview of today's common Western urban destination structure. The model summarizes

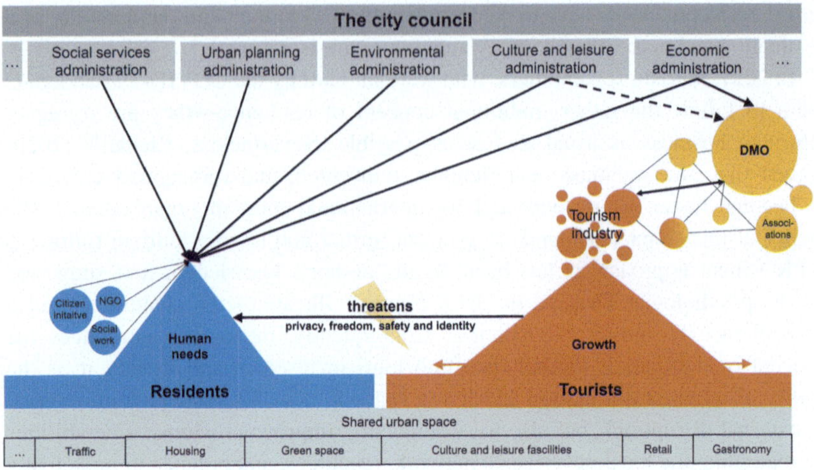

Fig. 2 Simplified overview of a common Western urban destination structure. *Source* Own design

several tourism (non-)governance issues, based on the author's experiences and desk research. First, residents and tourists are usually treated as two independent user groups. However, the binary conceptualization of city users being either tourists or residents, acting only in their respective space, is outdated (Frisch et al., 2019). Nowadays, "temporary locals" (Wonderful Copenhagen (WoCo), 2017a, p. 4) or intermittent and long-term dwellers (Novy & Colomb, 2020) transform the city into a rainbow of city users. Second, the continuous growth of tourism seemed to threaten residents' human needs (Erdmenger, ca. 2022b), leading to tourism-related conflicts such as in Barcelona, Venice, and Amsterdam. Third, whereas various local citizen initiatives and social associations support residential needs, the development of tourism is driven by economy stakeholders and a few tourism associations. Fourth, while city council administrations (or departments) generally are concerned with residents' wellbeing, the sector of tourism is mostly regulated by the economic administration, which perfectly visualizes the frequently perceived value of tourism as mainly economic. Fifth, and in conjunction with the aforementioned fact, Dredge (2019) criticized that systems are usually governed separately, such as tourism and spatial planning, which results in a lack of resources, communication, trust, power, and knowledge (dos Anjos & Kennell, 2019; Saarinen & Gill, 2019). Sixth, the public–private destination marketing organizations (DMO) are often mistaken for (and sometimes act as) the leader of the destination (Jamieson & Jamieson, 2019), despite the fact that "DMOs do not own the product they are selling" (Cooper & Hall, 2019, p. 167) and often lack the power, resources, and competences to manage a destination on their own.

In sum, even if the number of elaborately developed tourist DG models is countless, the number of destinations that are keen on implementing such a model is rather limited. Nevertheless, there might be a wind of change due to the devastating experience of the global travel halt between 2020 and 2021.

3.1 Participatory Destination Governance

Resident participation in political decision-making or planning processes is supposed to reveal the opinion of those affected by the actual decisions which are taken. At the same time, the participatory process is supposed to create the feeling of ownership, transparency, and consideration. According to Jamal und Camargo (2018), participation facilitates "democracy, civic society and global citizenship … [and it] is a vitally important goal of good governance in tourism" (p. 206). In agreement with that, several researchers concluded that participatory processes could balance the interests of locals and the tourism industry alike, to achieve a sustainable and resilient tourism development according to future needs (Pulido-Fernández & Pulido-Fernández, 2018; Silva & Lazăr, 2019). Therefore, various participatory DG approaches were developed, such as the *smart co-participative tourism planning* (Lalicic & Önder, 2018), *adaptive co-management* (Islam et al., 2018) or the *collaborative multi-stakeholder governance* model (Prakasa et al., 2019). Furthermore, *Living Labs* (Thees et al., 2020) and *e-governance* tools were suggested to enable resident participation (Altes et al., 2018). The amount of creative participatory governance approaches is impressive; yet these concepts frequently remained too complex and elitist to actually be adopted by tourism professionals. Furthermore, a few researchers warned that the number of involved parties increases the complexity of governance processes (Pulido-Fernández & Pulido-Fernández, 2019). As a result, powerful actors might be scared to lose their influence thus preventing them from reaching their goals. On top of that, the advantages and urgency of such an approach to DG are mostly overlooked, which is why a superficial consideration of the cost-to-benefit-relation discourages stakeholders from implementing it. However, in his comprehensive research, Herntrei (2019) highlighted that quality of life is both center and motivational factor for resident participation. Besides a lack of motivation, Bichler's (2021) comprehensive literature review disclosed that residents feel ill-supported and

-equipped to participate in DG. On top of that, Erdmenger (ca. 2022a) asked residents themselves whether they were even interested in participating in DG. As the study revealed, most residents do in fact not want to participate in DG in the sense of a political, governing, or planning activity. Reasons given were a lack of time, access, awareness, prioritization, knowledge, qualification, and opportunities (Erdmenger, ca. 2022a). Nevertheless, motivated by socio-cultural benefits, local pride and cultural interest, research participants stated that they could imagine getting in contact with like-minded tourists (Erdmenger, ca. 2022a). Based on that knowledge, Erdmenger (ca. 2022a) proposed to overthink the traditional understanding of (resident) participation and suggested to rather aim for an inclusion of residents' needs into an inclusive DG model. To conclude, researchers stated that participatory governance process are still in their infancy and require further empirical research and analyses (Bichler, 2021; Herntrei, 2019; Paredes-Rodriguez & Bas Spierings, 2020).

3.2 The Interconnection of Community Empowerment, Social Capital, and Resident Participation

A participatory culture is widely known to grow out of transparency, cohesion, and trust. But how could one achieve these abstract traits? Various researchers stated that residents ought to be empowered to boost the community's social capital, create motivation, ability, and opportunity; therewith enabling participation (Di Gregorio et al., 2019; Erdmenger, 2019; Martins, 2018; Saarinen & Gill, 2019). Consequently, the concepts of empowerment and social capital merit a brief mentioning.

Empowerment

Empowerment encompasses any action or development that gives power over, to, and for an individual, a group or an institution (Partzsch, 2015). One can be empowered through transparent sharing of information, inclusion into decision-making processes, balanced power relationships, training and/or education as well as discussions and learning (Beaumont & Dredge, 2010; Islam et al., 2018; Pfefferbaum et al., 2017; Thees et al., 2020). According to Beaumont and Dredge (2010) "effective local governance arrangements empower local participation and ownership of policy actions and initiatives" (p. 8). Hence, resident participation is both a practice and a potential result of resident empowerment (Silva & Lazăr, 2019). Especially Scheyvens' (1999) fourfold understanding of economic, social, political, and psychological empowerment often served as a research baseline, such as it did for Boley et al.'s (2014) *Resident Empowerment through Tourism Scale* (RETS) model. Based on that model, Nijs (2017) assessed residents' attitudes towards tourism in Bruges and found out that pride, positive social effects, allowing for participation, and communication about positive impacts led to empowerment and subsequently the support for tourism by local residents. In contrast, Rahman et al. (2021) concluded that social and political empowerment in form of a co-management structure balances government and community participation, meaning that full community participation would be unnecessary if an efficient polycentric governance model could be implemented. In contrast, based on a research in Barcelona, Paredes-Rodriguez and Bas Spierings (2020) criticized that resident participation does not necessarily lead to empowerment and the consideration of residents' needs by the decision-makers but actually might be abused to demobilize and manipulate social movements.

Social Capital

One goal of resident empowerment is to increase the social capital of a community, which is considered to be essential to become resilient (Dai et al., 2019; Erdmenger, 2019; Pfefferbaum et al., 2017). According to Bourdieu's (2005) understanding of social capital, it means "the totality of current or potential resources that are tied to the disposal of a permanent network of relationships which are more or less institutionalized through mutual recognition and acknowledgement" (p. 263, translated from German by the author). Another frequently quoted definition of social capital comes from Putnam (2001), who focused on collective, voluntary cooperation, and trust. Moreover, he (Putnam, 2001) distinguished, based on the network theory approach, between bonding (similar members/groups, horizonal) and bridging (dissimilar members/groups, horizontal) social capital. This understanding has often been criticized as too simple. In accordance, a social scientist from the World Bank (Woolcock, 2001) expanded this binary understanding to a third form: linking social capital (dissimilar groups with power, vertical). Several researchers have applied this extended understanding in their studies about DG, for instance Rahman et al. (2021), who examined social and cultural capitals in tourism resource governance. They found that cultural capital is mostly realized through a form of psychological empowerment, such as cultural pride. Lastly, they concluded that bonding social capital is assumed to be stronger and more favorable than the two others are.

These examples highlight the interconnection between social capital, empowerment, participation as well as resilience. At the same time, Pfefferbaum et al. (2017) reflected that "not everyone in a resilient community will be personally resilient and a community may have many resilient members but

[is] not necessarily… a resilient community" (p. 105). Therefore, to use the community's resources, a well-established governance process is needed. In light of this conclusion, things come full circle: to improve residents' quality of life, politicians and local governance actors should empower the community, boost its social capital and foster motivation, opportunity, and ability of residents to participate in local governance processes, which ultimately will make the community PROsilient towards future perturbations.

4 A Case Study Comparison

The mainly qualitative data collection was conducted between 2019 and 2021 in form of twelve image-based focus groups consisting of residents of the respective city, complemented with 43 in-depth single interviews with (potential) DG actors. Due to the scope of this chapter, the applied methodology and detailed results cannot be presented, but they are/will be available online and are well worth reviewing (Erdmenger; 2019, ca. 2022a, b; Erdmenger & Kagermeier, 2020, 2021). The following sections will, however, summarize the empirical results relevant to the present contribution. Please bear in mind that all research participants were guaranteed anonymity and thus the following abbreviations are used: M = Munich, C = Copenhagen, RES = resident, SR = science and research, CA = civil association, PUB = public body, TI = tourism industry and DMO = destination marketing/management organization.

4.1 Copenhagen and its Governance of „Localhood"

Copenhagen, the capital of Denmark, is home to about 630,000 residents and encompasses an area of 77 km^2 (Statistics Denmark, 2021). The year prior to the COVID-19 pandemic, the destination hosted around 9.6 million tourists (bed nights) (WoCo, 2021a), which yielded a tourism intensity (bed nights per capita) of 15 and a tourism density (bed nights/km^2) of 125. Nevertheless, the overall development of overnight stays since 1992 showed a rather moderate growth rate (Statistics Denmark, 2021) and there had been no tourism-related conflicts visible until 2021.

In the early 1990s, the local government of Copenhagen delegated all local tourism business, development, marketing, and branding to the public–private DMO named Wonderful Copenhagen (WoCo) (C-PUB1 2020). In 2015, WoCo underwent a drastic structural change due to an immense budget deficit caused by hosting the Eurovision Song Contest (C-SR1 2020). Consequently, WoCo's management was completely replaced (C-DMO1 2020), and the municipality took back responsibility for several functions, such as the tourist information service (C-PUB1 2020). Ever since, WoCo (subordinate to the Økonomiforvaltningen (finance administration)) and the Copenhagen Visitor Service (CVS) (subordinate to the Kultur- og Fritidsforvaltningen (culture and leisure administration)) share the destination management and marketing tasks. Based on a comprehensive empirical data analysis project called "10xCopenhagen" (WoCo, 2017b), WoCo published in 2017 a new tourism strategy, which gained international attention because of its revolutionary statements like "the end of tourism as we know it" (WoCo, 2017a, p. 3). With its strategy of spreading "the temporary locals" (WoCo, 2017a, p. 4) into the gentrified hipster "localhoods" (ibid.) surrounding the overcrowded city center, Copenhagen indeed became more popular and was even named "Lonely Planet's Top City for 2019" (WoCo, 2021b, n. p.). In summary, the overall DG construct in Copenhagen is fractured, separated from urban development, and considers tourism as one of many profitable businesses.

4.2 Munich and its Vision of "Teilhabe"

The capital of the German federal state of Bavaria is home to 1.5 million people who spread out over an area of 310 km^2 (Landeshauptstadt München, 2021). In 2019, the city was host to approximately 18.3 million visitors (bed nights) (MT, 2021b), resulting in a tourism intensity of 11.7 and a density of 59 bed nights per square kilometer.

What is special about Munich is that it developed its own DG model in 2012 (M-TI1 2020), named the *Munich Model.* This governance model differentiates between an association representing the tourism industry ("Tourism Initiative Munich e. V." (TIM)), and the public destination management organization ("München Tourismus" (MT)). Together both bodies manage the local tourism fund, task forces, and a tourism commission, which is the decision-making body led by the head of the Referat für Arbeit und Wirtschaft (department of labor and economy). Considering that the DMO is not only subordinate to the economic administration, but also collaborates only with industry representatives via TIM, the economic focus on tourism becomes clear. In contrast to Copenhagen, the local tourism strategy *Simply Munich* (MT, 2021a) does not aim for off-the-beaten-track tourism (Novy & Colomb, 2020), meaning the dispersion of tourists into local neighborhoods, but instead focuses on "Teilhabe" (social participation) of the visitors in the local culture. Despite that, a turnover in MT's management in 2020, plus the global travel halt, once again led to a new tourism strategy approach. More specifically, in 2021, the webpage of the local DMO markets the neighborhoods with the term "Viertelliebe" (neighborhood love). Overall, in Munich, participation in tourism is not understood as resident participation in the local DG, but rather as tourists' participation in the local life.

4.3 What Makes Copenhagen and Munich Resilient Destinations?

During the observations made in the field phase, desk research, focus groups, and in-depth interviews, aspects that seemed to enhance the cities' resilience towards the perception of an oversaturation with tourism were revealed. Figure 3 offers a brief overview of the residents' responses concerning the coping strategies they employ when it comes to dealing with the increasing tourism activity in their living environment. These illustrated code clouds were created with MAXQDA, based on the frequency of the (mostly in vivo created) codes.

Resident Sentiment Monitoring Both destinations at least once conducted a survey aiming to find out about residents' attitudes towards tourism. Especially the DMOs' market research departments showed a growing awareness for the necessity of this monitoring of the residents' sentiment to avoid community protests. For instance, C-PUB1 (2020) reported:

* = in vivo codes created during first coding process of focus groups
** = in vivo codes created during second coding process of focus groups

Fig. 3 Coping strategies of the residents of Munich and Copenhagen in dealing with tourism in their home city. *Source* Own data illustrated with MAXQDA 2020

> From what I can see from that survey, it seems to be very high acknowledgement among the Copenhageners that tourism has a very positive effect on their daily life, like cultural consumption, restaurants and things like that. So that they are aware of the fact that people come here as guests and have a positive effect on the city.

The results of the focus group discussions support the quantitative findings of the resident survey. This can be illustrated by the following explanation of C-RES6 (2020): "Well I get proud when I see that Copenhagen is top something-listed place. I am proud of my city and I don't mind them [tourists] being here. Actually, I like to show my city." In fact, not only global rankings, but also residents' perceptions confirmed that the quality of life in both cities is outstandingly high. And while quality of life might depend on everyone's individual perception, it is a fact that both cities are wealthy, economically strong, and benefit from efficient health care, education, and welfare services, which enhances their resilience, too.

Local Pride In conjunction with the first aspect, the DMO in Munich (M-DMO5 2020) was well aware of one essential feeling that strengthened residents' attitudes towards tourism:

> According to surveys, the people of Munich were still very much in favor of tourism. They were *proud* to show their city and *proud* that so many guests come and show interest in it. They have seen it as an enrichment of their lives when people from all over the world are in their city.

Indeed, in both urban destinations, pride played a key role in defining residents' tolerance levels. As an example, one resident of Munich (M-RES25 2020), where local pride was mentioned even more frequently than in Copenhagen, described: "I think I'm always proud when someone speaks to me, because then they think that I'm so open-minded that I talk to them… I would like to represent my city as a nice resident, who also helps and makes this a cool city." It should be underlined that the presence of pride is rooted in a complex and fundamental social motivation that goes beyond the scope of this paper. Nonetheless, this feeling of pride offers great potential for DMOs to make use out of by creating a bond between the residents and their city. Thus, DMOs could not only market their destination outwards to incoming guests, but also inwards to the local host community. Additionally, being proud of one's home city and satisfied with the local quality of life seemingly led to a residential ambition to maintain and perpetuate the (positive) status quo. In pursuit of this goal, multiple citizen initiatives and associations have actively supported residents' well-being (independently of tourism). Hence, in both cities, residents expressed the feeling that they can participate and become active in their community according to their interest. This in turn supports a sense of community, a feeling of belonging, and of rootedness—all of which can result in resilient communities.

Interaction with Residents Even if resident participation particularly in DG processes was lacking in both case studies, there were some interactions or resident-inclusive initiatives which merit mentioning. For instance, CVS has invited urban district council members to name potential tourist sights in their neighborhoods so they could be included in a city walk series called *Know Your 'Bro* (StoryHunt, 2021). Furthermore, during the field phase of the study, the municipal mayor of Copenhagen took a walk with residents through the tourist-flooded old town urban district Indre By at night, to experience firsthand what residents complained about. Without a doubt, actions such as that one increase trust between politicians and residents who demand for their needs to be accommodated.

In contrast to that, an initial, more modest attempt to connect with Munich's residents was a communication activity project called *tourism in dialogue.* For this dialogue, which took place during a street festival in Munich's museum district, the DMO had invited residents to talk about their perception of tourism to capture their opinions about it (M-DMO1 2019). Even if both the preceding and subsequent analysis were rather unstructured and could not be considered a serious data collection, the activity per se is praiseworthy. Another attempt for resident empowerment was a referendum in Munich in 2013, concerning whether the city should host the 2022 Winter Olympic Games. Ultimately, more than 53 % of the residents voted against that (Landeshauptstadt München, 2013) and the municipality withdrew the bid. Whether this is an excellent example of resident empowerment or rather an unfortunate delegation of responsibility and thus a misinterpretation of empowerment remains debatable.

Moreover, while the two projects to be presented next were not initiated or supported by local DG actors, they still exemplify how to include considerations of social inclusion and residents' needs into tourism. It all started when an initiative named the Allparteiliches Konfliktmanagement in München (multi-partial conflict management in Munich) of Munich's Sozialreferat (municipal social services department) contacted MT on behalf of some locals, requesting to cease promoting the Gärtnerplatz as hip party location. As a result, the award-winning initiative mediated between the partying square visitors and residents, which was, according to M-SW1 (2019), much appreciated and exemplified how upset resident voices can be taken into account. However, as of 2021, the square is once again promoted on the DMO's webpage titled as "where the night begins", which shows that communication with and respect for the respective public administration departments is lacking and not as easy and self-evident as stated by the interviewees. Secondly, the author visited a hotel in Copenhagen's urban district Vesterbro named "Hotellet" which understands itself as "an employment offer to citizens with social problems in Copenhagen Municipality. The Hotel is driven by permanent employees as well as about 30 people in work training.... Hotellet gives these citizens an opportunity to become part of a working community" (Hotellet Vesterbro, 2021). The hotel manager (C-TI2 2020) underlined that the hotel experienced great support from the municipality, especially when they build the business with three friends coming from rehab.

Exchange with Spatial Planners Considering resident participation, M-DMO5 (2020) explained that they want to get in touch with the planning department to learn from their obligatory participatory processes:

> I know from the planning department they really had workshop days where citizens were selected in random samples and invited to participate with a letter from the department director. That was perceived by many residents as an honor.... In the past, it would have been inconceivable that politicians would consider such an action necessary. Today, there is a different kind of interaction between the urban population and politics. Things change in terms of mutual perception. It took a long time to accept that it would cost a lot of money to do something like this and that there would also be a lot of resources involved. If a workshop takes place in which the population is present, it can only be on the weekend. Thus the realization must be made that there is no other way, but that the result is worth it. There is still a long way to go.

In fact, the exchange of information processes and experiences about resident participation, which is often well-established in spatial planning, as well as the mutual support between urban and tourism planners can be very fruitful and is thus strongly recommended.

Public Destination Management Regarding the question for possible advantages of a public DMO, M-DMO3 (2020) stated that the shift from destination marketing to management organization would be unnecessary for a public DMO since it naturally focusses more on strategic tasks than the sole promotion of the destination. As an example, M-DMO3 (2020) underlined that the fast realization of the project *summer in the city,* a COVID-19-friendly alternative to the Oktoberfest, was only possible because the DMO could outsource tasks to its network. The employee argued that the usually frowned upon administrative processes were highly efficient due to short connections and shared responsibility. M-DMO3 (2020) explained:

> And then of course we have an advantage, we have workflows between individual responsibilities in the city, i.e. with an authorizing authority or with a planning department. The structures are always the same, because there is a kind of collaboration that is practiced, that works, you don't have to learn it from scratch, it just has to be activated.

M-DMO2 (2020) agreed with this perception and described:

> By development of the destination, I mean not only tourism but also generally in terms of mobility, in terms of housing, in terms of quality of life, in terms of general economic development. We, in the city administration, are already involved in this more holistic view, with those who ultimately set the course. Thus, we have a better network than private tourism organizations. A company member is certainly not as intensively in contact with the city administration as a member of the department of labor and economic with the department for urban planning. To shape a destination, it is much better if I am part of this administration.

Strong Leadership M-PUB1 (2020) stressed that changes in management and leadership can have a substantial impact on the direction of the whole department. This is a prominent risk in municipal departments, especially since they are, by definition, political. However, this is a risk and an opportunity at the same time. As an example, the mayor of Munich, elected in 2020, used to be the head of the department of labor and economy, to which the DMO belongs. Consequently, due to personal experience, the new mayor might end up paying more attention to tourism than the previous mayor did. As another example, the departure of the former director of MT in 2020 led to a transitional restructuring of the DMO's leadership. The interviewees seemed to be satisfied with the new way of working, the new leader's connectedness, and his "internal and external view of tourism" (M-PUB1 2020; M-DMO5 2020). On top of that, M-DMO5 (2020) continued to state that local tourism partners would perceive this increased recognition as appreciation and would thus feel like their input is more valued than before.

Urban District Councils It should be pointed out that both city governments have beneficial political structures, namely local urban district councils (Munich: "Bezirksausschuss"; Copenhagen: "Lokaludvalg"), which function as a link between residents and the city council. This fact offers a great chance to connect with the community. The interviewed traffic planner (C-PUB3 2020) confirmed that the existing urban district council plays a vital role in connecting both city and residents:

> The Lokaludvalg will have a special treatment because they are the municipalities prolonged arm. They have broader contacts in the close neighborhood. So we will usually invite ... the Lokaludvalg to the city hall and explain them all the projects and then they will go out and have a meeting with all their citizens to spread the word.

However, in both case studies, these institutions were nonetheless mainly used with a self-serving intention in mind, following a political top-down structure, whose main purpose is to share information. Instead of occasional invitations to town hall or urban district council meetings, the municipality and tourism actors ought to visit residents in their neighborhoods and strive for communication on equal terms.

Scientific Consultation In connection to above-mentioned collaborations, the Bayerisches Staatsministerium für Wirtschaft, Landesentwicklung und Energie (Bavarian Ministry of Economic Affairs, Regional Development, and Energy) initiated in 2019 a collaboration with the University of Kempten and the Bayerische Zentrum für Tourismus (Bavarian Center for Tourism) to facilitate an exchange of knowledge in between researchers on tourism and the industry. Similarly, the CVS and WoCo initiated a "Copenhagen Sustainability Challenge" in 2021 and invited local students "to contribute to an ongoing strategy [and] work with Wonderful Copenhagen and Copenhagen Municipality" (studenterhuset, 2021). Next to the Bavarian Center for Tourism, this is another great example on how to collaborate with the local scientific community.

Others Lastly, there were of course many more aspects that boosted the resilience of both communities and cities, such as: (9) the rather moderate tourism growth, (10) the long-standing habituation to tourism (especially in Munich), (11) the strong multicultural identity of both cities (with lots of internationals, residents, students, and businesses), (12) the distinct, world-famous cultures and traditions associated with both cities (like hygge and biking in Copenhagen; Trachten and beer in Munich), (13) the plethora of easily accessible greenery spaces in and around the cities, and (14) the outstanding amount of recreational and cultural facilities.

5 A Perspective for a PROsilient and Inclusive Destination Governance

In the previous section, the governance approaches of Copenhagen and Munich, which are quite different, were presented. In this section, the author will present an approach to a PROsilient and inclusive DG that draws on both streams as illustrated in Figure 4.

The suggested model should serve as an inspiration, a guideline, or a point of reference for politicians, DMOs, and further (potential) governance actors, to understand where they are and what they could strive for. Having a precise vision and understanding of the process is a first step to "build back better" (UNWTO, 2020) and to become PROsilient in the face of future challenges. After an overview of the model, the following subsections will focus on the role of the city council, the expansion of the social capital of the network and the inclusion of residents into this governance structure. In addition to that, research of previous studies will be incorporated to support the presented model.

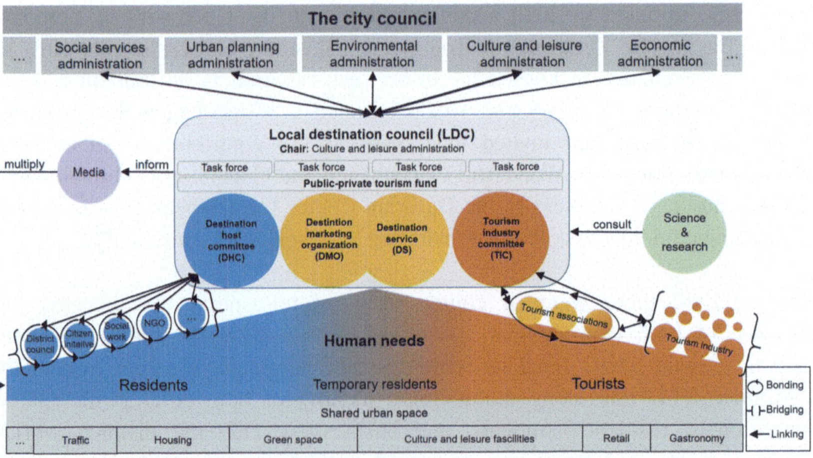

Fig. 4 PROsilient and inclusive urban destination governance model. *Source:* Own design

5.1 The Birth of the Local Destination Council

The PROsilient DG model (Fig. 4) addresses several up-to-date issues that hamper the sustainable development of urban destinations. First, the foundation of the model illustrates that the old-fashioned, binary understanding of residents versus tourists ought to be replaced by a fluent transition that considers all the city's dwellers. Considering the dominant trend of "like a local" (Volgger, 2019) and "off-the-beaten-track tourism" (Maitland & Newman, 2009), the different city users, who are often hard to differentiate, share common needs as well as the same urban space. Hence, merging those groups and focusing on human needs instead of residents' and tourists' needs can avoid competition between them and proactively increase tolerance towards each other. Considering the global travel halt in 2020 and the resulting "leisurefication" (Gronau & Kagermeier, 2007, p. 1) of urban space, local residents already gained DMOs' attention as a new target group. This could be a great starting point for a future realignment to target all city dwellers alike and invite them to explore the city.

Second, center of the model is the Local Destination Council (LDC). This council should be a newly established, public–private-people network that consists of four main actors but includes multiple stakeholders, who are to participate in decision-making and share their views. The permanent members should be (from left to right):

1) a destination host committee (DHC) that represents the local residents (see Sect. 5.4);
2) the traditional destination marketing organization (DMO);
3) an institution that manages the local destination services (DS) and
4) an institution, here called the tourism industry committee (TIC), that represents the private-sector tourism partners.
   Collaboratively, these parties should contribute to the tourism fund and to task forces that are to tackle specific projects such as the destination strategy, events, and similar. The local culture (and leisure) administration should initiate and guide the LDC.

Third, over the last couple of years, DMOs were prompted to change their wording and tasks from marketing to management. Nonetheless, changing an organization's fundamental purpose and operation also makes the exchange of the employees (and with that, their skillsets) mandatory. Thus, this transformation often could not be (success)fully achieved. Therefore, the presented model tries to cover both, and aims for a public–private combination, in which the job of marketing remains with a commercial DMO, as it is commonly the case, and the administrative tasks are mandated to a public administration, as outlined in the next section.

5.2 The Role of the City Council

Tourism should no longer be managed with a laissez-faire self-governance attitude, which has caused unsustainable economic growth and conflicts over the last decades (Ioannides & Gyimóthy, 2020). The restructuring of destinations after the COVID-19 pandemic can neither be initiated by the industry, nor by DMOs, researchers, or residents. However, they all can increase the pressure on the government to provide the required support to kick start an efficient DG. On the one hand, tourism affects the city, its residents, businesses, and infrastructure, in many ways. On the other hand, the politicians' task is to govern their municipality as civil servants who committed themselves to the interests of the general public—their voters. Bearing that in mind, tourism should become a political matter and should be embedded into the wider context of regional governance (Lindström, 2020). Moreover, Shone et al. (2016) stated that "local governments have legislative mandate to undertake land-use planning and regulate development applications" (p. 3) and concluded that "governments shape the playing field, the rules of the game and the mode of play" (p. 4).

However, political participation or guidance can even be counterproductive and strengthen the purely economic focus on the industry. This biased approach to shaping the industry is supported if only the economic department of a city council is involved in tourism governance, as it is the case in Munich. Therefore, the author claims that tourism should indeed gain political support, but not from a sole economic perspective. For example, if the public tourism body is subordinate to the municipal culture and/or leisure administration, the focus might shift back to the initial purpose of tourism—to explore other cultures. Nonetheless, other administrations should be part of the LDC to make sure that the effects of tourism on social services, urban planning, the environment, and the city's economy are considered.

5.3 Increased Social Capital for Success

As Pechlaner et al. (2019) stated to understand resilience in the complex ecosystem of tourism, it is essential to identify and map the interrelations of actors, organizations, and systems. In line with this, Hall et al. (2018) propose the rule of thumb that "the denser and wider those networks are, the more potentially resilient

[is] a destination to perturbation" (p. 106). Literature on the topic offers two helpful approaches to map the local tourism network. First, according to Mitchell et al. (1997), there are three attributes to identify relevant stakeholders: power (dormant stakeholder), legitimacy (discretionary stakeholder), and urgency (demanding stakeholder). For a resilient and sustainable stakeholder network, it is essential to include actors of all three groups. Second, the earlier mentioned, three-dimensional understanding of bonding, bridging, and linking social capital by Woolcock (2001) highlighted another aspect to be considered when building a network. The horizontally bridging social capital minimizes the fact that those actors work against each other; whereas the vertical linking with powerful actors holds the system together and offers important resources. Only if all three dimensions of the social capital are covered, the governance model can be strong and resilient towards future challenges. On that backdrop, an effective collaboration and alignment between spatial, traffic, and tourism planners is long overdue. It might offer the optimal area for residents to get involved, since these concerns directly touch upon their personal interests. Thus, these departments would have to collaborate and align their approaches to achieve a well-structured and hence more resilient community.

On top of that, the author agrees with Pulido-Fernández and Pulido-Fernández (2018) who clarified that always looking for consensus in such a collaboration is unrealistic, even if other researchers often name it as the ultimate goal. However, searching for consensus can be the very reason why certain stakeholders are purposefully excluded, which consequently renders the network a very vulnerable one. Revealing opposing opinions is not an obstacle for participatory processes but the goal. Once the relevant players, including scientists and media, are identified and brought together, they should collectively define what kind of tourism they want (Innerhofer et al., 2020). Only after having answered this question truthfully from a broad range of perspectives, the task forces of the DG network can start to develop management strategies based on those conditions and requirements. Based on the experiences that were gathered in the two case studies, it is advisable to create an inventory and diagram of the dormant, discretionary, and demanding local stakeholders (Mitchell et al., 1997).

5.4 Resident Inclusion Instead of Participation

When talking about resident participation, empirical findings indicate that this is often limited to political empowerment. Nonetheless, based in Nijs' (2017) findings, resident tolerance towards tourism is mostly fostered through *psychological* empowerment. Furthermore, against researchers' longstanding assumptions, Erdmenger's (ca. 2022a) study demonstrated that residents of urban destinations (which have not yet reached their limits of tolerance towards tourism) are hardly interested in substantially participating in DG. Instead, residents' only demand is to have a say or some decision-making power in DG processes when their personal life and private space, more specifically their safety, privacy, identity, and/or freedom, are affected by tourism (Erdmenger, ca. 2022b). Hence, resident participation from residents' perspectives should be occasional, attractive, understandable, and without obligations and lengthy processes. If these aspects are considered, the chance to motivate more people to join a participatory event increases drastically. In light of this, it is crucial to refrain from conceptualizing unrealistic scenarios and models. Instead, a paradigm shift in the understanding of and approach to participation is needed. The author concludes that residents' needs must be considered in the tourism planning and that they ought to be represented in the DG network as the presented model illustrates. Hence, the public interest must take diverse groups and interests into account, including those who may be marginalized or disempowered (Jamal & Camargo, 2018; Pfefferbaum et al., 2017). At the same time, getting those people, who are often frustrated and feel neglected by the system, to voice those opinions is a difficult and time-consuming task, which requires an honest commitment and a lot of support from social agendas. Therefore, as learned from past efforts to promote sustainable development, individuals, managers, and business owners need tangible short-term incentives to even gain interest in such complex and abstract buzzwords like sustainability and now resilience. Moreover, when talking about proactive approaches, it is of particular importance to initiate the process from a top-down perspective, since the vast majority of residents will not become active before they urgently feel the need to. Therefore, the precondition for pro-activism is reflected, knowledgeable and conscious leadership. Hence, some regulations and formalities set by the city's administration are needed for tourism planning as well as a legal foundation.

In summary, locals, in this case the residents of popular urban destinations in Europe, should have the *ability* to 1) enjoy the city as a living space collectively with other city dwellers (including tourists), 2) have decision-making power when tourism affects their quality of life and needs (even if they are not (yet) aware of it), and 3) contribute to or be represented in the LDC. Hence, we should restructure and come up with an approach that aims for *localability*—a governance approach that gives city dwellers, the tourism industry, environmental, and/or social associations the ability to contribute to and to benefit from tourism in their city.

6 Recommendations for Action Powered by Residents

Academic literature offers a plethora of concepts for more or less any problem. Researchers' creativity and experiences (often based on empirical data) are very important and highly valuable. Nonetheless, it can be very elitist, idealistic, and hard to understand, too. Therefore, this section illuminates briefly, in form of a comprehensive table, ideas of a frequently neglected consultancy team: the views of the affected, in this case urban residents. Obviously not all requests and ideas which the focus group participants in Copenhagen and Munich shared (enumerated in Tab. 1), were realistic or even beneficial for the general public, but they were understandable, honest, and thus, worthy of being published.

7 A Reflection on Post-Pandemic Destination Governance

The globally desired return to normality is indeed very likely if policies are not changed (Richards, 2020) and lessons not learned. Consequently, tourism might again be (ab)used as a self-propelled economic booster, as has been the case after previous crises (Joppe, 2019). Ultimately, probably around 2023–2025, residents of popular metropolitan areas will experience a déjà vu, and wild debates on whether Overtourism 2.0 could have been avoided will make headlines. To counteract that, we must seize the moment, the forced break, and act now. According to Pulido-Fernández and Pulido-Fernández (2019), the inclusion of the local residents is especially beneficial when a destination is in the process of change—which will most likely apply to all destinations in 2021–2022. Koens et al. (2021) agreed with other researchers, while further stressing the urgency: "rather than waiting and hoping for regime changes to magically produce a panacea, it may be wiser for academics, policymakers, practitioners and other stakeholders to take a more pro-active approach to destination design" (p. 3). In contrast, Amore und Hall (2016) doubted that community-led and bottom-up initiatives could be effective if the social capital is low and networked relations are scarce. Both these statements are probably true. Nonetheless, talking to tourism professionals, who actually work in the tourism business, and not in research institutions, makes clear that stakeholders first and foremost struggle with securing the continued existence of their company, and nothing else. For instance, the interviewed representative of TIM (M-TI1 2020) explained:

Tab. 1 Recommendations of action by residents of Munich and Copenhagen to empower their role in the local tourism industry

	EMPOWERMENT	RECOMMENDATIONS FOR ACTION
PSYCHOLOGICAL	Personal benefits	Create activities that improve residents‘ quality of life, i.e. **embellishment of shared space**
	Support local pride	Invite residents to (re)**explore their city,** i.e. join a **guided tour** and answer tourists' questions according to "their story"
	Prioritize residents over tourists	Offer **financial advantages** for residents in leisure/culture facilities Safe a "**resident contingent**" for popular events/attractions
	Create "local heroes"	Train interested residents to become community representatives to **connect visitors and community**
SOCIAL	Protect local identity	Let residents decide how they want to **share their identity, traditions and lifestyle** in educational brochures, marketing slogans, city walks etc.
	Offer volunteering options	Combine tourism with environmental and social volunteering activities to highlight the relation and **obtain priority**
	Educate about cultures	Invite to **intercultural events** to foster cultural awareness and tolerance, such as street festivals and social games
	Explain sustainable tourism	Inform residents about sustainable tourism and how they can **help to implement it** in their home city

(Fortsetzung)

Tab. 1 (Fortsetzung)

	EMPOWERMENT	RECOMMENDATIONS FOR ACTION
POLITICAL	Approach residents	Approach residents **actively** and **visit them** instead of inviting to town hall/political hearings only
	Smart communicate at eye level	Use **modern and diverse** ways of communication, such as (social) media, theatre, apps and gamification
	Inform about tourism	Share information in an **attractive way** Establish a **contact point for residents** to get information, ask questions or share concerns related to tourism
	Share positive impact	Create awareness how tourism improves the local **infrastructure, leisure offers and atmosphere**
	Be proactive	Do not "socialwash" participation; talk to residents **from the beginning** and add their input into the process *before* they are upset and lose trust

Source: Own design

> So far, it has always been said that Munich aims for moderate growth and we really wrote [in the strategy] that we would like to see sustainable growth in tourism in Munich under all its three aspects... Frankly, that is put on hold at the moment, because now it is simply about securing the livelihood and economic survival of many member companies. Therefore, we really have no choice but to wish that the numbers stabilize again at least at a moderate level.

Following that line of reasoning, the motto appears to be to build back—without any ambition for *better.* In contrast, due to the growth-oriented legacy of tourism, the adjective better might be misinterpreted as even more profitable, which is also why DMOs now claim to strive for qualitative tourism—fewer people who spend more money. One could also call this prestige or exclusive tourism. Of course, it is questionable to blame a business manager for striving for higher revenue. However, it should be obvious that these profit-motivated, private sector entrepreneurs cannot implement a threefold, sustainable tourism development. For obvious reasons, the same stands true for commercial DMOs. The two urban tourism researchers Novy and Sommer (2021) described that very well and stated that commissioning a DMO to represent and manage competing interests would be comparable to a European Soccer Championship game in which one of the two competing teams also provides the referee. In line with this, the employee (M-DMO2 2020) of MT reflected honestly:

> Then there is always what should I do right away? And what should I do strategically in the long term? That is very bothersome, because I always have the feeling that two hearts are beating in my chest and that you cannot please everyone. Not those who expect a well-thought-out tourism strategy to be developed or, on the other hand, those who need immediate aid.

This statement discloses the powerlessness of DMOs—commercial and public ones—and that they cannot take on the responsibility for maintaining destinations on their own. These tasks, to initiate a strategic change, to form a governance network, to allocate resources, to facilitate mutual assistance between stakeholders, and to involve residents, voters, and hosts in these processes is the responsibility of civil servants of the respective city government. One can only hope that the disruptive influence of the COVID-19 pandemic on the global tourism industry was a sufficient wake-up call for our politicians, governments, and leaders to finally consider the social, environmental, and economic effects of tourism from a holistic and inclusive perspective.

References

Amore, A., & Hall, C. M. (2016). From governance to meta-governance in tourism? Re-incorporating politics, interests and values in the analysis of tourism governance. Re-incorporating politics, interests and values in the analysis of tourism governance. *Tourism Recreation Research, 41*(2), 109–122.

Altes, W. K. K., Kleinhans, R., & Meijers, E. (2018). Relational versus local values of cultural heritage. Tourism gentrification and governance in context. *socio.hu* (Special Issue), 1–22.

Beaumont, N., & Dredge, D. (2010). Local tourism governance: A comparison of three network approaches. *Journal of Sustainable Tourism, 18*(1), 7–28. https://doi.org/10.1080/09669580903215139.

Bichler, B. F. (2021). Designing tourism governance: The role of local residents. *Journal of Destination Marketing & Management, 19*(4), 100389.

Boley, B. B., McGehee, N. G., Perdue, R. R., & Long, P. (2014). Empowerment and resident attitudes toward tourism: Strengthening the theoretical foundation through a Weberian lens. *Annals of Tourism Research, 49,* 33–50.

Bourdieu, P. (2005). Das Sozialkapital. Vorläufige Notizen. *Peripherie, 99*(25), 263–266.

Cooper, C. P., & Hall, C. M. (2019). Governing the contemporary tourism product. The role of the public sector and tourism policy. In C. P. Cooper & C. M. Hall (Eds.), *Contemporary tourism. An international approach* (4th ed., pp. 164–194). Goodfellow.

Dai, S., Xu, H., & Chen, F. (2019). A hierarchical measurement model of perceived resilience of urban tourism destination. *Social Indicators Research, 145*(2), 777–804.

dos Anjos, F. A., & Kennell, J. (2019). Tourism, governance and sustainable development. *Sustainability, 11*(16), 4257.

Di Gregorio, M., Fatorelli, L., Paavola, J., Locatelli, B., Pramova, E., Nurrochmat, D. R., May, P. H., Brockhaus, M., Sari, I. M., & Kusumadewi, S. D. (2019). Multi-level governance and power in climate change policy networks. *Global Environmental Change, 54,* 64–77.

Dredge, D. (2019). Governance, tourism and resilience. A long way to go? In J. Saarinen & A. M. Gill (Eds.), *Resilient destinations and tourism. Governance strategies in the transition towards sustainability in tourism* (pp. 48–66). Routledge.

Erdmenger, E. (2019). Community resilience in urban tourist destinations. *Zeitschrift für Tourismuswissenschaft, 11*(3), 437–450.

Erdmenger, E. (2022a). The End of Participatory Destination Governance as We Thought to Know It. [In reviewing process]

Erdmenger, E. (2022b). "I don't feel like it's my place anymore": How residents perceive urban tourism to threaten their human needs [In reviewing process]

Erdmenger, E., & Kagermeier, A. (2020). Handlungsansätze für den Umgang mit Overtourism-Effekten. *Berichte Geographie Und Landeskunde, 93*(3), 181–200.

Erdmenger, E., & Kagermeier, A. (2021). Participatory destination governance and other pipe dreams. *Berichte Geographie Und Landeskunde, 94*(3), 225–245. https://doi.org/10.25162/bgl-2021-0012.

Frisch, T., Sommer, C., Stoltenberg, L., & Stors, N. (Hrsg.). (2019). *Tourism and everyday life in the contemporary city* (Routledge studies in urbanism and the city). Routledge.

Gronau, W., & Kagermeier, A. (2007). Leisure and tourism: An approach to the economic regeneration of heavily industrialised regions? The example of the German Ruhrgebiet. In C. Aitchison, A. Tallon, & G. Richards (Eds.), *Urban transformations: Regeneration and renewal through leisure and tourism* (pp. 45–60). Leisure Studies Association (LSA) Publication, 96.

Hall, C. M., Prayag, G., & Amore, A. (2018). *Tourism and resilience. Individual, organisational and destination perspectives* (Tourism essentials, Bd. 5). Channel View Publications.

Herntrei, M. (2019). Tourist go home! Beobachtungen zu Overtourism und einer sinkenden Tourismusakzeptanz in Europa. Welche Folgen ergeben sich für Wissenschaft und Praxis? In H. Pechlaner (Ed.), *Destination und Lebensraum, Entrepreneirial Management und Standortentwicklung* (pp. 107– 123). Springer Nature.

Hotellet Vesterbro. (2021). Hotellet Vesterbro. https://hotellet-vesterbro.kk.dk/. Accessed 6 Aug 2021.

Hynes, W., Trump, B., Love, P., & Linkov, I. (2020). Bouncing forward: A resilience approach to dealing with COVID-19 and future systemic shocks. *Environment systems & decisions,* 1–11.

Ioannides, D., & Gyimóthy, S. (2020). The COVID-19 crisis as an opportunity for escaping the unsustainable global tourism path. *Tourism Geographies, 22*(3), 624–632.

Innerhofer, E., Erschbamer, G., & Pechlaner, H. (2020). Overtourism. The challenge of managing the limits. In H. Pechlaner, E. Innerhofer, & G. Erschbamer (Eds.), *Overtourism. Tourism management and solutions* (pp. 3–13). Routledge.

Islam, M. W., Ruhanen, L., & Ritchie, B. W. (2018). Adaptive co-management: A novel approach to tourism destination governance? *Journal of Hospitality and Tourism Management, 37*(3), 97–106.

Jamal, T., & Camargo, B. A. (2018). Tourism governance and policy: Whither justice? *Tourism Management Perspectives, 25,* 205–208.

Jamieson, W., & Jamieson, M. (2019). Managing overtourism at the municipal/destination level. In R. Dodds & R. Butler (Eds.), *Overtourism. Issues, realities and solutions* (pp. 217–233). De Gruyter.

Jiménez-Medina, P., Artal-Tur, A., & Sánchez-Casado, N. (2021). Tourism business, place identity, sustainable development, and urban resilience: A focus on the sociocultural dimension. *International Regional Science Review, 44*(1), 170–199.

Joppe, M. (2019). The roles of policy, planning and governance in preventing and managing overtourism. In R. Dodds & R. Butler (Eds.), *Overtourism. Issues, realities and solutions.* (pp. 250–261). De Gruyter.

Koens, K., Melissen, F., Mayer, I., & Aall, C. (2021). The Smart City Hospitality Framework: Creating a foundation for collaborative reflections on overtourism that support destination design. *Journal of Destination Marketing & Management, 19*(5), 100376.

Lalicic, L., & Önder, I. (2018). Residents' involvement in urban tourism planning: Opportunities from a smart city perspective. *Sustainability, 10*(6), 1852.

Landeshauptstadt München. (2013). Bürgerentscheid zur Bewerbung der Landeshauptstadt München um die Olympischen und Paralympischen Winterspiele 2022. https://www.wahlen-muenchen.de/ergebnisse/brgerentscheidzurbewerbungderlandeshauptstadtmnchenumdieolympischenundparalympischenwinterspiele2022/endgueltig/internet/gesamt/index.html. Accessed 6 Aug 2021.

Landeshauptstadt München. (2021). München in Zahlen: Daten und Statistiken der Stadt München. https://www.muenchen.de/sehenswuerdigkeiten/muenchen-in-zahlen.html. Accessed 6 Aug 2021.

Lindström, K. N. (2020). Ambivalence in the evolution of a community-based tourism sharing concept: A public governance approach. *Scandinavian Journal of Hospitality and Tourism, 20*(3), 302–315.

Luthe, T., & Wyss, R. (2014). Assessing and planning resilience in tourism. *Tourism Management, 44,* 161–163.

Maitland, R., & Newman, P. (2009). World tourism cities: Developing tourism off thebeaten track. *Contemporary geographies of leisure, tourism and mobility*. Routledge. http://site.ebrary.com/lib/suub/docDetail.action?docID=10870098.

Martins, M. (2018). Tourism planning and tourismphobia. An analysis of the strategic tourism plan of Barcelona 2010–2015. *Munich Personal RePEc Archive.* https://mpra.ub.uni-muenchen.de/88203/. Accessed 6 Aug 2021.

Maslow, A. (1943). A theory of human motivation. *Psychological Review, 50,* 370–396.
Max-Neef, M. (2017). Development and human needs. In D. Gasper & A. L. St. Clair (Eds.), *Development Ethics* (2nd ed., pp. 169–186). Routledge. https://doi.org/10.4324/9781315258003-14.
Meerow, S., & Newell, J. P. (2016). Urban resilience for whom, what, when, where, and why? *Urban Geography, 40*(3), 309–329.
Mitchell, R. K., Agle, B. R., & Wood, D. J. (1997). Toward a theory of stakeholder identification and salience: Defining the principle of who and what really counts. *Academy of Management Review, 22*(4), 853–886.
München Tourismus (MT). (2021a). Tourismusstrategie. https://www.muenchen.travel/artikel/ueber-uns/tourismusstrategie. Accessed 6 Aug 2021.
München Tourismus (MT). (2021b). Data, facts and market research. https://www.munich.travel/en/topics/about-us/data-facts-and-market-research. Accessed 6 Aug 2021.
Nijs, V. (2017). *Resident attitudes towards tourism. Testing the Resident Empowerment through Tourism Scale (RETS) in Bruges*. Master thesis, Modul University Vienna.
Novy, J., & Colomb, C. (2020). Overdosed, underplanned or what? Making sense of urban tourism's 'politicisation from below'. In J. A. Oskam (Ed.), *The overtourism debate* (pp. 75–94). Emerald Publishing Limited.
Novy, J., & Sommer C. (2021). Berlin fehlt ein Konzept für nachhaltigen Tourismus. *Der Tagesspiegel,* 75 Visionen für Berlin—Folge 45.
Paredes-Rodriguez, A. A., & Spierings, B. (2020). Dynamics of protest and participation in the governance of tourism in Barcelona: A strategic action field perspective. *Journal of Sustainable Tourism, 28*(12), 2118–2135.
Partzsch, L.(2015). Umweltpolitik: Welche Macht führt zum Wandel? In L. Partzsch & S. Weiland (Eds.), *Sonderhefte Zeitschrift für Politikwissenschaft. Macht und Wandel in derUmweltpolitik: ZPol Sonderband 2015 II* (1st ed., pp. 7–26). Nomos Verlagsgesellschaft mbH & Co. KG. https://doi.org/10.5771/9783845261133-7.
Pechlaner, H., Zacher, D., Eckert, C., & Petersik, L. (2019). Joint responsibility and understanding of resilience from a DMO perspective—An analysis of different situations in Bavarian tourism destinations. *International Journal of Tourism Cities, 5*(2), 146–168.
Pfefferbaum, B., van Horn, R. L., & Pfefferbaum, R. L. (2017). A conceptual framework to enhance community resilience using social capital. *Clinical Social Work Journal, 45*(2), 102–110.
Prakasa, Y., Danar, O. R., & Fanani, A. A. (2019). Urban tourism based on social capital development model. *Eurasia: Economics & Business, 19*(1), 37–42.
Pulido-Fernández, J. I., & La Pulido-Fernández, M. D. C. (2018). Proposal for an indicators system of tourism governance at tourism destination level. *Social Indicators Research, 137*(2), 695–743.
Pulido-Fernández, M. D. C., & Pulido-Fernández, J. I. (2019). Is there a good model for implementing governance in tourist destinations? The opinion of experts. *Sustainability, 11*(12), 3342.
Putnam, R. D. (2001). Social capital: Measurement and consequences. *Canadian Journal of Policy Research, 2,* 41–51.
Rahman, M. S.-U., Simmons, D., Shone, M. C., & Ratna, N. N. (2021). Social and cultural capitals in tourism resource governance: The essential lenses for community focused co-management. *Journal of Sustainable Tourism,* 1–21.

Richards, G. (2020). Tourism in challenging times: Resilience or creativity. *Tourism Today,* 8–15.
Saarinen J., & Gill A. M. (2019). Tourism, resilience and governance strategies in the transition towards sustainability. In J. Saarinen & A. M. Gill (Eds.), *Resilient destinations and tourism. Governance strategies in the transition towards sustainability in tourism* (pp. 15–33). Routledge.
Scheyvens, R. (1999). Ecotourism and the empowerment of local communities. *Tourism Management, 20,* 245–249.
Shone, M. C., Simmons, D. G., & Dalziel, P. (2016). Evolving roles for local government in tourism development: A political economy perspective. *Journal of Sustainable Tourism, 24*(12), 1674–1690.
Silva, E. D. A., & Lazăr, C. R. (2019). Tourism in transformation: From a hectic urban environment to urban resilience in Barcelona. http://journal.urbantranscripts.org/article/tourism-transformation-urban-hectic-environment-urban-resilience-barcelona-elisa-diogo-andrade-silva-cristina-roxana-lazar/. Accessed 6 Aug 2021.
Statistics Denmark. (2021). StatBank Denmark. https://www.statbank.dk/statbank5a/default.asp?w=1280. Accessed 23 June 2021.
StoryHunt. (2021). Know Your 'Bro. https://storyhunt.dk/knowyourbro. Accessed 6 Aug 2021.
Studenterhuset. (2021). Copenhagen sustainability challenge. https://studenterhuset.com/copenhagensustainabilitychallenge/. Accessed 6 Aug 2021.
Thagard, P. (2013). Better than resilient—Prosilient. If life gives you salt, make margaritas. Psychology Today. https://www.psychologytoday.com/us/blog/hot-thought/201308/better-resilient-prosilient. Accessed 6 Aug 2021.
Thees, H., Pechlaner, H., Olbrich, N., & Schuhbert, A. (2020). The living lab as a tool to promote residents' participation in destination governance. *Sustainability, 12*(3), 1120.
Vogt, M., & Schneider, M. (2016). Zauberwort Resilienz. Analysen zum interdisziplinären Gehalt eines schillernden Begriffs. *Münchener Theologische Zeitschrift, 67*(3), 180–194.
Volgger, M. (2019). The end of tourism through localhood and overtourism? In H. Pechlaner (Ed.), *Destination und Lebensraum. Perspektiven touristischer Entwicklung* (Entrepreneurial Management und Standortentwicklung, pp. 137–151). Springer Gabler.
Walker, B., Holling, C. S., Carpenter, S. R., & Kinzig, A. P. (2004). Resilience, adaptability and transformability in social-ecological systems. *Ecology and Society, 9*(2).
Wonderful Copenhagen. (WoCo). (2017a). The end of tourism as we know it. http://localhood.wonderfulcopenhagen.dk. Accessed 6 Aug 2021.
Wonderful Copenhagen. (WoCo). (2017b). https://10xcopenhagen.com/. Accessed 6 Aug 2021.
Wonderful Copenhagen (WoCo). (2021a). Reports and insights. Retrieved June 23, 2021a, from https://www.wonderfulcopenhagen.com/wonderful-copenhagen/analyses-insights/reports-and-insights. Accessed 6 Aug 2021.
Wonderful Copenhagen (WoCo). (2021b). Lonely planet loves "Denmark's capital of cool". Retrieved October 20, 2021b, from https://www.wonderfulcopenhagen.com/convention-bureau/news-room/lonely-planet-loves-denmarks-capital-cool.
Woolcock, M. (2001). Microenterprise and social capital: A framework for theory, research, and policy. *The Journal of Socio-Economics, 30,* 193–198.
World Tourism Organization (UNWTO). (2020). The fundamental importance of building back better in a post-COVID world. https://www.unwto.org/covid-19-oneplanet-responsible-recovery-initiatives/sustainable-hospitality-alliance. Accessed 6 Aug 2021.
World Tourism Organization (UNWTO). (2021). WTD2021. Tourism for inclusive growth. https://www.unwto.org/world-tourism-day-2021. Accessed 6 Aug 2021.

Die Wahrnehmung von Resilienz in Krisenzeiten auf Destinations- und Branchenebene aus Sicht von Unternehmer/innen

Victoria Ranacher-Lackner und Anita Zehrer

Inhaltsverzeichnis

Zusammenfassung

Die Tourismusindustrie, obwohl eine der wichtigsten Industrien der Welt, ist ständigen ökonomischen, klimatischen, finanziellen oder anderen Krisen ausgesetzt (Liu & Pratt, Tour Manag 60:404–417, 2017; Ritchie, Tour Manag 25:669–683, 2004; Zehrer, Cultural entrepreneurship – Challenges and

V. Ranacher-Lackner
Zentrum Familienunternehmen, MCI Management Center Innsbruck, Innsbruck, Österreich
E-Mail: victoria.ranacher-lackner@mci.edu

A. Zehrer (✉)
Leiterin Zentrum Familienunternehmen, MCI Management Center Innsbruck, Innsbruck, Österreich
E-Mail: anita.zehrer@mci.edu

H. Pechlaner et al. (Hrsg.), *Resilienz als Strategie in Region, Destination und Unternehmen,* Entrepreneurial Management und Standortentwicklung,
https://doi.org/10.1007/978-3-658-37296-5_11

strategies. Culture meets economy (S. 43–62). Eurac Research, 2013). Das Konzept der Resilienz ermöglicht touristischen Destinationen oder Branchen durch ihre Kraft mit diesen Veränderungen umzugehen oder gar die Krisen mit ihren einhergehenden Effekten zu verhindern (Annarelli & Nonino, Omega 62:1–18, 2016; Kalisch et al., Behav Brain Sci 38, 2015; McManus et al., Nat Hazards Rev 9:81–90, 2008). Ein Kernelement, um ebendiese Stabilität zu erhalten, ist die entsprechende Zusammenarbeit (Beritelli, Ann Tour Res 38:607–629, 2011; Hristov & Zehrer, Tour Rev 70:116–131, 2015; Raich & Zehrer, St.Galler Schriften für Tourismus und Verkehr: Bd. 7. Gesellschaftlicher Wandel als Herausforderung im alpinen Tourismus, 2015–2016; Zehrer et al., Tour Rev 69:59–73, 2014); und eine qualitative Vernetzung der agierenden Akteure/innen auf Beziehungsebene (Hristov & Zehrer, Curr Issues Tour 22:1095–1115, 2019; Pechlaner et al., Tour Rev 69:1–9, 2014; Zehrer et al., Tour Rev 69:59–73, 2014). Der Artikel beschäftigt sich daher mit dem Konzept der Resilienz auf Destinations- sowie auf Branchenebene. Es werden die Wichtigkeit der Vernetzung innerhalb der Branche in der Destination, die Auswirkung der Vernetzung auf das Meistern von Krisen sowie die Entwicklung von Resilienz und der Austausch unter den Unternehmer/innen behandelt. Durch die Frage nach und die Bewertung der Bedeutung und Wichtigkeit der Vernetzung einer Branche innerhalb einer Destination sollen resiliente unternehmerische Rahmenbedingungen für Regionen und Destinationen entstehen.

1 Einleitung

Der Tourismus, obwohl eines der wirtschaftlich wichtigsten Systeme, ist eine der verletzlichsten Industrien. Dies wird zum einen durch die Komplexität der Branche, zum anderen durch die steigende Anzahl der Krisen und Desaster, welchen die Industrie ausgesetzt ist, bedingt (Faulkner, 2001; Holladay, 2018; Tyrrell & Johnston, 2008). Die Herausforderungen reichen von ökologischen Faktoren wie dem Klimawandel, der globalen Erwärmung, dem Verlust der Biodiversität sowie den schmelzenden Gletschern über sozio-politische Dimensionen wie Globalisierung, Immigration und politischer Situation über sozio-ökonomische Dimensionen wie Steuerregelungen, allgemeinen Megatrends in der Reiseindustrie und Inflation bis hin zu sozio-technologische Dimensionen wie nachhaltige Mobilität, Infrastruktur und digitale Technologien (Amore et al.,

2018). Die Problemstellungen sind also nicht nur durch die Komplexität des touristischen Systems und der damit einhergehenden Interaktion zwischen dem Kernsystem und den Subindustrien, sondern auch durch externe Faktoren gegeben. Die Auswirkungen der Herausforderungen und Problemstellungen reichen je nach entsprechendem Individualfall von lokalen bis hin zu globalen Effekten (Holladay, 2018).

In den letzten Jahren wurde die Tourismusindustrie von diversen Krisen beeinflusst. Als Beispiele können der Anschlag am 9. September 2001 (9/11) in den USA, die Ebola Krise in Westafrika, die Hand-Fuß-Mund-Krankheit im Vereinigten Königreich, SARS (Severe Acute Respiratory Syndrome) im asiatisch-pazifischen Raum, Naturkatastrophen sowie zum Beispiel das Erdbeben in Neuseeland, oder der Tsunami in Thailand 2004, die BP Ölkrise am Golf von Mexiko und nicht zuletzt die COVID-19-Krise aufgezählt werden. Die Auswirkungen auf die Tourismusindustrie sind mitunter gravierend. So wurden zum Beispiel nach dem 9/11 Anschlag als Reaktion auf das mangelnde Reiseaufkommen 75.000 Angestellte der Hotel- und Tourismusindustrie in Washington entlassen. Bedingt durch die SARS-Krise verloren die Hotels in Singapur 28 Mio. $ und die Besucherzahlen in Hong-Kong reduzierten sich um 57 % (Ritchie et al., 2014).

Die jüngste Krise, welcher die Tourismusindustrie in vollem Ausmaß ausgesetzt ist, ist die seit März 2020 andauernde COVID-19-Krise (Schwaiger & Zehrer, 2020; Traskevich & Fontanari, 2021). Durch die Einschränkungen und Maßnahmen im Zusammenhang mit der COVID-19-Krise verzeichneten Gastronomiebetriebe in Österreich einen Umsatzverlust von EUR 60 Mio. pro Tag und die Arbeitslosenrate verdoppelte sich auf 29 %. In den USA wurden innerhalb nur eines Monats 22 Mio. Personen arbeitslos. In der Schweiz und auch in Österreich wurden flächendeckende Kurzarbeitsmodelle ausgerollt (Kraus et al., 2020; Schwaiger & Zehrer, 2020). Obgleich die Tourismusindustrie sich nie durch Stabilität und einem gleichbleibenden Rahmen ausgezeichnet hat, konnte die Pandemie neuerlich auf die strukturelle Schwäche der Industrie, angemessen auf die Auswirkungen einer Krise zu reagieren, hinweisen (Kraus et al., 2020; Sigala, 2020).

Ein Konzept, um mit möglichen Stressoren der Tourismusindustrie umzugehen, ist das Konzept der Resilienz, da man generell davon ausgeht, dass resiliente touristische Einheiten stärker aus Krisen hervorgehen als nicht resiliente Einheiten (Fabry & Zeghni, 2019; Folke et al., 2010; Holladay, 2018; Singh, 2018). Da Tourismus als soziotechnisches System mit ineinandergreifenden Institutionen, Organisationen, Ressourcen, Wissen, Netzwerken und Beziehungen beschrieben werden kann (Amore et al., 2018), umfasst das Konzept der Resilienz von touristischen Systemen die Fähigkeit der involvierten Systeme, die regionale Wirtschaft auf einem stabilen Niveau zu halten und dabei die entsprechende Flexibilität beizubehalten, um Innovation und weitere Entwicklungen zu ermöglichen (Innerhofer et al. 2018). Ein Kernelement, um ebendiese Stabilität zu erhalten, ist die entsprechende Zusammenarbeit (Beritelli, 2011; Hristov & Zehrer, 2015; Raich und Zehrer 2015, 2016; Zehrer et al., 2014) und eine qualitative Vernetzung der agierenden Akteur/innen auf Beziehungsebene (Hristov & Zehrer, 2019; Pechlaner et al., 2014; Zehrer, 2013; Zehrer et al., 2014).

Ein touristisches System umfasst eine Vielzahl an Akteur/innen mit unterschiedlichen Verantwortlichkeiten. Sind diese Akteur/innen eingebettet als Teil einer geografisch oder strategisch abtrennbaren Region, spricht man von einer Destination (Pechlaner 2003). Diese ergibt sich durch das Netzwerk der handelnden Akteur/innen und die entsprechenden Verlinkungen, welche sie miteinander verbinden. Dies beinhaltet viele verschiedene Stakeholder, wie Firmen, Verbände und Organisationen deren Beziehungen dynamisch und nicht linear sind (Żemła, 2016). Die Welt Tourismus Organisation definiert Destinationen als „the fundamental units of analysis in tourism". Touristischen Destinationen wurde im Kontext des Konzepts der Resilienz noch nicht viel forscherische Aufmerksamkeit entgegengebracht. Im Rahmen des vorliegenden Beitrages soll daher die Wichtigkeit der Vernetzung innerhalb einer resilienten Destination, und die Art des Austausches unter den Unternehmer/innen einer Destination bearbeitet werden (Amore et al., 2018).

Dieser Beitrag ist in vier Hauptabschnitte unterteilt. Im ersten Teil wird ein umfassender Forschungsüberblick über die Themen Destinations- bzw. Branchenresilienz gegeben. Im zweiten Teil wird die angewandte Methodologie beschrieben. Im dritten Abschnitt werden die Ergebnisse der qualitativen Interviews abgebildet und analysiert. Im vierten und letzten Teil werden die Forschungsfragen beantwortet.

2 Resilienz

Bedenkt man die Verletzlichkeit des touristischen Systems, ist ein Konzept, welches zur möglichen Überwindung von Effekten der diversen Herausforderungen beiträgt, eine große Chance für die touristische Industrie und die darunterliegenden Branchen. Um ein touristisches System, welches durch einen hohen Grad an Komplexität bestimmt ist, am Leben zu erhalten, sind Sensibilität und die Fähigkeit die Schwächen abzumildern wichtige Grundvoraussetzungen (Gretzel & Scarpino-Johns, 2018). Diese Sensibilität und die genannten Fähigkeiten sollen im Rahmen des Resilienzkonzepts näher betrachtet und bearbeitet werden, da man generell davon ausgehen kann, dass resiliente Organisationseinheiten im Tourismus stärker aus Krisen und Störungen hervorgehen als nicht resiliente Organisationseinheiten (Traskevich & Fontanari, 2021).

Seinen Ursprung findet das Konzept der Resilienz in der Technik, wo es als Fähigkeit zur schnellstmöglichen Rückkehr zu einem gegebenen Gleichgewichtszustand definiert wird (Amore et al., 2018). Im Tourismus wurde bis dahin meist mit dem traditionellen Desaster Model „4R“: Reduktion (Reduction), Bereitschaft (Readiness), Response (Reaktion) und Erholung (Recovery) gearbeitet (Cahyanto & Pennington-Gray, 2017). Im Laufe der Zeit und durch das Eindringen des Konzepts in andere Disziplinen entwickelten sich eine Vielzahl an Definitionen: Holladay (2018) zum Beispiel geht davon aus, dass durch resilientes Denken, was Persistenz, Anpassungsfähigkeit und Wandlungsfähigkeit umfasst, ein System eher stabil oder innerhalb kritischer Grenzen bleibt. Amore et al. (2018) hingegen beschreiben Resilienz als die intrinsische Fähigkeit von Objekten, die äußeren Stressoren oder Herausforderungen zu absorbieren beziehungsweise sich schnell davon zu erholen. Ebenfalls als die Fähigkeit eines Systems Störungen zu absorbieren und daraus zu lernen bzw. sich anzupassen, um zu wachsen und dynamischer aus der Krise hervorzugehen, definiert Holling Resilienz bereits in den siebziger Jahren (Holling, 1973). Als mehrdeutiges System oder Metapher beschreiben Amore et al. (2018) Resilienz als den Prozess oder das Ergebnis, wenn die von einem Event oder Trigger betroffenen Komponenten wieder zu ihrem ursprünglichen Status zurückfinden. Tyrrell und Johnston (2008) definieren Resilienz als die Fähigkeit von sozio-ökonomischen oder ökologischen Systemen sich von tourismus-induziertem Stress zu erholen. Resilienz wird auch als Reflektion der Stärke eines gekoppelten Umweltsystems gesehen (Carpenter et al., 2001). Scuttari und Corradini (2018) definieren Resilienz als die Eigenschaft des Systems mit unvermeidbaren Störungen so umzugehen, dass ein gewünschtes Vorankommen und eine stabile Entwicklung ermöglicht wird.

2.1 Destinationsresilienz

Tourismus wird als interagierendes sozio-technisches System beschrieben, dessen Institutionen, Organisationen und Ressourcen, Wissen und Beziehungen sich im ständigen Austausch befinden (Amore et al., 2018). Ein System ist dabei ein integratives Ganzes, dessen Eigenschaften auf den einzelnen Bestandteilen beruht. Destinationen werden von Gretzel und Scarpino-Johns (2018) als komplexe, anpassungsfähige Systeme definiert, die aus mehreren Ebenen von Stakeholder/innen und entsprechenden Beziehungen bestehen.

Im Rahmen dieses Beitrages wird das System auf spezifische geografische oder strategische Organisationseinheiten, Destinationen eingegrenzt, da auch diese häufig entsprechenden Störungen bzw. Herausforderungen ausgesetzt sind. Obwohl touristische Destinationen relativ schwer definierbar sind, liegen sie im Zentrum der Überlegungen hinsichtlich touristischer Resilienz, da entsprechende Strategien zum Überleben touristischer Destinationen bei entsprechenden Krisen bzw. Herausforderungen beitragen können (Gretzel & Scarpino-Johns, 2018). Als Bereich, in welchem die Wechselwirkungen unter den handelnden Akteur/innen Einheimische als auch Konsumenten abgebildet werden unter Berücksichtigung der Lebensqualität definiert Pechlaner (2019) Tourismusdestinationen (Eichelberger & Peters, 2020). Effektives Destinationsmanagement kann durch resilientes Gedankengut und die damit einhergehenden Strategien positiv beeinflusst werden und sowohl bei den täglichen als auch bei größeren Herausforderungen einen entscheidenden Vorteil bringen. Auch im Fall der touristischen Destinationen gibt es keine Einheitsdefinition für Resilienz, was in Anbetracht der verschiedenen zusammenspielenden Komponenten einer touristischen Destination auch wenig verwunderlich ist. Somit kann man schlussfolgern, dass die Einzelteile eines Systems eine große Auswirkung auf die übergeordnete Destinationsresilienz haben. Resilienz kann sich somit nur dann manifestieren, wenn die Wechselwirkungen und Beziehungen unter den betreffenden Organisationseinheiten entsprechend koordiniert und abgestimmt sind (Amore et al., 2018). Aus der Sicht der Destinationsmanagementeinheiten, bedarf es dazu an innovativen Fähigkeiten der Stakeholder/innen, um einen strategischen Vorteil zu erarbeiten (Traskevich & Fontanari, 2021). Die grundsätzliche Ausrichtung einer Destination als resiliente Einheit, mit der damit einhergehenden strategischen Ausrichtung, unterstützt nicht nur die Lebensdauer der Destination, sondern auch ihren Wettbewerbsvorteil (Amore et al., 2018). Die entsprechenden Krisen/Störungen/Stressoren, welche auf eine touristische Destination einwirken, müssen aber nicht immer negative Folgen haben, sondern können sogar zu effizienteren Strukturen und neuen Produkten führen. Daher sollte Resilienz in touristischen Destinationen auch als Mehrwert der Innovation, die positive Entwicklungen begünstigen kann, gesehen werden, nicht nur als Überlebensstrategie, welche die Kerntätigkeiten der Destination am Leben erhält (Traskevich & Fontanari, 2021).

Da die Vorteile einer resilienten Destination hinreichend argumentiert wurden, sollen die Komponenten, welche dazu beitragen eine Destination als solche resilient zu gestalten, beleuchtet werden. Es gibt dafür verschiedene Ansätze. Laut Hartman (2018) gibt es sechs Faktoren, welche den Aufbau einer resilienten Destination begünstigen: Vielfalt und Redundanz, Konnektivität, polyzentrische Steuerung, Sensibilität der Natur gegenüber und anpassungsfähige Denkweisen und Systeme. Kraus et al. (2020) gehen davon aus, dass flexible Gestaltungs- und Anpassungselemente geschaffen werden müssen, um trotz der veränderten Umstände sowohl effizient und nachhaltig agieren und gegebenenfalls das Geschäftsmodell entsprechend neu ausrichten zu können. Laut Amore et al. (2018) ist eine Destination dann resilient, wenn:

- sich ihre Stakeholder/innen der Schwachstelle und den Risiken und Gefahren bewusst sind,
- es Neuentwicklungsmöglichkeiten gibt,
- es eine übergeordnete Destinationsplanung in Form von Netzwerken und Kollaborativen gibt,
- eine Metasteuerung der Destination ermöglicht wird,
- lokale und regionale Handlungskreise genutzt werden, und
- aus den vergangenen Krisen gelernt wird.

Da Resilienz maßgeblich von der Interaktion der einzelnen handelnden Akteure/innen, deren Beziehungen und Machtverhältnissen abhängt, kann, um eine Orientierung unter den verschiedenen Akteuren/innen herzustellen, und damit eine Basis für resiliente Strategien zu schaffen, eine Destinationsmanagementeinheit durch entsprechende Koordination unterstützen. Dies wird unter Umständen erschwert durch die bestehende Ausgangssituation und den Unwillen zur Veränderung in den agierenden Organisationseinheiten (Amore et al., 2018).

Destinationsresilienz kann demnach nur da entwickelt werden, wo neues Wissen, der Wille zur Adaptierung, die strategische Zusammenarbeit der Stakeholder/innen und die Anpassung bestehender Prozesse und Verantwortlichkeiten umgesetzt werden (Amore et al., 2018). Da Destinationen permanent massiven Anpassungen und Herausforderungen gewachsen sein müssen, bleibt das Interesse an Destinationsresilienz ungebrochen groß, unabhängig von den verschiedenen Herangehensweisen in deren Interpretationen (Amore et al., 2018). Da es trotz der steigenden Beliebtheit und Verbreitung – auch in anderen Disziplinen – kein klares und einheitliches Verständnis und keine allgemeingültige Definition von Resilienz gibt, ist es notwendig eine entsprechende Eingrenzung in Bezug auf die definierenden Charakteristika des Stressors (der Störung/Herausforderung) sowie den Zeitrahmen, den Kontext und die Zielsetzung zu geben (Cahyanto & Pennington-Gray, 2017).

2.2 COVID-19

Obwohl der Tourismus eine krisenerfahrene Industrie ist, welche durch viele Herausforderungen hinweg, die eigene Anpassungsfähigkeit, Kreativität und Beständigkeit unter Beweis stellen konnte, hat die COVID-19-Krise, obwohl bereits 2003 durch SARS, oder 2009 durch die Weltwirtschaftskrise auf die globale Vulnerabilität der Industrie hingewiesen wurde, eine neue Dimension der Krisen eingeläutet (Schwaiger & Zehrer, 2020). Die Auswirkungen, obwohl noch nicht hinreichend erforscht, sind schwerwiegend und die Industrie hat sich bis dato, eineinhalb Jahre nach Ausbruch der Pandemie noch nicht vollständig erholt, was auch der beitragenden Rolle zur Ausbreitung der Pandemie durch touristische Aktivitäten zugeschrieben wird (Mayer et al., 2020). Befand sich der Tourismus in den Zeiten vor Ausbruch der Pandemie bei einer Entwicklung von bis zu 3 % jährlicher Wachstumsrate (Traskevich & Fontanari, 2021), wurde die Industrie seit Ausbruch der Pandemie streckenweise fast bis zum Erliegen gebracht. 96 % der weltweiten Staaten reagierten mit Einreisebeschränkungen in verschiedenen Abstufungen auf die Krise (Mayer et al., 2020).

Die Maßnahmen, welche zur Bekämpfung der Pandemie ergriffen wurden, resultierten in massiven Herausforderungen für die Wirtschaft auf allen Ebenen. Durch das Ausbleiben der Gäste, bedingt durch Reisebeschränkungen bis hin zur Schließung der Gastbetriebe waren touristische Destinationen und deren Unternehmen besonders betroffen (Schwaiger & Zehrer, 2020). In Österreich sind durch die generelle Unternehmensstruktur (87 % zählen zu Familienunternehmen im weiteren Sinn und 50 % im engeren Sinn) der touristischen Landschaft (67 % im weiteren Sinn und 21 % im engeren Sinn) insbesondere KMUs und Familienunternehmen von der Krise betroffen (KMU Forschung Österreich, 2019).

Allerdings gibt es auch eine Perspektive, welche eine mit der Krise einhergehende Entspannung des Phänomens des Massentourismus, als Chance in der COVID-19-Krise gesehen hat. Die Krise kann zwar als Chance gesehen werden, feststeht, dass sie den individuellen Bestandteilen als auch der übergeordneten Industrie die Möglichkeit zur Neupositionierung bietet (Eichelberger & Peters, 2020). Mayer et al. (2020) stellen die These auf, dass durch die Krise, die Bedeutung der resilienten Vernetzung, insbesondere in der ersten Phase der Krise an Wichtigkeit gewinnt. Sowohl Kommunikation als auch Vernetzung werden dabei als bestimmende Elemente genannt.

2.3 Netzwerke in Destinationen

Laut Beritelli (2011) spielt die Zusammenarbeit eine zentrale Rolle für den Bestand einer Destination. Von Zusammenarbeit spricht man in diesem Kontext, wenn ein gemeinschaftlicher Prozess für Entscheidungsfindung unter autonomen Stakeholder/innen einer Destination verfolgt wird. Um eine nachhaltige Destinationsentwicklung zu ermöglichen, ist es notwendig, dass sich die einzelnen Handlungseinheiten hinsichtlich einer gemeinsamen Zielsetzung und der Ressourcennutzung sowie dem generellen Ausschöpfen von Synergien zusammenschließen/zusammenarbeiten, da sie als Einzelakteure/innen im Rahmen einer dezentralisierten Steuerung über wenig administrative Kraft verfügen (Zehrer et al., 2014). Die Wichtigkeit von Netzwerken innerhalb einer Destination in Zeiten von Krisen und Herausforderungen wird erst seit der jüngeren Vergangenheit 2011 (Beritelli, 2011; Pechlaner et al., 2014; Zehrer et al., 2014) entsprechend beleuchtet (Hristov & Zehrer, 2019).

Die Vorteile der Zusammenarbeit unter den Key-Stakeholder/innen bzw. Leadern in der Destination sind zahlreich, so können dadurch nicht nur die Kosten reduziert, sondern grundsätzliche gemeinsame Interessen vertreten, geteilte Visionen und Strategien entwickelt und umgesetzt, neue Services und Projekte geplant und umgesetzt, gemeinsame – und Wissensplattformen entwickelt, Ressourcen effektiv gebündelt und Aufgaben gut verteilt werden (Hristov & Zehrer, 2019; Zehrer et al., 2014). Demnach erlaubt eine Zusammenarbeit der Key-Stakeholder/innen bzw. Leader eine effektivere und effizientere Koordination und Planung einer touristischen Destination (Pechlaner et al., 2014) und zudem sind die entstandenen Wettbewerbsvorteile sehr nachhaltig. Die Vernetzung in einer touristischen Destination profitiert zudem von der regionalen Nähe der Akteure/innen, da diese die Möglichkeit haben, sich oft und persönlich abzustimmen, was wiederum das Entwickeln gemeinsamer Werte und das stille Wissen begünstigt (Bachinger & Pechlaner, 2011). Regionale Netzwerke sind zudem meist durch klein und mittelständische Betriebe gekennzeichnet.

Allerdings ist eine solche Zusammenarbeit nicht nur von den Strukturen, Institutionen und Prozessen abhängig, sondern auch von den führenden Unternehmer/innen auf Destinationsebene. Beritelli (2011) konnte im Rahmen seiner Forschung schlussfolgern, dass kooperatives Verhalten auf zwischenmenschlichen Faktoren beruht und der oft rational klar ersichtliche Vorteil einer Zusammenarbeit trotzdem stark von den ausübenden Personen bestimmt wird.

Nachdem die Vorteile der Vernetzung hinreichend argumentiert wurden, sollen im Folgenden die bedingenden Faktoren für eine erfolgreiche Zusammenarbeit beleuchtet werden. Laut Zehrer et al. (2014) gibt es sechs ausschlaggebende Faktoren für eine erfolgreiche touristische Vernetzung:

- Etablierte Vertrauenskultur,
- aktive Teilnahme und interorganisationales Lernen,
- Vielfalt an Kompetenzen,
- Ressourcen und Integration,
- Reduktion auf das Notwendige,
- Grad an Beteiligung und Verschreibung gegenüber den gemeinsamen Zielen sowie
- gemeinsame Zielsetzung und effiziente Arbeitsweise.

Auch Beritelli (2011) definiert Vertrauen und Kommunikation als die entscheidenden Faktoren hinsichtlich Destinations-Leadership. Einheit hinsichtlich Kommunikation sowie abgestimmte Schnittstellen, Arbeitsteilung und eine gemeinsame Zielsetzung sollen als Kernfähigkeiten eine entsprechende Vernetzung ermöglichen (Bachinger & Pechlaner, 2011). Amore et al. (2018) betrachten Destinationsresilienz von einer Perspektive, aus welcher sie komplexe Interaktionen unter den verschiedenen Stakeholder/innen impliziert. Dazu entwickelten sie einen Multi-Level-Ansatz (siehe Abb. 1), welcher Landschaft, Regime und Nischen beleuchtet. In diesem Modell, welches auf Geel's Modell aus dem Jahr 2002 basiert, werden die verschiedenen Ebenen um die „Actor" (Akteur)-Ebene erweitert und es wird aufgezeigt, wie wichtig die Kenntnis der einzelnen Ebenen ist, um eine Resilienz für die Destination aufzubauen. Die hinzugefügte Ebene der Akteur/innen verdeutlicht den Einfluss der einzelnen Akteur/innen auf die anderen Ebenen innerhalb der Destination. Auch durch diese Schlussfolgerung kann die Wichtigkeit der entsprechenden Vernetzung und des gemeinschaftlichen Zielvorhabens (Hristov & Zehrer, 2019) abgeleitet werden.

3 Methodologie

Dieser Beitrag behandelt die Wichtigkeit der Vernetzung innerhalb einer Branche in der Destination. Es soll beantwortet werden, wie wichtig diese Vernetzung hinsichtlich des Überwindens und Meistern einer Krise und für die Entwicklung von Resilienz ist und inwieweit die Unternehmer/innen einer Destination in Krisenzeiten im Austausch miteinander sind. Obwohl es einen wissenschaftlichen Konsens hinsichtlich der Wichtigkeit von Kommunikation und Vertrauen und der generellen Vernetzung unter den Stakeholder/innen einer Destination gibt (Beritelli, 2011; Pechlaner et al., 2014; Zehrer et al., 2014), ist die Wichtigkeit

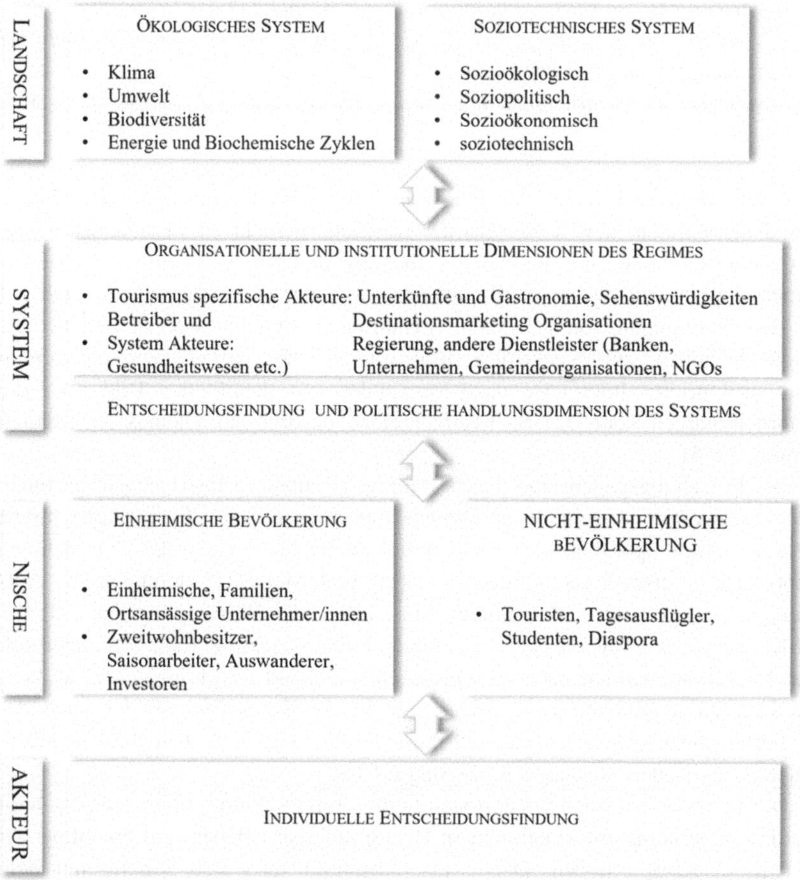

Abb. 1 Destinationsresilienz aus einer Multi-Level-Perspektive in Anlehnung an Amore et al. (2018, S. 239)

der Vernetzung und ihr konkreter Beitrag für das effektive Bewältigen einer Krise noch nicht hinreichend erforscht.

Im Rahmen dieses Beitrages sollen daher die folgenden drei Forschungsfragen beantwortet werden:

- *Wie wichtig ist die Vernetzung innerhalb der Branche in der Destination?*
- *Wie wichtig ist die Vernetzung in Bezug auf das Meistern von Krisen sowie zur Entwicklung von Resilienz?*
- *Inwiefern sind Unternehmer/innen in der Destination in Krisenzeiten im Austausch?*

Um dem breiten Rahmen der Forschung und dem interdisziplinären Hintergrund des untersuchten Konzeptes der Resilienz gerecht zu werden, wurde als Forschungsmethode eine qualitative Erhebung in Form von semi-strukturierten Interviews gewählt. Dabei wurde auf die Verweisungsorientierung, die sich auf die Beschreibungen von Gedanken, Erfahrungen und die Interviewpartner als solche beziehen, zurückgegriffen (Roulston & Choi, 2018). Generell werden semi-strukturierte Interviews dazu verwendet, ein detailliertes Bild über die Wahrnehmungen oder den Sachverhalt eines bestimmten Themas zu erhalten (Smith, 1995).

Der Forschungsgegenstand dieses Beitrages enthält 15 Interviewpartner/innen (n = 15) aus vier verschiedenen Bundesländern in Österreich und konzentriert sich auf familiengeführte klein- und mittelständische sowie große Unternehmen (Abb. 2). Die Interviews wurden im April und Mai 2021 durchgeführt. Aufgrund der andauernden Maßnahmen hinsichtlich der Bewältigung der COVID-19-Krise, wurden die Interviews mittels Online-Meeting-Tools durchgeführt. Die Interviews wurden nach Abschluss entsprechend transkribiert und kodiert, um Ergebnisse ableiten zu können. Sowohl der Transkriptions- als auch der Codierungsprozess wurden manuell durchgeführt. Das Vorgehen folgt hier dem inhaltsanalytischen Ansatz nach Mayring (2015).

Der Interviewleitfaden gliedert sich in drei Teilabschnitte. Im ersten Abschnitt werden allgemeine Informationen in Bezug auf das Erleben und Handling der COVID-19-Krise erhoben. Der zweite Abschnitt setzt sich konkret mit dem Konzept der Resilienz und den verschiedenen Aspekten der interviewten Unternehmer/innen, das Unternehmens und der Vernetzung auseinander. In diesem Zuge wurden die Resilienzfaktoren, welche dazu beigetragen haben, die Krise zu bewältigen, erhoben. Der nächste Abschnitt setzt sich konkret mit dem Thema der Destinationsresilienz, der Zusammenarbeit der Wirtschaftsteilnehmer/innen und der Frage nach Eigeninteresse im Vergleich zum Gemeinwohl auseinander. Die Relevanz von Vernetzung als Medium, um mit Krisen umzugehen, sollen zur Beantwortung der Forschungsfragen beitragen. Im dritten und letzten Abschnitt wird über die vergangene Krisenzeit reflektiert und aktuelle Entwicklungen der Gastgewerbebranche beleuchtet. So werden zukünftige Herausforderungen und

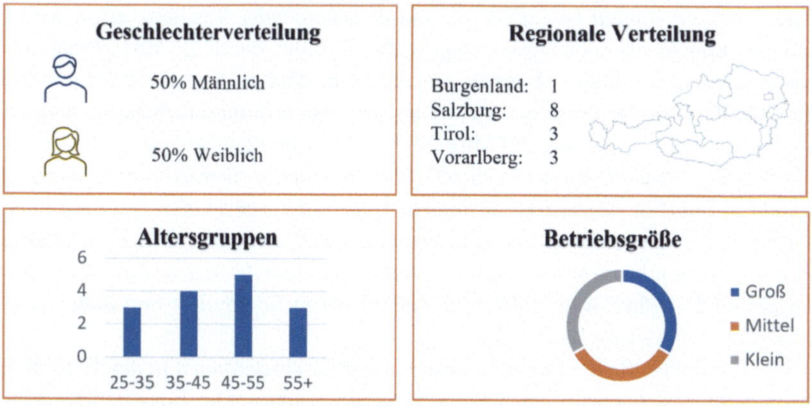

Abb. 2 Demographische Daten der Befragten. (Quelle: Eigene Darstellung)

die Frage nach zukünftigen Investitionen in die Unternehmensresilienz, basierend auf den Erfahrungen der COVID-19-Krise und ihren Auswirkungen, beantwortet.

4 Ergebnisse

4.1 Resilienzfaktoren

Im Rahmen der im ersten Abschnitt behandelten Resilienzfaktoren, welche dazu beitragen, besser mit der Krise umzugehen, wurden verschiedene Faktoren genannt. Die wiederkehrenden Faktoren, welche näher beleuchtet werden, sind: Familie, soziales Umfeld, vorherige Erfahrungen, Mitarbeiter/innen, Kommunikation, Austausch/Vernetzung mit Kollegen/innen und Stakeholder/innen (branchenintern und branchenextern).

Für 73,3 % der Befragten ist die *Familie* einer der ausschlaggebenden Faktoren, um die Krise gut zu überstehen (Hotel 1, 3 und 7–15). Insbesondere der Rückhalt, die Möglichkeit sich auszutauschen und sich gegenseitig Mut zuzusprechen, wurden als positive Mittel zur Krisenbewältigung genannt.

„Die Familie spielt in Krisen die größte und wichtigste Rolle, weil es eben doch so ein starker Pfeiler ist, quasi. Da kann man sich wirklich anlehnen, wenn es einmal nicht so rund läuft und Gott sei Dank, auch wenn es betrieblich nicht rund läuft." (Hotel 1)

Das *soziale Umfeld* ist für 33,3 % ein entscheidender Resilienzfaktor, wobei sich ein Teilnehmer/innen massiv eingeschränkt fühlte, durch die Verlagerung des Austausches in den Online-Bereich, der durch die Maßnahmen zur Eindämmung der COVID-19-Krise teilweise notwendig war. Auch in diesem Kontext wurden Kommunikation, Austausch und Mitgefühl als zentrale Elemente genannt.

„Soziales Umfeld, da wir offiziell alle gezwungen wurden unser soziales Umfeld auf null zu begrenzen, ist natürlich das auch weggefallen. […] Ich finde man muss die Menschen spüren und wenn man die Menschen nicht mehr spüren darf, weil man nur noch über digitale Medien miteinander reden darf, dann fällt das für mich einfach weg und ist für mich nicht mehr greifbar und daher eher schwierig in diesen Sachen." (Hotel 1)

Für fast die Hälfte der Befragten waren die *Mitarbeiter/innen* in den Betrieben ein wichtiger, sich positiv auswirkender Resilienzfaktor. Die Loyalität der Mitarbeiter/innen, der Rückhalt, der Teamspirit, der bei einigen Befragten erwähnt wurde, trug dazu bei, dass die Motivation auch in der Krise nicht verloren ging.

„Dann haben wir Mitarbeiter/innen im Service, die schon ewig da sind und einen weiteren in der Küche und mit denen, mit der kleinen feinen Stammmannschaft, kann man schon mal in den Krieg ziehen, wie man so sagt." (Hotel 11)

40 % der Befragten nannten eine transparente *Kommunikation* als maßgeblichen Resilienzfaktor. Dabei wurde deren Wichtigkeit durch das frühzeitige Abwenden von potenziellen Ängsten und Unsicherheiten argumentiert. Für einen der Befragten erwiesen sich die durchwegs positiven Rückmeldungen der Gäste und das Angebot, mehr für einen potenziellen Aufenthalt zu zahlen als eine tiefe Quelle der Motivation. Fast alle Befragten sind sich einig, dass der *Austausch* mit Kollegen sowohl branchenintern als auch branchenextern ein entscheidender Faktor für das positive Bewältigen der Krise war/ist. Die Möglichkeit, sich über die Situation im Allgemeinen auszutauschen, aber auch konkrete Lösungsvorschläge zu diskutieren und zu planen, Synergien zu nutzen und etwaige Krisenbewältigungsstrategien zu erarbeiten, wurden als bestimmende Faktoren genannt. Einer der Befragten hat aufgrund der vorherrschenden Situation eine Plattform mit anderen Hoteliers gegründet, um dadurch eine konstante Kommunikation und gemeinsame Zielsetzung zu ermöglichen.

„Besonders geholfen hat mir wie gesagt diese Hotelgruppe. Da haben wir uns gegenseitig wirklich gut abgeholt und es gibt ja mit jeder neuen Entscheidung tausend Fragen gefühlt und wenn da so viele Köpfe zusammenstecken, dann kommt auch wirklich was Gutes raus. Das fand ich sehr wertvoll und das hat mir auch viel geholfen." (Hotel 2)

Auch der Austausch und die gute Zusammenarbeit mit Partnern sowie zum Beispiel den Banken und Steuerberatern wurde positiv hervorgehoben, da es zusätzliche Freiheit und Sicherheit für die Befragten ermöglichte. Als persönliche Resilienzfaktoren wurden die zusätzlich verfügbare Zeit für sich selbst, welche unter normalen Vorrausetzungen als wenig, bis nicht vorhanden beschrieben wird sowie Sport als ausgleichende Tätigkeit genannt.

„Wir hatten da teilweise einfach mehr Pech wie andere, weil wir den Betrieb halt zu dem Zeitpunkt geschlossen gehabt haben, aber gleichzeitig haben wir eben durch die Bank wieder Erfahrungen gemacht, dass die uns dann hier auch wieder durchhelfen, also wir haben uns jetzt nicht unbedingt alleingelassen gefühlt, es war schon auch wichtig das zu erfahren." (Hotel 4)

„Da war ich auch ziemlich hektisch und wusste nicht wie tun, hab bei der Bank angerufen ich brauche sofort Geld, dass wir das alles überstehen. Und da hat mir wirklich, haben mir unsere Partner gut geholfen, die einfach gesagt haben, jetzt komm erst mal runter, jetzt warte erstmal ab. Wir lassen dich nicht hängen, warte erst mal ab." (Hotel 13)

Zusammenfassend lässt sich durch die Erhebung der Resilienzfaktoren ein Konsens hinsichtlich der sieben Kernfaktoren: Familie, soziales Umfeld, vorherige Erfahrungen, Mitarbeiter/innen, Kommunikation, Austausch/Vernetzung mit Kolleg/innen und Stakeholder/innen abbilden. Der Faktor Austausch/Vernetzung mit Kolleg/innen und Stakeholder/innen wird im kommenden Kapitel erläutert.

4.2 Destinationsresilienz und Zusammenarbeit

In diesem Abschnitt wurde die Bewertung der Zusammenarbeit sowie die generelle Einstufung der Destinationsresilienz eruiert. Alle Interviewten sind sich über die Wichtigkeit der Destinationsresilienz einig. Für zwei der Befragten liegt die Hauptaufgabe der Tourismusdestination darin, ein positives Image zu erstellen. So ist zum Beispiel für einen der Befragten das übergeordnete Tourismusnetzwerk ein entscheidender Faktor im Punkt der Krisenbewältigung, vor allem im Zusammenhang mit potenziellen Imageschäden. Da die Krise ja auf allen Ebenen wirkt, wird auch hier die Wichtigkeit der übergeordneten Instanz entsprechend bestätigt. Des Weiteren wurde die Vorbildwirkung der Tourismusdestination für die handelnden Akteur/innen in der Region genannt. Einige der Befragten erlebten die Krise als zusammenschweißendes Phänomen, welches die Wichtigkeit der Vernetzung und des positiven Miteinanders verstärkt ins Zentrum rückte.

„Tourismusdestinationen haben jetzt wirklich die Aufgabe gutes Image zu verbreiten." (Hotel 1)

„Man kann nicht nur auf sich gucken, also reiner Egoismus funktioniert nicht, man muss im Endeffekt schon immer nach links und rechts schauen […] Wir müssen auf eine Art und Weise zusammenhalten." (Hotel 5)

Drei der Befragten waren wenig bis nicht zufrieden mit der Zusammenarbeit der Unternehmer/innen. Hier wurde auf die Informationsflut, welche teilweise ungefiltert weitergeleitet wurde, und die mangelnden Initiativen zur Krisenbewältigung hingewiesen. Die Befragten fühlten sich von der mangelnden Struktur in der geteilten Information überfordert. Der Großteil der Befragten war sehr zufrieden mit der Zusammenarbeit unter den Unternehmer/innen. Positiv hervorgehoben wurde hier die Zusammenarbeit mit den Destinationsmanagementeinheiten wie zum Beispiel den Tourismusverbänden, den Banken, Zulieferern, brancheninternen Stakeholder/innen und anderen Hoteliers. Um die Zusammenarbeit zusätzlich zu erleichtern, wurde zum Beispiel eine WhatsApp-Gruppe gegründet, um den Austausch und etwaige Umsetzungen zu erleichtern. Obwohl einige der Befragten sehr transparent darauf hinweisen, dass die erste Perspektive immer auf sich selbst gerichtet ist, sind sich die Befragten einig, dass die Zusammenarbeit wünschenswert und, wo noch nicht umgesetzt, forciert werden sollte. Im Kontext der Destinationsmanagementeinheiten und den Tourismusverbänden antizipiert man durch eine intensivierte Zusammenarbeit eine größere Durchdringungskraft besonders in den Bereichen Marketing und Kommunikation. Um diese Zusammenarbeit zu ermöglichen, wünscht sich der Großteil der Befragten eine akkordierte und abgestimmte Zielsetzung, sodass die entsprechende Aufgabenverteilung leichter erfolgen kann. Als Beispiel einer Zusammenarbeit wird eine Gästecard sowie das Entwickeln neuer Corona-gerechter Angebote durch den Tourismusverband als Zugpferd genannt.

„Extrem wichtig. Wie gesagt, ich bekomme viel mit da ich im TVB bin und hier gibt es ja auch eine Tourismus GmbH. Das ist mehr oder weniger unsere Marketingorganisation und alle wichtigen Stakeholder/innen zahlen hier ein." (Hotel 6)

„Ja, zweiteres [Anm. die Zusammenarbeit] ist zwingend notwendig. Das man natürlich auch über sein Unternehmen hinausschaut, weil es nie eine Insel sein kann ein Unternehmen. In allen Bereichen, ob das heut der Zubringer ist, der Lieferant, ob das das ganze Umfeld ist, also insofern natürlich denke ich schon." (Hotel 3)

Durch die überwiegende Zustimmung hinsichtlich der Wichtigkeit der Vernetzung innerhalb der Destination, auch in Bezug auf das Meistern von Krisen erlaubt dieser Abschnitt erste Rückschlüsse für die Beantwortung der Leitfragen der Untersuchung. Im nächsten Kapitel wird im Kontext der mehrheitlich stattfindenden Zusammenarbeit das Eigeninteresse dem Gemeinwohl gegenübergestellt.

4.3 Eigeninteresse versus Gemeinwohl

Im Rahmen dieses Abschnitts wurden die Interviewten hinsichtlich ihrer Einschätzung bezüglich des Voranstellens der Eigeninteressen gegenüber dem Gemeinwohl und der Destinationsresilienz befragt. Die Unternehmer/innen teilen alle die Meinung, dass eine Zusammenarbeit mit den anderen Stakeholder/innen ein langfristig nachhaltiger und erfolgversprechender Ansatz wäre. Einige plädieren auf eine gute Balance aus Eigeninitiativen und Zusammenarbeit, um erfolgreich durch die Krise zu kommen, weisen aber explizit auf die Stärke eines potenziellen Miteinanders hin. Ein Großteil der Befragten rechnet in diesem Zusammenhang mit kurzfristigen Einbußen, welche aber bereitwillig für den größeren Gesamterfolg getragen werden würden. Besonders auf eine gemeinsame Kommunikations- und Marketingstrategie wurde mehrfach hingewiesen, um langfristig erfolgreich bleiben zu können. Die Zusammenarbeit ist zwingend notwendig, erläutert ein Befragter und verweist auf die Notwendigkeit, die gesamte Leistungskette zu akkordieren, insbesondere die Bergbahnen als wichtigstes Zugpferd. Der sprichwörtliche gemeinsame Strang ist für die meisten Befragten unabdingbar und wird als „bester Katalysator" genannt. Erwähnt wird an dieser Stelle auch die Wichtigkeit sämtlicher Akteur/innen. Besonders hingewiesen wird auf die Möglichkeit voneinander zu lernen und somit schneller auf etwaige Krisen reagieren zu können. In diesem Zusammenhang wird konkret auf Kooperationen mit Hochschulen und Schulen hingewiesen. Drei Interviewte verweisen auf die Wichtigkeit des eigenen Weges, allerdings im Kontext einer engen und abgestimmten Zusammenarbeit.

„Ja also, Letzteres [Anm. die Zusammenarbeit] wäre sicher nachhaltiger in Bezug auf Krisen, […]." (Hotel 12)

„Ja, unbedingt! Also ich finde, dass in Österreich der Tourismus mit Handel und Industrie unbedingt vernetzter werden muss. Wir müssen alle voneinander schneller lernen, wir müssen uns schneller austauschen, wir müssten mehr Schulen und Studien, bessere Sachen integrieren wir müssten mehr Privatschulen integrieren." (Hotel 9)

„[…] Es [Anm. die Zusammenarbeit] ist der beste Katalysator und deswegen glaube ich ist man schon wenn man nachdenkt, ist es einfach wichtig, dass man im Kollektiv Entscheidungen auch trifft[…]." (Hotel 6)

Der grundsätzliche Konsens hinsichtlich der Wichtigkeit der Zusammenarbeit sowie die Akzeptanz, das eigene Interesse zum Wohle der Gemeinschaft kurzfristig zu vernachlässigen, beantworten die Frage nach der Wichtigkeit der Vernetzung in Bezug auf das Meistern von Krisen.

4.4 Herausforderungen

Im abschließenden Teil der Befragung wurden die Unternehmer/innen nach ihrer Einschätzung hinsichtlich der zukünftigen Herausforderungen für die Tourismusindustrie gebeten. Die genannten Schwierigkeiten erstreckten sich von den unklaren zu erwartenden Maßnahmen im Zusammenhang mit der COVID-19-Krise, über die antizipierte Erholung des Fernreisemarktes und der damit einhergehenden Abflachung des Inlandstourismus bis hin zur allgemeinen wirtschaftlichen Entwicklung und dem Mitarbeitermangel als bedrohendes Phänomen für die Industrie. Im Kontext der COVID-19-Krise wurden besonders die Sorge um kleinere Betriebe und deren Überleben ohne staatliche Förderungen, die Eigenkapitalquote der Hoteliers, die touristische Entwicklung in den Bereichen der Gastronomie (eine negative Entwicklung vom Stammtisch in die Tankstelle aufgrund der geschlossenen Gastronomie), das verfügbare Einkommen und das Reiseverhalten der potenziellen Gäste, das Vermitteln von Sicherheit und das Abwandern der Mitarbeiter/innen in andere Industrien genannt.

„Also wir haben natürlich ein Thema, das wir einfach in unsere Eigenkapitalquote, dass es kreuz und quer durchs Ganze, durch die komplette Hotellerie einfach. Wir müssen das verstärken. Wir, wir, wir müssen auch mal ein, zwei Monate, drei Monate oder von mir aus auch länger, auch ohne Hilfen das durchstehen." (Hotel 14)

„Also wie soll ich sagen, ich glaube man hat das heuer so gut gesehen wie noch nie zuvor, wie wenig Krisensicher man eigentlich ist. Das Problem ist nur, dass man darauf keinen Einfluss hat." (Hotel 6)

Der Fachkräftemangel beschäftigt den Großteil der Befragten, wobei dies nicht nur im Zusammenhang mit der derzeitigen Krise, sondern als bereits davor existierende Herausforderung präsent war. Auch die grundsätzliche Entwicklung der Tourismusindustrie, die Trends, die Strukturentwicklung (Geschäftsbedingungen, Stornobedingungen etc.) und der permanente Wandel, werden als Herausforderung genannt.

„Mitarbeiter/innentechnisch wird's sehr anspruchsvoll werden, weil wir haben, immer schon zu wenig gehabt. Gerade Fachpersonal." (Hotel 2)

Es gibt drei maßgebliche Herausforderungen, welche die Interviewten für die Tourismusindustrie antizipieren: die Maßnahmen im Zusammenhang mit der COVID-19-Krise, die allgemeine wirtschaftliche Entwicklung und der Fachkräftemangel. Da sich aus sämtlichen der drei genannten Schwierigkeiten potenzielle Krisen entwickeln könnten, ist der nächste Abschnitt hinsichtlich der geplanten Investitionen für Resilienz besonders interessant.

4.5 Resilienz als geplante Investition

In der finalen Fragestellung wurden die Befragten hinsichtlich ihrer Pläne zukünftig in Resilienz zu investieren, um Krisen schneller und effizienter zu bewältigen, befragt. Die meisten Befragten sind sich sicher, zukünftig in Resilienzkonzepte zu investieren, um für potenzielle zukünftige Krisen gewappnet zu sein. Ein Teilnehmer geht sogar so weit Resilienz als *„…die wichtigste Komponente für die zukünftige Entwicklung überhaupt…“ (Hotel 2)* zu bezeichnen. In dem Kontext wollen die Befragten gute Netzwerke und Kommunikationslinien aufbauen, um für etwaige zukünftige Belastungen gewappnet zu sein.

„[…] wenn es wieder ganz normal weitergeht und man wir sicherlich Systeme und Strukturen aufbauen müssen, wie aufwändig auch immer, das sei dahingestellt, aber man wird sich das sicherlich irgendwie konservieren müssen, oder archivieren müssen und auch irgendwo ab und zu wieder einmal anschneiden müssen bei gewissen Gelegenheiten, dass man es nicht ganz vergisst.“ (Hotel 6)

„Ja genau, weil mir bewusst ist, dass das bis jetzt überhaupt nicht der Fall war. Oder kaum, sagen wir mal so. Organisatorisch zumindest.“ (Hotel 15)

Zwei der Befragten wollen grundsätzlich in Innovation investieren, ohne dabei konkret auf das Konzept der Resilienz einzugehen, sehen aber darin eine Basis für resiliente Entwicklungen. Sie sehen Resilienz nicht als Hauptaufgabe für die zukünftige Entwicklung, sondern als Nebenprodukt, welches aufgrund der kleinen Betriebsgröße und den damit zahlreichen Aufgaben, welche sich auf wenige Familienmitglieder konzentrieren, nicht im Zentrum der Überlegungen stehen kann. Ein Teilnehmer sieht gar keine Notwendigkeit in Resilienz zu investieren.

„Null, das ist für mich echt kein Thema. Also ich finde das man grundlegend einmal einen Betrieb mit aller Kraft am Leben halten muss oder hält. Weil, das ist schon schwierig genug […].“ (Hotel 13)

Da die Mehrheit der befragten Teilnehmer/innen einer zukünftigen Investition in Resilienz positiv gegenübersteht, kann die Wichtigkeit des Konzepts der Resilienz bestätigt werden. Da einige der Teilnehmer/innen Resilienz als Nebenprodukt verstehen, muss aber auch die grundsätzliche Schwierigkeit der Definition des Konzepts angeführt werden.

5 Conclusio

Trotz steigender Bedeutung von Resilienz in der Wissenschaft, besteht aus heutiger Sicht eine Forschungslücke auf Unternehmensebene. Die Untersuchung zeigt, dass der Entfall des Tagesgeschäftes, aufgrund der COVID-19-Krise, zu Verbesserungsmaßnahmen des Unternehmens beigetragen hat, wodurch organisationales Lernen entstanden ist. Die Bedeutung und das Verständnis der Resilienz hängen von der Haltung der jeweiligen Person zu diesem Thema ab. Die Untersuchung zeigt, das externe Faktoren ebenso eine bedeutende Rolle zur Stärkung der Widerstandsfähigkeit in der Hotellerie einnehmen. So wird auf die Zusammenarbeit mit externen Stakeholder/innen aus der Tourismusdestination zur effizienteren Bewältigung der COVID-19-Krise hingewiesen. Krisen können existenzgefährdend, aber auch zukunftsweisend sein. Sie zeigen Stärken und Schwächen des betrieblichen Status Quo auf und erfordern unmittelbare sowie zukunftsorientiert Maßnahmen zur Bewältigung der Krise.

Laut Beritelli (2011), spielt die Zusammenarbeit eine zentrale Rolle für den Bestand einer Destination. Die Zusammenarbeit der Key-Stakeholder/innen bzw. Leader erlaubt eine effektivere und effizientere Koordination und Planung einer touristischen Destination (Pechlaner et al., 2014). Die Vernetzung in einer touristischen Destination profitiert zudem von der regionalen Nähe der Akteure/innen, da diese die Möglichkeit haben, sich oft und persönlich abzustimmen, was wiederum das Entwickeln gemeinsamer Werte und das stille Wissen begünstigt (Bachinger & Pechlaner, 2011). Abschließend sollen die zentralen Fragen des Beitrags bearbeitet werden:

- Wie wichtig ist die Vernetzung innerhalb der Branche in der Destination?
- Wie wichtig ist die Vernetzung in Bezug auf das Meistern von Krisen sowie zur Entwicklung von Resilienz?
- Inwiefern sind Unternehmer/innen in der Destination in Krisenzeiten in Austausch?

Im Rahmen dieses Beitrages konnte die Wichtigkeit der Vernetzung innerhalb einer Destination bestätigt werden. Besonders im Zusammenhang mit der Bewältigung von Krisen und der Entwicklung von Resilienz konnte im Rahmen der Befragung der Interviewpartner festgestellt werden, dass ein permanenter Austausch und eine transparente Kommunikation als förderlich für das Bestehen von Krisen sind. Das Schaffen einer Plattform, um eben diesen Austausch zu ermöglichen und zu forcieren sowie die Übernahme der Verantwortlichkeit und

Führung durch eine Organisationseinheit, wie zum Beispiel dem Tourismusverband, kann unterstützend wirken, eine Krise besser zu überstehen. So können Informationen schneller verarbeitet, Lernprozesse akkordiert und ausgerollt und Lösungsvorschläge erarbeitet und umgesetzt werden.

Der Großteil der Unternehmer/innen befand sich im Laufe der Krise im permanenten Austausch mit den Wirtschaftstreibenden der Destination, um Informationen auszutauschen, Lösungsvorschläge zu diskutieren und generelle Unterstützung und Motivation zu erfahren. Mittels telefonischen, persönlichen und digitalen Austausches konnten die Befragten eine durchgehende Kommunikation aufrechterhalten. Somit bestätigen sich Hristov und Zehrer‘s (2019) Annahme, dass die Vorteile der Zusammenarbeit unter den Key-Stakeholder/innen bzw. Leadern in der Destination zahlreich sind. Für Unternehmer/innen soll durch diese Erhebung klar erkennbar werden, wie Krisen und andere unvorhersehbare Störungen effizient bewältigt werden können, um aus solchen Situationen verbessert hervorzugehen.

Aus praktischer Sicht können folgende Empfehlungen abgeleitete werden.

- Wirtschaftliche Krisen und neue Entwicklungen münden gerade für Branchen wie den Tourismus in der Notwendigkeit, kreativ zu sein, Innovationen hervorzubringen, Risiken einzugehen und unternehmerisch zu handeln (Zehrer & Mössenlechner, 2010a, b). Die im Zeitfenster der Krise notwendigen Entscheidungen und Handlungen setzen bestimmte Fähigkeiten der zuständigen Personen voraus, wie bspw. die Fähigkeit zur überzeugenden und klaren Kommunikation in Verbindung mit einer konsequenten Zielorientierung, Sensibilität und Empathie sowie das Vermögen der Transparenz. Diese gilt es in Destinationen weiter auszubauen, da sie Glaubwürdigkeit schaffen und Authentizität vermitteln. Besonders die Authentizität kann in schnelllebigen und kompetitiven Zeiten als Wettbewerbsvorteil beim Gast angesehen werden (Zehrer & Mössenlechner, 2010a; Zehrer & Raich, 2021).
- Eine präzise Planung oder gar eine Erstellung von Zeitplänen sind in Krisensituationen wie der COVID-19-Pandemie kaum möglich; allerdings ist es möglich, im Vorfeld Szenarien zu entwickeln, die im Falle einer neuen und herausfordernden Situation umgesetzt werden können (Klein & von Rotenhan, 2015). Dafür können wesentliche Einflussfaktoren der jetzigen Krise gesammelt, beobachtet und bewertet werden, um darauf aufbauend den Handlungsbedarf während und nach der Krise aufzudecken. Entsprechend ist die Beschäftigung mit Szenarien hilfreich, auch wenn in Krisensituationen die Ressourcen wie etwa Zeit nur knapp vorhanden sind (Lanzer et al., 2020).

Im Rahmen der vorliegenden Untersuchung wurde die Schwierigkeit der exakten Definition von Resilienz beleuchtet (Amore et al., 2018; Holladay, 2018; Holling, 1973; Tyrrell & Johnston, 2008). Diese Herausforderung wird auch durch die Ergebnisse der Interviews bestätigt, da das Verständnis der Terminologie variiert und somit unterschiedlich ausgelegt wird. Eine weitere Limitation erfährt die vorliegende Untersuchung durch die Einschränkung der befragten Akteur/innen auf die Branche der Hotellerie. Dadurch ergibt sich die Möglichkeit einer zukünftigen Untersuchung, welche die Vielfalt der Branchen und damit die zu befragenden Interviewpartner ausweitet. Aus theoretischer Sicht ließe sich eine genauere Untersuchung der Destinations- bzw. Community Resilienz in Bezug auf interne als auch externe Stakeholder/innen durchführen. Interessant wäre zudem, eine Langzeitstudie anzudenken, in welcher ausgewählte Destinationen über den Zeitverlauf untersucht werden. Dies würde es ermöglichen, die Wichtigkeit der Vernetzung innerhalb der Branche generell sowie im Hinblick auf das Meistern von Krisen näher zu beleuchten und fundiere Rückschlüsse auf die Entwicklung von Resilienz in Destinationen zu ziehen. Tatsache ist, dass die zunehmende Dynamik und Komplexität sowie Ausnahmesituationen wie die COVID-19-Pandemie, die Tourismusindustrie auch künftig vor zahlreiche Herausforderungen stellen wird. Daher wird das Konzept der Resilienz auf Unternehmens- sowie Destinationsebene mit Sicherheit weiterhin von Forschungsinteresse sein.

Literatur

Amore, A., Prayag, G. & Hall, C. M. (2018). *Conceptualizing destination resilience from a multilevel perspective* (Bd. 22). Cognizant Communication Corporation. https://doi.org/10.3727/154427218X15369305779010.

Annarelli, A., & Nonino, F. (2016). Strategic and operational management of organizational resilience: Current state of research and future directions. *Omega, 62,* 1–18. https://doi.org/10.1016/j.omega.2015.08.004.

Bachinger, M. & Pechlaner, H. (2011). Netzwerke und regionale Kernkompetenzen: Der Einfluss von Kooperationen auf die Wettbewerbsfähigkeit von Regionen. In M. Bachinger, H. Pechlaner, & W. Widuckel (Hrsg.), *Regionen und Netzwerke* (S. 3–28). Gabler. https://doi.org/10.1007/978-3-8349-6846-3_1.

Beritelli, P. (2011). Cooperation among prominent actors in a tourist destination. *Annals of Tourism Research, 38*(2), 607–629. https://doi.org/10.1016/j.annals.2010.11.015.

Cahyanto, I., & Pennington-Gray, L. (2017). Toward a comprehensive destination crisis resilience framework. In Proceedings of the 2017 TTRA international conference, Québec City, QC, Canada, 20–22 June 2017. https://scholarworks.umass.edu/ttra/2017/Academic_Papers_Oral/21/. Zugegriffen: 16. Dez. 2021.

Carpenter, S., Walker, B., Anderies, J. M., & Abel, N. (2001). From metaphor to measurement: Resilience of what to what? *Ecosystems, 4*(8), 765–781. https://doi.org/10.1007/s10021-001-0045-9.

Eichelberger, S., & Peters, M. (2020). Responsible Tourism Entrepreneurship nach COVID-19: Neue Wege im Tourismus. In H. Pechlaner & S. Speer (Hrsg.), *Responsible Entrepreneurship* (S. 237–260). Springer Gabler. https://doi.org/10.1007/978-3-658-31616-7_11.

Fabry, N., & Zeghni, S. (2019). *Resilience, tourist destinations and governance: An analytical framework*. Elya Editions. https://hal.archives-ouvertes.fr/hal-02070497/.

Faulkner, B. (2001). Towards a framework for tourism disaster management. *Tourism Management, 22*(2), 135–147. https://doi.org/10.1016/S0261-5177(00)00048-0.

Folke, C., Carpenter, S. R., Walker, B., Scheffer, M., Chapin, T., & Rockström, J. (2010). Resilience thinking: Integraating resilience, adaptability and transformability. *Ecology and Society, 15*(4). https://doi.org/10.5751/ES-03610-150420.

Gretzel, U., & Scarpino-Johns, M. (2018). *Destination resilience and smart tourism destinations* (Bd. 22). Cognizant Communication Corporation. https://doi.org/10.3727/154427218X15369305779065.

Hartman, S. (2018). Resilient tourism destinations? Governance implications of bringing theories of resilience and adaptive capacity to tourism practice. In E. Innerhofer, M. Fontanari, & H. Pechlaner (Hrsg.), *Destination resilience* (S. 66–76). Routledge. https://doi.org/10.4324/9780203701904-5.

Holladay, P. J. (2018). *Destination resilience and sustainable tourism development* (Bd. 22). Cognizant Communication Corporation. https://doi.org/10.3727/154427218X15369305779029.

Holling, C. S. (1973). Resilience and stability of ecological systems. *Annual Review of Ecology and Systematics, 4*(1), 1–23. https://doi.org/10.1146/annurev.es.04.110173.000245.

Hristov, D., & Zehrer, A. (2015). The destination paradigm continuum revisited: DMOs serving as leadership networks. *Tourism Review, 70*(2), 116–131. https://doi.org/10.1108/TR-08-2014-0050.

Hristov, D., & Zehrer, A. (2019). Does distributed leadership have a place in destination management organisations? A policy-makers perspective. *Current Issues in Tourism, 22*(9), 1095–1115. https://doi.org/10.1080/13683500.2017.1364715.

Innerhofer, E., Fontanari, M., & Pechlaner, H. (Hrsg.). (2018). *Destination resilience*. Routledge.

Kalisch, R., Müller, M. B., & Tüscher, O. (2015). A conceptual framework for the neurobiological study of resilience. *Behavioral and Brain Sciences, 38,* e92. https://doi.org/10.1017/s0140525x1400082x.

Klein, R., & von Rotenhan, U. (2015). Kommunikation in der Krise. In M. Baur, J. Kantowsky, & A. Schulte (Hrsg.), *Stakeholder Management in der Restrukturierung* (S. 423–437). Springer.

Kraus, S., Clauss, T., Breier, M., Gast, J., Zardini, A., & Tiberius, V. (2020). The economics of COVID-19: Initial empirical evidence on how family firms in five European countries cope with the corona crisis. *International Journal of Entrepreneurial Behavior & Research, 26*(5), 1067–1092. https://doi.org/10.1108/IJEBR-04-2020-0214.

Lanzer, F., Sauberschwarz, L., & Weiß, L. (2020). *Erfolgreich durch die Krise: Strategieentwicklung in Zeiten von Finanzkrise bis Corona*. Springer.

Liu, A., & Pratt, S. (2017). Tourism's vulnerability and resilience to terrorism. *Tourism Management, 60,* 404–417. https://doi.org/10.1016/j.tourman.2017.01.001.

Mayer, M., Bichler, B. F., & Peters. M. (2020). Covid-19 und Tourismus: Ein Mehrebenen-Überblick. In *COVID-19 als Zäsur? Geographische Perspektiven auf Räume, Gesellschaften und Technologien in der Pandemie*. https://www.researchgate.net/profile/bernhard-bichler/publication/344554737_covid-19_und_tourismus_ein_mehrebenen-uberblick.

Mayring, P. (2015). *Qualitative Inhaltsanalyse: Grundlagen und Techniken* (12., überarb. Aufl.). Beltz. http://ebooks.ciando.com/book/index.cfm/bok_id/1875625.

McManus, S., Seville, E., Vargo, J., & Brunsdon, D. (2008). Facilitated process for improving organizational resilience. *Natural Hazards Review, 9*(2), 81–90. https://doi.org/10.1061/(ASCE)1527-6988(2008)9:2(81).

Pechlaner, H. (2019). Destination und Lebensraum: Perspektiven touristischer Entwicklung. In H. Pechlaner (Hrsg.), *Entrepreneurial Management und Standortentwicklung. Destination und Lebensraum* (S. 1–21). Springer. https://doi.org/10.1007/978-3-658-28110-6_1.

Pechlaner, H. (2003). *Tourismus-Destinationen im Wettbewerb.* Wiesbaden: Deutscher Universitäts-Verlag.

Pechlaner, H., Kozak, M., & Volgger, M. (2014). Destination leadership: A new paradigm for tourist destinations? *Tourism Review, 69*(1), 1–9. https://doi.org/10.1108/TR-09-2013-0053.

Raich, F., & Zehrer, A. (2016). Fallstricke der Zusammenarbeit in touristischen Destinationen. Die Rolle von Leadership-Netzwerken. In T. Bieger, P. Beritelli, & C. Laesser (Hrsg.), *St.Galler Schriften für Tourismus und Verkehr: Bd. 7. Gesellschaftlicher Wandel als Herausforderung im alpinen Tourismus.* (Erstveröffentlichung 2015).

Ritchie, B. W. (2004). Chaos, crises and disasters: A strategic approach to crisis management in the tourism industry. *Tourism Management, 25*(6), 669–683. https://doi.org/10.1016/j.tourman.2003.09.004.

Ritchie, B. W., Crotts, J. C., Zehrer, A., & Volsky, G. T. (2014). Understanding the effects of a tourism crisis. *Journal of Travel Research, 53*(1), 12–25. https://doi.org/10.1177/0047287513482775.

Roulston, K., & Choi, M. (2018). *Qualitative interviews.* The SAGE handbook of qualitative data collection.

Schwaiger, K. M., & Zehrer, A. (2020). Familienunternehmen: Resilienz in Krisenzeiten. *TourismusWissenQuarterly, 21,* 210–215.

Scuttari, A., & Corradini, P. (2018). Multidisciplinary approaches to resilience in tourism destination studies: A conceptual framework. In E. Innerhofer, M. Fontanari, & H. Pechlaner, (Hrsg.), *Destination Resilience* (S. 33–48). Taylor & Francis Ltd.

Sigala, M. (2020). Tourism and COVID-19: Impacts and implications for advancing and resetting industry and research. *Journal of Business Research, 117,* 312–321. https://doi.org/10.1016/j.jbusres.2020.06.015.

Singh, T. V. (2018). Tourism and resilience. *Tourism Recreation Research, 43*(3), 413–414. https://doi.org/10.1080/02508281.2018.1452693.

Smith, J. A. (1995). Semi structured interviewing and qualitative analysis. In J. A. Smith, R. Harre, & L. van Langenhove (Hrsg.), *Rethinking methods in psychology* (S. 9–26). Sage.

Traskevich, A., & Fontanari, M. (2021). Tourism potentials in post-COVID19: The concept of destination resilience for advanced sustainable management in tourism. *Tourism Planning & Development, 1–25*. https://doi.org/10.1080/21568316.2021.1894599.

Tyrrell, T. J., & Johnston, R. J. (2008). Tourism sustainability, resiliency and dynamics: Towards a more comprehensive perspective. *Tourism and Hospitality Research, 8*(1), 14–24. https://doi.org/10.1057/thr.2008.8.

Zehrer, A. (2013). The culture of facing crisis in tourism – An empirical study on crisis comptencies of future destination managers. In H. Pechlaner, D. Abfalter, & G. Dal Bò (Hrsg.), *Cultural entrepreneurship – Challenges and strategies. Culture Meets Economy* (S. 43–62). Eurac Research.

Zehrer, A., & Mössenlechner, C. (2010a). Der Faktor Kommunikation in Management, Leadership und Unternehmertum. In H. Siller & A. Zehrer (Hrsg.), *Entrepreneurship & Tourismus. Unternehmerisches Denken und Erfolgskonzepte aus der Praxis.* (S. 31–44). Linde.

Zehrer, A., & Mössenlechner, C. (2010b). Leadership-Kompetenzen in Krisensituationen. In H. Pechlaner, M. Raich, S. Schön, & K. Matzler (Hrsg.), *Change Leadership: Den Wandel antizipieren und aktiv gestalten* (S. 181–209). Springer.

Zehrer, A., & Raich, F. (2021). Kundenkommunikation touristischer Familienunternehmen in Krisenzeiten anlässlich der COVID-19 Pandemie – Erkenntnisse für Familienunternehmen in der Hotellerie. In T. Bieger, P. Beritelli, & C. Laesser (Hrsg.), *Schweizer Jahrbuch für Tourismus 2020/2021: St. Galler Schriften für Tourismus und Verkehr, Krisenmanagement und Zukunftsstrategien für den alpinen Tourismus* (12. Aufl., S. 33–54). ESV.

Zehrer, A., Raich, F., Siller, H., & Tschiderer, F. (2014). Leadership networks in destinations. *Tourism Review, 69*(1), 59–73. https://doi.org/10.1108/TR-06-2013-0037.

Żemła, M. (2016). Tourism destination: The networking approach. *Moravian Geographical Reports, 24*(4), 2–14. https://doi.org/10.1515/mgr-2016-0018.

Die Transformation des Tourismus durch COVID-19

Alexander Plaikner und Nina Kammerer

Inhaltsverzeichnis

Zusammenfassung

Dieser Beitrag bietet einen Überblick zu den Auswirkungen, Herausforderungen und Chancen der COVID-19 Krise, welche sich durch die Krisenbewältigung ergeben und zu langfristigen Änderungen für den Tourismus in einer alpinen Destination führen können. Aufbauend auf einer systematischen, theoretischen Betrachtung der zur aktuellen Pandemie bezogenen Fachliteratur wurden im empirischen Teil qualitative Experteninterviews in der

A. Plaikner (✉)
KMU & Tourismus, Universität Innsbruck, Innsbruck, Österreich
E-Mail: alexander.plaikner@uibk.ac.at

N. Kammerer
Division für Management im Gesundheits- und Sporttourismus,
UMIT TIROL – Private Universität für Gesundheitswissenschaften und -technologie GmbH, Landeck, Österreich
E-Mail: ninakammerer@yahoo.de

H. Pechlaner et al. (Hrsg.), *Resilienz als Strategie in Region, Destination und Unternehmen*, Entrepreneurial Management und Standortentwicklung,
https://doi.org/10.1007/978-3-658-37296-5_12

Region Südtirol durchgeführt. Retrospektiv wurde erfasst, 1) was bislang aus der Krise gelernt wurde, 2) inwiefern die bisherige Form des Tourismus die Auswirkung der Krise verstärkt hat und 3) wie ein zukunftsorientierter Paradigmenwechsel vollzogen werden könnte. Der Lockdown wurde auch als ein Moment der Bestandsaufnahme wahrgenommen und regt zu Reformen, Transformationen und Innovationen an. Dabei spielt ein Tourismus, im Einklang mit den „Sustainable Development Goals" (SDG), in der Sicherung einer besseren Lebensqualität für alle, eine wichtige Rolle. Ein großer Bedarf zeigt sich hier insbesondere für das regionale und nationale Destinationsmanagement und das Destination Governance. Hier gilt es, durch die Schaffung von Rahmenbedingungen, durch neue Technologien und Innovationen den Fokus auf Themen wie Resilienz und Nachhaltigkeit zu setzen. Dabei diskutiert der Beitrag, inwiefern die COVID-19 Krise zur Veränderung und Neuorientierung genutzt werden sollte und welche touristischen Merkmale weiterhin Bestand haben.

1 Einleitung

Am 12. März 2020 wurde der COVID-19-Ausbruch von der WHO zur Pandemie erklärt. Die Bekämpfung der COVID-19 Pandemie sowie die Folgen der daraus resultierenden Krise stellt die Welt vor große Herausforderungen und Aufgaben. Zweifellos führten Ausgangsbeschränkungen, Grenzkontrollen und viele weitere Maßnahmen, die zahlreiche Staaten in diesem Ausnahmezustand setzten, zu einer Zäsur im Tourismus. Der globale Reise-, Tourismus- und Freizeitverkehr wurde teilweise durch nationale sowie internationale Gesundheitsregelungen und Maßnahmen (z. B. soziale Distanzierung, Reise- und Mobilitätsverbote, Absperrung von Gemeinden, Lockdowns, Selbst- oder Zwangsquarantäne, Eindämmung von Menschenansammlungen) gänzlich zum Stillstand gebracht (Cave & Dredge, 2020; Niewiadomski, 2020; Sigala, 2020). Laut Sigala (2020) hat dies erhebliche Auswirkungen auf die globalen wirtschaftlichen, politischen und soziokulturellen Systeme. Jährliche Einnahmen aus dem Reiseverkehr und dem Tourismus gingen verloren und hunderttausende kleine und mittlere Unternehmen weltweit mussten schließen (Haywood, 2020) oder wurden durch öffentliche Gelder am Leben erhalten. Millionen Arbeitsplätze sind vorübergehend verloren gegangen. Ein großer Anteil der so raren touristischen Fachkräfte stößt durch Kurzarbeit an ökonomische Grenzen und die Wahrnehmung von Angst und Unsicherheit der Menschen aufgrund von Arbeits- und Lohnverlust wurde verstärkt (Debata et al., 2020; Higgins-Desbiolles, 2020a, b). Laut Prideaux et al. (2020) ist die Tiefe und das Ausmaß der durch die COVID-19 Pandemie ausgelösten Rezession entscheidend für die Dauer bis zur Rückkehr zu den Wachstumsmustern vor der Pandemie. Aus diesem Grund betonen Brouder (2020) und Higgins-Desbiolles (2020a, b) die Notwendigkeit, die Tourismusindustrie bei der Entwicklung von Strategien zur Erholung von der Krise zu unterstützen und dadurch so schnell wie möglich zum „Business as usual" zurückkehren zu können. Zugleich bietet nach Brouder (2020) die durch die COVID-19 Pandemie verursachte globale Krise eine Nachdenkpause im Tourismus und im Reiseverkehr (Hall et al., 2020; Higgins-Desbiolles, 2020a; Lew et al., 2020). Durch solche Krisenerfahrungen werden etablierte Paradigmen infrage gestellt und neue Denkweisen angeregt (Gretzel et al., 2020; Moreno-Izquierdo et al., 2019). Higgins-Desbiolles (2020a) und Lew et al. (2020) gehen sogar von der Entstehung von Visionen einer positiven Transformation des Planeten und des Tourismus, im Besonderen bezüglich des Faktors des globalen Ressourcenverbrauchs aus. Dabei sollte sich die Welt nicht hin zum „Normalzustand" von vor der Pandemie orientieren, sondern auf eine Neuausrichtung. (Higgins-Desbiolles, 2020a; Lew et al., 2020) Um eine Transformationsphase einzuleiten, müssen laut Sigala (2020) die Auswirkungen und Implikationen der COVID-19 Pandemie auf die vier Hauptakteure 1) Tourismusnachfrage, 2) Tourismusanbieter, 3) Destinationen und 4) politische Entscheidungsträger in drei Phasen a) Reaktions-, b) Neuorientierung-/Erholungs- und c) Anlaufphase nach der Pandemie dargestellt werden. Denn dieser Moment muss laut Lew et al. (2020) als Umbruch genutzt werden. Ziel der zugrunde liegenden Arbeit ist es, die Möglichkeiten zu einer langfristigen Transformation und zu einer nachhaltigen Veränderung des Tourismus als Folge der Krisenbewältigung zu verdeutlichen. Mithilfe einer systematischen Literaturbetrachtung nach David und Han (2004), Newbert (2007) und Pikkemaat et al. (2019) wurde im Folgenden die theoretische Grundlage aufgebaut. Im Forschungsprozess sind die Kontextkategorien: COVID-19 Pandemie, Governance, Innovation, Nachhaltigkeit, Technologie und Resilienz strukturiert und im theoretischen Teil beschrieben. Der empirische Teil fügt die Aussagen der Expertinnen und Experten zu diesen Kategorien bei und in der Diskussion wird Theorie im Praxistransfer gegenübergestellt. Aus diesem Vergleich zieht der Beitrag seine Schlussfolgerungen.

2 Theoretische Grundlagen

2.1 COVID-19 Pandemie eine „Neue Normalität" oder Rückkehr zum „Business as usual"

Für das Zurechtkommen in Ausnahmesituationen, wie die COVID-19 Pandemie, spielt auch die Resilienz eine wichtige Rolle. Hier stellt sich die Frage nach dem Bewältigungsstil aus der Krise. Haywood (2020) sieht in einer Krise die Möglichkeit, Prioritäten infrage zu stellen, sich kritisch mit Realitäten auseinanderzusetzen und daraus neue angepasste Interessen und Ziele zu bilden. So erkennt auch Brouder (2020), dass sich nun mit der Pandemie eine Gelegenheit für eine tiefgreifende Transformation bietet. Diese beinhaltet Innovation und setzt als Grundlage Resilienz voraus. Resilienz ermöglicht es, Alternativen zu bewerten und der neu gewählte Entwicklungspfad kann gestärkt werden (Boschma, 2015; Folke et al., 2010). Es soll der Moment genutzt werden, die durch die Krise verursachte Störung in transformative Innovationen umzuwandeln (Brouder, 2020; Cardoso, 2020). Neben Innovation kommen Themen wie Nachhaltigkeit, Technologie und Resilienz mehr Bedeutung zu (Fennell & Bowyer, 2020). Weitere wesentliche Themen der Zukunftsgestaltung sind eine hochgradig vernetzte und globale Welt und die daraus resultierenden Abhängigkeiten, der Klimawandel, Ressourcenverbrauch und Umweltverschmutzung sowie die regionale, nationale und globale wirtschaftliche Entwicklung und der Wachstum (Sigala, 2020). Der Lebensstandard einer Vielzahl kann sich in Zukunft durch ein besseres Verständnis des transformativen Tourismus, durch Kombination aus wirtschaftlichem, technologischem, wissenschaftlichem, kulturellem und organisatorischem Fortschritt erhöhen. Higgins-Desbiolles (2020a) zeigt, dass der Tourismus von nun an qualitativ hochwertiger wachsen soll, indem Inklusion, Nachhaltigkeit und Verantwortung Vorrang erhalten. Zur Einleitung einer Transformation müssen Gemeinden als Destinationseinheiten zusammenarbeiten, den Ist- Zustand ermitteln und bestimmen was sein soll (Haywood, 2020). Jene, die sich die Rückkehr des Tourismus zu den berauschenden Höhen wie vor der globalen Pandemie Erfahrung erhoffen, fordern eine finanzielle und wirtschaftliche Wiederbelebung des Bekannten: Die Rückkehr zum „Normalzustand". Konträr dazu steht die Vision der „neuen Normalität". Sich entfernen von dem, was war und sich für eine positive Transformation, eine Veränderung, Weiterentwicklung und Verwandlung des Tourismus sowie für einen sozialen, nachhaltigen und regenerativen Paradigmenwechsel im Tourismus einzusetzen (Brouder, 2020; Haywood, 2020; Lew et al., 2020).

2.2 Governance im Krisenmanagement

Durch Maßnahmen wie Reiseverbote und Grenzschließungen als Folgen der COVID-19 Pandemie kam der Tourismus buchstäblich zum Erliegen. Die Regierungen weltweit reagierten auf die durch COVID-19 Pandemie prognostizierten BIP-Einbrüche und stark steigenden Arbeitslosigkeit mit groß angelegten Rettungspaketen (Gretzel et al., 2020). Sigala (2020) fordert in diesem Zusammenhang, dass Krisen im Kollektiv angegangen werden sollen. Die Realität hat aber gezeigt, dass Regierungen und Destinationen individuell und nationalistisch sowie auch selektiv im Krisenmanagement der COVID-19 Pandemie gehandelt haben. Zukünftig sollte jedoch im Sinne von Destination Governance agiert werden. Destination Governance bedeutet die Führung und Gestaltung touristischer Destinationen im Sinne des Schutzes der Interessen aller Stakeholder und einer gezielten Entwicklung der touristischen Räume (Hynes et al., 2020; Sigala, 2020; Volgger et al., 2021).

Die durch die COVID-19 Pandemie freigewordenen Kapazitäten (z. B. Zeitressourcen, Betriebs-, Planungsmittel, …) sollen laut Breier et al. (2021) in diese strategische Entwicklungen investiert werden. Demzufolge werden Resilienz in der Gemeinschaft und ein regenerativer Tourismus – ein Ort wird von Touristen besser zurückgelassen, als dieser vorgefunden wurde – Schwerpunkt der weiteren Entwicklung (Cave & Dredge, 2020). Die regionale Bevölkerung in Destinationen fordert laut Volgger et al. (2021) partizipative Prozesse und Einbindung in den Prozess der Entscheidungsfindung. Hier entsteht laut Higgins-Desbiolles (2020b) eine Trennlinie zwischen denjenigen, die für einen Aufschwung im Tourismus nach alten Prinzipien und denjenigen, die für eine langfristige Nachhaltigkeit in Form von Reformen und Transformation stehen. Die Tourismusakteure müssen die Chance nutzen, welche durch die COVID-19 Pandemie möglich wurde (Brouder, 2020; Cardoso, 2020; Cave & Dredge, 2020; Fennell & Bowyer, 2020; Higgins-Desbiolles, 2020a). Entsprechend sollten sie Verantwortung übernehmen und als Initiatoren für neue Veränderungen und größere Widerstandsfähigkeit agieren. Stakeholder müssen eingebunden, Rollen müssen klar verteilt und die Verantwortung im Tourismus-Governance muss wahrgenommen werden. Eine proaktive Kommunikation sowie transparente Darlegung von Daten und Informationen sind notwendig. Auch gilt es, das Erkennen der Vorteile von Kooperation und Zusammenarbeit zu forcieren (Cardoso, 2020; Fennell & Bowyer, 2020; Hynes et al., 2020). Die Menschen, die Wirtschaft und die Umwelt sollen in den von der Regierung formulierten Strategien in ausgewogenem Verhältnis zueinander gestellt werden (Debata et al., 2020).

2.3 COVID-19 Pandemie eine Gelegenheit für Innovationen

Für eine langfristige Perspektive der Wettbewerbsfähigkeit und des Wachstums soll Innovation als strategischer Ansatz des politischen, sozialen und unternehmerischen Handelns anerkannt werden (Heimerl & Peters, 2019; Moreno-Izquierdo et al., 2019; Pikkemaat et al., 2019). Im Moment der Unterbrechung durch die COVID-19 Pandemie kann der transformative Tourismus eine Gelegenheit sein, die langjährigen Herausforderungen im sozialen und ökologischen Kontext anzugehen. Das Konzept des transformativen Tourismus basiert auf persönlichem Wachstum und der Bereicherung auf Nachfrage- und Angebotsseite (Rowen, 2020). Beide Parteien profitieren durch gegenseitiges Unterstützen, das in Beziehung treten, das Zusammenwirken und die gemeinsamen Erfahrungen auf der Reise (Eichelberger & Peters, 2020). In der Region Südtirol erfolgte in der Zeit der COVID-19 Pandemie im Rahmen des „Restart-Programm" die auf dieser Basis beruhende „IDM Service Innovation". Hier wird transformative Innovation in Form von Innovationsmanagement, Produkt- und Dienstleistungsinnovation, Sektorenentwicklung und Funding umgesetzt (Hinteregger, 2021). Im Einklang mit den SDG-Zielen sollte weiters die Erholung von der Krise genutzt werden, um mit transformativen Innovationen für eine bessere Lebensqualität aller zu sorgen (Cardoso, 2020). Transformation tritt ein, sobald auf der Angebotsseite sowie auf der Nachfrageseite des Tourismus genügend Innovationen stattfinden (Brouder, 2020). Moreno-Izquierdo et al. (2019) führen hierbei das Beispiel an, wie die Neuorientierung aufgrund der veränderten Beziehung der Touristen zur Umwelt einen Wandel der Konzepte von Reisezielen bewirkt. In naher Zukunft führt die Schnittmenge aus Mobilität, Arbeit, Freizeit und Technologie zu einer neuen Form von Reisen (Hermann & Paris, 2020). Das zukünftige Funding der IDM sollte dabei auf kreatives Denken und Kompetenzentwicklung fokussiert werden. Dies geschieht durch Investitionen in digitale Fähigkeiten und online Erlebnisse sowie mittels Ausbaus und Förderung der Ausbildung im Tourismus (Cardoso, 2020).

2.4 Ein neuer Blick auf den gesamten Planeten, Menschen und Natur

Debata et al. (2020) erachten den Lockdown als einen Segen für die Umwelt, die sich durch weniger Verschmutzung erholen kann. Dementgegen bezweifeln Hall et al. (2020), dass dieser Rückgang der Emissionen aufrechterhalten bleiben wird, da die Menschen sobald sie wieder dürfen, in alte Muster verfallen und höhere Emissionen die Folge sind. Auch Zenker und Kock (2020) sehen zwei mögliche Szenarien. Zum einem werden weder die Unternehmen noch die Kunden, aufgrund der Rezession wird anders investiert, in dieser Situation ihre monetären Ressourcen in Nachhaltigkeitsinvestitionen stecken. Zum anderen könnte die Pandemie den Sinn für nachhaltige Entwicklung und die Bemühungen aller in Richtung nachhaltiges Verhalten verstärken. Eine Vielzahl von Autoren regen dazu an, dass sich die ungerechte von Wachstum getriebene Tourismusentwicklung, sowie der Kapitalismus des Überflusses überdacht werden muss (Gretzel et al., 2020; Hall et al., 2020; Higgins-Desbiolles, 2020b; Nunes & Cooke, 2021; Sigala, 2020). Durch die Strategien aus der Krisenbekämpfung, wie Vermeidung von Menschenmassen und reduzierte Mobilität, werden umweltfreundliche und Ressourcen schonende Modelle umsetzbar (Prideaux et al., 2020). Intelligentes Mobilitätsmanagement, kohlenstoffneutrale Technologien und gemeinschaftliche Mobilitätslösungen sind erste ergänzende Anreize dazu. Regionen sollen mehr durch öffentliche Verkehrsmittel angesteuert und Kurzurlaube vermieden werden (Gühnemann et al., 2021). Auch für die Umsetzung der UN- Ziele für nachhaltige Entwicklung (SDGs) ist der Tourismus ein wichtiges Mittel (Cardoso, 2020; Fennell & Bowyer, 2020; Galvani et al., 2020; Niewiadomski, 2020). Das soziale und ökologische Wohlergehen muss nach Galvani et al. (2020) im Zuge des Wirtschaftswachstums berücksichtigt werden. Somit muss Nachhaltigkeit verstanden, wahrgenommen und im Alltag gelebt werden. Sobald sich die COVID-19 Pandemie legt, könnte es zu einem bedeutenden Wandel mit respektvollem Umgang der Menschen miteinander und mit der Natur mit einer Fokussierung auf den gesamten Planeten kommen. Der Tourismus, die Bevölkerung, Unternehmen und die Politik müssen das Potential dieser Entwicklung nutzen. (Galvani et al., 2020) Es müssen laut Higgins-Desbiolles (2020b) taktische Ansätze zur Kontrolle der negativen sozialen, ökologischen und wirtschaftlichen Auswirkungen eingeführt werden.

2.5 Technologie als Kern der Lösung

Um die alltäglichen Probleme in der Zeit der COVID-19 Pandemie zu lösen und um auf die Auswirkungen im Tourismus zu reagieren, erweist sich Technologie als zentraler Lösungsansatz. Sie wird genutzt, angepasst und weiterentwickelt. In verschiedenen Bereichen wie Arbeit, Reisen, Freizeit, Geschäfte und Governance wurde der digitale Fortschritt beschleunigt (Gretzel et al., 2020; Sigala, 2020). Unternehmen organisierten sich neu. Virtuelle Teams, remote Arbeit und virtuelle Führung ermöglichen, die Organisation von Unternehmen und Destinationen zu erhalten. Personen arbeiten nun unabhängig vom Standort oder Zeitzone, was zur Senkung der Gemeinkosten führt. Ein Fortschritt in den Serviceketten mit weiterem Potential in der Digitalisierung bilden zum Beispiel online organisierte Essenslieferungen oder virtuelle Weinerlebnisse (Hermann & Paris, 2020; Sigala, 2020). Durch Interkonnektivität und einer dynamischen Vernetzung können alle Beteiligten als Co-Produzenten mithilfe von Prozessen und Daten für neue innovative Dienstleistungen, Produkte und Verfahren agieren (Buhalis, 2019). Dadurch wird mehr Flexibilität, Anpassungsfähigkeit ermöglicht und dies führt zu einer neuen Art von Beziehung zwischen allen beteiligten Tourismusakteuren (Moreno-Izquierdo et al., 2019). Laut Sigala (2020) hat sich das Vertrauen und die Akzeptanz der Menschen in die Technologie vergrößert, da sie in der Krise ausprobiert wurde und sie nun als nützlich erachtet wird. Auch in Hinsicht auf zukünftige Krisen liegt sehr viel Potential in der Technologie (Breier et al., 2021; Lew et al., 2020). Darum sollen demokratisierte Werte und Prozesse, wie Open Source, wodurch Inhalte von allen genutzt werden können, ein Weg zu mehr Gerechtigkeit und Akzeptanz sein. Die Pandemie hat gezeigt, dass Technologie notwendig ist. Sie muss in der Krise und künftig auf langfristiger Sicht jedoch besser verstanden, verantwortungsvoll verwaltet und proaktiv gestaltet werden (Gretzel et al., 2020).

2.6 Resilienz als Teil des Unternehmensleitbildes

Resilienz soll Teil der Kernphilosophie werden. Indem Resilienz im Unternehmensleitbild berücksichtigt wird, kann sichergestellt werden, dass die Akteurinnen und Akteure trotz künftiger interner oder systemübergreifender Schocks und Bedrohungen in den verschiedenen Systemen, weiter funktionieren können (Hynes et al., 2020). Resilienz stärkt auch das System in der Transformation, indem die Auswirkungen der Veränderungen minimiert werden (Fennell & Bowyer, 2020). Die Politik sollte sowohl Ansätze für die kurzfristige Bekämpfung der Krisenfolgen sowie für längerfristige Probleme vorsehen. Denn auch in Zukunft wird es zu unerwarteten Störungen wie zum Beispiel durch den Klimawandel, Veränderungen der Rahmenbedingungen und andere Einflüsse auf Abläufe in Destinationen kommen. Darum ist es wichtig widerstandsfähig, anpassungsfähig und innovativ zu bleiben. Die COVID-19 Krise zeigt, dass es gilt, jetzt zu handeln und Strukturmaßnahmen vorzusehen, um Wechselwirkungen zwischen Systemen kontrollieren, darauf reagieren, sowie vermeiden zu können (Hynes et al., 2020). Prideaux et al. (2020) thematisieren eine Kreislaufwirtschaft, welche das alte Wirtschaftsmodell des stetigen Wachstums ersetzen soll. Umweltmodelle sollen beispielsweise mit Modellen für Wirtschaftswachstum und Handel verknüpft werden. Dadurch werden Grenzen erweitert und neue innovative und resiliente Modelle entstehen. Eine Interkonnektivität zwischen den Systemen bringt erhebliche Vorteile durch Kommunikation und Austausch über Infrastrukturen. Dies gilt auch in Hinsicht internationaler Wirtschaftssysteme, wodurch die Erholung und Anpassung an Störungen erleichtert wird. Themen, die normalerweise gesondert behandelt, sollten in einen gemeinsamen Kontext gestellt werden. Sektorenübergreifende und multidisziplinäre Zusammenarbeit sind das Ziel (Hynes et al., 2020; Volgger et al., 2021).

Parallel dazu benötigt es auch ein gutes Governance der Destinationen, welches die Verantwortung für die touristische Entwicklung übernimmt und unterschiedliche und widersprüchliche Interessen vereint (Hynes et al., 2020; Pechlaner et al., 2019). Zu Widerstandsfähigkeit, Kreativität und Zusammenarbeit führt die Beteiligung aller interessierten Parteien, so Cheer (2020), Scuttari et al. (2021) und Volgger et al. (2021). Gemäß Gretzel et al. (2020) ist ein Paradigmenwechsel sowie das Einbinden der Technologie an diesem Wendepunkt für die Schaffung von Resilienz von höchster Priorität. Der Handlungskontext muss erkundet werden, Kompromisse zwischen Gesellschaft, Wirtschaft, Gesundheit und anderen Zielen sind unvermeidlich und ein neuer Ansatz, der auf die systemischen Ursprünge und Auswirkungen von Krisenerreignissen reagiert, muss gefunden werden (Hynes et al., 2020).

Tab. 1 zeigt zur Übersicht den Bezug zwischen der relevanten Kontextkategorien aus der gesammelten Literatur als Leitthemen der nun folgenden empirischen Befragung.

3 Empirische Analyse

3.1 Vorgehensweise

Im Rahmen einer Qualitativen Untersuchung wurde eine empirische Erhebung durch Experteninterviews durchgeführt. Auf der qualitativen Inhaltsanalyse nach Mayring (2014) und eine Kodierung mittels MAXQDA-2020 (Kuckartz, 2010) sind die Ergebnisanalysen aufgebaut. Auf den Leitthemen aus Tab. 1 aufbauend wurde der Interviewleitfaden strukturiert. Tab. 2 schildert die Struktur ergänzt durch die Leitfragen.

Tab. 1 Zusammenfassung der Leitthemen aus der systematischen Literaturanalyse

Leitthemen	Erläuterung	Literatur
COVID-19	Die Situation mit COVID-19 in Tourismusregionen	Benjamin et al. (2020), Boschma (2015), Breier et al. (2021), Brouder (2020), Cardoso (2020), Cave und Dredge (2020), Cheer (2020), Fennell und Bowyer (2020), Debata et al. (2020), Folke et al. (2010), Galvani et al. (2020), Gretzel et al. (2020), Hall et al. (2020), Haywood (2020), Heimerl und Peters (2019), Hermann und Paris (2020), Higgins-Desbiolles (2020a, b), Hynes et al. (2020), Lew et al. (2020), Moreno-Izquierdo et al. (2019), Niewiadomski (2020), Nunes und Cooke (2021), Pikkemaat et al. (2019), Prideaux et al. (2020), Rowen (2020) und Zenker und Kock (2020)
Governance	Bei der Entwicklung der touristischen Räume bedarf es die Vielzahl an Institutionen, privaten und öffentlichen Akteure zu berücksichtigen und einzubinden	Benjamin et al. (2020), Breier et al. (2021), Brouder (2020), Cardoso (2020), Cave und Dredge (2020), Cheer (2020), Fennell und Bowyer (2020), Debata et al. (2020), Galvani et al. (2020), Gretzel et al. (2020), Hall et al. (2020), Haywood (2020), Heimerl und Peters (2019), Higgins-Desbiolles (2020a, b), Hynes et al. (2020), Lew et al. (2020), Moreno-Izquierdo et al. (2019), Niewiadomski (2020), Nunes und Cooke (2021), Pikkemaat et al. (2019), Prideaux et al. (2020), Sigala (2020) und Volgger et al. (2021)
Innovation	Die Zeit mit COVID-19 hat zu Innovation und neuen Ansätzen geführt	Benjamin et al. (2020), Breier et al. (2021), Brouder (2020), Cardoso (2020), Cave und Dredge (2020), Fennell und Bowyer (2020), Debata et al. (2020), Galvani et al. (2020), Gretzel et al. (2020), Haywood (2020), Heimerl und Peters (2019), Hermann und Paris (2020), Higgins-Desbiolles (2020a, b), Moreno-Izquierdo et al. (2019), Nunes und Cooke (2021), Pikkemaat et al. (2019), Prideaux et al. (2020), Rowen (2020) und Zenker und Kock (2020)

(Fortsetzung)

Tab. 1 (Fortsetzung)

Leitthemen	Erläuterung	Literatur
Nachhaltigkeit	Der Moment der Krise hat das Bewusstsein der Menschen erhöht und das Thema Nachhaltigkeit, Umgang mit Ressourcen und die Natur in den Fokus gebracht	Benjamin et al. (2020), Breier et al. (2021), Cardoso (2020), Cheer (2020), Fennell und Bowyer (2020), Debata et al. (2020), Galvani et al. (2020), Haywood (2020), Higgins-Desbiolles (2020a, b), Hynes et al. (2020), Lew et al. (2020), Moreno-Izquierdo et al. (2019), Niewiadomski (2020), Nunes und Cooke (2021), Prideaux et al. (2020) und Zenker und Kock (2020)
Technologie	Die technischen Hilfsmittel haben es Unternehmen und der Bevölkerung möglich gemacht den alltäglichen Abläufen unter den gegebenen Umständen nachzugehen und Vorteile daraus zu ziehen	Breier et al. (2021), Buhalis (2019), Fennell und Bowyer (2020), Debata et al. (2020), Hermann und Paris (2020), Lew et al. (2020), Moreno-Izquierdo et al. (2019), Pikkemaat et al. (2019) und Sigala (2020)
Resilienz	Die Pandemie hat gezeigt, wie wichtig Widerstandsfähigkeit in Systemen, Destinationen und Unternehmen ist, um auf interne und externe Stressoren reagieren zu können	Benjamin et al. (2020), Brouder (2020), Cardoso (2020), Cave und Dredge (2020), Cheer (2020), Fennell und Bowyer (2020), Galvani et al. (2020), Gretzel et al. (2020), Hall et al. (2020), Higgins-Desbiolles (2020b), Hynes et al. (2020), Lew et al. (2020), Niewiadomski (2020), Pechlaner et al. (2019), Prideaux et al. (2020), Sigala (2020), Volgger et al. (2021) und Zenker und Kock (2020)

Quelle: Eigene Darstellung

Anhand dieses Interviewleitfadens und aufbauend auf die Themengebiete aus der Literatur und der Studie „Denkanstoß COVID-19, Zukunftsszenarien für ein nachhaltiges Südtirol 2030+“ (Habicher et al., 2020) wurden neun Expertinnen und Experten aus Südtirol interviewt, siehe Tab. 3. Die Auswahl der Stichprobe erfolgte aus sechs Sektoren, zu welchen Personen aus unterschiedlichen Fachgebieten sowie verschiedenen Teilen der Provinz befragt wurden: Eurac Research, IDM (Innovation, Development und Marketing) Südtirol, Tourismusvereine, Freizeitanbieter, Südtiroler Bauernbund und Hoteliers- und Gastwirteverband Südtirol.

Tab. 2 Leitfragen aus dem Interviewleitfaden

	Leitfragen
Einleitung	Wie nehmen Sie die Situation der Corona-Krise in Ihrer Tourismusregion wahr? (Brouder, 2020; Lew et al., 2020)
Governance	Wie haben die Entscheidungsträger in Ihrem Sektor auf die COVID-19 Krise reagiert? (Pikkemaat et al., 2019; Zenker & Kock, 2020)
Innovation	Wie stehen Sie zu Innovationen in Zeiten der Krise? (Nunes & Cooke, 2021; Sigala, 2020)
Nachhaltigkeit	Wie bewusst wird Nachhaltigkeit in Ihrer Destination gelebt? (Cardoso, 2020; Fennell & Bowyer, 2020)
Technologie	Was können Sie zu konkreten Transformationen im technologischen Bereich mitteilen? Was hat sich dort in der Zeit mit COVID-19 entwickelt? (Buhalis, 2019; Gretzel et al., 2020; Hermann & Paris, 2020)
Resilienz	Wie widerstandsfähig ist der Tourismus in Ihrer Region? (Pechlaner et al., 2019; Prideaux et al., 2020; Volgger et al., 2021)

Quelle: Eigene Darstellung

Tab. 3 Funktionen im Berufsfeld der Expertinnen und Experten

Bezeichnung	Aufgaben	Bezeichnung	Aufgaben
EX1	Marketing & Management	EX6	Operative Leitung
EX2	Operative Leitung	EX7	Forschung, Projektmanagement & Lehre
EX3	Management & Operative Leitung	EX8	Forschung, Projektmanagement & Verfassung wissenschaftlicher Publikationen
EX4	Operative Leitung	EX9	Management, Operative Leitung & Strategie
EX5	Marktforschung, Projektmanagement & Strategie		

Quelle: Eigene Darstellung

Die Länge der Interviews betrug durchschnittlich 40 min. Dabei wurden sechs offene Hauptfragen und weiterführende Nebenfragen gestellt. Die Befragten gaben zu ihrem Fachgebiet Antwort. Ihre subjektive Wahrnehmung während der Krisenbewältigung, ihre Zukunftsvisionen und die Richtung, in welche sich ihr Sektor entwickelt, ermöglicht einen guten Einblick in die aktuelle Entwicklung in der Destination Südtirol. Mit dem Datenanalyseprogramm MAXQDA-2020 erfolgte die Transkription und Kodierung der aufgezeichneten Interviews. Die Daten konnten so systematisch ausgewertet werden. Dabei wurden ausschlaggebende Aussagen mit ähnlichem oder gleichem Inhalt gesammelt und nach Kategorien gegliedert. Daraus entstanden Zusammenhänge und die Interpretation der Ergebnisse. Der Kodierbaum in Abb. 1 stellt die Ergebnisse der Experteninterviews nach Haupt- und Unterkategorien unterteilt dar.

3.2 Ergebnisse

3.2.1 COVID-19 und Governance

„Der Rhythmus hat gefehlt, aber auch das Geld hat gefehlt, die Perspektive hat gefehlt. Man wusste ja nie, ob man jetzt in einem Monat aufsperren kann oder nicht.“ (EX 4)

Alle Expertinnen und Experten sind sich einig, dass diese Krise ein sehr einschneidendes Ereignis war. Gerade für den Tourismus ist es eine sehr unbefriedigende und auch frustrierende Zeit. Im touristischen Sinn bedeutete dies für Südtirol fast 200 Tage Stillstand. Eine Expertin bzw. ein Experte schildert Einbußen von 30 % bei den Nächtigungen im Jahr 2020 und rechnet auch im Jahr 2021 mit einem ähnlichen Rückgang. Das Management von Politik und Behörden in der Krisenbewältigung wird von zwei Expertinnen bzw. Experten als schlecht bewertet. *„(…) in schwierigen Zeiten sieht man wie gut man verwaltet wird“* (EX 3). Kritisiert wurde, dass keine Strategie in den Entscheidungen ersichtlich war und man von Entscheidung zu Entscheidung eilte. Es wurde ohne ersichtlichen Plan agiert und die Situation war geprägt durch ständige Wechsel der Auflagen und Vorgaben. Dabei wurden die Konsequenzen für den ganzen Wirtschaftssektor Tourismus nicht im Besonderen berücksichtigt. Speziell im Tourismus waren Verordnungen schwer nachvollziehbar. Schwierig erklärbar erscheinen die Maßnahmen im ersten und zweiten Lockdown. Im Vergleich zum ersten Lockdown im Frühjahr 2020, wo alles stillstand, konnten im zweiten Lockdown im Herbst 2020 zumindest manche Sektoren weiterarbeiten, ungeachtet dessen, dass die Zahlen der COVID-19 Erkrankten immer noch anstiegen. Daraus ergab sich die Folge, dass manche Wirtschaftssektoren große

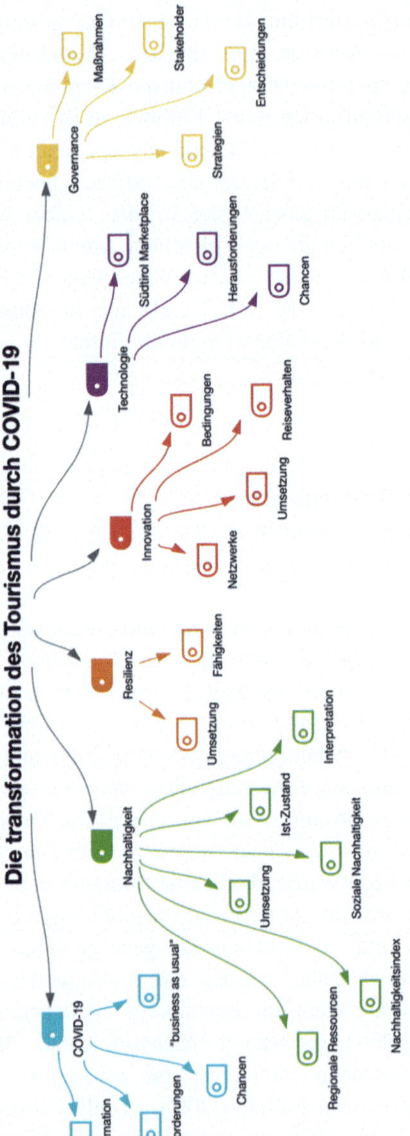

Abb. 1 Kodierbaum als hierarchisches Code-Subcodes-Modell. (Quelle: Eigene Darstellung mit MAXQDA 2020)

Auswirkungen verzeichneten, andere kaum negative Folgen zu tragen hatten und in der Meinung der Interviewten, einige Sektoren sogar besser aussteigen als im „Normalzustand“. Es mangelte laut Expertinnen und Experten auch an einem koordinierten Austausch auf den verschiedenen Ebenen. Es war nicht möglich die Meinungen und Anliegen der Interessengruppen mit einer Stimme gegenüber der Politik und den Behörden zu konkretisieren. Laut den Aussagen der Expertinnen bzw. Experten sollten Entscheidungen koordiniert getroffen werden. Dabei sollte ein partizipativer Zugang gewählt und Stakeholder aus den jeweiligen Wirtschaftssektoren als Unterstützung bei der Zielerreichung gehört werden. Das Governance als System müsste mehr ineinandergreifen, partizipieren, koordinieren und informieren, um somit eine effiziente strategische Zusammenarbeit zu fördern. Die interviewten Expertinnen/Experten messen der gemeinsamen Gestaltung von Zukunftsprojekten eine große Bedeutung zu. Nur auf diese Weise kann die Entwicklung des gesamten Tourismusbereichs strategisch und nachhaltig gefördert werden.

Auf der anderen Seite wird die Pandemie von mehreren Interviewten als Chance für den Tourismus und die Destination Südtirol gesehen. Die Prozesse der Entwicklung haben sich laut ihren Aussagen verstärkt, die Attraktivität des Reiseorts ist gestiegen, der Wert der Dienstleistung hat zugenommen und es konnte eine neue junge Gästeschicht angesprochen werden. Weiters wurde festgestellt, dass das Reiseverhalten Veränderungen durch COVID-19 erfahren hat. Laut Interviewten reisen Menschen nun viel bewusster und wollen sich darüber vermehrt austauschen. Sie genießen in dieser Ausnahmesituation vermehrt das touristische Angebot, die Gästezufriedenheit ist gestiegen und die Aufenthaltsdauer ist länger als vor der COVID-19 Pandemie. Laut dem Landesinstitut für Statistik ASTAT (2020) betrug die durchschnittliche Aufenthaltsdauer im Sommer 2020 4,6 Tage und erhöhte sich somit um 0,2 Tage im Vergleich zu 2019. Eine Expertin bzw. ein Experte fordert, dass es jetzt gilt, an die Zukunft zu denken und die richtigen Entscheidungen zu treffen. Dieser Moment muss genutzt werden, um die eigene Zukunft in die Hand zu nehmen. Gleichzeitig sollten von den Veränderungen aber alle profitieren können, es darf keine Verlierer geben. Südtirol ist eine kleine Provinz, dies wird von Expertinnen und Experten als Chance, konkrete Visionen umzusetzen, gesehen.

„(...) es gibt ein großes Bedürfnis der Erneuerung. Erneuerung, aber für die ältere Generation bedeutet das sehr stark auf das Aufbauen was es schon gibt. Also eine interne Erneuerung, eine Überarbeitung. Während die jüngere Generation wirklich einen Ausbruch will aus der Struktur (...)“ (EX 5)

Der Großteil der Interviewten teilt die Annahme, dass es durch die COVID-19 Pandemie zu Transformation und Veränderungen im Tourismus kommt. Es wird mehr an die Zukunft gedacht und versucht, Entwicklungen in Richtung Qualitätstourismus zu setzen. Auf immer neue Superlative soll verzichtet werden, denn weniger zeigt sich oft als nachhaltiger. Das Bewusstsein der Menschen hat sich auch in Bezug auf Konsum, Produktvielfalt, Mobilität, Reisen und Wertschätzung von persönlicher Nähe verändert. Die Menschen wünschen sich mehr Individualität und Freizeitaktivitäten in der Natur, was eine große Chance für die Bergregionen darstellt. So lernen neue Kundenschichten die Dienstleistungen und Ortschaften kennen. Expertinnen und Experten berichten, dass 15 % der Gäste, welche im Jahr 2020 nach Südtirol gereist sind, zum ersten Mal in Südtirol und im Durchschnitt auch 10 Jahre jünger waren. Diese neue Zielgruppe konnte Südtirol für den Alpenraum gewinnen.

Im Gegensatz dazu argumentiert Expertin/Experte 6 dazu: *„Dann ist diese Pandemie gekommen und eigentlich will ich wieder zu dieser Situation vor der Pandemie. Und im Zweifel lieber als etwas groß zu verändern, sag ich nein, lieber nicht verändern, sondern wieder zurück ins alte Muster.“* Argumente zur Rückkehr zum „Business as usual“ sind vor allem im finanziellen Bereich zu finden, da Strukturveränderungen immer mit Kosten verbunden sind. Auch der Deckungsbeitrag, der bei billigeren Produkten im Vergleich zu teureren regionalen Produkten, höher ist, gilt als Argument zur Rückkehr zum „Business as usual“. Veränderung wird hier momentan nicht als Notwendigkeit erachtet, da Südtirol vor der Krise gut gewirtschaftet hat und erfolgreich war. Eine Expertin/ein Experte ergänzt dazu, dass eine gewisse Transformation stattfindet, gewisse Aspekte im Tourismus aber bestehen bleiben werden.

3.2.2 Innovation

„Krisen können meiner Meinung nach Innovationsfördernd sein absolut. Weil natürlich ganz banal gesagt, solang es einem gut geht, müssen Veränderungen nicht zwanghaft durchgeführt werden.“ (EX 8)

Die Ergebnisse der Experteninterviews lassen die Schlussfolgerung zu, dass Krisen Systeme so erschüttern können, dass bis dahin gebundene Ressourcen frei und Innovationsprozesse eingeleitet werden. Die Interviewten sehen Krisenzeiten zumeist als einen Moment der Evaluierung, der Reflexion und des Nachdenkens. Denn solange es einem gut geht, strebt man selten Veränderung an. Die Pandemie beschleunigte in Südtirol den allgemeinen Trend, zu einer verstärkten Nachfrage zu Nachhaltigkeit und Qualität in der Betriebsausrichtung. Die Entwicklung folgt regionalen Produkten, regionalen Angeboten und regionalen Kreisläufen zwischen den Wirtschaftssektoren. In diesem Zusammenhang stellten einige der Expertinnen/Experten die Priorisierung auf Hochsaisonen infrage und sehen Nebensaisonen als Entwicklungspotentiale. Gleichzeitig wird aber auch erkannt, dass eine solche Umsetzung die Weiterentwicklung in allen Wirtschaftssektoren fordert und dass diese Trendwende nicht nur im Tourismus isoliert angegangen werden kann. Produkte müssen ausgetauscht werden und der Digitalisierungaufschwung soll auf allen Ebenen integriert werden. Dieser Entwicklung entsprechend, arbeiten im Prozess „Tourismus Vision 2030“ die Provinztourismusorganisation IDM Südtirol mit Politik und Partnern am Zukunftsbild. Sie gestalten ein Bild, wie Tourismus unter Berücksichtigung des gesamten Lebensraums gestaltet werden soll. Sogenannte Innovation Labs müssen geschaffen werden, um als Hebel für die Zukunftsgestaltung zu agieren. In der Corona-Krise sind aus diesem Prozess heraus bereits erste Innovationen erfolgt, die es ermöglichten, sich an die schwierige Situation anzupassen und sie zu bewältigen. So sind beispielsweise Restaurants als auch Hotels auf Takeaway und Lieferservice umgestiegen, die in Südtirol bislang nicht bekannt waren und neu eingerichtet wurden. Bauernhöfe als auch der regionale Handel haben teils mit großem Erfolg Hof-Automaten bzw. einen Online-Vertrieb aufgebaut.

„(…) Südtirol hat unheimlich große Synergiepotenziale, die im Moment nicht ausgenutzt werden.“ (EX 5)

Nach Ansicht der Expertinnen und Experten bringen Netzwerke viel Mehrwert im Austausch, Resilienz und neue innovative Ideen. Ein gutes Management, klar verteilte Aufgaben, Stabilität und Flexibilität sind die Voraussetzungen für eine effiziente Kooperation. Expertin/Experte 1 argumentiert *„(…) das Ziel sollte sein, eine engere Zusammenarbeit zwischen Tourismus und Landwirtschaft (…).“* Durch den Anbau und die Bereitstellung einer Vielzahl von regionalen landwirtschaftlichen Produkten für Partnerinnen und Partner der Gastronomie und Hotellerie, kann eine noch stärkere Begehrlichkeit der Tourismusdestination Südtirol gesteigert werden. Hier sollten insbesondere regionale Wertschöpfungsketten von der Zusammenarbeit mit regionaler Wirtschaft profitieren. Wird besonders auf die Regionalität, innovative Produkte und Angebote geachtet, kann erwartet werden, dass dies auch mit einer Bereitschaft zur profitablen Preispolitik von Reisenden honoriert wird.

3.2.3 Nachhaltigkeit

„(…) wir müssen uns schon Gedanken machen welche Welt wir morgen unseren Kindern und Enkelkindern überlassen und wir können nicht einfach so weiter machen.“ (EX 9)

Auch hier stimmen die meisten Interviewten überein, dass Nachhaltigkeit eine gewichtige und differenzierende Wirkung für eine Destination von Morgen hat. Die positiven Effekte und Einsparungen sowie der Wettbewerbsvorteil, der durch Nachhaltigkeit resultiert, sollen Richtung geben. Laut den Interviewten ist

Nachhaltigkeit derzeit zwar in aller Munde, aber es folgen noch zu wenig Taten, um die Vision der Destination „Südtirol der begehrteste nachhaltige Lebensraum" umzusetzen. Im Sinne dieser Vision werden die regionalen Ressourcen, die Natur und lokale Lebensmittel als ein Zeichen von Qualität in Südtirol bewertet. Auch das neue Urbanistikgesetz (neues Gesetz für Raum und Landschaft; am 1. Juli 2020 in Kraft getreten) setzt den Schwerpunkt auf Qualität, so sind keine Erweiterungen mehr möglich und das vorhandene soll optimiert werden. Natur- und Kulturlandschaft soll dauerhaft und effizient geschützt werden, indem der Bodenverbrauch und die Zersiedelung eingedämmt sowie eine nachhaltige gesellschaftliche und wirtschaftliche Entwicklung ermöglicht werden sollen. Diese Gesetzgebung soll den Tourismus in den nächsten Jahren verändern, indem Kapazitäten frei und neu verteilt werden. Dabei wird der Verkehr als ein großer Störfaktor erkannt. Die Mobilität der Gäste, durch die An- und Abreise sowie durch Ausflüge, trägt zu einem hohen Kohlenstoffdioxid- Ausstoß bei. Die Infrastrukturen in den Unternehmen, aber auch in der Destination müssen laut Gesetzgebung künftig so ausgerichtet werden, dass der Verbrauch von Ressourcen sowie die Auswirkungen auf Natur und Menschen so niedrig wie möglich gehalten wird.

Das Angebot an Biodiversität in den Lebensmitteln sollte laut Interviewergebnisse erweitert werden und die Gastronomie sollte ihre Produkte lokal beziehen. Der Fokus der Expertinnen und Experten liegt auf drei Kernaspekten: 1) Ökologie, 2) ökonomischer und 3) sozialer Aspekt, auch wenn diese ihrer Meinung nach in der breiten Öffentlichkeit noch vernachlässigt werden. Für ein einheitliches Verständnis von Nachhaltigkeit und um negative Assoziationen zu beseitigen, ist eine Informationskampagne ein dringendes Erfordernis für die Interviewten. Um diese ökologischen, ökonomischen und sozialen Ziele konkreter verfolgen zu können und ein öffentlich geteiltes Verständnis dafür herzustellen, wie nachhaltig Südtirol aktuell erscheint, wurde der Nachhaltigkeitsindex ins Leben gerufen. Dieser wurde auf Basis der internationalen Kriterien des globalen Rats für nachhaltigen Tourismus (GSTC) erarbeitet. Es ermöglicht die Betriebsebene hin zur Destinationsebene auf dem Weg der Umsetzung von nachhaltigen Parametern in den verschiedenen Geschäftsfeldern zu begleiten. So stellt der Nachhaltigkeitsindex einen gewichtigen Zukunftsindikator nicht nur, aber insbesondere für den Tourismussektor dar.

3.2.4 Technologie

„(..) den technologischen Zugang, den viele Menschen jetzt gelernt haben während dieser Zeit, der wird bleiben und der wird auch weiterhin eigentlich

einen Trend Richtung hoher Technologisierung auch im Tourismus hervorbringen (…).“ (EX 8)

Alle Interviewten sind sich einig, in Südtirol wird die Qualität am Service gemessen und hier ist der Faktor Mensch unverzichtbar. Die Dienstleistung lebt vom Charakter, von der Freundlichkeit und der Aufmerksamkeit. Technologie erhöht in den Augen der Expertinnen und Experten meist Renditen, insbesondere durch den Wegfall von Fachkräften, welche ohnehin schwer verfügbar sind. Gleichzeitig schlussfolgern die Interviewten, dass dies eine Destination am konkurrierenden Markt auch austauschbar macht.

Die Expertinnen und Experten sehen die Chancen der Technologie vor allem in der Organisation. Vorteile bringen hierbei Apps, Online-Check-In, Automatisierungsprozesse, der Informationsaustausch und neue Möglichkeiten für Innovation. Menschen haben sich vielerorts durch die Folgen der COVID-19 Pandemie daran gewöhnt, von zu Hause zu arbeiten. Cloud Technologien machen es möglich, von überall auf seine Arbeit zugreifen zu können. Eine Mischung aus Stunden im Betrieb und Stunden zu Hause erscheint vorstellbar. *„Also wir sagen jetzt beim Digitalen, es geht einerseits darum aufzuholen gewisse Sachen, aber bei anderen Sachen einfach einen Sprung nach vorne zu machen und Vorreiter zu werden“* so die Erwartung der Expertin/des Experten 5. Laut Interviewten ist noch sehr viel Innovation nötig und die neuen Themen der Technologie müssen in der strategischen Planung berücksichtigt werden. Ein ganzheitlicher technologischer Ansatz in der Destination soll alle Ebenen der Unternehmen miteinbeziehen, um alle nach vorne zu bringen. Transformation muss dabei das Kredo der Entwicklung sein. Mit dem Projekt „Südtirol Marketplace“ versucht die Region Südtirol einen Schritt in diese digitale Zukunft zu setzen. *„(…) wir bauen eine Plattform, auf der Südtirol ganzheitlich erlebbar gemacht wird, aber wo der Gast dann auch wirklich sein Südtiroler Erlebnis von der Anreise bis zur Rückfahrt komplett gestalten kann.“* (EX 5)

3.2.5 Resilienz

„Also ich glaube (…), wir lernen aus den Fehlern, wir denken in die Zukunft und versuchen Fehler zukünftig zu vermeiden.“ (EX 9)

Die meisten der Befragten finden, dass Südtirol gegenüber Krisen gut aufgestellt ist. In der Krise haben alle versucht, sich schnell zu organisieren und anzupassen. Jede und jeder mit den Ressourcen und finanziellen Möglichkeit, die zur Verfügung standen. Da Südtirol zwischen Agrarsektor, Handwerk, Industrie, Dienstleistungen und den Provinz-Tourismusorganisationen wirtschaftlich sehr breit aufgestellt ist, konnte die Krise laut Expertinnen und Experten bis dato gut überstanden werden. Mithilfe des Maßnahmenpaketes "Restart Südtirol", das das Ziel hatte, die Krise gemeinsam mit allen Sektoren gestärkt zu überwinden, konnten die Folgen verringert werden. Diesen Umstand belegen die Statistiken der IDM zum Krisenjahr 2020 und dem Landesinstitut für Statistik ASTAT. Der Tourismus Income konnte mit ca. 430 Mio. EUR Bruttowertschöpfung wieder aktiviert werden. Wie widerstandsfähig und krisenresistent die Tourismusregion ist, beweist die Region Südtirol mit 3,2 Mio. Gästeankünften und 14,6 Mio. Nächtigungen im Sommer 2020, wovon 2,2 Mio. Nächtigungen durch die 15 % an neuen Gästen generiert wurden (Hinteregger, 2021; Landesinstitut für Statistik ASTAT, 2020). Die Autonomie der Provinz ermöglichte laut Befragten viele finanzielle und organisatorische Freiheiten. Viele Unternehmen nutzten die Gelegenheit, zu investierten, erarbeiteten neue Konzepte und der Kontakt zu den Kunden hat sich intensiviert. Laut aktuellen Daten der IDM, ermöglichte ein Funding, bei welchem 68 innovative Projekte mit Investitionsvolumen von 10 Mio. Euro gefördert wurden, Unternehmen sich in der Krisenzeit für Innovation zu stärken (Hinteregger, 2021). Darauf kann laut Expertinnen und Experten die Destinationsentwicklung konkret aufbauen. Auch die Lieferservices und Abholdienste sind ein Beispiel für die Reaktion in der Krisenzeit. Hier gilt es aber abzuwarten, ob dieser Fortschritt in der Servicekette nach der Krise Bestand zeigt. Bemängelt wird die hohe Unsicherheit. Es war und ist immer noch schwierig für die Unternehmen einzuschätzen, welche Strategien geplant und umgesetzt werden sollten. In der Meinung vieler Interviewten sind und waren gerade die politischen Entscheidungen über Maßnahmen und Lockerungen schwer kalkulierbar. Sie waren aufgrund der immer wieder geänderten Rahmenbedingungen sehr kurzfristig, ungewiss und haben sich schnell geändert. Viele Fachkräfte mussten in der Krise entlassen werden und haben sich folglich aus dem Tourismus in einem anderen Wirtschaftssektor umschulen lassen, wodurch sich der Fachkräftemangel weiter zuspitzt. Dieser wird zum zentralen kritischen Faktor im touristischen Management.

„Wir haben eine super Landschaft, wir haben Gastfreundschaft, wir haben eine gute Ausbildung, wir sind begehrlich, wir müssen vielleicht an der Bekanntheit noch mehr arbeiten, aber wir sind begehrlich im Sinne der Attraktivität." (EX 9)

Mit dem Projekt „Tourismus Vision 2030" wird versucht Zukunft zu denken, sich zu reformieren und Hebel zu formieren, um noch krisensicherer zu werden. Laut Projektzielen soll Resilienz als konkretes Planungsthema betrachtet werden und es gilt sich strategisch abzusichern. Werte wie die Naturlandschaft, der Genuss, die Gastfreundschaft, die Erreichbarkeit, das Angebot und die Lebensqualität sind in den Augen der Interviewten die Hauptgründe für einen Besuch in

Südtirol. Die Krisenzeit ist laut Expertinnen und Experten ein solcher Moment, um sich Gedanken zu machen, wie man sich mit den Fähigkeiten, welche die Region besitzt, an die neuen Gegebenheiten (z. B. neue Kundenstruktur) und den Veränderungen im System anpasst. Damit man resistent im Sinne der Ressourcen wird, braucht es ihrer Meinung nach lokalen Kreisläufen und die Lebensräume oder Destinationen müssen überdacht und optimiert werden. Auf die wertvolle Ressource Fachkraft muss zum Beispiel mit neuen Arbeitszeitmodellen besser eingegangen werden. Es gilt die Fachkräfte in den Unternehmen und im Tourismus zu halten und neue Anreize zu schaffen, um Familie und Beruf auch in diesem Wirtschaftssektor vereinbaren zu können. Gezielte Projekte zur Einbeziehung der regionalen Bevölkerung bei der Gestaltung der Zukunft sind wünschenswert. Tourismus funktioniert laut Interviewergebnisse nur im Einklang mit der regionalen Bevölkerung. Eine Studie der Eurac Research mit 1.000 Südtiroler Haushalten gibt dazu an, dass 77 % der Interviewten mehr positive als negative Aspekte der Tourismusbranche für den Standort Südtirol erkennen (Eurac Research, 2021). Auch das Knowhow der jungen Südtirolerinnen und Südtiroler soll dabei ausgeschöpft und bestärkt werden.

Einig sind sich die Expertinnen und Experten auch darüber, dass die Wirtschaft nur dann erfolgreich ist, wenn starke Verbindungen bestehen und die Zusammenarbeit und Rahmenbedingungen über den eigenen Wirtschaftssektor hinausgehen. Denn wenn der Tourismus als Wirtschaftsfaktor wächst, profitieren davon alle im Land. Wenn er brach liegt, leidet auch die Kreislaufwirtschaft. Der Beitrag, den die einzelnen Wirtschaftssektoren leisten, gestaltet sich laut Expertinnen und Experten relativ ausgeglichen, es besteht keine Dominanz in einem Bereich, somit besteht ein starkes wirtschaftliches System auf welches die Region auch nach der Krise bauen kann.

4 Gegenüberstellende Betrachtungen und Handlungsempfehlungen

Die Gegenüberstellung der aktuellen Literatur zur Pandemie zu den Experteninterviews erweist sich als übereinstimmend bzw. ergänzend. Die COVID-19 Pandemie ist ein Moment der Transformation. Diese Krise hat die Existenz von Millionen Menschen gefährdet. Die Auswirkungen auf den Tourismus, der sich vor einem Scheideweg befindet, sind bipolar: Transformation des Tourismus oder zurück zu „Business as usual". In der Studie von Habicher et al. (2020) „Denkanstoß COVID-19, Zukunftsszenarien für ein nachhaltiges Südtirol 2030+" wurden nach den Leitlinien „Green Deal" der Europäischen Union und der „Agenda 2030 für nachhaltige Entwicklung“ der Vereinten Nationen für Südtirol vier Zukunftsszenarien vorgestellt. Mögliche Entwicklungen der Destination bis 2030 wurden dort abgebildet. Die Szenarien sind zum einen vom „Grad der Transformation“, „Punktuelle Veränderung“ bis „Radikaler Wandel“ und zum anderen von der „Kultur der Zusammenarbeit“, „Regionaler Wettbewerb“ bis „Globale Solidarität“ bestimmt. Die COVID-19 Krise wird laut Literatur aber auch von den Expertinnen und Experten als ein Moment der Neuorientierung beschrieben. Der Tourismus stand still und die Ressource Zeit wurde zum Erfassen des Ist-Zustands, Neuorientierung und Gestaltung der Zukunft für alle Interessensgruppen frei (Benjamin et al., 2020; Breier et al., 2021; Cardoso, 2020; Heimerl & Peters, 2019; Higgins-Desbiolles, 2020b). Die Destination Südtirol ist bestrebt diese Chance der Tourismusentwicklung zu ergreifen, dies erschließt sich aus den Interviews. Die Befragten sprechen eine Vielzahl von positiven Auswirkungen auf den Tourismus in Südtirol an. So zeigt sich etwa eine neue Gästeschicht, welche Südtirol in der Pandemie kennenlernte. Die Attraktivität der Destination ist aufgrund der Landschaft und der unberührten Natur weiter gestiegen und das Gästepotential in einem Umkreis von 400 km wurde erkannt. Südtirol hat in der Krise sehr stark auf den heimischen Markt gesetzt. Die Nächtigungen der Gäste aus dem Inland stiegen mit 6,7 Mio. Nächtigungen um 7,2 % an (Landesinstitut für Statistik ASTAT, 2020). Diese Entscheidung wurde belohnt und führte zu einer Win–Win Situation. Ergänzend präsentierten sich die Meinungen bezüglich der Entscheidungen im Krisenmanagement. Die Interviewten äußerten sehr viel Kritik über das Krisenmanagement und teilen die allgemeine mediale Stimmung einer schlechten Krisenbewältigung. Krisen benötigen laut Literatur ein System des Governance, in welchem alle Interessengruppen vertreten sind, Entscheidungen kollektiv und im Sinne des gesamten Systems getroffen werden (Haywood, 2020; Hynes et al., 2020; Sigala, 2020). Doch nicht nur in Krisenzeiten ist die Zusammenarbeit wichtig, auch in der Gestaltung der Zukunft des Tourismus soll Austausch, Kooperation und ökologische Innovationen die Transformation der Branche vorantreiben. Transformationen können durch soziale Praktiken, politischen Interventionen, ökologische Innovationen und radikale technologische Entwicklungen in Gang gesetzt werden (Volgger et al., 2021). Die Vision des Destinationsmanagements ist: „Südtirol der begehrteste nachhaltige Lebensraum“, so die Aussage einer Expertin bzw. eines Experten. Laut Expertinnen und Experten sollten sich die betrieblichen Konzepte in Richtung regionale Produkte, Nachhaltigkeit und Qualität konkret entwickeln. Ein regionaler Wirtschaftskreislauf soll ein zentrales Ziel sein. Begleitet werden die Unternehmen in der Transformation von der Provinztourismusorganisation IDM Südtirol, mit dem Projekt „Nachhaltigkeitsindex Südtirol". So soll Nachhaltigkeit sowohl auf der Betriebsebene wie auch in der gesamten Destination gefördert und umgesetzt werden. Weiters wird gefordert, Taten zu setzen, die auf diesen Trend aufbauen. Die Literatur und die Befragten sind sich einig, dass Nachhaltigkeit nun umgesetzt werden muss (Fennell & Bowyer, 2020; Hall et al., 2020; Higgins-Desbiolles, 2020a, b; Niewiadomski, 2020). Aber Nachhaltigkeit muss verstanden, wahrgenommen und im Alltag gelebt werden (Galvani et al., 2020; Scuttari et al., 2021). Dies gilt für alle Ebenen der Nachhaltigkeit: der sozialen, ökologischen und wirtschaftlichen Ebene.

Das Verhalten und die Einstellung der Menschen hat sich laut wissenschaftlicher Untersuchungen durch die COVID-19 Pandemie verändert (Gretzel et al., 2020; Hynes et al., 2020; Sigala, 2020). Die Gewohnheiten der Menschen und die Thematik der Nachhaltigkeit ist in den Fokus gerückt. Menschen suchen die Natur und den Kontakt zu den Menschen noch intensiver. Sie sind bewusster in ihrem Handeln und ihren Einstellungen. Die Bevölkerung hat durch den digitalen Aufschwung in dieser Zeit den Umgang mit neuen technologischen Systemen gelernt. Um die Maßnahmen und Distanz zueinander einzuhalten, wurde der Arbeitsplatz nach Hause verlegt, Sitzungen und Informationsaustausch fanden virtuell über Plattformen statt. Die Umstände haben die Kreativität der Menschen in der Zielregion aktiviert und Prozessinnovationen mit Potential in der Digitalisierung, wie zum Beispiel Lieferservice, virtuelle Erlebnisse und neue Apps, folgten daraus. Aus den "Highlights 2020" der IDM ist zu entnehmen, dass Unternehmen aus Südtirol von der IDM bei der Finanzierung und Entwicklung von Innovationen sowie Strategien zur Stärkung der Wirtschaftssektoren intensiv beraten wurden (Hinteregger, 2021). Technologie bringt auch Vorteile im Sinne der Nachhaltigkeit und Resilienz (Fennell & Bowyer, 2020; Gretzel et al., 2020; Hynes et al., 2020). Laut Expertinnen und Experten will die Region Südtirol, dort wo es gut funktioniert, zum Vorreiter in Sachen Technologie werden. Ein erster Versuch der Destination ist das digitale Projekt „Südtirol Marketplace". Dort soll Südtirol ganzheitlich und das ganze Jahr erlebbar gemacht werden.

Laut Expertinnen und Experten ist der Faktor Mensch im Kontakt zu den Gästen unverzichtbar, denn der Tourismus selbst ist ein Dienstleistungssektor und Qualität wird am Service gemessen. Digitale Dienstleistungen fördern die Austauschbarkeit im Wettbewerb. Auch meiden die Reisenden den Aussagen der Befragten zufolge eher das Digitale im Urlaub und suchen das Analoge, da der Alltag einen Wandel zur Technologie erfahren hat.

Ein Experte bestärkt, dass das Image von Südtirol wenig unter der Krise gelitten hat. Der Sommer 2020 war ein voller Erfolg und die Destination zählt zu den begehrenswertesten Urlaubsgebieten in den Alpenregionen.

Laut Hynes et al. (2020) und Prideaux et al. (2020) soll eine Kreislaufwirtschaft entstehen. Diese ermöglicht neue Modelle der Kooperation sowie Chancen und Grenzen erweitern sich. Damit stimmen auch die Expertinnen und Experten überein. Das Potential der Vielfalt in einer Region sollten in Wissensnetzwerken ausgeschöpft werden, wodurch Qualifikationen und Kompetenzen verflochten werden können. Dies ist wichtig für eine regionale Resilienz (Boschma, 2015). Folglich sollten laut Interviewten die sehr starken Branchen in Südtirol regionale Synergien schaffen, zum Beispiel Landwirtschaft und Tourismus. Die Diversität der angebotenen regionalen Produkte könnte an die Nachfrage der Gastronomie und Hotellerie angepasst werden, die sich wiederum verpflichten, regionale Produkte stärker zu erwerben. Regionalität ist ein Zeichen von Qualität, womit die Destination einem Kernziel näherkommt. Resilienz muss Teil der Kernphilosophie des Tourismus werden, so die Literatur. Das System aus Wirtschaft, Gesellschaft und Umwelt muss die Fähigkeit bilden, sich an zukünftige Bedürfnisse, Störungen und Veränderungen anzupassen und weiter funktionieren zu können (Fennell & Bowyer, 2020; Gretzel et al., 2020; Hynes et al., 2020; Lew et al., 2016; Prideaux et al., 2020). Südtirol besitzt laut Expertinnen und Experten sowohl von Seiten der Bevölkerung sowie auch in den Unternehmen eine Vielzahl an Fähigkeiten und hat in der Krise seine Widerstandsfähigkeit bewiesen. Darauf gilt es weiter aufzubauen.

5 Conclusio und Ausblick

Anhand dieses Beitrags, der theoretischen Grundlage und der empirischen Befunde ist erkennbar, dass die COVID-19 Pandemie eine große Chance für eine mögliche Neugestaltung des Tourismus darstellt. Die Zeit der Corona-Krise erzwang den Stillstand der Branche und war Anlass, aktuelle Positionierungen zu überdenken und neue Strategien zu bilden. Angesichts der gewonnenen Erkenntnisse und der neuen Denkweisen wird sich die Tourismusperspektive verändern und neue Wege einschlagen. Bei alldem ist aber natürlich zu berücksichtigen, dass einzelne Tourismusbetriebe die Rückkehr zum Gewohnten vorziehen. Aufgrund dieser differenzierten Herangehensweise steht die Tourismusplanung kurzfristig vor großen Herausforderungen.

Aktuell ist wahrzunehmen, dass die Einstellung der Menschen durch die Bestandsaufnahme in der Zeit der Corona Pandemie einen Wandel in Richtung schonenden Umgang gegenüber der Natur und Dialog der Menschen untereinander erfahren hat. Gleichzeitig kann auch die Erfahrung gemacht werden, dass in alte Muster zurückgekehrt wird, um das „normale" Leben wieder anlaufen zu lassen. Generell ist aber eine Tendenz zur Veränderung feststellbar: Jetzt und auch langfristig müssen Taten folgen!

Dieser geforderte Umbruch benötigt Initiativen, Geldmittel, ein kollektives Denken und die Umsetzung konkreter Reformen. Im touristischen Bereich ist sogar eine neue Interpretation notwendig. Der Tourismus soll auf Resilienz und Nachhaltigkeit aufgebaut werden. Resiliente Regionen können die Basis für eine zukünftige Tourismusentwicklung darstellen. Eichelberger und Peters (2020) empfehlen folgende Leitlinien für eine erfolgreiche Neupositionierung: 1) Internationale und nationale Reisemärkte sollten im Gleichgewicht stehen 2) der Fokus soll auf die Steigerung von Qualität gesetzt werden 3) Zielkunden sind nachhaltige Touristinnen und Touristen 4) die Loyalität gegenüber Mitarbeiterinnen und Mitarbeiter dient als verantwortungsvolle Arbeitnehmerpolitik 5) Governance ist die Schlüsselvoraussetzung für Regulierungen, Umsetzungen und Förderungen. Diese Transformation ist möglich durch Innovationen in der touristischen Wertschöpfungskette und durch Fortschritte in der Digitalisierung. Die Ausführung muss durch ein an Nachhaltigkeit orientiertes System des Governance erfolgen. Dabei bezieht die Neuorientierung alle Stakeholder in die Entwicklung und Verwirklichung der Vision des Tourismusortes mit ein. Die Destination agiert als vernetztes System, in welchem die lokale Bevölkerung, wie auch jegliche regionalen Wirtschaftsbranchen voneinander profitieren können. Innovative Ideen, welche aus kollektiver Zusammenarbeit in Destinationen und Austausch untereinander entstehen, sind das Alleinstellungsmerkmal von Morgen. In Folge der COVID-19 Pandemie entwickelten sich auch neue Reisetrends. Denn das Verhalten der Menschen hat sich durch die Corona-Maßnahmen und die neuen Herausforderungen verändert. So wurde und wird zum Beispiel Arbeit neu gedacht. Durch die teilweise schon vorhandenen bzw. neu geschaffenen digitalen Möglichkeiten kann mittlerweile zeitlich und örtlich uneingeschränkt gearbeitet werden. Das ist eine Chance für Dienstleisterinnen und Dienstleister neue teils digitale Angebote wie „Self-Service-Technologien" (z. B. Online Check-In/Out) oder digitale „Service Center" (z. B. Sprachbots) einzuführen. Ist aber auch für Reisende eine Möglichkeit, eine neue Form der Kombination aus Urlaub und Arbeit erfahren zu können.

Auch der regionale Tourismus hat sich den neuen Herausforderungen zu stellen. Durch die Maßnahmensetzungen in der COVID-19 Pandemie wurde die touristische Abhängigkeit von lokalen Ressourcen offensichtlich. Aus diesem Grund ging man vermehrt dazu über, diese zu bewahren bzw. zu unterstützen. Lokale Kreisläufe mit einer Vielfalt an regionalen Produkten, Dienstleistungen, die kollektiv angeboten werden und effektivere, effizientere, umweltfreundlichere und ressourcenschonendere Prozesse, sind die Zukunft. Der Tourismus muss nachhaltiger gedacht und die negativen Auswirkungen des ungebremsten Wachstums auf dem gesamten Planeten müssen als nicht zukunftsfähig erkannt werden. Das Potential dieser Branche muss global aber gleichzeitig auch lokal ausgeschöpft und als Bereicherung für alle mit Fokus auf Qualität genutzt werden. Darüber hinaus ist der Tourismus ein wichtiger Akteur bei der Erreichung der globalen SDGs 2030. Auch in der Forschung sind hierfür weitere Studien notwendig. So muss der Umbruch mitverfolgt und analysiert sowie auch dementsprechende Handlungsempfehlungen erörtert werden.

Zusammengefasst lässt sich feststellen, dass der Fokus auf Nachhaltigkeit eine Antwort auf die COVID-19 Krise ist. Der Wiederaufbau wird von zahlreichen Zielkonflikten bei der Erreichung der neuen Zukunftsperspektive geprägt sein. Folglich ist Resilienz in der Strategiebildung eine Voraussetzung, die Transformation langfristig erfolgreich umzusetzen. Die Pandemie ermöglicht einen Neustart. Der Fokus muss auf die Chancen der Neuausrichtung in den zukünftigen Jahren gerichtet werden, wobei der Blick auf die Vergangenheit als Instrument zur Fehlerbehebung genutzt werden sollte. Die neu gedachte Zukunft der Reisebranche hängt aktuell von der Orientierung, Anpassung und Lernfähigkeit der Interessengruppen ab.

Literatur

Benjamin, S., Dillette, A., & Alderman, D. H. (2020). "We can't return to normal": Committing to tourism equity in the post-pandemic age. *Tourism Geographies, 22*(3), 476–483. https://doi.org/10.1080/14616688.2020.1759130.

Boschma, R. (2015). Towards an evolutionary perspective on regional resilience. *Regional Studies, 49*(5), 733–751. https://doi.org/10.1080/00343404.2014.959481.

Breier, M., Kallmuenzer, A., Clauss, T., Gast, J., Kraus, S., & Tiberius, V. (2021). The role of business model innovation in the hospitality industry during the COVID-19 crisis. *International Journal of Hospitality Management, 92*. https://doi.org/10.1016/j.ijhm.2020.102723.

Brouder, P. (2020). Reset redux: Possible evolutionary pathways towards the transformation of tourism in a COVID-19 world. *Tourism Geographies, 22*(3), 484–490. https://doi.org/10.1080/14616688.2020.1760928.

Buhalis, D. (2019). Technology in tourism-from information communication technologies to eTourism and smart tourism towards ambient intelligence tourism: A perspective article. *Tourism Review, 75*(1), 267–272. Scopus. https://doi.org/10.1108/TR-06-2019-0258.

Cardoso, C. (2020). The contribution of tourism towards a more sustainable and inclusive society: Key guiding principles in times of crisis. Worldwide Hospitality and Tourism Themes. Scopus. https://doi.org/10.1108/WHATT-07-2020-0065.

Cave, J., & Dredge, D. (2020). Regenerative tourism needs diverse economic practices. *Tourism Geographies, 22*(3), 503–513. https://doi.org/10.1080/14616688.2020.1768434.

Cheer, J. M. (2020). Human flourishing, tourism transformation and COVID-19: A conceptual touchstone. *Tourism Geographies, 22*(3), 514–524. https://doi.org/10.1080/14616688.2020.1765016.

David, R., & Han, S.-K. (2004). A systematic assessment of the empirical support for transaction cost economics. *Strategic Management Journal, 25,* 39–58. https://doi.org/10.1002/smj.359.

Debata, B., Patnaik, P., & Mishra, A. (2020). COVID-19 pandemic! It's impact on people, economy, and environment. *Journal of Public Affairs, 20*(4). https://doi.org/10.1002/pa.2372.

Eichelberger, S., & Peters, M. (2020). Responsible Tourism Entrepreneurship nach COVID-19: Neue Wege im Tourismus. In H. Pechlaner & S. Speer (Hrsg.), *Responsible Entrepreneurship: Verantwortlich handeln in einer globalisierten Welt* (S. 237–260). Springer Fachmedien. https://doi.org/10.1007/978-3-658-31616-7_11.

Eurac Research. (2021). Center for Advanced Studies: Zwischen Skepsis und Solidarität – Die Wahrnehmung des Tourismus in Südtirol. https://sustainabletourism.eurac.edu/de/zwischen-skepsis-und-solidaritat-die-wahrnehmung-des-tourismus-in-sudtirol-2/. Zugegriffen: 5. Nov. 2021.

Fennell, D. A., & Bowyer, E. (2020). Tourism and sustainable transformation: A discussion and application to tourism food consumption. *Tourism Recreation Research, 45*(1), 119–131. Scopus. https://doi.org/10.1080/02508281.2019.1694757.

Folke, C., Carpenter, S. R., Walker, B., Scheffer, M., Chapin, T., & Rockström, J. (2010). Resilience thinking: Integrating resilience, adaptability and transformability. *Ecology and Society, 15*(4), art20. https://doi.org/10.5751/ES-03610-150420.

Galvani, A., Lew, A. A., & Perez, M. S. (2020). COVID-19 is expanding global consciousness and the sustainability of travel and tourism. *Tourism Geographies, 22*(3), 567–576. https://doi.org/10.1080/14616688.2020.1760924.

Gretzel, U., Fuchs, M., Baggio, R., Hoepken, W., Law, R., Neidhardt, J., Pesonen, J., Zanker, M., & Xiang, Z. (2020). e-Tourism beyond COVID-19: A call for transformative research. *Information Technology and Tourism, 22*(2), 187–203. Scopus. https://doi.org/10.1007/s40558-020-00181-3.

Gühnemann, A., Kurzweil, A., & Mailer, M. (2021). Tourism mobility and climate change – A review of the situation in Austria. *Journal of Outdoor Recreation and Tourism, 34.* https://doi.org/10.1016/j.jort.2021.100382.

Habicher, D., Windegger, F., Gruber, M., Dibiasi, A., Klotz, G., Erschbaumer, G., Pechlaner, H., Von der Gracht, H., Gigante, S., & Ghirardello, L. (2020). *Denkanstoß Covid-19: Zukunftsszenarien für ein nachhaltiges Südtirol 2030+* (S. 110). Eurac Research.

Hall, C. M., Scott, D., & Gössling, S. (2020). Pandemics, transformations and tourism: Be careful what you wish for. *Tourism Geographies, 22*(3), 577–598. https://doi.org/10.1080/14616688.2020.1759131.

Haywood, K. M. (2020). A post COVID-19 future – Tourism re-imagined and re-enabled. *Tourism Geographies, 22*(3), 599–609. https://doi.org/10.1080/14616688.2020.1762120.

Heimerl, P., & Peters, M. (2019). Shaping the future of Alpine tourism destinations' next generation: An action research approach. *Tourism: An International Interdisciplinary Journal, 67*(3), 281–298.

Hermann, I., & Paris, C. M. (2020). Digital Nomadism: The nexus of remote working and travel mobility. *Information Technology and Tourism, 22*(3), 329–334. https://doi.org/10.1007/s40558-020-00188-w.

Higgins-Desbiolles, F. (2020a). Socialising tourism for social and ecological justice after COVID-19. *Tourism Geographies, 22*(3), 610–623. https://doi.org/10.1080/14616688.2020.1757748.

Higgins-Desbiolles, F. (2020b). The „war over tourism": Challenges to sustainable tourism in the tourism academy after COVID-19. *Journal of Sustainable Tourism, 1–19*. https://doi.org/10.1080/09669582.2020.1803334.

Hinteregger, E. (2021). IDM Highlights 2020. Hsg. IDM Südtirol.

Hynes, W., Trump, B., Love, P., & Linkov, I. (2020). Bouncing forward: A resilience approach to dealing with COVID-19 and future systemic shocks. *Environment Systems and Decisions, 1–11*. https://doi.org/10.1007/s10669-020-09776-x.

Kuckartz, U. (2010). *Einführung in die computergestützte Analyse qualitativer Daten* (3. Aufl.). VS Verlag für Sozialwissenschaften. https://doi.org/10.1007/978-3-531-92126-6.

Landesinstitut für Statistik ASTAT. (2020). Entwicklung im Tourismus. Sommerhalbjahr 2020. https://astat.provinz.bz.it/de/aktuelles-publikationen-info.asp?news_action=4&news_article_id=646047. Zugegriffen: 5. Nov. 2021.

Lew, A. A., Ng, P., Ni, C., & Wu, T.-C. (2016). Community sustainability and resilience: Similarities, differences and indicators. *Tourism Geographies, 18*, 18–27. https://doi.org/10.1080/14616688.2015.1122664.

Lew, A. A., Cheer, J. M., Haywood, M., Brouder, P., & Salazar, N. B. (2020). Visions of travel and tourism after the global COVID-19 transformation of 2020. *Tourism Geographies, 22*(3), 455–466. https://doi.org/10.1080/14616688.2020.1770326.

Mayring, P. (2014). Qualitative content analysis: Theoretical foundation, basic procedures and software solution.

Moreno-Izquierdo, L., Ramón-Rodríguez, A., & Such-Devesa, M. J. (2019). The challenge of long-term tourism competitiveness in the age of innovation: Spain as a case study. *Investigaciones Regionales, 2019*(42), 13–34. Scopus.

Newbert, S. (2007). Empirical research on the resource-based view of the firm: An assessment and suggestions for future research. *Strategic Management Journal, 28*, 121–146. https://doi.org/10.1002/smj.573.

Niewiadomski, P. (2020). COVID-19: From temporary de-globalisation to a re-discovery of tourism? *Tourism Geographies, 22*(3), 651–656. https://doi.org/10.1080/14616688.2020.1757749.

Nunes, S., & Cooke, P. (2021). New global tourism innovation in a post-coronavirus era. *European Planning Studies, 29*(1), 1–19. https://doi.org/10.1080/09654313.2020.1852534.

Pechlaner, H., Zacher, D., Eckert, C., & Petersik, L. (2019). Joint responsibility and understanding of resilience from a DMO perspective – An analysis of different situations in Bavarian tourism destinations. *International Journal of Tourism Cities, 5*(2), 146–168.

Pikkemaat, B., Peters, M., & Bichler, B. F. (2019). Innovation research in tourism: Research streams and actions for the future. *Journal of Hospitality and Tourism Management, 41,* 184–196. https://doi.org/10.1016/j.jhtm.2019.10.007.

Prideaux, B., Thompson, M., & Pabel, A. (2020). Lessons from COVID-19 can prepare global tourism for the economic transformation needed to combat climate change. *Tourism Geographies, 22*(3), 667–678. https://doi.org/10.1080/14616688.2020.1762117.

Rowen, I. (2020). The transformational festival as a subversive toolbox for a transformed tourism: Lessons from Burning Man for a COVID-19 world. *Tourism Geographies, 22*(3), 695–702. https://doi.org/10.1080/14616688.2020.1759132.

Scuttari, A., Pechlaner, H., & Erschbamer, G. (2021). Destination design: A heuristic case study approach to sustainability-oriented innovation. *Annals of Tourism Research, 86.* Scopus. https://doi.org/10.1016/j.annals.2020.103068.

Sigala, M. (2020). Tourism and COVID-19: Impacts and implications for advancing and resetting industry and research. *Journal of Business Research, 117,* 312–321. https://doi.org/10.1016/j.jbusres.2020.06.015.

Volgger, M., Erschbamer, G., & Pechlaner, H. (2021). Destination design: New perspectives for tourism destination development. *Journal of Destination Marketing and Management, 19.* https://doi.org/10.1016/j.jdmm.2021.100561.

Zenker, S., & Kock, F. (2020). The coronavirus pandemic – A critical discussion of a tourism research agenda. *Tourism Management, 81.* https://doi.org/10.1016/j.tourman.2020.104164.

Resilienz in der kommunalen Praxis: Erfahrungen und Erfolgsfaktoren

Grüne Finger für eine klimaresiliente Stadt – Wie lässt sich transformative Resilienz gestalten?

Henrik Schultz und Hubertus von Dressler

Inhaltsverzeichnis

Zusammenfassung

Das Kapitel folgt der Hypothese, dass Prinzipien landschaftlicher Resilienz auf zwei Ebenen, nämlich der Raumstrukturellen Ebene und der Planungskulturellen Ebene handlungsleitend sein müssen, damit transformative Resilienz möglich wird. Die Hypothese wird zunächst theoretisch hergeleitet und dann am Beispiel des F- und E-Vorhabens „Produktiv. Nachhaltig. Lebendig. Grüne Finger für eine klimaresiliente Stadt Osnabrück“ überprüft. Welche Planungspraktiken müssen angesichts der Herausforderungen

H. Schultz (✉) · H. von Dressler
Fakultät Agrarwissenschaften und Landschaftsarchitektur, Hochschule Osnabrück, Osnabrück, Deutschland
E-Mail: h.schultz@hs-osnabrueck.de

H. von Dressler
E-Mail: H.Von-Dressler@hs-osnabrueck.de

H. Pechlaner et al. (Hrsg.), *Resilienz als Strategie in Region, Destination und Unternehmen,* Entrepreneurial Management und Standortentwicklung,
https://doi.org/10.1007/978-3-658-37296-5_13

des Klimawandels bewusst verändert bzw. implementiert werden, um das System radial angeordneter Freiräume, welche die Stadt Osnabrück mit der umgebenden Landschaft verbinden, zu einem resilienzstärkenden, strukturgebenden Bestandteil der Stadtlandschaft zu entwickeln und somit das Ziel einer nachhaltigen Stadtentwicklung zu erreichen? Das Forschungsprojekt „Grüne Finger" hat mit Raumanalysen, einem Zielkonzept und der Identifikation relevanter Handlungsschwerpunkte Wissen für die Raumstrukturelle Ebene generiert. In einem transparenten Prozess mit Akteuren aus Politik, Verwaltung und interessierter Öffentlichkeit konnten durch die ko-kreative Erarbeitung von Leitsätzen, gemeinsame Walks sowie die Arbeit mit Szenarien zudem Erkenntnisse für die Planungskulturelle Ebene gewonnen werden. Beide Ebenen stehen als Bestandteile eines transformativen Prozesses im ständigen Wechselspiel. Dieses Wechselspiel transformativer Resilienz ist bestimmt durch ko-kreative Arbeitsformen, Capacity Building und der Befähigung unterschiedlicher Akteursgruppen zur eigenständigen Mitwirkung im Transformationsprozess klimaresilienter Stadtentwicklung.

1 Resilienz in der Stadt- und Landschaftsplanung als Gegenstand transdisziplinärer Forschung

In den Planungsdisziplinen ist das Verständnis von Resilienz aktuell durch eine Vielzahl an Deutungen geprägt (Kuhlicke, 2018, S. 361). Zunehmend drohen angesichts der inflationären Verwendung des Begriffs Abgrenzungen zur Nachhaltigkeit zu verschwinden. Hilfreich erscheint hier die Unterscheidung, die Kegler (2014) vornimmt. Er versteht Nachhaltigkeit als ein Endziel, das es zu erreichen gilt, Resilienz hingegen beschreibt er als einen ständigen Transformationsprozess in Richtung eines Zustandes, der nicht zulasten der nächsten Generation geht (Kegler, 2014). Resilienz versteht er als die „‚Kunst' des Lösens von Problemen mit unvollständigem Wissen und nur begrenzt Vorhersagbarem […]." (Kegler, 2014, S. 23). Diese Definition entspricht einem Resilienzverständnis, das nicht mehr (nur) von einem Zurückkehren in den Ausgangszustand (bounce back; resilire: zurückspringen/zurückprallen) ausgeht, sondern die Anpassungs- und Veränderungsfähigkeiten von Systemen in den Mittelpunkt stellt. Im Vordergrund steht die Bereitschaft, strategisch in Perspektiven zu denken, zu erkunden und zu experimentieren.

Die Tatsache, dass Kegler den Transformationsprozess in den Mittelpunkt stellt, macht Resilienz auch zu einer planungskulturellen Aufgabe. Die Frage „Wie lässt sich der Wandel zu mehr Klimaresilienz in Städten gestalten?“ braucht neben Grundlagen (Welche Voraussetzungen haben wir, um auf den Wandel reagieren zu können?) eine Zieldefinition (Wo wollen wir eigentlich hin?) wie eine Prozessdimension, die Wege aufzeigt, wie der Umgang mit Störungen kultiviert und gesellschaftlich getragen werden kann (Auf welchen Wegen wollen wir gemeinsam unterwegs sein?). Mit dieser Vorstellung transformativer Resilienz liefert Kegler einen wichtigen Denkansatz zur Zukunft der Stadt.

Zur Stärkung des strategischen Beitrags von Resilienz in der Planung hat die Landschaftsplanerin Catrin Schmidt (2020a) in einer vergleichenden Studie insgesamt 24 Landschaften auf fünf Kontinenten in Bezug auf ihre landschaftliche Resilienz untersucht, um hieraus geeignete Bewertungskriterien, Einflussfaktoren und Prinzipien landschaftlicher Resilienz herauskristallisieren zu können. Das Prinzip der redundanten Vielfalt beschreibt, dass Resilienz weder allein durch Vielfalt noch allein durch Redundanz befördert wird, sondern durch eine landschaftsspezifische Balance zwischen Vielfalt und Redundanz. Das Prinzip der robusten Elastizität besagt, dass es nicht allein auf die Resistenz landschaftlicher Strukturen ankommt, sondern auf ein ausgewogenes und der jeweiligen Landschaft entsprechendes Maß zwischen Elastizität und Resistenz beziehungsweise Robustheit. Das Prinzip der dezentralen Konzentration schließlich beschreibt, dass landschaftliche Resilienz zudem durch ein landschaftsspezifisches Maß zwischen Autarkie und Austausch beziehungsweise Zentralität und Dezentralität befördert wird. Insgesamt bestimmt die Gesamtheit aller drei Prinzipien erst Resilienz.

Sowohl die Definitionen urbaner und landschaftlicher Resilienz als auch die genannten Prinzipien bewegen sich in einem Spannungsfeld zwischen der Betonung des transformativen Charakters (neben Kegler, 2014 z. B. De Flander et al., 2014, S. 284; Meerow & Stults, 2016) und der von anderen Autoren betonten Erhaltung der für das System charakteristischen Eigenschaften. So schreibt Sieverts (2013, S. 318) bezogen auf die Stadtplanung: „Resilienz steht für einen bestimmten Charakter: Resilienz steht wesentlich für die Erhaltung von Identität unter großen, existentiellen Belastungen“. Und die Landschaftsplanerin Catrin Schmidt definiert: „Unter landschaftlicher Resilienz kann die Anpassungs- und Selbsterneuerungsfähigkeit einer Landschaft und damit ihre Fähigkeit verstanden werden, trotz fortlaufender Veränderungen die grundlegenden landschaftlichen Qualitäten zu erhalten, zu erneuern und zu stärken“ (Schmidt, 2020a, S. 6). In welchem Verhältnis steht also die Betonung des transformativen

Anspruchs zu der Erhaltung bestimmter Eigenarten als einem wichtigen Charakteristikum von Resilienz?

Um dem von Müller (2011, S. 5) zu Recht beklagten „lack of operationalization" in der Resilienz-Debatte und ihrem relativ abstrakten Einfluss auf Politik und Planung (Kuhlicke, 2018, S. 369) zu begegnen, geht dieses Kapitel dem in den Definitionen zum Ausdruck kommenden scheinbaren Widerspruch nach und versucht, eine Verbindung der Prinzipien von Schmidt (2020a) zur Vorstellung von transformativer Resilienz (Kegler, 2014) herzustellen. Dazu folgt es der Hypothese, dass die Prinzipien auf zwei Ebenen, nämlich der Raumstrukturellen Ebene und der Planungskulturellen Ebene handlungsleitend sein müssen, damit transformative Resilienz möglich wird. Die Hypothese wird zunächst theoretisch hergeleitet und dann am Beispiel des F- und E-Vorhabens „Produktiv. Nachhaltig. Lebendig. Grüne Finger für eine klimaresiliente Stadt Osnabrück" (Projekt Grüne Finger – HS Osnabrück 2021) überprüft. Schließlich werden anhand des Projektbeispiels verallgemeinerbare Aspekte transformativer Resilienz im Planungskontext herausgearbeitet.

1.1 Die Raumstrukturelle Ebene: Urbane Grüne Infrastruktur

Im Kontext der Klimaresilienz nimmt über technologische und baulich-räumliche Anpassungen hinaus der urbane Freiraum eine Schlüsselrolle ein. Bestimmend für den aktuellen Planungsdiskurs auf der Raumstrukturellen Ebene der Resilienz ist immer wieder der Begriff der „Urbanen Grünen Infrastruktur (UGI)". UGI ist ein strategisch entwickeltes und gestaltetes Netzwerk multifunktionaler und untereinander verknüpfter Grünräume und Ökosysteme (Flitner, 2017; Hansen et al., 2018; Maes et al., 2019; Rößler, 2015). UGI tragen zur Lösung von Luftverschmutzungs- und Lärmproblemen und zur Abpufferung von Hitzewellen und Hochwasserereignissen sowie der Minderung des Biodiversitätsverlusts bei und bilden damit auch einen wichtigen Teil der Daseinsvorsorge. Als robuste Raumstruktur spielen UGI eine zunehmend größere Rolle in Stadt- und Landschaftsplanung (Maes et al., 2019; Pauleit et al., 2020). Wenn Planer*innen nach resilienten Grünen Infrastrukturen für Städte suchen, bildet Nachhaltigkeit das Ziel, aber vor allem suchen sie nach passenden Projekten und Strategien, um die abstrakte Idee eines räumlichen Zusammenhangs mit Leben zu füllen und kontinuierlich weiterzuentwickeln.

1.2 Die Planungskulturelle Ebene: Transformative Planung

Weil diese Planungen im Resilienz-Kontext auf das Mitwirken vieler unterschiedlicher Akteure angewiesen sind, kommt der Planungskulturellen Ebene eine zentrale Rolle zu. Wie können Flächeneigentümer*innen, Entscheider*innen, ehrenamtlich Engagierte und Expert*innen aus planungsrelevanten Disziplinen so zusammenarbeiten, dass UGI erkannt, entworfen und schließlich auch umgesetzt bzw. durchgesetzt werden können?

Mit der Planungskulturellen Ebene beschäftigt sich die transformative Planung, deren Ziel es ist, die Erkenntnisse zu den räumlichen Besonderheiten und städtischen Strukturen (etwa zu den UGI) mit „multi-actor settings" zu verbinden (Balz, 2017). In diesem Sinne geht es transformativer Planung weniger um eine verbindliche Rahmensetzung und die Verwaltung vorgeschriebener Verfahren, sondern vielmehr um die Gestaltung eines kulturellen, von vielen Akteuren getragenen Prozesses, der durch Unvorhersehbarkeit bestimmt ist.

1.3 Forschen gemeinsam mit gesellschaftlichen Akteuren: Transdisziplinarität

Wenn transformative Resilienz eine nachhaltige Gesellschaftsentwicklung beabsichtigt, bedingt dies einen Forschungsansatz, der sich gleichermaßen auf gesellschaftlich-politische und wissenschaftlich-analytische Lösungsansätze und Prozesse bezieht. Eine solche transdisziplinäre Forschung produziert Wissen durch Integration verschiedener wissenschaftlicher und außerwissenschaftlicher Erkenntnisse. Ziel ist also die Erweiterung der Wissensbasis durch Erarbeitung neuen Wissens und wissenschaftliche Beiträge zur Problemlösung (Erkenntnisziele). Hinzu treten aber auch strategische Ziele, indem durch Information, Konsultation und Zusammenarbeit Impulse für die Stadtgesellschaft gesetzt werden. Gleichzeitig beinhaltet dieser Forschungsansatz den Zugang zu wirkungsrelevanten Akteuren, etwa in der Verwaltung und Politik sowie zu den Flächeneigentümer*innen mit dem Ziel, Ergebnisse umzusetzen und zu verstetigen. Damit zielt transdisziplinäre Wissenschaft also nicht nur auf wissenschaftliche Erkenntnisse, sondern auch auf gesellschaftliche Veränderungen auf dem Weg zu einer nachhaltigen Entwicklung.

Ein transdisziplinärer Forschungsansatz ist also Voraussetzung für die Verbindung der für die Raumstrukturelle Ebene erarbeiteten Erkenntnisse sowie der prozessorientierten Zugänge (für die Ko-Produktion von Wissen) der Planungskulturellen Ebene. Es gilt Methoden zu finden, die diese unterschiedlichen Erkenntnisse integrieren und zu Lösungsbeiträgen weiterentwickeln. Ob die angestrebten Wirkungen erreicht werden können, hängt aber neben der Gestaltung der Beteiligungsprozesse entscheidend von den im Rahmen der Forschung kaum zu beeinflussenden äußeren Rahmenbedingungen, etwa politischen Ausrichtungen eines Stadtrats, ab.

1.4 Anwendung der Resilienzprinzipien auf beiden Ebenen

Wendet man nun gedanklich Schmidts Prinzipien landschaftlicher Resilienz auf die beiden Ebenen an, so wird schnell deutlich, dass sie sowohl im Raumstrukturellen als auch im Planungskulturellen Kontext „verfangen“ (Abb. 1).

Das Prinzip der redundanten Vielfalt mit seiner landschaftsspezifischen Balance zwischen Vielfalt und Redundanz gilt es sowohl raumstrukturell auszugestalten, etwa in der gedanklichen und räumlichen (und durchaus redundanten) Verknüpfung sehr unterschiedlicher städtischer Grünräume wie landwirtschaftlichen Flächen, Kleingärten und Naturschutzgebieten, als auch planungskulturell ernst zu nehmen. Auch in komplexen Planungsprozessen kann Redundanz eine Kultur im Sinne einer guten Praxis ko-kreativen Planens unterstützen und gleichzeitig braucht es ein flexibles Reagieren auf die vielfältigen Interessen und sich durchaus oft wandelnden Bedürfnisse der beteiligten und neu hinzukommenden Akteure.

Das Prinzip der robusten Elastizität mit dem passenden Maß zwischen Elastizität und Resistenz ist auf der Raumstrukturellen Ebene gefragt, etwa wenn es an die langfristige Sicherung der Freiräume und ihre anpassungsfähige Nutzung im Kontext des Klimawandels geht. Auch ein guter transformativer Planungsprozess braucht das Gleichgewicht aus Anpassungsfähigkeit und Verlässlichkeit.

Das Prinzip der dezentralen Konzentration mit dem Gleichgewicht aus Autarkie und Austausch beziehungsweise Zentralität und Dezentralität ist bei der Anordnung der Grünräume im Netz der UGI entscheidend. Hier wird eine rein auf ein historisches Stadtzentrum hierarchisch ausgerichtete Struktur genau so wenig Wirkung entfalten wie eine orientierungslose Sammlung ohne klaren Bezug. Auch planungskulturell gilt es, mal alle Akteure gemeinsam an einen Tisch zu bekommen und dann wieder durchaus autark wirkende Gruppen zu befähigen und vorsichtig bei ihrer selbstbestimmten Arbeit zu unterstützen.

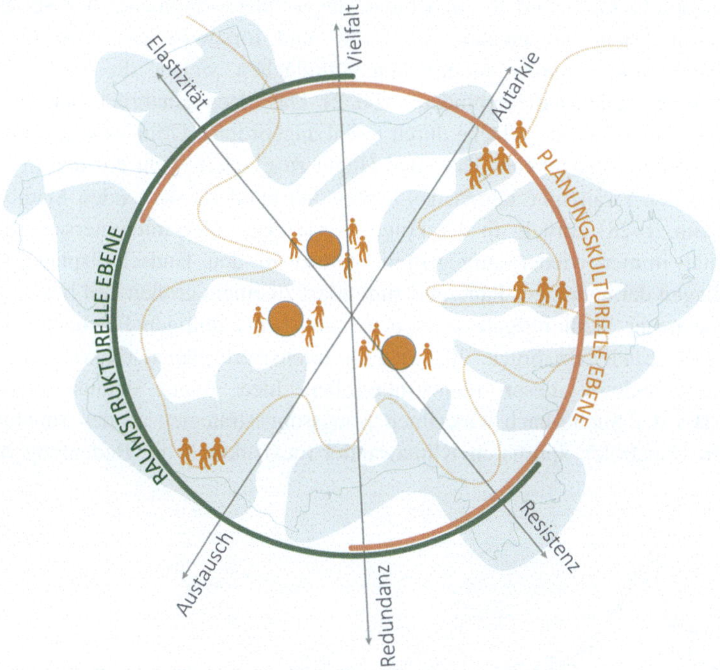

Abb. 1 Anwendung von Resilienzfaktoren als Grundlage der Resilienzprinzipien sowohl auf der Raumstrukturellen als auch der Planungskulturellen Ebene. (Quelle: Eigene Darstellung Projekt Grüne Finger – HS Osnabrück | Lea Nikolaus)

2 Das Projekt „Grüne Finger"

Ein Beispiel für das Experimentieren mit transformativer Resilienz ist das Forschungsprojekt „Produktiv. Nachhaltig. Lebendig. Grüne Finger für eine klimaresiliente Stadt", das in der Leitinitiative Zukunftsstadt des Bundesministeriums für Bildung und Forschung Erfahrungen mit Methoden transdisziplinärer Wissenschaft gesammelt hat (BMBF, 2021). Forschung in diesem Themenfeld soll Anpassungs- und Resilienzstrategien entwickeln und dazu beitragen, dass entsprechende Umsetzungsmaßnahmen in die Stadtentwicklung integriert werden.

Osnabrücks Grüne Finger sind radial angeordnete Fragmente der Stadtlandschaft mit einem Nutzungsmix aus land- und forstwirtschaftlichen Flächen, Kleingärten und kleineren öffentlichen Grünflächen, welche die Stadt mit der umgebenden Landschaft verbinden (Abb. 2). Die Idee, Osnabrück bei der Ausdehnung seiner Siedlungsfläche durch radial angeordnete Grünstrukturen entlang naturräumlich vorgegebener Täler und Hügel zu gliedern, geht auf den in Osnabrück in den zwanziger Jahren des letzten Jahrhunderts wirkenden Stadtbaurat (Lehmann, 1928) zurück. In der Folge wurde diese Idee mit unterschiedlicher Intensität immer wieder aufgegriffen, zuletzt in den landschaftsplanerischen Grundlagen der neunziger Jahre und zumindest zu einem großen Teil bei der Ausweisung neuer Siedlungsgebiete in dem noch heute gültigen Flächennutzungsplan 2001 (Stadt Osnabrück, 2020a). Eine intensivere planerisch-konzeptionelle Weiterentwicklung dieser raumstrukturellen Idee folgte daraus allerdings nicht. Bei der Suche nach wirksamen Anpassungsstrategien an den zunehmend auch in Osnabrück spürbaren Klimawandel rückt aktuell die Bedeutung dieser

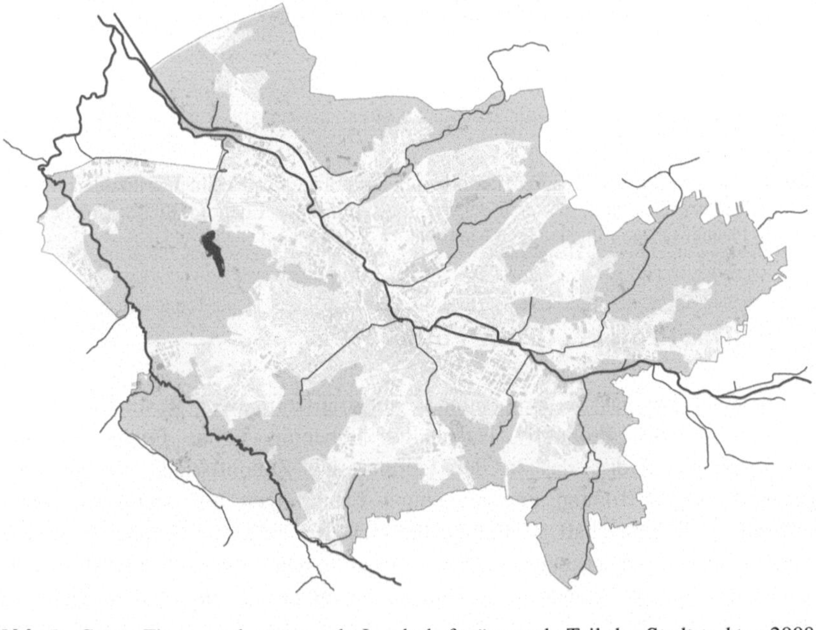

Abb. 2 Grüne Finger und ergänzende Landschaftsräume als Teil der Stadtstruktur 2000. (Quelle: Eigene Darstellung Projekt Grüne Finger – HS Osnabrück | Lea Nikolaus nach Stadt Osnabrück, 2000)

verbliebenen, tief in den Siedlungsraum und die offene Landschaft reichenden Freiräume wieder verstärkt in den Fokus. Unter dem zunehmenden Wachstumsdruck der Stadt drohen die Grünen Finger ihre ökologische und soziale Bedeutung sowie ihre Bedeutung als Produktionsstandort zu verlieren. Ziel des Projektes ist es daher, die Grünen Finger als zusammenhängendes Freiraumsystem im Sinne einer multifunktionalen grün-blauen Infrastruktur zu verstehen und zu einem resilienzstärkenden, strukturgebenden Bestandteil im Rahmen einer integrierten, nachhaltigen Stadtentwicklung zu entwickeln.

2.1 Raumstrukturelle und Planungskulturelle Ebene im Wechselspiel

Vor diesem Hintergrund wurde die Projektstruktur im Projekt Grüne Finger von vornherein als ein permanentes Wechselspiel von Raumstruktureller und Planungskultureller Ebene entwickelt. Die Basis bildet eine in der Definitionsphase des Projekts erfolgte sorgfältige Identifikation der Stakeholder und die darauf aufbauende Konzeption des Beteiligungsprozesses (s. Abschn. 2.3). Angesichts der Zielsetzung einer Stärkung der Klimaresilienz wurden zudem Schwerpunkte einer Raumanalyse der dafür besonders relevanten Freiraumfunktionen festgelegt (s. Abschn. 2.2). Da die Raumstruktur der Grünen Finger zu einem Großteil stark durch eine landwirtschaftliche Nutzung geprägt ist, erfolgte zusätzlich gemeinsam mit landnutzenden Akteuren aus Landwirtschaft und Gartenbau die Analyse der agrarstrukturellen Voraussetzungen. Gemeinsam wurden Anpassungsmöglichkeiten innerhalb der Betriebskonzepte und Vermarktungswege für lokal angebaute Produkte diskutiert, um die Multifunktionalität der Grünen Finger zu erhalten und die Entwicklungsperspektiven der Agrarbetriebe zu stärken. Hier spielt die raumstrukturelle Frage nach der Einbindung stadtnaher landwirtschaftlicher Flächen in die UGI mit Erkenntnissen zu deren wirtschaftlichen Optionen mit der planungskulturellen Frage zum Umgang der Landwirtschaft als aktive Akteure in der städtischen Planungskultur zusammen. Letzteres kann wiederum Einfluss auf die raumstrukturelle Frage „Werden landwirtschaftliche Flächen zukünftig weiter hauptsächlich Bauerwartungsland sein?“ haben.

Das Grüne Finger-Projekt hat sich für diesen nicht-linearen Transformationsprozess mit dem Zusammenspiel der beiden Ebenen an dem Leitbild der transformativen Resilienz orientiert (Abb. 3). Statt eines Resilienzverständnisses, das den Fokus auf „bouncing back“-Prinzipien legt und damit versucht, die Grundfunktionen eines gestörten Systems aufrechtzuerhalten oder wiederherzustellen (adaptive Resilienz), strebt transformative Resilienz („bouncing forward“,

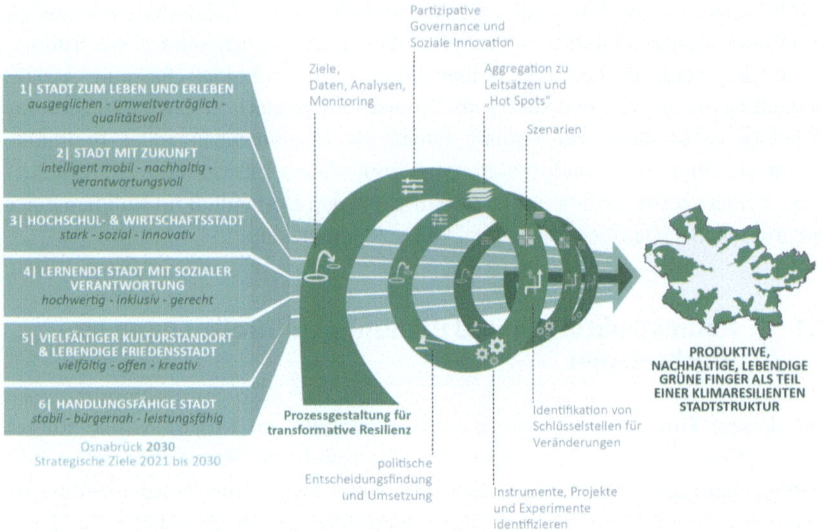

Abb. 3: Leitbild für die Gestaltung eines Planungsprozesses mit transformativer Resilienz. (Quelle: Eigene Darstellung Projekt Grüne Finger – HS Osnabrück, basierend auf Urban Europe, Stadt Osnabrück, 2020b)

Meerow & Stults, 2016) einen Prozess des sozio-kulturellen Wandels an, der durch gemeinsame Lern- und Suchprozesse geprägt ist. Dieses Verständnis von Resilienz als transformativem Prozess wird durch die Darstellung als Spirale verdeutlicht, auf der die unterschiedlichen Prozessbausteine angeordnet sind. Die im Projekt gefundenen und immer wieder diskutierten Ziele wurden angesichts der strategischen Ziele der Stadt Osnabrück entwickelt und präzisiert. Auf diese Weise konnte Anschlussfähigkeit sichergestellt werden. Die beteiligten Akteure aus Politik und Verwaltung konnten Zusammenhänge zwischen dem Forschungsprojekt und der strategischen Ausrichtung der Stadtentwicklung erkennen.

Ein umfangreiches Informationssystem zu den Freiraumfunktionen der Grünen Finger als Kern der Raumstrukturellen Ebene und die Planungskulturelle Ebene mit verschiedenen Beteiligungsformaten und unterschiedlichen Beteiligungsgruppen bilden den Kern des Forschungsprozesses. Als Meilensteine des Prozesses haben sich die Abstimmung von Leitsätzen zur Entwicklung der Grünen Finger mit der Arbeitsgruppe Politik sowie die Entwicklung und Diskussion von Szenarien erwiesen. Aus der proaktiven Diskussion der Szenarien konnten mit den Beteiligten Schlüsselstellen für den weiteren Transformationsprozess ermittelt werden, die in die Arbeit zu einem Entwicklungskonzept für die Grünen Finger eingeflossen sind. Im weiteren Prozessverlauf gewinnen zunehmend die Wirkungen transdisziplinärer Forschung durch Bildung unterschiedlicher bürgerschaftlicher Initiativen zur „Rettung der Grünen Finger" und eine intensive politische Diskussion um Umfang und Grad ihrer verbindlichen Sicherung an Bedeutung. Diese eingeleitete Entwicklung führt zu veränderten Anforderungen an den Umsetzungs- und Verstetigungsprozess, also einer neuen Spiraldrehung auf dem Weg zur Entwicklung der Grünen Finger als maßgeblicher Teil einer klimaresilienten Stadtstruktur.

2.2 Die Raumstrukturelle Ebene: Grüne Finger

Um das Ziel der Entwicklung eines strukturgebenden, resilienzstärkenden Grüne Finger-Systems zu erreichen, wurden unterschiedliche Freiraumfunktionen der Grünen Finger analysiert und aufbereitet. Durch den thematischen Schwerpunkt Klimaresilienz stellt sich auf der Raumstrukturellen Ebene zunächst die Frage, welche Stadtstrukturen eine besondere Sensibilität gegenüber den Auswirkungen des Klimawandels aufweisen und welche Freiraumstrukturen für eine Stärkung der Klimaresilienz eine Schlüsselrolle übernehmen.

Fünf unterschiedliche Landschaftsräume, geprägt durch Täler und Höhenzüge, bestimmen den räumlichen Charakter der Stadt Osnabrück. Die aus den naturräumlichen Voraussetzungen und der Besiedlungsgeschichte gewachsene sternförmige Stadtstruktur in Osnabrück gilt als Prototyp einer klimaresilienten Stadtentwicklung (Pierer & Creutzig, 2019), die Kompaktheit und kurze Wege im Zentrum mit klimatisch wirksamen und schnell erreichbaren Freiräumen in den angrenzenden Quartieren verbindet (Collier et al., 2013).

Dem gegenüber steht die Nachfrage nach einer wohnbaulichen und gewerblichen Entwicklung und eine Planungspraxis, die darauf vor allem durch Ausweisung neuer Flächen reagiert. So geraten freiraumbezogene Ziele, wie die Anpassung an den Klimawandel und das Nachhaltigkeitsziel einer Flächenkreislaufwirtschaft bei den getroffenen Einzelentscheidungen zu Baugebieten regelmäßig ins Hintertreffen.

2.2.1 Raumanalyse für eine differenzierte Bewertung landschaftlicher Resilienz

Als Voraussetzungen für die Bewertung landschaftlicher Resilienz benennt Schmidt (2020a) u. a. als Kriterien den Erfüllungsgrad landschaftlicher Funktionen und den Erhaltungsgrad des Landschaftscharakters. Beides bildet auch eine entscheidende Grundlage für die Bestimmung der UGI. Mit eingeführten landschaftsplanerischen Methoden kann eine Bewertung der verschiedenen Landschaftsfunktionen nachvollziehbar erfolgen und so den Akteuren die jeweilige Bedeutung der einzelnen Landschaftsfunktionen in den Grünen Fingern verdeutlicht bzw. im Rahmen der Beteiligungsformate zur Verfügung gestellt werden.

Auf der Basis von stadtklimatischen Untersuchungen (GEO-NET Umweltconsulting GmbH, 2017a, b) konnten die für den bioklimatischen Ausgleich der überhitzten Stadtquartiere zunehmend wichtigen Kaltluftentstehungsgebiete und -leitbahnen dargestellt werden, die einen wichtigen Teil der Bedeutung der Grünen Finger für Osnabrück ausmachen. Angesichts zunehmend heißer Sommertage in den vergangenen Jahren ist diese Funktion in der öffentlichen Diskussion mehr und mehr verankert. Das gilt mit einigen Abstrichen auch für die Funktion offener, unbebauter Niederungen für die Aufnahme von (Extrem) Hochwässern. Die Vielzahl der insgesamt bearbeiteten Funktionen der Landschaft wie z. B. für die Regulation des Landschaftswasserhaushalts, die Kohlenstoffspeicherung, die regionale Nahrungsmittelproduktion sowie die Sicherung der Biodiversität in den stadtnahen Räumen und die sich daraus ergebende Komplexität stellte für die Beteiligten neues Wissen dar. Es entstand ein besseres Verständnis für die systemischen Zusammenhänge. Einen erheblichen Bedeutungszuwachs erfuhren die stadtnahen Landschaftsräume im Zuge der Corona-Pandemie als Naherholungs-, Erlebnis- und Bewegungsräume.

Die kartografische und textliche Aufbereitung der Freiraumfunktionen als Grundlage landschaftlicher Resilienz konkretisiert die für Osnabrück an einer nachhaltigen Entwicklung orientierten strategischen Ziele durch raumkonkrete Schwerpunktsetzungen. Bei der Erstellung der Raumanalyse wurde flexibel auf Fragen, Erfahrungen und Perspektiven der Akteur*innen aus den Beteiligungsformaten z. B. durch die zusätzliche Bearbeitung einzelner Teilkriterien reagiert und deren Ergebnisse in den Prozess eingespeist.

2.2.2 Zielkonzept „Grün-blaues Netz kraftvoller Resilienzräume"

Basis des Zielkonzepts sind die (fünf) großen Landschaftsräume, die die verschiedenen Freiraumfunktionen in einer integriert entwickelten, klimaresilienten Stadt sicherstellen. Eingebettet in diese Landschaftsräume konnten durch die Überlagerung der Funktionen mit den jeweils höchsten Erfüllungsgraden die Bereiche identifiziert werden, denen für die Raumstrukturelle Ebene landschaftlicher Resilienz eine besondere Bedeutung zukommt. Dabei werden die Auswahl und Gewichtung der aggregierten Funktionen durch die mit der

Arbeitsgruppe Politik formulierten Leitsätze zur Entwicklung der Grünen Finger (vgl. Abschn. 2.3.1) maßgeblich beeinflusst. Durch dieses Vorgehen war für die Akteure die multifunktionale Bedeutung der Grünen Finger gut nachvollziehbar. Untereinander sind die Grünen Finger durch grün-blaue Verbindungen gestärkt, sodass ein robustes Netz entsteht, das Osnabrück im Klimawandel absichert (Abb. 4). Das Zielkonzept knüpft an das historisch verankerte Raumbild der Grünen Finger an, begründet es neu und entwickelt es vor dem Hintergrund der aktuellen Herausforderungen weiter. Durch eine grafische Aufbereitung, die zwar das Raumbild verdeutlicht, aber keine flächenscharfen Abgrenzungen vermittelt, gelang eine Diskussion, in der die systemischen Zusammenhänge des Freiraumsystems und nicht einzelne Abgrenzungen und Konfliktfälle im Mittelpunkt stehen. Das im Zielkonzept geplante strategische Netz hochfunktionaler Freiräume bildet den Kern einer UGI für Osnabrück. Anhand dieses Raumbildes lassen sich der Wert und die komplexen Wirkungen von Freiraumfunktionen

Abb. 4 Zielkonzept „Grün-blaues Netz kraftvoller Resilienzräume" als nicht flächenscharf vermitteltes Raumbild. (Quelle: Eigene Darstellung Projekt Grüne Finger – HS Osnabrück | Lea Nikolaus)

integrativer und verständlicher darstellen. So gelingt es leichter, den Freiraum als ein identitätsstiftendes System zu verstehen und im Bewusstsein der Bürger*innen zu verankern.

2.2.3 Handlungsschwerpunkte für eine resiliente Stadtentwicklung

Für die zukünftige Stadtentwicklung reicht ein bloßer Schutz der Grünen Finger in ihrem bestehenden Zustand nicht aus. Damit sie ihr Potential für die Stärkung einer klimaresilienten Stadt ausschöpfen können, sind neben Schutz- vor allem Entwicklungsmaßnahmen erforderlich. Um entsprechende Handlungsschwerpunkte, Projekte und Maßnahmen zu definieren, wurde ergänzend zum räumlichen Netz des Zielkonzepts ein „Sicherungsnetz" (Schmidt, 2020a, S. 203, b, S. 470) als landschaftliches Resilienzprofil für Osnabrück entwickelt. Es basiert auf den durch Schmidt (2020a) als landschaftsübergreifend herauskristallisierten Einflussfaktoren landschaftlicher Resilienz: Vielfalt und Flexibilität, Redundanz und Modularität, Resistenz und Stabilität, Elastizität und Toleranz, Autarkie und Dezentralität sowie Vernetzung und Konzentration. Sie sind im Resilienzprofil jeweils als Gegenpole dargestellt und ergeben erst durch ihr Zusammenspiel ein individuelles Profil (Abb. 5). Diese Einflussfaktoren werden für das Entwicklungskonzept Grüne Finger sowohl auf die Raumstrukturelle als auch auf die Planungskulturelle Ebene bezogen und durch Fragen operationalisiert. Für die Raumstrukturelle Ebene sind dies z. B.: Wie verteilen und unterstützen sich kaltluftliefernde Strukturen im Stadtgebiet und wie können diese Strukturen für die Kühlung des städtischen Siedlungsbereichs optimiert werden („Redundanz und Modularität")? Wo kommt autarkem Anbau von eigenem Obst und Gemüse eine besondere Bedeutung zu und wie können neue Möglichkeiten urbanen Gärtnerns entwickelt werden („Dezentralität und Autarkie")? Wie gut können die Grünen Finger erschlossen werden und wo besteht Entwicklungsbedarf im Wegenetz („Vernetzung und Konzentration")? Wo und wie sollten Siedlungsränder verstärkt ausgebildet werden, um robuster gegenüber Bebauung zu werden („Resistenz und Stabilität")? Und als Beispiel für die Planungskulturelle Ebene: Wie können die Grünen Finger langfristig verbindlich gesichert werden („Resistenz und Stabilität") und wie Landwirte ihre Bewirtschaftungsweisen in dieser Gebietskulisse fortlaufend an die Herausforderungen des Klimawandels und die wechselnden Nachfragen der Verbraucher*innen anpassen („Elastizität und Toleranz")?

Im Rahmen der weiteren Bearbeitung wurden die Antworten auf diese Fragen zu Einflussfaktoren und Funktionen der Grünen Finger anhand der oben beschriebenen drei Resilienzprinzipien von Schmidt (2020a) zu räumlichen und thematischen Handlungsschwerpunkten in Text und Karten aggregiert.

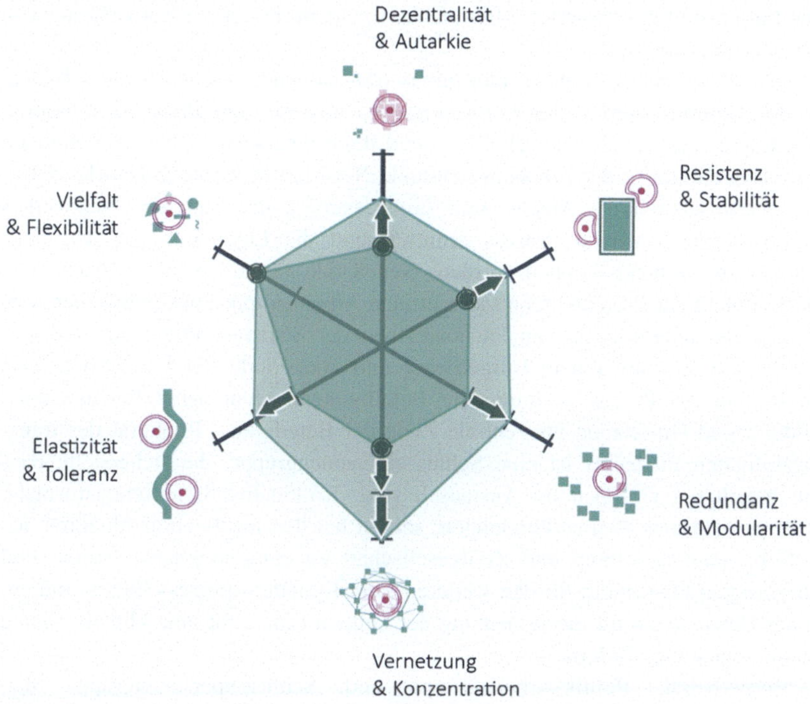

Abb. 5 Entwicklung der Grünen Finger durch Aufspannen eines Sicherungsnetzes auf der Grundlage der Einflussfaktoren landschaftlicher Resilienz. (Quelle: Eigene Darstellung Projekt Grüne Finger – HS Osnabrück I Lea Nikolaus nach Schmidt, 2020a)

Das Entwicklungskonzept Grüne Finger wurde in verschiedenen Entwurfsstadien durch die Beteiligungsgruppen des Projekts, zum Teil aufgrund deren eigener Raumerfahrungen im Rahmen von Walks (s. Abschn. 2.3.2) mitentwickelt.

2.3 Die Planungskulturelle Ebene: Leitsätze, Walks und Workshops

Dem transdisziplinären Forschungsansatz folgend arbeitete das Forschungsteam bestehend aus verschiedenen Fachdisziplinen der Hochschule Osnabrück und der Stadtverwaltung als Praxis- und Verbundpartner mit wichtigen Akteuren aus Politik und interessierter Öffentlichkeit gemeinsam an der Entwicklung von Lösungsansätzen.

Grundlage für die Entwicklung eines transparenten Dialogprozesses bildete in der Definitionsphase des Forschungsprojektes die sorgfältige Identifikation von Interessensgruppen (stakeholders) und ihren unterschiedlichen Beziehungen zueinander mithilfe der Erhebungsmethode Net-Map (Schiffer & Hauck, 2010), bei der zusätzlich das Macht- und Einflussgefüge innerhalb des Netzwerkes in einem partizipativen Prozess ermittelt und die Ergebnisse mit den Teilnehmer*innen rückgekoppelt werden. Neben den für die politisch-planerische Wirksamkeit der Projektergebnisse zentralen Arbeitsgruppen aus politischen Vertretern und unterschiedlichen Fachbereichen der Stadtverwaltung arbeitete das Forschungsteam mit einem Bürgerbeirat und kooperierte mit Landwirten. Das zu Beginn des Prozesses erarbeitete Beteiligungskonzept nennt Bewusstseinsbildung und Umsetzung als zentrale Ziele der Beteiligung. Rückgrat des transdisziplinären Prozesses ist eine Schlüsselpersonengruppe, die sicherstellt, dass die beteiligten Gruppen im Austausch sind. Ko-kreative Beteiligungsformate, z. B. gemeinsame Raumerkundungen, sollten bei den involvierten Akteuren aus Politik, Stadtverwaltung und Zivilgesellschaft zu einer möglichst breiten und überzeugten Ownership für den weiteren Transformationsprozess führen und ein neues Bewusstsein für die Bedeutung der Grünen Finger für eine klimaresiliente Stadtentwicklung fördern.

Bürgerbeirat, Politik-Arbeitsgruppe und Schlüsselpersonengruppe diskutierten in Workshops Zwischenergebnisse und trugen mit lokalem Erfahrungswissen aktiv zur Forschung bei. Walks durch die Grünen Finger, den Gegenstand der Forschung, eröffnen diesen Gruppen neue Perspektiven auf die komplexen Raumnutzungsmuster und damit verbundenen Zielkonflikte bei der nachhaltigen Weiterentwicklung der Grünen Finger als zentrale Freiräume für Frischlufttransport, (Hoch-) Wasserspeicherung, Kohlenstoffspeicher, Nahrungsmittelproduktion und Naherholung.

2.3.1 Leitsätze: Instrument einer selbstreflexiven Evaluation

Konkret hat die Politik-Arbeitsgruppe in diesem Prozess, aufbauend auf den Ergebnissen der Raumanalyse (s. Abschn. 2.2.1), Leitsätze zur Entwicklung der Grünen Finger definiert, die als Instrument einer selbstreflexiven Evaluation in den Beteiligungsformaten überprüft wurden. Dazu haben zwei Workshops stattgefunden, in denen das Forschungsteam relevante Themen als Impuls in die ko-kreative Arbeit eingebracht hat und in denen die Politiker*innen Leitsätze – zunächst stichpunktartig – formuliert haben. Das Forschungsteam hat dann wiederum auf Basis dieser Stichpunkte Leitsätze formuliert und nochmal zur

Diskussion gestellt. Dieses Wechselspiel aus Rahmensetzung und Offenheit atmet den Geist des von Kegler beschriebenen experimentellen Prozesses. Es beschreibt zugleich einen Prozess, der das Prinzip der robusten Elastizität ernst nimmt: Diese Leitsätze sind weder starre Indikatoren noch beliebige Worthülsen. Vielmehr suchen sie ein Gleichgewicht aus Verbindlichkeit und Offenheit.

Ein Leitsatz lautet etwa „In den Grünen Fingern werden Synergien zwischen einer nachhaltigen landwirtschaftlichen Nutzung, Kompensationsleistungen (als zweites oder drittes Standbein der Landwirte) und Freiraumfunktionen wie Kaltlufttransport, Hochwasserretention, Kohlenstoffspeicherung, Arten- und Biotopschutz und Naherholung erhalten und neu geschaffen. Landwirtschaftliche Flächen, die solche Synergien ermöglichen, werden politisch wertgeschätzt und langfristig planerisch gesichert.“ Hier wird deutlich, dass die Leitsätze so formuliert sind, dass nicht nur eine Akteursgruppe und nicht nur eine Fachrichtung für die Realisierung der formulierten Ziele verantwortlich sind bzw. dafür verantwortlich gemacht werden können. Dem liegt die Annahme zugrunde, dass die komplexen Herausforderungen beim Erhalt und der Weiterentwicklung klimaresilienter Stadtstrukturen nicht von einer Gruppe oder Disziplin alleine, sondern nur in gemeinsamer, sektorenübergreifender Kraftanstrengung zu meistern sind. Statt also einen Leitsatz zum Thema Hochwasserschutz, einen zur stadtnahen Landwirtschaft und einen zur Biodiversität zu formulieren und damit statisch die bekannten Fronten zwischen Umweltschützer*innen, Landwirt*innen und Artenschützer*innen abzubilden, müssen diese Gruppen gemeinsam an der Umsetzung des Leitsatzes arbeiten. Elastizität ist gefragt.

Hier wird eine Herausforderung der Planungskulturellen Ebene sichtbar. Im Dialog mit potentiellen Entscheider*innen und Umsetzer*innen geben die Wissenschaftler*innen lediglich Anregungen, die dann in der gemeinsamen Arbeit mit Leben gefüllt, zum Alltag der beteiligten Akteure in Bezug gesetzt und so schrittweise zur Richtschnur resilienten Handelns werden können. Dies folgt dem Prinzip der dezentralen Konzentration mit dem Gleichgewicht aus Autarkie und Austausch.

2.3.2 Walks – Experimentell erkunden

Ein weiteres zentrales Mittel dieses Prozesses transformativer Resilienz waren Walks, die ganz im Sinne der von Kegler (2014) genannten Erkundungen Wirkung zeigen sollten. Als sechs rund sechsstündige geführte Erkundungen der Grünen Finger verhalfen sie unterschiedlichen Akteuren zu Raumwahrnehmungen und verwickelten sie in Diskussionen (Abb. 6).

Die Walks waren über die Projektlaufzeit halbwegs gleichmäßig verteilt und lassen sich in die Phasen „Fragen sammeln“, „Vor Ort informieren“ und „Ideen

Abb. 6 Walk, Diskussion Zielkonflikte. Foto Jacob Westphal, Projekt Grüne Finger – HS Osnabrück

überprüfen“ einteilen. Ziel war es, einen Lernprozess mit den unterschiedlichen Akteuren aus Bürgerbeirat und Schlüsselpersonengruppe möglichst anschaulich und inspirierend zu gestalten. So war unter dem Titel „Fragen sammeln“ zu Beginn eine thematisch sehr breite und an der unmittelbaren Raumwahrnehmung anknüpfende Exploration des Untersuchungsgegenstandes zentral. Die Teilnehmenden trugen im ersten Drittel des Walks Fragen zusammen, die dann, moderiert durch ein Mitglied des Forschungsteams, im weiteren Verlauf des Walks immer wieder zur Diskussion gestellt wurden. Bei den Walks mit dem Titel „Vor Ort informieren“ wurden bereits Erkenntnisse aus der Analyse (s. Abschn. 2.2.1) seitens des Forschungsteams an konkreten Orten eingespielt. Diese Orte waren bei der Konzeption der Walks so ausgewählt worden, dass im Angesicht der Raumkulisse Ausprägungen der Freiraumfunktionen Hochwasserschutz, Kaltlufttransport, landwirtschaftliche Produktion, Biodiversität und Naherholung nachvollziehbar wurden. Dazu kamen Gespräche mit Akteuren vor Ort, etwa Landwirt*innen oder der Vorsitzenden eines Kleingartenvereins. Auf diese Weise konnten die komplexen Themen des Zusammenwirkens unterschiedlicher Raumnutzungen und die damit verbundenen Konflikte vor Ort konkret werden. Dieser körperliche Zugang, bei dem alle Sinne und intuitive Strategien zum Verstehen komplexer räumlicher Situationen eingesetzt werden (Schultz, 2014), bildete die Grundlage für lebhafte, sachkundige und faire Diskussionen. Aktuelle

Themen, Fragestellungen und die in den Leitsätzen formulierten Ziele konnten mit der unmittelbaren Raumerfahrung der Akteure verknüpft werden.

Die Walks erfüllten die zentrale Aufgabe des Projektes, unterschiedliche Perspektiven offenzulegen und Zielkonflikte zu thematisieren. Zielkonflikte und der Umgang mit ihnen waren nicht unvermeidbares Übel, sondern zentraler Anlass des Projekts. In den Beteiligungsformaten, allen voran den Walks, waren sie Gegenstand produktiven Streits, der die unterschiedlichen Positionen sichtbar und verhandelbar macht.

Im Anschluss an die Walks fand eine Evaluation anhand eines Walk-Boards statt: Dazu stellen sich die Teilnehmenden auf einer gedachten Linie im Raum auf und positionieren sich so zwischen zwei Extrempunkten zu Fragen wie „Ich habe durch den Walk die räumlichen Herausforderungen und Chancen in den Grünen Fingern besser verstanden" oder „Der Walk hat mich motiviert, mich für die nachhaltige Weiterentwicklung der Grünen Finger zu engagieren". Solche Methoden dienen neben einer Online-Evaluation als unmittelbare Feedback-Mechanismen zu den gesetzten Zielen.

2.3.3 Szenario-Workshops – Strategisch in Perspektiven denken

Die Arbeit mit Szenarien ist prägend für viele transformative Planungsprozesse (Griewald et al., 2017; IPCC, 2000). Im Projekt Grüne Finger haben sie ihr Potential in Workshops mit Schlüsselpersonengruppen und der AG Politik entfaltet, indem sie vier sehr unterschiedliche, durchaus extreme Entwicklungsmöglichkeiten für die Stadt Osnabrück in Karten (Abb. 7) und Stories anschaulich machten und so zur Diskussion rund um die Frage „In welcher Stadt wollen wir leben?" anregten. Basierend auf den im Projekt erhobenen Daten und Recherchen zur Positionierung relevanter Akteure wie Industrie- und Handelskammer, Landwirtschaft und Stadtplanung hat das Forscherteam sie entwickelt. Die Szenarien aggregierten das angesammelte Wissen und hoben in jedem Szenario andere Aspekte hervor.

Das Szenario „Osnabrück International" zeichnet das Bild einer prosperierenden, stark auf Kosten der Grünen Finger wachsenden Stadt. Das Szenario „Der Produktive Park" zeigt eine Stadt der multifunktionalen, untereinander verknüpften Grünräume, deren Gestalt und Pflege stark durch das Engagement gesellschaftlicher Gruppen bestimmt ist. Das Szenario „Auf der sicheren Seite" beschreibt eine wirtschaftlich wenig prosperierende Stadt, in der die Grünen Finger unter Schutz gestellt, jedoch nicht zum Ausgangspunkt der Stadtentwicklung werden. Und das Szenario „Die enge Gemeinschaft" zeigt ein Osnabrück der Suffizienz und des

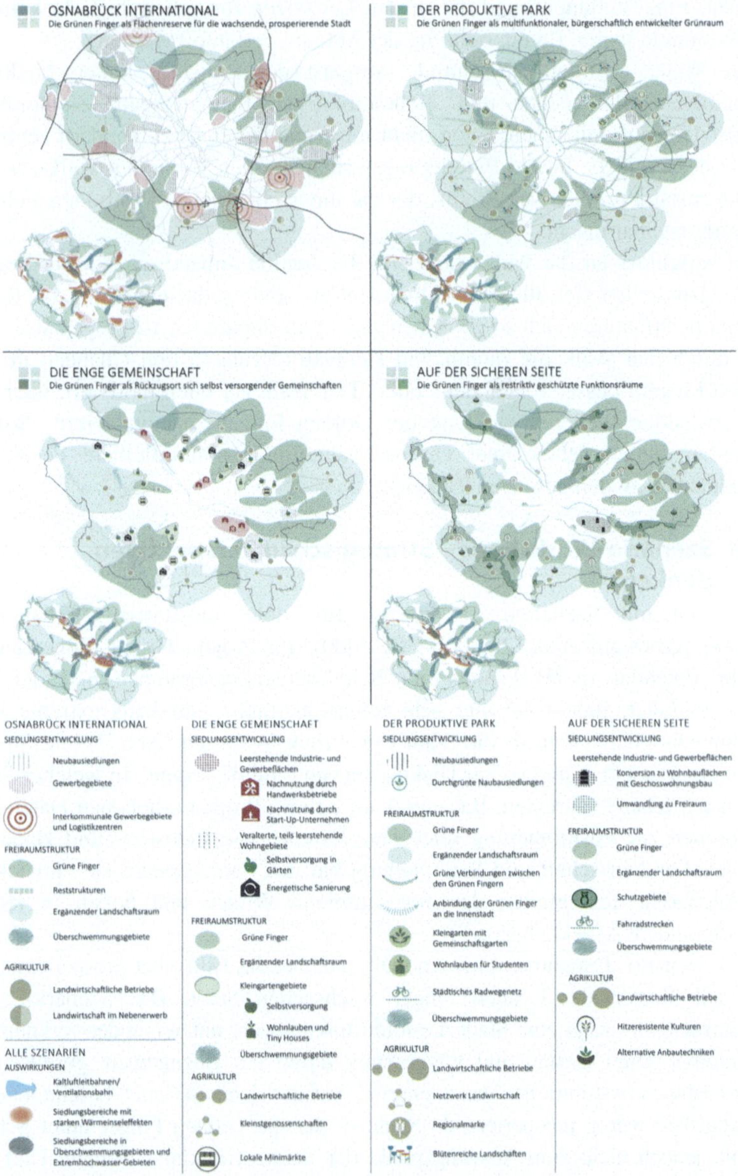

Abb. 7 Kartoszenarien als Ergänzung der narrativen Zukunftsszenarien zur Verdeutlichung der unterschiedlichen räumlichen Dimensionen (größere Karten) und Auswirkungen der jeweiligen Entwicklungen (kleine Karten). (Quelle: Eigene Darstellung Projekt Grüne Finger – HS Osnabrück | Lea Nikolaus)

Rückzugs in lokale Kleingärten-Gemeinschaften in einer weltweit schrumpfenden Wirtschaft.

Um sicherzustellen, dass die Szenarien von den sehr unterschiedlichen Akteuren nachvollzogen werden können, nutzte das Forschungsteam Storytelling und Kartografie. Laut Anke Schmidt (2019) kann Storytelling ein zentraler Bestandteil von Entwurfsprozessen sein, die das Ziel haben, gemeinsam mit vielfältigen Akteursgruppen Zukunftsvorstellungen zu entwickeln. Dazu schildern die Geschichten wertfrei anhand handelnder Protagonisten, wie man im Osnabrück der Zukunft unter welchen Bedingungen lebt, wer entscheidet und auf diese Weise die raumstrukturelle und planungskulturelle Ausrichtung prägt und welche Auswirkungen dies hat. Jedes Szenario hat neben der geschriebenen Geschichte eine Karte, die die beschriebenen raumstrukturellen Aspekte sowie Auswirkungen hervorhebt (vgl. Langner, 2009, 2015, 2019) und somit verortet und Anschlussfähigkeit zur planungstypischen Plandarstellung vorbereitet.

Die Arbeit mit den Szenarien hat gezeigt, dass sie auch für Akteure ohne Planungshintergrund verständlich waren. Sie konnten sich mit den Protagonisten der Geschichten identifizieren und ohne lange zu überlegen die Frage beantworten, was in welchem der Szenarien aus ihrer Sicht zu tun wäre, bzw. was zu tun wäre, um ein Szenario zu ermöglichen oder zu verhindern. Inspiriert durch die Frage des Moderators „Was könnte Ihre Rolle in den Szenarien sein?" machten sie Diskussion über eine klimaresiliente Stadt der Zukunft anschaulich und konkret.

Statt also Pläne zu präsentieren und um ein Feedback zu bitten, zielten die Szenarien darauf ab, neue Horizonte zu öffnen. Anders als Planungsvorschläge waren sie nicht leicht als unpassende oder gar schlechte Planung zurückzuweisen. Vielmehr konnten die beteiligten Akteure Stellschrauben ausfindig machen, die ein Szenario wahrscheinlicher machen als ein anderes. Ihre Mitarbeit war eher proaktiv als reaktiv (Collier et al., 2013).

Nach Schmidt (2020b, S. 471) befördert Resilienz planerisch die Arbeit mit Szenarien. Einerseits wird der Blick von den Verwundbarkeiten auf die Fähigkeiten gelenkt, derartige Krisen weitgehend zu vermeiden oder deren Auswirkungen besser zu überwinden. Zudem besteht nach ihrer Auffassung ein weiterer Vorteil darin, wie in diesem Projektbeispiel am Beispiel der Szenarienarbeit gezeigt, ein ursprünglich stark auf Klimaresilienz fokussiertes Betrachtungsspektrum auf größere sozial-ökologische Zusammenhänge einer nachhaltigen Entwicklung ausweiten und damit ganzheitlich planen zu müssen oder können.

3 Das transformative Moment: Ko-Kreation, Capacity Building und Befähigung

Das Forschungsteam im Projekt Grüne Finger arbeitete also nicht im stillen Kämmerlein, sondern ist im ständigen Austausch mit den Akteursgruppen. Die vielfältigen Beteiligungsformate, die kontinuierliche Mitarbeit der Akteure in den verschiedenen Beteiligungsgruppen und die vertrauensvolle Zusammenarbeit zwischen Forschungsteam und Akteuren bildeten eine wichtige Basis für die öffentliche Wahrnehmung des Projekts. Dies wiederum bildete die Grundlage für eine Bewusstseinsbildung zum Schutz der Grünen Finger in größeren Teilen der Stadtgesellschaft und das Entstehen unabhängig vom Projekt handelnder Aktionsgruppen, die sich für den Erhalt der Grünen Finger einsetzen. Sowohl die Mitarbeit der am Projekt beteiligten Akteure als auch die Unterstützung zentraler Zielsetzungen durch unabhängige Aktionsgruppen sind zu einem entscheidenden Faktor geworden, wenn es darum geht, ob die Forschungsergebnisse beim Erhalt und der nachhaltigen Weiterentwicklung der Grünen Finger Wirkung zeigen. Oder mit anderen Worten: Das Projekt sieht sich als ein Beitrag zu einer Planungskultur, die Aspekte der Raumstrukturellen und Planungskulturellen Ebene im Sinne von Keglers Transformativer Resilienz verknüpft. Und zwar indem es die Bereitschaft fördert, strategisch in Perspektiven zu denken, zu erkunden, zu experimentieren und nach integrierten Lösungsansätzen zu suchen. Aber es zeigen sich auch deutliche Grenzen bei der Umsetzung der Erkenntnisse in das alltägliche politisch-planerische Handeln. Der transdisziplinäre Forschungsansatz zielt auf das transformative Moment in lokalen Kontexten, aber unter Beachtung der Übertragung. Im Folgenden werden Aspekte dieses Zusammenspiels herausgearbeitet und Hinweise zur Übertragbarkeit auch für andere Planungskontexte gegeben.

3.1 Erkenntnis und Ko-Kreation

Nach Schmidt (2020b, S. 468 f.) steht die Resilienz einer Landschaft mit ihrer Komplexität im engen Zusammenhang. Aufgrund ihrer vielfältigen funktionalen Vernetzungen gehören Stadtlandschaften wie die Grünen Finger zu Beispielen für hochkomplexe Landschaften, für deren Erhaltung und Entwicklung ausgefeilte Resilienzstrategien benötigt werden. Die im Projekt deutlich erweiterte Wissensbasis durch das Erarbeiten von neuem Wissen zu Funktion und Bedeutung der Grünen Finger und den systemischen Zusammenhängen hat zu einem schrittweisen Erkenntnisgewinn zunächst bei den im Projekt direkt beteiligten Akteuren, später auch deutlich darüber hinaus geführt. Auf den Walks etwa entwickelten die Akteure ein Bewusstsein für die Qualitäten und Herausforderungen der Grünen Finger. Dieses Bewusstsein speist sich aus einem wachsenden Faktenwissen, etwa zu Freiraumfunktionen der Grünen Finger, und einem Erfahrungsschatz, der auf den Walks sukzessive gewachsen ist. Er versammelt Erlebnisse, teilweise sogar kleine Abenteuer, die die emotionale Ebene der Bewusstseinsbildung ansprechen. Im Zusammenspiel aus Wissen und Erlebnis wächst die Überzeugung: Die Grünen Finger sollten als Teil einer klimaresilienten Stadtstruktur erhalten und qualifiziert werden. An dieser Erkenntnis waren die Akteure leiblich beteiligt, sie haben die räumlichen Qualitäten der Grünen Finger wandernd erlebt und Raumelemente wandernd verknüpft (Schultz, 2014). Durch Begegnungen z. B. mit Landnutzer*innen während der Walks wurden neue Perspektiven wahrgenommen und so völlig neue Sichtweisen auf Problemlösungen entwickelt. Wie die Auswertung der Szenarien-Workshops und der Walks im Projekt Grüne Finger gezeigt hat, ist der Transformationsprozess durch Ko-Kreation bestimmt. Die Akteure waren aktiver Teil des forschenden Teams und nicht nur Abnicker oder kritisch Nachfragende.

So wuchs bei einigen Entscheidungsträger*innen, Meinungsbilder*innen und Bewirtschafter*innen des Landes die Erkenntnis: Die Grünen Finger gehören zur nachhaltigen Stadt der Zukunft! Einige Mitglieder des Bürgerbeirats haben bereits angekündigt, sich auch außerhalb der Beteiligung im Projekt für den Erhalt und die Qualifizierung der Grünen Finger zu engagieren, etwa durch die Zusammenarbeit in Schulen.

Das Faktenwissen, das die Akteure durch die Mitarbeit am Projekt erlangten, bezieht sich nicht nur auf Wissen zu den einzelnen Funktionen, sondern vor allem auch zum Zusammenwirken dieser und zu der Frage, wie auf einer Fläche mehrere Funktionen Platz finden können – also auf zentrale Aspekte der Raumstrukturellen Ebene. Die Evaluationen am Ende der Walks haben gezeigt, dass dieses eher explizite Faktenwissen untrennbar mit einem eher impliziten Erfahrungswissen verbunden ist. Dieses Erfahrungswissen beinhaltet Informationen über den räumlichen Zusammenhang einzelner Orte und wie sie zusammen vor dem inneren Auge als Landschaft entstehen. Die Erlebnisse während der Walks sind leicht erinnerbar, so dass die Akteure darauf in späteren Diskussionen immer wieder zurückgreifen können (Schultz, 2014). Faktenwissen und Erfahrungswissen sind zentrale Grundlage für sozial robustes Wissen (Nowotny et al., 2004) und Transformationswissen (Schneidewind, 2018) – beides Wissensformen, die es in der transdisziplinären Wissenschaft zu generieren gilt. So sind etwa die auf den Walks entwickelten Ideen zur Neuabgrenzung und Verknüpfung der Grünen Finger Aspekte eines solchen Transformationswissens.

Übertragbar für andere Projekte, die sich mit transformativer Forschung zu klimaresilienter Stadtentwicklung befassen, ist somit, dass das auf der Raumstrukturellen Ebene generierte Wissen mit dem Erfahrungswissen der Planungskulturellen Ebene in ein produktives Wechselspiel gebracht werden muss. Im Umkehrschluss bedeutet dies jedoch auch, dass die Forscher*innen sich nicht ausschließlich auf die traditionelle Form akademischer Wissensproduktion (Modus 1 Wissen) zurückziehen können, sondern sozial robustes Wissen, also im Dialog mit relevanten Akteuren überprüftes und angepasstes Wissen, als ihre wissenschaftliche Erkenntnis formulieren müssen (Nowotny et al., 2004).

3.2 Capacity Building

Ein nicht zu unterschätzender Effekt des transformativen Prozesses ist, dass sich transdisziplinäre Gruppen bildeten, die Schritt für Schritt Vertrauen zueinander aufbauten, auch wenn man sich inhaltlich nicht immer einig war. Diese „starken Gruppen" waren das Fundament einer veränderten Planungskultur für teils schwierige Prozesse der Meinungsbildung und Verhandlung zur Zukunft der Grünen Finger – zunächst innerhalb des Projekts. In der Schlüsselpersonengruppe beispielsweise kamen Politiker*innen, Landwirt*innen, Vereinsvertreter*innen und Mitglieder des Bürgerbeirats zusammen und begleiteten das Projekt mit Kritik, Ideen und vor allem mit wachsendem Engagement für die Ziele des Projektes. So konnte Schritt für Schritt eine Kultur des gemeinsamen Experimentierens, Forschens und Lernens wachsen (Karow-Kluge, 2010). Das ist ganz im Sinne von Keglers Definition transformativer Resilienz.

Der iterative Prozess der Arbeit mit Leitsätzen lebte von selbstreflexiver Evaluation. „Können wir diese Ziele zur Grundlage des weiteren Prozesses machen?" war etwa die Frage, die der Arbeitsgruppe Politik nach der gemeinsamen Arbeit an den Zielen gestellt wurde. Bewusst wurde kein formaler Beschluss mit entsprechender interfraktioneller Abstimmung verfolgt. Vielmehr ging es darum, die Ziele als Leitlinien der gemeinsamen Arbeit zu verstehen und zwischendurch zu überprüfen, ob die gemeinsam diskutierten Entwicklungsrichtungen und Maßnahmen im Sinne dieser Ziele sind.

Abgesehen vom oben beschriebenen sozial robusten Wissen wachsen zunehmend auch die Kompetenzen (Stein & Schultz, 2015), die für die Arbeit an und mit den Grünen Fingern gefragt sind. Denken in Szenarien und in komplexen Wirkungsgefügen gehört hier ebenso dazu wie die sektorenübergreifende Arbeit am Querschnittsthema Klimaresilienz. Diese integrative, querschnittsorientierte Vorgehensweise ist auch für den städtischen Partner im Forschungsteam, den

Fachbereich Umwelt und Klimaschutz, eine teilweise noch ungewohnte Art zu arbeiten. Auch hier half die Tatsache, dass immer auch viele Vertreter*innen des Forschungsteams an den Walks teilnahmen und sich unterwegs intensiv zu Zielen und Indikatoren austauschten.

Übertragbar für andere Projekte, die sich mit transformativer Forschung zu klimaresilienter Stadtentwicklung befassen, ist, dass die Unterstützung starker (optimalerweise fachlich gemischter) Gruppen und die gemeinsame Arbeit mit Szenarien transformative Resilienz befördern können.

3.3 Befähigung

Die Rollen des Forschungsteams im Rahmen transdisziplinärer Forschung mussten während des gesamten Prozesses immer wieder reflektiert und nachjustiert werden, zumal auch innerhalb des Projektteams je nach konkretem Anlass sehr unterschiedliche Auffassungen zu dieser Rolle vertreten waren. Angesichts des in der kommunalen Diskussion zunehmend brisanten Themas wurden vom Forschungsteam für einzelne Baulandentwicklungen von unterschiedlichen Seiten immer wieder Positionierungen erwartet, die aber die Gefahr der einseitigen Vereinnahmung zulasten der Arbeit an einem schlüssigen Entwicklungskonzept und einer Kompetenzstärkung aller Akteure mit sich bringen kann. Das Forschungsteam hat in der breiteren Stadtöffentlichkeit bewusst nicht die Vorreiterrolle für die „Rettung" der Grünen Finger übernommen. Stattdessen arbeitete das Team an der kontinuierlichen Sensibilisierung, Aktvierung und Befähigung der verschiedenen Akteure im Rahmen der Beteiligungsformate und weit darüber hinaus. Mit Blick auf die Bewusstseinsbildung für die Bedeutung der Grünen Finger in einer größeren Stadtöffentlichkeit erwiesen sich in unregelmäßigem Abstand erscheinende Berichte in der Lokalpresse, Webseite und Newsletter, Hintergrundgespräche mit den verschiedenen Gruppen, Vorträge im Rahmen des lokalen Klimanetzwerks (F4F, Parents4F, Scientists4F u. a.) und Teilnahme an Podiumsdiskussionen als wichtig. Zugunsten der ko-kreativen Elemente des Beteiligungsprozesses hatten sie allerdings in der ursprünglichen Projektplanung nur eine ergänzende Funktion und konnten im Projektverlauf nicht einfach erweitert werden.

Besondere Rahmenbedingungen wie der zunehmend spürbare Klimawandel und eine anstehende Kommunalwahl haben begünstigt, dass weit über die Beteiligungsformate des Projekts hinaus verschiedene Umweltgruppen, das Klimanetzwerk und einzelne Bürgerinitiativen den Schutz der Grünen Finger zu einem zentralen Inhalt ihrer Aktivitäten (Unterschriftensammlung, Kundgebungen,

Wahlprüfsteine) und damit auch zu einem zentralen Bestandteil der Kommunalwahlprogramme der verschiedenen Parteien im Kommunalwahlkampf gemacht haben (Abb. 8). Die verschiedenen Gruppen und ein Teil der politischen Parteien beziehen sich dabei direkt auf die Erkenntnisse des Projektes oder fordern eine zukünftige Stadtentwicklung auf der Grundlage des Entwicklungskonzepts Grüne Finger.

Zwei Dinge haben zu dieser Entwicklung geführt: einerseits das oben beschriebene im Prozess gewachsene Vertrauen und ein zunehmend systemisches Verständnis der Funktionen der Grünen Finger und ihrer Bedeutung für die gesamtstädtische Struktur; andererseits eine klare Positionierung des Projekts gegenüber der Politik und Verwaltung, dass eine Sicherung und Entwicklung der Grünen Finger nur im Rahmen einer sich ändernden städtischen Planungskultur gelingen kann. Angeregt wurde ein offener, lernender Planungsprozess für ein ämterübergreifend und im Dialog zwischen Bürger*innen, Politik sowie Fachleuten aus Wissenschaft und Praxis entstehendes Stadtentwicklungskonzept, in dem Wissen und innovative gestaltende Ideen aller Akteure gebündelt werden und der durch die Politik konstruktiv begleitet wird. Trotz der im Rahmen der Beteiligungsprozesse innerhalb des Projekts gemachten Erfahrungen zeigte sich bei der Ausweitung auf die gesamtstädtische Ebene, dass für eine solche

Abb. 8 Parents 4 Future, Osnabrück, hat die Ziele des Grüne Finger-Projekts aufgenommen. (Foto Klara Meyer-Notbohm)

ernsthafte Neu-Orientierung der Stadtentwicklung aktuell bei Teilen der Politik und Verwaltung dafür noch nicht die notwendige Bereitschaft besteht.

Übertragbar für andere Projekte, die sich mit transformativer Forschung zu klimaresilienter Stadtentwicklung befassen, ist die zentrale Bedeutung (sich wandelnder) Rahmenbedingungen, etwa zur politischen Bedeutung des Sachverhalts in einer Kommunalwahl. Solche Rahmenbedingungen gilt es für die Planungskulturelle Ebene zu nutzen. Gleichzeitig erscheint es zentral, dass das Forschungsteam die Rolle des Befähigers übernimmt, sich jedoch nicht mit voller Kraft in den politischen Diskurs begibt.

3.4 Wirkungsevaluation

Vor dem Hintergrund des transdisziplinären Forschungsansatzes wollte das Projekt neben neuen wissenschaftlichen Erkenntnissen einen Beitrag zu gesellschaftlichen Problemlösungen im Sinne relevanter Nachhaltigkeitsbeiträge leisten. Angesichts der vergleichsweise kurzen Laufzeit von vier Jahren konnten durch die gewählte Vorgehensweise relevante Wirkungen generiert werden. Dazu gehört ein besseres Verständnis von Problemen und Zusammenhängen (Lernprozesse), Handlungswissen (Capacity Building) und der Aufbau von Vertrauen und neuen Beziehungen (Netzwerkeffekte). Inwieweit Veränderungen der städtischen Planungskultur oder strukturelle Veränderungen entsprechend des Entwicklungskonzepts der Grünen Finger zu einer grundsätzlichen Situationsveränderung führen, muss zum jetzigen Zeitpunkt noch offen bleiben. Charakteristisch für die Wirkungsevaluation transformativer Forschung ist das zeitverzögerte Auftreten von Wirkungen und die schwierige eindeutige Zuordnung zu Auslösefaktoren.

4 Chancen und Herausforderungen transformativer Resilienz

Das Beispiel zeigt für die Operationalisierung transformativer Resilienz, welche Bedeutung es hat, die Raumstrukturelle und Planungskulturelle Ebene in einem ständigen Wechselspiel miteinander zu bearbeiten. Als eine der Kernherausforderungen beim Arbeiten mit Resilienz wurde die fehlende Entwicklung eines klaren Handlungsrepertoires für die planerische Praxis benannt. Hier kann die Anwendung der von Schmidt (2020a) herausgearbeiteten Resilienzprinzipien sowohl auf Raumstruktureller Ebene als auch auf Planungskultureller Ebene für eine gute gedankliche Strukturierung der Planinhalte und der Gestaltung des Planungsprozesses genutzt werden. Dabei ist es hilfreich, auch mit Blick auf transformative Resilienz die Risiken im Sinne multipler Bedrohungen, denen sich Städte gegenübersehen (Kuhlicke, 2018), nicht zu weit zu fassen. Im vorliegenden Fall bildete das Thema der Klimaresilienz den zwar weit gefassten, aber noch hinreichend eingrenzbaren Bezugspunkt.

Transformative Resilienz zielt im Sinne von Kegler (2014) auf vorsorgende Weitsicht verbunden mit Nutzen für die Gegenwart. Dies verlangt eine Haltung, die nicht auf eine technisch-materielle Dimension verkürzt wird, sondern die der Geschichte, dem Ort und der Zukunft zugewandt ist. Neben dem transformativen Moment ist bei Resilienz auch der spezifische Charakter eines Systems, einer Stadt oder einer Landschaft von Bedeutung, also das Potential von Stadt und Landschaft an räumlicher Vielfalt, Kultur und Lebensweisen. Das Arbeiten mit Resilienz führt nicht zu einfachen Antworten und lässt sich nicht auf einzelne Faktoren wie z. B. Robustheit, Resistenz oder Stabilität beschränken. Die Resilienzprinzipien von Schmidt (2020a) verweisen immer auch auf Gegenpole, die in ein ausgeglichenes Verhältnis zueinander gebracht werden müssen. Das ist in etwa das, was Kegler (2014) als „Planungskunst" beschreibt. Dann besteht nicht die von Eisinger (2013, S. 309) befürchtete Gefahr, Resilienz sei ein simplifizierendes Narrativ. Es verhindere, dass die Komplexität und Widersprüchlichkeit von Transformationsprozessen in urbanen Räumen angemessen Berücksichtigung finde (vgl. auch Kuhlicke, 2018).

Im von Kegler beschriebenen Kontext unvollständigen Wissens und nur begrenzt Vorhersagbarem (Kegler, 2014, S. 23) gilt es, Gelegenheiten zum Ausprobieren und Experimentieren zu schaffen. Klimaresilienz fordert den kreativen Umgang mit Komplexität, also mit Relationalität, Unvorhersehbarkeit und Kontextualität (Prominski, 2004). Gerade weil Kontrolle in sich komplex transformierenden Landschaften eine Illusion ist, muss strategisch in Perspektiven gedacht werden, die auf sich ändernde Rahmenbedingungen reagieren können, etwa an neue Gewohnheiten in der Nutzung wohnungsnaher Freiräume in der Corona-Pandemie oder an verhärtete Fronten im Dialog zwischen Gesellschaft und Landwirtschaft.

Erhalt und Weiterentwicklung klimaresilienter Stadtstrukturen können als wicked problems (Rittel, 1972) bezeichnet werden. Eigenschaft solch verzwickter Probleme ist es laut Rittel, dass man das Problem nicht verstehen kann, ohne es zu lösen und dass erst das Problem zu lösen bedeutet, es auch zu verstehen (Rittel, 1972, S. 392). Daraus folgt, sich in iterativen Suchprozessen an das Problem anzunähern und auch in der Veränderung des Untersuchungsgegenstandes Wissen zu den Fragestellungen und zur möglichen Transformation zu generieren

(Nowotny et al., 2004; Seggern, 2019). Auf den ersten Blick würde man denken: Das Letzte, was man hier braucht, ist ein komplexer, transdisziplinärer Planungsprozess. Die Erfahrungen aus dem Projekt Grüne Finger zeigen jedoch, dass ein so durch Ko-Kreation, Capacity Building und Akteursbefähigung geprägter Prozess planungskulturell einen großen Schritt in Richtung transformativer Resilienz bedeuten kann.

Auch die Zusammenarbeit mit dem städtischen Partner, dem Fachbereich Umwelt und Klimaschutz, brachte Herausforderungen mit sich. Die Anforderung, in solchen offenen, selbstreflexiven Prozessen zu arbeiten und dabei sektorenübergreifend und ko-kreativ vorzugehen (Schultz, 2018), unterscheidet sich vom üblichen Verwaltungshandeln im Auftragnehmer-Auftraggeber-Verhältnis. Partnerschaften zwischen Hochschule und Stadt machen nötig, so beschreiben es Withycombe Keeler et al. (2018), dass Vertrauen und Authentizität (Withycombe Keeler et al., 2018, S. 533) den Prozess prägen. Nur so kann eine transformative Kraft („transformative capacity to catalyse, support and sustain […] change" Withycombe Keeler et al., 2018, S. 530) entstehen, die für eine erfolgreiche Gestaltung eines resilienten Prozesses nötig ist. Wo, wie in Osnabrück bisher, integrierte Stadtentwicklungsprozesse noch keine geübte Praxis sind, sind starke Promotor*innen in der Verwaltungsspitze und Anpassungen in der Verwaltungsstruktur notwendig. Dieser Lernprozess zwischen Wissenschaft und Praxis hat im Fall Osnabrück begonnen. Seine Fortsetzung ist dabei auch abhängig von politischen Mehrheiten. Der Weg zur klimaresilienten Stadt wird dann erfolgreich gestaltet, wenn Bürger*innen sich in diesen Prozess umfassend einbringen sowie Politik und Verwaltung durch Transparenz und Kooperationsbereitschaft den notwendigen soziokulturellen Wandel unterstützen.

Literatur

Balz, V. E. (2017). Regional design: Discretionary approaches to regional planning in The Netherlands. *Planning Theory, 17*(3), 332–354.

Bundesministerium für Bildung und Forschung (BMBF). (2021). GrueneFinger – Produktiv. Nachhaltig. Lebendig. Grüne Finger für eine klimaresiliente Stadt. https://www.fona.de/de/massnahmen/foerdermassnahmen/Klimaresilienz/gruenefinger.php. Zugegriffen: 24. Juni 2021.

Collier, M. J., Nedovic-Budic, Z., Connop, S., Foley, D., Foley, K., Newport, D., McQuaid, S., Slaev, A., & Verburg, P. (2013). *Transitioning to resilience and sustainability in urban communities.* https://doi.org/10.1016/j.cities.2013.03.010.

De Flander, K., Hahne, U., Kegler, H., Lang, D., Lucas, R., Schneidewind, U., Simon, K.-H., Singer-Brodowski, M., Wanner, M., & Wiek, A. (2014). Resilienz und Reallabore als Schlüsselkonzepte urbaner Transformationsforschung. *Zwölf Thesen. GAIA, 23*(3), 284–286.

Eisinger, A. (2013). Und nun auch noch Resilienz. Einige skeptische Gedanken zu einer modischen Denkfigur aus stadthistorischer Sicht. *Informationen zur Raumentwicklung, 4,* 309–313.

Flitner, M. (2017). Grüne Infrastruktur und die Erneuerung städtischer Naturen. In M. Flitner, J. Lossau, & A. Müller (Hrsg.), *Infrastrukturen der Stadt* (S. 45–64). Springer Fachmedien.

GEO-NET Umweltconsulting GmbH. (2017a). *Konzept zur Anpassung an die Folgen des Klimawandels der Stadt Osnabrück. Teil A: Stadtklimaanalyse 2017a*. Stadt Osnabrück.

GEO-NET Umweltconsulting GmbH. (2017b). *Konzept zur Anpassung an die Folgen des Klimawandels der Stadt Osnabrück. Teil B: Klimaanpassungsstrategie*. Stadt Osnabrück.

Griewald, Y., Clemens, G., Kamp, J., Gladun, E., Hölzel, N., & von Dressler, H. (2017). Developing land use scenarios for stakeholder participation in Russia. *Land Use Policy, 68,* 264–276.

Hansen, R., Born, D., Lindschulte, K., Rolf, W., Bartz, R., Schröder, A., Becker, C.W., Kowarik, I., & Pauleit, S. (2018). *Grüne Infrastruktur im urbanen Raum: Grundlagen, Planung und Umsetzung in der integrierten Stadtentwicklung*. Bundesamt für Naturschutz.

Intergovernmental panel of climate change (IPCC). (2000). *Emissions scenarios*. Cambridge University Press.

Karow-Kluge, D. (2010). *Experimentelle Planung im öffentlichen Raum*. Reimer.

Kegler, H. (2014). *Resilienz. Strategien & Perspektiven für die widerstandsfähige und lernen-de Stadt*. Bauverlag, Birkhäuser.

Kuhlicke, C. (2018): Resiliente Stadt. In D. Rink & A. Haase (Hrgs.), *Handbuch Stadtkonzepte. Analysen, Diagnosen, Kritiken und Visionen* (S. 359–380). Budrich.

Langner, S. (2009). Navigating in urban landscapes: Design-oriented cartography as a navigation instrument for large-scale landscape design. In B. De Meulder, M. Ryckewaert & K. Shannon (Hrsg.), *Urbanism & Urbanization: Transcending the Discipline. Urbanism & Urbanization as receptors of multiple practices, discourses and realities* (S. 243–254).

Langner, S. (2015). Mapping urban landscapes – between understanding, interpreting and negotiating. In B. Schönig (Hrsg.), *Variations of suburbanism: Approaching a global phenomenon* (S. 17–40). Ibidem-Verlag.

Langner, S. (2019). Navigating in urban landscapes – mapping as a navigational strategy in designing landscapes. In M. Prominski & H. von Seggern (Hrsg.), *Design research for urban landscapes: Theories and methods* (S. 50–69). Routledge.

Lehmann, F. (Hrsg.). (1928). *Osnabrück. Deutschlands Städtebau*. Dari-Verlag.

Maes, J., Zulian, G., Günther, S., Thijssen, M., & Raynal, J. (2019). *Enhancing Resilience Of Urban Ecosystems through Green Infrastructure (EnRoute)*. Publications Office of the European Union.

Meerow, S., & Stults, M. (2016). Comparing conceptualizations of urban climate resilience in theory and practice. *Sustainability, 8*(7), 701.

Müller, B. (2011). Urban and regional resilience – a new catchword or an consistent concept for research and practice? In B. Müller (Hrsg.), *Urban regional resilience: How do cities and regions deal with change? German annual of spatial research and policy 2010* (S. 1–13). Springer.

Nowotny, H., Scott, P., & Gibbons, M. (2001 [2004]). *Re-thinking science. Knowledge and the public in an age of uncertainty*. Polity.

Pauleit, S., Hansen, R., Rall, E. L., Rolf, W., & van Lierop, M. (2020). Green Infrastructure for the city of the future. Perspectives from Europe. In Rivista online di Urban@it (Hrsg.), Working papers. Le città protagoniste dello sviluppo sostenibile.

Pierer, C., & Creutzig, F. (2019). Star-shaped cities alleviate trade-off between climate change mitigation and adaptation. *Environmental Research Letters, 14*(8), 1–29.

Prominski, M. (2004). *Landschaft entwerfen. Zur Theorie aktueller Landschaftsarchitektur*. Reimer.

Rittel, H. W. J. (1972). On the Planning Crisis. Systems Analysis of the First and Second Generations. University of California at Berkeley. Reprinted from: Bedrifts Økonomen (8).

Rößler, S. (2015). Klimawandelgerechte Stadtentwicklung durch grüne Infrastruktur. *Raumforschung und Raumordnung, 73*(2), 123–132.

Schiffer, E., & Hauck, J. (2010). Net-map: Collecting social network data and facilitating network learning through participatory influence network mapping. *Field Methods, 22*(3), 231–249.

Schmidt, A. (2019). Urban landscape stories – narratives as a design research tool. In M. Prominski & H. von Seggern (Hrsg.), *Design research for urban landscapes: theories and methods* (S. 144–165). Routledge.

Schmidt, C. (2020a). *Landschaftliche Resilienz. Grundlagen, Fallbeispiele, Praxisempfehlungen*. Springer Spektrum.

Schmidt, C. (2020b). Landschaftliche Resilienz. Ergebnisse einer vergleichenden Studie zu 24 Landschaften auf fünf Kontinenten. *Naturschutz und Landschaftsplanung, 52*(10), 464–471.

Schneidewind, U. (2018). *Die große Transformation. Eine Einführung in die Kunst gesellschaftlichen Wandels*. S. Fischer.

Schultz, H. (2014). *Landschaften auf den Grund gehen. Wandern als Erkenntnismethode beim Großräumigen Landschaftsentwerfen*. Jovis Verlag.

Schultz, H. (2018). Informelle Landschaftsentwicklung. In I. Marschall (Hrsg.), *Landschaftsplanung im Prozess und Dialog* (S. 98–113). BfN.

Sieverts, T. (2013). Am Beginn einer Stadtentwicklungsepoche der Resilienz? Folgen für Architektur. *Städtebau und Politik. Informationen zur Raumentwicklung, 4*, 315–323.

Stadt Osnabrück. (2000). Landschaftsplanerischer Fachbeitrag zum Flächennutzungsplan der Stadt Osnabrück. Karte 4 Grün- und Freiflächenstruktur. https://www.osnabrueck.de/gruen/natur-und-landschaft/landschaftsplanung/landschaftsplanerischer-fachbeitrag. Zugegriffen: 12. Nov. 2020.

Stadt Osnabrück. (2020a). Flächennutzungsplan der Stadt Osnabrück, wirksam seit dem 14.12.2001. http://geo.osnabrueck.de/fnp/. Zugegriffen: 12. Nov. 2020.

Stadt Osnabrück. (2020b). Strategische Ziele der Stadt Osnabrück 2021 bis 2030. https://www.osnabrueck.de/fileadmin/user_upload/Broschuere_Strategische_Ziele_2030.pdf. Zugegriffen: 12. Nov. 2020.

Stein, U., & Schultz, H. (2015). Capacity-building in the city-region: Creating common space. *Planning Theory and Practice, 16*(2), 269–274.

Urban Europe Introduction. (o. J.). JPI Urban Europe. https://jpi-urbaneurope.eu/about/intro/. Zugegriffen: 24. Apr. 2017.

Von Seggern, H. (2019). Crossing fields. Designing and Researching Raumgeschehen. In M. Prominski & H. von Seggern (Hrsg.), *Design research for urban landscapes: Theories and methods* (S. 8–32). Routledge.

Withycombe Keeler, L., Beaudoin, F., Wiek, A., John, B., Lerner, A. M., Beecroft, R., & Forrest, N. (2018). Building actor-centric transformative capacity through city-university partnerships. *Ambio*. https://doi.org/10.1007/s13280-018-1117-9.

Resilienz in der regionalen wie kommunalen Praxis

Wissenschaftskommunikation und die Rolle von Einfachheit für die Akzeptanz

Dieter Behrendt

Inhaltsverzeichnis

Zusammenfassung

Die Sturzflut- und Hochwasserereignisse im Sommer 2021 zeigen, dass bezogen auf Klimawandelfolgen keine Zeit mehr zu verlieren ist. Auch muss die gesamte Palette möglicher Krisenereignisse oder krisenhafter Entwicklungen, möglichst in einem Zusammenspiel von Wissenschaft und regionalen wie kommunalen Akteuren, zügig in den Blick genommen werden. Die Erhöhung der Resilienz von Regionen und Kommunen ist angezeigt. Jedoch: Zum einen ist Resilienz als Thema in der deutschen Wissenschaftslandschaft außerhalb

D. Behrendt (✉)
ISP Eduard Pestel Institut für Systemforschung e. V., Hannover, Deutschland
E-Mail: behrendt@pestel-institut.de

H. Pechlaner et al. (Hrsg.), *Resilienz als Strategie in Region, Destination und Unternehmen,* Entrepreneurial Management und Standortentwicklung,
https://doi.org/10.1007/978-3-658-37296-5_14

der Psychologie und Pädagogik relativ neu, zum anderen ist der Begriff und der Inhalt von Resilienz vielfach bei den Praxisakteuren in Regionen und Kommunen wenig bekannt. Die Wissenschaft ist aufgefordert, sich vermehrt des Themas anzunehmen und gleichzeitig die Kommunikation mit Akteuren aus Regionen und Kommunen zu suchen. Wichtig ist dabei eine gute Kommunikation von Wissenschaft in die Praxis, damit es nicht zur Ablehnung von Inhalten der Resilienzdiskussion und entsprechenden Maßnahmen kommt, wie der Beitrag aus der Sicht praxisorientierter Nachhaltigkeitsforschung beschreibt. Neben guter Kommunikation sollten einfache Methoden entwickelt und angewendet werden, mit dem Ziel, Strategien und Maßnahmen schnell in der Praxis umzusetzen und die Ergebnisse zu verbreiten. Basis der Kommunikation von Wissenschaft in die Praxis ist die Nutzung der Kernkompetenz von Wissenschaft, die Recherche von Wissen, dessen Analyse und die Ableitung von Handlungserfordernissen.

1 Einleitung

Angewandte Nachhaltigkeitsforschung recherchiert, analysiert und kombiniert Wissen aus der Praxis mit wissenschaftlichen Erkenntnissen. Ziel dieser Forschungsprojekte sind die pilothafte Anwendung im Forschungsprozess gewonnener Erkenntnisse durch Praxisakteure, d. h. sie sind anwendungsorientiert und transformativ angelegt. Die Forschungsprojekte, an denen der Autor teilgenommen hat, orientierten sich an der Ermittlung und, wenn möglich, direkten Gestaltung von Übergangsprozessen in eine nachhaltigere Wirtschaft und Gesellschaft sowie deren wissenschaftliche Begleitung (Fischedick & Rehm, 2021). Das bedeutet auch, dass in diesem Forschungszweig die Rolle der Kommunikation von Forschung in die Öffentlichkeit vergleichsweise großgeschrieben wird bzw. werden muss, will sie die Transformation unserer Gesellschaft in Richtung Nachhaltigkeit, und ein Teil von Nachhaltigkeit ist Resilienz, voranbringen.

Da der Autor des Beitrags seit rund 20 Jahren in diesem Wissenschaftszweig tätig ist, wird im Folgenden auf die praxisorientierten Erfahrungen mit der Wissenschaftskommunikation eingegangen und diese auf die Resilienzforschung übertragen. Dabei werden die Erfahrungen aus vielen Forschungsprojekten mit regionalen wie kommunalem Bezug subsumiert, die vor allem im Forschungsprogramm ‚Forschung für Nachhaltigkeit – FONA' des Bundesministeriums für Forschung und Bildung (BMBF) und für das Umweltbundesamt (UBA) durchgeführt wurden. Die Erfahrungen sind insofern nicht zitierfähig, da sie aus projektintern durchgeführten Interviews mit kommunalen und regionalen Akteuren oder aus projektinternen Workshops stammen und nur wenig in Veröffentlichungen eingeflossen sind. Zentrales Ergebnis für die Wissenschaftskommunikation ist, dass resilienzbezogene Forschungsprojekte aus der Nachhaltigkeitsforschung lernen sollten, um eine hohe Akzeptanz für die Konzepte und Maßnahmen mit Resilienzbezug in der Region oder Kommune zu erhalten.

Obwohl bereits auf der Nachhaltigkeitskonferenz in Johannesburg im Jahr 2002 Resilienz als Teil der Nachhaltigen Entwicklung gesehen wurde, ist dieser Begriff in der deutschen Nachhaltigkeitsforschung ebenfalls erst seit wenigen Jahren auf der Agenda. Insgesamt wird der Begriff Resilienz im deutschsprachigen wissenschaftlichen Raum, im Vergleich zum angelsächsischen Raum, abseits der Psychologie und Pädagogik erst seit einigen Jahren diskutiert.

Der Autor sieht Resilienz als Ergebnis einer Kombination aus Risiko- und Krisenmanagement, wobei das Risikomanagement letzteres vorbereiten muss. Risikomanagement besteht aus der Vermeidung von Krisen, der Verminderung möglicher Folgen, der Vorbereitung auf Krisen sowie der Festlegung von Prozessen zur Wiederherstellung nach Krisen inklusive Anpassung an eventuelle Folgeereignisse oder -entwicklungen gleicher Art, also wiederum Maßnahmen zur Vermeidung von Krisen. Resilienz entsteht wie Nachhaltige Entwicklung aus einer laufenden Verbesserung des Gesamtsystems, sodass krisenhafte Ereignisse oder -entwicklungen entweder nicht entstehen oder nur einen minimierten Schaden anrichten können.

Die geringe Beschäftigung mit dem Thema Resilienz verwundert, weil die Wahrscheinlichkeit von globalen und regionalen Ereignissen und Entwicklungen mit Krisenpotenzial gestiegen ist und weiter steigt: Beispiele sind zum einen die durch den Klimawandel ausgelösten Klimawandelfolgen, z. B. durch von Starkregen ausgelösten Überschwemmungen, zum anderen die immer stärkeren Schwankungen im Finanz- und damit Weltwirtschaftssystem als Ablösung der ehemaligen realwirtschaftlichen Konjunkturzyklen, bis hin zum globalen Kollaps. Ein solcher Kollaps wurde in der Studie ‚Die Grenzen des Wachstums' zu Beginn der siebziger Jahre des vergangenen Jahrhunderts für die Zeit nach 2035 prognostiziert und wird heute in Studien von Wirtschaftsberatungsgesellschaften (KPMG, 2012; PWC, 2009) beschrieben. Dort wird der Kollaps als „Destabilisierung" bzw. „Untergang" als Folge des heutigen Wirtschaftens bezeichnet. Aber auch kleinräumig werden Katastrophen bzw. Krisen wahrscheinlicher: Auf der Dorfebene auftretende finanzielle Krisen im Sinne sehr hoher kommunaler Verschuldung bis hin zu Klimawandelfolgen mit lokalen Wirkungen.

Das Konzept der ‚Resilienz' ist in der regionalen wie kommunalen Praxis trotz zunehmender Krisen bislang jedoch nur wenig angekommen. Dies hat nach Auffassung des Autors mehrere Ursachen: Vieles in der wissenschaftlichen Resilienzdiskussion wird für die Praxis zu kompliziert bzw. zu groß gedacht (Abschn. 2.2) und stößt daher vielfach auf Akzeptanzprobleme. Und die von außen auf die Regionen und Kommunen treffende Forderung nach Einführung von Resilienzdenken trifft auf bereits vorhandene entsprechende Strategien und Maßnahmen, welche nur nicht mit dem Begriff der Resilienz benannt werden (Abschn. 2.3), sondern im Rahmen der Daseinsvorsorge seit langem umgesetzt werden. Vor dem Hintergrund von Finanz- und Personalknappheit in den Regionen und Kommunen lösen darüber hinaus Forderungen aus der Wissenschaft an die Praxis ebenfalls Akzeptanzprobleme aus (Abschn. 2.1).

Um das ‚Ankommen' der Resilienzdiskussion in der regionalen wie kommunalen Praxis zu fördern, wird vorgeschlagen, mehr Augenmerk auf die Kommunikation von Resilienz von der Wissenschaft in die Praxis zu legen (Abschn. 3.1), Bürgerbeteiligung (Abschn. 3.2) sinnvoll einzusetzen und dies zu verknüpfen mit einer Methode, die in der Praxis trotz begrenzter Ressourcen eingesetzt werden kann (Abschn. 3.3).

2 Wie ist es? Die Situation in den Regionen und Kommunen

2.1 Zeit/Personal

Um ein neues Thema wie Resilienz in die Praxis einzuführen, benötigt es zwei Ressourcen, die in vielen Kommunen nur (sehr) begrenzt zur Verfügung stehen: Zeit und Personal, die einander bedingen. Das sollte jeder Akteur, der Neues in einer Region oder Kommune einbringen will, berücksichtigen bzw. vor Augen haben.

Der Sparzwang in den Kommunen war und ist immer noch groß, nicht nur in denen, die mit Nothaushalten arbeiten. Das führt dazu, dass der Personalstand vor dem Hintergrund steigender Aufgaben immer noch zu knapp bemessen erscheint, auch wenn dieser von 2010 bis 2019 um knapp 15 % gestiegen ist und fast wieder den Stand des Jahres 2000 erreicht hat (Datenbank Genesis, 2021). Denn im gleichen Zeitraum stiegen beispielsweise die Vorgaben für die Zahl von Kinderbetreuungsplätzen sowie die Brandschutz- und Energieeinsparanforderungen an öffentlichen Gebäuden, hinzu kamen in den Jahren 2020 und 2021 die Zusatztätigkeiten im Rahmen der Corona-Pandemie.

Die Folge des Personal- und damit verbundenen Zeitmangels ist, dass das Personal einer öffentlichen Verwaltung sich wenig mit neuen Themen beschäftigen kann. Allein aus diesem Grund heraus wird vielfach eine ablehnende Haltung gegen ‚Neues' entwickelt. Die Folge ist: Die Ergebnisse der Forschung werden nicht oder nur selten wahrgenommen. Die Holschuld der Mitarbeiter von Kommunen, insbesondere der Leitungsebene, bezogen auf wissenschaftliche Ergebnisse mit Relevanz für die Praxis, kann durch die Rahmenbedingungen nur schwer eingelöst werden.

Die Bringschuld, also die aktive Vermittlung wissenschaftlicher Ergebnisse durch die Forschung in die Praxis, ist wiederum nur in geringem Maß seitens der Wissenschaft möglich, da dieser an sich wichtige Teil von Forschungsprojekten von der Forschungsförderung selten finanziert wird. Sind in Forschungsprojekten höhere Summen für Kommunikation vorgesehen, so werden diese entweder abgelehnt oder stark gekürzt, zum Teil wurden diese sogar durch die am Projektkonsortium teilnehmenden Wissenschaftler in ihrer Höhe und ihrem Zweck bezweifelt. Trotzdem: Die Nachhaltigkeitsforschung ist eine positive Ausnahme, da sie zwingend zumindest Praxispartner in viele ihrer Projekte integrieren muss. Dies führt zu einer Beteiligung der Praxis und damit zu einem Transfer von wissenschaftlichen Erkenntnissen in diese, jedoch beschränkt sich dieser Transfer zu häufig nur auf die Projektpartner; die Weiterführung des Projekts in der Praxis ist jedoch trotzdem noch selten. Und die Kommunikation der Ergebnisse in die Öffentlichkeit ist ebenfalls noch zu selten.

Die Integration von Praxispartnern könnte zu besseren Ergebnissen im Sinne einer Transformation der Institution führen, wenn dort Stellen durch die Forschungsprojekte finanziert würden, was bislang nur in Ausnahmefällen vorkommt. Noch besser wäre eine über den Projektzeitraum hinausgehende Förderung dieser Stelle in der Regional- oder Kommunalverwaltung, da die in der Regel dreijährige Laufzeit nicht für eine tatsächliche Implementation in der Praxis ausreicht.

2.2 Neuigkeit/Unbekanntes

Die Ablehnung eines neuen Themas wie Resilienz entsteht jedoch nicht nur durch Personal- bzw. Zeitmangel, sondern auch aus der verbreiteten Skepsis gegenüber Neuem bzw. gegenüber Veränderungen. Eine Skepsis, die allein schon durch das in der Praxis wenig bekannte Wort ‚Resilienz' entstehen kann, insbesondere, wenn dies sprachlich nicht verknüpft wird mit dem Vorhandenen, es demnach ‚gefühlt neu' ist. Das richtige ‚wording' wird noch wichtiger, wenn beim Aufbau von Resilienz Bürger beteiligt werden.

Notwendig ist für die Kommunikation daher ein Begriff, der anschlussfähig ist, in dem er in der Praxis bekannte Wörter aufgreift und damit Akzeptanz fördert. Die Schwierigkeit, welche die richtige Wahl des Begriffes für eine gute Kommunikation ausmacht, zeigt der Begriff ‚Prozessmanagement', der in kommunalen Verwaltungen ebenfalls wenig geläufig ist, obwohl es dort seit langem als ‚Organisation und Überwachen von Abläufen' bekannt ist. Auch der Begriff ‚Risikomanagement' ist in den kommunalen Verwaltungen wenig bekannt, obwohl Risiken seit langem gesehen und handlungsseitig adressiert werden, zum Beispiel in der Planung und Umsetzung von Infrastrukturen wie Abwasserkanälen, die auf der einen Seite die Folgen von Starkregen abmildern oder verhindern und auf der anderen Seite seit mehr als einem Jahrhundert die Ausbreitung von Infektionskrankheiten verhindern – und damit Resilienz schaffen.

Ein in der Wissenschaft üblicher Begriff wie Resilienz muss daher an die Praxis angepasst werden, wenn er dort wahrgenommen und verstanden werden soll. Daher sollte wenigstens in Ergänzung des Begriffes Resilienz das Wort Krisenfestigkeit bzw. Zukunftsfestigkeit oder auch Widerstandsfähigkeit kommuniziert werden, auch wenn diese Begriffe nicht deckungsgleich mit wissenschaftlichen Definitionen sind. Es kommt nicht darauf an, wissenschaftliche Genauigkeit zu vermitteln, sondern Aktivitäten mit dem Ziel Resilienz in der Praxis zu fördern.

Widerstand oder Nicht-Akzeptanz in der Praxis kann gegenüber einem neuen Forschungsthema ebenfalls entstehen, indem es mit einem in der Praxis wenig bekannten Begriff, dem des ‚Paradigmas', belegt und als ‚neue große Sache' kommuniziert wird. Wird Resilienz als ‚neues Paradigma' gesehen und kommuniziert, den die regionale wie kommunale Praxis umsetzen soll, dann greifen die individualpsychologischen Abwehrebenen bezogen auf Unverständliches (Paradigma), Neues (Resilienz; s. o.) und zumindest ‚gefühlt' Zusätzliches, was vor dem Hintergrund von Finanzknappheit und entsprechend geringer Personalausstattung (s. o.) verständlich ist.

Sollte ein Mitarbeiter der Kommunalverwaltung oder ein Mitglied der Kommunalpolitik den Begriff ‚Paradigma' nachschlagen, so trifft er zudem auf Definitionen, die ihm zeigen, dass dies ein reiner Wissenschaftsbegriff ist: Denn ein Paradigma ist ein „Begriff für die eine Wissenschaft in einem bestimmten Zeitraum prägende allgemein akzeptiert Auffassung (Gabler-Wirtschaftslexikon, 2021) bzw. eine „Gesamtheit von Grundauffassungen, die in einer historischen Zeit eine wissenschaftliche Disziplin ausmachen … Diese Grundauffassungen zeichnen vor, welche Fragestellungen wissenschaftlich zulässig sind und was als wissenschaftlich befriedigende Lösung angesehen werden kann (Asendorpf,

2009). Umgangssprachlich könnte man Paradigmen beinahe mit ‚Moden' übersetzen. Kurz: Der Mitarbeiter einer öffentlichen Verwaltung oder ein Mitglied der Kommunalpolitik muss sich nicht damit befassen.

2.3 Notwendigkeit/Vorhandenes

Ablehnung gegenüber dem ‚neuen Großthema Resilienz' kann zudem in den Kommunen entstehen, weil bei näherer Betrachtung der Inhalte der Resilienzdiskussion der Gedanke aufkommen kann, dass Resilienz des kommunalen Systems bereits vielfach und in hohem Maße Realität ist, ohne es mit diesem Begriff zu belegen: Resilienz bzw. resilienzorientiertes Handeln ist in der Praxis nicht neu, es ist vielfach ein neuer Begriff für Bekanntes, bekannt als Daseinsvorsoge oder Gefahrenabwehr. Daseinsvorsorge beinhaltet mit ihrer Begriffskombination aus Dasein (also Überleben und gut leben) und Vorsorge (also Risikomanagement als verhindern von Risiken oder vermindern der Folgen) bereits einen großen Teil dessen, was regionale oder kommunale Resilienz ausmacht. Und die Gefahrenabwehr beinhaltet einen weiteren Teil von Resilienz, das Krisenmanagement, das für einige Krisenformen und -ausprägungen im Rahmen des Katastrophenschutzes weitgehend vorgedacht ist.

Öffentliche Verwaltungen und Entscheidungsträger in Regionen und Kommunen tätigen seit vielen Jahren Handlungen, die zu einer höheren Resilienz von Region oder Kommune(n) führen bzw. geführt haben. Ein Beispiel sind die mehrheitlich im kommunalen Besitz befindlichen Harzwasserwerke GmbH, die 1928 gegründet wurden, um den vermehrten Wasserbedarf durch die Einführung der Toiletten-Wasserspülung (Verhinderung von Krankheiten) zu decken, die katastrophalen Hochwässer aus dem Harz zu verhindern, die Landwirtschaft durch Niedrigwasseraufhöhung in trockenen Sommern zu unterstützen (Sicherung der Nahrungsmittelversorgung) sowie die Energieversorgung mit erneuerbaren Energien (Wasserkraft) zu sichern. Auch haben viele Kommunen in den letzten Jahren Klimafolgenanpassungsmaßnahmen durchgeführt, ohne den Begriff der Resilienz zu verwenden.

So verwundert es nicht, dass sich Kommunen in der Vergangenheit, zumindest was einige Krisenausprägungen betrifft, als widerstandsfähig, veränderungsbereit und lernfähig zugleich erwiesen haben (z. B. wirtschaftlicher Strukturwandel im Landkreis Vechta). In anderen Krisenausprägungen wurden sie gleichzeitig von der Vehemenz des Ereignisses (z. B. Elbe-Hochwasser, 2002, 2013; Sturzfluten & Hochwässer, 2021) wie von der Selbstorganisationsfähigkeit der Bevölkerung überrascht, jedoch nur mangels Recherche von Informationen (s. Abschn. 3.3).

Die Differenz zwischen dem tatsächlichen Zustand einer Kommune und dem in der Resilienzdiskussion geforderten Zustand ist häufig kleiner als gedacht. Darüber hinaus hat die regionale wie kommunale Ebene nur für einen Teil der möglichen Krisen die direkte Zuständigkeit. Die für die Praxis in Regionen und Kommunen geforderten Resilienzstrategien und -maßnahmen sind bereits zu großen Teilen vorhanden und müssen nur zum Teil angepasst oder neu entwickelt werden. Die Tab. 1, 2, 3, 4 und 5 zeigen, welche Krisen (Ereignisse wie Entwicklungen) nach dem jährlichen Global Risk Report des World Economic Forum (2007) vorkommen können, wer auf der EU-, Bundes- oder Landesebene agieren muss und wo Regionen und Kommunen im Sinne von Resilienz bereits agieren bzw. ein angepasstes Denken und Handeln erforderlich ist. Ausgenommen sind in der folgenden Betrachtung die vorhandenen Einrichtungen der Feuerwehr, der Polizei, des Katastrophenschutzes (insbesondere Technisches Hilfswerk) sowie der Bundeswehr, die in Krisen zum Einsatz kommen (können). Die Tab. 1, 2, 3, 4 und 5 bieten keinen kompletten Überblick über die gesetzlichen Grundlagen und Zuständigkeiten, sowie möglicher Vorsorge- und Krisenreaktionsmaßnahmen, sie sind als Denkanstoß gedacht. Tab. 1 beschreibt die wirtschaftlichen Risiken und Krisen, beleuchtet die Ebenen, die hierbei berücksichtigt werden müssen und geht auf mögliche Maßnahmen ein, die folglich die Resilienz von Kommunen und Regionen stärken kann.

Tab. 2 geht auf ausgewählte Umweltrisiken und Krisen ein und verdeutlicht die entsprechenden Ebenen und Institutionen, die hierfür zuständig sind. Auch diesbezüglich gilt es darüber hinaus Maßnahmen aufzuzeigen, die zur Erhöhung der Resilienz in Regionen und Kommunen verhelfen können:

Tab. 3 legt einen Fokus auf Risiken und Krisen, die vor dem Hintergrund des demographischen Wandels einen Einfluss auf Kommunen und Regionen und deren Resilienz ausüben.

Die politische Ebene nimmt einen wichtigen Stellenwert ein, wenn es um den Resilienzaufbau in Kommunen und Regionen geht. Vor diesem Hintergrund beleuchtet Tab. 4 ausgewählte politische Risiken und Krisen:

Die Kommunal- und Regionalentwicklung ist in Fragen der Resilienz auch mit dem technologischen Fortschritt in Verbindung zu setzen. Der zunehmende Digitalisierungsdruck, aber auch fehlendes Know-how und entsprechende Infrastrukturen – gerade in sehr ländlich geprägten Kommunen und Regionen stellen hier besondere Herausforderungen dar. Tab. 5 verdeutlicht auch hier ausgewählte Beispiele technologischer Risiken und Krisen. Diese betreffen überwiegend die Bundesebene:

Tab. 1 Wirtschaftliche Risiken/Krisen

Risiken/Krisen	Zuständigkeit (Institutionen, Maßnahmen)	Mögliche Maßnahmen (freiwillige wie pflichtige) in der Region bzw. Kommune zur Erhöhung der Resilienz
Altersarmut	Bund (Mindestlohn, …)	Freiwillige Daseinsvorsorge: Aufbau bzw. Sicherung einer ausreichenden Zahl von Sozialwohnungen; Auf- oder Ausbau kommunaler Wohnungsgesellschaften; …
Unkontrollierbare Inflation o. Deflation	EU (Europäische Zentralbank), Bund (Bundesbank)	Freiwillige Daseinsvorsorge: Aufbau von Regionalgeldsystemen, Tauschbörsen; …
Rückzug aus der Globalisierung	EU, Bund	Freiwillige Daseinsvorsorge: Regionalisierung von Wirtschaft und deren Kreisläufen; …
Energiepreisanstieg bzw. -schwankungen	EU, Bund (z. B. Förderung erneuerbarer Energien)	Freiwillige Daseinsvorsorge: Aufbau ‚eigener' Energieversorgung durch Investitionen bzw. Schaffen von Flächen (Dach- und Freiflächen) für den Aufbau von Anlagen erneuerbarer Energien; …
Rohstoffpreisanstieg bzw. -schwankungen	EU, Bund (z. B. Rohstoffstrategie des Bundes)	Freiwillige Daseinsvorsorge: Schaffen der Voraussetzungen für den Aufbau ‚eigener' Rohstoffversorgung sowie für Investitionen in eine solche: Regionale Raumordnung, kommunale Flächenplanung, Investition; …
Schneller und plötzlicher Anstieg der Arbeitslosigkeit	EU, Bund (Kurzarbeitergeld, Arbeitslosengeld, …)	Freiwillige Daseinsvorsorge: Wirtschafts- und Arbeitsmarktförderung; …
Arbeitslosigkeit, Ausfall von Steuereinnahmen	EU, Bund (Kurzarbeitergeld, Arbeitslosengeld, …)	Freiwillige Daseinsvorsorge: Wirtschafts- und Arbeitsmarktförderung; …
Weltweite Finanz- bzw. Wirtschaftskrise	EU, Bund (z. B. Bundesanstalt für Finanzdienstleistungen – Bafin)	Freiwillige Daseinsvorsorge: Wirtschafts- und Arbeitsmarktförderung; …

(Fortsetzung)

Tab. 1 (Fortsetzung)

Risiken/Krisen	Zuständigkeit (Institutionen, Maßnahmen)	Mögliche Maßnahmen (freiwillige wie pflichtige) in der Region bzw. Kommune zur Erhöhung der Resilienz
Wiederkehrende Zahlungsschwierigkeiten von Staaten	EU, Bund	Keine
Steigende Staatsschulden	EU, Bund (Verschuldungsgrenze im Grundgesetz)	Keine
Weit verbreiteter unerlaubter Handel	EU, Bund, Land	keine
Geringeres relatives Wirtschaftswachstum in China (bzw. in anderen Staaten)	EU, Bund	Keine
Scheitern eines wirtschaftlich aufkommenden Landes	EU, Bund	Keine
Unvorhergesehene negative Folgen von Gesetzen	EU, Bund	Keine
Ausfall von Rohstoffen oder Vorprodukten oder Verzögerung der Lieferung	EU, Bund (Rohstoffstrategie des Bundes; …)	Lager für Ersatzteile z. B. in der Strom- und Wasserversorgung
Versagen der Regeln zum Schutz geistigen Eigentums	EU, Bund	Keine

Quelle: Eigene Darstellung

Wie die Tabellen zeigen, haben für die weitaus größte Zahl von Krisen die Politik und die Verwaltungen von Regionen und Kommunen weder die Zuständigkeit noch die Handlungsmöglichkeiten. Darüber hinaus unterliegen freiwillige Handlungsmöglichkeiten einem Finanzierungsvorbehalt: Freiwillige Leistungen können auf regionaler wie kommunaler Ebene nur erfolgen,

Tab. 2 Umweltrisiken/-krisen

Risiken/Krisen	Regelungsebene/ Institutionen	Mögliche Maßnahmen (freiwillige wie pflichtige) in der Region bzw. Kommune zur Erhöhung der Resilienz
Geomagnetische Stürme	Bund (Strahlenschutzverordnung), Bundesamt für Strahlenschutz	Freiwillige Gefahrenabwehr: Absicherung gefährdeter Einrichtungen (v. a. Computeranlagen, elektronische Steuerungen, insbesondere von kritischer Infrastruktur); …
Erdbeben, Tsunamis und Vulkanausbrüche	Bund (Baunutzungsverordnung, Bauvorschriften; Katastrophenschutz, …)	Freiwillige Gefahrenabwehr: Notfallpläne und Sicherungsmaßnahmen für öffentliche Einrichtungen und kritische Infrastruktur; …
Erdrutsch/Bergsturz	Bund (Baunutzungsverordnung, Bauvorschriften; Katastrophenschutz, …)	Freiwillige Gefahrenabwehr: Notfallpläne und Sicherungsmaßnahmen für öffentliche Einrichtungen und kritische Infrastruktur; …
Stürme, Zyklone und Hurrikane	Bund (Baunutzungsverordnung, Bauvorschriften; Katastrophenschutz, …)	Freiwillige Gefahrenabwehr: Bauliche Maßnahmen in eigenen Liegenschaften gegen hohe Windstärken durch Sturm oder Gewitterböen; …
Erhöhung der Durchschnittstemperatur	Bund (Arbeitsstättenverordnung, …)	Freiwillige Gefahrenabwehr: Bauliche und andere Maßnahmen zur Kühlung von Innenräumen sowie Stadtflächen (z. B. Begrünung); …
Hitze	Bund (Arbeitsstättenverordnung, Warnsystem für Krankenhäuser und Altenpflegeeinrichtungen bereits aktiv, …)	Freiwillige Gefahrenabwehr: Bauliche und andere Maßnahmen zur Kühlung von Innenräumen sowie Stadtflächen (z. B. Begrünung); Maßnahmen zur Informierung von Bürgern oder personenbezogenen Dienstleistungen; … Verdichtete Bauweise zur erhöhten Abschattung von Wegen und Straßen (Sondergenehmigung nach Landesbauordnung)

(Fortsetzung)

Tab. 2 (Fortsetzung)

Risiken/Krisen	Regelungsebene/ Institutionen	Mögliche Maßnahmen (freiwillige wie pflichtige) in der Region bzw. Kommune zur Erhöhung der Resilienz
Extremniederschläge (Sturzfluten)	Bund (Baunutzungsverordnung, Bauvorschriften; Katastrophenschutz, …)	Freiwillige Gefahrenabwehr: Erstellung einer Starkregenkarte mit möglichen Fließgeschwindigkeiten, Menge und Richtung sowie von überflutungsgefährdeten Bodenvertiefungen; Information der Bevölkerung, insbesondere von Wohn- und Hauseigentümern; Information von Architekten und Bauherren; … Starkregen-Begehung von Straßen und Grundstücken mit Abschätzung von Fließrichtungen, Menge, Stau-Hindernissen, … (EPA)
Hochwasser und Trockenheit	EU (Hochwasserrichtlinie), Bund, Land (Hochwasserrisikomanagement-Richtlinie)	Pflichtige Gefahrenabwehr: Schutzmaßnahmen; Bewässerungsmaßnahmen und ihre Voraussetzungen; … (pflichtig nach EU- und Bundesrecht) Trockenheitsresistente Pflanzen für Grünanlagen und Alleen
Nicht rückführbare Umweltverschmutzung	Bund (Bundesimmissionsschutzgesetz, Abfallrecht, Bundesbodenschutzgesetz, …)	Freiwillige Gefahrenabwehr: Sanierung von Altlasten; …
Verlust der Artenvielfalt (Biodiversität, Agro-Biodiversität)	Bund, Land (Bundesnaturschutzgesetz; Ländergesetze)	Schutz der Natur und von Naturkorridoren in der Region/ Kommune; …

Quelle: Eigene Darstellung

wenn die Pflichtaufgaben finanziert sind und die finanzielle Leistungsfähigkeit der Kommunen und Regionen gesichert ist, ein zunehmend seltener Fall – viele Kommunen unterliegen Haushaltssicherungskonzepten mit entsprechend eingeschränkten Handlungsmöglichkeiten. Auch aus diesem Grund sind ‚umfassende, neue Ansätze', wie sie in der Resilienzdiskussion vorkommen,

Tab. 3 Demografische Risiken/Krisen

Risiken/Krisen	Regelungsebene/ Institutionen	Mögliche Maßnahmen (freiwillige wie pflichtige) in der Region bzw. Kommune zur Erhöhung der Resilienz
Alternde Bevölkerung	Bund (Pflegeversicherung)	Freiwillige Daseinsvorsorge: Aufbau und Erhalt von Altenpflegeeinrichtungen; Förderung von Jung-Alt-Kommunen, Freiwilligendienste für die häusliche Versorgung …
Bevölkerungswachstum	Bundes-Fördermittel, Landes-Fördermittel für soziale Einrichtungen in den Regionen/Kommunen	Pflichtige Daseinsvorsorge: Einrichtung von Kindergärten und Schulen, Ausweisung von Baugebieten bzw. Revitalisierung von Brachen zur Schaffung von Wohnbauland; …
Wasserversorgungsengpässe	Bund (Trinkwasserverordnung)	Pflichtige Daseinsvorsorge: Ausbau der Wassergewinnungsflächen und -aufbereitungssysteme; Vorhaltung bzw. präventive Organisation von Tankfahrzeugen; … Kritische Infrastruktur über internetunabhängige Kommunikation steuern, sowie Absicherung gegen mehrtätige Stromausfälle
Nahrungsmittelengpässe	Bund (Ernährungsvorsorgegesetz, Ernährungssicherungsgesetz)	Freiwillige Daseinsvorsorge: Förderung des Eigenanbaus von Nahrungsmitteln; planerische Bereitstellung bzw. Schutz von Gartenflächen bzw. Landwirtschaftsflächen; …
Infektionskrankheiten (Pandemie oder Epidemie)	Bund (Bundesseuchengesetz, Infektionsschutzgesetz, …)	Freiwillige Gefahrenabwehr: Ausbau bzw. Sicherung kommunaler bzw. regionaler Krankenpflegeeinrichtungen; vorbereitende Organisation von Ersatzbauten zur Krankenpflege; Vorbereitung des Aufbaus von Impfzentren; …

(Fortsetzung)

Tab. 3 (Fortsetzung)

Risiken/Krisen	Regelungsebene/ Institutionen	Mögliche Maßnahmen (freiwillige wie pflichtige) in der Region bzw. Kommune zur Erhöhung der Resilienz
Gesundheitsgefahren durch gefährliche Substanzen/Produkte/ Strahlung (Radioaktivität, Elektromagnetische Felder)	Bund (Bundesimmissionsschutzgesetz, Strahlenschutzverordnung, …)	Freiwillige Gefahrenabwehr: Vorsorgemaßnahmen wie Abschirmung entsprechender Quellen in öffentlichen Liegenschaften
Anwachsen der Häufigkeit chronischer Krankheiten	Bund (Bundesgesundheitsamt)	Freiwillige Gefahrenabwehr: Maßnahmen der Gesundheitsvorsorge sowie entsprechende Aufklärung; …
Migration	Bund (Bundesministerium des Innern, für Bau und Heimat)	Freiwillige Daseinsvorsorge: Aufbau von Wohneinheiten zur Aufnahme von Migranten; …
Antibiotikaresistente Bakterien	Bund (Bundesgesundheitsamt, Bundesseuchenamt)	keine

Quelle: Eigene Darstellung

vielfach schwierig oder nicht umzusetzen (Mangel an Finanzen wie Personal s. Abschn. 2.1) und daher eher selten.

Zwei Entwicklungen zeigen jedoch, dass ein vermehrtes Nachdenken und ein anschließender Aufbau von zusätzlichen Vorsorgemaßnahmen notwendig sein werden, trotz des bislang erreichten Resilienz-Niveaus. Das ist zum einen die Zunahme von Klimawandelfolgen, die auch aus fernen Weltregionen auf hiesige Regionen wirken können, zum anderen sind dies die Wirkungen weltweiter Finanz- und Wirtschaftskrisen. Finden Klimawandelfolgen außerhalb der Region statt oder gibt es globale Wirtschaftsprobleme, so sind vor allem Unternehmen von negativen Wirkungen bedroht. Wirkungen auf Unternehmen lösen jedoch zunächst keine Handlungsnotwendigkeit bei den regionalen oder kommunalen Verwaltungen aus, hier ist das Risikomanagement der Unternehmen selbst gefragt. Durch externe oder regionale Krisen ausgelöste Umsatzeinbußen

Tab. 4 Politische Risiken/Krisen

Risiken/Krisen	Regelungsebene/ Institutionen	Mögliche Maßnahmen (freiwillige wie pflichtige) in der Region bzw. Kommune zur Erhöhung der Resilienz
Korruption	Bund	Aufstellen bzw. Anpassen verwaltungsinterner Regeln oder Governance-Kriterien; …
Massive Desinformation im Internet	Bund (Bundesministerium des Innern, für Bau und Heimat)	Keine
Geopolitische Konflikte/Versagen diplomatischer Konfliktlösung/Versagen übernationaler Organisationen	EU, Bund	Keine
Innerstaatliche Konflikte (Unruhen, Revolution, Aufstand, Bürgerkrieg)	Bund	Keine
Militarisierung des Weltraums	Bund	Keine
Terrorismus/Verbreitung von Massenvernichtungswaffen	Bund	Keine
Organisiertes Verbrechen/ Kriminalität	Bund (Bundeskriminalamt), Land	Keine
Massen- bzw. Generalstreik	Bund; Gewerkschaften	Keine
Schwacher Eigentumsschutz	Bund, Land (Polizei)	Keine

Quelle: Eigene Darstellung

in Unternehmen führen aber unter Umständen zum Anstieg regionaler Arbeitslosigkeit, mit in der Folge wachsenden sozialen Problemen und einem Anstieg der Zahlungen von Transferleistungen bei gleichzeitig sinkenden Steuereinnahmen, was sich auf die Verschuldung der öffentlichen Hand und damit auf ihre Handlungsfähigkeit auswirkt; dies ist aus Regionen mit in der Vergangenheit starkem Strukturwandel hinlänglich bekannt. Die öffentliche Hand muss demnach vorsorglich auch diesen Fall diskutieren und adressieren.

Tab. 5 Technologische Risiken/Krisen

Risiken/Krisen	Regelungsebene/ Institutionen	Mögliche Maßnahmen (freiwillige wie pflichtige) in der Region bzw. Kommune zur Erhöhung der Resilienz
IT-Infrastruktur-Breakdowns	Bund (Bundesamt für Sicherheit in der Informationstechnik)	Freiwillige Gefahrenabwehr: Ausbau der Sicherungssysteme; Doppelung kritischer Bauteile, insbesondere in kritischen Infrastrukturen …
Ausfall der Produktion von Nahrungsmitteln und Nachwachsenden Rohstoffen	Bund (?)	Freiwillige Daseinsvorsorge: Förderung des Eigenanbaus von Nahrungsmitteln; planerische Bereitstellung bzw. Schutz von Gartenflächen bzw. Landwirtschaftsflächen; …
Länger andauernder und großflächiger Stromausfall	Bund (Energiewirtschaftsgesetz, Bundesamt für Sicherheit in der Informationstechnik)	Freiwillige Gefahrenabwehr: Sicherung kritischer Infrastruktur (Wasserver- und -entsorgung, Energieversorgung; …) Kritische Infrastruktur über internetunabhängige Kommunikation steuern, sowie Absicherung gegen mehrtätige Stromausfälle
Arbeitslosigkeit	EU, Bund (Kurzarbeitergeld, Arbeitslosengeld, …)	Freiwillige Daseinsvorsorge: Wirtschafts- und Arbeitsmarktförderung; …
Unvorhergesehene Folgen des Klimawandels	s. Hochwasser, Extremniederschläge, Hitze	Pflichtige Gefahrenabwehr: s. Hochwasser, Extremniederschläge, Hitze (freiwillig, im Fall von Hochwasser, pflichtig nach EU- und Bundesrecht)
Störfälle, größte anzunehmende Unfälle (GAU)	Bund (Katastrophenschutz)	Katastrophenpläne, Aufklärung, Vorbereitung (in der Schweiz wurden z. B. Jodtabletten verteilt)
Große Schäden durch Internetbetrug, Datendiebstahl, Hacking und Erpressung (Ransomware)	Bund (Bundesamt für Sicherheit in der Informationstechnik; Bundeskriminalamt), Land (Landeskriminalämter), jede Kommune	Immer topaktuelle Sicherheits-Software, Back-ups, Trennung von Systemen, redundante Systeme

(Fortsetzung)

Tab. 5 (Fortsetzung)

Risiken/Krisen	Regelungsebene/ Institutionen	Mögliche Maßnahmen (freiwillige wie pflichtige) in der Region bzw. Kommune zur Erhöhung der Resilienz
Technologieumwälzungen	Bund	Früherkennung, Nutzen-Diskussion
Ausfall von Lieferketten	Bund	Lager für kritische Teile, Kontakt zu Alternativ-Lieferanten
Anwachsen des Weltraummülls	Bund	Keine
Unvorhergesehene Folgen von Life-Science-Technologien	Bund	Keine
Unvorhergesehene Folgen der Nanotechnik	Bund	Keine

Quelle: Eigene Darstellung

3 Wie sollte es sein? Für noch (!) mehr Resilienz in den Regionen und Kommunen

Zukünftiges Ziel der wissenschaftlichen Akteure in der Resilienzdiskussion sollte es vor dem Hintergrund der dargestellten Realität sein, die in der Praxis fehlenden Handlungsmöglichkeiten zum Erreichen von regionaler oder kommunaler Resilienz planvoll zu ergänzen oder, wenn nicht angeknüpft werden kann an Vorhandenes, zu entwickeln – und dies mit möglichst geringer Belastung der Personal- und Finanzressourcen von Regionen und Kommunen; es sei denn, Forschungsprojekte finanzieren eine Stelle in der Verwaltung, was möglich ist (s. Einleitung zu Abschn. 2). Nicht dass es analog der Corona-Krise zu einem „toxischen Cocktail" aus Zaudern, fehlender Vorbereitung sowie schlechter Reaktion auf eine Krise kommt, die dadurch erst ein dramatisches Ausmaß annimmt (Larson, 2021). Denn interessant ist es schon, dass Staaten-Gebiete wie Ostasien, welche in den letzten Jahrzehnten bereits Pandemien hatten, wesentlich besser vorbereitet waren (Sachverständigenrat zur Begutachtung der gesamtwirtschaftlichen Entwicklung, 2020). Sie hatten ihre Resilienzlehren gelernt. Man hätte vorbereitet sein können, wenn es eine Beratung durch diese Staaten gegeben hätte bzw. diese angenommen bzw. angefordert worden wären.

Um in der Praxis als Wissenschaft Wirkung im Sinne von höherer Resilienz erzeugen zu können, ist es notwendig, sich zu vergegenwärtigen, dass die Zielgruppe Praxisakteure der regionalen wie kommunalen Politik und Verwaltung sind. Um bei diesen Akteuren keinen Widerstand gegen Resilienzdenken bzw. den Begriff der ‚Resilienz' zu erzeugen, ist es notwendig, niederschwellige Angebote zur Sensibilisierung auf eine unsichere Zukunft anzubieten, kombiniert mit einer guten Kommunikation der Wissenschaft in die Praxis (Abschn. 3.1). Dabei ist auch die Frage nach der Rolle von Beteiligung in Resilienzprozessen zu stellen (Abschn. 3.2): Es ist die Frage, ob eine umfassende Beteiligung von Bürgern Teil der Resilienzstrategie sein sollte, wie Kaltenbrunner (2013) fordert. Niederschwellig bedeutet auch, eine pragmatische Herangehensweise im Sinne einer einfachen Methode vorzuschlagen, die keinen großen Ressourcenbedarf (Abschn. 3.3) hervorruft, insbesondere an Personal und Finanzen.

3.1 Kommunikation der Wissenschaft in die Regionen und Kommunen

Kommt es nicht zu einer ‚guten' Kommunikation von der Wissenschaft in die Praxis, so ist die Akzeptanz (zu den Formen von Akzeptanz Hofinger, 2001) der gesamten Diskussion durch die Praxisakteure gefährdet (Abschn. 2.1, 2.2 und 2.3). In diesem Rahmen kann jedoch nicht beispielhaft die konkrete Ausgestaltung der Kommunikation dargestellt werden, dazu wird verwiesen auf entsprechende Quellen zur Wissenschaftskommunikation[1]. Angeraten ist insbesondere eine zielgruppengerechte Kommunikation, die auf der einen Seite den Spezialisten in großen Verwaltungen anspricht, auf der anderen Seite den ehrenamtlichen Bürgermeister in kleinen Kommunen bzw. Kommunalverwaltungen. Grundsätzlich versteht auch der Spezialist eine einfache Kommunikation, so dass diese einfach gehalten werden kann, um alle Zielgruppen in Region und Kommune erreichen zu können.

Als Beispiel für die Vorgehensweise soll hier der Kommunikationsprozess eines Forschungsteams, dass im Ergebnis zum ersten Bioenergiedorf Deutschlands (Jühnde) führte, angeführt werden. Zunächst wurden die zentralen Akteure ähnlicher, bereits umgesetzter (Forschungs-)Projekte bezogen auf den Gesamtprozess

---

[1] siehe beispielsweise: https://www.wissenschaftskommunikation.de/thema/leitfaden/; https://www.gesundheitsforschung-bmbf.de/files/VnF_LeitfadenWissenschaft_barrierefrei.pdf.

von der Idee bis zum Bau der Anlage interviewt, insbesondere wurden Akzeptanzaspekte erfragt. Nach der Auswahl des Dorfes anhand wirtschaftlicher, technischer und sozialer Kriterien wurde ein Kommunikationsprozess in diesem mit einer Dorfversammlung gestartet, an der auch die Kommunalpolitik und -verwaltung teilnahm (Ruppert et al., 2002): Professoren und andere wissenschaftliche Akteure übten im Vorfeld, einfach und präzise zu kommunizieren. Geologen, Sozialwissenschaftler, Nutzpflanzenkundler, Betriebswirtschaftler, Politikwissenschaftler und Psychologen wiesen sich gegenseitig auf unverständliche Worte oder Inhalte in ihren Präsentationen hin. Ziel war, dass auch Laien die Ziele und den Inhalt des Projektes verstehen konnten, denn es war in diesem Dorf eine ‚Maximalakzeptanz' notwendig, da im Ergebnis des mehrjährigen Forschungs- und Pilotprojektes nahezu alle Bürger einen Hausanschluss an das Nahwärmenetz einer zu errichtenden Biogasanlage bekamen, mit ‚Aufbuddelung' des Vorgartens, der Abschaffung eigener Heizungsanlagen und einer Beteiligung an der Energiegenossenschaft, die Bau und Betrieb der Gesamtanlage durchführt.

Wird von der Wissenschaft in die Praxis kommuniziert, so muss sich der Wissenschaftler vergegenwärtigen, dass er Sender einer Botschaft ist, wenn er von der Praxis eine Hinwendung zur Resilienz (als neuem Paradigma; s. Abschn. 2.2) einfordert. Deshalb ist es nicht nur entscheidend, was der Wissenschaftler sagt, sondern auch das ‚Wie' der Kommunikation sollte sorgfältig durchdacht, geplant und durchgeführt werden, da dies für die Akzeptanz eine entscheidende Rolle spielt, denn der Wissenschaftler ist der ‚Sender einer Botschaft' (Lasswell, 1946) und der Bürger, der Kommunalpolitiker oder der Mitarbeiter der Kommunalverwaltung sind die ‚Empfänger einer Botschaft' (Scherer, 1984).

Sender einer Botschaft (Wissenschaft)

- Wer? (Sender) – Wissenschaft
- Sagt was? (Botschaft) – Resilienz
- Wie? (Beziehungsaspekt) – Sprache
- Unter welchen Bedingungen? (Umweltsituation) – Zunahme von Krisen
- Über welche Kanäle? (Medien) –
- Zu wem? (Empfänger) – Kommunalverwaltung, Kommunalpolitik, Gesellschaft (Partizipation)
- Mit welcher Wirkung? (Feedback)

Empfänger einer Botschaft (Kommunalpolitiker, Angestellte der Kommunalverwaltung und Bürger)

Der Empfänger einer Botschaft reagiert auf diese mit folgenden bewussten wie unbewussten Fragen:

- Wird das Problem gelöst? Kann ich das? (Situations- und Problemebene)
- Brauchen wir das, löst es die Probleme? Ist die Begründung stichhaltig? (Legitimationsebene)
- Sind die Sender vertrauenswürdig? Haben sie die Kompetenz? (Akteursebene)
- Sind meine Verhaltensweisen gefährdet? Muss ich mich umgewöhnen? (Verhaltens-, Norm- und Wertebene)
- Will ich das wahrnehmen? Schon wieder eine Lösung? (Wahrnehmungs- und Einstellungsebene)
- Was macht die Gruppe bzw. die Mehrheit? (Bezugsgruppenebene)
- Welche Erfahrungen habe ich? (Biographieebene)

Auf diese Fragen muss der Wissenschaftler Antworten vorbereitet haben, um in solchen ‚Settings' durch gute Kommunikation erfolgreich zu sein. Und der Wissenschaftler muss berücksichtigen, dass nur die Kommunikation allein noch nicht zur Umsetzung führt und Geduld gefragt ist: Denn was gesagt oder geschrieben wurde, ist noch nicht gehört oder gelesen worden. Was gehört oder gelesen wurde, ist noch nicht verstanden worden. Was verstanden wurde, ist noch nicht umgesetzt. Und was umgesetzt wurde, ist nicht immer beibehalten worden.

Vor dem Hintergrund der gezeigten Akzeptanzgefahren bezogen auf kommunale Mitarbeiter und politisch Verantwortliche, aber auch der Bevölkerung, ist es darüber hinaus zu vermeiden, von einem ‚neuen Großthema Resilienz' nach der ‚Regionalen bzw. kommunalen Nachhaltigkeit' (IZW, 2021) zu sprechen. Auch sollte in der Kommunikation nicht der weithin unbekannte Begriff ‚Resilienz' verwendet werden, sondern der Begriff Vorsorge im Sinne von Krisenfestigkeit oder Zukunftsfestigkeit, ein in Verwaltungen geläufigerer Begriff. Generell sollte die Wortwahl (neudeutsch ‚wording') an vorhandene, täglich in der Praxis verwendete Begriffe angepasst werden. Helfen können Beispiele aus dem Alltag (Gesundheitsvorsorge, Versicherung, Datensicherung etc.) oder Geschichten von Frau oder Herrn Müller, die bezüglich Resilienz etwas ‚richtig gemacht' haben.

Angepasst werden sollten die Kommunikation und die darin enthaltenen Handlungsvorschläge auch an die vorhandenen Strukturen und Abläufe sowie den Kenntnisstand in den regionalen wie kommunalen Verwaltungen. Denn insbesondere politische Akteure arbeiten vielfach ehrenamtlich oder haben in der Regel einen geringen resilienzbezogenen Kenntnisstand. Der Kenntnisstand in den Verwaltungen, insbesondere in größeren, sollte hingegen auch nicht unterschätzt werden.

Die Akzeptanz schaffen bzw. steigern kann auch die Kommunikation des möglichen Nutzens von höherer Resilienz der Kommune bzw. jedes Einzelnen in dieser: Der Nutzen für die Kommune liegt in der Fähigkeit einer Region/einer Kommune, erfolgreich vorhandene Belastungen durch Krisen zu bewältigen, und besser, diese zu verhindern oder deren Folgen zu vermindern. Das bedeutet, rechtzeitig Maßnahmen zu ergreifen, die im Krisenfall zu einer Kostenverringerung, zu einer Sicherung der Lebensqualität der Bürger und zur Aufrechterhaltung der Handlungsautonomie der Kommune führen, auch bezüglich ihres Kommunalhaushaltes.

Kosten können z. B. vermieden werden durch

- das Verhindern von Schäden an Bauten und Infrastruktur
- die Verhinderung von unternehmerischen Monostrukturen, die zu hoher Arbeitslosigkeit und entsprechenden Transferleistungen der Kommune führen können, durch bewusstes Mischen in der Unternehmensansiedlung
- Einsparungen im Verbrauch (Energie, andere Produkte der öffentlichen Beschaffung)

Finanzielle Handlungsfähigkeit kann z. B. erhalten werden durch

- die Umschichtung von Finanzanlagen in krisensichere Anlageprodukte
- den Aufbau von Geld- und veräußerbarem Sachvermögen

Lebensqualität der Bürger kann z. B. aufrecht erhalten werden durch

- die Verhinderung von Schäden an Bauten und Infrastruktur
- die Verbesserung der Eigenversorgung mit Nahrungsmitteln und Energie
- den Aufbau von Regionalwährungen

3.2 Beteiligung und Einbindung von Bürgern (Partizipation)

Im Rahmen der Nachhaltigkeitsforschung ist Bürgerbeteiligung vergleichsweise üblich: beispielhaft zu nennen ist hier das BMBF-Forschungsprogramm ‚kommunen innovativ' im Rahmen der Forschung für Nachhaltigkeit (FONA). Und auch in der noch weitgehend aufzubauenden Resilienzforschung kann diese angezeigt sein, sofern Bürger vom Inhalt und den Ergebnissen der Forschungsprojekte betroffen sind bzw. sein könnten.

Ist der Bürger beispielsweise in der Zukunft direkt von Krisenfolgen bedroht, beispielsweise im Fall von drohenden Überschwemmungen, wie es sich etwa durch die Simulierung eines 500- oder 1000-jährigen Hochwassers als Ergebnis eines Forschungsprojektes herausstellt, so sollte es ihm kommuniziert werden, um vorbeugende Maßnahmen treffen zu können. Allerdings: Die Kommunikation an den Bürger und seine Nachbarn kann jedoch zu einem Verfall der Immobilienpreise führen, wenn die Überflutungswahrscheinlichkeit öffentlich wird. Die Forschung muss also abwägen, wann ein Forschungsergebnis der Öffentlichkeit bekannt gegeben werden sollte bzw. wann Bürger in solche Projekte einbezogen werden sollten. Die Simulierung eines 1000-jährigen Hochwassers an einem großen deutschen Fluss (der Name wird nicht genannt, da diese Information aus einer nicht-öffentlichen Tagung stammen) wurde daher ausschließlich den Unternehmen in der Region mitgeteilt, damit diese vorbeugend tätig werden können, etwa für die Formulierung eines Maßnahmenplans.

Im Fall der Diskussion von möglichen Krisenzuständen ist es nicht immer sinnvoll, zivilgesellschaftliche Akteure einzubeziehen, um keine Panik aufkommen zu lassen bzw. um negative Wirkungen der Diskussion und des damit vermittelten Wissens zu vermeiden. Sinnvoll ist die Partizipation von regionalen oder kommunalen Akteuren, wenn resilienzbezogene Maßnahmen für diese von Nutzen sind: Flusshochwasser beispielsweise betrifft im Verhältnis zu den Folgen von Starkregenereignissen nur wenige Akteure.

In der Resilienzforschung braucht es jedoch, wie manchmal gefordert wird, keiner Entwicklung eigener Partizipationsmethoden. Es existieren genügend etablierte Verfahren und Beteiligungsformate.

3.3 Eine einfache Methode zur Strategie- und Maßnahmenentwicklung

Krisen sind bezogen auf Eintrittszeitpunkt, Schwere und Dauer nur schwer oder nicht zu prognostizieren, es geht also um ein Handeln in Ungewissheit bzw. hoher Unsicherheit. Die Vielzahl möglicher Krisen und deren sich zum Teil aufschaukelnde Wechselwirkungen (Aufwärts- und Abwärtsspiralen, nichtlineare Prozesse) verhindern die Vorhersagbarkeit durch Computer- oder Denkmodelle. Denkmodelle können nur zur Überprüfung der Vollständigkeit aller Faktoren herangezogen werden, nicht jedoch zur Berechnung von Prognosen. Was kann man also tun? Die politische Ebene und die Verwaltungsebene haben, wie in Abschn. 2.3 gezeigt wurde, vielfach Erfahrungen mit Krisen und dem Umgang mit den Folgen. Und es gibt Konzepte und Handlungsroutinen auf diesen Ebenen, an denen angeknüpft werden kann und sollte: Denn das Bekannte und dessen

Ausbau führt zu geringerem Widerstand als völlig Neues (Doppler & Lauterburg, 2000, S. 293 ff.).

Ausgebaut werden kann das bisherige Handeln in den Regionen bzw. Kommunen durch eine Orientierung an das betriebswirtschaftliche Konzept des Umgangs mit Krisen bzw. dem entsprechenden Risikomanagement, dem so genannten ‚effectuation', übersetzt etwa ‚Ausrichtung des Handelns auf einen Effekt, eine Wirkung'. Basis des Handelns ist demnach die Orientierung an dem maximal möglichen Effekt einer Krise (Entwicklung wie Ereignis) und die Orientierung der Mittel (Personal- und Finanzkapazität, Strukturen wie Abläufe) an diesen Effekt (Faschingbauer, 2017). Notwendig ist demnach die Nutzung oder der Aufbau von moderierten Gruppensitzungen, etwa vorhandene Task-Force-Gruppen in großen Verwaltungseinheiten oder das gemeinsame Denken in einer Gruppe unter Einbezug verwaltungsexterner Akteure, wie Wirtschafts- und Umweltinstitutionen oder engagierten Bürgern.

Nützlich ist es, vergangene Entwicklungen oder Ereignisse sowie berichtete Erfahrungen zu deren Wirkungen zu recherchieren, um bekannte Krisen-Ausmaße auf die eigene Situation übertragen zu können. Die aufgelisteten möglichen Krisen aus Abschn. 2.3 können für das Denken in solchen Gruppen hilfreich sein. Konkret: Welche Wirkungen hatte die Finanz- und Wirtschaftskrise 2008 auf die Region bzw. Kommune, welche Wirkungen hatte der Tsunami in Japan auf die Wirtschaft in der Region, welche Gebiete wurden bei welchem Hochwasser überschwemmt, welche Straßen und Senken wurden bei Starkregen überflutet? Hilfreich sind vor allem Recherchen im Internet, zum Beispiel bezogen auf die Suchbegriffe ‚Finanzkrise' oder ‚wirtschaftlicher Strukturwandel' und deren ‚regionale Wirkungen' oder die Suchbegriffe ‚Starkregen/Sturzfluten' bzw. ‚Hochwasser'. Insbesondere Bilder von anderen Ereignissen oder Entwicklungen führen den Entscheidungsträgern das Ausmaß möglicher Krisen deutlicher vor Augen als Texte. Denn es besteht die Gefahr, dass das maximale Ausmaß möglicher Krisen deutlich unterschätzt wird, wenn es nicht in Bildern und Berichten greifbar wird – ein Bild sagt mehr als tausend Worte. Hilfreich ist es, dass die Teilnehmer in solchen Sitzungen vereinbaren, bis zur nächsten Sitzung Erfahrungen der Eltern- und Großeltern zu erfragen und zu sammeln, sowie Historiker zu bemühen, um die ‚Katastrophenlücke' (Pfister, 2009) zu adressieren. Hilfreich ist ebenfalls, anhand von recherchierten aktuellen und historischen Ereignissen oder Entwicklungen, zu überlegen, welche Krisen in der Vorstellung noch gesteigert werden müssen, um sich die mögliche Realität vorstellen zu können.

Der vorhergehende Absatz wurde vor dem Starkregen-Katastrophenereignis im Westen Deutschlands im Jahr 2021 geschrieben. Leider kommen die dort beschriebenen Vorschläge für diese Region zu spät. Und leider wurde nach dieser Katastrophe immer wieder die Aussage ‚es war so nicht vorstellbar' getroffen, die so nicht stimmt. Zum einen gibt es Berichte und Bilder von den Elbe-Hochwässern 2002 und 2013, wo vor allem die Zuflüsse im Oberlauf ähnliche Abflusshöhen und Fließgeschwindigkeiten erreichten; die Bilder von den Zerstörungen ähneln sich. Zum anderen gibt es Sturzflut-Hochwasser-Ereignisse wie in der schweizerischen Stadt Brig im Jahr 1993, die nahezu gleiche Schäden wie im Ahrtal und anderen Tälern der Region im Jahr 2021 verursachten. Darüber hinaus gibt es historische Berichte, zum Beispiel für das Ahrtal, die ähnliche Flutereignisse beschreiben. Beim Elbe-Hochwasser 2002 führten solche Erinnerungslücken dazu, dass einige Versammlungsorte des Katastrophenschutzes unterhalb des erreichten Flusspegels lagen. Die Bilder sind vorhanden! Und es gibt historische Berichte! Überrascht von der Vehemenz eines Ereignisses wird also nur, wer sich nicht vorbereitet hat. Angemerkt werden muss, dass eine Verhinderung von Sachschäden aufgrund der Vehemenz der Ereignisse wie im Ahrtal nur begrenzt stattfinden kann, aber durch installierte Warnsysteme könnten zumindest Personenschäden weitgehend vermieden werden.

Ein anderes Beispiel für eine stark wirkende Katastrophe ist der tagelange Stromausfall und die Überlegung, was für einen solchen Fall in der Region bzw. Kommune vorbereitet werden muss, etwa analoge Listen von im Krisenfall nützlichen und zuständigen Personen und deren Privatadressen. Hier hat es zumindest eine Studie der Bundesregierung (Petermann et al., 2011) gegeben, die diesen Fall für ganz Deutschland beschreibt und Maßnahmen vorschlägt. Ob diese Studie in der Politik und den Verwaltungen von Regionen und Kommunen bekannt ist und ob überlegt wurde, welche Wirkungen ein solcher Fall hätte und welche Maßnahmen angebracht sind, ist zu bezweifeln.

Es zeigt sich anhand der berichteten Beispiele, dass aus gemeinschaftlichen Überlegungen, anhand recherchierter Informationen, die Verletzbarkeit einer Kommune abgeleitet werden kann. Als Basis für das Handeln sollte gefragt werden, welche Mittel zur Verfügung stehen, um solche Ereignisse oder Entwicklungen ‚abarbeiten' zu können. Beispielsweise ist gegen ein 1000-jähriges Hochwasser in einer bestimmten topographischen Situation nur ein Deich von 10 m Höhe ausreichend, was durch die Kommune hinsichtlich erforderlicher Finanzmittel oder schlicht ‚Fläche für den Deich' nicht umsetzbar ist. Es könnten aber betroffene Häuser besser vor Hochwasserschäden geschützt werden, indem beispielsweise die Hausanschlüsse für Strom und die Heizungsanlage ins Dachgeschoss verlegt und die Kellerräume (Decken wie Wände) gefliest werden. Ziel des Denkens muss dabei ebenfalls sein, welche Maßnahmen auch bei Nichteintreten einer Entwicklung oder Ereignisses einen Nutzen haben, so genannte ‚no regret-Maßnahmen', wie eine (begrünte) Versickerungsmulde auf einem Stadtplatz, der bei Nichteintreten eines Starkregens der Erholung der Bürger dient.

Für die Formulierung können die in der Literatur oder auf den Internetseiten entsprechender Institutionen auffindbaren Strategien und Maßnahmen übernommen und, wenn notwendig, angepasst werden. Eine Neuentwicklung solch wichtiger Bestandteile einer Resilienzstrategie ist meist nicht notwendig. Dabei ist es nützlich, auch im angelsächsischen Raum zu recherchieren, wo in der Praxis die Befassung mit dem Thema Resilienz deutlich weiter vorangeschritten ist als in Deutschland.

4 Fazit

1. Vieles mit Resilienzwirkung besteht, die Aufgabe ist nicht so groß, wie sie scheint.
2. Es gibt einfache Methoden zur Erhöhung der Resilienz.
3. Es kommt auf eine gute Kommunikation von Wissenschaft in die Praxis an! Gut bedeutet einfach, zielgruppen- und nutzenorientiert.
4. Bürgerbeteiligung ist nicht zwingend notwendig und wenn doch, dann sollten die Forschungsakteure Methoden nutzen, die wenig aufwendig sind und nur relevante Akteure einbeziehen.

Literatur

Asendorpf, J. B. (2009). *Persönlichkeitspsychologie*. Springer.

Datenbank Genesis. (2021). Personalstandstatistik des öffentlichen Dienstes Deutschland, Beschäftigte im öffentlichen Dienst.

Doppler, K., & Lauterburg, C. (2000). *Change-Management: Den Unternehmenswandel gestalten*. Campus.

Faschingbauer, M. (2017). *Effectuation: Wie erfolgreiche Unternehmer denken, entscheiden und handeln*. Schäffer-Poeschel.

Fischedick, M. & Rehm, A. (2021). Zukunftswissen für die Große Transformation: 30 Jahre Nachhaltigkeitsforschung am Wuppertal Institut. *GAIA – Ecological Perspectives for Science and Society*, 30(3), 214–216.

Gabler-Wirtschaftslexikon. (2021). Paradigma. https://wirtschaftslexikon.gabler.de/definition/paradigma-42740/. Zugegriffen: 17. Mai 2021.

Hofinger, G. (2001). Formen von Akzeptanz – Sichtweisen auf ein Biosphärenreservat. *Umweltpsychologie, 5*(1), 10–27.

IZW [Impulszentrum zukunftsfähiges Wirtschaften]. (2021). Regionale Resilienz. Für eine zukunftsfähige Regionalentwicklung. https://www.imzuwi.org/index.php/site-map/articles/108-aktuelles/themen/regionale-resilienz/199-regionale-resilienz-als-strategie-einer-nachhaltigen-regionalentwicklung/. Zugegriffen: 17. Mai 2021.

Kaltenbrunner, R. (2013). Mobilisierung gesellschaftlicher Bewegungsenergien – Von der Nachhaltigkeit zur Resilienz – und retour? *Informationen zur Raumentwicklung, 4,* 287–295.

KPMG. (2012). Expect the Unexpected: Building business value in a changing world. KPMG International.

Larson, N. (2021). Experten sind überzeugt – Corona-Pandemie hätte verhindert werden können. https://www.tagesspiegel.de/politik/das-tschernobyl-des-21-jahrhunderts-experten-sind-ueberzeugt-corona-pandemie-haette-verhindert-werden-koennen/27184768.html?utm_source=pocket-newtab-global-de-DE. Zugegriffen: 12. Mai 2021.

Lasswell, H. D. (1946). Describing the contents of communication. *Propaganda, Communication and public opinion* (S. 74–94). Princeton University Press.

Petermann, T, Bradke, H., Lüllmann, A., Paetzsch, M., & Riehm, U. (2011). Was bei einem Blackout geschieht. Folgen eines langandauernden und großflächigen Stromausfalls. Studien des Büros für Technikfolgen-Abschätzung beim Deutschen Bundestag – 33. Berlin. https://www.tab-beim-bundestag.de/de/pdf/publikationen/buecher/petermann-etal-2011-141.pdf. Zugegriffen: 13. Juli 2021.

PWC [PricewaterhouseCoopers]. (2009). *Exploring emerging risks. Extending Enterprise Risk Management (ERM) to address emerging risks.* Selbstverlag.

Pfister, C. (2009). Die „Katastrophenlücke" des 20. Jahrhunderts und der Verlust traditionalen Risikobewusstseins. *GAIA – Ecological Perspectives for Science and Society, 18*(3), 239–246.

Ruppert, H., Ahl, C., Girschner, W., Krumbein, W., Marggraf, R., Scheffer, K., & Schmuck, P. (Hrsg.). (2002). Das Bioenergiedorf – Voraussetzungen und Folgen einer eigenständigen Wärme- und Stromversorgung durch Biomasse für Landwirtschaft, Ökologie und Lebenskultur im ländlichen Raum. Endbericht der Phase I des gleichnamigen Forschungsprojekts des Interdisziplinären Zentrums für Nachhaltige Entwicklung der Georg-August-Universität Göttingen. Gefördert von der Fachagentur Nachwachsende Rohstoffe e. V. (FNR), Projektträger des Bundesministeriums für Ernährung und Verbraucherschutz, 2000–2002. Göttingen.

Sachverständigenrat zur Begutachtung der gesamtwirtschaftlichen Entwicklung. (2020). Die gesamtwirtschaftliche Lage angesichts der Corona-Pandemie. Sondergutachten März 2020, Wiesbaden. https://www.bmwi.de/Redaktion/DE/Downloads/G/gesamtwirtschaftliche-lage-angesichts-corona-pandemie.pdf?__blob=publicationFile&v=6. Zugegriffen: 12. Nov. 2021.

Scherer, K. R. (1984). On the nature and function of emotion: A component process approach. In K. R. Scherer & P. Ekman (Hrsg.), *Approaches to Emotion* (S. 293–318). Erlbaum.

World Economic Forum. (2007). *Global Risks 2007: A Global Risk Network Report.* World.

Regionale Resilienzentwicklung und das Ideal der Partizipation

Über die Potenziale und Grenzen zivilgesellschaftlichen Engagements im kommunalen Transformationsgeschehen

Madeleine Genzsch, Nural Janho und Raphaela Kell

Inhaltsverzeichnis

M. Genzsch (✉) · N. Janho · R. Kell
Regionale Resilienz Aachen e. V., Aachen, Deutschland
E-Mail: m.genzsch@resilienz-aachen.de

N. Janho
E-Mail: nural.janho@resilienz-aachen.de

R. Kell
E-Mail: raphaela.kell@resilienz-aachen.de

H. Pechlaner et al. (Hrsg.), *Resilienz als Strategie in Region, Destination und Unternehmen*, Entrepreneurial Management und Standortentwicklung,
https://doi.org/10.1007/978-3-658-37296-5_15

Zusammenfassung

Immer mehr Städte und Gemeinden sind angesichts sich zuspitzender ökologischer und ökonomischer Herausforderungen bemüht, zeitnah Lösungen und Strategien zu entwickeln, um diese Herausforderungen rechtzeitig zu meistern. Zwei zentrale Termini rahmen dabei immer stärker diese kommunalpolitischen Strategiefindungen: Regionale Resilienz und Partizipation. Das enorme Engagement der Bürgerinnen und Bürger und die in der Zivilgesellschaft vorhandene Expertise zu nahezu allen Transformationsbereichen, nimmt einen immer größeren Stellenwert in der kommunalen Resilienzpolitik ein. Doch wie lassen sich zivilgesellschaftliches Engagement und Expertise effektiv und schnell in die kommunale Resilienzentwicklung einbinden? Was sind die Potenziale aber auch möglichen Grenzen einer partizipativ gestalteten Kommunalentwicklung und wie können etwaige Schwierigkeiten und Hemmnisse in den co-kreativen Gestaltungsprozessen auf der kommunalen Ebene behoben werden? Diesen Fragen geht dieses Kapitel auf der Grundlage des von dem Verein *Regionale Resilienz Aachen e. V.* in Kooperation mit dem Eine Welt Forum Aachen durchgeführten Forschungsprojektes „We@Aachen | Gemeinsam. Nachhaltig. Zukunft gestalten!" nach und möchte zu Diskussionen und weiteren Forschungsprojekten zur Verbesserung partizipativer Resilienzpolitik anregen.

Ziel des aus dem Jahr 2017 aus der Aachener Hochschullandschaft hervorgegangenen Vereins *Regionale Resilienz Aachen e. V.*[1] ist es, sich gemeinsam mit Akteuren der Wirtschaft, Politik und Verwaltung sowie insbesondere mit anderen zivilgesellschaftlichen Initiativen (NGOs) für eine nachhaltige und resiliente Stadtentwicklung zu engagieren und die hierzu angestoßenen und implementierten Projekte und Strategien wissenschaftlich zu begleiten und aus einer partizipations- und resilienzpolitischen Perspektive zu evaluieren. Im Rahmen des Beitrags gehen die Autoren auf ihre persönlichen Erfahrungen, der in Aachen stattfindenden co-kreativen Partizipations- und Nachhaltigkeitsprozesse ein und möchten hiermit ein Beispiel für andere Kommunen und Städte geben, wie etwaige Erfolgsparameter für die Entwicklung einer regionalen Resilienz- und Partizipationsstrategie abgeleitet werden können. Zugleich wird aufgezeigt

[1] siehe: https://resilienz-aachen.de/.

wie mögliche Hemmnisse, Probleme und Fallstricke in co-kreativen, regionalen Resilienzprozessen identifiziert oder sogar vorgebeugt werden können.

Nach einer nur kurzen theoretischen Betrachtung des Resilienzbegriffs und seiner Anwendungsfähigkeit auf partizipative Prozesse, zeigt der vorliegende Beitrag, Einsichten in das Zusammenwirken der diversen Akteursgruppen (co-kreative Arbeit) und Beobachtungen der unterschiedlichen Wirkmechanismen innerhalb der zivilgesellschaftlichen Initiativen, da sie das Fundament einer kommunalen Partizipationspolitik bilden. Die Konzeption des Beitrags beruht auf der eigenen Expertise und den durchgeführten Projekten. So stützen sich die Erkenntnisse u. a. auf ein gemeinsames Forschungsprojekt mit dem *Eine Welt Forum Aachen e. V.*[2] – ein drittmittel-finanziertes Forschungsprojekt zur Evaluierung der Aachener NGO-Szene. Im Rahmen des mehrjährigen Forschungsprojektes „*We@Aachen | Gemeinsam. Nachhaltig. Zukunft gestalten!*"[3] sind nahezu alle, die sich in Aachen im Sinne der Nachhaltigkeit engagierenden Bürgerinitiativen, gemeinsam in Kontakt getreten. Durch die intensiven Interviews, welche die Grundlage des Forschungsprojektes bilden, konnten tiefgreifende Einblicke in die Strukturen und die Arbeitskapazitäten der über 220 (Stand 2020) identifizierten Initiativen gewonnen werden. So konnte im Rahmen des Forschungsprojektes vor allem auch die Bedarfe und Schwierigkeiten der Initiativen sowohl in Hinblick auf die inneren Strukturen als auch auf das Zusammenwirken mit den externen Akteursgruppen herausgearbeitet werden. Die Ergebnisse und Beobachtungen im Rahmen des Forschungsprojektes stellen interessante Anhaltspunkte für die Gestaltung eines erfolgreichen und resilienten regionalen Partizipationsprozesses bereit. Mit dem Wissen, dass diese Anhaltspunkte aus wissenschaftlicher Sicht in jedem Fall noch weiter untermauert werden müssen (beispielsweise durch weitere Evaluierungen in anderen Städten und Gemeinden), möchten die Autoren diese Anhaltspunkte in einen „Kriterienkatalog für eine erfolgreiche Partizipationsarbeit" überführen, um einerseits der Partizipations- und Resilienzdebatte weitere Forschungsimpulse geben zu können und zugleich den vielen sich in den Regionen engagierenden Bürgerinitiativen praktische Tipps für eine erfolgreiche co-kreative resiliente Stadtentwicklung mit auf den Weg zu geben.

---

[2] siehe: https://www.1wf.de/

[3] gleichnamige Ergebnisstudie wurde im Jahr 2020 von Madeleine Genzsch im Auftrag des Eine Welt Forum Aachen e. V. und der Regionalen Resilienz Aachen e. V. publiziert.

1 Regionale Resilienz und Partizipation

Der Resilienzbegriff erlebt seit einiger Zeit einen bemerkenswerten Aufwind sowohl in den gesellschaftswissenschaftlichen wie auch kommunal- bzw. regionalpolitischen Debatten. Nachdem der Begriff zunächst in der Materialforschung, den Naturwissenschaften und dann in der Psychologie insbesondere vor dem Hintergrund der Krisen- und Schockbewältigung Anwendung fand, rückt der Terminus angesichts wachsender globaler Herausforderungen wie Klimawandel, Biodiversitätsverlust, Ressourcenknappheit und wachsender sozialer Ungleichgewichte aktuell immer stärker in den Fokus der Nachhaltigkeits- bzw. der sozio-ökologischen Transformationsdebatte. Hierbei hat sich aus dem anfänglich vorrangigen Ansatz der *Krisenbewältigung,* wie er vornehmlich in der ökologischen und psychologischen Resilienzforschung Anwendung findet, ein erweiterter Resilienzbegriff entwickelt, der sich vor allem in den gesellschafts- und wirtschaftspolitischen Transformationskonzepten über die Krisenbewältigung hinaus, zunehmend auch der Frage der *Krisenanpassung,* aber auch der *Krisenvermeidung* widmet (Raith et al., 2017, S. 32).

Während die Resilienzforschung sich zumeist mit Räumen, Organismen oder auch Systemen befasst und in diesen Kontexten eher eine statische oder punktuelle Widerstandsfähigkeit gegen externe Einflüsse bzw. Krisen untersucht, wurde der Terminus in den letzten Jahren um eine wesentliche Dimension erweitert. Im Rahmen der sozio-ökologischen Transformationsdebatte wird regionale Resilienz zunehmend auch als ein laufender, evolutionärer Prozess verstanden, der sich den ständig verändernden ökonomischen, politischen und sozio-ökologischen Entwicklungen in einer Region anpasst. Resiliente Regionen weisen hiernach die Fähigkeit nicht nur zur Wiederherstellung nach einer Krisensituation auf („bouncebackability"), sondern auch zur Selbsterneuerung (Raith, o. J.). Die Befähigung zur regionalen Selbsterneuerung kann im Idealfall wiederum dazu beitragen, weitere soziale oder ökologische Krisen zu vermeiden.

Der Prozess der Selbsterneuerung ist dabei eng mit der immer öfter in der Transformations- und Partizipationsdebatte erwähnten *co-kreativen Zukunftsgestaltung* verzahnt, an der die regionalpolitisch sich engagierenden Stakeholdergruppierungen/Akteursgruppen im Kontext des sich etablierenden Partizipationsparadigmas mitzuwirken aufgefordert sind.

Aus partizipationspolitischer Perspektive steht hier die These im Raum, dass der Prozess einer *co-kreativ* konzipierten Regionalpolitik auf Dauer erfolgversprechender ist, wenn er sich auf einem breiten zivilgesellschaftlichen Engagement begründet und damit die kommunal notwendig gewordenen

Transformationsprozesse zur Erreichung der Nachhaltigkeitsziele resilienter beispielsweise gegen Proteste und Akzeptanzschwierigkeiten und -verluste der Bevölkerung sind, als dies bei topdown angeordneten Transformationskonzepten und -schritten der Fall ist. Insofern wird hier der systembezogene Resilienzbegriff (Wirtschafts-, Öko- und Sozialsysteme) um den Aspekt der *Prozess-Resilienz* im Kontext regionaler, partizipativer Zukunftsentwicklung ergänzt.

Für die Transformationsforschung und das Resilienzkonzept ergibt sich hieraus die Frage, unter welchen Rahmenbedingungen partizipative, co-kreative Prozesse resilienter gestaltet werden können und damit ein solides Fundament für eine auf Dauer funktionierende regionale Resilienzentwicklung gebildet werden kann.

Diese Fragestellung konnte der Verein mit dem oben bereits angesprochenen und nachfolgend zusammengefassten Evaluations-Projekt „We@AC – Gemeinsam – Nachhaltig" näher beleuchten. Dabei wurde aus einer anfänglich reinen Evaluierungs-Studie, ein aufschlussreiches Ergebnispapier konzipiert, das Erkenntnisse für bzw. über den regionalen Partizipations- und Resilienzprozess in Aachen vermittelte.

2 Das Forschungs- und Vernetzungsprojekt: We@ Aachen | Gemeinsam. Nachhaltig. Zukunft gestalten!

In der StädteRegion Aachen, wie in vielen anderen bundesdeutschen und europäischen Städten und Gemeinden, hat sich in den letzten Jahren eine Vielzahl von Bürgerinitiativen gegründet, die im Sinne eines nachhaltigen Transformationsprozesses die politische Zukunft ihrer Region, dem Bottom-up Prinzip folgend, proaktiv mitgestalten möchten. Im Verlauf der anfänglichen Vereinsarbeit der Regionalen Resilienz Aachen e. V., die sich unter anderem auch die Vernetzung der regional sich engagierenden zivilgesellschaftlichen Organisationen im Aachener Raum zum Ziel gesetzt hat, zeichnete sich schnell ab, dass inhaltlich ähnlich ausgerichtete Organisationen und Initiativen trotz der räumlichen Nähe oftmals nichts bzw. wenig voneinander wussten. Dies führte mehrfach dazu, dass in Aachen zeitgleich mehrere Initiativen mit ähnlichen Themen und gleichen Zielsetzungen befasst waren und hierbei nicht selten aneinander vorbei gearbeitet haben, ohne mögliche Synergieeffekte zwischen ihren Arbeiten nutzen zu können. Dies ist insofern für einen zukunftsfähigen, regionalen Partizipationsprozess besonders kontraproduktiv, als sich ein Großteil der zivilgesellschaftlichen Akteur:innen im Ehrenamt engagiert und die in den Initiativen vorhandenen Ressourcen, wie Arbeits- und Zeitkapazitäten, finanzielle Mittel, aber auch Expertise, ohnehin sehr begrenzt sind. Um den kontraproduktiven Synergiedefiziten und den Ressourcenineffizienzen im Rahmen eines zukünftig effektiver zu gestaltenden Partizipations- und Resilienzprozesses besser begegnen zu können, hat der Verein *Regionale Resilienz Aachen e. V.* im Jahr 2019 das Forschungs- und Vernetzungsprojekt *„We@Aachen | Gemeinsam. Nachhaltig. Zukunft gestalten!"* ins Leben gerufen.

Neben den genannten Zielsetzungen hinsichtlich einer verbesserten Synergie- und Ressourcennutzung im zivilgesellschaftlichen Engagement sollte das Projekt dabei helfen, die in den partizipativen Prozessen angelegten Schwierigkeiten und Potenziale besser zu verstehen. Über 220 NGOs konnten ermittelt werden, die sich in Aachen zum Thema „Nachhaltigkeit" engagieren. Hochgerechnet arbeiten damit etwa 20.000 Bürgerinnen und Bürger ehrenamtlich in der Aachener Nachhaltigkeits- und Klimaschutzbewegung, was wiederum etwa 7,7 % der Einwohner:innen und 10,6 % der Wahlberechtigten entspricht. Die große Zahl der sich engagierenden Beteiligten dokumentiert hierbei für die Stadt Aachen ein aus politikwissenschaftlicher Sicht bemerkenswertes Partizipationspotential, das kommunalpolitisch nutzbar gemacht werden kann, um eine resiliente Stadtentwicklung co-kreativ zu gestalten.

Doch wie effektiv können diese Initiativen auf Dauer in eine resiliente Stadtentwicklung eingebunden werden? Wie belastbar ist dieser Partizipationsansatz und was muss gewährleistet werden, wenn die co-kreativen Prozesse und Kooperationen auf Dauer ein wesentlicher und verlässlicher Baustein in dem regionalpolitischen Transformations- und Resilienzprozess sein sollen? Dies galt es mit der Studie herauszufinden und mit den eigenen Erfahrungen aus der Arbeit der Regionalen Resilienz Aachen e. V. abzugleichen.

In annähernd 100 Interviews konnten auf der Grundlage eines umfassenden Frage-Sets insgesamt die Bedarfe, Probleme und Hemmnisse der Initiativen in Hinblick auf ihre Arbeit abgebildet werden. Hierbei wurde im ersten Teil der Befragung eine Inside-In-Betrachtung vorgenommen, d. h. die Initiativen wurden zu ihren Arbeitsstrategien, Gründungsmotiven, zu Mitglieder- und Entscheidungsstrukturen, Finanzierung etc. befragt. Der zweite Teil der Befragung fokussierte auf eine Inside-Out-Betrachtung. D. h. die Initiativen wurden zu ihren Erfahrungen mit den externen für den Transformationsprozess relevanten Akteursgruppen befragt. In diesem Kontext wurde u. a. ihre Vernetzung, das Kooperationsverhalten sowie damit verbundene Erfolge und Misserfolge beleuchtet und Bedarfe in Hinblick auf eine verbesserte Partizipationsstrategie ermittelt. Im Rahmen dieses Akteurssettings, wurden Wünsche und Vorschläge formuliert, wie nach Meinung der Initiativen ihre Zusammenarbeit untereinander, aber vor allem auch mit der lokalen Politik, Verwaltung und Stadt, Wirtschaft und Unternehmen, Wissenschaft und Hochschule und lokaler Presse und Medien verbessert werden kann, um den sozioökologischen Transformationsprozess co-kreativ für die Stadt beschleunigen zu können.

Auf der Grundlage der Interviewergebnisse konnten somit verschiedene Arbeits- und Erfolgskriterien identifiziert werden, die das Wirken der Initiativen sowohl in ihren Organisationen wie auch in der Zusammenarbeit mit anderen Akteursgruppen in Aachen und der StädteRegion verbessern, Synergien besser nutzbar machen und Kooperationen bzw. co-kreative Prozesse effektiver gestalten helfen können.

3 Ergebnisse der Studie

Aus der ca. 90 Seiten umfassenden Ergebnisstudie des Projektes werden nachfolgend in Auszügen die Erkenntnisse dargelegt, die unmittelbar mit den Wirkmechanismen, Schwierigkeiten und Verbesserungsmöglichkeiten in regionalen Partizipationsprozessen verbunden sind: Diese Erkenntnisse beziehen sich schwerpunktmäßig auf die Bereiche Finanzierung, Kapazitäten und Effizienz, Ressourcen und Wirksamkeit.

Darüber hinaus konnte auf der Grundlage der Studienergebnisse eine Typologisierung der Initiativen entwickelt werden, die aus Sicht der Autoren interessante Aufschlüsse über psycho-soziale Mechanismen in den Initiativen ermöglicht, die sich zum Teil höchst wirksam auf die Partizipationsbewegung auswirken können.

3.1 Finanzielle Mittel

Mit Blick auf die Verfügbarkeit von finanziellen Mitteln äußerten 91,4 % der befragten Initiativen, dass mehr finanzielle Mittel ihr Wirken deutlich verbessern könnten. Damit stellen fehlende Finanzmittel einen akuten Bedarf, für 72 % der Befragten sogar ein akutes Hemmnis, für ihre Arbeit dar. Gleichwohl hat die Befragung auch ergeben, dass über die Hälfte der Initiativen nie auf Drittmittel zugreifen. Die Drittmittelakquise bzw. die entsprechenden Antragsmodalitäten werden als äußerst beschwerlich, kompliziert und zeitaufwendig empfunden. Die hier einzusetzenden Zeitkapazitäten fehlen folglich für die inhaltliche Arbeit in den Initiativen. Gespräche mit der Kommunalverwaltung legten gleichzeitig dar, dass vorhandene Töpfe nicht vollständig angefragt und ausgeschöpft werden. Hier empfiehlt es sich, dass die relevanten Akteur:innen gemeinsam erarbeiten, wie man Förderung attraktiver und vor allem niederschwelliger gestalten kann. Darüber hinaus muss das Bildungsangebot für Initiativen in Bezug auf ihre Finanzierung ausgebaut werden. Entsprechende Coachings zur Professionalisierung wurden im Rahmen des Projektes 2019 angeboten.

Mit Blick auf die Frage der finanziellen Situation der Initiativen ergab die Umfrage zudem, dass sich die Initiativen nach einer weit verbreiteten gesellschaftlichen Vorstellung ausrichten, wonach zivilgesellschaftliches Engagement grundsätzlich unentgeltlich, also im Ehrenamt, geleistet wird. Hier gilt es ein neues Bewusstsein zu generieren, das die Initiativen ermuntert, ihre Arbeit auch mit finanziellen Mitteln unterstützen und wertschätzen zu lassen, denn aufgrund des hohen zeitlichen Aufwands für eine konstruktive und kontinuierliche Arbeit in ihren Initiativen und Vereinen ist für viele Mitwirkende ihr enormes Engagement auf Dauer nur mit einer entsprechenden finanziellen Unterstützung leistbar. Darüber hinaus hat das Forschungsprojekt aufgezeigt, dass 45 % der Engagierten das Wirken der Initiative oft oder gelegentlich aus „privater Tasche“ mitfinanzieren (Genzsch, 2020, S. 31), wodurch Grenzen in der Kapazität für die Umsetzung eines Projekts schnell überschritten werden können.

Wenn Partizipation in Zukunft den Stellenwert erhalten soll, den die meisten politischen Parteien gegenwärtig anstreben, besteht in der Frage stärkerer finanzieller Unterstützungen ein dringender Diskussions- und Entwicklungsbedarf. Hier werden insbesondere die Mittelgeber (z. B. Stiftungen, Kommunen, Land und Bund) in der Bringschuld gesehen: 1. besser über das Vorhandensein von Fördermitteln bei entsprechenden Zielgruppen zu informieren, 2. Antragsverfahren deutlich stärker zu vereinfachen und niederschwelliger zu gestalten und ggf. 3. mehr Hilfestellung bei der Abfrage von Dritten zu leisten.

3.2 Kapazitäten, Effizienz und Ressourcen

In Bezug auf die Kapazitätsfrage stellt der Wunsch nach mehr Zeit und Tatkraft bzw. Mitwirken für 91,4 % einen akuten Bedarf dar (Genzsch, 2020, S. 42). Damit stellt für viele Initiativen der Spagat zwischen Erwerbsarbeit und ehrenamtlichem Engagement ein enormes Spannungsfeld dar, das sich stark auf die zur Verfügung stehenden Arbeitskapazitäten auswirkt (Genzsch, 2020, S. 44).

Die Kapazitätsfrage ließe sich möglicherweise dadurch entschärfen, dass die zur Verfügung stehende Zeit viel besser genutzt werden könnte, indem die Effizienz der Arbeitsweisen von Initiativen und Vereinen erhöht und „Kapazitätsdiebe“ minimiert werden. Zu diesen „Kapazitätsdieben“ zählen beispielsweise Dopplungen in der Öffentlichkeitsarbeit (Websites, Social Media, Pressearbeit), überschneidende Veranstaltungsorganisation, organisatorisch aufwändige Institutionalisierungen, Formalitäten bei Vereinsgründung inkl. Satzungsgebungsverfahren, Buchhaltung etc.) sowie ineffiziente Entscheidungsstrukturen.

In Hinblick auf das Thema „Entscheidungsstrukturen“ hat die Erhebung einen deutlichen Trend ermittelt, wonach immer mehr Initiativen betont basisdemokratisch arbeiten und alle Entscheidungen von allen Mitgliedern getroffen werden. Dies führt insgesamt nach eigenen Beobachtungen der Initiativen dazu, dass viel Zeit in langen, teils destruktiven Diskussionen über organisatorische Kleinigkeiten verloren geht. Darüber hinaus besteht bei vollständig horizontalen Entscheidungsstrukturen die Gefahr, dass sich ohne feste Strukturen und Leitlinien nicht demokratisch abgestimmte Hierarchien entwickeln (Arbeits-, Wissens- und Erfahrungshierarchien und Durchsetzung der Aktiven oder argumentativ Stärkeren oder dominanter bzw. extrovertierter Persönlichkeiten). In Bezug auf den co-kreativen Partizipationsprozess wurde von befragten externen Akteursgruppen (Verwaltung, Wirtschaft) zudem kritisiert, dass in vollständig basis-demokratischen, d. h. horizontalen, Entscheidungsstrukturen, Ansprechpersonen schwer für konkrete Projektbesprechungen und -planungen greifbar sind, wodurch der partizipative Ansatz in einer kommunalen Stadtentwicklung oft unbeabsichtigt ausgebremst wird.

Die ständige Verfügbarkeit von Ansprechpersonen, die sich im Ehrenamt für ihre Initiativen engagieren, gehört zu den aus partizipationspolitischer Sicht schwierigsten Ressourcen, ist aber ein nahezu unerlässlicher Bestandteil einer konstruktiven Partizipationspolitik.

Mit Blick auf die Ressourcenfrage, die eng mit der Kapazitäts- und Effizienzfrage verknüpft ist, bekundeten viele Initiativen zudem auch einen hohen Bedarf an Professionalisierungs-Kompetenzen in den Bereichen Organisationsstruktur, Strategie und Positionierung, Moderation und Mediation von Gruppenprozessen.

3.3 Wirksamkeit: Verbindende und trennende Aspekte

Als einer der elementaren Schlüssel für co-kreatives Arbeiten konnten die zwischenmenschliche Ebene und die Kultur des Miteinanders identifiziert werden. Innerhalb der Bewegung kommt es nach Aussage der Befragten, trotz gemeinsamer Visionen und Zielsetzungen immer wieder auch zu gegenseitiger Abgrenzung und Vorbehalten gegenüber anderen zivilgesellschaftlichen

Gruppierungen. Und dies aufgrund von teils marginalen Unterschieden in der inhaltlichen Ausrichtung sowie voneinander abweichenden Arbeitsstrategien, aber auch Eigeninteressen und Profilierungswünschen. Dadurch rücken zwischenmenschliche Differenzen zwischen den Organisationen stärker in den Fokus als die verbindenden Aspekte zwischen den Akteur:innen.

Der Aspekt der zwischenmenschlichen Ebene führte folglich insgesamt zu einer unerwarteten und wissenschaftlich nicht hinreichend bzw. noch nicht thematisierten Problemstellung, nämlich der Kohärenz zwischen psycho-sozialer Typologie der Engagierten und den Auswirkungen auf ihre Arbeitsweisen und „Erfolgsbilanzen".

4 Akteurs-Typologien

Eine Besonderheit der Analyse stellen die identifizierten Akteurstypologien dar, da sich diese maßgeblich auf die „Erfolgsbilanz" bzw. die Erfahrungsrealität im Wirken der Engagierten abbilden. Im Rahmen der Befragung wurden die Initiativen darum gebeten, ihre Einschätzung zur „Wirkrichtung" und „Wirkperspektive" ihres Engagements zu quantifizieren. Die „Wirkrichtung" beschreibt hierbei die emotionale Grundhaltung, die sich in den Arbeitsstrategien der Initiativen dokumentiert. Diese sind tendenziell zwischen den beiden extremen Polaritäten „Politischer Widerstand" (gegen etwas sein) oder „konstruktiv-positive Mit- und Umgestaltung gesellschaftspolitischer Prozesse" (für etwas sein/arbeiten) verankert. Die Wirkperspektive beschreibt die Wahrnehmung der politischen Verantwortungs- und Machtgegebenheiten, d. h. wer die Macht hat bzw. die eigentliche Verantwortung, transformative Prozesse zu gestalten und umzusetzen. Hier rahmen die beiden Polaritäten das Verantwortungsspektrum zwischen „außen" und „innen".

Eine vollständige Ausrichtung nach „außen" stand für die Wahrnehmung der Initiativen, „die Verantwortung für die Transformations- und kommunale Resilienzentwicklung liegt *im „Außen"*. Nur Politik, Verwaltung, Wirtschaft, etc. können etwas verändern. Eine vollständige Ausrichtung nach „Innen" repräsentierte die Wahrnehmung der Befragten, „Wir als Bürgerschaft/als Initiative können maßgeblich den Wandel in eine neue Zukunft mitgestalten. Die Verantwortung liegt bei uns."

Die Auswertung dieser Befragung wurde in eine 4 Felder Matrix übertragen, die im Ergebnis eine psycho-soziale Typologisierung abbildet (Abb. 1). Auf Basis der Korrelation der beiden Dimensionen Wirkperspektive und Wirkrichtung haben sich drei Akteurstypologien ergeben. Die Erfahrungswelten, Erkenntnisse,

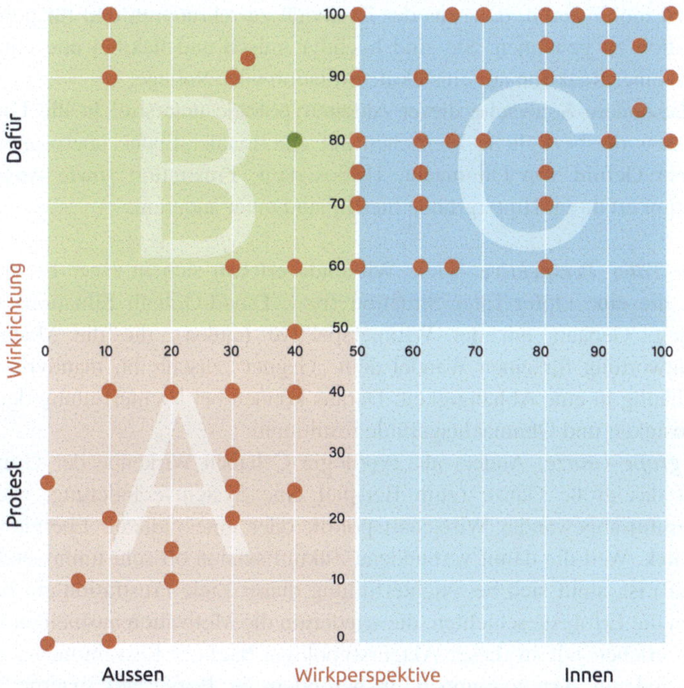

Abb. 1 Matrix der Akteurstypologien nach Genzsch (2020, S. 47)

emotionalen Grundhaltungen, Arbeitsweisen, Herausforderungen und Wünsche, die sich im Verlauf des gesamten Interviews ergaben, konnten diesen Typologien relativ eindeutig zugeordnet werden.

4.1 Typologie *A*

Initiativen der Typologie A sind Organisationen, die tendenziell auf Protest bzw. Widerstand ausgerichtet sind und die Macht bzw. Verantwortung für einen Wandel bei einer Kraft bzw. Institution *im Außen,* d. h. bei anderen Stakeholdern (insbesondere Politik, Verwaltung und Wirtschaft), wahrnehmen. Ihre Aktivitäten und Arbeitsweisen sind stark aktivistisch geprägte Formate (z. B. Protest), meist inklusive konkreter Forderungen, jedoch ohne eigene konkretere Projekte aktiven Gestaltens. Die Stärken dieser Initiativen liegen in der Kraft, viele Menschen sehr schnell zu mobilisieren, d. h. aus der Passivität zu rekrutieren und für politische Partizipation zu gewinnen. Sie sind hochdynamisch und flexibel und entstehen meist aus einer Reaktion auf eine akute Situation oder Notlage.

Als besondere Schwäche dieser Akteurstypologie unterstreicht die Umfrage jedoch, dass diesbezügliche Menschen auf emotionaler Ebene überproportional häufig ein Gefühl von Ohnmacht, Hilflosigkeit, Frustration sowie Angst vor Resignation erfahren. Hintergründe hierfür sind unter anderem:

1. ***Opfer-Täter Perspektive:*** Viele Wirkende erleben sich in einer Erfahrungswelt, die eine Opfer-Täter Situation (bzw. David-Goliath Situation) widerspiegelt. Gepaart mit der Wirkperspektive (außen), die die Macht und Verantwortung für einen Wandel dem „Gegner" zuschreibt, manövrieren sie sich häufig in eine Abhängigkeit. Daraus können bei Nichterfüllung der Ziele Hilflosigkeit und Ohnmachtsgefühle resultieren.
2. ***Das große Ganze:*** Anders als Typologie C haben Wirkende der Gruppe A meist das große Ganze (zum Beispiel eine Systemveränderung, wie eine wachstumsabgewandte Wirtschaftspolitik oder eine radikale Energiewende) im Blick. Weil die damit verbundene Zukunftsvision oft sehr umfassend (teils radikal) ist, stellt sich bei Nichterfüllung dieser Ziele Frustration ein bzw. es fehlen die Erfolgsgeschichten, die wiederum die Motivation ausbleiben lassen. Auch erleben wir in dieser Akteurstypologie häufiger Ressentiments gegenüber anderen Akteursgruppen, insbesondere in Bezug auf externe Stakeholder aus Politik, Verwaltung oder Wirtschaft. Auch mit Blick auf mögliche Kooperationsbestrebungen mit anderen zivilgesellschaftlichen Initiativen, kristallisierte sich in den Interviews tendenziell eher eine abweisende Haltung gegenüber anderen Stakeholdern innerhalb der Bewegung und ihrer Arbeitsweisen heraus.
3. ***Kurzlebigkeit:*** Diesen Gruppen konnte in Aachen tendenziell eine eher kürzere Lebensphase zugeordnet werden. Die Masse der Beteiligten gibt nach einer kurzen Hype-Phase (die mitunter medial beschleunigt wird) wieder auf. Es bleibt ein kleiner, harter Kern, der versucht, an vergangene „Erfolge" und Dynamiken anzuknüpfen.

4.2 Typologie *B*

Initiativen der Typologie B sind Organisationen, die tendenziell zwar in ihrem Wirken auf „Dafür" ausgerichtet sind, d. h. sie engagieren sich für eine Vision, sie nehmen aber ebenfalls die Verantwortung bzw. Macht für einen Wandel bei einer Kraft bzw. Institution *im Außen* wahr. Ihre Aktivitäten und Arbeitsweisen sind meist aufklärerisch, es sind z. B. informierend wirkende Gruppen, die Aufklärungs- und Bildungsarbeit leisten. Teilweise besteht eine Anbindung an erste eigene konkrete Projekte, die proaktiv Veränderung gestalten. Zu ihren Stärken gehören nach den Beobachtungen im Rahmen des Forschungsprojektes unter anderem eine hohe Affinität für die Vernetzung und Kooperation mit Gleichgesinnten sowie erste positive Kooperationserfahrungen, die über die eigene Akteursgruppe hinausgehen (z. B. Kooperationen mit Verwaltung, Bildungseinrichtungen, Wissenschaft, Wirtschaft und Politik).

Als Schwäche kristallisierte sich in den Gesprächen heraus, dass die Initiativen der Typologie B sich meist innerhalb der eigenen „Blase" bewegen. Es fällt ihnen schwer, mit ihrer Arbeit andere Zielgruppen zu erreichen. Wie Gruppen der Typologie A, so konnte auch in den Interviews mit den der Typologie B zuordenbaren Initiativen tendenziell eine Lebensrealität bzw. politische Wahrnehmung herausgehört werden, die die Macht für einen Wandel vielmehr bei einer äußeren Kraft bzw. Institution sieht. Damit verbunden stellen sich in schwierigen Phasen eher Frustration oder Zweifel an der Realisierbarkeit des eigenen Projektes ein.

4.3 Typologie C

Als Initiativen der Typologie C werden auf Grundlage der Befragungsergebnisse Organisationen eingestuft, die tendenziell im „Dafür" agieren und gleichzeitig die Verantwortung bzw. Macht eines Wandels *bei sich* bzw. der Gesellschaft wahrnehmen. Ihre Aktivitäten und Arbeitsweisen sind meist auf ganz konkrete Projekte ausgerichtet, die proaktiv Veränderung bzw. Transformation bewirken sollen.

Zu ihren Stärken gehört ein ausgeprägtes Kooperationsverhalten. So greifen sie zur (meist) co-kreativen Projektrealisation, auf ein Netzwerk an Multiplikatoren, Kooperationsbeteiligten und strategischen Unterstützern zurück. Häufig besteht eine ganz konkrete Zusammenarbeit mit externen Akteursgruppen, z. B. aus Verwaltung, Politik, Hochschulen und anderen Bildungseinrichtungen. Diesen Initiativen fällt es den Beobachtungen zufolge etwas leichter als Initiativen anderer Typologien, die „Blase" zu durchbrechen und andere Zielgruppen und Akteur:innen außerhalb ihres Wirkungskreises zu erreichen. Darüber hinaus generieren Organisationen der Typologie C durch ihre meist sehr kleinschrittige Realisierung konkreter Projekte, viele kleine Erfolgsgeschichten, die die Motivation erhöhen und den Beteiligten auch in schwierigen Phasen Zuversicht und Hoffnung schenken. Damit verbunden konnten bei Initiativen der Typologie C eine Langfristigkeit in der Zusammenarbeit beobachtet werden. Viele Engagierte dieser Akteursgruppen bleiben meist über Jahre aktiv. Sie haben eine langjährige Vertrauensbasis zu anderen Akteursgruppen aufgebaut und werden (teils) aktiv in die politische Entscheidungsfindung eingebunden.

Schwächen oder je nach Sichtweise zugleich auch Stärken dieser Initiativen sind, dass ihr Wirken meist sehr kleinschrittig, auf die Realisation einer ganz konkreten Projektidee ausgerichtet ist. Die *Stärke* der kleinschrittigen Arbeitsweise liegt insbesondere darin, dass durch die häufigeren Projektumsetzungen und die damit verbundenen häufigeren Erfolgsgeschichten die Motivation zur Weiterarbeit aufrecht erhalten bleibt. Als *Schwäche* kann diese Arbeitsweise dann ausgelegt werden, wenn diese Initiativen aus Sicht der anderen Akteur:innen in der öffentlichen Wahrnehmung nicht offensiv genug den Forderungen nach umfassender Transformation Nachdruck verleihen. Damit verbunden sind ihr Wirken und ihre Öffentlichkeitsarbeit nicht darauf ausgerichtet, Massen zu mobilisieren und für politisches Engagement zu motivieren. Dadurch erfahren sie zum Teil auch nicht diese Sichtbarkeit wie jene Initiativen, die ihre Arbeit auf starke dynamische Prozesse wie Protestbekundungen ausrichten, die meist auch von den Medien eher wahrgenommen und öffentlich gemacht werden. Das Mitwirken in Initiativen der Typologie C, die sich meist auf konkrete Projektarbeit ausrichtet, erfordert Menschen, die sich langfristig und beharrlich für ein Thema einsetzen und eine entsprechende Wissenstiefe aufbauen. In der heutigen kurzlebigen Zeit sind allerdings, nach Bekundung der Interviewten dieses Forschungsprojektes, immer weniger Menschen dazu bereit, sich langfristig an eine Initiative zu binden. Damit verbunden ist es insbesondere für diese Typologie eine Herausforderung, „passendes Personal“ zu finden und zu binden.

Die Darstellung der identifizierten Typologien soll keine Bewertung darstellen. Vielmehr dient sie der Abbildung unterschiedlicher Arbeits- und Wirkungsweisen, mit ihren Stärken und Schwächen. Sie soll die Initiativen dabei unterstützen, eine eigene Einordnung vorzunehmen, die eigenen Schwächen zu identifizieren und, durch Weiterentwicklung und Optimierung einzelner Strukturen und Arbeitsabläufe, zu minimieren und eine verbesserte politische Wirksamkeit zu generieren.

5 Erfolgsfaktoren einer resilienten Partizipationspolitik

5.1 Definition einer „erfolgreichen Partizipationspolitik"

Nachdem zunächst der Resilienzbegriff auf die Partizipationsbewegung angewendet wurde, soll nun auf der Grundlage der Typologisierung und der Umfrage- bzw. Studienergebnisse sowie der Beobachtungen und den Erkenntnissen aus der Vereinsarbeit entsprechende Erfolgsfaktoren herausgearbeitet werden, die zu einer resilienten und erfolgreichen Partizipationsstrategie beitragen können. Doch mit Blick auf die Erarbeitung eines wegweisenden Kriterienkatalogs für eine erfolgreiche Partizipationsentwicklung stellt sich zunächst und unmittelbar die Frage, woran sich denn zivilgesellschaftlicher Erfolg bemisst. Nach dem Bekanntheitsgrad einer Initiative oder einer ihrer Mitglieder oder danach, wie oft über sie in den Medien berichtet wurde, wie mitgliedsstark sie sind oder wie viele Projekte und Veranstaltungen sie durchgeführt haben? Und ist in diesem Kontext eine Initiative als erfolgreicher zu bewerten, die Großveranstaltungen, Menschenketten oder Demonstrationen geplant und durchgeführt hat, als eine kleinere Initiative, deren Kapazitäten „nur" für die Begrünung und Bepflanzung eines Straßenbeetes reicht, das aber von vielen Menschen „beiläufig" aber auch wertschätzend gesehen wird und weiter Ideen zur Stadtbegrünung inspiriert? Sind Initiativen erfolgreicher, die akut Massen mobilisieren können, dafür aber weniger an co-kreativ zu planenden Stadtentwicklungskonzepten mitarbeiten oder vielleicht Initiativen, die ohne große Netzwerke und Medienpräsenz eher unauffällig und im Hintergrund an konkreten Transformationskonzepten mitwirken, wie beispielsweise Bildungspakete für Schulen und Ausstellungen erarbeiten, um im Sinne der Transformationsziele für mehr Aufklärung zu sorgen? Können sich Initiativen als erfolgreich bezeichnen, ohne vordefinierte Kriterien zu benennen, die ihnen diesen Erfolg von außen attestieren oder ist man bzw. sind Initiativen auch dann als erfolgreich einzustufen, wenn ihr Wirken sich nur für sie selber erfolgreich anfühlt? So gäbe es sicherlich noch eine Vielzahl von sich gegenüberstehenden Erfolgsmustern oder Kriterien zu benennen, mit denen versucht werden kann, Erfolg zu definieren.

Um eine aus Sicht der Autoren wenig zielführende und eher abstrakte Debatte über Möglichkeiten zur Objektivierung und Bemessung von zivilgesellschaftlichem Erfolg zu umgehen, stellen diese die Effizienz bzw. Wirksamkeit zivilgesellschaftlicher Initiativen in und für einen regionalen Resilienz- und

Partizipationsprozess in den Fokus der Bewertungskriterien für eine erfolgreiche NGO-Arbeit. Damit begründen insbesondere die auf Co-Kreativität und Kooperationen ausgerichteten Fähigkeiten (skills) der Initiativen die Aufstellung an Erfolgsfaktoren für eine erfolgreiche Partizipationsarbeit.

5.2 Fallstricke und Erfolgsfaktoren in der Partizipationsarbeit

Viele Bürgerinnen und Bürger teilen die Vision von einer großen gesellschaftlichen, ökologischen und wirtschaftlichen Transformation, die sie motiviert, sich in Vereinen und Initiativen politisch zu engagieren. Diese Vision ist dabei sehr umfassend – jedoch meist in ihrer Komplexität nicht unmittelbar zu erreichen. Damit drängt sich die Frage auf, wie sich NGOs auf dem langen Weg der kommunalen Transformation auf Dauer motivieren und sich hinsichtlich ihrer Zeit- und Kraftreserven ressourcenschonend wie auch konstruktiv und „erfolgreich" in die regionalen Partizipationsprozesse integrieren und aufstellen können.

5.2.1 Philosophie der kleinen Schritte

Um sich konstruktiv und zielführend in co-kreative Stadt- und Regionalentwicklungsprozesse einbringen zu können, ist es von Bedeutung, große und weit in die Zukunft hineinreichende Transformations-Visionen auf eine operationalisierbare Alltagsebene herunterzubrechen, auf der dann konkrete Teil- oder Etappenschritte und konkrete Maßnahmen erarbeitet und umgesetzt werden können, die in Abstimmung und in Zusammenarbeit mit den anderen Akteursgruppen auf das große Transformationsziel hinarbeiten. Eine Philosophie oder Strategie der kleinen Schritte bricht den abstrakten Transformationsbegriff auf eine planbare Alltags- und Erfahrungswelt herunter und verschafft der Bürgerschaft nachvollziehbare Zugänge und Einbringungsmöglichkeiten zu den für eine Stadtentwicklung notwendigen Transformationszielen und -schritten.

Eine Strategie der kleinen Schritte hilft Initiativen in Hinblick auf die Ressourcenfrage zudem, besser haushalten zu können und beugt einer Überstrapazierung ihrer zeitlichen Kapazitäten vor, die nicht selten in einem abrupten Rückzug der Engagierten von der kompletten Projekt- und Vereinsarbeit führt. Wenn auf der Agenda der Initiativen beispielweise die Neustrukturierung des städtischen Verkehrskonzepts oder die Transformation der Landwirtschaft oder die kommunale Energiewende etc. steht, dürfte bis zur Erreichung dieser Zielvorgaben bei zahlreichen Engagierenden die Gefahr von Motivationseinbrüchen und zeitlicher Überforderung wachsen.

Den Initiativen ist zu empfehlen, erst innerhalb ihrer Initiative eine gut durchdachte RoadMap zu konzipieren, auf der einzelne Etappen, wie beispielsweise Ausstellungen, Vortragsreihen, Kooperationsprojekte oder Kampagnen als Zwischenziele auf dem Weg zum eigentlichen Transformationsziel abgesteckt werden. Zwischenerfolge befeuern die Motivation für die nächste Etappe. Für einzelne Etappen können sich die Menschen besser organisieren, in puncto Zeit und die eigene Ressourceneinteilung. Aus vielen Gesprächen im Rahmen der Befragungen des Forschungsprojektes, die die Initiativen auf ihre zeitlichen Ressourcen und Kapazitäten abtasteten, ging hervor, dass sich Bürger:innen in der Vergangenheit teilweise nur deshalb überhaupt bereit erklärt haben, ein konkretes Projekt zu planen und in die Umsetzung zu bringen, wenn dieses Vorhaben klar erkennbar zeitlich befristet sein würde und man mit der erfolgreichen Umsetzung des Projektes wieder sein Engagement reduzieren oder auch ruhen lassen konnte, was angesichts der enormen Belastungen für das ehrenamtliche Engagement eine signifikante Aussage bildet. Diese Erkenntnis deckt sich mit den Ausführungen im *Dritten Engagementbericht der Bundesergierung,* wonach flexiblere und projektähnliche Formen des zivilgesellschaftlichen Engagements an Bedeutung zunehmen und Menschen sich spontan oder nur auf begrenzte Zeit für ein Anliegen einsetzen (Deutscher Bundestag, 2020, S. 43).

Natürlich lassen sich auch hier Ausnahmen in Hinblick auf einen langen Atem in der Vereinsarbeit dokumentieren. Zu nennen sind hier beispielsweise die Erfolge der FairTrade-Initiativen, deren Mitglieder über viele Jahrzehnte hinweg in ihren Städten und Gemeinden „dicke Bretter" bohren mussten, um letzten Endes dann tatsächlich die Politik und Verwaltung dazu bringen zu können, sich als Stadt hinter das FairTrade-Konzept (FairTrade-Town) zu stellen. Doch auch auf diesem langen Weg lagen durchaus motivierende Zwischenerfolge bzw. Etappenziele, wie beispielsweise erfolgreiche FairTrade-Messen, Schulprojekte etc., aus denen die Beteiligten Erfolg und Motivation für sich ableiten konnten. Insbesondere die in diesem Kontext sich engagierenden Initiativen lassen sich beispielsweise der Typologien C zuordnen, in der eher kleinschrittige, dafür aber langjährige Arbeitsweisen identifiziert wurden.

5.2.2 Durchdachte Projektkonzepte statt vage Ideen kommunizieren

Je konkreter in den Initiativen Ideen zur Ausgestaltung des Nachhaltigkeitsprozesses ausformuliert und in komplex durchdachte Projektkonzepte übersetzt werden, umso einfacher kommen diese Initiativen ins Gespräch mit Politik, Wirtschaft, Wissenschaft und Verwaltung. Aus den Beobachtungen der Autoren heraus, empfiehlt es sich nicht, mit vagen Ideen oder noch nicht ausgereiften Konzepten auf die Suche nach Kooperationsbeteiligungen, unterstützenden Verwaltungsbereichen und Institutionen oder Förderungsmitteln zu gehen. Damit würde zudem eine weitere Akteursgruppe in den zeitaufwendigen ersten Planungsprozess (Brainstorming) eingebunden und beide Akteursgruppen übernutzen ihre Zeitressourcen. Ein vorzeitiges Hinauskommunizieren, dass man einer Idee nachgehe, oder „dass man doch mal gemeinsam darüber nachdenken solle, ob …" offenbart sich oft als ein zweiseitiges Schwert: Einerseits dokumentiert sich darin die für den Partizipationsprozess unabdingbare Kooperationsbereitschaft, in allen Stufen der Projektplanung und -durchführung von Anfang an gemeinsam zu denken und zu handeln. Andererseits zieht diese Form der Kooperationsarbeit auch erschöpfende Aspekte für den partizipativen Prozess nach sich, wenn mehrere Initiativen ihre Ressourcen für den gemeinsamen Brainstormingprozess und für erste Projektskizzierungen aufwenden.

Darüber hinaus konnte im Rahmen der Studie beobachtet werden, dass gute Projektansätze, die jedoch in ihrer Planung und Konzeption nicht ausgereift waren, in co-kreativen Prozessen auch „verbrannte Erde" hinterlassen können. Nämlich dann, wenn eine Idee sehr schnell, sehr sichtbar und mit vielen federführenden Entscheidungsträger:innen kommuniziert wird, dort eine Erwartungshaltung generiert, die dann aufgrund noch fehlender oder unausgereifter Projektstrategien und Umsetzungsschritte nicht „beliefert" werden kann. Die Gefahr wächst hier, dass allzu häufig kontaktierte Entscheidungs- oder Verantwortungsträger:innen in Politik, Verwaltung, Verbänden und Hochschulen künftig eher zurückhaltend auf neue Ideen seitens der anderen Akteursgruppen reagieren.

In diesem Zusammenhang möchte die Studie dazu anregen, möglichst erst in der eigenen Initiative, im eigenen Verein, Projekte und Strategien gut vorzubereiten und erst dann auf andere Beteiligte anderer Gruppierungen zuzugehen, um dann in einem konstruktiven Gespräch einzelne Details gemeinsam nachzujustieren. Dies gilt auch für das Einreichen von Ratsanträgen oder Projektvorschlägen, die in Kooperation mit der Verwaltung/Politik oder mit deren Unterstützung in die Umsetzung gebracht werden sollen. Je konkreter und ausgereifter die Projektidee, umso schneller sind die Rahmenbedingungen abzustecken, die für die Implementierung des Projektes notwendig sind und umso besser ist abzuschätzen, welchen Mehrwert ein Projekt im Rahmen der kommunalen Transformationsstrategie haben und wie es von anderen unterstützt werden kann und ob ähnlich ausgerichtete Projektideen sich unter Nutzung von Synergieeffektiven anbinden lassen. Insbesondere in der Verwaltung fehlen häufig die zeitlichen Kapazitäten, sich mit lückenhaften Konzepten aus der Zivilgesellschaft näher zu befassen.

5.2.3 Die Relevanz von verlässlichen Ansprechpersonen

Co-kreative Projekt- und Transformationsarbeit bedarf konkreter und verantwortlicher Ansprechpersonen in den kooperierenden Akteursgruppen. Dieser Bedarf – in Hinblick auf künftige Partizipationsprojekte – wurde insbesondere vonseiten der Verwaltung im Rahmen der Befragung der Studie formuliert. Wie weiter oben bereits angesprochen, können allzu basis-demokratisch geführte Entscheidungsprozesse und das Fehlen verlässlicher und jederzeit ansprechbarer Vertreter:innen der Initiativen die co-kreative Arbeit in den Städten und Gemeinden erschweren, d. h. vor allem zeitlich stark verzögern und damit einer effektiven Partizipationspolitik entgegenarbeiten. Eine effektive Partizipationsarbeit bedarf verlässlicher Ansprechpersonen, die, wenn notwendig, schnelle Entscheidungen im Rahmen einer co-kreativen Projektplanung und -umsetzung treffen können und umfassend mit dem Projekt vertraut sind. Hier müssen die Initiativen für sich transparente und damit vertrauensschaffende Entscheidungs- und Kompetenzstrukturen innerhalb ihrer Organisation schaffen, die einerseits ihre Arbeit *im Außen* sichtbar machen und die andererseits im Inneren das Vertrauen der Vereinsmitglieder gegenüber ihren Vertretenden auf Dauer gewährleisten, auch wenn nicht alle Projektfragen im Detail mit allen Mitgliedern zu jedem Zeitpunkt diskutiert und entschieden werden können. Konkrete Ansprechpersonen erleichtern vor allem aus Sicht der Verwaltung, nicht nur die finanzielle Projektförderung, sondern auch die Einbettung des Projektes in eine kommunale Transformationspolitik bzw. Resilienzplanung.

Obwohl die meisten Befragten den Zusammenhang zwischen einer effektiven Partizipationspolitik und dem Vorhandensein von hauptverantwortlichen und komplex eingearbeiteten Ansprechpersonen in ihren Initiativen erkennen, war in einigen Befragungen bzw. Initiativen auch ein Unbehagen oder die Sorge zu spüren. Diese Sorge stützte sich darauf, dass eine Konzentration von öffentlicher Sichtbarkeit und Wissenstiefe bei nur wenigen Ansprechpersonen bzw. Vertreter:innen der Initiativen ungewollt vertikale Hierarchiestrukturen herausbilden könnte, die sich dann gegen die bewusst festgelegten basis-demokratischen Entscheidungsstrukturen richten. Während in den meisten Initiativen eine solche „personelle Fokussierung" zwar als unwahrscheinlich wie auch leicht umkehrbar erachtet wurde, brachten einige Befragte jedoch zum Ausdruck, dass etwaige Profilierungsambitionen einiger Vereinsmitglieder schon mehrfach zu sehr spannungsgeladenen Diskussionen und auch zum Ausscheiden einiger Mitglieder aus der Projekt- oder Vereinsarbeit geführt hätten.

Hier ist es schwer, eine Handlungsempfehlung zu formulieren, wie Initiativen es schaffen können, eine Arbeitskultur so zu gestalten, dass sie notwendige „personelle Fokussierungen" in eine „Kultur des Miteinanders" einbinden. Zielführend ist hier sicherlich, solche Problematiken im Miteinander rechtzeitig zu identifizieren und auch anzusprechen.

Mit Blick auf die grundsätzliche Kapazitäts-Problematik des ehrenamtlichen Engagements wirkt sich dies in logischer Konsequenz auch auf die Kontinuität der zur Verfügung stehenden Ansprechpersonen aus, denn auch hier ist immer wieder zu beobachten, dass „hauptverantwortliche" Ansprechpersonen zeitlich überfordert sind und sich nicht selten auch wieder aus dieser Verantwortlichkeit zurückziehen. Kann dann in einer Initiative kein adäquater Nachfolger oder keine adäquate Nachfolgerin gefunden gefunden werden, ist das Risiko groß, dass bereits laufende Kooperationsprojekte massiv ausgebremst werden und die möglicherweise bereits gut in den Transformationsprozess integrierte Initiative ihr cokreatives Potenzial vorrübergehend oder gänzlich einbüßt.

5.2.4 Kooperationsbarrieren überwinden

Trotz gemeinsamer Visionen und auch ähnlicher Projektideen scheuen manche Initiativen davor zurück, Kooperationen mit anderen Organisationen einzugehen. Neben dem Wunsch nach völliger Unabhängigkeit äußerten 23 % der Befragten die Sorge, von der jeweils anderen NGO vereinnahmt werden zu können oder dass sich die Zusammenarbeit einseitig zugunsten der Kooperationsbeteiligten ausgestalten könnte (Genzsch, 2020, S. 54). Hier steht auch die Sorge im Raum, dass eigene Ideen und Konzepte in der öffentlichen Wahrnehmung den Kooperationsbeteiligten zugeordnet werden könnten, wenn diese beispielsweise bereits bekannter oder mitgliedsstärker sind. Hier „menschelt" es nachvollziehbar. Die destruktiven Wirkmechanismen eines vielleicht unbewusst gelebten Leistungs- oder Erfolgsparadigmas (unsere/meine Idee = unser/mein Erfolg) können für den Partizipationsprozess durchaus blockierende Aspekte mit sich bringen und sollten daher nicht unterschätzt werden. Menschen, die sich im Ehrenamt für transformative und partizipative Prozesse engagieren, benötigen, wie zum Beispiel auch Künstler:innen, Anerkennung und Wertschätzung für ihre Arbeit, um sich auf Dauer für ihr zeitaufwendiges und oft kräftezehrendes Engagement motivieren zu können. Selbstwirksamkeit und Anerkennung sind bekannter Weise die effektivsten Schutzfaktoren gegen ein Burnout-Syndrom. Hier vereinigen sich im Übrigen die psychologischen und gesellschaftspolitischen Resilienzbegriffe.

Insofern kann die formulierte Sorge, dass die eigenen Ideen in Kooperationen möglicherweise absorbiert und adaptiert und nicht mehr in Verbindung mit ihren

„Urheber:innen" gebracht werden, die für eine effiziente Partizipationspolitik wichtigen Kooperationsbildungen ausbremsen und die Motivation für weiteres Engagement stark mindern.

Die Studie verdeutlicht, dass es ein sehr feines Fingerspitzengefühl im Miteinander und in der Wertschätzung von zivilem Engagement sowohl innerhalb der Initiativen als auch zwischen den kooperierenden Akteursgruppen bedarf. In Hinblick auf eine erfolgreiche und auf Vertrauen basierende Kooperationsarbeit ist das konsequente Sichtbarmachen von allen Mitwirkenden sowohl beim Verfassen von Stellungnahmen, in Presseberichten, gemeinsamen Veranstaltungen und Kampagnen etc. unabdingbar. Dennoch wäre auch ein Umdenken wünschenswert, das vielleicht dabei helfen könnte, die Partizipationsbewegung auf eine neue Stufe des Miteinanders und „Wir-Bewusstseins" zu stellen und ein neues Narrativ zu begründen, wonach die Sorge um das eigene Renommee immer weiter in den Hintergrund tritt und die Lösung unserer globalen und regionalen Probleme zum eigentlichen Motivationsmotor wird.

Ein Weg aus dieser „Kooperationsfalle" oder „-sackgasse" führt sicherlich über das Hervorheben von den zahlreichen Kooperationsvorteilen, wie beispielsweise das Nutzen von Synergieeffekten, die Bündelung von Ressourcen, inspirierende Erfahrungsaustausche, die Erweiterung des eigenen Horizonts oder die Änderung eines vielleicht eingefahrenen Blickwinkels auf den Transformationsprozess sowie insbesondere auch die Stärkung der Partizipationskraft. Grundsätzlich sollten die Initiativen im Einzelfall immer abwägen, ob eine Kooperation den erhofften Nutzen und Mehrwert bringen kann oder unnötig zusätzliche Kapazitäten bindet.

5.2.5 Initiativen beitreten statt neugründen

Die im Rahmen der Evaluierungsstudie identifizierten 220 Initiativen dokumentieren zwar einerseits ein immenses Partizipationspotenzial und zivilgesellschaftliches Engagement. Doch unter Einbeziehung der bereits weiter oben beleuchteten Kapazitäts- und Ressourcenprobleme in den Initiativen stellt sich die Frage, inwieweit es tatsächlich effektiv und wünschenswert ist, in nur einer Stadt so viele NGOs zu gründen. Aktuell kann beobachtet werden, dass sich in Aachen – insbesondere in Folge der wachsenden Klimaschutzbewegung – immer mehr Initiativen gründen, die sich dem Klimaschutz widmen möchten, obwohl es bereits mehrere mit Verwaltung, Politik und Bildungseinrichtungen gut kooperierende Klimaschutz-Initiativen gibt. Hier wächst die Gefahr, dass sich die stark begrenzten Kapazitäten auf zu viele „Baustellen" verteilen und damit die Partizipationspotenziale in der Region stark gemindert und verwässert werden. Dabei können Netzwerkbildungen zwischen thematisch ähnlich aufgestellten NGOs die Kapazitätsprobleme nicht lösen, denn auch die Kooperation innerhalb eines Netzwerkes schöpft weitere Ressourcen ab. Um dieser „*Zerfaserung*" des zivilgesellschaftlichen Engagements zu begegnen, wurde im Rahmen des Evaluationsprojektes eine digitale „NGO-Karte" veröffentlicht, auf der die Initiativen thematisch geclustert wurden, sodass sich Bürger:innen im Vorfeld einer neuen Gründungsidee orientieren können, ob nicht bereits eine entsprechende Initiative besteht.

Doch insgesamt besteht in dieser Frage wie auch in Hinblick auf die Optimierung zivilgesellschaftlichen Engagements noch ein großer Aufklärungsbedarf, da viele der Akteur:innen im Eifer ihres Engagements eher emotional agieren, statt zunächst strategisch die gegebene Akteurslandschaft zu evaluieren.

5.2.6 Kultur des aktiven Zuhörens und Miteinanders

Diskussionen, Meinungsverschiedenheiten und sich gegenüberstehende Perspektiven sind ein elementarer Bestandteil einer pluralen Gesellschaft, die insgesamt in der Nachhaltigkeitsbewegung zu den wichtigsten Transformations- und auch Partizipationszielen zählt. Partizipation ist immer ein Kompromiss zwischen den unterschiedlichen gesellschaftlichen sowie individuellen Interessen und Blickwinkeln. Um in diesem Spannungsfeld vorwärtsgewandt und im Sinne der Nachhaltigkeit zielorientiert gemeinsam an einem Strang zu ziehen, ist eine Kultur des konstruktiven Zuhörens unabdingbar. Konstruktives Zuhören bedeutet, andere Perspektiven und Lebensrealitäten ernst nehmen und verstehen lernen statt abzuwerten, andere Meinungen aushalten und Kompromissmöglichkeiten ausloten statt von vornherein auszuschließen. Angesichts der mit den Transformationsprozessen verbundenen Veränderungen, die bei vielen Bürger:innen und Unternehmen z. B. Sorgen und Existenzängste auslösen, können nur durch eine Kultur des Zuhörens, Zielkonflikte und Zukunftsängste identifiziert und entsprechende Lösungsstrategien erarbeitet werden, die letztlich die für den Transformationsprozess unabdingbare gesellschaftliche Akzeptanz herstellen können.

Eine breite gesellschaftliche Akzeptanz für anstehende Transformationsvorhaben, quer durch alle sozialen Schichten, ist eine der wichtigsten Grundvoraussetzungen für eine stabile, d. h. resiliente, Partizipationspolitik. Das Vermeiden und Auflösen von Zielkonflikten – sowohl innerhalb der Initiativen wie auch zwischen den verschiedenen Akteursgruppen – gehört zu den Kernaufgaben einer resilienten Partizipationsstrategie. Um zwischen diesen Zielkonflikten zu vermitteln, stehen eine Reihe von sehr effektiven Moderations- und Kommunikationsmethoden zur Verfügung, die dabei helfen, trotz der unterschiedlichen Interessenslagen ein Vertrauensverhältnis zwischen den Diskutierenden und Akteursgruppen zu schaffen.

5.2.7 Kooperation mit Politik und Verwaltung

Aus der Studie geht hervor, dass reale wie auch vermeintliche Zielkonflikte insbesondere das Verhältnis und die Zusammenarbeit zwischen der Zivilgesellschaft und Verwaltung belasten und eine partizipative Prozessgestaltung oft erschweren. Hier konnte im Rahmen der Befragungen und Begegnungsveranstaltungen des Projektes sehr klar ein mangelndes Verständnis für die Arbeitsstrukturen der jeweils anderen Akteursgruppen, wie auch grundsätzliche Vorbehalte als Kooperationshemmnisse identifiziert werden. Aus der Perspektive der befragten Initiativen, wurden die Verwaltung und Politik häufig als transformationshemmend und wenig bürgernah bewertet. So wurde in etwa 35 % der befragten Initiativen die Kritik formuliert, dass sich die Verwaltung bei vorgebrachten Anliegen der Bürgerschaft hinter Paragraphen verstecke, wenig Bürgernähe zeige und in Hinblick auf Veränderungsprozesse eher wenig motiviert sei (Genzsch, 2020, S. 66). Hier kollidieren hochkomplexe Verwaltungsstrukturen mit einer hochflexiblen Akteurslandschaft im zivilen Engagement.

Aus Perspektive der befragten Verwaltungsangestellten wurde mit Blick auf die Zivilgesellschaft hingegen kritisiert, dass hier wenig Verständnis für die Einhaltung von festgeschriebenen Verwaltungsabläufen bestehe, die naturgemäß Geduld einfordern, welche den Bürger:innen oft fehle und von diesen als Kooperations- und Partizipations*unwille* fehlinterpretiert würden. Hier konnten in Aachen in den letzten Monaten durch eine aktiv gestaltete Kultur des Zuhörens und Verstehens im Rahmen von Zukunftswerkstätten diesbezügliche Missverständnisse und Vorbehalte bereits abgebaut werden.

Um den kommunalen Partizipationsprozess zu fördern, können Politik und Verwaltung als maßgebende Entscheidungsträger beispielsweise aktiver einen Dialog mit Bürger:innen voranbringen, in dem ein gegenseitiges Kennenlernen und Abbauen von unbegründeten Ressentiments und Kooperationsbarrieren erfolgen kann. In solchen regelmäßigen Dialogformaten lassen sich dann auch die Initiativen und die Ansprechpersonen (Kümmerer:innen) besser ermitteln, mit denen eine verlässliche und kontinuierliche Co-Kreation möglich ist. Auch bei der Drittmittelakquise, die zur Finanzierung der Projektarbeiten für die Initiativen unabdingbar ist, kann die Verwaltung Hilfestellungen leisten und beispielsweise in Hinblick auf kommunale Fördermittel niederschwelligere Antragsverfahren ausarbeiten.

6 Was können NGOs wirklich leisten?

Im Rückblick auf die Befragungsergebnisse im Rahmen des Evaluationsprojektes „*We@Aachen | gemeinsam. nachhaltig. Zukunft gestalten!*“ wurde sehr klar erkennbar, dass zivilgesellschaftliches Engagement in erster Linie durch die zeitlichen, aber auch finanziellen Kapazitäts- und Ressourcengrenzen, die ein ehrenamtliches Engagement naturgemäß mit sich bringt, limitiert wird. Dieser eng gesteckte Kapazitätskorridor begrenzt damit auch das Partizipationspotential in den Kommunen erheblich. Eine Partizipationsstrategie, in der Kontinuität, Verlässlichkeit und die Ausschöpfung bzw. Bereitstellung der in der Zivilgesellschaft vorhandenen Expertise auf Dauer co-kreativ und maßgeblich in die regionalen Transformationsprozesse integriert werden können, muss zwingend das Paradigma der Ehrenamtlichkeit zugunsten von mehr bezahltem Engagement in den Initiativen ablösen. Diese Umstellung bedarf einer deutlich stärkeren finanziellen Unterstützung der NGO-Arbeit, damit künftig mehr bezahlte Stellen in den Vereinen und Initiativen geschaffen werden können. Sollte sich am Konzept der Ehrenamtlichkeit und zeitaufwendigen Drittmittelakquise nichts ändern, läuft die mit vielen Hoffnungen verknüpfte Vision einer partizipativen Stadtentwicklung Gefahr, sich aus den oben beschriebenen Gründen vorzeitig auszubremsen. Oder aber die immensen Potenziale und die Expertise, die in der Zivilgesellschaft vorhanden sind, können nicht in ihrer Gänze ausgeschöpft werden.

Solange die Partizipationspolitik in dieser Hinsicht keine Weiterentwicklung erfährt, müssen sich die Initiativen, sofern sie einen organisatorischen und personellen Burnout vermeiden möchten, vor allem auf die co-kreativen Kompetenzen fokussieren, die sich mit den Kapazitätsgrenzen ihres ehrenamtlichen Engagements vereinbaren lassen.

- Zu den co-kreativen Kompetenzen der zivilgesellschaftlichen NGOs zählt unter anderem die Generierung und Aufrechterhaltung einer breiten gesellschaftlichen Akzeptanz und Legitimation für die politisch notwendigen Transformationsentscheidungen, die angesichts sich zuspitzender ökonomischer und ökologischer Krisen unabwendbar sein werden. Der Erfolg einer regionalen Resilienz- und Transformationsstrategie hängt davon ab, ob den Bürger:innen – quer durch alle sozialen Schichten – zu vermitteln ist, dass ein „weiter so wie bisher“ keine Option mehr für die Zukunft sein darf, wenn es auch auf der kommunalen Ebene, weitere und bereits stattfindende ökosoziale Krisen zu managen gilt. In diesem Kontext können die zivilgesellschaftlichen Initiativen wichtige Brückenfunktionen zwischen

Politik, Verwaltung und Bürgerschaft übernehmen. Die entsprechenden Instrumente liegen hier vor allem in den weiter oben als „kleinschrittig“ bezeichneten Projektkategorien, wie die Organisation von Informationsveranstaltungen, Kampagnen, Messen, Demonstrationen, Schulprojekten, Multipliktorenschulungen, aber auch einer entsprechenden Pressearbeit, um nur einige Beispiele zu nennen.

- Neben dieser Brückenfunktion übernehmen die NGOs immer stärker und selbstbewusster auch die Rolle des politischen Impulsgebers bzw. „Agenda-Setters“. Jenseits von parteipolitisch motivierten Interessenslagen, die sich sowohl in Kriseneinschätzungen wie auch in der Entwicklung und insbesondere in der Umsetzungsbereitschaft von kommunalen Resilienzstrategien spiegeln, vergrößert die breite Palette der zivilgesellschaftlichen Initiativenlandschaft den politischen Input und Ideenpool zur Gestaltung des kommunalen Transformationsprozesses. Damit begründen sie das Konzept einer pluralen Gesellschaft, in der partei- und interessenspolitisch eingeschränkte Sichtweisen und Strategieplanungen aufgebrochen und multiperspektivisch diskutiert werden. Die Fokussierung auf die impulsgebenden Einflüsse der Initiativen in den co-kreativen Prozessen ist auch vor dem Hintergrund ihrer Kapazitätsgrenzen sinnvoll. Unter den gegenwärtigen Ehrenamtsbedingungen sind die meisten Initiativen mit der Durchorganisation von Transformationsprojekten, von der Projektentwicklung bis zur -implementierung überfordert. Daher wäre ein verstärktes „Hand in Hand arbeiten“ mit der Verwaltung zweckvoll.
- Die Brückenfunktion der NGOs impliziert zudem auch ihre wachsende Rolle als politisches Korrektiv, was wiederum ein kontinuierliches Monitoring der politischen Umsetzung von mit Politik und Verwaltung vereinbarten Transformationsschritten beinhaltet.
- In den zivilgesellschaftlichen Initiativen hat sich in den letzten Jahrzehnten weltweit wie auch kommunal ein profundes und komplexes Wissen über nahezu alle Transformationsthemen angereichert. Während gerade auf der kommunalen Ebene lange Zeit das Bild der Bürgerinitiativen dadurch geprägt war, dass sie sich vorrangig zur reinen Abwehr kommunalpolitischer Fehlentwicklungen (Verkehrslärm, Schwimmbadschließungen etc.) formierten, tragen die Initiativen immer mehr zur Lösung hochkomplexer Probleme und Strategieentwicklungen bei. So können beispielsweisen Initiativen, die sich mit energiepolitischen Fragen befassen, mit hoher Kompetenz die Verwaltungsarbeit beim Ausbau der erneuerbaren Energien konzeptionell unterstützen. Auch mit Blick auf die Planung und den Ausbau sinnvoller Radwegenetze leisteten und leisten in vielen Städten Bürgerinnen und Bürger

wertvolle Arbeit. Darüber hinaus kann die hohe Sachkompetenz, die in den NGOs vorhanden ist, der Allgemeinheit und hier im Besonderen auch der regionalen Wirtschaft zur Verfügung gestellt werden.

- Eine der global einflussreichsten „Kompetenzen" zivilgesellschaftlichen Engagements ist die Entwicklung neuer Narrative. Aktuell zeichnen sich weltweit für viele Lebens- und Wirtschaftsbereiche Paradigmendiskussionen ab, die nicht selten aus der Gesellschaft heraus angestoßen werden. Bewegungen wie beispielsweise die Buen-Vivir-Bewegung, Transition Towns, Solidarische Ökonomieformen sind in erster Linie aus der Ideenwelt der Zivilgesellschaft heraus entstanden. Sie haben sich, dem Bottom-up-Prinzip folgend, in regionalen Kernzellen entwickelt und von dort aus global verbreitet. Ihr Narrativ von einer solidarischen, umweltverträglichen, wachstumsabgewandten und genügsameren Lebensform fließt nicht zuletzt auch in die akademisch geführten Postwachstums- und Gemeinwohlökonomie-Debatten ein, die zunehmend die neoliberal geprägten Ökonomiekonzepte in argumentative Bedrängnis bringen. Auch, wenn sich diese wachstumsabgewandten und naturzugewandten Narrative in unserer industriell geprägten Paradigmenwelt noch nicht als umsetzbare Gesellschaftskonzepte etablieren konnten, beeinflussen sie kontinuierlich die transformationspolitischen Agenden und das gesellschaftliche Bewusstsein.
- Abschließend sei noch ein weiterer Kompetenz-Aspekt genannt, der für einen resilienten Partizipationsprozess unerlässlich sein wird, gegenwärtig aber auch in den meisten zivilgesellschaftlichen Initiativen noch nicht adäquat berücksichtigt und ausgebildet wurde: Die stärkere Berücksichtigung der sozialen „Milieu-Frage" in den co-kreativen Prozessen knüpft an die weiter oben bereits genannte „Brückenfunktion" der Initiativen an. Augenblicklich arbeiten und informieren die meisten NGOs innerhalb ihrer eigenen sozialen Blase, die eher einer akademisch geprägten Gesellschaftsschicht bzw. dem „Bildungsbürgertum" zuzuordnen ist. Doch um eine stabile, d. h. resiliente Partizipationpolitik zu entwickeln, müssen auch Brücken zu den sogenannten „bildungsfernen" Bevölkerungsteilen aufgebaut werden. Die Initiativen müssen in einer „Kultur des Zuhörens" diese sozialen Problemlagen verstehen lernen und zugleich versuchen – stärker als bisher – mit den Menschen aus anderen sozialen Blasen konstruktiv ins Gespräch zu kommen und mehr über die Notwendigkeit einer Klima- und Umweltschutzpolitik zu informieren. Hier sind vor allem Schulprojekttage, an denen die Initiativen mitwirken können, ein wichtiges Instrument, um die Transformationsthemen in die Familien hinein zu kommunizieren und dort Diskussionen zu initiieren.

7 Fazit und Ausblick

Eine resiliente Regional- und Partizipationspolitik bedarf der Ressourcen und Kompetenzen zahlreicher Akteur:innen. Die Vernetzung und Koordinierung der co-kreativen Stadtentwicklungsprozesse sind zudem wichtige Vorrausetzungen für eine erfolgreiche Transformation. In diesem Kontext müssen Akteur:innen aus Politik, Verwaltung, Zivilgesellschaft, Wirtschaft und Wissenschaft in einem informellen, aber koordinierten, Rahmen zusammengeführt werden, um gemeinsame Probleme in ihrer Region zu identifizieren und Zielvisionen sowie Resilienzstrategien multiperspektivisch zu diskutieren und festzulegen.

Um diesen Prozess in der StädteRegion Aachen ganz konkret zu realisieren und die Multi-Akteurs-Zusammenarbeit in praktischen Projekten und Maßnahmen zu fördern und zu unterstützen, hat der Verein *Regionale Resilienz Aachen e. V.* im April 2021 das Folgeprojekt We@Aachen II begonnen.

Während der Arbeitsschwerpunkt im Erstprojekt auf dem zivilen Engagement lag, weitet das Folgeprojekt den Fokus auf alle kommunalen transformationsrelevanten Akteursgruppen und ihre Kooperationspotenziale aus. Im Erstprojekt konnten nicht nur 220 Nachhaltigkeits- und Klimaschutzinitiativen in Aachen identifiziert werden, sondern ihre Arbeitsweisen und die darin liegenden Potenziale und Schwierigkeiten ermitteln werden. Eine der wichtigsten Erkenntnisse dieser Arbeit war die Feststellung, dass innerhalb dieser Bewegung teils seit Jahrzehnten etabliertes, fundiertes Fachwissen zu allen Disziplinen der Nachhaltigkeit vorhanden ist. Dieses wird jedoch insbesondere aufgrund von Kooperationsbarrieren zwischen den Politikgestaltenden und -entscheidenden Akteursgruppen häufig nicht zielführend kanalisiert und in den politischen Gestaltungsprozess eingebunden. Dennoch unterstreichen die dargestellten Ergebnisse der Studie mit zahlreichen Gesprächen der Vertreter:innen aus Politik, Verwaltung und lokaler Wirtschaft, dass ein hoher Bedarf an diesen Kompetenzen besteht. Nicht zuletzt vor dem Hintergrund einer breiten Anerkennung der zivilgesellschaftlichen Expertise wurde aufseiten aller Akteursgruppen mehrfach der Wunsch formuliert, in Kooperation mit den zivilgesellschaftlichen Initiativen die Zukunft der Region neu, innovativ und nachhaltig zu gestalten. Das Projekt We@Aachen II beinhaltet auf der praktischen Ebene eine Serie von Zukunftswerkstätten, die schrittweise alle relevanten Akteursgruppen zusammenführt, um gemeinsame Visionen der kommunalen Transformationsgestaltung zu entwickeln, die identifizierten Kooperationshemmnisse abzubauen und konkrete Projekte und praktische Maßnahmen zur strukturalen Verbesserung der Zusammenarbeit umzusetzen.

Das hier vorgestellte Projekt konnte aufzeigen, dass die wissenschaftliche Untersuchung und Begleitung des zivilgesellschaftlichen Engagements, die Sichtbarkeit der Initiativen deutlich erhöhen und die Wirksamkeit ihres Engagements belegen und dadurch die Wertschätzung und Anerkennung des zivilgesellschaftlichen Engagements insbesondere bei Politik und Verwaltung ebenfalls signifikant erhöhen konnte. Wenn die hier vorgestellten Erkenntnisse zu den Stärken und Schwächen der Initiativen und Organisationen bei Politik und Verwaltung in der Zusammenarbeit berücksichtigt werden, könnte eine realitätsnahe und verlässliche Kooperation ermöglicht werden, in der die Ressourcen und Potenziale der Zivilgesellschaft genutzt und die Schwierigkeiten, Kapazitätsgrenzen und Hemmnisse, die mit dem ehrenamtlichen Engagement verbunden sind, gemeinsam gelöst werden. Zu diesen Hemmnissen zählen vor allem die aufwendigen Förderanträge, die die Initiativen zum Teil mit relativ geringen Erfolgsaussichten bewerkstelligen müssen, wenn sie eine Projektidee zu einem ausgereiften, fundierten Projektkonzept ausarbeiten möchten. Hier wäre wünschenswert, dass die als Förderer infrage kommenden Stiftungen vereinfachte Antragsformalia entwickeln und die Politik dafür Sorge trägt, deutlich mehr Drittmittel und Projektförderungen für die Initiativen zur Verfügung zu stellen.

Zum Abschluss möchten die Autoren noch einen Aspekt zur Frage einer erfolgreichen resilienten Partizipationsstrategie einbringen, dessen Folgewirkungen auf co-kreative Prozessgestaltung innerhalb der Partizipationsforschung vielleicht noch genauer untersucht werden müsste. Die Arbeit einiger Initiativen wird oft wesentlich von einer Person oder einer kleinen Gruppe getragen, die sich im Sinne einer informellen Hierarchie als Führungspersonen bzw. Führungskreis herausbilden. Dies wurde im Rahmen dieses Beitrags im Zusammenhang mit dem Aspekt der „personellen Fokussierung“ in einigen Initiativen bereits kurz beleuchtet. Aufgrund dieser „personellen Fokussierungsprozesse“ sind Erfolg, Kontinuität und Vernetzung der NGOs stark von persönlichen, teils auch privaten Faktoren beeinflusst, die wiederum dann von individuellen Lebensveränderungen dieser prägenden Personen (Kinder, Arbeitsplatzwechsel, Krankheit etc.) geprägt sind. Die Bedeutung gerade dieser Prozesse sollte genauer erforscht und in der partizipatorischen Arbeit berücksichtigt werden.

Darüber hinaus konnten auf Grundlage des Forschungsprojektes zahlreiche psycho-soziale Merkmale auf der Alltagsebene der NGOs herausgearbeitet werden, die einen Ausgangpunkt für weiterführende Untersuchungen und Studien bilden. Um adäquate Vergleichsstudien mit anderen Kommunen zu ermöglichen, stehen die angewandten Methoden und Arbeitsmaterialien über das Portal der

Stiftung für Umwelt und Entwicklung NRW, die dieses Projekt gefördert hat, zum Download zur freien Verfügung.

Literatur

Deutscher Bundestag. (2020). Dritter Engagementbericht – Zukunft Zivilgesellschaft: Junges Engagement im digitalen Zeitalter, Drucksache 19/19320. https://www.bmfsfj.de/resource/blob/156652/164912b832c17bb6895a31d5b574ae1d/dritter-engagementbericht-bundestagsdrucksache-data.pdf. Zugegriffen: 12. Juli 2021.

Genzsch, M. (2020). We@Aachen | Gemeinsam. Nachhaltig. Zukunft gestalten! Forschungsprojekt zur Vernetzung, Professionalisierung und Empowerment der Aachener Nachhaltigkeits- und Klimaschutzbewegung. Ergebnisstudie des Forschungsprojektes. Als Download abrufbar unter: Http://we-at-aachen.de/downloads/. Zugegriffen: 12. Juli 2021.

Raith, D., Deimling, D., Ungericht, B., & Wenzel, E. (2017). *Regionale Resilienz: Zukunftsfähig Wohlstand schaffen*. Metropolis.

Raith, D. (o. J.). Regionale Resilienz. Neues Paradigma für eine zukunftsfähige Regionalentwicklung. https://www.imzuwi.org/index.php/100-aktuelles/themen/199-regionale-resilienz-als-strategie-einer-nachhaltigen-regionalentwicklung/. Zugegriffen: 25. Juli 2021.

The manufacturer's authorised representative in the EU is Springer Nature Customer Service Centre GmbH, Europaplatz 3, 69115 Heidelberg, Germany. If you have any concerns regarding our products, please contact ProductSafety@springernature.com

Printed and bound by CPI Group (UK) Ltd, Croydon, CR0 4YY
21/10/2026
02237161-0007